「周易」

우주 자연 법칙식
周 민족주의 봉건 강국 윤리론

2

鄭德熙 編譯解

중문

堯問於舜曰 我欲事 舜曰 務 任田任地 問他 舜曰 事務人
錄尸子句 紫山堂人 藝青

오얌금께서 순에게 물으시되 무엇을 섬겨야 하느냐? 순이 대답하되, 하늘을 섬겨야 합니다. 물으시되, 무엇에 맡겨야 하느냐? 대답하되, 땅에 맡겨야 합니다. 물으시되, 무엇을 힘써 해야 하느냐? 대답하되, 백성들을 위해 힘껏 일해야 합니다.

目次

3. 『周易』六十四卦 講明 〈上經〉

卷四

23. 剝卦 9
24. 復卦 25
25. 无妄卦 43
26. 大畜卦 59
27. 頤卦 77
28. 大過卦 93
29. 坎卦 110
30. 離卦 126

3. 『周易』六十四卦 講明 〈下經〉

卷五

31. 咸卦 143
32. 恒卦 160
33. 遯卦 176
34. 大壯卦 192
35. 晉卦 208

36. 明夷卦 ······ 225
37. 家人卦 ······ 245
38. 睽卦 ······ 262

卷六

39. 蹇卦 ······ 285
40. 解卦 ······ 303
41. 損卦 ······ 320
42. 益卦 ······ 338
43. 夬卦 ······ 359
44. 姤卦 ······ 377
45. 萃卦 ······ 394
46. 升卦 ······ 412

卷七

47. 困卦 ······ 428
48. 井卦 ······ 447
49. 革卦 ······ 464
50. 鼎卦 ······ 482
51. 震卦 ······ 500
52. 艮卦 ······ 517
53. 漸卦 ······ 535
54. 歸妹卦 ······ 552

君子之爲國也必有
三年之委一年不熟
告糴譏也

錄春秋句
紫云堂人青岩

군자가 나라를 다스릴 때에는 반드시 3년의 쌓임을
쌓지 해두어야 한다 이것이 한 해의 흉년이 들었다고 하며
굶주림을 사들이는 것은 비난 받을 이다.

卷四

23. ䷖ 艮上 坤下 《剝》：厚下安宅

24. ䷗ 坤上 震下 《復》：至日閉關, 商旅不行, 后不省方.

25. ䷘ 乾上 震下 《无妄》：茂對時育萬物

26. ䷙ 艮上 乾下 《大畜》：多識前言往行, 以畜其德.

27. ䷚ 艮上 震下 《頤》：慎言語, 節飲食.

28. ䷛ 兌上 巽下 《大過》：獨立不懼, 遯世无悶.

29. ䷜ 坎上 坎下 《坎》：常德行, 習教事.

30. ䷝ 離上 離下 《離》：繼明照于四方

23. 剝卦의 立體文型圖
박괘　　입체문형도

(☷☶) ≪剝≫: 剝. 不利有攸往.
　　　　　　　박　불리유유왕

〈彖〉曰: '剝', 剝也, 柔變剛也. '不利有攸往', 小人長也. 順而止之, 觀象也.
단 왈　박　박야　유변강야　　불리유유왕　　소인장야　　순이지지　관상야
君子尙消息盈虛, 天行也.
군자상소식영허　　천행야

〈象〉曰: 山附於地, 剝. 上以厚下安宅.
상 왈　산부어지　박　상이후하안택

　　　　　　　　•　　　•　　　•

(━) 上九: 碩果不食, 君子得輿, 小人剝廬.
　　상구　석과불식　군자득여　소인박려
〈象〉曰: '君子得輿', 民所載也. '小人剝廬', 終不可用也.
상 왈　군자득여　민소재야　소인박려　종불가용야

(━━) 六五: 貫魚以宮人寵, 无不利.
　　　육오　관어이궁인총　무불리
〈象〉曰: '以宮人寵', 終无尤也.
상 왈　이궁인총　종무우야

(━━) 六四: 剝牀以膚, 凶.
　　　육사　박상이부　흉
〈象〉曰: '剝牀以膚', 切近災也.
상 왈　박상이부　절근재야

(━━) 六三: 剝, 无咎.
　　　육삼　박　무구
〈象〉曰: '剝之无咎', 失上下也.
상 왈　박지무구　실상하야

(━━) 六二: 剝牀以辨, 蔑. 貞凶.
　　　육이　박상이변　멸　정흉
〈象〉曰: '剝牀以辨', 未有與也.
상 왈　박상이변　미유여야

(━━) 初六: 剝牀以足, 蔑. 貞凶.
　　　초육　박상이족　멸　정흉
〈象〉曰: '剝牀以足', 以滅下也.
상 왈　박상이족　이멸하야

23 剝卦

(䷖)《剝》・錯(䷪)《夬》・綜(䷗)《復》・互(䷁)《坤》

(䷖)《剝》: 剝. 不利有攸往.

【주석註釋】

䷖ : 卦象이다. 下卦 ☷ 坤卦(地・順)와 上卦 ☶ 艮卦(山・止)로 구성되었다. 대지에 붙어 있는 산이 깎이어 내려가는(대지를 더욱 두텁고 견고하게 해 주는) 자연현상과 이치를 빌려와서 '무너져 내리는' 현상과 이치를 상징했다.

剝 : 卦名이다. '벗겨져 떨어진다.'・'무너져 내린다.'는 의미를 상징한다.

陰氣가 陽氣를 침범하여 위로 六五爻까지 이르자 만물이 쇠락해 떨어지게 됨으로 '剝'이라고 했다. 『集解・鄭玄』

不利有攸往 : '剝'의 시점에 卦象에서 보여주는 것과 같이, 陽剛은 남김없이 깎기고 벗겨지며 陰氣는 왕성하게 성장함으로 卦辭에서 '君子'는 앞으로 나아가는 데에서 이로움을 얻지 못할 것이라고 경고했다.

'剝'이란? '벗겨져 떨어진다.'는 의미이다. 지금 陰이 성장하여 剛을 변화시키자 剛陽이 벗겨져 떨어짐으로 '剝'이라고 했다. 小人이 이미 성장했음으로 '앞으로 나아가는 데에서 이로움을 얻지 못할 것이다.'고 했다. 『正義』

【번역飜譯】

≪剝≫ : 剝卦는 벗겨져 떨어지는 것을 상징한다. 앞으로 나아가는 데에서 이로움을 얻지 못할 것이다.

〈彖〉曰 : '剝', 剝也, 柔變剛也. '不利有攸往', 小人長也. 順而止之, 觀象也. 君子尙消息盈虛, 天行也.

【주석註釋】

柔變剛 : 이는 卦 가운데 5개 陰爻가 이미 점진적으로 침식해 들어갔다는 것과 아울러 陽剛의 본질을 변화시켰다는 것으로 卦名 '剝'을 설명한 내용이다.

小人長 : '小人'은 卦 가운데 陰爻를 뜻한다. '長'은 '한창 성장한 상태'를 의미한다.
　　이는 卦辭 '不利有攸往'을 해석한 내용이다.

　　다섯 개의 陰爻와 한 개의 陽爻, 즉 소인(다섯 개의 陰爻)들이 왕성하게 활동하고 있을 때이니 만큼 군자(한 개의 陽爻)는 이곳에 있어서는 안 될 것이기 때문에 '不利有攸往'이라고 했다. 『集解·鄭玄』

順而止之, 觀象也 : '順'이란? 下卦 坤이 '順'의 뜻이라는 의미이다. '止'란? 上卦 艮이 '止'의 뜻이라는 의미이다. '觀象'이란? 본 卦 下卦象과 上卦象을 관찰해 본 후, 이 시점에 당면하여 시세에 순응해 소인의 도를 멈추게 해야 한다는 것을 깨달았다는 의미이다.

　　'坤'은 '順(순응)'하고 '艮'은 '止(정지·멈춤)'하다. 따라서 시세에 순응하여 소인의 도를 멈추게 해야 하는 것이지 감히 剛을 사용하여 멈추게 해서는 안 된다는 것은 그 형상을 관찰해 보았기 때문이다. 지극히 굳세어 격렬하게 반격하여 윗사람을 벌컥 성내게 하는 것은 자신을 무너뜨리는 까닭이 되는 것이다. 자신이 무너지면 공적 또한 성취시키지 못할 것이니, 이는 군자가 숭상할 바가 아니다. 『王注』

君子尙消息盈虛 : '消息'은 '사라졌다가 또 살아난다.'는 의미이다. '盈虛'는 '꽉 찼다가 또 비어진다.'는 의미이다.

이는 '天道'가 盛衰를 서로 전환(변화)시키는 철학적 이치를 예로 들어, 陰이 陽의 세력을 떨어뜨리기는 할지라도 역시 끝까지 오래 가지는 못할 것이라는 의미와 앞의 '順而止'를 계승하여 '군자'는 시세에 순응하여 '剝'道를 다스려야 할 것이라는 의미를 설명한 내용이다.

'剝의 시점에서, 시세에 순응하여 소인의 도를 멈추게 해야 할 것이다.'·'반드시 시기를 헤아려 변화를 따를 것이며 사물의 성품을 따라서 움직여야 할 것이다. 군자는 사물의 이치에 통하여 사라지고 살아나며 찼다가 비어지는 것을 귀하게 여겨야 할 것이다.' 『正義』

【번역飜譯】

〈彖傳〉에 이르되 : '剝'은 벗겨져 떨어진다는 의미이니, 비유해 본다면, 陰柔한 것이 점진적으로 침식해 들어가 陽剛의 본질을 변화시킨다는 것과 같은 의미이다. '앞으로 나아가는 데에서 이로움을 얻지 못할 것이다.'고 한 것은 小人의 세력이 한창 성장했다는 의미이다. 이때는 응당히 시세에 순응하여 소인의 도를 멈추게 해야 할 것이니, 이는 卦象을 관찰해 봄으로써 알 수 있는 바이다. 군자는 사라지고 또 살아나며 찼다가 비어지는 변화하는 철학적 이치를 숭상해야 할 것이니, 이것이 대자연의 운행규율이다.

〈象〉曰 : 山附於地, 剝. 上以厚下安宅.

【주석註釋】

山附於地, 剝 : ≪剝≫은 上卦 艮의 山과 下卦 坤의 地로 구성된 象이라는 의미이다.

산이 大地에 높이 멈추어 있다. 지금은 大地에 붙어 있으니 분명히 깎여 내려가게 될 것이다. 『集解·盧氏』

上以厚下安宅 : '上'은 '윗자리에 처한 자'를 뜻한다. '厚'·'安'은 모두 동사로 사용되어 '넉넉하고 많다.·정성을 쏟는다.'·'안정되다'는 의미이다. '下'는 '아래에 처한다.'는 의미로 '기초'·'근본'·'서민'에 비유한 내용이다.

이 구절은 '윗자리(上)'에 있는 자가 ≪剝≫의 卦象을 관찰해 본 후, '근본에 정성을 쏟아야 거처가 편안해 질 것이다.(백성들을 넉넉하게 해 주어야 자신의 지위를 안정시킬 수 있을 것이다.'·'무너져 내리는 것에 대비해야 할 것이다.'는 이치를 깨달았다는 의미이다.

> 군왕은 백성을 근본으로 삼는다. '근본에 정성을 쏟는다.'는 것은 군왕은 '위에서 평안하게 통치할 수 있다.'는 의미이다. 『折中·劉牧』

【번역翻譯】

〈象傳〉에 이르되 : 높은 山이 무너져 내려가서 大地에 쌓여 붙어 있다는 것은 '벗겨져 떨어지는 현상(剝落)'을 상징한 것이다. 위에 처한 자는 이를 본 받아, 기초를 튼튼하게 해야(근본에 정성을 쏟아야) 거처가 편안해 질 것이다.

【해설解說】

卦辭에서는 '剝'의 시점에서, 앞으로 나아가는 데에서 이로움을 얻지 못할 것이라고 강조했다. 이는 「大象傳」에서 평소에 마땅히 근본을 견고히 해 두어야 '剝'을 방지할 수 있을 것이다(백성들을 넉넉하게 해 주어야 자신의 지위를 안정시킬 수 있을 것이다.)는 뜻을 가리킨 내용이다. 이 두 곳에서 밝힌 시각은 비록 다르나 그들이 표현하고자 하는 이치는 기본적으로 통하고 있다. '安宅'이란? 역시 일종의 비유법으로 그 의미가 자못 감동적이다.

> '剝'의 의리 속에는 아래로부터 일어나고 있다는 의미를 함께 지니고 있다. 따라서 윗자리에 처한 자는 당연히 아랫사람을 풍요롭게 해 주고 평안하게 지낼 수 있게 해 줌으로써 '剝'의 이치를 방지할 수 있다는 뜻을 설명한 내용이다.(아래가 튼튼해야 만이 위가 잘 지탱되어 나아갈 수 있을 것이다). 『正義』

(䷖) 初六 : 剝牀以足, 蔑. 貞凶.

【주석註釋】

剝牀以足, 蔑 : '以'는 介詞이다.『經傳釋詞』에서는 '及과 같다.'고 했다. '蔑'은 '滅'과 통하며 '점진적으로 사라진다.'·'없어지다'·'깎아내다'는 뜻이다.

　이 두 구절은 初六爻가 陰爻로서 ≪剝≫의 제일 아래에 처하며 坤卦의 시작에 처한 것이, 큰 침상을 무너지게 할 때는 먼저 다리에서부터 시작하는 것과 같다는 뜻에 비유한 내용이다.

　　陰이 陽을 사라지게 하는 데에는 아래쪽에서부터 위쪽으로 향한다. 初六爻가 아래에 있음으로, 침상을 무너지게 하기 위하여 먼저 침상의 아랫부분인 다리를 없애는 象이다.『周易集說』

　　옛 날에 많은 학자들은 '蔑'字를 뒤 구절에 붙여서 '蔑貞凶'이라고 했다.

　　문장의 추세로 본다면 '蔑'字는 단독으로 읽는 것이 더욱 타당하다고 할 수 있다. 따라서『尚氏學』에서는 특별히 '蔑'字 자체를 한 句가 되게 했다. 이곳에서는 이를 따랐다.(六二爻도 이를 따랐다.)『集解·俞琰』

貞凶 : 이는 '정도를 굳건히 지켜 나아가면 흉함을 방지할 수 있을 것이다.(守正防凶)'는 의미이다. 初六爻는 처한 위치가 가장 낮으며 호응하는 자도 없으며 正位도 아니니 특별히 '정도(正)'를 향해 자신을 지켜 나아가야 만이 무너져 내리는 '흉함'을 방지할 수 있을 것이라고 경고한 내용이다.

　　'蔑'字는 '정도를 굳건히 지켜 나아가면 흉함을 방지할 수 있을 것이다.(貞凶)'는 의미이다.『王注』

이는 곧 '정도를 굳건히 지켜 나아가지 않으면 흉할 것이다.'는 것과 의미가 상통한다.

【번역飜譯】

初六爻 : 큰 침상을 무너지게 하기 위해서 먼저 牀足(침상의 다리)을 떼어 낼 것이니, 牀足은 반드시 사라질 것이다. 정도를 굳건히 지켜 나아가면 흉함을 방지할 수 있을 것이다.

〈象〉曰 : '剝牀以足', 以滅下也.

【번역飜譯】

〈象傳〉에 이르되 : '큰 침상을 무너지게 하기 위해서는 먼저 牀足을 떼어 낸다.'고 한 것은 가장 먼저 하부 기초를 없애버린다는 의미이다.

【해설解說】

'坤'은 만물을 싣고 있고 '침상(牀)'은 사람을 평안하게 싣고 있으니, 모두 아래에 있음으로 '발(足)'이라고 했다. 먼저 아래에서부터 부수어져 점진적으로 위에까지 미치게 되면 군왕의 정치는 붕괴되고 말 것이다. 따라서 '以滅下也'라고 했다. 『集解·盧氏』

이는 爻辭와 「象傳」을 함께 분명하게 해석한 내용이다.

(䷖) 六二 : 剝牀以辨, 蔑. 貞凶.

【주석註釋】

剝牀以辨, 蔑 : '辨'은 '침상의 아래와 위를 나누어 분리하는 부분(牀頭)'을 뜻한다. 『尚

氏學』에서는 『周禮·天官·少宰』에 의거하여 '廉辨이다.'고 했다. 杜子春은 '어떤 경우에는 "廉端"이라고 한다.'고 주석 했는데, 이는 '辨'과 '端'의 音이 비슷하여 통용되었기 때문이다. '端'이란? '머리(首)'를 뜻한다. '침상을 무너지게 하기 위해서 이미 牀頭를 떼어 내었다.'는 의미이다.

이는 六二 陰爻가 下卦 坤의 中位에 처한 것이 '牀頭', 즉 牀足과 牀架 사이에 처한 것과 같다는 의미이다. 初六爻 '足'은 이미 떨어져 나갔음으로 계속해서 牀頭를 떼어 내면 침상 모두가 곧장 무너져 내릴 것이다.

貞凶 : 앞 爻와 같은 의미이다. 이곳에서는 六二爻가 中位·正位에 처하나 '牀頭'를 떼어 내고(剝) 六五爻와 호응하지 않음으로 역시 정도를 굳건히 지켜 나아가야 만이 흉함을 방지할 수 있을 것이라고 경고한 내용이다.

【번역飜譯】

六二爻 : 큰 침상을 무너지게 하기 위해서 牀頭를 떼어 낼 것이니, 牀頭는 반드시 사라질 것이다. 정도를 굳건히 지켜 나아가면 흉함을 방지할 수 있을 것이다.

〈象〉曰 : '剝牀以辨', 未有與也.

【주석註釋】

未有與 : 六二爻가 六五爻와 서로 호응하지 않음으로 '凶'함이 있을 것이니 마땅히 '정도(貞)'를 굳건히 지켜 나아가야 한다는 의미이다.

'未有與(더불어 호응해 주는 자가 없다.)'라고 한 것은 六三爻에 이르면 호응한다는 의미이다. 따라서 六二爻는 '未有與'고 했다. 『集解·崔憬』

【번역飜譯】

〈象傳〉에 이르되 : '큰 침상을 무너지게 하기 위해서 牀頭를 떼어 낸다.'고 한 것은 六

二爻가 서로 도와주고 서로 호응해 주는 자를 얻지 못한다는 의미이다.

【해설解說】

'剝'의 시점에 당면하여, 위에서 아래를 도와준다면 '무너지는 상황(剝)'을 방지하거나 '무너지는 상황'을 막는 데에 유익할 것이다. 六二爻는 호응을 얻지 못하니 스스로 흉함을 방지해야 할 것이다.

六二爻는 陰柔로서 中位·正位에 처하니, 가령 위에 있는 陽剛의 도움을 얻는다면 즉 반드시 그에게 호응하며 그를 도움으로써 무너지지 않을 것이다. 오로지 그가 돕지 않음으로써 여러 陰의 무리들 가운데 섞여 무너지게 될 것이다. 만약 六三爻가 도와준다면 비록 六二爻의 中正같지는 않을지라도 재난은 없을 것이다. 『折中·龔煥』

(䷖) 六三 : 剝, 无咎.

【주석註釋】

剝, 无咎 :

어떤 책에서는 '剝之, 无咎.'라고 했으니, 이는 잘못된 것이다. 『釋文』

『尚氏學』에서는 '之'字를 「象辭」에서 나온 것으로 보고 '없는 것이 옳다.'고 했다.
이는 六三爻가 비록 '剝'의 시점에 처해, 그 몸체는 이미 무너져 陰을 성취시켰다고 할지라도 陽位에 처해 上九 陽剛爻와 호응함으로써 그 표면은 이미 무너진 것과 같아 보이나 내면은 오히려 陽質을 지속적으로 보존하고 있으니, '陽을 함유하고 있으면서 회복될 시기를 기다리고 있다.'는 의미이다. 따라서 '无咎'라고 했다.

≪剝≫의 여러 陰爻들이 말하는 '剝'은 모두 '본 爻가 剛을 변화시켜 스스로 剝하는 象을 하고 있다.'는 의미이다. 이는 즉 '陽'은 이미 모두 무너지고 '陰'을 성취시켰으니 앞으로 나아가 '다른 爻를 무너지게 하지 않는다.'는 뜻이다. 따라서 六三爻의 '剝' 역시 본 爻를 가리킨다. 『重定費氏學·馬其昶』

【번역飜譯】

六三爻 : 비록 무너지는 시점에 처해 있다고는 할지라도 오히려 재난은 없을 것이다.

【해설解說】

卦 가운데 많은 陰爻들은 '모두 陽을 무너지게 했으나' 六三爻는 홀로 上九爻와 호응하며 무너지게 할 의사를 가지고 있지 않음으로 재난이 없을 것이라고 했다. 『集解·荀爽』

이 의미가 자못 후세사람들의 기호를 맞추어 주고 있다.

〈象〉曰 : '剝之无咎', 失上下也.

【주석註釋】

失上下 : 六三爻가 六四爻나 六二爻와는 화합하지 못하고 오로지 上九爻와 호응하니, 이는 陽質을 몰래 함유하고 있기 때문이다. 따라서 '剝'의 시점에 처해있다고는 할지라도 오히려 '재난은 없을 것이다.(无咎)'고 했다.

아래위의 두 개 陰爻와 어울리지 못함으로 아래와 위를 모두 잃어버렸다(失上下)고 했다. 『尙氏學』

【번역飜譯】

〈象傳〉에 이르되 : '비록 무너지는 시점에 처해 있다고는 할지라도 오히려 재난은 없을 것이다.'고 한 것은 六三爻가 아래 위의 陰爻들과 떨어져 홀로 陽剛과 호응하고 있다는 의미이다.

(䷖) 六四 : 剝牀以膚, 凶.

【주석註釋】

剝牀以膚, 凶 : '膚', 원 뜻은 '피부'이나 본 구절에서는 '牀面'에 비유했다.

　　이는 六四爻가 陰爻로서 上卦의 시작에 처한 것이 큰 침상을 무너지게 하는 상태가 '牀面'까지 이른 것과 같다는 것으로, 즉 침상 전체가 곧장 무너져 내릴 상황이기 때문에 '흉할' 것이라고 했다.

　　'足'·'辨'·'膚'는 모두 침상을 의미한다. '膚'는 牀面을 뜻한다. 사람이 床面에 누우면 몸이 床面과 전부 밀착된다. 무너지는 것이 이곳까지 미쳤다는 것은 '재난에 접근했다.'는 의미이다. 『尙氏學』

　　그는 '膚'를 '人身'으로 해석했다. 즉 침상이 무너지는 상태가 牀面에 누워있는 사람의 신체 부분까지 미치었으니 패배감은 더욱 깊고 피해도 막심할 것이다. 『集解·王肅』

　　이와 같은 의미 역시 통한다.

【번역飜譯】

六四爻 : 큰 침상을 무너지게 하는데 무너지는 상황이 이미 牀面에 이르렀으니 흉할 것이다.

〈象〉曰 : '剝牀以膚', 切近災也.

【번역飜譯】

〈象傳〉에 이르되 : '큰 침상을 무너지게 하는데 무너지는 상황이 이미 牀面에 이르렀다.'고 한 것은 六四爻가 재난에 임박했다는 의미이다.

【해설解說】

六四爻까지 '무너지게 한다.(剝)'고 한 것은 침상의 몸체가 이미 완전히 무너져 내리는 지경에 임박했다는, 즉 牀面이 무너져 내리는 상황에 놓여있다는 의미이니 어찌 앉거나 누울 수가 있겠는가? 따라서 「象傳」에서 '切近災也'라고 했다. 그러나 '剝'이 극에 이르면 '다시 원점으로 돌아오는(復元)' 전환기 역시 따라오는 법이다. 六五爻의 '无不利'가 이 싹을 보여주고 있다.

(☷) 六五 : 貫魚以宮人寵, 无不利.

【주석註釋】

貫魚以宮人寵, 无不利 : '貫魚'란? '고기를 한 줄로 엮어 놓은 것'으로 다음의 '宮人'에 비유한 내용이다. '宮人'은 六五爻 아래의 여러 陰爻들을 비유한 것이다. '寵'이란? '宮人'이 군왕의 총애를 얻는다는 것을 의미하며 구절 가운데 생략된 '군왕'은 上九爻에 비유했다.

이 두 구절은 六五 陰爻가 존위에 처하며 '剝'이 극에 이르면 곧장 '원점으로 돌아오는(復)' 시점에 당면하여, 비록 자신은 六四 陰爻와 같이 이미 '剝'하여 陰을 성취시켰다고는 할지라도 그의 뜻은 陽을 받드는 데에 있음으로 '한 줄로 엮은(貫串)' 많은 陰爻들을 데리고 上九爻를 받들며 호응하며 '剝道를 전환시키고자 하는 象을 가지고 있는 것이 왕비가 군왕에게 총애를 받기 위해 목을 빼고 바라보고 있는 한 대열의 궁녀들을 이끌고 있는 것과 같음으로 비록 '剝'의 시점에 처해있다고는 할지라도 '이롭지 않는 바가 없을 것이다.(无不利)'고 했다.

무릇 ≪剝≫의 아래에서 이웃하는 다섯 개 陰爻들이 서로 머리를 나란히 하여 질서 정연하게 있는 것이 '새끼줄에 한 줄로 엮여있는(貫串) 생선'과 같다. 생선(魚)은 陰의 사물인 까닭에 여러 개의 陰爻에 비유했다. 무릇 '宮人'이란? 王后·夫人·嬪·妾이 각각 서열을 가지고 있어 서로 업신여기거나 질서를 어지럽히지 않으니, 이는 貴賤이 각각 자신들의 색채를 가지고 있다는 의미이며 군왕의 사랑을 받는 데에도 순서가 있다는 뜻이다. 六五爻는 이미 여러 陰爻들의 주인이 되어 순서대로 '엮어진 생선'을 소유하고 있음으로 '无不利'고 했다. 『集解·何妥』

【번역翻譯】

六五爻 : 한 줄에 엮여있는 생선과 같이 많은 궁녀들이 군왕에게 은총을 입고자 목을 빼고 늘어서 있으니 이롭지 않는 바가 없을 것이다.

【해설解說】

『周禮·天官冢宰·九嬪』에서 '女御(군왕의 침소를 섬기는 고귀한 女官) 팔십 한 명은 아홉 밤을 모시고 世婦(後宮의 女官 즉 妃嬪) 스무 일곱 명은 삼일 밤을 모시고 九嬪 아홉 명은 하루 밤을 모시고 三夫人도 하루 밤을 모시고 王后도 하루 밤을 모신다. 또한 보름 동안 회침을 하니 보름 후에 다시 돌아오게 된다.'고 했다. 『鄭玄注』

이곳에서 우리는 周朝內宮의 예의제도는 宮人이 매일 밤 세 명에서 아홉 명까지 군왕을 모신다는 것을 알 수 있다. 보름에 한 번씩 반복적으로 차례가 돌아온다. 그 가운데에서 '王后'는 가장 존엄한 신분이기 때문에 제일 뒤 서열에 있다가 혼자서 군왕과 하루 밤을 보낸다.(鄭注에서는 '신분이 낮은 자가 마땅히 먼저 모시고 신분이 높은 자는 마땅히 나중에 모신다.'고 했다.) 이 자료에 근거해 본다면, 본 爻에서 '貫魚以宮人寵'의 象을 채택한 것은 周朝宮嬪제도를 빌려서 비유한 것이다.

〈象〉曰 : '以宮人寵', 終无尤也.

【번역翻譯】

〈象傳〉에 이르되 : '많은 궁녀들이 군왕에게 은총을 입고자 목을 빼고 늘어서 있다.'고 한 것은 六五爻가 끝까지 잘못을 저지르지 않을 것이라는 의미이다.

【해설解說】

본 爻의 象은 매우 교묘하게 만들어졌다. 먼저 '새끼줄에 한 줄로 엮여있는 생선(貫魚)'을 '宮人'들에 비유했고 다시 '貫魚'와 '宮人'을 합하여 六五爻와 네 개 陰爻의 상황에 비유했다. 이는 중첩식 비유법을 사용한 것이라고 할 수 있다.

≪剝≫의 六五爻는 '陰이 생선을 한 줄로 엮어 君子를 받들고자 한다.'는 것과 같다. 『周易乾鑿度·孔子』

이는 매우 의미 깊은 비유법이다.

(䷖) 上九 : 碩果不食, 君子得輿, 小人剝廬.

【주석註釋】

碩果不食 : '碩'은 '大'이다. '不食'은 '따먹히지 않는다.'는 의미이다.

이 구절은 上九爻가 ≪剝≫의 마지막에 처하며 그 덕은 剛直하며 여러 爻들이 모두 '剝'이 陰을 성취시키는 시점에 처해 있으나, 혼자서 陽實을 보존함으로써 '큰 과일(碩果)'이 따먹히지 않고 있는 象을 하고 있다.

君子得輿, 小人剝廬 : '君子'·'小人'은 陽剛과 陰柔에 비유한 것이다. '得輿'는 '큰 수레에 올라탄다.'는 의미로, 즉 세상을 구제하니 '吉할 것이다.'는 것에 비유했다. '剝廬'는 '오두막집을 무너져 내리게 한다.'는 의미로 백성들을 해침으로써 '凶할 것이다.'는 것에 비유했다.

이 두 구절은 앞 구절의 의미를 이어 正反兩面의 비유법으로 설계하였다. 上九爻가 만약 '君子'로서 이 '큰 과일'을 얻는다면 '吉할 것이나' 만약 '小人'으로서 이 '큰 과일'을 훔친다면 '凶할 것이다.'는 의미이다.

≪剝≫의 가장 높은 곳에 처하며 剛直한 덕을 가지고 있음으로 많은 소인배들이 그를 해칠 수 없을 것이니, 이는 과일이 지극히 크게 되어 사람들에게 따먹히지 않게 될 것이라는 의미이다. 군자가 이곳에 처한다면 만백성들이 평안히 의지하게 될 것이니,

이는 백성들이 큰 수레에 올라타고 평안하게 살아가는 것과 같다는 의미이다. 소인이 이곳에 처한다면 여러 방면에서 제압할 수가 없게 될 것이니, 이는 만백성들의 오두막집을 무너져 내리게 하는 것과 같다는 의미이다. 『集解·侯果』

【번역飜譯】

上九爻 : 큰 과일이 따먹히지 않을 것이니, 군자가 그를 따면 수레를 몰아가서 세상을 구제하는 데에 사용할 것이나 소인이 그를 따면 (먹어버림으로써) 반드시 만백성들의 가정을 무너져 내리게 할 것이다.

〈象〉曰:'君子得輿', 民所載也. '小人剝廬', 終不可用也.

【번역飜譯】

〈象傳〉에 이르되 : '군자가 그를 따면 수레를 몰아가서 세상을 구제할 것이다.'고 한 것은 백성들이 이로 인해 그를 우러러 보며 의지한다는 의미이다. '소인이 그를 따면 (먹어버림으로써) 반드시 만백성들의 가정을 무너져 내리게 할 것이다.'고 한 것은 소인들은 끝까지 임용해서는 안 될 것이라는 의미이다.

【해설解說】

上九爻 한 개의 陽爻가 홀로 '剝'의 마지막에 처하여 큰 과일을 끝까지 보전하고 있는 것은 '剝'이 다하면 '돌아가게(復)' 되니 '군자'가 행동해야 하는 시기라는 의미이다. 특히 爻辭 '小人剝廬'에서 우리는 『易』의 작자가 특별히 '危辭'를 설정해 경고하는 깊은 뜻을 엿볼 수 있다.

【剝】 요점·관점

≪剝≫은 사물의 발전과정 가운데에서 '陽'이 '陰'에 의해 무너져 내리는 현상에 비유한 것이다. 마치 가을 기운이 스산해지니 만물의 껍질이 벗겨지고 잎이 말라 떨어

지는 9월의 정경을 한 폭의 그림으로 묘사한 것과 같다.

전체 卦의 요지는 '剝道를 잘 발양하는 것'이자 '剝'이 극에 달하면 반드시 '돌아오니(復)' 시세에 순응하여 '剝'을 멈추게 해야 할 것이라는 철학적 이치를 제시하고 있다.

卦辭 '不利有攸往'은, 이때는 반드시 삼가고 조심하며 자신의 분수를 지켜 '剝'을 전화시켜 陽으로 돌아오게 하는 기틀을 장악해야 할 것이라고 경고한 내용이다.

六爻 가운데 다섯 개의 陰爻가 아래쪽에 처하고 한 개의 陽爻가 제일 위에 처한 것은, 다른 비유대상을 통해 사물이 점진적으로 무너져 내리는 과정과 '剝'에 처했다가 '剝'을 전환시키는 규율을 의미한 것이다.

그 가운데에서 세 개 陰爻는 침상의 몸체를 사용하여 점진적으로 무너져 내리는 모습을 구상하여 설계했다.

初六爻는 牀足을 떼어 내었으며 六二爻는 牀頭를 떼어 내었으나 아직은 위험에 이르지 않았으니 모두 정도를 굳건히 지켜 나아가면 흉함을 방지할 수 있을 것이라고 경고했다. 六四爻는 牀面이 무너지는 경지에 이르렀으니, '牀面'에 오르면 곧장 무너져 내릴 것이기 때문에 흉할 것이라고 했다. 나머지 두 개 陰爻 즉 六三爻·六五爻는 비록 '剝'의 상황에 몸이 놓이기는 했으나 오히려 모두 '陽을 함유하고'·'剛의 뜻을 받들고 있기' 때문에 陽으로 돌아갈 것에 대한 기대를 품고 있다. 따라서 六三爻는 '재난이 없을 것이다.(无咎)'고 했고 六五爻는 '이롭지 않는 바가 없을 것이다.(无不利)'고 했다. 上九爻에 이르러서는, 극한 곳 즉 卦의 마지막에 처한 유일한 陽爻로서 사물이 남김없이 '무너져 내리면(剝)' 결국에는 곧장 회복될 것이라는 이치를 보여주었으며 그 '큰 과일(碩果)'이 혼자 남아있는 것으로 陽剛이 멸망하지 않았다는 象을 의미 깊게 제시해 주고 있다.

이는 한 편으로는 자연계와 인류사회가 '生生不息'의 객관적 규율을 가지고 있다는 것을 생동적으로 표현한 것이자 다른 한 편으로는 오로지 '君子'의 '陽剛' 성품이라야 만이 비로소 '碩果'로 하여금 새싹을 움트게 하는 生機를 작용시키게 할 수 있고 '剝'을 전환시켜 '復'이 되게 할 수 있다는 이치를 보여 준 내용이다.

'碩果不食'이란? '核(씨앗)'이자 '仁'을 뜻한다. 즉 살아나고 성장하는 것의 근원을 의미한다. 옛날부터 썩지 않는 나무뿌리는 없으니, 지속적으로 전해 내려오는 열매가 있다는 것은 이 '떨어진 것(剝)'이 '다시 살아나기(復)' 때문이다. 『折中·喬中和』

24. 復卦의 立體文型圖
복괘　　입체문형도

(☷☳) ≪復≫: 復. 亨. 出入无疾, 朋來无咎. 反復其道, 七日來復. 利有攸往.
　　　　복　 형　출입무질　　붕래무구　　반복기도　　칠일래복　　이유유왕

〈彖〉曰:'復,亨',剛反.動而以順行,是以'出入无疾,朋來无咎.''反復其道,
　단　왈　복　형　강반　동이이순행　시이　출입무질　붕래무구　　반복기도

七日來復',天行也.'利有攸往',剛長也.復,其見天地之心乎?
칠일래복　천행야　　이유유왕　　강장야　복　기현천지지심호

〈象〉曰:雷在地中,復.先王以至日閉關,商旅不行,后不省方.
　상　왈　뇌재지중　복　선왕이지일폐관　상려불행　후불성방

　　　　　　　•　　　•　　　•

(− −) 上六:迷復,凶,有災眚.用行師,終有大敗.以其國,君凶.至于十年
　　　상육　미복　흉　유재생　용행사　종유대패　이기국　군흉　지우십년

　　　不克征.
　　　불극정

〈象〉曰:'迷復之凶',反君道也.
　상　왈　미복지흉　　반군도야

(− −) 六五:敦復,无悔.
　　　육오　돈복　무회

〈象〉曰:'敦復无悔',中以自考也.
　상　왈　돈복무회　중이자고야

(− −) 六四:中行獨復.
　　　육사　중행독복

〈象〉曰:'中行獨復',以從道也.
　상　왈　중행독복　　이종도야

(− −) 六三:頻復,厲无咎.
　　　육삼　빈복　여무구

〈象〉曰:'頻復之厲',義无咎也.
　상　왈　빈복지려　　의무구야

(− −) 六二:休復,吉.
　　　육이　휴복　길

〈象〉曰:'休復之吉',以下仁也.
　상　왈　휴복지길　　이하인야

(—) 初九:不遠復,无祗悔,元吉.
　　　초구　불원복　무지회　원길

〈象〉曰:'不遠之復',以修身也.
　상　왈　불원지복　　이수신야

24 復卦

(䷗)《復》・錯(䷫)《姤》・綜(䷖)《剝》・互(䷁)《坤》

(䷗)《復》: 復. 亨. 出入无疾, 朋來无咎. 反復其道, 七日來復. 利有攸往.

【주석註釋】

䷗ : 卦象이다. 下卦 ☳ 震卦(雷・動)와 上卦 ☷ 坤卦(地・順)로 구성되었다. 우레가 大地 아래에서 진동하니, 즉 봄기운이 되살아나는 자연현상과 이치를 빌려와서 '회복하는' 현상과 이치를 상징했다.

復 : 卦名이다. '복원'・'회복'의 의미를 상징한다.

'復'이란? '근본으로 돌아온다.'는 의미이다. 여러 陰爻들이 陽爻를 침범하여 거의 없어진 경지에 이르렀으나 한 개의 陽爻가 아래에 와있음으로 돌아와서 회복할 것이라고 했다. 陽氣가 돌아와서 회복하면 서로 통할 것이기 때문에 '復, 亨.'이라고 했다. 『集解・何妥』

出入无疾 : '出'이란? '陽氣가 밖으로 성장해 나아간다.'는 의미이다. '入'이란? '陽氣가 안에서 살아난다.'는 의미이다. '无疾'이란? '근심할 일이 없을 것이다.'는 의미이다.

'出入'이란? '살아나서 성장한다.'는 의미이다. 안에서 다시 살아남으로 '入'이라고 했다. 외부로 성장해 나아감으로 '出'이라고 했다. 먼저 '出'이라고 한 것은 語順일 뿐이다. 陽氣가 살아 나오는 것은 외부로부터 시작되는 것이 아니고 안에서부터 살아 나오는 것이기 때문에 'ㅅ'이라고 했다. 또한 이르되 : 봄에 陽氣가 발동하고 陰氣의 차가운 기운이 꺾이는 것은 아침저녁으로 초목을 관찰해 보면 알 수 있는 바이다. '出入无疾'이란? '미미한 陽氣가 살아나서 성장해 나아가니 근심할 일이 없을 것이다.'는 의미이다. 『程傳』

朋來无咎 : '朋'은 陽을 뜻한다. 卦 가운데 한 개의 陽爻가 처음으로 움직이면서 위로 돌아가려고 하자 많은 陰爻들이 끌어당겨 친구가 되었음으로 '朋來'라고 했다. 陰陽이 서로 화합하니 '復'道가 성장해 나아갈(暢通) 것인 까닭에 '재난이 없을 것이다.(无咎)'고 했다.

'朋'은 '陽'을 뜻한다. 『王注』

陰은 陽을 친구로 삼는다. ≪剝≫의 위가 다하자 아래로 돌아왔음으로 '朋來'라고 했다. 陽이 陰을 만났음으로 '无咎'라고 했다. 『尚氏學』

反復其道, 七日來復 : '反復'이란? '陽剛이 본디로 회복한다.'는 의미이다. '道'는 '規律'을 뜻한다. '七日'이란? 태양이 움직이는 주기 '七'을 빌려서 '전환되는 시기가 신속하다.'는 바를 상징한 것이자 절대로 七日을 초과해서는 안 될 것이라는 의미도 가지고 있다. 이 두 구절은 '出入无咎, 朋來无疾.'의 의미를 계승해서 '陽復' 규율의 각도로부터 진일보하여 陽剛이 '본디로 회복하는(來復) 것이 신속하다.'는 의미를 설명한 내용이다.

靑銅器 銘文 가운데에 있는 周나라 초기 紀日法에 의하면, 달이 찼다가 기우는 규율에 의해 매달을 四分期로 나누었고 매기는 七日로 나누었다. 월초에서 월말까지를 '初吉'·'旣生覇'·'旣望'·'旣死覇'의 순서로 이름을 붙였다. 『觀堂集林卷一·生覇死覇考·王國維』

陽氣가 비로소 완전히 사라졌다가 다시 본디로 회복하는 시기가 무릇 七日이다. 『王注』

'七日來復'에 대한 학자들의 의견은 일치하지 않고 있다. 위의 해설 이외에 비교적 영향력 있는 3가지 해설을 소개해 보면 다음과 같다.

①『集解·侯果』: '十二消息卦'를 사용하여 말해 본다면, 陽은 ≪姤≫에서부터 사라

져 ≪剝≫을 통하여 ≪復≫에 이르기까지 七卦를 지나 다시 살아난다. 七卦는 본래 七月을 가리키며, '月'은 『詩經·豳風』에 '日'로 칭하였음으로 '七日'에 상당한다.

② 『易緯·稽覽圖』: 六十四卦 가운데 ≪坎≫·≪震≫·≪離≫·≪兌≫를 '四正卦'로 하고 四正卦의 24爻는 24절기를 주관하며 나머지 六十卦 360爻는 각 1日을 주관한다. ≪中孚≫에서 ≪復≫까지는 六日七分을 지나니 '七日'에 상당한다.

③ 『集解』: 李鼎祚는 '九月≪剝≫에서 陽이 소진되니 十月純≪坤≫이 권세를 마음대로 부리다 ≪坤≫이 다하면 ≪復≫에서 陽이 살아난다. ≪坤≫六爻에 ≪復≫初陽을 더하면 七爻가 되니 곧 七日에 상당한다.'고 했다.

利有攸往: 이는 앞 문장 '復, 亨.'의 의미를 중복한 내용이다. '회복'하는' 시점에, 陽剛의 기세가 발전하는데 순리적이며 장애물이 없음으로 '앞으로 나아가는 데에서 이로움을 얻을 것이다.(利有攸往)'고 했다.

陽氣가 바야흐로 성장하니 앞으로 나아가면 곧 소인의 도는 사라질 것이다. 『正義』

【번역翻譯】

≪復≫: 復卦는 회복을 상징한다. 형통할 것이다. 陽氣가 안에서 살아나서 밖으로 성장해 나아감으로 근심할 일이 없을 것이며 강건한 친구가 앞서 왔으니 재난이 없을 것이다. 돌아와서 회복할 때는 일정한 규율을 따를 것이며 절대로 七日을 넘기지 않고 반드시 돌아와서 회복의 시점에 이르게 될 것이다. 앞으로 나아가는 데에서 이로움을 얻을 것이다.

〈彖〉曰: '復, 亨', 剛反. 動而以順行, 是以'出入无疾, 朋來无咎.' '反復其道, 七日來復', 天行也. '利有攸往', 剛長也. 復, 其見天地之心乎?

【주석註釋】

剛反 : '陽氣가 회복한다.(陽復)'는 뜻이다. 즉 卦 아래에 있는 한 개의 陽爻가 회복하여 위로 올라갈 것이라는 의미이다.

動而以順行 : '動'은 下卦 震을 뜻한다. '順'은 上卦 坤을 뜻한다.

　　이는 下卦象과 上卦象을 취하여 '회복'의 시점에 당면해, 陽氣가 움직이니 순리적으로 진행될 수 있을 것이라는 바를 설명한 내용이다.

　　본 구절과 앞 구절의 '剛反'은 모두 卦辭 '亨'·'无疾'·'无咎'를 해석한 내용이다.

　　'剛反動而以順行'이란? 위의 '復, 亨.'을 해석한 내용이자 아래 '出入无疾, 朋來无咎.'의 이치를 해석한 내용이다. 『正義』

天行 : 이 구절은 卦辭 '反復其道, 七日來復.'을 해석한 내용이다.

　　天의 운행을 표준으로 삼아 돌아와서 회복하는 시간은 七日을 넘기지 않을 것이니, '회복이 신속하다.'는 의미이다. 『王注』

　　陰陽이 사라지고 살아나는 것은 天의 운행이 그러하기 때문이다. 『本義』

剛長 : 卦 가운데에서 '陽剛이 날로 성장한다.'는 뜻으로 卦辭 '利有攸往'을 해석한 내용이다.

　　'剛長'을 사용하여 '利有攸往'의 의미를 해석했다. 『正義』

其見天地之心乎 : '天地之心'이란? '天地는 만물을 살아나게 하여 양육시키는 것을 마음으로 삼는다.'는 의미이다.

　　이 구절은 ≪復≫의 큰 의미에 대한 감탄문이다.

　　天地의 마음은 움직이는 것에서 볼 수 있다. '復'은 한 개의 陽爻가 '아래에서 처음 움직인다.'는 뜻이다. 天地가 만물을 살아나게 하여 양육시키는 것은 이곳에다 근본을 두고 있기 때문이니 따라서 '天地之心'이라고 했다. 天地는 만물을 살아나게 하여 양육시키는 것을 마음으로 삼는다. 『易童子問』

【번역飜譯】

〈彖傳〉에 이르되: '회복하니 형통할 것이다.'고 한 것은 陽剛이 다시 소생하여 돌아왔다는 것을 의미한다. 陽氣가 움직여서 위로 회복하여 나아가니 순리적으로 성장해 나아갈 것인 까닭에 '陽氣가 안에서 살아나서 밖으로 성장해 나아감으로 근심할 일이 없을 것이며 강건한 친구가 앞서 왔으니 재난이 없을 것이다.'고 했다. '돌아와서 회복할 때는 일정한 규율을 따를 것이며 절대로 七日을 넘기지 않고 반드시 돌아와서 회복의 시점에 이르게 될 것이다.'고 한 것은 대자연의 운행법칙을 의미한다. '앞으로 나아가는 데에서 이로움을 얻을 것이다.'고 한 것은 陽剛이 날로 성장한다는 의미이다. 회복의 이치는 대개 天地가 만물을 살아나게 하여 양육시키는 마음의 씀씀이로 체현(體現)되고 있는 것이 아니겠는가?

〈象〉曰: 雷在地中, 復. 先王以至日閉關, 商旅不行, 后不省方.

【주석註釋】

雷在地中, 復: 이는 '≪復≫은 下卦 震의 雷象과 上卦 坤의 地象으로 구성되었다.'는 의미이다.

　　우레(陰陽의 두 電極이 만나 放電하여 울리는 소리)가 大地 가운데에서 대단히 요란하게 울린다. 陽氣가 본디로 회복하니 다시 천하가 환하게 빛나는 도다! 『折中·劉蛻』

至日閉關: '至日'은 '冬至'를 뜻한다. '閉關'은 '큰 대궐의 문을 닫는다.'는 의미이다.
　　이는 옛 '先王'들이 ≪復≫의 象을 본 받아, 冬至에 陽氣가 다시 살아날 때는 휴식을 취하면서 조용히 수양함으로써 진일보 발전하는 데에 이롭게 했다는 의미이다.

　　冬至 때는 병사들을 쉬게 하고 큰일을 일으키지 않고 대문을 굳게 닫고 행상을 하지

않는 까닭은 무슨 이유에서입니까? 이 날은 陽氣가 미약한 때이니, 군왕은 天地의 이치로 살아나는 사물의 뜻을 받들어야 함으로써 천하를 조용하게 통솔해야 할 것이며 부역도 보내지 말아야 할 것이며 미미한 기운을 잘 보양하여 만물의 성장을 성취시키는데 힘을 기우려야 할 것이기 때문이다. 『白虎通·誅伐篇』

商旅不行, 后不省方 : '后'는 '군왕'을 뜻하는 것으로 위 문장 '王'과 같은 의미이다. '省方'은 '四方을 살펴본다.'는 의미이다.

이 두 구절은 위 구절의 의미를 이어받아 天下가 조용하게 수양하면서 미미한 陽氣의 회복을 도와주는 이치를 다시 설명한 내용이다.

행상을 하지 않으며 天子에서 公侯에 이르기까지 사방의 일을 살펴보지 않고 오로지 陽體만을 도와 나아간다면 君의 도가 성취되는 곳에 이르게 될 것이다. 이를 바르게 하는 것은 王의 사업이며 이를 잘 奉行하는 것은 君의 사업이다. 따라서 위에서는 先王이라 했고 아래에서는 后라고 했다. 『集解·宋衷』

【번역翻譯】

〈象傳〉에서 말하기를 : 우레가 大地 가운데에서 미미하게 움직인다는 것은 陽氣가 회복하는 바를 상징한 것이다. 선대 제왕들은 이를 본 받아서, 미미한 陽氣가 처음 움직이는 冬至에는 대궐 문을 닫고 조용히 수양했으며 행상 객들은 먼 외부로 떠나지 않았으며 군왕 역시 사방을 순시하지 않았다.

【해설解說】

'至日'에 대해서는 다음과 같이 해석했다.

二至는 즉 冬至와 夏至이다. 대개 옛 날에는 冬至와 夏至를 가장 중요하게 생각했다. 『尙氏學』

冬至가 되면 관리들을 휴식하게 하고 오래 동안 노래를 부르면서 지내게 했다. 『漢書·薛宣傳』

'『易』五月≪姤≫用事', 先王 '施命令止四方行者.'라고 했는데, 이는 '夏至에도 역시 冬至와 같이 휴식하게 했다.'는 의미이다. 『後漢·魯恭傳』

(䷗) 初九：不遠復, 无祗悔, 元吉.

【주석註釋】

不遠復 : 이는 初九爻가 유일한 陽爻로 여러 陰爻 아래에 처하며 '復'의 시작으로 '復'道를 가장 많이 소유하고 있는 까닭에 '멀지 않아(不遠)' 곧 '회복(復)'할 象을 가지고 있다는 것을 의미한다.

> 멀지 않아 곧 회복할 것이며 후회할 조짐이 보이면 곧 돌아올 것이다. 이렇게 몸을 수양한다면 걱정할 일은 멀어질 것이다. 『王注』

无祗悔, 元吉 : '祗'는 '祇'가 잘못된 것이다. 이곳에서는 '재난'을 뜻한다.

> 鄭氏는 '病'이라고 했다. 『釋文』

이 두 구절은 初九爻가 '멀지 않아 회복하는(不遠復)' 좋은 곳에 처해있다는 것을 설명한 내용이다. 따라서 반드시 재난이 없을 것이고 후회도 없을 것이며 또한 크게 길할 것이라고 했다.

【번역翻譯】

初九爻 : 일어나서 움직이는 것이 멀지 않다는 것은 곧 정도를 회복할 것이라는 의미이며 반드시 재난과 후회가 없을 것이며 크게 길할 것이다.

【해설解說】

尚先生은 『尙氏學』에서 '祗는 祇가 잘못 기록된 것이다.'는 바를 상세하게 고증하였다. 그리고 또한 鄭玄이 '祗를 病이다.'고 해석한 것은 '『毛詩傳』에 근본을 둔 것이다.'고 인증했다. 이어서 '病은 재앙과 같은 것이다.'고 했다. ≪復≫은 '出入无疾'함으로 '재난과 후회가 없을 것이다.(无祗悔)'고 했다.

〈象〉曰 : '不遠之復', 以修身也.

【번역飜譯】

〈象傳〉에 이르되 : '일어나서 움직이는 것이 멀지 않다는 것은 곧 정도를 회복할 것이라는 의미이다.'고 한 것은 初九爻가 길한 것은 자신을 잘 수양하는 데에 있다는 의미이다.

【해설解說】

〈象傳〉에서 '修身'을 사용해 '不遠復'을 해석한 것은, 爻辭가 상징한 의미를 보다 잘 발양시킨 것이다. 「繫辭下傳」에서는 이 爻義를 '선하지 않다는 것을 깨달으면 다시는 행하지를 말아야 할 것이다.(知不善未嘗復行)'는 의미를 가지고 있다고 해석했다. 程頤는 이 논점에 근거해 다음과 같이 해석했다.

> 멀지 않아 회복할 것이라는 바는 군자가 자신의 몸을 수양하는 도로 삼기 때문이다. 학문의 도는 다른 것이 아니라 단지 그가 선하지 않다는 것을 깨달으면 서둘러 고쳐서 선한 것을 따르는 것일 뿐이다. 『程傳』

(☷) 六二 : 休復, 吉.

【주석註釋】

休復, 吉 : '休'는 '아름답다'는 의미이다.

이는 六二爻가 陽復의 시점에 당면하여, 柔한 성품으로 中位・正位에 처하며 初九 陽爻와 이웃한 것이 아래의 현인과 친밀하게 지내는 것과 같음으로써 '아름답게 회복할 것이며 길할 것이다.(休復, 吉.)'고 했다.

【번역飜譯】

六二爻 : 아름답게 회복할 것이며 길할 것이다.

〈象〉曰 : '休復之吉', 以下仁也.

【번역飜譯】

〈象傳〉에서 이르되 : '아름답게 회복할 것이며 길할 것이다.'고 한 것은 六二爻가 머리 숙여 나아가 어진 자와 친근하게 지낼 것이라는 의미이다.

【해설解說】

陽剛은 '仁'·'善'을 보유하고 있는 것을 상징한다. 六二爻는 '善'을 회복하여 '仁'과 친하게 지내는 것이 길할 수 있는 관건이다.

> 학문은 仁에 가까이 하는 것 보다 더 좋은 바가 없다. 이미 仁을 얻은 자라면 그와 친하게 지내야 할 것이며 그 선을 바탕으로 삼아 스스로 정진해야 할 것이며 힘들어도 괴로워하지 않는다면 학문은 아름다워질 것이다. 『朱子語類 · 朱熹』

(☷) 六三 : 頻復, 厲无咎.

【주석註釋】

頻復 : '頻'이란? '눈살을 찌푸린다.(顰蹙)'는 뜻이다. 즉 눈썹을 찌푸리면서(皺眉) 괴로워하는 象을 의미한다. 『集解·虞翻』의 注에서는 '頻'을 '얼굴을 찡그린다.'로 해석했다. 『王注』 역시 '얼굴을 찡그리는 모양이다.'고 해석했다. 『尙氏學』에서는 '頻은 古文 "顰"字이다.'고 했다.

이는 六三爻가 下卦의 위에 처하며 正位를 상실하여 호응하는 자가 없으며 위에서 올라타고 있는 자나 아래에서 받들고 있는 자 모두가 陰爻이니 만큼 '선으로 회복(復善)'하는 데에 많은 어려움이 있음으로 '눈살을 찌푸리면서 힘들게 회복하는 象'이라는 의미이다. 『程傳』에서는 '頻'을 '빈번'·'여러 번'으로 해석하고 있다.

厲无咎 : '비록 위험은 할지언정 재난은 없을 것이다.'는 의미로 ≪乾≫卦 九三爻 爻義와 대체로 같다.

　　이는 六三爻가 처한 위치가 많은 위험을 가지고 있으나 언행을 조심하고 삼가면서 힘써 노력한다면 '復'道를 행할 수 있음으로 재난은 없을 것이라고 경고한 내용이다.

　　그것이 위험하다는 것을 알고 힘써 노력하고 분발한다면 곧 재난은 없을 것이다. 『尙氏學』

【번역飜譯】

六三爻 : 눈살을 찌푸리면서 힘써 회복하니(많은 노력과 고생을 하여 비로소 회복할 것이니) 비록 위험은 할지라도 재난은 없을 것이다.

〈象〉曰 : '頻復之厲', 義无咎也.

【주석註釋】

義无咎 : '義'란? '善으로 회복하는 의리'를 뜻한다.

　　비록 위험은 할지라도 선으로 회복하는 의리가 있으니 재난은 없을 것이다. 『程傳』

【번역飜譯】

〈象傳〉에 이르되 : '눈살을 찌푸리면서 힘써 회복하니 비록 위험은 할지라도'라고 한 것은 六三爻가 선으로 회복하고자 노력하는 시각으로 본다면 재난은 없을 것이라는 의미이다.

【해설解說】

잘못을 고쳐 선한 곳으로 향한다면 비록 위험은 할지라도 재난은 없을 것이다. (李士鉁)

'가령 평안하게 이를 행한다.'는 것은 初九爻의 象이다. '가령 이로움이 있어 이를 행한다.'는 것은 六二爻의 象이다. '가령 고생스럽게 노력하여 이를 행한다.'는 것은 六三爻의 象이다. 『周易學說·禮記·中庸』

(䷗) 六四 : 中行獨復.

【주석註釋】

中行獨復 : '中行'이란? 六四爻가 다섯 개 陰爻 가운데에 처하며 正位에 처한 것이 '中位에 처하면서 正道를 실천한다.(居中行正)'와 같은 의미라는 것이다. '獨'은 '마음을 오로지 한 곳(회복하는 곳)에 전념한다.(專)'·'전심전력하다'와 같은 뜻이다.

이 구절은 여러 陰爻 가운데에서 오로지 六四爻만 初九爻와 호응하며 그 정성이 더욱 외곬적인 까닭에 '마음을 오로지 회복하는 곳에 전념한다.(獨復)'는 象을 가지고 있다는 의미이다.

六四爻는 다섯 개 陰爻 가운데에 처하며 법도에 맞게 행하며 그는 전념하여 初九爻와 호응하고 있다. 『漢上易傳·鄭玄』

【번역飜譯】

六四爻 : 中位에 처하며 정도를 실천하며 마음을 오로지 회복하는 곳에 전념하고 있다.

〈象〉曰 : '中行獨復', 以從道也.

【번역翻譯】

〈象傳〉에 이르되 : '中位에 처하며 정도를 실천하며 마음을 오로지 회복하는 곳에 전념하고 있다.'고 한 것은 六四爻가 正道를 따르고 있다는 의미이다.

【해설解說】

대개 ≪復≫이 復되는 까닭이 전적으로 初九爻에 있는 것은 사람의 첫 생각과 같은 것이다. 다섯 개 陰爻는 모두 이곳으로 돌아오면(復) 될 뿐이나 오로지 六四爻 만이 陰爻들 가운데에서 외곬 수로 바라보고 있는 까닭에 이 의미를 발휘했다. 『折中·繆昌期』

(䷗) 六五 : 敦復, 无悔.

【주석註釋】

敦復, 无悔 : '敦'은 '돈후하다'는 의미이다.

이는 六五爻가 柔한 성품으로 존위에 처하며 편애하지 않는 中道를 견지하며 돈후하며 스스로를 성찰하고 독실하며 정성을 다해 선을 향하고 있는 象이라는 의미이다. 비록 正位를 상실해 호응하지는 못한다고는 할지라도 역시 '돈후하며 독실하며 정성을 다해 회복하니(敦復)' '후회는 없을 것이다.(无悔)'고 했다.

돈후한 위치에 처하면서 中道를 실천하고 돈후한 위치에 처하면서 원망을 하지 않고 中道를 실천하면서 스스로를 성찰한다. 비록 '아름다운 회복(休復)'의 길함에 이르기에는 부족할지라도 '돈후함을 지켜 나아가 회복함으로써 후회는 없을 것이다.(敦復, 无悔.)'고 했다. 『王注』

【번역翻譯】

六五爻 : 돈후하며 독실하며 정성을 다해 회복할 것이며 후회는 없을 것이다.

〈象〉曰: '敦復无悔', 中以自考也.

【주석註釋】

自考 : '考'에 대해 『釋文・鄭玄』에서는 '성취하다(成)'는 뜻이라고 했고 『釋文・向秀』에서는 '성찰하다(察)'는 뜻이라고 했다. '自考'란? '스스로 반성하고 성찰하여 선으로 회복하는 도를 성취할 것이다.'는 의미이다.

【번역飜譯】

〈象傳〉에 이르되 : '돈후하며 독실하며 정성을 다해 회복할 것이며 후회는 없을 것이다.'고 한 것은 六五爻가 中位에 처하며 편애하지 않고 스스로 반성하고 성찰하여 선으로 회복하는 도를 성취할 것이라는 의미이다.

【해설解說】

六五爻와 初九爻는 이웃도 아니고 호응관계도 아니나 회복할 것이며, 힘써 배워서 알고 힘써 닦아서 행하는 자들이기 때문에 '自考'라고 했다. '自'란? '다른 사람이 한 번 할 때 자신은 백 번 한다.'는 의미이다. 대개 六五爻는 본래 陽爻와 멀리 떨어져 있으나 中位에 처하며 순응할 수 있음으로 六四爻로 인하여 스스로 돌아와 그 공적을 돈후하게 하여 스스로 성취할 것이다. 『周易淺述・陳夢雷』

(䷗) 上六 : 迷復, 凶, 有災眚. 用行師, 終有大敗. 以其國, 君凶. 至于十年不克征.

【주석註釋】

迷復, 凶, 有災眚 : '迷復'란? '갈림길에서 길을 잘못 들었으나 돌아갈 바를 알지 못한다.'는 뜻이다. '災眚'에 대해서는 다음과 같이 해석하고 있다.

> 재난 가운데에서 안으로부터 만들어지는 것을 '眚'이라 하고 밖으로부터 만들어지는 것을 '祥'이라고 한다. 사물을 해치는 것을 '災'라고 한다. 『釋文·鄭玄』

> '災'는 天災이며 외부로부터 만들어지는 것이다. '眚'은 자신이 잘못한 것, 즉 자신으로부터 만들어지는 것이다. 『程傳』

이 세 구절은 上六爻가 陰爻로 卦의 극한 곳에 처하며 初九 陽爻와 호응하지 않으며 위로 받드는 자가 없음으로써, 갈림 길에서 길을 잘못 들었으나 돌아갈 바를 알지 못하고 있는 象이기 때문에 '凶'할 것이며 '眚災'가 있을 것이라는 바를 설명한 내용이다.

> 갈림길에서 길을 잘못 들었으나 돌아갈 바를 알지 못하고 있으니 자신의 위치에서 움직이는 것은 모두 잘못되어 버린다. 재화(災禍) 역시 외부로부터 이르는 것이니, 대개 불러들이는 것이다. 『程傳』

用行師, 終有大敗. 以其國, 君凶 : '用'은 '시행하다'는 뜻이다. '以'는 '用'과 같은 뜻으로 사용된다. 『王注』에서는 '用'으로 해석했다.

이 네 구절은 앞의 문맥을 이어서, 上六爻가 이미 갈림길에서 길을 잘못 들어 돌아갈 바를 알지 못하니, 만약 병력을 움직이거나 나라를 다스린다면 반드시 머지않아 전패는 누적될 것이고 군왕을 해치게 될 것이라는 바를 설명한 내용이다.

> 갈림길에서 길을 잘못 들었으나 돌아갈 바를 알지 못하니 시행하지 않는 것이 옳을 것이다. 병력을 움직인다면 결국에는 크게 패할 것이다. 이와 같은 방법으로 나라를 위한다면 군왕은 흉함을 만날 것이다. 『程傳』

至于十年不克征 : '十年'에 대해 『程傳』에서는 '數의 마지막이다.'고 했다. 즉 '끝날 때까지 오래 간다.'는 의미와 같다. '征'은 앞으로 나아간다는 것으로 '일어나서 앞으로 발전해 나아간다.'는 의미이다.

'十'을 '盈數(꽉 찬 숫자)'라고도 하며 '마지막 숫자'라고도 한다. 이에 대한 해설 역시 다양하게 제시되나 가장 원시적인 해설 법은 인간의 손가락과 발가락이 十個이기 때문이다. 『白虎通』

이 구절은 앞의 문장을 총론적으로 마무리 지으면서, 만약 上六爻를 임용한다면 반드시 심각하고 엄중한 재난을 초래할 것이라는 뜻을 충분히 설명해 주고 있다.

'정복하여 나아갈 수 없다는 것은 일어날 수 없다는 의미이다.' · '나라의 군왕이 위협을 받으면 근본이 동요됨으로 그 흉함이 오랫동안 지속될 것이다.' 『尙氏學』

【번역飜譯】

上六爻 : 갈림길에서 길을 잘못 들었으나 돌아갈 바를 알지 못하니 흉할 것이며 재난을 만날 것이다. 만약 병력을 통솔하여 전쟁을 하는 데에 사용한다면 결국에는 참담한 전패만 누적될 것이다. 국정을 다스리는 데에 사용한다면 반드시 나라는 혼란해지고 군왕은 흉한 상황에 직면하게 될 것이다. 오랜 세월이 흐른다고 할지라도 역시 일어나서 발전해 나아갈 수 없을 것이다.

〈象〉曰 : '迷復之凶', 反君道也.

【주석註釋】

反君道 : '反'은 '위반하다'는 뜻이다. '陰'은 '臣'을 뜻하고 陽은 '君'을 뜻한다.
　　上六爻가 갈림길에서 길을 잘못 들었으나 陽으로 돌아갈 바를 알지 못하고 있음으로 '反君道'라고 했다. 『左傳 · 襄公28년』에서는 '迷復凶'을 '그 근본을 잊어 버렸으니 흉할 것이다.'고 해석했다.

陰이 陽을 따르지 않는다. 『重定費氏學』

【번역翻譯】

〈象傳〉에 이르되 : '갈림길에서 길을 잘못 들었으나 돌아갈 바를 알지 못하니 흉할 것이다.'고 한 것은 上六爻가 군왕 陽剛과의 道를 위반하고 무례한 활동을 하고 있다는 의미이다.

【해설解說】

'迷復과 不遠復은 서로 반대의 현상이다.'·'十年不克征 역시 七日來復과 서로 반대의 현상이다.'
『周易本義通釋·胡炳文』

上六爻는 더 이상 나아갈 곳이 없는 곳에 처하면서도 철두철미하게 '回復'의 道를 배반했음으로 爻辭에서 '凶'·'災眚'을 사용해서 경고했다.

【復】 요점 · 관점

≪復≫은 사물의 正氣가 회복하고 生機가 더욱 잘 발양되는 상황에 비유한 내용이다. 한 폭의 大地에 미미한 陽氣가 처음 발동하자 봄날이 막 도래하고 있는 정경을 그림으로 그려내고 있다. 즉 생명이 완전히 사라지지 않았을 때, 하나의 陽氣가 결국 다시 회복하는 것으로, '正道'가 부흥하는 것을 막을 수 없는 것이 자연의 규율이라는 것을 보여 주고 있다.

卦辭는 적극적으로 陽剛이 '회복'하는 시점에서는 순리적이며 장애물 없이 빠른 속도로 사물에게 이로움을 준다는 것을 제시하면서, '復'은 반드시 '亨'의 이치를 달성시킨다는 것을 보여 주고 있다.

卦 가운데 六爻를 살펴보면, 初九爻는 전체 卦가 '회복(復)'하는 근본이며 仁과 善을 깨닫게 하는 象이다. 「象傳」에서 '其見天地之心乎?'라고 한 것은, 즉 이 한 개 陽爻에 얽매여 있다는 의미이다. 이로 인해 네 개 陰爻는 무릇 初九 陽爻와 마음을 맞추면서 모두 '선으로 회복하여(復善)' 길하게 될 것이라고 했다. 六二爻는 初九爻와 이웃함으로 '下仁'의 아름다운 칭호를 가지게 되었다. 六四爻는 初九爻와 호응함으

로 '從道'라는 아름다운 명예를 가지게 되었다. 나머지 세 개 陰爻는 初九爻와 서로 마음을 맞추지는 못했으나 六三爻는 陽位에 처하여 '선으로 회복하기(復善)' 위해 노력을 많이 함으로써 '재난은 없을 것이다.(无咎)'고 했다. 六五爻는 존위에 처하여 돈후하며 독실하며 정성을 다하여 '선으로 회복함으로(復善)' '후회는 없을 것이다.(无悔)'고 했다. 오로지 上六爻 만이 初九 陽爻와의 道를 위반하고 무례하게 행동함으로써 갈림길에서 길을 잘못 들었으나 돌아갈 바를 알지 못하니, 결국에는 재난을 만날 것이라고 했다.

≪復≫은 陽剛의 성품을 빌려서 '美善'에 비유했다. 그것이 상징하는 의미는 '선을 향해 돌아가고 仁을 향해 나아간다.(復善趣仁)'는 것이다.

天地의 한 개 陽氣가 처음 움직인다는 것은 사람이 선한 생각을 싹 틔우고 있는 것과 같은 것이니, 이는 성인이 가장 중요하게 여기는 바이다. 『周易淺述·陳夢雷』

孔子는 顔回를 다음과 같이 칭찬했다.

선하지 않는 행위를 한 후에는 깨닫지 않는 법이 없었으니, 선한 행위가 아니라는 것을 깨달은 연후에는 다시는 행하지 않았다. 「繫辭下傳」

이는 본 卦에서 칭찬한 '復善'의 미덕을 구체적으로 표현한 내용이다.

25. 无妄卦의 立體文型圖

(䷘) ≪无妄≫: 无妄, 元亨, 利貞. 其匪正有眚, 不利有攸往.

〈彖〉曰: 无妄, 剛自外來而爲主於內, 動而健, 剛中而應. 大亨以正, 天之命也. 其匪正有眚, 不利有攸往. 无妄之往, 何之矣? 天命不祐, 行矣哉!

〈象〉曰: 天下雷行, 物與无妄. 先王以茂對時育萬物.

● ● ●

(—) 上九: 无妄, 行有眚, 无攸利.

〈象〉曰: '无妄之行', 窮之災也.

(—) 九五: 无妄之疾, 勿藥有喜.

〈象〉曰: '无妄之藥', 不可試也.

(—) 九四: 可貞, 无咎.

〈象〉曰: '可貞无咎', 固有之也.

(— —) 六三: 无妄之災. 或繫之牛, 行人之得, 邑人之災.

〈象〉曰: 行人得牛, 邑人災也.

(— —) 六二: 不耕獲, 不菑畬, 則利有攸往.

〈象〉曰: '不耕獲', 未富也.

(—) 初九: 无妄, 往吉.

〈象〉曰: '无妄之往', 得志也.

25 无妄卦

(☰☳)≪无妄≫·錯(☷☴)≪升≫·綜(☶☰)≪大畜≫·互(☴☶)≪漸≫

(☰☳)≪无妄≫: 无妄. 元亨, 利貞. 其匪正有眚, 不利有攸往.

【주석註釋】

☰☳ : 卦象이다. 下卦 ☳ 震卦(雷·動)와 上卦 ☰ 乾卦(天·健)로 구성되었다. 하늘 아래에서 우레가 진동하니 만물이 두려워서 벌벌 떠는 자연현상과 이치를 빌려와서 '거짓 행위를 하지 않는'·'분별없는 행위를 하지 않는' 현상과 이치를 상징했다.

无妄 : 卦名이다. '거짓 행위를 하지 않는다.(不妄爲)'는 의미를 상징한다. '无妄'의 뜻에 대해 「序卦傳」에서는 '거짓이 없다.(不妄)'로 해석했다.

　　'거짓을 해서는 안 된다.'고 했는데 이는 '거짓 행위를 해서는 안 된다.'는 의미이다. 『王注』

元亨, 利貞 : 이는 사물이 모두 '거짓 행위를 하지 않을 때' 형통할 것이며 정도를 굳건히 지켜 나아가는 데에서 이로움을 얻을 것이라는 의미이다.

　　사물은 모두 교묘한 꾀를 사용한 거짓 행위를 하지 않고 實理를 행해야 만이 크게 형통할 것이며 정도를 굳건히 지켜 나아가는 데에서 이로움을 얻을 것이다. 『正義』

其匪正有眚, 不利有攸往 : '匪'는 '非'와 통한다. '眚'은 '재난'을 뜻한다.
　　이 두 구절은 반면에 서서 조심하도록 훈계한 내용으로 '无妄'의 시점에 당면하여,

정도를 행하지 않는 자는 반드시 재난을 만날 것이며 앞으로 나아가는 데에서 이로움을 얻지 못할 것이라는 의미이다.

　　사물이 '거짓이 없다.'는 것은 마땅히 '정도로서 그것을 실천한다.'는 의미이다. 만약 그가 정도에 의지하지 않는다면 곧 재난을 만날 것이고 앞으로 나아가는 데에서 이로움을 얻지 못할 것이다. 『正義』

【번역飜譯】

≪无妄≫ : 无妄卦는 거짓 행위를 하지 않는 것을 상징한다. 크게 형통할 것이며 정도를 굳건히 지켜 나아가는 데에서 이로움을 얻을 것이다. 정도를 위반하는 자는 반드시 재난을 만날 것이며 앞으로 나아가는 데에서 이로움을 얻지 못할 것이다.

【해설解說】

『釋文·馬融·鄭玄·王肅』은 모두 '妄은 望과 같다.'고 했으며 '无妄은 곧 바라는 것이 없다.·희망을 가지지 않는다.'는 의미라고 했다.

　　오로지 그가 '거짓이 없다.(无妄)'는 것은 '바라는 것이 없기(无望)' 때문이다. '거짓 행위를 하지 않는 자(不妄爲)'는 반드시 '과분한 희망을 가지고 있지 않은 자이다.' '바라는 것이 없다.(无望)'는 것은 '거짓이 없다.(不妄)'는 의미이다. 『折中·邱富國』

〈彖〉曰 : 无妄, 剛自外來而爲主於內, 動而健, 剛中而應. 大亨以正, 天之命也. 其匪正有眚, 不利有攸往. 无妄之往, 何之矣? 天命不祐, 行矣哉!

【주석註釋】

剛自外來而爲主於內, 動而健 : '外'·'健'은 '乾이 外卦에 처한다.'는 의미이다. '內'·'動'은 '震이 內卦에 처한다.'는 의미이다.

    이 두 구절은 上卦象·下卦象을 가지고, 陽剛이 외부로부터 안으로 들어와 주인이 됨으로써 안과 밖 두 개의 몸체가 이미 震動할 수 있게 되었을 뿐만 아니라 또한 剛健함을 장악했음으로 '사물이 모두 감히 거짓 행위를 할 수 없게 되었다.'는 바를 설명한 내용이다.

    이는 卦象을 사용하여 '无妄'에 이를 수 있는 의미를 해석했다. 震의 剛이 외부로부터 들어와 안에서 주인이 되었다. 震은 動하며 乾은 健함으로 사물로 하여금 거짓을 없게 한다. 『正義』

    '震의 剛이 외부로부터 들어왔다.'는 것은 震의 한 개 陽爻는 外卦 乾의 '─', 즉 陽爻로부터 얻은 것이자 '長子'의 象이기 때문에 '안에서 주인이 되었다.'는 의미이다. 『正義』

고 했다.

剛中而應 : 이는 九五爻 陽剛이 中位에 처하며 下卦 六二爻와 호응한다는 의미이다.

    이 구절 또한 九五爻와 六二爻의 爻象을 사용하여 '无妄'의 의미를 해석한 내용이다.

    九五爻는 剛한 성품으로 中位에 처하며 六二爻가 이와 호응하니, 이것이 '剛中而應'이다. 剛한 성품으로 中位에 처하니 虛와 實을 단연히 나눌 수 있으며 '호응한다'는 것은 사물이 '순응한다'는 뜻이자 감히 '허위와 거짓을 하지 못한다.'는 의미이다. 『正義』

大亨以正, 天之命也 : '命'이란? '敎命', 즉 '명령'을 뜻한다.

    이 두 구절은 앞 문장의 문맥을 이어서 卦辭 '元亨, 利貞.'을 해석한 내용이다. '无妄'의 시기에는 형통할 것이며 반드시 정도를 굳건히 지켜 나아가는 것이 '天'의 '命'이니 만큼 어기거나 대항해서는 절대로 안 될 것이라는 의미이다.

    '위엄이 있고 강건하며 언행이 바르고 준엄하여 사욕을 행하지 않는데 어찌 거짓이라 할 수 있겠는가? 이는 天의 敎命이다.'·'원래 天命인데 어찌 범할 수가 있단 말인가?' 『正義』

天命不祐, 行矣哉 : '行矣哉'란? '결국에는 감히 이와 같은 거짓 행위를 하는구나!'라고 잘못을 꾸짖는 내용이다.

　이 두 구절은 앞 문장 '无妄之往, 何之矣.'와 함께 卦辭 '其匪正有眚, 不利有攸往.'을 해석한 내용이다.

　거짓을 해서는 안 되는 시기에 처했으나 바르지 못한 행동으로 나아가고자 한다면 장차 어떠한 일이 일어날 것인가? 天命이 돌보지 않는다는 것은 끝나 버렸다는 뜻이로다! 『王注』

【번역飜譯】

〈彖傳〉에 이르되 : 거짓 행위를 하지 않는다는 것을, 비유해 본다면, 陽剛한 자가 외부로부터 앞서 와서 내부의 주재자가 되었으며 그 위세가 진동할 뿐만 아니라 품성 또한 강건하며 剛한 성품으로 정도를 굳건히 지켜 나아가며 中位에 처하며 아래에 호응하여 화합하는 것과 같다는 의미이다. 이때는 크게 형통할 것이며 만물은 정도를 굳건히 지켜 나아갈 것이니, 이는 天의 敎命(명령)이 그렇게 되어있기 때문이다.(전해진 것이다.) 정도를 위반하는 자는 반드시 재난을 만날 것이며 앞으로 나아가는 데에서 이로움을 얻지 못할 것이다. 만물이 거짓 행위를 하지 않는 시점에서, 정도로부터 등을 돌리고 앞으로 나아간다면 어떠한 길에선들 걸을 수 있을 것인가? 天의 敎命이 도움을 주지 않을 진데 어떻게 감히 이와 같은 거짓 행위를 할 수 있단 말인가!

〈象〉曰 : 天下雷行, 物與无妄. 先王以茂對時育萬物.

【주석註釋】

天下雷行, 物與无妄 : '與'는 語氣辭이다. 이곳에서는 '모두'의 의미를 가지고 있다.

　이 두 구절은 《无妄》은 上卦 乾인 天과 下卦 震인 雷의 象으로 구성되었다는 것을 해석한 내용이다. 우레가 위엄스럽게 진동을 치니 사물은 모두 '감히 거짓 행위를 할 수가 없다.'는 의미이다.

'與'는 '皆(모두)'와 같은 뜻이다. 천하에 우레가 진동을 치니 사물이 모두 거짓행위를 할 수가 없다. 『王注』

先王以茂對時育萬物 : '茂'에 대해 『釋文』에서는 '성하다'·'무성하다'는 의미라고 했다. 이곳에서는 천하에서 우레가 진동을 치는 것이 '강성한 위세'와 같다는 것에 비유했다. '對'는 '배합'·'알맞게 섞어서 합한다.' 등의 의미이다. '對時'에 대해 『程傳』에서는 '자연의 사계절에 순응하여 합일한다.'고 해석했다.

이 구절은 '先王'이 ≪无妄≫의 卦象인 '하늘 아래에서 우레가 진동하는(天下雷行)' 강성한 위세를 본 받아, '자연의 사계절에 순응하여 만물을 양육하며 사물들로 하여금 각각 거짓 행위를 하지 못하게 했다.'는 것을 설명한 내용이다.

사계절에 순응하여 만물을 양육하는, 이 보다 더 성대한 것은 없을 것이다. 『王注』

【번역翻譯】

〈象傳〉에 이르되 : 하늘 아래에서 우레가 진동한다는 것은 만물이 삼가고 두려워한 나머지 모두 거짓 행위를 하지 않는다는 것을 상징한다. 선대 군왕들은 이를 본 받아, 하늘 아래에서 우레가 진동하는 것과 같은 강성한 위세를 사용하여 사계절(天時)에 순응하며 만물을 양육했다.

(☰) 初九 : 无妄, 往吉.

【주석註釋】

往吉 : 初九爻는 陽爻로 '无妄'의 사물로 처하며 陰爻의 柔한 성품 아래에 처하며 겸손하고 공손하며 거짓 행위를 하지 않는 象이다. 따라서 '앞으로 나아가면(往)' 반드시 '길할 것이다.'고 했다.

몸체가 강건한 상태로 아래에 처하며 존귀한 몸으로 천한 신분에 처하니 행위가 거짓을 범하지 않음으로 앞으로 나아가면 그가 뜻한 바를 성취할 것이다.『王注』

【번역飜譯】

初九爻 : 거짓 행위를 하지 않고 앞으로 나아가니 반드시 길할 것이다.

〈象〉曰 : '无妄之往', 得志也.

【번역飜譯】

〈象傳〉에 이르되 : '거짓 행위를 하지 않고 앞으로 나아간다.'고 한 것은 반드시 진취적인 뜻을 성취시킬 것이라는 의미이다.

【해설解說】

일이 시작되는 초기에 처함으로 겸손을 근본으로 삼으며 감히 거짓 행위를 하지 않은 것이, 즉 初九爻가 '앞으로 나아가면 길할 수 있는(往吉)' 중요한 인소이다.

이 爻는 ≪无妄≫ 전체 卦를 대표하는 의미로 충분하다. 下卦 震의 陽爻가 처음 움직이며 정성 하나 만을 지켜 나아갈 뿐인 까닭에 이를 '无妄'이라고 했다. 이러한 방법을 사용하여 앞으로 나아가면 天과 합일하는 활동을 할진데 어찌 길하지 않을 수가 있으리오?『折中·何楷』

(☲.) 六二 : 不耕獲, 不菑畬, 則利有攸往.

【주석註釋】

不耕獲, 不菑畬 : '菑'에 대한 해석은 다음과 같다.

처음으로 개간한 척박한 밭을 뜻한다. 이곳에서는 동사로 사용되어 '개간하다'와 같은 의미이다. 『爾雅·釋地』

즉 앞 구절의 '경작하다(耕)'와 통한다.
'畬'에 대해서는 다음과 같이 해석했다.

개간한 지 삼년이 된 밭을 '畬'라고 한다. 즉 경작을 여러 해 동안 함으로써 '이미 비옥해진 밭이 되었다.'는 의미이다. 『爾雅·釋地』

이 두 구절의 '不耕'·'不菑'는 모두 훈계하는 말로서 '不妄耕'·'不妄菑'와 같은 의미이다.
이는 六二爻가 '无妄'의 시점에 당면하여, 柔한 성품으로 中位·正位에 처하며 위로 九五爻와 호응하여 감히 거짓 행위를 하지 않으며 평안히 '臣道'를 지켜 나아가고 있음으로, 거짓 없이 착실하게 농사를 지으면 '수확'을 할 것이며 거짓 없이 착실하게 개간을 하면 '비옥한 밭'을 얻을 것이라는 바에 비유하였다. 따라서 '則利有攸往'이라고 했다.

柔하고 順한 성품으로 中位·正位에 처하며 시기에 맞추며 이치에 순응하며 사사로움이 없으며 희망을 품은 마음을 가지고 있기 때문에 '不耕獲, 不菑畬.'의 象이 되었다. 그것은 먼저 행동을 한다는 것도 아니며 나중에 바라는 것도 없다는 의미이다. 『本義』

【번역翻譯】
六二爻 : 논밭을 갈고 김을 매지 않으면 수확을 할 수 없고 개간에 힘을 쓰지 않으면 좋은 밭을 만들 수 없으니, 이와 같이 한다면 앞으로 나아가는 데에서 이로움을 얻을 것이다.

【해설解說】
'不耕獲'이란? '논밭을 갈고 김을 매지 않으면 수확을 할 수 없다.(不耕不獲)'는 의미이다. '不菑畬'란? '개간에 힘을 쓰지 않으면 좋은 밭을 만들 수 없다.(不菑不畬)'는 의미이다. 이러한 생략방식의 결구는 ≪大有≫ 初九爻 '无交害'가 곧 '无交无害'라고 한 것과 같다.

〈象〉曰 : '不耕獲', 未富也.

【번역飜譯】

〈象傳〉에 이르되 : '논밭을 갈고 김을 매지 않으면 수확을 할 수 없다.'고 한 것은 六二爻는 부귀를 도모하지 않는다는 의미이다.

【해설解說】

卦辭는 '无妄'의 시점에서, '匪正有眚, 不利有攸往.'이라고 지적했다. 六二爻는 편안하게 순리적으로 정도를 지켜 나아가며 거짓이 없고 탐욕도 없으며 위로 九五爻와 호응함으로써 '利有攸往'이라고 했다.

(䷘) 六三 : 无妄之災. 或繫之牛, 行人之得, 邑人之災.

【주석註釋】

无妄之災 : 이는 六三爻가 陰爻로 下卦의 마지막에 처하며 正位에 처하지 못하며 조급하게 움직이는 것이, 비록 거짓 행위는 하지 않는다고 할지라도 뜻밖의 재난을 불러올 가능성을 가지고 있다는 의미이다.

아래문장 세 구절은 길 가던 사람이 마음대로 소를 끌고 가버리자, 그 고을에 살던 사람들이 예기치 않았던 날벼락을 맞는 것과 같은 화를 입는 바에 비유하여 '无妄之災'의 상황을 설명한 내용이다.

뜻밖의 재난을 만났다는 것은, 길 가던 사람이 소를 몰고 가버리자 그 고을 사람들이 오히려 문책을 당하며 체포되는 어려움을 겪게 되는 것과 같다는 의미이다. 『本義』

【번역飜譯】

六三爻 : 거짓 행위를 하지 않았으나 오히려 재난이 초래될 것이다. 이는 어떤 사람이 한 마리의 농우를 메어 놓았는데 지나가던 사람이 마음대로 농우의 고삐를 움켜쥐고 끌고 가서 자기 것으로 만들어 버리자 그 고을에 살던 모든 사람들이 자연스럽게 곧장 문책을 당하고 체포를 당하는 날벼락을 맞는 것과 같은 재난을 만나는 바에 비유하였다.

〈象〉曰 : 行人得牛, 邑人災也.

【번역飜譯】

〈象傳〉에 이르되 : 지나가던 사람이 마음대로 농우의 고삐를 움켜쥐고 끌고 가서 자기 것으로 만들어 버린 것을, 그 고을에 살던 모든 사람들이 자연스럽게 곧장 문책을 당하고 체포를 당하는 날벼락을 맞는 것과 같은 재난을 만나는 것으로 설명했다.

【해설解說】

「雜卦傳」에 '≪无妄≫ 災也'라고 한 것은 六三爻에서 나온 것이다.

> 몸에 돌아오는 吉凶禍福의 운수가 항상 그러한 바이니, 내가 잘못하지 않았음에도 불구하고 이르는 것이 곧 '거짓 행위를 하지 않았음에도 불구하고 당하는 재난(无妄之災)'과 같은 것이다. 『關氏易傳 · 關朗』

(☰☳) 九四 : 可貞, 无咎.

【주석註釋】

可貞, 无咎 : 九四爻는 '군왕과 가까운' 위험한 곳에 처해 있으며 아래에서 더불어 호응해 주는 자도 없으니 근본적으로 재난을 가지고 있는 象이다. 그러나 陽으로 陰位에 처하며 九五爻와 가깝게 이웃하여 자신을 낮추어 군왕을 받들며 정도를 굳건히 지켜 나아가면서 '거짓 행위를 하지 않으니(不妄)' '재난이 없을 것이다.(无咎)'고 했다.

'无妄'의 시점에 당면하여, 陽爻로서 陰位에 처하며 剛한 성품으로 柔한 자 위에 처하여 겸손하며 유순하게 행동하며 지극히 존경하는(至尊) 자와 가까이 이웃해 있다. 따라서 직책을 바르게 수행할 수 있으며 정도를 굳건히 지켜 나아갈 수 있음으로써 재난이 없을 것이라고 했다. 『王注』

【번역翻譯】

九四爻 : 정도를 굳건히 지켜 나아갈 수 있음으로써 반드시 재난이 없을 것이다.

〈象〉曰 : '可貞无咎', 固有之也.

【번역翻譯】

〈象傳〉에 이르되 : '정도를 굳건히 지켜 나아갈 수 있음으로써 반드시 재난이 없을 것이다.'고 한 것은 九四爻가 정도를 굳건히 지켜 나아가야 만이 비로소 재난이 없는 상황을 오랫동안 보존해 나아갈 수 있다는 의미이다.

【해설解說】

九四爻는 正位을 상실했기 때문에 '정도를 굳건히 지켜 나아가야 만이' 비록 위험한 위치에 처했다고 할지라도 '재난이 없을 것이다.' 剛하나 柔할 수 있는 곳에 처하여 겸허함을 지키면서 거짓 행위를 하지 않는다. 만약 재난이 없는 상황을 오랫동안 보존해 나아가고자 한다면 반드시 시종일관 한 결 같이 이러한 태도를 지켜 나아가야만 할 것이다. 이것이 즉 「象傳」'固有之'의 의미이다.

(☳) 九五 : 无妄之疾, 勿藥有喜.

【주석註釋】

无妄之疾, 勿藥有喜 : 이는 '작은 질병은 치료하지 않아도 저절로 치유될 것이다.'는 이치를 빌려서 비유한 내용이다. 즉 九五爻가 '无妄'의 시점에 당면하여, 陽剛中正으로 존위에서 善政을 베푸니 그 아래의 모든 이들이 감히 거짓 행위를 하지 못한다는 의미이다. 가령 우연히 작은 재난을 만난다고 할지라도 역시 '妄'에서 생겨난 것이 아님으로써 치료하지 않고 그것이 저절로 사라지도록 기다리면 될 것이라는 의미이다.

九五爻는 존위에 처하며 '无妄'의 주인이며 아래에서 모두 '无妄'을 했음에도 불구하고 우연히 이 질병을 얻게 되었음으로 '无妄之疾'이라고 했다. 만약 질병을 스스로 초래한 것이거나 혹은 차고 더운 음식에 의해 초래되었다면 당연히 반드시 치료해 주어야 할 것이다. 만약 그것이 자연스럽게 발생한 질병이라면 본인이 초래한 것이 아님으로 질병은 당연히 저절로 사라질 것이니 반드시 약으로 치료하지 않아도 되는 기쁨을 누리게 될 것이다. 『正義』

【번역翻譯】

九五爻 : 거짓 행위를 하지 않았음에도 도리어 작은 질병에 우연히 감염되었으니 약물을 복용하지 않아도 곧장 저절로 치유되는 기쁨을 누리게 될 것이다.

〈象〉曰 : '无妄之藥', 不可試也.

【주석註釋】

不可試 : 이는 즉 약으로 치료해 보는 시험을 해서는 안 될 것이라는 의미이다.

약으로 다스린다는 것은 거짓이 있다는 뜻이다. 그러나 반대로 다스린다는 것은 거짓이 없다는 뜻인 까닭에 '不可試'라고 했다. 『王注』

【번역飜譯】

〈象傳〉에 이르되 : '거짓 행위를 하지 않았음에도 도리어 작은 질병에 우연히 감염되었으니 약물을 복용하지 않아도 될 것이다.'고 한 것은 아무렇게나 시험 삼아 복용해서는 안 될 것이라는(복용하지 말라는) 의미이다.

【해설解說】

六三爻에서는 '无妄之災'를 말했고 이곳에서는 '无妄之疾'을 말했다. '災'는 무거운 것이고 '疾'은 가벼운 것이다. 六三爻는 正位를 상실했고 아래에 처했으나 九五爻는 中位·正位에 처하며 존위에 있다. 따라서 六三爻는 재난을 만난다고 했으나 九五爻는 기쁨을 누리게 될 것이라고 했다.

이 爻의 질병은 六三爻의 재난과 같은 것이다. 그러나 이곳에서 '有喜'라고 한 것은, 剛한 성품으로 中正에 처하고 존위에 처하며 德位가 견고한 점이 六三爻와 다르기 때문이다. 『折中』

(䷘) 上九 : 无妄, 行有眚, 无攸利.

【주석註釋】

行有眚, 无攸利 : 이는 上九爻가 '无妄'의 가장 극한 곳에 처하여, 즉 시기가 다해 행동하기가 어려우며 움직이기만 하면 곧장 재난을 만나게 될 것이기 때문에 爻辭가 심각하게 경고하고 있는 내용이다. 비록 거짓 행위를 하지 않는다고 할지라도 '행동(行)'을 해서는 안 될 것이며 행동(行)을 하기만 한다면 반드시 '재난을 만날(有眚)' 것이기 때문에 '이로운 바가 없을 것이다.(无攸利)'고 했다.

거짓 행위를 해서는 안 되는 극한 곳에 처해 있으며 오로지 마땅히 조용하게 그 자신을 보존해야 할 뿐인 까닭에 행동을 해서는 안 될 것이라고 했다. 『王注』

　　上九爻는 '剛한 자 위에 앉아 명령을 거역하며' 正位를 상실한 행동을 함으로써 '이로운 바가 없을 것이다.'고 했다. 卦辭 '정도를 위반하는 자는 반드시 재난을 만날 것이며 앞으로 나아가는 데에서 이로움을 얻지 못할 것이다.(匪正有眚, 不利有攸往.)'고 한 것이 바로 본 爻를 가리킨 것이다. 『集解·虞翻』

【번역飜譯】

上九爻 : 비록 거짓 행위를 하지 않는다고 할지라도 시운이 다했으니 행동을 한다면 반드시 재난을 만날 것이며 이로운 바가 없을 것이다.

〈象〉曰 : '无妄之行', 窮之災也.

【번역飜譯】

〈象傳〉에 이르되 : '비록 거짓 행위를 하지 않는다고 할지라도 행동을 한다면 반드시 재난을 만날 것이다.'고 한 것은 시운이 다함으로 말미암아 통하기 어려운 상황에 처했으니 재난을 만날 것이라는 의미이다.

【해설解說】

　　上九爻는 사물이 극에 달하면 반드시 돌아오는 위치에 처해 있으니, 즉 천하의 '无妄'이 장차 '有妄'으로 전환 될 것이다. 이 시점에 당면하여, 천하는 '有妄'한데 유독 나 혼자만이 '无妄'을 행한다면 반드시 막혀서 통하지 못할 것이다. 따라서 上九爻 '行有眚, 无攸利.'는 실로 '時'가 불리해서 이르게 된 것에 속한다.

　　上九爻가 有妄한 것이 아니라 그가 궁극의 상황에 처함으로써 행해서는 안 될 뿐이다. 『本義·朱熹』

【无妄】 요점 · 관점

≪无妄≫의 요지는 일을 할 때 '거짓 행위를 하지 않는다.'는 것에 중점을 두었다. 卦辭는 정면과 반면으로 그 요지를 설명해 주고 있다. 먼저 만물은 '无妄'의 시점에서, 반드시 크게 형통할 것이며 정도를 굳건히 지켜 나아가는 데에서 이로움을 얻을 것이라고 했다. 다시 정도를 위반하는 자는 이 시점에서 반드시 재난을 만날 것이며 움직일 때마다 이로움을 잃게 될 것이라고 경고했다.

六爻의 상황은 모두 '거짓 행위를 하지 않는(不妄爲)' 象이다. 그러나 길하고 흉하고 이롭고 재난을 만나는 상황은 오히려 각각 서로 다르게 표현되고 있다. 즉 初九爻는 첫 걸음을 잘못 내딛지 않았으니 길할 것이라고 했다. 六二爻는 탐욕도 없고 거짓도 없이 평안하게 순리적으로 행하니 이로울 것이라고 했다. 六三爻는 거짓 행위를 하지 않았으나 오히려 재난이 초래될 것이라고 했다. 九四爻는 강한 성품으로 겸손함을 지켜 나아가며 거짓 행위를 하지 않음으로써 반드시 재난이 없을 것이라고 했다. 九五爻는 거짓 행위를 하지 않았음에도 불구하고 도리어 작은 질병에 우연히 감염되었으니 약물을 복용하지 않아도 저절로 치유될 것이라고 했다. 上九爻는 비록 거짓 행위를 하지 않는다고 할지라도 행동을 한다면 반드시 재난을 만날 것이라고 했다.

'六爻 가운데 어느 하나의 爻도 妄爲를 하지 않았음에도 불구하고 어떻게 좋고 나쁜 것이 이와 같이 현저하게 다를 수가 있단 말인가?'라는 질문에 대해 胡炳文은 다음과 같이 대답했다.

初九爻는 '길할 것이다.'고 했고 六二爻는 '이로움을 얻을 것이다.'고 한 것은 시기가 그러하기 때문이다. 六三爻는 '재난이 초래될 것이다.'고 했고 九五爻는 '작은 질병에 우연히 감염되었다.'고 했으며 上九爻는 '재난을 만날 것이다.'고 했는데, 이들은 잘못해서 이러한 경지에 이른 것이 아니라 역시 시기가 그러했기 때문이다. 初九爻와 六二爻가 모두 앞으로 나아간다는 것은 시기가 당연히 행동해야 할 시기라면 행동을 해야 한다는 의미이다. 九四爻는 '정도를 굳건히 지켜 나아갈 수 있음으로써 반드시 재난이 없을 것이다.'고 했고 九五爻는 '약물을 복용하지 않아도 곧장 저절로 치유되는 기쁨을 누리게 될 것이다.'고 했으며 上九爻는 '행동을 한다면 반드시 재난을 만날 것이다.'고 한 것 역시 시기가 당연히 조용히 해야 할 시기라면 조용히 해야 한다는 의미이다. 『周

『易本義通釋·胡炳文』

본 卦는 '만약 오랫동안 无妄을 보존하고자 한다면 해로운 곳을 피하고 이로운 곳으로 나아가야 할 것이다. 무릇 사물이 움직이고 조용히 하며 행동하고 멈추는 것은 시기를 살피고 형세를 헤아리지 않으면 안 될 것이다. 당연히 시기를 분별하는 것은 반드시 정도를 굳건히 지켜 나아가는 기초 위에서 이루어지는 것이다. 일단 정도를 상실해 버리면 이로운 바가 없을 것이다.'고 생각했다.

이는 卦辭 '정도를 위반하는 자는 반드시 재난을 만날 것이다.(匪正有眚)'는 의미를 밝힌 내용이다.

≪无妄≫에서는 비록 재난과 복이 오고가는 것이 일정하지 않다고는 할지라도 자신을 지켜 나아가는 자는 '正'에 이롭지 않게 해서는 안 될 것이라고 지적했다. 『朱子語類·朱熹』

예가 아닌 것은 보지 말 것이며 예가 아닌 것은 듣지 말 것이며 예가 아닌 것은 말하지 말 것이다. 『論語·顏淵』

주자와 공자의 말은 실로 ≪无妄≫의 의미와 자못 상통한다고 할 수 있다.

26. 大畜卦의 立體文形圖
　　　대축괘　　입체문형도

(䷙) ≪大畜≫: 大畜. 利貞. 不家食吉. 利涉大川.

〈彖〉曰: 大畜, 剛健篤實, 輝光日新其德. 剛上而尙賢, 能止健, 大正也. '不家食吉', 養賢也. '利涉大川', 應乎天也.

〈象〉曰: 天在山中, 大畜. 君子以多識前言往行, 以畜其德.

• • •

(—) 上九: 何天之衢, 亨.

〈象〉曰: '何天之衢', 道大行也.

(— —) 六五: 豶豕之牙, 吉.

〈象〉曰: 六五之吉, 有慶也.

(— —) 六四: 童牛之牿, 元吉.

〈象〉曰: 六四 '元吉', 有喜也.

(—) 九三: 良馬逐, 利艱貞. 曰閑輿衛, 利有攸往.

〈象〉曰: '利有攸往', 上合志也.

(—) 九二: 輿說輹.

〈象〉曰: '輿說輹', 中无尤也.

(—) 初九: 有厲, 利已.

〈象〉曰: '有厲利已', 不犯災也.

26 大畜卦

(☰☶) ≪大畜≫・錯(☷☱)≪萃≫・綜(☳☰)≪无妄≫・互(☳☱)≪歸妹≫

(☰☶) ≪大畜≫ : 大畜. 利貞. 不家食吉. 利涉大川.

〔주석註釋〕

☰☶ : 卦象이다. 下卦 ☰ 乾卦(天・健)와 上卦 ☶ 艮卦(山・止)로 구성되었다. 乾卦는 陽剛의 강건하고 나아가고자 하는 성품이고 艮卦는 멈추게 한 후 독실하게 바르게 꾀해주는 성품을 가지고 있음으로 乾卦가 독실한 艮卦에 의해 乾의 나아가고자 하는 성품을 저지당한 채 스스로의 덕을 양육하는 현상과 이치를 상징했다.

大畜 : 卦名이다. '크게 바르고 독실한 자가 덕을 양육한다.'는 의미를 상징한다.

'畜'은 다음 세 방면의 의미로 새길 수 있다.

① '畜聚', 즉 '덕을 쌓아 모은다(덕을 양육한다.)'・'저축하여 모은다'
② '畜止', 즉 '붙들어 놓고 양육한다.'・'모아서 머무르게 한다.'・'멈추게 한 후 양육한다.'
③ '畜養', 즉 '현인을 양육 한다.'・'가축을 기른다.'

'畜'은 '聚', 즉 '모으다'・'여러 사람이 모이다.'는 의미를 근본으로 삼는다. '大畜'은 그 의미를 '양육하여 크게 되게 한다.'・'양육의 성과가 크다.'・'모은 것이 크게 되었다.(所畜至大)'는 것에서 가져온 것이다.

모은 것이 크게 되었다. 『本義』

利貞 : '大畜'의 시점에서는, '정도'로서 사물을 양육하면 양육되는 자 역시 '바르게 되는데' 이로울 것이기 때문에 '정도를 굳건히 지켜 나아가는 데에서 이로움을 얻을 것이다(利貞)'고 했다.

不家食吉 : '家'는 형상을 표현한 말(狀語)과 같이 사용했다. '不家食'은 현인으로 하여금 집안에서 몸소(친히) 음식을 먹게 하지 말고 조정에 널리 모이게 해야 할 것이라는 의미이다.

　　이 구절은 현인을 선별 채용하여 양육하는 것에 비유한 것으로. 즉 '大者'는 반드시 현인을 '양육해야 한다.(畜)'는 뜻을 설명한 것이자 앞 문장의 '大畜, 利貞.'의 의미를 다시 한 번 상기시킨 것이다.

　　독실한 자가 양육할 수 있는 밑천을 가지고 있다면 반드시 현인으로 잘 양육하여 따를 것이며 현인으로 하여금 집안에서 몸소(친히) 음식을 먹게 하지 말아야 할 것이다. 이와 같이 한다면 길할 것이다. 『正義』

　　조정에서 食祿을 받는다면 집안에서 밥을 먹고 있지 않을 것이다. 『本義』

利涉大川 : 이는 '大畜'의 시점에서, 만약 정도를 굳건히 지켜 나아가면서 현인을 양육한다면 반드시 거센 물결이 도도히 흐르는 험난한 큰 하천을 건너는 데에서 이로움을 얻을 것이라는 의미이다.

　　풍년일 때 현인을 양육하는 것은 天道에 호응하는 것으로 험난한 것을 근심하지 않아도 될 것이니 '利涉大川'이라고 했다. 『正義』

【번역飜譯】

≪大畜≫ : 大畜卦는 크게 바르고 독실한 자가 양육하는 것을 상징한다. 정도를 굳건히 지켜 나아가는 데에서 이로움을 얻을 것이다. 현인으로 하여금 집안에서 몸소(친히) 음식을 먹게 하지 않으면 길할 것이다. 거센 물결이 도도히 흐르는 험난한 큰 하

천을 건너는 데에서 이로움을 얻을 것이다.

【해설解說】

집안에서 몸소(친히) 음식을 먹게 하지 않는다는 것은, 현인은 집안에서 양육하는 것이 아니라 조정에서 양육을 해야 한다는 의미이다. 거센 물결이 도도히 흐르는 험난한 큰 하천을 건넌다는 것은 또한 양육이 극에 달하면 통한다는 의미와 같다. 이를 요약해 본다면, 두 개의 '利'字와 한 개의 '吉'字는 占辭가 저절로 세 개로 나누어진 것이니, 반드시 붙여서 그것을 하나로 되게 할 필요는 없는 것이다. 『周易本義通釋·折中·胡炳文』

이는 卦에서 象을 본 떠 세 방면으로 분석해 본 내용이다.

〈象〉曰 : 大畜, 剛健篤實, 輝光日新其德. 剛上而尚賢, 能止健, 大正也. '不家食吉', 養賢也. '利涉大川', 應乎天也.

【주석註釋】

剛健篤實, 輝光日新其德 : '剛健'이란? 下卦 乾이 '지조가 굳세고 꿋꿋하다.'는 의미이다. '篤實'이란? 上卦 艮이 '조용하게 멈추어서 돈후하고 성실하다.'는 의미이다.

이는 下卦象·上卦象을 가지고, '大畜'의 시점에서 사물을 양육하는 자는 '강건'·'독실'해야 만이 양육되는 자가 '아름다운 덕을 밝게 발휘할 수 있을 것이다.'는 바를 설명한 내용이다. 이는 卦義의 아름다움을 극찬한 것이다.

무릇 사물이 이미 싫어져서 물러난 자를 弱한 자라고 한다. 이미 번영했다가 기울어진 자를 薄한 자라고 한다. 무릇 '그 덕을 밝혀 나아가 날로 새롭게 하는 자'는 오로지 '剛健하고 篤實한 자' 일 뿐이다. 『王注』

剛健은 乾이며 乾體는 강한 성품으로 굳세고 꿋꿋함으로 '剛健'이라고 했다. 篤實은 艮이며 艮體는 조용하게 멈추어 있음으로 '篤實'이라고 했다. 『正義』

『釋文』鄭玄注에서는 '日新에서 구절을 끊고 "其德"은 아래구절에 연결시켜야 한다.'고 했다. 이곳에서는『王注』의 斷句法을 사용했다.

剛上而尙賢 : '剛'은 上九爻를 뜻한다. 즉 上九爻가 위에서 아래의 현인을 예우하는 것에 비유했다. '尙'은 '숭상하다'는 의미이다.

　　이는 上九爻象을 사용하여 ≪大畜≫이 '현인을 양육한다.(畜賢)'는 의미를 가지고 있다는 것을 설명한 내용이다.

　　　上九爻를 뜻한다. 그는 上卦에 처하며 크게 통하여 강한 자가 닦아 와도 거절하지 않으니, 이것이 '현인을 숭상한다(尙賢)'는 의미이다.『王注』

能止健, 大正也 : '止'는 '抑止하다'·'붙들다'·'머무르다'는 뜻이다. 즉 上卦 艮이 '止'의 의미를 가졌다는 것이다. 이곳에서는 '바르게 꾀해 준다.(規正)'는 뜻으로 사용되었다. '健'은 下卦 乾을 뜻한다. '大正'은 '지극히 큰 正道'를 의미한다.

　　이 두 구절 또한 上卦象·下卦象을 사용하여 '大畜'의 시점에서, 강건함을 바르게 꾀해 줄 수 있음으로 '지극히 큰 정도(至大正道)'를 실현할 것이라는 뜻을 설명한 내용이다. 그 뜻은 앞 세 구절을 이은 것이며 아울러 卦名 '大畜'과 卦辭 '利貞'을 해석한 내용이기도 하다.

　　　강건한 것으로는 乾보다 더한 것이 없음에도 불구하고 그를 바르게 꾀할 수 있으니 무릇 '크게 바르지' 않는 자라면 그렇게 할 수 없는 바이다.『王注』

養賢 : 이는 卦辭 '不家食吉'을 해석한 내용이다.

　　　'大畜'의 실재는 大畜의 의미를 사용하여 현인을 양육하는 것이며 현인으로 하여금 집에서 밥을 먹게 하지 않아야 길할 것이라는 의미이다.『王注』

應乎天 : 이는 卦辭 '利涉大川'을 해석한 내용이다.

　　　현인을 숭상하는 제도가 튼튼하면 크고 바르게 天道에 호응할 수 있음으로 험난한 것을 근심하지 않아도 되는 까닭에 '利涉大川'이라고 했다.『王注』

【번역飜譯】

〈彖傳〉에 이르되 : 크게 바르고 독실한 자가 양육한다는 것은, 강건 독실한 자가 양육하는 것을 그치지 않으니 그의 아름다운 덕을 밝혀 나아가는 바가 나날이 새로워진다는 것과 같은 의미이다. 또한 陽剛한 자가 위에 처하여 현인을 숭상하며 강건한 자를 바르게 꾀하니, 이것이 지극히 큰 正道라는 것과 같은 의미이다. '현인으로 하여금 집안에서 몸소(친히) 음식을 먹게 하지 않으면 길할 것이다.'고 한 것은 현인을 양육해야 한다는 의미이다. '거센 물결이 도도히 흐르는 험난한 큰 하천을 건너는 데에서 이로움을 얻을 것이다.'고 한 것은 행동이 '天(자연)'의 규율에 순응한다는 의미이다.

【해설解說】

'畜'은 세 가지의 의미를 가지고 있다. 즉 '蘊畜'으로서의 의미, 이는 '덕을 양육한다.'는 뜻이다. '畜養'으로서의 의미, 이는 '현인을 양육한다.'는 뜻이다. '畜止'로서의 의미, 이는 '멈추게 한 후 바르게 양육한다.'는 뜻이다. '剛健篤實, 輝光日新其德.'은 이곳에서 '蘊畜'의 훌륭함을 의미한다. '현인을 양육하여(養賢)' 모든 백성에게 그 덕을 미치게 한다는 것은 '畜養'이 훌륭하게 되었다는 의미이다. 천하가 지극히 강건하게 되는 것을 굳세고 부지런히 하는 것, 그리하여 六四爻와 六五爻도 그들을 양육하였다. 이것은 畜止가 훌륭하게 되었다는 의미이다. 따라서 「彖傳」은 이 세 가지의 의미를 모두 겸해서 설명했다. 『折中‧鄭汝諧』

〈象〉曰 : 天在山中, 大畜. 君子以多識前言往行, 以畜其德.

【주석註釋】

天在山中, 大畜 : ≪大畜≫의 下卦 乾은 天이고 上卦 艮은 山의 象이라는 뜻을 설명한 내용이다.

멈추어 있는 것 가운데 산보다 더한 것은 없고 큰 것 가운데 하늘보다 더한 것은 없다. 하늘이 산 가운데에서 둘러싸여 있으니 '大畜'의 형상이다. 『集解‧向秀』

多識前言往行, 以畜其德 : '識'은 '표시하다'·'적다'·'기억하다'는 뜻이다. '前言往行'은 앞 시대 성현들의 언행을 의미한다.

　이 두 구절은 '군자'는 ≪大畜≫의 卦象을 본 받아, '앞 시대 성현들의 언행'을 많이 기억해 두었다가 아름다운 품 덕을 양육하는 데에 사용해야 할 것이라는 의미이다.

　　사람들 덕이 쌓이고 양육되는 것은 학문으로 인해 크게 되는 바이다. 앞 시대 성현들의 덕담과 덕행을 많이 듣고 옛 유적들을 고찰하여 그 용도를 관찰하고 말씀을 살펴서 그 마음을 구하고 그것을 기억하고 깨닫는다면 그 덕을 양육하여 완성시킬 수 있을 것이다. 『程傳』

【번역飜譯】

〈象傳〉에 이르되 : 하늘이 산 가운데에서 둘러싸여 있다는 것은 크게 바르고 독실한 자가 양육한다는 바를 상징한다. 군자는 이를 본 받아, 앞 시대 성현들의 언행과 사적들을 여러 방면으로 기억해 두었다가 현인들의 아름다운 품 덕을 양육하는 데에 사용해야 할 것이다.

【해설解說】

≪大畜≫의 卦形을 '하늘이 산 가운데에서 둘러싸여 있다.'고 한 것은 현실 가운데에서는 존재하지 않는 일로서 허구적인 것에 비유한 象이다.

　　반드시 실재로 그 일을 있게 할 필요는 없다. 단지 그 象을 사용하여 말한 것일 뿐이다. 『本義』

「大象傳」의 '多識前言往行, 以畜其德.'은 고대 교육이론 가운데에서 자못 영향력을 과시했던 관점이다. 그 요지는 『尚書·說命下』의 '學古'·'師古'와 『禮記·曲禮上』의 '博聞强識' 그리고 『論語·子張』의 '博學篤志' 등의 여러 설법과 상통한다.

(䷙) 初九 : 有厲, 利已.

【주석註釋】

有厲, 利已 : '厲'는 '위험하다'는 뜻이다. '已'는 '멈추다'는 뜻이다.

　　이는 初九爻가 '大畜'의 시점에 처하여, 陽德이 미약하자 六四爻가 멈추게 하여 양육하도록 도와줌으로써 정도를 꾀할 수 있게 될 것이라는 의미이다. 이때에 만약 나아가는 것을 서두른다면 '위험할 것이나' 잠시 멈춘 채 앞으로 나아가지 않고 자신의 덕을 스스로 양육한다면 '이로울 것이다.'는 의미이다.

　　六四爻가 자신의 덕을 양육하도록 해 주는데 거역하는 것은 옳지 않다. 앞으로 나아가면 재난을 만날 것이니, 위험하면 멈추어야 할 것이다. 따라서 '잠시 멈추고 나아가지 않는 데에서 이로움을 얻을 것이다.(利已)'고 했다. 『王注』

【번역飜譯】

初九爻 : 위험이 있을 것이니 잠시 멈추고 나아가지 않는 데에서 이로움을 얻을 것이다.

〈象〉曰 : '有厲利已', 不犯災也.

【번역飜譯】

〈象傳〉에 이르기를 : '위험이 있을 것이니 잠시 멈추고 나아가지 않는 데에서 이로움을 얻을 것이다.'고 한 것은 재난이 앞으로 나아가는 데에 있을 것이니 돌진하지 말라는 의미이다.

【해설解說】

　　陽剛이 아래에 처하니, 멈추어서 양육당해야 하는 시점에서는 반드시 '정도를 꾀하게 해주는 바'를 받아들여야만 한다. 이것이 初九爻가 '이롭게 되는' 전제조건이다.

　　乾의 세 개 陽爻는 艮이 멈추게 하였으니,(멈추어 양육하게 하였으니) 따라서 내외의 卦가 각각 그 의미를 취했다. 『本義 · 朱熹』

(䷙) 九二 : 輿說輹.

【주석註釋】

輿說輹 : '說'은 '脫'과 통한다. 이곳에서는 '빠지다'·'떨어지다'는 뜻이다. '輹'에 대해 『說文』에서는 '수레 굴대가 묶였다.'고 했다. 즉 輪輹(굴대의 중앙 車箱과 굴대를 연결하는 물건)을 뜻한다. 車箱아래 수레 굴대의 좌우 양단에 있는 차체(車體), 즉 車箱과 굴대를 연결하는 伏兎를 말한다.

이 구절은 큰 수레가 脫輹하여 굴러갈 수 없는 것을 사용하여, 九二爻가 大畜의 시점에 당면하여 陽剛으로 下卦의 中位에 처하자 六五爻가 멈추게 하여 양육하도록 도와줌으로써 정도를 꾀할 수 있게 되니 즉 스스로 자신이 처한 형편을 헤아려 멈춘 채 앞으로 나아가지 않고 있는 것에 비유한 것이다.

九二爻는 비록 강건한 몸체이나 中位에 처함으로써 나아가는 것을 멈추어야 실수를 하지 않는다. 비록 나아가는 곳에 뜻을 두고 있다고 할지라도 그의 형편을 헤아려 본 다면 옳지 않는 바이니 멈추어 서서 나아가지 않은 것을 마치 수레에서 輪輹을 빼어내 어 나아갈 수 없는 것과 같이해야 한다는 의미이다. 『程傳』

【번역飜譯】

九二爻 : 큰 수레에서 輪輹을 빼어내니 나아갈 수 없을 것이다.

〈象〉曰 : '輿說輹', 中无尤也.

【번역飜譯】

〈象傳〉에 이르되 : '큰 수레에서 輪輹을 빼어내니 나아갈 수 없을 것이다.'고 한 것은

九二爻가 中位에 처하여 조급하게 나아가지 않는 것이 잘못을 저지르지 않는 까닭이라는 의미이다.

【해설解說】

九二爻는 스스로 輪輹을 빼어내고 '덕을 양육하면서(畜德)' 천천히 앞으로 나아가고자함으로 '잘못을 저지르지 않을 것이다.(无尤)'고 했다. ≪小畜≫의 九三爻는 수레의 바퀴살이 해체되어 다른 사람과 충돌했음으로 이를 '부부가 반목했다.'고 했다.

두 卦의 '輹'과 '輻'이 다르니, 그들 象의 의미 역시 크게 다르게 표현되었다.

> 수레의 '바퀴살(輻)'이 빠져 나가면 곧 수레가 파손된다. '輹'을 빼어냈다는 것은 단지 가고자 하지 않을 뿐이라는 의미이다. 따라서 ≪小畜≫의 '脫輻'은 다른 사람에게 달려있는 상황이나 ≪大畜≫의 '脫輹'은 자신에게 달려있는 상황이다. 『周易淺述·陳夢雷』

(䷙) 九三 : 良馬逐, 利艱貞. 曰閑輿衛, 利有攸往.

【주석註釋】

良馬逐, 利艱貞 : 이는 '좋은 말이 달려 나아가고 있다.'는 것을 사용해서, 九三爻가 '덕을 양육(畜德)'한 것이 이미 충만하며 강건함이 지극히 성하게 되었으며 또한 上九爻 陽剛과 '뜻을 합일함으로써' 재능을 발전시켜 나아갈 수 있게 된 것에 비유한 내용이다. 그러나 九三爻의 위치는 '많은 어려움(多懼)'을 가지고 있는 곳이기 때문에, 그 강건함이 지나치게 심하여 모험적으로 나아간다면 실패할 것이니 '어려운 때라는 것을 똑똑히 기억하는 데에서 이로움을 얻을 것이며 정도를 굳건히 지켜 나아가는 데에서 이로움을 얻을 것이다.(利艱貞)'고 경고했다.

九三爻는 강건한 재질을 가지고 있으며 下卦의 윗자리에서 뜻을 합하여 나아간다. 그가 나아가는 것이 '좋은 말이 달려 나아가고 있다.(良馬逐)'는 것과 같다고 한 것은, 그의 나아가는 속도를 의미한다. 또한 九三爻는 乾體에서 正位에 처하며 정도를 굳건히 지켜 나아갈 수 있는 자이다. 그가 날쌔게 달려 나아감에 당면하여, 어려운 때라는 것을 똑똑히 기억할 것과 정도를 굳건히 지켜 나아가는 데에 실수를 하지 말 것을 경고했다. 『程傳』

曰閑輿衛, 利有攸往 : '曰'은 語氣詞이다. '閑'에 대해 『釋文』에서는 馬融·鄭玄의 주를 인용해 '학습하다'·'숙련하다'·'연마하다'와 같은 의미로 새겼다. 이곳에서는 동사로 사용되고 있다. '輿衛'란? '말이 모는 수레를 방위하는 기술'을 뜻한다.

이 두 구절은 앞 문장의 의미를 이어서, 九三爻는 그의 강건함을 스스로 믿어서는 안 될 것이며 어려운 고난의 시점에 처했다는 사실을 잊어서도 안 될 것이니, 마땅히 '輿衛'의 기술을 부단하게 연마해야 하는 것과 같이 스스로 '양육하는' 것을 중단하지 말아야 만이 '앞으로 나아가는 데에서 이로움을 얻을 것이다.(利有攸往)'고 했다.

'輿'란? 다닐 때 사용하는 물건이다. '衛'란? 스스로 방위한다는 뜻이다. 일상생활 가운데에서 수레를 몰거나 그 방위기술을 스스로 연마하니, 곧 앞으로 나아가는 데에서 이로움을 얻을 것이다. 『程傳』

【번역翻譯】

九三爻 : 좋은 말이 달려 나아가는 데에 있어서, 어려운 시점이라는 것을 똑똑히 기억하는 데에서 이로움을 얻을 것이며 정도를 굳건히 지켜 나아가는 데에서 이로움을 얻을 것이다. 수레의 방위기술을 부단하게 연마하며 앞을 향해 나아가는 데에서 이로움을 얻을 것이다.

〈象〉曰 : '利有攸往', 上合志也.

【번역翻譯】

〈象傳〉에 이르되 : '앞을 향해 나아가는 데에서 이로움을 얻을 것이다.'고 한 것은 九三爻와 上九爻의 뜻이 서로 합일한다는 의미이다.

【해설解說】

九三爻와 上九爻의 爻位는 마주보고 있으며 두 개의 陽爻가 서로 높은 곳에 우뚝 솟아 호응하지 않는 象을 하고 있다. 그러나 ≪大畜≫에 있어서는 오히려 陽德이 함께 성한 것으로 '뜻을 합일한다.(合志)'는 의미를 상징했다. 程頤는 이 두 개 爻에 대해 다음과 같이 분석했다.

> 서로 양육해 주지는 않으나 뜻은 같이하고 있다. 『程傳』

上九爻는 '큰 길(大路)'의 象을 취했으니, 九三爻의 '좋은 말이 달려 나아가는 데에(良馬奔逐)' 넓고 탁 터진 장소를 제공해 주는 것과 같다. 이로써 둘은 '뜻을 합일한(合志)' 象이라는 것을 알 수 있다.

(䷙) 六四：童牛之牿, 元吉.

【주석註釋】

童牛之牿, 元吉：'童牛'에 대해 『釋文』에서는 '뿔이 없는 소'라고 했다. 즉 '송아지'를 말하며 初九爻에 비유한 것이다. '牿'은 '소의 뿔 위에 가로로 나무를 대어놓은 것'을 뜻한다. 즉 六四爻에 비유한 것이다.

송아지는 뿔이 처음 돋아날 때 사물에다 비비는 것을 좋아함으로 그 뿔이 단단해지기 전에 쉽게 잘려 버릴 수가 있다. 따라서 송아지 뿔에 가로로 나무를 대어 놓으면 사람이나 사물을 상하게 하지 않을 뿐만 아니라 자신의 뿔도 상하게 하지 않는다. 따라서 '길할 것이다.'고 했다. 즉 六四爻가 初九爻의 잘못된 의식이 싹트기 전에 먼저 '멈추게 하여 (강건함을) 양육하도록 도와주니(畜止)' 마땅히 '정도를 바르게 꾀할 수 있게 될 것이다.'는 것과 같은 의미이다. 이는 즉 「象傳」 '能止健'의 뜻이다. 따라서 '크게 길할 것이다.(元吉)'고 했다.

艮이 시작되는 곳에 처하여 그 직분에 맞는 행동을 한다. 初九爻를 강건하고 바르게 꾀해주기 위해 떠받을 때 뿔을 사용하지 못하게 한다. 柔한 성품으로 剛함을 멈추게 하니 剛함이 감히 침범을 못하는 바이다. 『王注』

【번역飜譯】

六四爻 : 뿔이 돋아나지 않은 어린 송아지의 머리 위에 나무를 가로로 대어놓고 구속을 가했으니 크게 길할 것이다.

〈象〉曰 : 六四'元吉', 有喜也.

【번역飜譯】

〈象傳〉에 이르되 : 六四爻가 '크게 길할 것이다.'고 한 것은 강건한 자를 바르게 꾀할 수 있는 방책을 가지고 있으니 곧 기쁨을 누릴 것이라는 의미이다.

【해설解說】

六四爻가 취한 象은 자못 특별하다. 즉 '송아지'는 본래 긴 뿔을 가지고 있지 않으나 오히려 횡목을 사용하여 사람을 떠받아 상하게 하는 것을 제약했다. 이는 생활현상 가운데에서 사실적으로는 일어나지 않는 일이나 『易』의 이치 가운데에서는 오히려 '나쁜 싹은 돋아나기 전에 아예 멈추게 해야 한다.'는 것에 비유해 사용했다.

≪大畜≫의 下卦는 '그는 스스로 양육하면서 나아가지 않는 것에서 象을 취했다.'고 했고 上卦는 '그는 저를 양육해 주면서 나아가지 못하게 하는 것에서 象을 취했다.'고 했다. 또한 '六四爻는 처음부터 그를 멈추게(바르게 꾀해줌으로써) 해줌으로써 힘이 덜 들었다고 했다. 六五爻는 陽爻가 이미 나아간 후에 그를 멈추게 했기 때문에 어려울 것이라고 했다. 『朱子語類·朱熹』

(䷙) 六五 : 豶豕之牙, 吉.

【주석註釋】

豶豕之牙, 吉 : 『釋文·劉表』에서 '거세한 돼지를 豶라고 한다.'고 했다.

이 두 구절은 불알을 제거당해 포악한 성격이 이미 없어졌다는 것을 '치아(牙)'가 있다고 할지라도 두려워할 필요가 없다는 것에 비유한 내용이다. 九二爻가 '車輹'을 빼어내니 나아갈 수 없는 것과 같은 의미이다. 따라서 '거세당한 돼지의 치아'는 곧 九二爻에 비유한 것이다. 六五爻는 존위에서 九二爻를 '양육해 주고' 몸소 九二爻로 하여금 '정도를 꾀할 수 있도록(規正)' 해 준 것을 받아들이도록 함으로써 결국에는 '길할 것이다.'는 의미이다. 이 역시 「象傳」 '能止健'의 의미이다.

'돼지'는 강하고 성급한 동물이며 치아도 날카롭다. 만약 그 치아를 강하게 억제한다고 할지라도 힘을 사용하는 그의 성급함과 맹렬함은 멈출 수가 없다. 비록 그를 끈으로 잡아 묶는다고 할지라도 그로 하여금 그러한 그의 성질을 변화시킬 수는 없다. 만약 그 불알을 제거한 거세된 돼지라면 비록 날카로운 치아를 가지고 있다고 할지라도 강하고 급한 성품은 저절로 멈추어 질 것이다. 그가 응당히 이와 같이 하는 것이 길하게 되는 까닭이다. 『程傳』

【번역飜譯】

六五爻 : 거세된 돼지의 날카로운 치아를 제약하니 길할 것이다.

〈象〉曰 : 六五之吉, 有慶也.

【번역飜譯】

〈象傳〉에 이르되 : 六五爻가 길할 것이라고 한 것은 강건한 자를 바르게 꾀할 수 있는 방책을 체득했으니 경사를 누릴 것이라는 의미이다.

【해설解說】

거세된 돼지를 사용해 비유한 것에서 우리는 九五爻가 취한 象이 기이하다고 생각할 수 있다. 그러나 그것에 비유했기 때문에 그 의미를 오히려 명확하게 깨닫게 되었다. 六五爻가 존위에 처하여 柔한 성품으로 剛한 자를 제압하기 위해서는, 즉 사람을 '양육'하기 위해서는 '먼저 그 근본을 다스려야 한다.'는 것과 같은 의미이다.

  군자는 '거세된 돼지'를 본 받아야 한다는 의미는, 즉 천하에서 일어나고 있는 악은 힘만으로는 제압할 수 없다는 것을 깨달아 그 시기와 사건의 빌미를 살펴서 중요한 요점을 장악하여 그 악의 근원을 완전히 막아야 한다는 것이다. 이렇게 한다면 형법의 엄준성을 빌리지 않더라도 악은 저절로 멈추어 질 것이기 때문이다. 『程傳·程頤』

(䷙) 上九 : 何天之衢, 亨.

【주석註釋】

何天之衢, 亨 : '何'는 이곳에서 '감탄사'로 사용되었다. '衢'에 대해 『釋文·馬融』에서는 '사방으로 도달되는 곳을 衢라고 한다.'고 했다. 즉 '사방으로 통하는 큰 길'을 의미한다.

  이 두 구절은 上九 陽爻가 ≪大畜≫ 上卦 艮의 마지막에 처하며 '강건함을 멈추게(止健)'하는 현상이 극함에 이른 象과 '畜德'이 지극히 성하게 된 象을 설명한 내용이다.

  이는 「大象傳」 '多識前言往行'하는 '군자'와 같다. 따라서 그때 크게 통하는 것이 몸이 사방으로 통하는 '天衢'에 놓여있는 것과 같으니 앞으로 나아가면 반드시 '형통'할 것이라고 했다.

  '얼마나 넓게 통하는 하늘의 큰 길인가!(何天之衢!)'에서 '얼마나(何)'라고 한 것은 그 통하는 범위가 대단하다는 의미이다. 즉 덕을 양육함이 극함에 이르러 통하니 넓고 환하게 트여서 아무런 장애물이 없을 것이라는 의미이다. 『本義』

【번역飜譯】

上九爻 : 무엇이든 통하는 하늘 위의 큰 길이니 형통할 것이로다.

〈象〉曰 : '何天之衢', 道大行也.

【번역翻譯】

〈象傳〉에 이르되 : '무엇이든 통하는 하늘 위의 큰 길이다.'고 한 것은 上九爻 畜德의 도가 크게 통한다는 의미이다.

【해설解說】

上九爻는 '덕을 양육하여' 크게 통하는 象으로, 본 卦의 가장 이상적인 爻로서 그 의미가 자못 광범하다.

> 이는 오로지 벼슬아치들 만이 좋아하는 占爻가 아닐 것이다. 『折中·胡炳文』

『大學章句』의 '노력을 오래 기울이면 한 순간에 관통할 것이다.(用力之久, 一旦豁然貫通.)'고 한 것 역시 이 의미이다. '앞 시대 성현들의 언행과 사적들을 여러 방면으로 기억해 두었다가 현인들의 아름다운 품 덕을 양육하는 데에 사용해야 할 것이다.(多識前言往行, 以畜其德.)'고 한 것이 이를 말한 것이라고 할 수 있다.

【大畜】 요점 · 관점

≪大畜≫은 '크게 바르고 독실한 자가 양육한다.'는 의미로, 사물의 발전과정 가운데에서는 반드시 있는 힘을 다해 강건한 바른 기운을 양육해야 한다는 이치를 표현했다. 經傳 가운데에서는 '人事'를 본떠 비유했다. 이는 '군자'는 '아름다운 덕을 넓게 양육해야 할 것'이며 '군왕'은 '현인을 널리 두루 모아야 할 것'이라는 의미이다.

卦辭는 '정도를 굳건히 지켜 나아가는 데에서 이로움을 얻을 것이다.'는 것과 '현인으로 하여금 집안에서 몸소(친히) 음식을 먹게 하지 않아야 할 것이다.'는 바를 강조했으며 '陽剛正德을 양육하는 것'이 '大畜'의 관건이 소재하는 곳이라고 지적했다.

본 卦 六爻를 세 방면으로 분석해 본다면, 初九爻와 九二爻는 陽剛이 '양육(畜)'을 당하는 象이니 반드시 먼저 '그 덕을 스스로 양육해야 할 것이며' 조급하게 나아가는 것은 옳지 않다고 했다. 따라서 初九爻는 위험을 깨달아 나아가지 않는 데에서 이로움을 얻을 것이라고 했고 九二爻는 '큰 수레'가 나아갈 수 없어, '잘못을 저지르지 않을 것이다.'고 했다. 六四爻와 六五爻는 존자가 되어 아래 사람을 '양육(畜)'해 주는 象으로, '강건한 자(健)'를 제약하여 바르게 꾀해 주며 양육되는 바로 하여금 가장 훌륭하고 가장 아름답게 했음으로 六四爻는 初九爻 '송아지'에 구속을 가했으니 '크게 길할 것이다.'고 했고 六五爻는 九二爻 '거세된 돼지의 날카로운 치아'를 제약했으니 '길할 것이다.'고 했다. 上卦와 下卦의 마지막에 이른 두 개의 爻象(九三爻·上九爻)은 모두 '畜德'이 지극히 성하게 된 象이며 '양육을 하고'·'양육을 당하는' 관계는 존재하지 않음으로 九三爻는 '좋은 말이' 달려 나아가는 데에 있어서, 어려운 때라는 것을 똑똑히 기억하는 데에서 이로움을 얻을 것이며 정도를 굳건히 지켜 나아가는 데에서 이로움을 얻을 것이라고 했고 上九爻는 몸이 '하늘 위의 큰 길(天衢)'에 놓여 있는 것 같이 환하게 형통할 것이라고 했다.

　본 卦의 爻義를 볼 것 같으면, 初九爻·九二爻·六四爻·六五爻는 '大畜'의 道에 잘 처해있는 것을 보여주고 있으며 九三爻·上九爻는 '大畜'의 아름다운 성과를 전개시켜 보여주고 있다.

　　다른 卦는 陰爻와 陽爻가 서로 호응하는 象을 취했으나 본 卦는 서로 양육하는 象을 취했다. 內卦는 양육을 받음으로 '스스로 멈추었다.(自止)'는 것을 의리로 삼았다. 外卦는 양육할 수 있음으로 '그를 멈추게 했다.(止之)'는 것을 의리로 삼았다. 유독 九三爻·上九爻는 內卦와 外卦의 가장 극한 곳에 처해있어 양육이 극에 달해 통하게 되었음으로 '멈추고' 있는 의미를 취하지 않았다. 『周易本義通釋·胡炳文』

　그러나 九三爻는 비록 '양육이 극에 이르렀다.(畜極)'고는 하나 반드시 '어려운 때라는 것을 똑똑히 기억하는 데에서 이로움을 얻을 것이며 정도를 굳건히 지켜 나아가는 데에서 이로움을 얻을 것이다.'는 것을 잊어버리지 말아야 만이 비로소 아름다운 덕을 오랫동안 보전할 수 있을 것이라고 했다. 上九爻는 '大畜'이 가장 아름답게 성취된 것을 상징하는 것으로, 그 속에는 이미 '자신의 도덕이 지극히 아름다워졌다.'는 깊은 의미가 내재되어 있다. 이는 '천하의 현인들이 나아가는 길이 더욱 크게 열리는 상황'을 실현할 수 있게 되었다는 의미이다. 즉 『折中·游酢』에서 '畜道의 완성은 현인들이 나아가는 길이 나에게서부터 사방으로 통할 것이다.'고 말한 것과 같이 확실히 이 爻가 상징하는 본질은 이미 '畜德'의 공능을 '畜賢'·'養賢'의 의미상에 다 충분히 반영해 놓고 있으니, 이는 「象傳」'剛上而尚賢'의 의미와 같은 것이다.

이 관점에서 본다면, 『周易』의 작자는 또한 '현인과 능력 있는 자를 양육해야 한다.'는 사상을 표현한 것이라고 할 수 있다.

하늘이 황제를 우리에게 하사해 천하의 주인이 되게 했고 아울러 현인을 양육하게 할 때는 작고 큰 것을 다르게 대접하지 않도록 했다. 『元和聖德詩·韓愈』

이는 통치계급에게 '현인을 양육해야 할 것이다.'는 부탁의 말씀이자 ≪大畜≫이 제시하는 근본 요지라고 할 수 있다.

27. 頤卦의 立體文型圖
　　이 괘　　입체문형도

(☶☳) 《頤》: 頤. 貞吉. 觀頤, 自求口實.
　　　　　이　　이 정길　관이　자구구실

〈彖〉曰: 頤, 貞吉, 養正則吉也. 觀頤, 觀其所養也. 自求口實, 觀其自養也.
　단　왈　이 정길 양정즉길야　관이 관기소양야　자구구실 관기자양야

天地養萬物, 聖人養賢以及萬民. 頤之時大矣哉!
천지양만물　성인양현이급만민　이지시대의재

〈象〉曰: 山下有雷, 頤. 君子以愼言語, 節飮食.
　상　왈　산하유뢰　이　군자이신언어 절음식

・　・　・

(—) 上九: 由頤. 厲吉, 利涉大川.
　　　상구　유이 여길 이섭대천

〈尚〉曰: '由頤厲吉', 大有慶也.
　상　왈　유이려길　대유경야

(— —) 六五: 拂經. 居貞吉, 不可涉大川.
　　　　육오　불경 거정길 불가섭대천

〈象〉曰: '居貞之吉', 順以從上也.
　상　왈　거정지길　순이종상야

(— —) 六四: 顚頤, 吉. 虎視眈眈, 其欲逐逐, 无咎.
　　　　육사　전이 길 호시탐탐　기욕축축 무구

〈象〉曰: 顚頤之吉, 上施光也.
　상　왈　전이지길 상시광야

(— —) 六三: 拂頤. 貞凶, 十年勿用, 无攸利.
　　　　육삼　불이 정흉 십년물용 무유리

〈象〉曰: '十年勿用', 道大悖也.
　상　왈　십년물용　도대패야

(— —) 六二: 顚頤. 拂經, 于丘頤, 征凶.
　　　　육이　전이 불경 우구이 정흉

〈象〉曰: 六二'征凶', 行失類也.
　상　왈　육이정흉　행실류야

(—) 初九: 舍爾靈龜, 觀我朶頤, 凶.
　　　초구　사이영귀 관아타이 흉

〈象〉曰: '觀我朶頤', 亦不足貴也.
　상　왈　관아타이　역부족귀야

27 頤卦

(䷚)≪頤≫・錯(䷛)≪大過≫・綜(䷚)≪頤≫・互(䷁)≪坤≫

(䷚)≪頤≫ : 頤. 貞吉. 觀頤, 自求口實.

【주석註釋】

䷚ : 卦象이다. 下卦 ☳ 震卦(雷・動)와 上卦 ☶ 艮卦(山・止)로 구성되었다. 아래에서는 우레가 움직이고 위에는 산이 멈추어있는 자연현상과 이치를 빌려와서 음식을 씹어 '양육하는' 현상과 이치를 상징했다.

頤 : 卦名이다. '양육'・'수양'・'가르침'・'봉양' 등의 의미를 상징한다.

　　'頤'란? '양육하다'는 의미이다.「序卦傳」

　'頤'字의 고문은 '𦣞'이다. '𦣞'을 횡으로 보는 모습은 입・뺨과 같다. 즉 입 속에 음식물을 넣고 몸소 씹어서 양육하는 형상이다.
　본 卦 下卦 震과 上卦 艮은 '움직였다 멈추었다.' 하면서 '음식물을 씹는' 象이다.

　　≪頤≫의 卦名을 해석해 본다면, '頤는 턱을 뜻한다. 우레가 아래에서 움직이고 산이 위에서 멈추어 있다. 즉 아래턱이 위를 향해 움직이면서 음식물 씹는 것을 도와서 사람을 양육한다.'는 의미이다. 『集解・鄭玄』

貞吉 : '頤'의 이치는 '정도를 굳건히 지켜 나아가면 길할 것이다.'는 뜻이다. 이는「象傳」'정도를 사용해서 몸을 양육해야 만이 비로소 길함에 이르게 될 것이다.(養正則

吉)'를 해석한 내용이다.

觀頤, 自求口實 : '口實'이란? 입과 배가 요구하는 '음식물'을 뜻한다.

　이 두 구절은 앞 문장 '貞吉'의 의미를 거듭 되풀이 한 것으로, '사물이 양육되는 象'을 관찰해 보면, 응당히 정도를 사용해 스스로 입안에 있는 음식물에서 영양분을 구한다는 것을 명백히 깨달을 수 있을 것이라는 의미를 설명한 내용이다.

　'天地의 조화는 만물을 양육하여 각각 그 개체의 올바른 이치를 가지게 한다. 이것 역시 정도를 굳건히 지켜 나아가는 것일 뿐이다.'·'사람이 양육되는 바를 관찰해 보면, 그 스스로 입안의 음식물에서 영양분을 구하는 이치에서 곧 善惡吉凶이 드러난다.' 『程傳』

【번역飜譯】

≪頤≫ : 頤卦는 양육하는 것을 상징한다. 정도를 굳건히 지켜 나아가면 길할 것이다. 사물이 양육되는 현상을 관찰해 보면, 응당히 정도를 사용해 스스로 입안에 있는 음식물에서 영양분을 구한다는 것을 명백히 깨닫게 될 것이다.

〈象〉曰 : 頤, 貞吉, 養正則吉也. 觀頤, 觀其所養也. 自求口實, 觀其自養也. 天地養萬物, 聖人養賢以及萬民. 頤之時大矣哉!

【주석註釋】

養正則吉也 : 이는 卦名과 卦辭 '頤, 貞吉.'을 해석한 내용이다.

　군자는 바르지 않게 자른 음식은 먹지 않는다고 했는데, 어찌 그것이라고 먹지 않아서야 되겠는가? 이러한 까닭으로 양육은 반드시 현명하게 해야 할 것이며 스스로 입안에 있는 음식물에서 영양분을 구해야 만이 반드시 올바름을 실천할 수 있을 것이다. 이것이 '정도를 사용해서 몸을 양육한다.'는 의미이다. 『集解·宋衷』

觀其所養也 : 이 구절은 다음문장 '觀其自養也'와 함께 卦辭 '觀頤, 自求口實.'을 해석한 내용이다. '觀頤'란? 사물이 양육되는 객관적 조건을 관찰한 바를 설명한 내용이다. '自求口實'이란? 사물이 스스로 양육하는 주관적 방법을 깨닫는 것을 관찰한 내용이다.

頤之時大矣哉 : 이 구절은 앞 두 구절의 뜻을 이어서 '天地'·'聖人'이 만물·현인과 백성을 양육하는 것을 예로 들어, '頤'의 시점에서 넓고 큰 효력이 발휘되는 바를 찬양한 내용이다.

夫子께서 '頤'의 이치를 넓혀서 天地와 聖人의 功을 찬양해 '頤의 時(시점)가 위대하도다!'고 하셨다. 혹은 '義'라고도 했고 혹은 '用'이라고도 했고 혹은 '時'라고도 하면서 그가 위대한 자라고 했다. 만물의 생명이 태어나는 것과 양육되는 것은 시기가 위대하기 때문인 까닭에 '時'라고 했다. 『程傳』

【번역翻譯】

〈彖傳〉에 이르되 : 양육을 할 때는 정도를 굳건히 지켜 나아가면 길할 것이라고 한 것은 정도를 사용해서 몸을 양육해야 만이 비로소 길함에 이르게 될 것이라는 의미이다. 사물의 양육현상을 관찰한다는 것은 양육되는 객관적 조건을 관찰한다는 의미이다. 응당히 정도를 사용해 스스로 입안에 있는 음식물에서 영양분을 구한다는 것을 명백히 깨닫게 될 것이라고 한 것은 스스로 양육의 정확한 방법을 관찰하여 깨닫는다는 의미이다. 天地는 만물을 양육하고 聖人은 현인과 백성들을 양육하니 양육하는 時의 효력이 그 얼마나 위대한 것인가!

〈象〉曰 : 山下有雷, 頤. 君子以愼言語, 節飮食.

【주석註釋】

山下有雷, 頤 : ≪頤≫는 上卦 艮의 山과 下卦 震의 雷로 구성된 象이라는 것을 해석한 내용이다.

산은 위에서 멈추어 있고 우레는 아래에서 움직이고 있는 것이 '양육(頤)'의 象이다.
『集解·劉表』

愼言語, 節飮食 : 이는 '군자'는 ≪頤≫의 '정도를 사용해서 몸을 양육하는(養正)' 이치를 본 받아 '말을 조심하면서(愼言)' 덕을 양육할 것이며 '음식을 알맞게 섭취하면서 (節食)' 몸을 양육해야 할 것이라는 의미를 설명한 내용이다.

先儒께서 : '禍는 입으로부터 나오고 患은 입으로 들어간다.'고 했다. 따라서 양육할 때 있어서는 말은 조심해야 할 것이며 음식은 알맞게 먹어야 할 것이다. 『正義』

【번역飜譯】

〈象傳〉에 이르되 : 산 아래에서 우레가 소리를 내며 움직이고 있다(아래에서는 움직이고 위에서는 멈추어 있는 것이 입이 음식물을 씹고 있는 형상과 같다.)고 한 것은 '양육'을 상징한다. 군자는 이 현상을 본 받아, 언어를 조심하면서 덕을 양육해야 할 것이며 음식을 알맞게 섭취하면서 몸을 양육해야 할 것이다.

【해설解說】

卦辭는 '양육'은 당연히 정도로 해야 할 것이라는 의미를 제시했다. 「大象傳」은 '언어를 조심해야 한다.'·'음식물을 알맞게 섭취해야 한다.'는 것을 예로 들어 덕을 양육하고 몸을 양육하는 것으로 그 의미를 지극히 분명하게 천명했다.

(☳) 初九 : 舍爾靈龜, 觀我朵頤, 凶.

【주석註釋】

舍爾靈龜, 觀我朵頤, 凶 : '爾'는 '初九爻'를 뜻한다. '靈龜'는 '陽剛의 아름다운 본질'에 비유한 내용이다.

거북이는 목구멍으로 호흡할 수 있으며 음식물을 먹지 않는다. 만년을 사는 '신령스런 거북이'는 그의 밝은 지혜로 외부에서 양육을 구하지 않는 것에 비유하였다. 『程傳』

'我'는 '六四爻'를 뜻한다. '朶'에 대해 『集解』에서는 '턱이 아래로 내려와 움직이는 모양'·'나무 가지에 열매가 많이 달려 늘어진 모양'을 의미한다고 했다. '頤'는 '턱'을 뜻한다.

이 세 구절은 '頤'의 시점에 당면해, 初九爻가 위로 六四爻에 호응하는 것이, 즉 陽剛의 實로서 陰虛에게 양육을 구한다면 몸은 양육된다고 할지라도 陽剛의 이치는 얻지 못하는 바와 같다는 의미이다. 따라서 爻辭는 六四爻의 입술을 빌려서 初九爻를 책망하여 이르되 '어찌 너 신령스러운 거북이의 아름다운 본성을 버리고 나의 늘어진(벌어진) 아래턱 안에 있는 음식물을 엿보는가? 탐욕스러움이 이와 같다면 반드시 흉할 것이다.'고 했다.

初九爻의 陽剛은 아래에 처하니 먹지 않아도 족하다. 그러나 위로 六四 陰爻에 호응하여 욕심에 기대어 움직이니 흉할 이치이다. 『本義』

【번역翻譯】
初九爻 : 너 신령스러운 거북이의 아름다운 본질을 버리고 나의 늘어진(벌어진) 아래턱 안의 음식물을 엿 본다면 흉할 것이다.

〈象〉曰 : '觀我朶頤', 亦不足貴也.

【번역翻譯】
〈象傳〉에 이르되 : '나의 늘어진(벌어진) 아래턱 안의 음식물을 엿 본다.'고 한 것은 初九爻가 구하는 양육행위는 역시 존중받을 만한 가치가 없다는 의미이다.

【해설解說】

≪頤≫의 上體는 모두 길하고 下體는 모두 흉하다. 上體는 멈추어 있고 下體는 움직이고 있다. 위에서 멈추어 있다는 것은 사람을 양육하는 자라는 의미이다. 아래에서 움직이고 있다는 것은 사람에게 양육을 구하는 자라는 의미이다. 움직여서 사람에게 양육을 구하는 자는 반드시 입의 양육에 관련됨으로써 비록 初九爻가 陽剛성품이라고 할지라도 그의 욕심에 기대어 움직여서 늘어진(벌어진) 아래턱 안의 음식물을 엿보는 것을 면할 수가 없다. 『東谷易翼傳·鄭汝諧』

이는 上卦와 下卦의 爻義를 구별하여 설명한 것으로 참고할 만하다.

(☶☳) 六二 : 顚頤. 拂經, 于丘頤, 征凶.

【주석註釋】

顚頤 : '顚'이란? '倒' 즉 '넘어지다'·'뒤집어지다'·'거꾸로 되다.'는 뜻이다.
　　六二爻는 六五爻의 호응을 받지 못하자 돌아서서 아래 初九爻에게 양육을 구하니, '頤'의 정도를 상실함으로써 '양육의 도를 거꾸로 한(顚頤)' 象이 되었다.
拂經, 于丘頤, 征凶 : '拂'은 '위반하다'는 뜻이다. '經'은 '정상이치'를 뜻한다. '丘'는 上九爻에 비유한 내용이다.

'丘'란? 흙이 높이 쌓여있는 곳(艮體)으로 上九爻의 象을 의미한다. 『本義』

이 세 구절은 앞 구절의 의미를 이어서 六二爻가 柔順中正의 성품으로 스스로 양육할 수가 없자 '양육의 도를 거꾸로 해서(顚頤)' 初九爻에게 구한다는 것과 또한 '위를 받드는' 정상적인 이치를 위반하고(六五爻를 넘어서) 中位도 아니고 正位도 아닌 上九爻를 향해 양육의 길을 찾아 나서는 것을 의미한다. 이렇게 上九爻를 향해 계속 나아가다가 六五爻와 충돌하게 되면 반드시 흉할 것이다.

【번역翻譯】

六二爻 : 거꾸로 아래로 향해 양육을 구한다. 정상적인 이치를 위반하고 높은 곳에 있

는 존자를 향해 양육의 길을 모색해 계속 앞으로 나아간다면 반드시 흉할 것이다.

〈象〉曰：六二'征凶', 行失類也.

【주석註釋】

行失類：六二爻가 만약 위를 향해 나아간다면 만나는 것은 모두 陰爻이니, 동성끼리는 '벗(類)'이 되지 못하는 까닭에 흉할 것이라고 했다.

　　陰陽이 서로 만나야 바야흐로 벗이 될 수 있다. 지금 六二爻는 陽을 만나지 못함으로써 벗을 얻지 못한다. 『尚氏學』

【번역翻譯】

〈象傳〉에 이르되：六二爻가 '계속 앞으로 나아간다면 반드시 흉할 것이다.'고 한 것은 앞으로 나아간다면 벗을 얻지 못할 것이라는 의미이다.

【해설解說】

　　六二爻는 본래 中位·正位에 처한 몸이나 六五爻와 호응하지 못함으로써 '거꾸로(顚)' 初九爻에게 구걸했고 六五爻를 섬겨야 하는 이치를 '위반하고(拂)' 上九爻에게 구함으로써 '頤道를 크게 상실했으니 결국에는 흉할 것이라고 했다.

(䷚) 六三：拂頤. 貞凶, 十年勿用, 无攸利.

【주석註釋】

拂頤：이는 六三爻가 '頤'의 시점에 당면하여, 陰爻로 陽位에 처하며 中位·正位를 상실한 채 上九爻에 호응해 그를 믿고 양육을 구하는 것을 멈추지 않음으로써 '頤'道에 크게 어긋난 象이라는 의미이다.

실천하는 일이 무릇 바르지 못하고 윗사람으로부터 양육을 받으며 윗사람의 마음에 맞추며 아첨하는 자인 까닭에 '양육의 정도'를 위반하는 자이다. 『王注』

貞凶, 十年勿用, 无攸利 : '貞凶'은 '정도를 굳건히 지켜 나아가면 흉함을 방지할 수 있을 것이다.'는 의미이다.

이는 앞 문장의 의미를 이은 것으로 六三爻가 이미 '頤'의 정도를 상실했으니, 마땅히 서둘러 나쁜 것을 교정하여 바른 곳을 향해 나아가도록 해야 할 것이며 조심스럽게 정도를 굳건히 지켜 나아가야 만이 흉함을 면할 수 있을 것이라는 의미이다. 아울러 '十年'이라는 오랜 세월 동안 재주와 자본을 펼치지 말아야 할 것이니, 만약 펼친다면 반드시 이롭지 못할 것이라고 했다. 爻義는 '규범을 지키며 근실하라.'는 경고의 의미를 가지고 있다.

【번역飜譯】

六三爻 : 양육의 정상적인 이치를 위반했다. 정도를 굳건히 지켜 나아가면 흉함을 면할 수 있을 것이며 십년이라는 오랜 세월 동안 재주와 자본을 펼치지 말 것이며 만약 펼친다면 반드시 이로운 바가 없을 것이다.

〈象〉曰 : '十年勿用', 道大悖也.

【번역飜譯】

〈象傳〉에 이르되 : '십년이라는 오랜 세월 동안 재주와 자본을 펼치지 말 것이다.'고 한 것은 六三爻가 '양육'의 정도에 크게 위배되는 행위를 한다는 의미이다.

【해설解說】

　六三爻는 '양육을 구하는' 행위가 지극히 '바르지 않다.' 그러나 爻辭는 여전히 그에게 스스로 반성할 것을 권유하는 뜻을 함유하고 있다.

　　'십년이라는 오랜 세월 동안 재주와 자본을 펼치지 말 것이며 만약 펼친다면 반드시 이로운 바가 없을 것이다.'고 한 것은 그에게 경고한 것이다. 그는 욕심이 많고 분수에 맞지 않게 함부로 행동하고자 하는 마음을 가지고 있음으로 그에게 스스로 반성하라는 이치를 제시한 것이『易』을 지은 작자의 근본 뜻이다. 『東谷易翼傳·鄭汝諧』

(䷚) 六四：顚頤, 吉. 虎視眈眈, 其欲逐逐, 无咎.

【주석註釋】

顚頤, 吉 : 이는 六四爻가 陰爻로서 上卦에 처하며 正位에서 初九爻와 호응하는 것이, 위에 있는 자가 아래를 향해 양육을 구하다가 다시 아래를 양육해 주는 것과 같음으로 비록 '양육을 거꾸로 했다고는 할지라도(顚頤)' 오히려 '길할 것이다.'고 했다.

　　柔한 성품으로 위에 처하며 正位에서 호응하는 것 역시 바르며 그에게(初九爻) 의지해 양육된 것을 천하 사람들에게 다시 베푸는 까닭에 비록 양육을 거꾸로 했다고는 할지라도 오히려 길할 것이라고 했다. 『本義』

虎視眈眈, 其欲逐逐, 无咎 : '眈眈'은 '오로지 한 곳만을 주시하는 象'을 뜻한다. '逐逐'에 대해 『程傳』에서는 '연이어 끊어지지 않는다.'는 뜻이라고 했다.

　이 세 구절은 '虎視眈眈'을 사용하여, 六四爻가 오로지 한 뜻으로 정성을 다하며 '두 마음을 가지지 않고 初九爻에게 구하고 있다.'는 것에 비유한 내용이다. '其欲逐逐'을 사용하여, 필요해서 '구하는 것이 끊어지지 않고 계속된다.'는 것에 비유했다. 또한 '无咎'를 사용하여 '養正'의 시점을 설명했으며 '道가 있는 곳에 힘을 써야 만이 반드시 재난이 없을 것이다.'는 내용을 설명했다.

호랑이가 계속해서 한 곳만을 주시하며 아래에만 전념하고 있다. 그는 지속적으로 구하고자 하는 것을 포기하지 않고 있다. 이와 같이 한다면 곧 재난이 없을 것이다. 『本義』

신령스러운 거북이는 먹지 않아도 스스로 체내에서 양성되는 영양분을 보유하고 있는, 즉 自養을 대표하는 동물이다. 初九爻가 바로 이 신령스러운 거북이를 象으로 취했다. 밖에서 양육을 구하는 것은 호랑이가 가장 대표적이다. 따라서 六四爻는 호랑이를 象으로 택했다.

【번역飜譯】

六四爻 : 거꾸로 아래를 향해 양육을 구할지라도 (양육 받은 이치를 다시 다른 사람을 양육해 주는데 사용할 것이다.) 길할 것이다. 늙은 호랑이가 한 마음으로 한 곳만을 주시하며 간절하게 사물을 구하는 마음을 포기하지 않고 있으니 반드시 재난이 없을 것이다.

〈象〉曰 : 顚頤之吉, 上施光也.

【번역飜譯】

〈象傳〉에 이르되 : 거꾸로 아래를 향해 양육을 구할지라도 길할 것이라고 한 것은 六四爻가 윗자리에 처하며 아래로 밝은 덕을 베풀 것이라는 의미이다.

【해설解說】

六四爻와 六二爻는 모두 '거꾸로 양육(顚頤)'을 구하는 자들인데 어찌 이자는 길하고 저자는 흉하다고 했는가?

六二爻의 뜻은 사물에 있고 六四爻의 뜻은 道에 있기 때문이다. 『折中·游酢』

'뜻이 사물에 있다.'는 것은 호응하지 않자 강제로 구하는 것인 까닭에 '흉할 것이다.'고 했다. '뜻이 道에 있다.'는 것은 정도로 양육하여 사물을 이롭게 하는 것인 까닭에 '길할 것이다.'고 했다. 「象傳」 '上施光'은 六四爻가 '이를 백성들에게서 취하여 이를 백성들에게 베풀 것이다.(取之於民, 用之於民.)'는 의미와 같은 내용이다. 따라서 '其欲逐逐, 无咎.'라고 했다.

(☶☳) 六五 : 拂經. 居貞吉, 不可涉大川.

【주석註釋】

拂經 : 이는 六五爻가 ≪頤≫의 君位에 처하나 正位를 상실함으로써 호응하는 자가 없으며 陰柔로서 실속도 없으며 오로지 上九爻 陽剛만을 받들고 있는 것이 백성들을 양육할 능력이 없자 上九爻에게 의지해 자신을 양육할 뿐만 아니라 천하 백성들도 함께 양육해 주고 있는 것과 같으니, 이는 군왕이 '현인과 백성들을 양육하는' 평범한 이치를 위반한 것인 까닭에 '拂經'이라고 했다.

　　六五爻는 '頤'의 시점 가운데에서 君位에 처하는 만큼 천하 백성들을 양육해야 하는 자이다. 그러나 그는 陰柔의 본질로 인해 재능이 천하의 백성들을 양육하기에는 부족할 뿐이다. 다행히 위에 上九爻 剛陽의 현인이 있음으로 그에게 순응하고 그에게 의지해서 자신을 양육해야 할 뿐만 아니라 천하 백성들도 양육해 주어야 할 실정이다. 『程傳』

居貞吉, 不可涉大川 : 이는 앞 구절의 의미를 이어서, 六五爻가 이미 正位를 상실했고 剛한 성품도 되지 못함으로 마땅히 정도를 향해 처신해야 할 것이며 陽을 따르면서 陰의 성품을 보완해야 하는 까닭에, 거센 물결이 도도히 흐르는 험난한 큰 하천을 건널 수는 없을 것이라고 했다.

　　陰柔의 본질로 貞剛의 성품을 가지고 있지 않음으로 정도를 지켜 나아가야 만이 길할 수 있을 것이라고 경고했다. 陰柔의 재질로서는, 비록 剛한 현인에게 의지한다고 할지라도 평상시에는 순응하며 견뎌낼 수 있을지라도 어렵고 험난한 변고가 있을 때는 견뎌낼 수가 없을 것이다. 따라서 '거센 물결이 도도히 흐르는 험난한 큰 하천을 건널 수는 없을 것이다.'고 했다. 『程傳』

【번역翻譯】

六五爻 : (비유해 본다면, 군왕이 上九爻에게 의지해 자신을 양육해야 할 뿐만 아니라 천하 백성들도 양육해 주어야 하는 것과 같다는 의미이다.) 평범한 이치를 위반한다. 편안하게 살면서 정도를 굳건히 지켜 나아가면 길할 것이나 거센 물결이 도도히 흐르는 험난한 큰 하천을 건널 수는 없을 것이다.

〈象〉曰 : '居貞之吉', 順以從上也.

【번역翻譯】

〈象傳〉에 이르되 : '편안하게 살면서 정도를 굳건히 지켜 나아가면 길할 것이다.'고 한 것은 六五爻는 응당히 上九爻 陽剛의 현인에게 순응하며 의지해야 한다는 의미이다.

【해설解說】

六五爻에서 깨우쳐 주는 의미를 다음과 같이 헤아려 본다.

높은 존위에 처한 자는 반드시 성실한 미덕으로 천하의 백성들을 양육해야 한다. 그러나 六五爻는 자신의 몸도 스스로 양육할 방법을 모르고 있는 까닭에 부득불 '위에 있는 현인'의 힘에 의지해야만 한다. 이는 「象傳」 '順以從上'의 의미로서, 즉 六五爻는 재능과 덕망이 박약하여 그 직위에 적합하지 않다는 것을 설명한 내용이다. 그러나 '천하 백성들을 양육하고자 하는 마음'은 가지고 있는 까닭에 爻辭에서는 여전히 그가 '편안하게 살면서 정도를 굳건히 지켜 나아가면 길할 것이다.'라는 바를 허용하고 있다.

(☷) 上九 : 由頤. 厲吉, 利涉大川.

【주석註釋】

由頤. 厲吉, 利涉大川 : '由頤'는 '이로 말미암아 양육되고 있다.'는 뜻으로 構詞法은 ≪豫≫의 九四爻 '由豫'와 같다. 이곳에서는 '천하의 백성들이 그에게 의지함으로 말미암아 양육되고 있다.'는 의미이다.

　　이 세 구절은 上九爻가 ≪頤≫의 가장 높은 곳에 처하며 陽剛의 성품이 충만해 신하로서 군왕에게 어질게 하니, 군왕이 그에게 의지하여 천하 백성들을 양육해 주고 있는 象을 말한 내용이다. 그에게 맡겨진 임무가 무거우니 만큼 위험함을 깨달아 조심하면 길할 것이며 어려움을 물리치고 험난함을 건너 반드시 이롭게 될 것이라고 했다.

　　六五爻는 上九爻에 의지해 양육되며 백성들까지도 양육하니, 사물이 上九爻로 말미암아 양육되고 있는 형편이다. 위치는 높고 책임은 막중함으로 위험할 수 있다는 것을 깨달아 조심하면 길할 것이다. 陽剛이 위에 있음으로 '거센 물결이 도도히 흐르는 험난한 큰 하천을 건너는 데에서 이로움을 얻을 것이다.'고 했다. 『本義』

【번역飜譯】

上九爻 : 천하의 백성들이 그에게 의지함으로 말미암아 양육되고 있다. 위험할 수 있다는 것을 깨달아 조심하면 길할 것이며 거센 물결이 도도히 흐르는 험난한 큰 하천을 건너는 데에서 이로움을 얻을 것이다.

〈象〉曰 : '由頤厲吉', 大有慶也.

【번역飜譯】

〈象傳〉에 이르되 : '천하의 백성들이 그에게 의지함으로 말미암아 양육되고 있으니 위험할 수 있다는 것을 깨달아 조심하면 길할 것이다.'고 한 것은 上九爻가 큰 복을 받게 될 것이라는 의미이다.

【해설解說】

≪頤≫의 上九爻 '由頤'와 ≪豫≫의 '由豫'는 語法結構 상에서 비슷한 점을 가지고 있을 뿐만 아니라 심지어 爻義 상에서도 비교해 볼 만한 가치가 있다.

≪豫≫의 九四爻는 천하의 백성들이 그로 인해 즐겁게 되었다. 따라서 '大有得'이라고 했다. ≪頤≫의 上九爻는 천하 백성들이 그에 의지함으로 말미암아 양육되고 있다. 따라서 '大有慶也'라고 했다.
『童溪易傳·王宗傳』

【頤】 요점 · 관점

≪頤≫는 비록 '양육'의 의미로 시작되기는 했지만 卦辭의 시작구절에서부터 정도를 굳건히 지켜 나아가면 길할 것이라고 경고했다.

卦 가운데에서 제시한 '정도로 양육한다.'는 근본의미는 다음 두 방면으로 체현되었다.

① '自養'의 道는 당연히 德에 근본을 둘 것이며 德을 버리지 않은 채 욕망을 채워 나아가야 할 것이다.
② '養人'의 道는 당연히 公으로부터 나와야 할 것이며 반드시 德을 양육하여 사물에까지 미치게 해야 할 것이다.

六爻가 보여 준 의미 가운데에서, 下卦 세 개 爻는 모두 '自養'하는 그 이치(道)도 터득하지 못했다. 이로 인해 初九爻는 '흉할 것이다.(凶)'고 했고 六二爻는 '나아간다면 흉할 것이다.(征凶)'고 했으며 六三爻는 '이로운 바가 없을 것이다.(无攸利)'고 했다. 上卦 세 개 爻는 모두 노력해서 '다른 사람을 양육함으로(養人)' 六四爻는 '길할 것이다.'고 했고 六五爻는 '편안하게 살면서 정도를 굳건히 지켜 나아가면 길할 것이다.(居貞吉)'고 했으며 上九爻는 '길할 것이며' 또한 '이로움을 얻을 것이다.'고 했다.

初九爻·六二爻·六三爻는 모두 자신 만을 양육(自養)하는 입을 가지고 있음으로 사욕을 가진 소인배들이다. 六四爻·六五爻·上九爻는 모두 자신의 덕을 양육해서 다른 사람을 양육해줌으로 공익을 중시하며 그릇이 큰 자들이다. 공익을 중시하고 그릇이 큰 자들은 길할 것이며 '頤'의 정도를 체득할 것이다. 사욕을 가진 소인배는 흉할 것이며 '頤'의 정도를 상실할 것이다. '사물이 양육되는 현상을 관찰하지(觀頤)' 않고서 어떻게 그 정도를 스스로 구할 수가 있겠는가? 『折中·吳日愼』

六爻의 중요한 의미는 '養人'·'養賢'·'養天下', 즉 '頤의 훌륭한 덕을 찬양하는 곳에 집중되었다.

卦辭 '自求口實'의 뜻을 되돌아본다면, 卦 가운데에서 '養德'을 한껏 강조하기는 했으나 여전히 중점은 사물의 기초에서 일방적으로 떠나지 않았다는 것을 알 수 있다. 이 관점에서 ≪頤≫ '養天下'의 의미를 분석해 본다면, 『孟子』가 제창한 '民本'사상과 『管子』가 제시한 '군왕은 백성을 하늘로 삼고 백성은 먹는 것을 하늘로 삼는다.(王者以民爲天, 民以食爲天.)'는 의미와 대체적으로 같다고 할 수 있다.

28. 大過卦의 立體文型圖
<small>대과괘 입체문형도</small>

(䷛) ≪大過≫: 大過. 棟橈. 利有攸往, 亨.

〈彖〉曰:'大過', 大者過也.'棟橈', 本末弱也. 剛過而中, 巽而說行, 利有攸往, 乃亨. '大過'之時大矣哉!

〈象〉曰: 澤滅木, 大過. 君子以獨立不懼, 遯世无悶.

• • •

(− −) 上六 : 過涉滅頂, 凶, 无咎.

〈象〉曰:'過涉之凶', 不可咎也.

(—) 九五 : 枯楊生華, 老婦得其士夫. 无咎无譽.

〈象〉曰:'枯楊生華', 何可久也?'老婦士夫', 亦可醜也.

(—) 九四 : 棟隆, 吉. 有它, 吝.

〈象〉曰:'棟隆之吉', 不橈乎下也.

(—) 九三 : 棟橈, 凶.

〈象〉曰:'棟橈之凶', 不可以有輔也.

(—) 九二 : 枯楊生稊, 老夫得其女妻. 无不利.

〈象〉曰:'老夫女妻', 過以相與也.

(− −) 初六 : 藉用白茅, 无咎.

〈象〉曰:'藉用白茅', 柔在下也.

28 大過卦

(☱)≪大過≫·錯(☶)≪頤≫·綜(☴)≪大過≫·互(☰)≪乾≫

(☱)≪大過≫: 大過. 棟橈. 利有攸往, 亨.

【주석註釋】

☱ : 卦象이다. 下卦 巽卦(木·順)와 上卦 ☱ 兌卦(澤·悅)로 구성되었다. 즉 연못의 물이 나무 전체를 덮어 버리는 자연현상과 이치를 빌려와서 '지나치게 심각한' 현상과 이치를 상징했다.

大過 : 卦名이다. '큰 것이 지나치게 심하다(大過)'·'크게 지나치다.'·'지나침이 심각하다'·'비범한 사람' 등의 의미를 상징한다. '陽剛'은 '大'이니, 본 卦 네 개의 陽爻가 가운데에서 지나치게 성하게 자리를 잡고 있음으로 '大過'라고 이름을 붙였다.

　　네 개의 陽爻가 가운데에 있고 두 개의 陰爻가 밖에 있으니 陽의 형세가 지나치게 심하다. 『正義』

　　『易』의 卦名은 매 卦名마다 숫자와 의리를 함께 갖추고 있다. '過'란? '넘치다'·'잘못되다'·'차질이 있다.' 등의 뜻을 가지고 있다. 의리는 각각 마땅함을 가지고 있다.
『重定費氏學·馬其昶』

棟橈 : '棟'이란? 棟樑(마룻대와 들보)', 즉 용마루의 주요부분을 뜻한다. '橈(뇨)'는 '撓(뇨)'와 통한다. 『釋文』에서는 '휘어지다·구부러지다(曲折)는 의미이다.'라고 했다. 이는 棟樑 양단이 柔弱하여 무거운 압력을 이길 수 없어 활처럼 휘어져 버린 것을

사물의 剛大한 것이 한 면에만 치우치면 부드럽고 여린 것은 그 위세를 감당하지 못해 정상(이치)에 어긋난 상태가 되는 것에 비유한 내용이다. 卦 가운데 네 개의 陽爻는 지나치게 강하고 아래 위 양끝 두 개의 陰爻는 허약함으로써 이러한 象으로 나타나는 것이다.

상하에 있는 두 개의 陰爻가 네 개 陽爻의 중압을 이기지 못함으로써 '棟橈'의 象을 가지게 되었다. 『本義』

利有攸往, 亨 : 이는 '大過'의 시점에서 사물은 이미 정상상태가 아니니, 즉 이치에 어긋나 있는 것이니 조속히 바르게 정돈되기를 기대한다는 의미이다. 卦 가운데 九二爻·九五爻는 陽剛으로 中位에 처하며 下卦·上卦 또한 겸허함과 기쁨의 덕을 가지고 '大過'를 다스리는 象인 까닭에 앞으로 나아가는 데에서 이로움을 얻을 것이며 형통할 것이라고 했다.

네 개의 陽爻가 비록 지나치기는 할지라도 九二爻·九五爻는 中位에 처하고 안에서는 겸허하고 밖에서는 기쁨의 덕을 가지고 있음으로써 즉 나아갈 수 있는 이치를 가지고 있는 까닭에, 앞으로 나아가는 데에서 이로움을 얻을 것이며 형통할 것이라고 했다. 『本義』

【번역飜譯】

≪大過≫ : 大過卦는 큰 것이 지나치게 심한 현상을 상징한다. 棟樑이 활처럼 휘어져 있다. 앞으로 나아가는 데에서 이로움을 얻을 것이며 형통할 것이다.

〈象〉曰 : '大過', 大者過也. '棟橈', 本末弱也. 剛過而中, 巽而說行, 利有攸往, 乃亨. '大過'之時大矣哉!

【주석註釋】

大者過 : 이는 卦名 '大過'를 해석한 내용으로, 卦 가운데 네 개의 陽爻가 陰爻를 초과했다는 것을 사물의 剛大한 인소가 지나치게 성하다는 것에 비유한 내용이다.

> 陽爻가 지나치다. 『漢上易傳·鄭玄』

本末弱 : '本末'이란? 머리와 꼬리의 두 끝(兩端)으로, 卦 가운데 初六爻·上六爻를 의미한다.

이 구절은 앞 문장 '大者過也'의 의미를 이어서 卦辭 '棟橈'를 해석한 내용이다. '棟'이 '휘어진(橈)' 까닭은 兩端이 柔弱함으로 말미암은 것이니 즉 中體가 剛強한 것과 같지 않기 때문이다. 따라서 '무거운 압력을 이기지 못해 아래로 휘어지게 되었다.'고 했다. 卦 가운데 初六爻·上六爻는 陰爻로서 '本末이 약한' 象이다.

> 初六爻는 근본(本)이고 上六爻는 끝(末)이다. 『王注』

剛過而中, 巽而說行 : '剛'·'中'은 九二爻·九五爻 '두 개 陽剛이 中位에 처해 있다.'는 의미이다. '巽'은 下卦 巽이 '겸허'·'양순'의 성품을 가지고 있다는 뜻이다. '說'은 즉 '悅'로서 上卦 兌가 '기쁨'을 상징한다는 의미이다.

이 두 구절은 九二爻·九五爻의 爻象과 下卦象·上卦象을 예로 들어 卦辭 '利有攸往, 亨.'을 해석한 내용이다. 陽剛이 中位에 처하니 성공할 수 있을 것이며 '겸허'·'기쁨'의 道를 따라 실천하니, 곧 '大過'를 바르게 다스리는 데에서 이로움을 얻을 것이며 앞으로 나아가면 반드시 형통할 것이라는 의미이다.

> 剛함이 비록 지나치기는 하나 九二爻·九五爻가 모두 中位에 처하니, 이곳은 中道를 상실하지 않은 곳이다. 下卦 巽과 上卦 兌로 구성된 것은 겸허와 기쁨의 道로서 실천한다는 의미이다. '大過'의 시점에서, 中道와 겸허함을 흔쾌히 실천하니 '앞으로 나아가는 데에서 이로움을 얻을 것이다.' 따라서 '형통할 것이다.'고 했다. 『程傳』

大過之時大矣哉 : 이는 '大過'의 시점에서, 사물이 정상에서 어긋나자 조속히 바르게

정돈되기를 기대하는 마음으로 '군자'가 바르게 시행함으로써 '때에 알맞게 조치하니 훌륭하도다.(時大)'고 했다.

군자가 행동하는 때이다. 『王注』

보통이 아닌 큰일을 성립시키거나 백년 만에 한번 일으키는 큰 사업을 일으키거나 세상 사람들이 가지고 있지 않은 큰 덕을 성취시키는 일과 같은 것을 모두 '大過'의 일이라고 한다. 『程傳』

【번역飜譯】

〈彖傳〉에 이르되 : '큰 것이 지나치게 심하다.'고 한 것은 剛大한 것이 지나치게 심하다는 것을 의미한다. '棟樑이 활처럼 휘어졌다.'고 한 것은 머리와 꼬리 양단이 柔弱하다는 의미이다. 陽剛이 지나치게 심해진 시점에서 적당하게 균형을 잡고 유순하게 순응하며 온화하며 기쁘게 시행하여 바르게 되니, 이로 인해 앞으로 나아가는 데에서 이로움을 얻을 것이며 아울러 형통할 것이다. '大過' 시점의 공적이 얼마나 크고 훌륭한 것인가!

〈象〉曰 : 澤滅木, 大過. 君子以獨立不懼, 遯世无悶.

【주석註釋】

澤滅木, 大過 : ≪大過≫는 上卦 兌의 澤과 下卦 巽의 木으로 구성된 象이라는 것을 해석한 내용이다.

연못(澤)은 나무(木)에게 물을 제공하여 양육해 주는 존재일 뿐만 아니라 또한 나무를 죽음에까지 이르게 할 수 있는 자이니, 이것은 지나치게 심한 현상이다. 따라서 '大過'라고 했다. 『程傳』

獨立不懼, 遯世无悶 : 이는 '군자'가 卦象을 관찰해 본 후, '보통 사람을 크게 넘어선 자(大過人)'는 '大過'의 시점에 처했을 때 '獨立不懼, 遯世无悶.' 할 수 있다는 것을 깨달았다는 의미이다.

이곳에서 '大過'가 된 까닭은 비범한 자가 도달하는 곳이기 때문이다. 『王注』

군자가 ≪大過≫의 象을 관찰해 본 후, 그 '大過人'의 행위를 실천했다. 군자가 '大過人'이 된 까닭은, 그는 독립하는 것을 두려워하지 않고 세상으로부터 은둔해 살면서도 번민하지 않기 때문이다. 천하는 그가 아니면 돌 볼 사람이 없으니 독립해서 행동하는 것을 두려워하지 않는다. 세상 사람들은 지식을 만나지 못하는 것을 후회할 줄 모르니 세상으로부터 은둔해도 번민하지 않는다. 『程傳』

【번역飜譯】

〈象傳〉에 이르되 : 큰 연못이 나무를 묻었다는 것은 큰 것이 지나치게 심하다는 것을 상징한다. 군자는 이를 본 받아, (몸이 '大過'의 시점에 처했을 때) 독립하여 스스로 우뚝 설 수 있게 하고 털끝만한 두려움도 없게 하여 의연히 세상으로부터 은둔해 있으니 고민할 바가 없을 뿐이다.

【해설解說】

卦辭 '棟橈'는 사물의 '大過', 즉 정상에서 어긋난 상황에 비유한 내용이다. 「大象傳」 '澤滅木' 역시 이 일에 대해 밝힌 내용이다. '獨立'·'遯世'는 '군자'가 '大過'의 시점에 처했을 때 비범한 기백을 가진 것을 밝힌 내용이다.

孔穎達은 ≪大過≫에는 다음과 같은 두 가지 의미가 있다고 했다.

① 사물이 스스로 지나침이 심하여 정해진 분수를 넘어선 상태이다.
② 大人이 정해진 분수를 크게 넘어서서 어려운 역경을 구제한 상태이다. 『正義』

(䷛) 初六 : 藉用白茅, 无咎.

【주석註釋】

藉用白茅, 无咎 : '藉'는 '아래에 깔고 앉는 자리'를 뜻한다.

　　아래에 깔고 앉은 자리를 '藉'라고 한다. 즉 사물을 사용해 아래에 수분으로 축축한 것을 막아 위의 사물을 보호한다는 의미이다. 『釋文·馬融』

'白茅'는 청결한 '흰색의 띠 풀'을 뜻한다.
　　이 두 구절은 初六爻가 '大過'의 시점에 당면해, 하나의 陰爻로서 아래에 처하니 응당히 지극히 공손하며 신중하게 위의 陽剛爻를 받들어 섬겨야 만이 비로소 '재난'을 면할 수 있을 것이라는 의미이다. 따라서 爻辭에서 白茅를 땅에 깔아 위의 사물을 받들어 섬기는 비유법을 사용해 윗사람을 봉양하는 것에 비유했다.

　　柔한 자가 아래에 처함으로써 정도를 실천할 수 없으니 재난을 당할 것이다. 다만 깨끗하며 성실하고 공손하며 부지런하게 노력한다면 비록 땅바닥의 부끄러운 곳에 처해 있다고 할지라도 윗사람을 잘 봉양할 수 있을 것이다. 하물며 白茅를 사용하여 깔고 앉을 자리를 만드는 신중함이 지극할진데 어찌 재난이 있을 것인가? 『集解·侯果』

【번역飜譯】

初六爻 : 청결한 흰색의 띠 풀을 사용해 땅의 습기를 막는 깔 자리를 만들어 존자를 받드니 재난을 면할 것이다.

〈象〉曰 : '藉用白茅', 柔在下也.

【번역飜譯】

〈象傳〉에 이르되 : '청결한 흰색의 띠 풀을 사용해 땅의 습기를 막는 깔 자리를 만들어 존자를 받든다.'고 한 것은 初六爻가 柔順한 성품으로 아래에 처하나 행위가 매우 신중하고 공손하다는 의미이다.

【해설解說】

'大過'의 시점에 당면해, 柔弱한 성품을 가진 자가 천하고 보잘 것 없는 지극히 낮은 신분에 처해 있으니 당연히 陽剛한 자를 조심스럽고 공경스럽게 받들어야 만이 비로소 저 陽剛한 자가 자신의 柔함을 잘 헤아려 구제해 줄 것이다. 따라서 재난을 면할 것이며 이로울 것이라고 했다.

정말로 바닥에서부터 조심하고 공경하는 것은 옳은 일이다. 깔 자리를 띠 풀을 사용해 만들었는데 어찌 재난을 당할 것인가? 이는 신중함이 지극하다는 뜻이다. 무릇 띠 풀은 얇은 사물인 까닭에 사용할 때는 매우 신중해야 한다. 이와 같은 신중한 방법으로 계속 나아간다면 그는 실수를 하지 않을 것이다. 「繫辭上傳」

(☷) 九二 : 枯楊生稊, 老夫得其女妻. 无不利.

【주석註釋】

枯楊生稊, 老夫得其女妻 : '稊'는 '荑(띠싹·돌피)'와 통한다. 즉 나무에서 새롭게 돋아나는 '싹'·'가지'를 뜻한다.

'稊'와 '荑(제)'는 같은 글자이며 '荑'는 나무에서 '새롭게 돋아나는 가지'를 뜻한다. 『尙氏學』

본 爻가 비유한 象은 매우 생동적이다. 마른 버드나무가 새로운 가지를 움틔우고 노인이 어린 아내를 맞이하는 것을 사용해 九二爻가 '지나치게 심한' 陽으로 中位에 처하며 아래 初六爻 柔弱한 陰과 이웃하더니 결국에는 剛柔가 서로를 잘 헤아려 각자가 모두 이익을 얻게 된다는 내용에 비유하였다. 그는 '大過'의 시점에 처함으로써 이롭지 않는 바가 없을 것이라고 했다.

늙음이 지나친 것을 '말랐다'고 하고 젊음이 지나친 것을 '어리다'고 한다. 늙은이가 젊은이와 교제하면 어린 자는 성장하게 된다. 어린 자가 늙은이와 교제하면 늙은이의 마른 피부에 윤기가 돈다. 이는 지나친 것들이 서로 친하게 지내기 때문이다. 『王注』

≪大過≫의 여러 爻들은 剛柔가 잘 어울리는 것을 善으로 했다. 初六爻는 柔한 성품으로 剛位에 처했고 九二爻는 剛한 성품으로 柔位에 처해 初六爻와 이웃하니 剛柔가 잘 어울리며 서로를 잘 헤아려 공적을 이루어 내는 자들이다. 그 陽이 지나치다는 것은 버드나무가 마른 것과 같으며 남자가 늙은 것과 같다는 의미이다. 그들이 서로를 잘 헤아려 주어야 사업을 성공시킬 수 있다는 것은 마른 버드나무이지만 새롭게 가지를 돋아나게 하는 것과 같으며 늙은 남자가 어린 아내를 얻는 것과 같다는 의미이다. 陽이 비록 지나치다고 할지라도 九二爻가 처한 곳이 中位인 까닭에 '이롭지 않는 바가 없을 것이다.(无不利)'고 했다. 『折中·王申子』

【번역飜譯】

九二爻 : 마른 버드나무가 부드러운 새싹과 새 가지를 움틔우고 노쇠한 남자가 어린 아내를 맞이하니 이롭지 않는 바가 없을 것이다.

〈象〉曰 : '老夫女妻', 過以相與也.

【번역飜譯】

〈象傳〉에 이르되 : '노쇠한 남자가 어린 아내를 맞이한다.'고 한 것은 九二爻 陽剛이 지나치게 심하기는 할지라도 初六爻 陰柔와 서로 친밀하게 함께 지낼 수 있을 것이라는 의미이다.

【해설解說】

九二爻가 '无不利'의 상황이 된 것은 陽으로 陰位에 처하기 때문이며 또한 그를 돕는 자가 初六爻의 陰柔이기 때문이다.

≪大過≫는 剛이 이미 지나침으로 꼭히 그를 도우려면 柔로서 해야 할 것이며 剛으로서는 그를 도울 수가 없다. 따라서 ≪大過≫의 陽爻가 陰位에 처해있기 때문에 길하다고는 할 수 있으나 처한 곳이 아름답다고는 할 수 없다. 『溫公易說·司馬光』

(䷛) 九三 : 棟橈, 凶.

【주석註釋】

棟橈, 凶 : 이는 九三爻가 '大過'의 시점에 당면해, 陽爻로서 下卦의 가장 높은 곳에 처함으로써 剛함이 너무 지나치게 심하게 되었다. 上六爻에 호응하자 剛한 기세가 갈수록 맹렬해졌다. 이는 마침 棟의 중간 몸체가 갈수록 剛해지면 本末(처음과 끝)이 갈수록 약해지는 것과 같음으로 '棟橈(마룻대 즉 棟樑이 휘어진)' 象이 되었다는 의미이다. 爻義와 卦辭가 부합한다. 이와 같은 '大過'의 시점에 처하면 '棟樑'은 반드시 휘어짐으로써 곧장 흉할 것이라고 했다.

本(처음)과 末(끝)이 약함으로 휘어질 것이다. 『集解·虞翻』

지나치게 심하게 剛하고 움직이는 것이 中和에 위반됨으로써 대중의 마음을 거슬렀는데 어찌 '大過'의 임무를 담당할 수 있겠는가? 따라서 그의 임무를 담당해 내지 못하는 것이 棟樑이 휘어져 그 집을 옆으로 기울어지게 하더니 결국 쓰러지게 하는 것과 같음으로써 흉할 것이라고 했다. 『程傳』

【번역翻譯】

九三爻 : 棟樑이 휘어졌으니 흉할 것이다.

〈象〉曰 : '棟橈之凶', 不可以有輔也.

【주석註釋】

不可以有輔 : '輔'는 '돕다'는 뜻이다.
이 구절은 九三爻가 上六爻에 호응해서는 안 될 것이라는 것을 설명한 내용이다.

만약 上六爻에 호응한다면 剛한 기세가 도움을 얻어 더욱 맹렬해짐으로써 '棟樑이 휘어지는 것이' 더욱 심해지게 될 것이기 때문이다.

그를 도우면 더욱 '휘어지게 될 것이다.' 따라서 도와서는 안 될 것이다. 『集解·虞翻』

【번역飜譯】

〈象傳〉에 이르되 : '棟樑이 휘어졌으니 흉할 것이다.'고 한 것은 九三爻의 剛한 기세를 다시 더 도와주어서는 안 될 것이라는 의미이다.

【해설解說】

만약 다른 卦에서 九三爻가 正位에 처해 上六爻와 호응한다면 근본적으로 아름답다고 할 수 있다. 그러나 '大過', 즉 정상에서 어긋난 시점에 처해 있으니 그의 剛함은 손해일 수도 있고 이익이 안 될 수도 있다. 따라서 爻辭에서 지나치게 剛하면 반드시 '흉할 것이다.'고 했다. 「象傳」에서는 '도와주어서는 안 될 것이다.'고 했다.

(䷡) 九四 : 棟隆, 吉. 有它, 吝.

【주석註釋】

棟隆, 吉 : '隆'은 '높게 올라온다.'는 뜻이다. 즉 아래로 '휘어진(撓)' 형세가 '회복되는 것(평평하게 되돌아 오는 것)'을 의미한다.

이는 九四爻가 ≪大過≫ 上卦의 시작에 처하며 陽으로 陰位에 처한 것이 스스로 지나치게 剛한 본질을 덜어내는 것과 같다는 의미이다. 本末의 휘어짐을 막아서 '棟樑' 몸체로 하여금 높게(평평하게) 올라오게 하여 회복시킴으로써 길할 것이라고 했다.

陽으로서 陰位에 처하니 지나친 것 같으나 지나치지 않다. 따라서 그 象이 '隆'하니 점괘도 '길'할 것이다. 『本義』

有它, 吝 : '有它'는 '그쪽(다른 쪽) 방향에 호응한다.'는 뜻이다. 이곳에서는 '初六爻에 호응한다.'는 의미이다.

    이 두 구절은 九四爻와 初六爻가 호응함으로써 특별히 경고한 내용이다. 九四爻가 이미 자신의 剛한 성품을 덜어내어 '棟樑으로 하여금 높게 올라오게' 했는데 만약 다시 아래로 내려가서 初六爻와 호응한다면, 즉 지나치게 柔하게 되는 것을 도움으로써 오히려 '휘어지는' 것을 막을 수 없어 '애석함(吝)'에 이를 것이라는 의미이다.

【번역飜譯】

九四爻 : 棟樑이 높게 올라와서 평평하게 회복되니(平復) 길할 것이다. 만약 아랫방향(그쪽 방향)에 호응한다면 반드시 애석한 일이 생길 것이다.

〈象〉曰 : '棟隆之吉', 不橈乎下也.

【번역飜譯】

〈象傳〉에 이르되 : '棟樑이 높게 올라와서 평평하게 회복되니 길할 것이다.'고 한 것은 九四爻가 棟으로 하여금 다시는 아래로 휘어지지 않도록 한다는 의미이다.

【해설解說】

    九三爻와 九四爻는 모두 호응해야 하는 爻와 서로 호응하는 것이 옳지 않다. 그러나 그 원인은 각각 다르다. 즉 九三爻는 强健하고 굳세어진 몸체로 上六爻와 호응했으니, 호응함으로써 더욱 지나치게 되어 오로지 '棟樑이 휘어지는 것'으로 하여금 더욱 심하게 했다. 九四爻는 剛柔가 서로 잘 조화된 체질로서, 初六爻에 호응하여 아래로 내려간다면 지나치게 柔하게 되어 '棟樑이 높게 올라와서 평평하게 회복되었던 것'이 반드시 다시 '휘어지게' 될 것이다. 이로 인해 九四爻의 '길'함은 오로지 스스로 자신의 陽剛을 덜어내는 데에 있는 것이니 初六爻와는 호응하지 말아야 길할 것이라고 했다. 九三爻의 '흉할 것이다.'고 한 것은 만약 또한 조급하게 위로 움직여 上六爻와 호응한다면 흉하고 험악한 상황은 더 심해 질 것이라는 의미이다.

(䷛) 九五 : 枯楊生華, 老婦得其士夫. 无咎无譽.

【주석註釋】

枯楊生華, 老婦得其士夫 : 이 두 구절은 象과 九二爻를 비겨서 서로 대칭되도록 했을 뿐만 아니라 상당히 생동감 있게 표현한 내용이다. 마른 버드나무에 고운 꽃이 피어나고 늙은 여인이 장년의 남성을 남편으로 얻은 것을 사용하여, 九五爻의 剛健한 陽氣가 上六爻의 노쇠함이 극에 이른 陰과 친밀하게 지내는 것에 비유했다. ('士夫'는 九五爻를 뜻한다. '老婦'는 上六爻를 뜻한다.) 양자는 서로를 잘 헤아리며 陰陽이 화합하도록 노력함으로써 '고운 꽃을 피우는(生華)' 象을 하고 있다.

九二爻는 初六爻와 이웃함으로써 처음(本)에 가까우니 '새롭게 돋아나는 가지'의 象이다. 九五爻는 上六爻를 받들며 끝(末)에 가까우니 '고운 꽃을 피우는' 象이다. 『折中·沈該』

无咎无譽 : 이는 九五爻가 '처음과 끝이 약한', 즉 정상에서 어긋난 국면을 구하기 위해 노력한다는 의미이다. 비록 '늙은 여인'이라고 할지라도 서로 배필이 되어 사는 동안 剛柔를 잘 조화시켜 '大過人(비범한 사람)'의 행동을 잃어버리지 않음으로써 '재난은 만나지 않을 것이다.(无咎)'고 했다. 그러나 지극히 强한 자가 지극히 弱한 자와 짝함으로써 결국 그 사업을 잘 성취시키기는 어려울 것이며 또한 배필에 대해 적당하지 않다는 섭섭한 감정을 가지게 될 것인 까닭에 '칭찬할 바는 아니다.(无譽)'고 했다.

【번역翻譯】

九五爻 : 마른 버드나무가 고운 꽃을 피우며 노쇠한 늙은 여인이 장년의 남성을 배필로 삼았다. 재난은 만나지 않을지라도 칭찬할 바는 아니다.

〈象〉曰 : '枯楊生華', 何可久也? '老婦士夫', 亦可醜也.

【번역翻譯】

〈象傳〉에 이르되 : '마른 버드나무가 고운 꽃을 피운다.'고 한 것은 생기가 어떻게 오래 갈 수 있단 말인가?의 의미이다. '노쇠한 늙은 여인이 장년의 남성을 배필로 삼았다.'고 한 것, 이러한 상황 역시 너무나도 부끄러워해야 할 것이라는 의미이다.

【해설解說】

九五爻는 지극히 剛健한 자로서 지극히 柔한 자를 구제하니, 비록 원만한 성공은 할 수 없다고 할지라도 항상 있는 힘을 다해 최후까지 노력을 해야 할 것이라는 의미이다. 이로 인해 그는 '无咎无譽'의 결론에 이르게 될 것이니, 이는 사실상 대세가 그렇게 되게 하는 것으로써 인력으로 쉽게 바꿀 수 있는 바는 아니라는 의미이다.

(䷛) 上六 : 過涉滅頂, 凶, 无咎.

【주석註釋】

過涉滅頂, 凶, 无咎 : 이는 물이 지나치게 깊은 곳을 건너다가 머리의 정수리 부분까지 빠지는 재난을 만난다는 것을, 上六爻가 지극한 陰으로 ≪大過≫의 마지막에 처하며 비록 아래 九五爻 陽剛과 이웃하여 있는 힘을 다해 陽을 취해 陰을 다스린다고 할지라도 재주와 능력이 지나치게 柔弱하여 결국에는 '몸을 망치는' 경지를 면하기는 어렵게 될 것이라는 바에 비유한 내용이다. 그러나 그는 '독립하여 우뚝 설 수 있는 능력을 키워 조그마한 두려움도 없게 하여' 세상을 바로잡는 굳센 힘을 관철시켜 결국에는 비록 '흉할지라도' '자신의 몸을 죽여서 천하를 살아나게 하는 이치를 성취시킬 것이다.(殺身成仁)'는 의리를 실현하게 됨으로써 '재난은 없을 것이다.'고 했다.

지나치게 극한 지경에 처했으며 재주가 약하여 구제하기에는 힘이 부족하다. 그러나 의리를 지킴으로써 '재난은 없을 것이다.(无咎)'고 했다. 이것이 대체로 자신의 몸을 죽여서 천하를 살아나게 하는 이치를 성취시키는 도이다. 『本義』

【번역翻譯】

上六爻 : 지나치게 깊은 물을 건너다가 머리의 정수리부분까지 빠졌으니 흉할지라도 재난은 없을 것이다.

〈象〉曰 : '過涉之凶', 不可咎也.

【번역翻譯】

〈象傳〉에 이르되 : '지나치게 깊은 물을 건너다가 머리의 정수리부분까지 빠졌으니 흉할지라도' 라고 한 것은 上六爻가 세상을 바로 잡아야 할 시기를 만나 자신의 몸을 험난한 곳(물)에 던졌으나 그것을 재난으로 볼 수는 없다는 의미이다.

【해설解說】

上六爻는 '棟樑'의 맨 끝이 지나치게 약함으로 인해 무거운 무게를 이겨내지 못하고 아래로 휘어진 것과 같다는 의미이다. 당연히 최선을 다해 구원하고자 할지라도 여전히 압력을 들어 올릴 수가 없을 때, 의연히 스스로 자신의 몸을 던져 主體를 보존하고자 하자 큰집이 그에 의지해 쓰러지지 않았다는 의미이다.

시기가 해서는 안 될 때라면 화는 피할 수 없는 것이다. 따라서 그에 의해 일어나는 흉함을 기꺼이 걱정(두려워) 해야 할 것이다. 『周易學說·李士鉁』

이는 爻辭 '凶' 而 '无咎'의 의미이다.

【大過】 요점 · 관점

　자연계와 인간사회 가운데에서 사물의 발전은 어떤 때는 陽剛이 지나치게 심한 경우도 있고 陰柔가 지극히 미약한 때도 있으며 주체인소가 지나치게 심한 경우도 있고 부속인소가 지극히 미약한 경우도 있다. 이로써 '生態'가 조화를 상실하게 되며 物象이 정상상태를 상실하게 된다. 이것이 ≪大過≫가 제시한 '큰 것이 지나치게 심하다.'는 상황이다.

　卦辭에서는 먼저 '棟樑'이 아래로 휘어진 모양을 취해서 '陽剛'이 '지나치게 심하다.(大過)'는 것과 '陰柔'가 그 세력을 이겨내지 못하고 있는 상황에 비유하여 표현했다. 그리고 다시 이때에는 '大過人'의 거동을 서둘러 기다렸다가 분발하여 돕는, 즉 陰陽을 조화롭게 성취시킬 수 있어야 형통한 방향으로 나아갈 수 있다는 바를 제시했다.

　卦 가운데 六爻는 각자의 위치에서 '大過'에 처했을 때의 이치를 잘 설명해 주고 있다. 初六爻·上六爻 두 개의 陰爻는 剛을 취해 柔를 도왔고 중간의 네 개 陽爻는 柔를 취해 剛을 도왔다. 이와 같이 서로 도와야 만이 비로소 '大過'의 폐단을 구제하여 조화의 공적을 성취시킬 수 있는 것이다. 그러나 여러 개 爻는 처한 시기가 각각 다름으로써 吉·凶 역시 각각 다르게 나타났다. 初六爻·九二爻는 이웃하여 剛柔가 서로 조화되는 장점을 가지고 있음으로 初六爻는 '재난을 면할 것이다.(无咎)'고 했고 九二爻는 '이롭지 않는 바가 없을 것이다.(无不利)'고 했다. 九五爻·上六爻 역시 이웃은 하였으나 陰陽이 현격하게 다름으로써 비록 조화를 위해 최선을 다했다고는 할지라도 결국 원만한 성공을 이루어 내기는 어려웠다. 따라서 九五爻는 '재난은 만나지 않을지라도 칭찬할 바는 아니다.(无咎无譽)'고 했고 上六爻는 '흉할지라도 재난은 없을 것이다.(凶, 无咎.)'고 했다. 九三爻·九四爻 두 개의 陽爻는 두 개의 陰爻와 가장 멀리 떨어져 있음으로써 반드시 스스로 자신의 陽剛성품을 덜어 내어야 만이 아무 탈 없이 조용하게 처할 수가 있었다. 그러나 九三爻는 이 道를 위반함으로써 '흉할 것이다.'고 했으며 九四爻는 이 道를 잘 준수함으로써 '길할 것이다.'고 했다.

　'大過'를 구원하는 근본 원칙은 '剛柔가 서로 도와(剛柔相濟)' 평형이 되도록 하는 데에 힘을 기울이는 것이다. 당연히 '大過'를 구제하는 과정 가운데에서는 '大過人'의 거동 또한 지극히 중요한 관건이 된다. 卦 가운데 '마른 버드나무(枯揚)'가 새롭게 가지를 돋아나게 하고 고운 꽃을 피우는 象을 사용하여 '늙은 남자'와 '늙은 여자'가 '어린 여자'와 '젊은 남자'를 배필로 삼는 象에 비유한 것은, 즉 '평범한 것과 같지 않다.'는 의미를 가지고 있다.

후인들로 하여금 깨닫게 하는 것은, 上六爻가 지나치게 깊은 물을 건너다가 '머리의 정수리부분까지 빠지는(滅頂)' 의미가 함유하고 있는 바의 '殺身成仁' 정신으로 '大過'를 구원하는 것보다 더 훌륭한 의미는 없다는 것이다.

「大象傳」'獨立不懼'의 함축의미는 『論語 · 季氏』에 잘 표현되어 있다.

위태로운 데에도 붙잡아 주지 않고 넘어지는 데에도 부축해 주지 않는다면 장차 저 도와주는 자를 어디에다 쓸 것인가?(危而不持, 顚而不扶, 將焉用彼相矣?)

29. 坎卦의 立體文型圖
<small>감괘　　입체문형도</small>

(☵) 《坎》: 習坎. 有孚, 維心亨. 行有尚.
<small>　　　　　감　습감　유부　유심형　행유상</small>

〈彖〉曰: '習坎', 重險也, 水流而不盈. 行險而不失其信, 維心亨, 乃以剛中
<small>　단　왈　습감　중험야　수류이불영　행험이불실기신　유심형　내이강중</small>
也. '行有尚', 往有功也. 天險不可升也, 地險山川丘陵也, 王公設險以
<small>야　행유상　왕유공야　천험불가승야　지험산천구릉야　왕공설험이</small>
守其國. 險之時用大矣哉!
<small>수기국　험지시용대의재</small>

〈象〉曰: 水洊至, '習坎'. 君子以常德行, 習教事.
<small>　상　왈　수천지　습감　군자이상덕행　습교사</small>

• • •

(−−) 上六: 係用徽纆, 寘于叢棘, 三歲不得, 凶.
<small>　　　상육　계용휘묵　치우총극　삼세부득　흉</small>

〈象〉曰: 上六失道, 凶三歲也.
<small>　상　왈　상육실도　흉삼세야</small>

(—) 九五: 坎不盈, 祗旣平, 无咎.
<small>　　　구오　감불영　지기평　무구</small>

〈象〉曰: '坎不盈', 中未大也.
<small>　상　왈　감불영　중미대야</small>

(−−) 六四: 樽酒, 簋貳, 用缶, 納約自牖, 終无咎.
<small>　　　육사　준주　궤이　용부　납약자유　종무구</small>

〈象〉曰: '樽酒簋貳', 剛柔際也.
<small>　상　왈　준주궤이　강유제야</small>

(−−) 六三: 來之坎坎, 險且枕, 入于坎窞, 勿用.
<small>　　　육삼　내지감감　험차침　입우감담　물용</small>

〈象〉曰: '來之坎坎', 終无功也.
<small>　상　왈　내지감감　종무공야</small>

(—) 九二: 坎有險, 求小得.
<small>　　　구이　감유험　구소득</small>

〈象〉曰: '求小得', 未出中也.
<small>　상　왈　구소득　미출중야</small>

(−−) 初六: 習坎, 入于坎窞, 凶.
<small>　　　초육　습감　입우감담　흉</small>

〈象〉曰: '習坎入坎', 失道凶也.
<small>　상　왈　습감입감　실도흉야</small>

29 坎卦

(䷜)≪坎≫·錯(䷝)≪離≫·綜(䷜)≪坎≫·互(䷚)≪頤≫

(䷜)≪坎≫: 習坎. 有孚, 維心亨. 行有尚.

【주석註釋】

䷜ : 卦象이다. 下卦·上卦가 모두 坎卦(水·險)로 구성되었다. 웅덩이 가운데에 더 깊은 웅덩이가 있는 자연현상과 이치를 빌려와서 '위험하고 어려운 국면'에 처한 현상과 이치를 상징했다.

習坎 : '習'은 '중첩'을 뜻한다. 『集解·陸績』에서는 '겹치다'는 의미로 해석했다. '坎'은 卦名이다. '위험하고 어려운 국면(險難)'을 상징한다.

'習'이란? '겹치다'는 의미이다. '坎'이란? '위험하고 어려운 국면'을 뜻한다. 그 象은 水이고 陽이 陰 가운데에 빠져있으며 밖은 虛하고 가운데는 實하다. 이 卦는 上卦와 下卦가 모두 '坎'이기 때문에 '위험하고 어려움이 중첩된 국면'을 의미한다. 『本義』

'習'은 '익숙해지다(便習)'는 의미이다. 『王注』

有孚, 維心亨 : '孚'는 '신의'·'진실'·'정성' 등을 의미한다. '維'는 語氣助詞이다.

이는 위험하고 어려운 시점에서는 항상 신의와 정성을 품고 있어야 만이 그 마음이 형통할 수 있다는 것, 즉 위험을 물리치고 어려움을 건널 수 있다는 의미이다. 卦 가운데 九二爻·九五爻가 陽剛으로 中位에 처했으니, 바로 이 象이다.

陽實이 中位에 처하고 中은 신의와 정성을 품고 있다. 마음이 형통할 것이라고 한 것은 그 마음이 진실함으로 형통할 수 있다는 의미이다. 지극한 신의와 정성이 있으면 金石도 뚫을 수 있고 水火 위를 걸어갈 수도 있을진데 어찌 위험하고 어렵다고 형통할 수 없겠는가? 『程傳』

行有尙 : 이 구절은 앞 두 구절의 의미를 이은 것으로, 이때 '신의와 정성을 품고 있으면(有孚)'·'마음이 형통할 것이다.(心亨)' 즉 위험하고 어려운 길을 간다고 할지라도 성공할 것이며 반드시 높이어 소중하게 높이 받들어질 것이라는 의미이다.

　　진실 하나 만으로 행동한다면 위험하고 어려운 상황을 빠져 나와 높이어 소중하게 높이 받들어질 것이며 공적을 세울 수 있을 것이다. 진실하게 행동하지 않는다면 항상 위험하고 어려운 상황 가운데에 처할 것이다. 『程傳』

【번역飜譯】

≪坎≫ : 坎卦는 중첩된 위험하고 어려운 국면에 빠져있는 상황을 상징한다. 오로지 가슴에 신의와 정성을 품고 있다면 마음으로 하여금 형통하게 할 것이며 노력하면서 나아간다면 반드시 높이어 소중하게 높이 받들어질 것이다.

【해설解說】

　　『周易』六十四卦 가운데 六十三卦는 卦名 위에 글자를 첨가하지 않았다. ≪坎≫ 卦名에만 특별히 '習'을 붙인 것은 坎으로 위험하고 어려운 국면을 삼은 까닭에 특별히 '習'을 붙여서 이름을 지었다. '習'은 두 가지 의미를 제시하고 있다. ① 중첩을 의미한다. 그것은 上卦와 下卦가 모두 坎으로 거듭 위험하고 어려운 국면이니, 즉 험난함이 중첩되어 있는 상황은 역시 험난함을 이용하여 성공해야 할 것이라는(험난함을 이용해야 만이 성공할 수 있을 것이라는) 의미이다. ② 사람의 행동이 거칠 때는 먼저 그 일을 잘 할 수 있도록 훈련을 해야 만이 형통할 수 있음으로 '習'이라고 했다. 『正義·孔穎達』

〈象〉曰:'習坎', 重險也, 水流而不盈. 行險而不失其信, 維心亨, 乃以剛中也. '行有尚', 往有功也. 天險不可升也, 地險山川丘陵也, 王公設險以守其國. 險之時用大矣哉!

【주석註釋】

重險也, 水流而不盈 : 이는 下卦・上卦가 모두 坎이니, 즉 두 개의 '險'이 중첩되어 있다는 것으로 물이 흐르다가 웅덩이에 고였으나 그득 차지 않은 것과 같다는 뜻을 사용해 '習坎'의 의미를 해석했다.

물의 성질은 아래로 흐르지 낭떠러지를 치고 오르지는 않는다. 『集解・陸績』

물이 흐르다가 만약 그득 찬다면 즉 坎(웅덩이 속의 물)이 될 수 없다. 이미 말했듯이 '坎'은 그득 차지 않았다는 의미이다. 『尙氏學』

行險而不失其信 : 이는 九二爻・九五爻가 陽剛으로 中位에 처하며 위험하고 어려운 길을 간다고 할지라도 신의를 저버리지 않는 象을 설명한 내용이다.

陽이 와서 위험하고 어려운 국면에 처했으나 中道를 잃지 않았다. '中'이란? 신의를 뜻한다. 『集解・荀爽』

剛中 : 이 역시 九二爻・九五爻가 陽剛으로 下卦 坎과 上卦 坎의 '中位에 처해 있다.'는 의미이다. 이는 앞 문장 '行險而不失其信'과 함께 卦辭 '有孚, 維心亨.'을 해석한 내용이다.

九二爻・九五爻는 剛한 성품으로 中位에 처함으로써 마음이 형통할 것이다. 『集解・侯果』

往有功 : 이는 卦辭 '行有尙'을 해석한 내용이다.

그가 剛한 성품으로 中道를 실천하는 재능을 사용해 계속 나아간다면 성공을 할 것이며 반드시 높이어 소중하게 높이 받들어질 것이다. 만약 中途에서 그만두고 계속 나아가지 않는다면 항상 위험하고 어려운 가운데에 처하게 될 것이다. 『程傳』

險之時用大矣哉 : 이는 앞 세 구절 '天險'·'地險'·'王公設險'의 예에 대해 결론을 내린 것으로, '위험하고 어려운 국면을 이용한(用險)' 각도로부터 '위험하고 어려운 국면에 빠진(坎險)' 시점의 크고 넓은 효력을 찬탄한 내용이다.

높아서 오르지 못하는 것은 天의 험난함이다. 산과 시내와 언덕은 地의 험난함이다. 王公과 君이 ≪坎≫의 象을 관찰해 본 후, 험난하면 넘을 수 없다는 것을 깨달아 성곽과 도랑을 험악하게 만들어서 그들의 국토를 보호하고 백성들의 생명을 보존했다. 이는 험난함을 이용해야 하는 시점에 그것을 더욱 훌륭하게 활용했음으로 '위대하도다!(大矣哉!)'고 찬탄한 것이다. 『程傳』

【번역飜譯】

〈彖傳〉에 이르되 : '習坎'의 의미는 중첩된 위험하고 어려운 국면에 처한 것, 즉 물이 흘러가다가 웅덩이에 고였(빠졌)을 뿐 그득 차지 않은 것에 비유했다. 길을 가다가 위험하고 어려운 국면에 처한다고 할지라도 오로지 가슴에 품고 있는 신의와 정성을 상실하지 않는다면 마음으로 하여금 형통하게 할 것이니, 이것은 陽剛이 中位에 처하여 치우치지 않음으로 말미암은 것이다. '노력하면서 나아간다면 반드시 높이어 소중하게 높이 받들어질 것이다.'고 한 것은 계속 나아간다면 공적을 세울 수 있을 것이라는 의미이다. 天이 험난하다는 것은 높고 멀기 때문에 올라가거나 넘을 수 있는 방법이 없다는 의미이며 地가 험난하다는 것은 산과 시내와 언덕이 있다는 의미이니(역시 넘어가기가 어렵다), 나라의 君王과 公侯들은 이를 본 받아 성곽과 도랑을 험악하게 만들어서 국경을 지켜내었다. 위험하고 어려운 국면(險難)에 빠졌을 시점의 효력이 얼마나 위대한 것인가!

> 〈象〉曰 : 水洊至, '習坎'. 君子以常德行, 習敎事.

【주석註釋】

水洊至, 習坎 : '洊'에 대해『爾雅·釋言』에서는 '다시 한 번 더 한다.'는 뜻이라고 했고 『王注』에서는 '계속하여 이른다.'고 했다. 즉 '연이어 겹친다.(疊連)'는 의미이다.
이는 ≪坎≫의 下卦·上卦가 모두 水의 象이라는 뜻을 해석한 내용이다.

두 개의 '坎'이 중첩된 것은 물이 흐르는 바가 연이어지는 象을 의미한다. 『程傳』

常德行, 習敎事 : '常'은 동사처럼 사용되어 '변하지 않는다.'는 뜻이다. '習'은 '숙련되게 익힌다.'는 뜻이다. '敎事'에 대해『正義』에서는 '정치와 교화의 일이다.'고 했다.
이는 '군자'가 ≪坎≫ 卦象을 관찰해 본 후, 덕행을 지켜 나아가는 것은 물이 길게 흘러 끊어지지 않은 것과 같이 해야 할 것이며 정치와 교화를 실천하는 것은 두 개의 坎이 서로 이어 받듯이 시시때때로 열심히 거듭 익히는 것과 같이 해야 할 것이라는 바를 비로소 깨달았다는 의미이다.

군자가 ≪坎≫ 水의 象을 관찰해 본 후, 그가 변하지 않고 오래 흘러가는 것에서 취했으니 즉 그의 덕행을 변하지 않고 오래 동안 실천해 나아갔다. 그가 연이어 흐르며 서로 이어 받는 것에서 취했으니 즉 정치와 교화의 사무를 거듭 열심히 익혀 나아갔다. 『程傳』

【번역飜譯】

〈象傳〉에 이르되 : 물이 연이어 흐르는 것을 사용해 '중첩된 위험하고 어려운 국면'을 상징했다. 군자는 이를 본 받아, 훌륭한 덕을 아름답게 실천하는 행위를 오래 동안 보존 유지해 나아가야 할 것이며 정치와 교화사무를 반복적으로 열심히 익혀 나아 가야 할 것이다.

【해설解說】

「彖傳」은 卦辭의 위험하고 어려운 국면이 진행될 때 '오로지 가슴에 신의와 정성을 품고 있다면(有孚)'·'마음이 형통할 것이다.(心亨)'·'반드시 높이어 소중하게 높이 받들어질 것이다.(有尙)'고 한 것 외에 또한 '위험하고 어려운 국면을 이용해' 크고 넓은 효력을 발양한 것도 분석해 내었다. 「大象傳」에서는 진일보하여 흘러가는 물이 오래 동안 변하지 않는 것과 같이 덕으로 교화시키는 일을 항상 해야 하는 도리로 말하고 있다. 즉 「彖傳」·「大象傳」이 經을 해석한 시각이 각각 다르게 나타나고 있다.

(☵) 初六 : 習坎, 入于坎窞, 凶.

【주석註釋】

入于坎窞, 凶 : '窞'에 대해 『釋文』에서는 『說文』을 인용해 '坎 가운데에 다시 또 坎이 있다. 즉 위험하고 어려운 국면 가운데 더욱 위험하고 어려운 국면이 있다.'고 해석했다. 『集解·干寶』에서는 '坎(물)의 깊은 곳이다.'고 했는데 이는 곧 '깊은 물웅덩이'를 뜻한다.

이는 初六爻가 陰으로 겹쳐진 坎의 아래에 처하며 柔弱하며 正位를 상실함으로써 위험하고 어려운 국면으로부터 벗어나기 힘든 상황인 까닭에, 깊은 '물웅덩이(坎窞)'에 빠져 '凶'할 象이라는 의미이다.

> 陰柔로 중첩된 위험하고 어려운 국면 아래에 처하니 그는 더욱 깊이 빠져 든 象이다. 『本義』

【번역飜譯】

初六爻 : 중첩된 위험하고 어려운 국면에 직면하여 웅덩이 깊은 곳으로 빠져 들었으니 흉할 것이다.

〈象〉曰 : '習坎入坎', 失道凶也.

【번역翻譯】

〈象傳〉에 이르되 : '중첩된 위험하고 어려운 국면에 직면하여 웅덩이 깊은 곳으로 빠져들었다.'고 한 것은 初六爻가 험난한 도를 잘못 실천함으로써 흉할 것이라는 의미이다.

【해설解說】

위험하고 어려운 국면으로 나아갈 때는 오로지 剛하며 正해야 할 것이다. 初六 陰爻는 柔하며 不正하여 몸이 중첩된 위험하고 어려운 국면에 빠져 들었다. 그는 위에서 또한 호응해 주지 않음으로 반드시 '흉할 것이다.'고 했다.

(☵) 九二 : 坎有險, 求小得.

【주석註釋】

坎有險, 求小得 : '小'는 '陰柔'를 뜻하며 또한 '小事(작은 것·작은 일)'·'小處(낮은 곳)'에 비유한 내용이다.

이는 九二爻가 下卦 坎의 中位에 처하나 正位를 상실함으로써 위험하고 어려운 국면에 처했다는 의미이다. 그러나 剛한 성품으로 中位에 처하여 이웃하는 初六·六三 陰爻에게 신의와 정성을 보냄으로써 '작은 것(小)'을 구한다면 '얻을 수 있을(得)' 뿐만 아니라 위험하고 어려운 국면으로부터 벗어나기 위해 점진적으로 도모할 수 있는 象이라는 의미이다.

九二爻는 正位를 상실했음으로 위험하고 어려운 국면을 만날 것이다. 陰은 작은 것(小)이니, 九二爻는 中位에 처하여 上下의 陰爻에게 신의와 정성을 다함으로써 작은 것을 구한다면 얻을 수 있을 것이라고 했다. 『尙氏學』

【번역翻譯】

九二爻 : 웅덩이 가운데 빠져 위험하고 어려운 국면에 처했으나 낮은 곳으로부터 위험하고 어려운 국면을 탈출하고자 도모하니 반드시 얻는 것이 있을 것이다.

〈象〉曰 : '求小得', 未出中也.

【번역翻譯】

〈象傳〉에 이르되 : '낮은 곳으로부터 위험하고 어려운 국면을 탈출하고자 도모하니 반드시 얻는 것이 있을 것이다.'고 한 것은 九二爻가 이때는 여전히 위험하고 어려운 국면으로부터 벗어나지 못하고 있다는 의미이다.

【해설解說】

작은 것을 구한다는 것은 큰 것을 구하지 않는다는 것이며 원래 큰 것에 뜻을 두지 않고 있다는 의미이다. 물이 끊어지지 않고 졸졸 흐르다가 강과 하천이 되는 것은 물이 땅 밑으로 스며들어 수원(泉)이 되었으나 밖으로 넘치지 않고 있다가 나중에 흐르는 물이 되는 것과 같다는 의미이다.(明・陳仁錫)

> 말이 지극히 옳다. 무릇 사람들이 배우기 위해 일을 한다면 반드시 스스로 작은 것을 구하는 것에서부터 시작해야 할 것이니, 물이 비록 졸졸졸 흐르다가 水源이 되나 결국에는 험난한 것의 근본으로 행해지는 것과 같다는 의미이다. 『折中』

> 九二爻는 水源이며 그는 가운데에서 벗어나지 못하고 있음으로 작은 것을 구하면 얻어지고 그 작은 것이 쌓인 연후라야 흐르게 되고 웅덩이에 가득 찬 연후라야 흘러서 나아가게 된다. 가운데에서 나오지 못하고 있다는 것은 웅덩이를 가득 채우지 못했다는 것이다. 작은 것을 구하면 얻어진다는 것은 가늘게 졸졸졸 흐르는 것이 모여서 큰 하천이 된다는 의미이다. 『重定費氏學・馬其昶』

이들의 설법은 모두 九二 陽爻가 ≪坎≫의 中位에 처하며 작은 것을 구하다 큰 것을 얻는 위험하고 어려운 길을 간다는 것으로 卦辭와 「小象傳」의 의미를 분석한 내용이다.

(䷜) 六三 : 來之坎坎, 險且枕, 入于坎窞, 勿用.

【주석註釋】

來之坎坎 : '來之'란? '來去(오고 가다.)'의 뜻이다.

이는 六三爻가 陰으로 陽位에 처하며 위험하고 어려운 일을 행하고자 할 뿐만 아니라 上坎과 下坎의 가운데에 있음으로 '가도 坎 와도 坎 오나가나 坎이니' 움직일 때마다 번번이 위험하고 어려운 국면에 걸려드는 象이라는 의미이다.

險且枕, 入于坎窞, 勿用 : '枕'에 대해 『王注』에서는 '나뭇가지를 베고 있는 것처럼 편안하지 못하다.'는 의미이라고 했다. 즉 위험하고 어려운 국면에 걸려들어 편안하지 못한 모양을 의미한다.

이 세 구절은 위 문장의 의미를 이어서 六三爻의 앞뒤가 모두 위험하고 어려운 국면으로 움직이는 곳마다 기댈 곳이 없으니, 그가 웅덩이에 빠졌을 때는 강력하게 밀고 나아가서는 안 될 것이라는 의미를 설명한 내용이다.

나아가 봐도 갈 곳이 없고 있어도 편안하지 못함으로 '위험하고 또한 편안하지 못하다.(險且枕)'고 했다. 와도 가도 모두 '坎'이니 그것을 사용할 수가 없으며 오로지 피로할 뿐이다. 『王注』

【번역飜譯】

六三爻 : 오고 가는 곳마다 모두 위험하고 어려운 국면 가운데에 처하니, 나아가도 위험하고 어려운 국면이고 또한 물러나 처해도 편안하기 어려운 상황에서 웅덩이의 깊은 곳으로 빠져 들 뿐이니 재주와 자본을 펼치지 말아야 할 것이다.

【해설解說】

爻辭 '險且枕'에 대해 王申子는 '위험하고 어려운 국면을 만나게 되면 멈추고 잠시 쉬어야 할 것이다.'는 의미로 해석했다.

下卦의 위험하고 어려운 국면은 이미 끝났으나 上卦의 험난한 국면에 또 다시 이르렀다. 이는 물러났다 와서 보니 이미 위험하고 어려운 국면이 형성되어 나아 갈수록 더욱 위험하고 더욱 어려워질 뿐이기 때문에, 즉 나아가도 물러나도 모두 위험하고 어려우니 차라리 멈추고 잠시 쉬는 것이 좋을 것이라는 의미이다. '且'는 '구차한 모양'을 뜻한다. '枕'은 '쉬어도 편안하지 못하다.'는 뜻이다. 이와 같이 한다면 비록 위험하고 어려운 국면으로부터 벗어나지는 못한다고 할지라도 역시 웅덩이 가운데에로 깊이 빠져 들지는 않게 될 것이다. 또한 그가 들어가 더욱 깊게 빠져 든다고 할지라도 어찌할 수가 없는 바이다. '勿'이란? 가는 것을 멈추라는 뜻이다. 『大易輯說』

〈象〉曰 : '來之坎坎', 終无功也.

【번역翻譯】

〈象傳〉에 이르되 : '오고 가는 곳마다 모두 위험하고 어려운 국면 가운데에 처한다.'고 한 것은 六三爻가 결국에는 위험하고 어려운 길을 걷는 공적을 성취시키기가 어려울 것이라는 의미이다.

(䷜) 六四 : 樽酒, 簋貳, 用缶, 納約自牖, 終无咎.

【주석註釋】

樽酒, 簋貳, 用缶, 納約自牖, 終无咎 : '簋'에 대해『說文』에서는 '메기장과 차기장 밥을 담는 대나무로 만든 검은색 그릇이다.'고 했다. '簋貳'는 '두 그릇의 밥'을 뜻한다. '缶'는 '질그릇'을 뜻한다. '用缶'는 '질그릇에 음식물을 담는다.'는 뜻이다. '牖'는 '창문'을 뜻한다.

이 몇 구절은 각종 사물의 象을 취해 비유했다. 六四爻는 '險'한 시점에 처하여, 上卦 坎의 아래에 처함으로써 앞에서도 뒤에서도 역시 모두 '웅덩이에 빠지게 되어있다.'는 의미이다. 그러나 柔順하며 正位에 처하며 위로 九五爻의 뜻을 받들며 조심스럽고 정성스러운 마음으로 그와 교제하고 있는 것이, 맛없는 술 한 단지와 맛없는 밥 두 그릇 분을 질그릇에 가득 담아 비록 간단하고 질박할지라도 역시 정성을 다해 존자에게 봉헌하는 것과 같다는 의미이다. 九五爻와 六四爻는 모두 다른 爻와 호응하지 않고 있다가 결국에는 정성을 다해 공개적으로 서로 교제하는 것이, 흡사 밝은 창문에다 대고 '약속을 맺는 것'과 같다. 따라서 六四爻는 陽剛의 도움을 얻어 위험하고 어려운 국면에 빠져들지 않음으로써 '결국에는 재난을 면할 것이다.(終无咎)'고 했다.

【번역飜譯】

六四爻 : 맛없는 술 한 단지와 맛없는 밥 두 그릇 분을 질그릇에 가득 담아 정성을 다해 존자에게 봉헌하며 밝은 창문을 통해 약속 지킬 것을 맹세하니 결국에는 재난을 면할 것이다.

〈象〉曰 : '樽酒簋貳', 剛柔際也.

【번역飜譯】

〈象傳〉에 이르되 : '맛없는 술 한 단지와 맛없는 밥 두 그릇 분을 (질그릇에 가득 담아 정성을 다해 존자에게 봉헌한다.)'이라고 한 것은 九五 陽剛爻와 六四 陰柔爻가 서로 교제한다는 의미이다.

【해설解說】

六三爻·六四爻는 모두 두 개 坎 사이에 처해 있으며 어떤 때는 '勿用'하고 어떤 때는 '无咎'하다. 그 원인은 즉 六三爻는 正位에 처하지 못함으로써 호응하는 자가 없고 六四爻는 正位에 처하여 陽을 받들고 있는 데에 있다. 따라서 「象傳」에서는 六三爻를 '終无功'이라고 했고 六四爻는 '剛柔際'라고 했다.

(☵) 九五 : 坎不盈, 祗旣平, 无咎.

【주석註釋】

坎不盈, 祗旣平, 无咎 : '祗'는 '坻'이며 '坁(고개·모래톱·비탈지·섬)'와 통한다. 『釋文·鄭玄』에서는 '작은 언덕이다.'고 했다.

물웅덩이(坎)가 꽉 차지 않은 것이 하나의 사건이라면 작은 언덕이 평평하게 된 것도 하나의 사건이다. 상하가 對文으로 되어 있다. 『尙氏學』

이 세 구절은 九五爻가 '險'한 시점에 처하여, 陽爻가 강건한 성품으로 中位·正位에 처하며 아래 六四爻와 이웃하며 존위에 처하여 험난한 도를 실천하는 떳떳한 象이기 때문에 위험하고 어려운 국면의 깊은 웅덩이가 비록 꽉 차지는 않았으나 웅덩이 옆에 있는 작은 언덕은 이미 깎여서 평평하게 되었다는 것을 설명한 내용이다. 이러한 상황이 오래가면 반드시 점진적으로 웅덩이가 채워져 앞의 길이 통하게 되어 위험하고 어려운 국면으로부터 벗어날 수 있음으로 '반드시 재난이 없을 것이다.(无咎)'고 했다.

【번역飜譯】

九五爻 : 위험하고 어려운 국면의 깊은 웅덩이는 여전히 꽉 차지 않았으나 작은 언덕은 이미 깎여서 평평하게 되었으니 반드시 재난이 없을 것이다.

〈象〉曰 : '坎不盈', 中未大也.

【번역飜譯】

〈象傳〉에 이르되 : '위험하고 어려운 국면의 깊은 웅덩이는 여전히 꽉 차지 않았다.'고 한 것은 九五爻가 비록 中位에 처해 있다고 할지라도 위험하고 어려운 국면을 평정한 공적은 오히려 크게 빛나고 있지 않다는 의미이다.

(䷜) 上六 : 係用徽纆, 寘于叢棘, 三歲不得, 凶.

【주석註釋】

係用徽纆, 寘于叢棘, 三歲不得, 凶 : '徽'와 '纆'은 모두 '메는 끈'을 뜻한다.

> 세 번 꼰 노를 '徽'라 하고 두 번 꼰 노를 '纆'이라고 한다. 따라서 모두 '노끈'을 뜻한다. 『釋文·劉表』

'寘'는 '置'와 통한다. '叢棘'에 대해 『集解·虞翻』에서는 '감옥 밖에 아홉 겹으로 가시나무를 심었음으로 叢棘(빽빽하게 우거진 가시나무, 즉 죄수를 감금해 두는 곳)이라고 했다.'고 했다.

이 구절들은 上六爻가 柔한 성품으로 위험하고 어려운 국면에 빠져든 바가 지극히 심각한 것이, 결박을 당한 채 '빽빽하게 우거진 가시나무' 가운데에 있는 감옥에 감금되어 삼년이 지나도록 벗어나지 못하고 있는 것과 같음으로 '凶할 것이다.'고 했다.

> 陰柔의 성품으로 스스로 위험하고 어려운 국면의 극한 곳에 처하게 했으니 그는 깊은 곳에 빠져있는 자이다. 그가 빠져 들어 간 깊이를 감옥을 취해 비유했는데, 노끈으로 결박당한 죄수가 감옥 한 가운데에 놓여 진 것과 같다는 의미이다. 陰柔의 성품으로 깊이 빠져 들어 갔음으로 그는 빠져 나올 수가 없는 까닭에 삼년이라는 오랜 세월에 이르도록 벗어나지 못하고 있다고 했다. 이로써 그의 흉함은 가히 알만한 것이다. 『程傳』

【번역飜譯】

上六爻 : 노끈으로 결박당한 죄수가 빽빽하게 우거진 가시나무 가운데에 있는 감옥에

감금되어 삼년이 지나도 벗어나지 못하고 있으니 흉할 것이다.

〈象〉曰 : 上六失道, 凶三歲也.

【번역飜譯】

〈象傳〉에 이르되 : 上六爻가 험난한 道를 잘못 실천함으로써 흉함이 삼년이란 오랜 세월 동안 지속되고 있는 바이다.

【해설解說】

爻辭 '三歲'에 대해 王弼은 '위험하고 어려운 국면이 끝나니 곧장 돌아올 것이다.'는 의미로 해석하면서 上六爻에 대해서 다음과 같이 분석했다.

> 죄수가 체포되어 잘못을 반성하는 곳에 갇혔다. 몸소 삼년을 수양했으니 곧장 돌아올 것이다.
> 『王注』

【坎】 요점 · 관점

≪坎≫의 요지는 험난한 이치를 행할 때는 삼가하며 조심하라는 것이다.

卦辭는 힘써 노력하라는 것에 주의하면서 중첩된 위험하고 어려운 국면에 직면했을 때는 오로지 신의와 정성을 져버리지 말 것이며 마음으로 하여금 형통하게 하면 위험하고 어려운 국면을 물리칠 수 있을 것이며 앞으로 나아간다면 곧 높이어 소중하게 높이 받들어질 것이며 훌륭한 성과 역시 달성할 수 있을 것이라는 뜻을 설명하고 있다.

卦 가운데 六爻는 모두 '길'을 말하지 않고 正反 두 방면으로 경고하고 있다. 네 개의 陰爻, 즉 六四爻가 柔正으로 陽剛을 받들며 조심함으로써 위험하고 어려운 국면에 처했을지라도 '无咎'한 것을 제외하고 나머지 세 개 陰爻는 '凶'한 象을 가지고 있다. 初六爻는 柔弱하면서 중첩된 '坎' 아래에 처해 웅덩이에 깊이 빠져 들어 '凶'하게

되었다. 六三爻는 陰柔의 성품으로 正位를 상실해 오나가나 모두 위험하고 어려운 국면으로부터 벗어나지 못함으로써 결국에는 자신의 재주와 자본을 펼치기가 어려웠다. 上六爻는 陰으로 위험하고 어려운 국면의 극한 곳에 처해 결박을 당한 채 감옥에 갇혀 '凶'한 세월을 '삼년'이나 보내고 있다. 九二·九五 두 개의 陽爻는 강건한 성품으로 中位에 처하니, 본 卦의 위험한 국면을 편안하게 해 주며 어려운 국면을 없애 주는 희망이 있는 곳이다. 두 개의 陽爻는 위험하고 어려운 국면으로부터 완전하게 빠져 나올 수는 없었으나 九二爻는 '낮은 곳으로부터 위험하고 어려운 국면을 탈출하고자 도모하는' 가운데에 있음으로 부지런히 노력해야 했으며 九五爻는 '작은 언덕을 깎아서 평평하게 한' 후에도 계속 분발해야만 했다. 卦辭 '行有尙'과 「大象傳」'常德行, 習敎事.'의 의미는 이 두 개 陽爻에 있어서, 특히 九五 中位에서 비교적 심오하게 체현되었다.

≪坎≫ '行險'의 의리는 陽剛의 信實性 기초 위에 편중하여 세웠으며 삼가고 조심하며 오래 지켜 나아가야 하는 덕을 강조하고 있다. 이와 같이 해야 만이 험난한 도가 실천될 수 있으며 어려움이 제거될 수 있는 바이다.

『史記·夏本紀』에는 禹가 황하의 홍수를 다스렸던 사적에 대해 다음과 같이 기록하고 있다.

근심하고 걱정하면서 집 밖에서 십 삼년을 지냈으나 처자식이 있는 집 앞을 지나면서도 감히 대문을 들어설 생각은 하지 않았다(勞心焦思, 居外十三年, 過家門不敢入.)

그러했던 결과 드디어 하늘이 내리는 홍수의 대재난을 평정할 수 있었다.
『列子·湯問』에는 愚公이 산을 옮기는 우화가 실려 있다.

자자손손 무궁하게 삼태기로 흙을 옮길 것이다.(子子孫孫無窮匱)

愚公은 산을 옮겨야 한다는 자신의 뜻을 관철시키기 위해 위와 같은 영원한 역량을 제시하면서 太行과 王屋의 위험하고 어려운 국면도 물리칠 것이라고 맹세했다.
이 두 가지 예는 본 卦「象傳」'行險而不失其信'·'乃以剛中'·'往有功'이 상징하는 의미를 빌려서 제시한 내용이다.

30. 離卦의 立體文型圖

(☲) 《離》: 離. 利貞, 亨. 畜牝牛吉.

〈彖〉曰: 離, 麗也. 日月麗乎天, 百穀草木麗乎土. 重明以麗乎正, 乃化成天下. 柔麗乎中正, 故亨, 是以畜牝牛吉也.

〈象〉曰: 明兩作, 離. 大人以繼明照于四方.

• • •

(—) 上九: 王用出征, 有嘉折首, 獲匪其醜, 无咎.

〈象〉曰: '王用出征', 以正邦也.

(— —) 六五: 出涕沱若, 戚嗟若, 吉.

〈象〉曰: 六五之吉, 離王公也.

(—) 九四: 突如其來如, 焚如, 死如, 棄如.

〈象〉曰: '突如其來如', 无所容也.

(—) 九三: 日昃之離, 不鼓缶而歌, 則大耋之嗟, 凶.

〈象〉曰: '日昃之離', 何可久也.

(— —) 六二: 黃離, 元吉.

〈象〉曰: '黃離元吉', 得中道也.

(—) 初九: 履錯然, 敬之, 无咎.

〈象〉曰: '履錯之敬', 以辟咎也.

30 離卦

(☲)《離》・錯(☵)《坎》・綜(☲)《離》・互(☱)《大過》

(☲)《離》: 離. 利貞, 亨. 畜牝牛吉.

【주석註釋】

☲ : 卦象이다. 下卦・上卦가 모두 ☲ 離卦(火・日・麗)로 구성되었다. 즉 밝은 빛이 연속하여 비추는 자연현상과 이치를 빌려와서 밝은 덕에 '붙어있는(의지하는)' 현상과 이치를 상징했다.

離 : 卦名이다. '붙어있다(의지하다)'는 의미를 상징한다. 八純卦의 하나로 '日(태양)'을 상징하기도 하고 '火(불)'를 상징하기도 한다.

利貞, 亨 : 이는 사물이 붙어있을 때는 정도를 굳건히 지켜 나아가는 데에서 이로움을 얻을 것이며, 그런 연후라야 형통할 것이라는 의미이다. 본 卦는 陰柔를 주인으로 삼았음으로 '柔로서 正을 삼는' 취지를 가지고 있다.

《離》는 柔로서 正을 삼았음으로 반드시 정도를 지켜 나아간 연후라야 형통할 것이다. 따라서 '利貞, 亨.'이라고 했다. 『王注』

畜牝牛吉 : 이 구절은 '붙어있는 것(의지하는 자)'은 마땅히 柔順을 취해야 만이 비로소 '길할 것이다.'는 의미를 밝힌 내용이다. 따라서 '畜牝牛(암소를 양육한다.)'를 사용하여 비유했다.

柔한 성품으로 안에 처하며 正中의 도를 실천하는 것이 암소의 장점이다. 외적으로는 强하고 내적으로는 順한 것이 소의 장점이다. ≪離≫의 본체는 柔順한 것을 主人으로 삼고 있음으로 剛하고 맹렬한 사물을 양육할 수 없으니 암소를 양육하면 길할 것이라고 했다. 『王注』

【번역翻譯】

≪離≫ : 離卦는 붙어있는 것을 상징한다. 정도를 굳건히 지켜 나아가는 데에서 이로움을 얻을 것이며 형통할 것이다. 암소를 양육하면 길할 것이다.

〈彖〉曰 : 離, 麗也. 日月麗乎天, 百穀草木麗乎土. 重明以麗乎正, 乃化成天下. 柔麗乎中正, 故亨, 是以畜牝牛吉也.

【주석註釋】

離, 麗也 : 이는 아래 두 구절 '日月麗乎天, 百穀草木麗乎土.'와 함께 卦名 '離'의 의미를 해석한 내용이다.

'麗'는 '붙어있다'는 의미이다. 사물은 각각 붙어있는 바의 마땅한 이치를 가지고 있다. 『王注』

重明以麗乎正, 乃化成天下 : '重明'은 上卦·下卦가 모두 '離'라는 것으로, '두 개의 밝은 빛이 서로 겹쳐져 있다.'·'해와 달이 하늘에 붙어서 빛을 발하고 있다.'는 의미이다.
이는 上卦象과 下卦象이 '두 개의 밝은 빛'이 正道에 붙어있으니 '천하의 백성들을 훌륭하게 교화시킬 수 있을 것이다.'는 의미이다.

'두 개의 밝은 빛'이라는 것은 上卦와 下卦가 모두 離(火)라는 의미이다. 正에 붙어있다는 것은 두 개의 陰爻가 안에 있는 것을 의미한다. 이미 두 개의 밝은 덕을 가지고 있는데 또한 正道에 붙어 있으니 천하의 백성들을 훌륭하게 교화시킬 수 있을 것이다. 『正義』

柔麗乎中正 : '柔'는 六二·六五 두 개의 爻를 의미한다.

    이는 六二爻·六五爻가 柔順한 성품으로 中位와 正位에 처한다는 것과 앞 두 구절을 합해서 함께 卦辭 '利貞, 亨. 畜牝牛吉.'을 해석한 내용이다.

    柔한 것이 中正에 붙었으니 형통할 것이다. 柔함으로 형통하여 길하게 되는 것은 암소를 양육하는 것에서 가장 잘 체현되며 강건하고 맹렬한 것과는 함께할 수 없다. 『王注』

    六二爻·六五爻는 柔한 성품으로 모두 中位에 붙어있다. 가운데는 치우치지 않는 곳이기 때문에 '中正'이라고 했다. 『正義』

    六五爻는 비록 '中位'이기는 할지라도 陽位에 처함으로써 근본적으로 그는 正位를 상실하였다.

    비록 陰陽의 正位에 처하지는 않았으나 사리를 바르게 분별하여 실천하고 있음으로 항상 '正位에 붙어 있다.(麗于正)'고 했다. 『正義』

【번역飜譯】

〈彖傳〉에 이르되 : 離는 붙어있다는 의미이다. 비유해 본다면, 태양과 달은 하늘 위에 붙어있고 백곡과 초목은 땅 위에 붙어있다는 것과 같은 의미이다. 밝은 빛은 거듭 이어지고 있을 뿐만 아니라 또한 正道에 붙어있으니 교화로 밀고 나아가면 천하의 창성함을 빨리 성취시킬 수 있을 것이다. 柔順한 자가 中正의 도를 실천하는 곳에 붙어있으니 앞길이 형통할 것이며 암소를 양육하면 길할 것이다.

〈象〉曰 : 明兩作, 離. 大人以繼明照于四方.

【주석註釋】

明兩作, 離 : '兩'은 '연잇다'·'연속적이다'는 뜻이다. '作'은 '일어나다'는 뜻이다.

이는 ≪離≫의 上卦‧下卦 '離'는 모두 '明'의 象이라는 것을 해석한 내용이다.

'離'는 '日(태양)'이다. 태양은 밝게 빛난다.(明) 지금 上‧下 두 개의 몸체를 가지고 있음으로 밝은 빛이 연속적으로 일어나니(明兩作) '離'라고 했다. 『正義』

以繼明照于四方 : 이는 '大人'은 ≪離≫의 밝은 빛이 연속적으로 비추는 象을 본 받아, 부단하게 '明德(밝은 心德)'을 사용하여 천하 백성들을 통치해야 할 것이라는 의미이다.

연속되는 그 밝은 빛이 사방으로 비춘다. 만약 밝음이 계속되지 않는다면 오랫동안 통치할 수 없을 것이다. 『正義』

【번역翻譯】

〈象傳〉에 이르되 : (높은 공중에 매달려 붙어있는 채) 밝은 빛이 연속적으로 떠오른다는 것은 붙어있는 것을 상징한다. 대인은 이를 본 받아, 연속적으로 끊어지지 않는 밝은 빛(밝은 마음)을 사용하여 천하 사방을 밝게 보살피며 다스려야 할 것이다.

【해설解說】

八純卦가 논하는 象은 같지가 않다. 각각 卦體와 사물의 의리를 따라 표현했기 때문이다. ≪乾≫‧≪坤≫은 상하의 몸체를 논하지 않고 직접적으로 총괄해서 '天行健'‧'地勢坤'이라고 하여 天‧地의 큰 것으로 상하 두 개의 몸체를 총칭했다. 雷는 연속적으로 이르고 水는 흐르는 것이 끊이지 않으니, 그 의미는 모두 서로 기인하여 연속되는 것에서 취했음으로 ≪震≫은 '洊雷'라 했고 ≪坎≫은 '洊至'라고 했다. 風은 흔들면서 서로 따라 다니는 사물이기 때문에 ≪巽≫은 '隨風, 巽.'이라고 했다. 山과 澤은 각자가 하나의 몸체이며 서로 받아들이는 사물이 아닌 까닭에 ≪艮≫은 '兼山, 艮.'이라 했고 ≪兌≫는 '麗澤, 兌.'라고 했으니, 이는 두 개의 사물이 각각 행동한다는 의미이다. 지금 '明'이 몸체가 되어 앞뒤에서 각각 비춤으로써 ≪離≫는 '明兩作, 離.'라고 했다. 이는 두 개의 밝음을 겹쳐 놓았다는 의미이니, 즉 '離'에서 일어난다는 의미이다. 만약 한 개가 밝다가 잠시 끊어진다면 그 '밝음'은 오래 가지 못하는 바이니, 반드시 두 개가 앞뒤에서 서로 연속적으로 밝혀 주어야 만이 ≪離≫의 아름다움을 만들 수 있다는 의미이다. 『正義‧孔穎達』

위 내용은 「大象傳」을 분석하여, ≪乾≫·≪坤≫·≪震≫·≪坎≫·≪巽≫·≪艮≫·≪兌≫·≪離≫ '八純卦' 象의 의미와 時가 다르게 배치된 것을 해석한 내용이다. 특히 ≪離≫를 상세하게 설명하였다.

(☲) 初九 : 履錯然, 敬之, 无咎.

【주석註釋】

履錯然, 敬之, 无咎 : '錯然'은 '공경하며 삼가는 모양'을 뜻한다.

　　공경하며 조심하는 모습이다. 『集解·王弼』

　　'정중하면서 구차하지 않다.'는 의미이다. 『尚氏學』

　　이는 初九爻가 陽剛의 성품으로 가장 아래에 처하며 '붙어있는' 시점에 행위가 정중하면서 구차하지 않으며 공경하고 조심하는 까닭에 '재난이 없을 것이다.(无咎)'고 했다.

　　≪離≫의 시작에 처하며 그는 장차 흥성함을 향해 앞으로 나아갈 것이기 때문에 마땅히 조심스럽게 행하면서 공경함을 의무로 생각하니 그는 재난을 피할 수 있을 것이다. 『集解·王弼』

【번역飜譯】

初九爻 : 맡은 직무를 이행하는데 있어서 정중하며 구차하지 않으며 공경하고 삼가는 자세를 견지하니 반드시 재난이 없을 것이다.

〈象〉曰:'履錯之敬', 以辟咎也.

【주석註釋】

辟 : 이는 '避(피하다)'와 통한다.

【번역翻譯】

〈象傳〉에 이르되 : '맡은 직무를 이행하는데 있어서 정중하면서 구차하지 않으며 공경하고 삼가는 자세를 견지한다.'고 한 것은 初九爻는 이와 같이 해야 만이 비로소 재난을 피할 수 있을 것이라는 의미이다.

【해설解說】

'붙어있는 것(附麗)'은 '柔正'에 처했을 때가 귀하다. 初九 陽剛爻는 본래 재난을 가지고 있는 象이다. 그러나 아래에서 겸허하고 유순하며 공경하고 삼가면 결국 재난을 피할 수 있을 것이다.

≪離≫의 시작에 처한 것은 태양이 처음 떠오르는 것과 같다. 일을 시작할 때에는 당연히 공경하고 삼가며 두려워하면서 덕을 쌓고 열심히 노력해야 만이 재난을 면할 수 있다. 『折中 · 胡瑗』

(䷝) 六二 : 黃離, 元吉.

【주석註釋】

黃離, 元吉 : '黃'은 '가운데 색상'을 뜻한다.

이는 '黃色'을 사용해서 六二爻가 中位에 처한 것에 비유한 것이자 柔順中正의 道로서 사물에 붙어있음으로 '크게 길할 것이다.(元吉)'고 했다. 이것이 「象傳」'柔麗乎中正, 故亨.'의 의미이다.

中位·正位에 처하며 柔한 성품으로 柔位에 처하며 文德을 빛나게 실천하여 中道를 체현함으로써 '黃離元吉'이라고 했다. 『王注』

【번역飜譯】

六二爻 : 中正의 도를 견지하는 황색이 사물에 붙어있으니 크게 길할 것이다.

〈象〉曰 : '黃離元吉', 得中道也.

【번역飜譯】

〈象傳〉에 이르되 : '中正의 도를 견지하는 황색이 사물에 붙어 있으니 크게 길할 것이다.'고 한 것은 六二爻가 中道를 실천한다는 의미이다.

【해설解說】

'離'는 火의 象이다. 맹렬하게 타오르다가 쉽게 사그라져 버리니 九四爻가 이러하다. 지나치게 흥성하면 곧장 쇠진하여 흉하게 되어 버리니 九三爻가 이러하다. 오로지 六二爻 만이 中位에 처하여 中道를 지켜 나아가니 離의 지극한 길함을 가진 象이다. 『折中·劉牧』

이는 六二爻·九三爻·九四爻의 象을 비교한 내용이다.

(☲·) 九三 : 日昃之離, 不鼓缶而歌, 則大耋之嗟, 凶.

【주석註釋】

日昃之離, 不鼓缶而歌, 則大耋之嗟, 凶 : '缶'는 '질그릇'이며 연주하는 악기로 사용했다.

秦나라 사람들이 이를 두드리며 노래를 했다. 『說文』

'耊(질)'에 대해서는 다음과 같이 해석하고 있다.

나이 팔십이 된 상황을 '耊'이라고 하며 '大耊'은 지극히 나이가 많은 상황을 뜻한다. 『說文』

이 몇 구절은 태양이 서쪽에 기울어져 있는 상황에 비유한 것으로, 九三爻가 下卦의 마지막에 처한 것이 陽氣가 극성하다가 장차 기우러지면 사물에 오래 동안 붙어 있을 수 없는 것과 같다는 의미이다. 이 시점에서, 만약 때에 맞추어 질그릇을 두드리며 노래를 부르지 않고 힘써 열심히 일을 한다면 곧장 연로함에 대한 탄식이 흘러 나올 뿐이니 흉할 것이라는 의미이다.

아래 離卦의 마지막 위치는 밝은 빛이 곧장 사라지는 곳이기 때문에 '日昃之離'라고 했다. 밝은 빛이 곧장 사라질 때에 만약 다른 사람들로부터 자유롭게 하여 정신을 수양하며 자연에 의탁하여 지내지 않는다면 지극한 늙음에 이른 것을 탄식할 뿐이니 흉할 것이라고 했다. 『王注』

【번역翻譯】
九三爻 : 태양이 기울어져 서쪽 하늘에 축 늘어져 붙어 있으니, 이때 만약 질그릇을 두드리며 즐겁게 노래를 부르며 스스로 즐기지 않는다면 반드시 금방 늙고 쇠잔함에 이른 것을 탄식할 것이니 흉할 것이다.

〈象〉曰 : '日昃之離', 何可久也!

【번역翻譯】
〈象傳〉에 이르되 : '태양이 기울어져 서쪽 하늘에 축 늘어져 붙어있다.'고 한 것은, 이와 같은 상황이 어떻게 오랫동안 보전 유지될 수 있을 것인가!의 의미이다.

【해설解說】

初九爻는 태양이 떠오르고 六二爻는 태양이 중천에 있고 九三爻는 태양이 기우러져 있는 상태이다. 『集解·荀爽』

이는 下卦 세 개의 爻象을 매우 분명하게 설명한 내용이다. 『易』의 작자는 九三爻에서 '嗟'·'凶'으로 경고했다. 사람들은 '태양도 지고 길도 다하는' 때가 있다는 것을 깨달아 때가 되면 스스로를 절제할 것이며 끝까지 나아가는 것을 그만두지 않으면 안 될 것이라는 의미이다.

(䷝) 九四 : 突如其來如, 焚如, 死如, 棄如.

【주석註釋】

突如其來如, 焚如, 死如, 棄如 : 이는 태양이 떠오를 때의 노을빛을 취해 비유한 내용으로, 九四爻는 上·下 離卦 사이에 처해 서둘러 위로 나아가 六五爻에 붙고자 하나 陽剛으로 正位를 상실했음으로 서둘렀으나 도달하지 못한 것이 맑은 새벽 동방의 아침노을이 돌연히 뿜어 올라와 맹렬한 불꽃을 '불사르는' 기세를 가지고는 있으나 노을빛은 결국 위로 높은 하늘에 붙지 못하고 순식간에 사라져버리니 '죽는 것과 같고 버려지는 것과 같은', 즉 떨어지는 마지막 국면을 만나는 것과 같다는 의미이다.

【번역飜譯】

九四爻 : 돌연히 솟아오르는 붉은 불꽃같은 아침노을이 맹렬한 불꽃을 불사르는 것과 같더니 순식간에 사그라져 없어지는 것 같더니 말끔하게 내버려져 잊혀지는 것과 같다.

〈象〉曰 : '突如其來如', 无所容也.

【번역飜譯】

〈象傳〉에 이르되 : '돌연히 솟아오르는 붉은 불꽃같은 아침노을'이라고 한 것은 九四爻의 허세는 반드시 붙어 있을 곳을 허락해 주는 자가 없다는 의미이다.

【해설解說】

'아침노을은 돌연히 왔다가 순식간에 사라진다.'고 한 것은 '아침노을은 다만 동방의 저공에 잠시 나타날 뿐 위로 높은 하늘에 붙을 방법이 없다.'는 의미이다. 爻辭는 이를 취해, 九四爻가 성급하게 六五爻에게 붙고자 하나 결국 바라는 대로 되지 않는 것은 심히 합당하다는 것에 비유한 내용이다.

　　　九四爻는 덕에 순응하여 그 밝음을 양육할 수 없는 자이다. 사람들이 그를 용납하지 않는 것이 아니라 스스로 용납되지 못하게 하는 자와 같다는 것이다. 『折中』

이 내용은 마침 爻旨에 부합한다.

(䷝) 六五 : 出涕沱若, 戚嗟若, 吉.

【주석註釋】

出涕沱若, 戚嗟若, 吉 : '沱'는 '눈물을 줄줄 흘리는 모양'을 뜻한다. '若'은 語氣助詞이다. '戚'은 '근심하며 슬퍼한다.'는 의미이다.

　　이는 六五爻가 陰으로 陽位에 처하자 九四爻의 세력이 가까이 닦아와 괴롭힘으로써 근심과 슬픔의 눈물을 흘리고 있다는 의미이다. 그러나 존위에 붙어있으니 결국은 대중들의 도움을 얻게 됨으로써 앞에서는 근심과 슬픔의 눈물을 흘렸으나 뒤에는 길할 것이라는 의미이다.

【번역飜譯】

六五爻 : 쏟아져 내리는 눈물이 끊어지지 않으며 근심과 슬픔이 절실하나 (존위에 처하여 도움을 얻게 되어) 결국에는 길할 것이다.

【해설解說】

『西谿易說·李過』는 六五爻는 새로운 군왕이 '繼世易位'하는 象이라고 했다.

> 뒤가 밝은 것은 앞의 밝은 것을 계승하여 일어나기 때문이며 柔道로서 존위에 처해있기 때문이다. 高宗은 居喪 중 삼년 동안 말을 하지 않았고 成王은 정치에 나아갔으나 거상 중에 외로워했다. 『周易內傳·王夫之』

이는 殷 高宗과 周 成王의 사적을 말한 내용으로 본 爻의 상징적 의미와 부합한다.

〈象〉曰 : 六五之吉, 離王公也.

【번역飜譯】

〈象傳〉에 이르되 : 六五爻가 길하다는 것은 王公의 존위에 붙어있다는 의미이다.

【해설解說】

六五爻는 王位인 까닭에 '公'이라고 했다. 『正義·孔穎達』

(☲) 上九 : 王用出征, 有嘉折首, 獲匪其醜, 无咎.

【주석註釋】

王用出征 : 이는 上九爻가 陽으로 ≪離≫의 가장 마지막에 처하며 '붙어있는' 도가 크게 성취되어 대중이 모두 붙어서 따른다는 의미이자, 그러나 붙어서 따르기를 원하지 않는 자는 정벌하여 죄를 다스려야 할 것이라는 의미이다.

≪離≫의 마지막에 처한다는 것은 '離'道가 이미 완성되어 대중들이 모두 붙어서 따른다는 의미이자 그와 같은 종류가 아닌 자들은(따르기를 원하지 않는 자들은) 마땅히 제거해야 만이 백성들의 피해를 없앨 수 있다는 의미이다. 『正義』

有嘉折首, 獲匪其醜, 无咎 : '嘉'는 '아름다운 공적'을 뜻한다. '首'는 '적군의 수령'을 뜻한다. '匪其醜'는 '非其類(그 무리가 아닌 자)'의 의미이다. 즉 따르기를 원하지 않는 '자신과 다른 뜻을 가진 자'를 뜻한다.

이 세 구절은 앞 문장의 의미를 이어서 上九爻가 '出征'하여 승리했으니, 즉 모두 자신과 다른 뜻을 가진 자들만 포로로 잡았음으로 '재난이 없을 것이다.(无咎)'고 했다.

【번역飜譯】

上九爻 : 군왕이 군대를 통솔하여 戰地(戰場)로 나아가서 큰 공적을 세웠을 뿐만 아니라 또한 적군수령의 머리도 베었으며 붙어서 따르기를 원하지 않는 자신과 다른 뜻을 가진 자들만 포로로 잡았으니 재난이 없을 것이다.

〈象〉曰 : '王用出征', 以正邦也.

【번역飜譯】

〈象傳〉에 이르되 : '군왕이 군대를 통솔하여 戰地(戰場)로 나아갔다.'고 한 것은 上九爻가 정정당당하게 천하를 다스리기 위해서라는 의미이다.

【해설解說】

　　上九爻는 剛明한 덕으로 ≪離≫의 최고 존위에 처함으로써 아래로 붙는 자가 많으며 배반하는 자는 필히 적을 뿐이다. 이때 '자신과 다른 뜻을 가진 자들만 정벌함으로써' 형세는 장차 재난이 없을 것이다. 「彖傳」 '化成天下'와 「大象傳」 '以繼明照于四方'이 본 爻에서 체현되었다.

【離】 요점·관점

　　『左傳·僖公 14年·載駜射』에 '가죽이 없는데 털이 장차 어떻게 안전하게 남아있을 수 있겠는가?(皮之不存, 毛將安傳?)'라고 했다.

　　이는 사물은 왕왕 반드시 일정한 환경에 붙어있어야 한다는 것을 설명한 내용이다. 즉 자연의 物象으로 말해 볼 것 같으면, 태양은 하늘에 붙어서 대지를 넓게 밝혀주고 불꽃은 연료에 붙어서 빛과 열을 발사하는 것이 가장 좋은 사례이다.

　　≪離≫는 '붙어있다'는 의미를 제시한 卦로서 火·日을 기본 비유대상으로 삼았다.

　　卦辭에서 '암소를 양육하면 길할 것이다.(畜牝牛吉)'고 한 것은, 즉 '붙어있을' 때는 반드시 柔順하게 정도를 굳건히 지켜 나아가야 만이 형통할 것이라는 뜻을 강조하기 위한 것이다.

　　六爻의 상황을 분석해 보면, 六二爻·六五爻는 陰柔가 中位에 처함으로써 길하게 되었고 正道를 지켜 나아가면서 '붙어있는' 아름다움을 완성시켰다. 九三爻·九四爻는 모두 흉했는데, 이는 陽剛의 성품으로 中正의 도를 지키지 않음으로 인해 어떤 때는 쇠퇴의 상황에 처했고 어떤 때는 용납되지 않는 허세를 부림으로써 모두 '붙어있는' 뜻을 이룰 수가 없었다. 初九爻는 아래에 처하여 공손하고 삼가함으로써 점진적으로 사물에 붙을 수 있었으며 上九爻는 '離'道가 이미 완성되어 사물이 모두 붙어 따랐음으로 陽剛의 두 爻는 모두 재난을 맞이하지 않았다.

　　≪坎≫·≪離≫ 두 卦를 비교해 보면, 진 일보적인 면을 찾아 볼 수 있으니 즉 '險(험난함)'은 마땅히 '剛中'을 주인으로 삼았으나 '麗(붙음)'는 '柔中'을 옳은 것으로 삼았다.

　　이 두 卦는 상반된 핵심을 가지고 있다. 당연히 ≪離≫의 상징적 의미는 매우 광범위하다. 人事를 취해서 말해 본다면, 신분의 존비 여하를 막론하고 모두 반드시 처한 시대와 사회에 붙어서 살아야 하며 사람과 사람 사이의 다른 층 차 또한 붙고 붙이는 것의 복잡한 관계상에서 존재함으로써 즉 인류의 사회결구는 일종의 특정한 조직을 반영시키는 것을 피할 수 없게 되어있다는 것이다.

　밝은 빛이 거듭 이어지고 있으며 또한 正道에 붙어 있으니 교화로 밀고 나아가면 천하의 창성함을 빨리 성취시킬 수 있을 것이다. 「象傳」

　天地 가운데에 붙어있지 않는 사물이 없으니 사람은 마땅히 그가 붙어야 할 곳을 살펴서 正道에 붙어야 만이 형통할 수 있을 것이다. 군신 상하가 모두 明德을 가지고 中正에 처한다면 천하를 교화시킬 수 있을 것이며 文明한 풍속을 성취시킬 수 있을 것이다. 『程傳』

　이는 《離》의 철학적 의미를 고대정치사상 범주에 넣어서 이야기한 내용이다.

長壽之士先病服藥
養生之君先亂任賢是以
身常安而國脈永不病者
令之病亂者國之病也身
之病得醫而愈國之亂
得賢而治

錄潛夫論句 龔書○

몸 건강을 지켜 가는 선비는 병에
앞서 약을 복용하고 세상을 잘
기르는 임금은 어지러움에 앞서 현인에게
맡깁니다. 그로 몸은 항상 편안
하고 나라의 맥은 오래 원하게 된다
몸의 병은 의사를 만나서 낫게되며
나라의 어지러움은 현인을 만나면 다스려진다.

3. 『周易』六十四卦 講明 〈下經〉

卷五

31. ䷞ 兌上 艮下 《咸》: 虛受人

32. ䷟ 震上 巽下 《恒》: 立不易方

33. ䷠ 乾上 艮下 《遯》: 遠小人, 不惡而嚴.

34. ䷡ 震上 乾下 《大壯》: 非禮弗履

35. ䷢ 離上 坤下 《晉》: 自昭明德

36. ䷣ 坤上 離下 《明夷》: 莅衆, 用晦而明.

37. ䷤ 巽上 離下 《家人》: 言有物而行有恒

38. ䷥ 離上 兌下 《睽》: 同而異

31. 咸卦의 立體文型圖
_{함 괘} _{입 체 문 형 도}

(䷞) ≪咸≫: 咸. 亨, 利貞. 取女吉.

〈彖〉曰: 咸, 感也. 柔上而剛下, 二氣感應以相與. 止而說, 男下女, 是以亨, 利貞, 取女吉也. 天地感而萬物化生, 聖人感人心而天下和平. 觀其所感, 而天地萬物之情可見矣!

〈象〉曰: 山上有澤, 咸. 君子以虛受人.

• • •

(− −) 上六: 咸其輔頰舌.

〈象〉曰: '咸其輔頰舌', 滕口說也.

(——) 九五: 咸其脢, 无悔.

〈象〉曰: '咸其脢', 志末也.

(——) 九四: 貞吉, 悔亡. 憧憧往來, 朋從爾思.

〈象〉曰: '貞吉悔亡', 未感害也. '憧憧往來', 未光大也.

(——) 九三: 咸其股, 執其隨, 往吝.

〈象〉曰: '咸其股', 亦不處也. '志在隨人', 所執下也.

(− −) 六二: 咸其腓, 凶. 居吉.

〈象〉曰: 雖凶居吉, 順不害也.

(− −) 初六: 咸其拇.

〈象〉曰: '咸其拇', 志在外也.

31 咸卦

(䷞)≪咸≫・錯(䷨)≪損≫・綜(䷟)≪恒≫・互(䷫)≪姤≫

(䷞)≪咸≫: 咸. 亨, 利貞. 取女吉.

【주석註釋】

䷞ : 卦象이다. 下卦 ☶ 艮卦(山・止)와 上卦 ☱ 兌卦(澤・悅)로 구성되었다. 위에 있는 澤性(陰・水氣)이 흘러내려서 아래 곳을 적셔주고 山體(陽)는 위를 받들어 그 스며드는 것을 받아들여 서로 감응하는 자연현상과 이치를 빌려와서 음양이 서로 접촉하여 '감응하는' 현상과 이치를 상징했다.

咸 : 卦名이다. 서로 접촉하여 '감응하는(교감)' 의미를 상징한다. '咸'字에 대해 「象傳」에서는 '感也'라고 했다. 즉 '交感'・'通感'・'感應'의 의미를 두루 가지고 있다는 의미이다.

　　이 卦는 인류의 시작을 밝힌 것으로, 즉 부부의 의리는 반드시 남녀가 함께 서로 감응해야 만이 바야흐로 부부의 도를 성취시킬 수 있다는 것이다. 『正義』

亨, 利貞, 取女吉 : '取'란? '장가들다(娶)'는 뜻이다.
　　이 세 구절은 '교감'하면 형통할 것이며 정도를 굳건히 지켜 나아가는 데에서 이로움을 얻을 것이라는 의미이다. 아울러 人事에 비유해, 남녀가 '교감'하여 '正道'로서 혼인을 맺으니 반드시 '길할 것이다.'는 의미이다.

　　이미 서로 감응했으니 형통할 것이다. 만약 사악한 道로서 서로 감통(感通)했다면 흉악한 해로움에 이르게 될 것이니, 따라서 정도를 굳건히 지켜 나아가는 데에서 이로움을 얻을 것이라고 했다. 이미 감통이 바르게 되었다는 것은 혼인이 잘 이루어지고 있다는 의미이다. 『正義』

【번역翻譯】

≪咸≫ : 咸卦는 교감을 상징한다. 형통할 것이며 정도를 굳건히 지켜 나아가는 데에서 이로움을 얻을 것이다. 아내를 얻으면 길할 것이다.

【해설解說】

『周易』은 ≪乾≫부터 ≪離≫까지 三十 개의 卦를 '上經'이라 하고 ≪咸≫ 이하 三十四 개의 卦를 '下經'이라고 한다.

　孔穎達은 '先儒는 모두 上經은 天道를 밝힌 것이며 下經은 人事를 밝힌 것이라고 했다.'고 했다. 그러나 韓康伯은 「序卦傳」 주석에서 이 의미를 무시했다. 즉 그는 '무릇 『易』은 여섯 개 획으로 卦를 만들었는데 그 가운데에는 三才가 필수적으로 구비되어 있다. 天·人을 서로 얽어 복잡하게 하여 변화를 본받게 했다. 어찌 天道와 人事를 上經과 下經에 편중시켰겠는가?'라고 했다. 孔氏는 아울러 ≪訟≫·≪師≫ 두 卦를 예를 들어 '上經 안에서 음식이 있으면 반드시 다툼(訟)이 있다고 밝혔다. 訟할 때에는 반드시 대중이 일어나니 이는 人事를 겸한 것이며 天道 만을 전적으로 한 것은 아니다. 이미 天道 만을 전적으로 한 것이 아니라는 것은 곧 下經이 人事 만을 전적으로 한 것이 아니라는 이치가 즉 그러한 것이다.'고 했다. 『正義』

이는 上經·下經 모두가 자연계의 규율(天道)·인류사회의 규율(人事)을 결합하여 『易』理를 천명했다는 의미이다.

〈彖〉曰 : 咸, 感也. 柔上而剛下, 二氣感應以相與. 止而說, 男下女, 是以亨, 利貞, 取女吉也. 天地感而萬物化生, 聖人感人心而天下和平. 觀其所感, 而天地萬物之情可見矣!

【주석註釋】

柔上而剛下, 二氣感應以相與 : '柔'는 上卦 兌가 陰卦라는 뜻이다. '剛'은 下卦 艮이 陽卦라는 뜻이다. '與'에 대해 『釋文·鄭玄』에서는 '친하다'는 의미라고 했으나 孔氏는 '주다'는 의미로 해석했다.

　이 두 구절은 上卦象과 下卦象은 剛柔가 교감하는 의미를 가지고 있다는 것으로 卦名 '咸'을 해석한 내용이다.

　'艮'은 剛하고 '兌'는 柔하다. 만약 剛이 위에서 정지해 있고 柔가 아래에서 기뻐하고 있다면 서로 교감하지 못함으로써 통할 수가 없다. 지금은 兌柔가 위에 있고 艮剛이 아래에 있으니 두 개의 氣가 감응하여 서로 주고 있다. 『正義』

止而說 : '止'는 下卦 艮을 뜻한다. '說'은 '悅'이며 上卦 兌를 뜻한다.

　이는 下卦象·上卦象이 '止(정지)'·'悅(기쁨)'의 뜻을 가지고 있는 것이 '交感'이 바르게 됨으로써 사욕에 빠지지 않고 있는 것과 같다는 의미이다.

　'艮'이 止하면 感이 專一하게 되며 '兌'가 悅하면 應에 이르게 된다. 『正義』

男下女 : '男'은 艮이 '少男'이라는 뜻이다. '女'는 兌가 '少女'라는 뜻이다.

　이 구절은 下卦와 上卦, 즉 少男이 少女를 '예로서 찾는(禮下)' 象이라는 의미로 앞 문장 '止而說'과 함께 卦辭 '亨, 利貞, 取女吉.'를 해석한 내용이다.

　혼인의 의리로는 남자가 먼저 여자를 찾아야 할 것이다. 신랑이 신부 집에 가서 신부를 친히 영접하는 예를 '御輪三周(수레를 세 번 돌려 맞이한다.)'라고 한다. 이는 모두 남자가 먼저 여자에게 손을 내어 민 연후에 여자가 남자에게 호응한다는 의미이다. 『正義』

　무릇 納采·問名·納吉·納徵·請期·親迎의 예는 모두 남자가 여자에게 청하는 일이다. 『儀禮·士昏禮』

　남자인 신랑이 신부 집에 가서 신부를 친히 영접해야 할 것이며 남자가 여자에게 먼저 청하는 것이 剛柔의 의리이다. 『儀禮·郊特牲』

天地萬物之情可見矣 : 이 구절은 앞의 세 구절을 합하여, 즉 넓게 天地·聖人·萬物이 서로 감응하는 예를 열거하여 ≪咸≫의 큰 의미를 깊이있게 진술한 내용이다.

'咸'道의 넓음을 한마디로 줄여서 찬탄한 내용이니, 크게는 天地를 포용할 수 있고 작게는 만물에 일치 할 수 있다. 사물에 감응하여 움직이는 것을 '情'이라고 한다. 천지만물은 모두 氣의 종류로서 함께 서로 감응함으로 그 감응하는 바를 관찰해 보면 천지만물의 情을 알 수 있는 바이다. 『正義』

【번역飜譯】

〈彖傳〉에 이르되 : 咸은 교감을 의미한다. 비유해 본다면, 陰柔가 위로 올라가고 陽剛이 아래로 내려와서 즉 두 개의 氣가 서로 교감·호응하여 두 개가 서로 친하게 화합하는 것과 같다는 의미이다. 교감할 때는 침착하고 자제해야 할 것이며 또한 즐거워하고 기뻐해야 할 것이니, 즉 남자가 예로서 여자를 찾으면 형통할 것이며 정도를 굳건히 지켜 나아가는 데에서 이로움을 얻을 것이며 아내를 맞이하면 길할 것이라는 것과 같다는 의미이다. 천지가 교감하면 만물의 化育과 생장을 가져올 것이고 성인이 백성들 마음을 감화시키면 천하가 화평하고 순조롭게 발전할 것이다. 교감의 현상을 관찰해 보면, 천지만물의 성품과 감정을 분명히 이해할 수 있을 것인 져!

〈象〉曰 : 山上有澤, 咸. 君子以虛受人.

【주석註釋】

山上有澤, 咸 : 이는 ≪咸≫은 下卦 艮의 山과 上卦 兌의 澤으로 구성된 象이라는 바를 해석한 내용이다.

澤性은 아래로 흘러내려 와서 아래 곳을 적셔 준다. 山體는 위를 받들어 그 스며드는 것을 받아들임으로써 '咸'이라고 했다. 『正義』

'艮'은 山이며 '兌'는 澤이다. 山氣는 아래에 있고 澤氣는 위에 있다. 두 개의 氣가 통하여 서로 감응함으로 '咸'이라고 했다. 『集解·鄭玄』

이는 「說卦傳」 '山澤通氣'로 卦象을 해석한 내용이다.

以虛受人 : '受'는 '용납하다'·'받아들이다'는 뜻이다.

이 구절은 군자는 ≪咸≫의 卦象을 본 받아, 비어있는 마음에 사물을 받아들여 '感應'의 道를 완성해야 할 것이라는 바를 설명한 내용이다.

비어있는 곳으로 사람을 받아들인다면 사물 역시 감응할 것이다. 『王注』

군자가 이 ≪咸≫의 下山·上澤을 본받는다면, 그 마음을 비울 수 있을 것이며 스스로 채우지 않을 것이다. 사물을 받아들인다는 것은 버리는 바가 없다는 의미이다. 이로써 사람을 감화시키면 모든 것이 호응하지 않는 바가 없을 것이다. 『正義』

【번역飜譯】

〈象傳〉에 이르되 : 산 위에 큰 연못이 있다는 것(山과 澤이 서로 감응한다.)은 교감을 상징한다. 군자는 이를 본 받아, 마음 비우는 것을 산 계곡 같이 하여 대중을 넓게 받아들여 감화시켜야 할 것이다.

(䷞) 初六 : 咸其拇.

【주석註釋】

咸其拇 : '拇'에 대해 『釋文』에서는 '馬·鄭·薛氏가 이르되 : 엄지발가락이다.'고 했다.

이 구절은 初六爻가 陰으로 ≪咸≫의 시작에 처하며 위로 九四爻와 호응하나 감응하는 바가 오히려 미미하여 마음에 움직임이 일어나지 않고 있음으로 '엄지발가락'

에 느껴지는 감각을 사용하여 비유한 내용이다. 그는 움직이고자 하나 움직여지지 않는다는 의미이다.

初六爻는 九四爻에 호응하며 卦의 시작에 처하니, 이곳은 감각이 미미한 끝부분이다. 한 몸체에 비유해 본다면, 발가락에 처해 있을 뿐이다. 『正義』

【번역飜譯】
初六爻 : 그 엄지발가락에서 교감한다.

〈象〉曰 : '咸其拇', 志在外也.

【번역飜譯】
〈象傳〉에 이르되 : '그 엄지발가락에서 교감한다.'고 한 것은 初六爻가 감응하는 뜻은 밖으로 발전하는 데에 있다는 의미이다.

【해설解說】
'엄지발가락'에서 교감한다는 것은 정말로 미미하게 느껴지는 끝부분이라는 의미이다. 그러나 初六爻는 이미 감응했으니 결국에는 움직이지 않을 수가 없을 것이다. 따라서 움직이기 시작했다는 것은 반드시 '뜻을 밖으로 발전하는 데에 두고 있다.'는 의미이다.

爻辭에서는 吉凶의 원인을 말하지 않았다. 이는 움직임의 시작에서는 선과 악이 오히려 정해지지 않기 때문이다. 단지 '咸其拇'라고 함으로써 사람들로 하여금 조심해서 움직일 것이며 기미를 주의해서 살피도록 했다. 『讀易筆記·方宗誠』

(䷞) 六二 : 咸其腓, 凶. 居吉.

【주석註釋】

咸其腓, 凶. 居吉 : '腓'는 '장딴지(정강이 뒤쪽의 물고기 배처럼 살이 찐 부분)'를 뜻한다. 『程傳』에서는 '다리의 살찐 부분'이라고 했다.

'腓'는 정강이뼈 뒤쪽의 살을 뜻한다. '腓'가 살이 많은 것이 가운데에 창자를 가지고 있는 것과 같다는 의미이다. 『段注』

이는 六二爻가 ≪咸≫ 下卦의 中位에 처하며 柔正으로 九五爻와 호응하는 것이 교감이 장딴지(腓)에 이르자 움직이는 象과 같으니, 조급하게 움직이면 반드시 흉할 것이기 때문에 爻辭에서 먼저 흉할 것이라고 경고한 후 다시 그에게 조용하게 처하면서 정도를 굳건히 지켜 나아가면 길할 것이라고 격려했다. (사람이 발을 들어 앞으로 나아가고자 할 때 발이 움직이기 전에 정강이뼈 뒤쪽의 살이 먼저 움직인다. 이 살이 먼저 움직여야 만이 발도 비로소 움직일 수 있다. 六二爻는 陰으로 下體에 처하며 위로 九五爻와 호응하니, 이는 인체의 정강이뼈 뒤쪽의 살과 같이 조급하게 움직이면 행동이 헛되이 됨으로써 흉할 것이라고 했다. 그러나 六二爻가 柔順하게 中正의 도를 지켜 나아가면서 평안한 마음으로 안거하며 헛되이 움직이지 않는다면 결국 九五爻가 와서 구제해 줄 것이기 때문에 반드시 길할 것이라고 했다.)

'咸'道가 한 층 더 나아가면 '拇'를 떠나서 '腓'로 올라간다. '腓體'란? 움직이는 것이 조급한 자이다. 사물에 감응하여 조급하게 움직이는 것은 凶할 이치이다. 조급함으로 말미암아 흉하게 되는 이치이니 조용하게 있으면 길할 것이다. 剛한 것을 올라타지 않았음으로 조용하게 있으면 길할 것이라고 했다. 『王注』

九五爻가 바르게 감응하나 九三爻와 九四爻 역시 陽이다. 六二爻가 유독히 九五爻와 함께하니 九三爻와 九四爻가 시기하고 질투함으로써 움직이면 흉하고 조용하게 있으면 길할 것이라고 했다. 『尙氏學』

【번역飜譯】

六二爻 : 그 장딴지에서 교감하니 흉할 것이다. 편안하게 처하면서 조용함을 지켜 나

아가면 길할 것이다.

〈象〉曰 : 雖凶居吉, 順不害也.

【번역飜譯】

〈象傳〉에 이르되 : 六二爻가 비록 흉할 것이나 편안하게 처하면서 조용함을 지켜 나아가면 길할 것이라고 한 것은 교감의 正道에 순응하면 재난을 면할 것이라는 의미이다.

【해설解說】

六二爻는 柔하며 中正하며 '장딴지'에서 감응하여 움직이니 근본적으로 재난은 면할 象이다. 그러나 爻辭에서는 오히려 '흉할 것이다.'고 하면서 심도 있게 경고했다. 『周易』의 작자가 ≪咸≫에서 비록 '교감'을 말했으나 도리어 정도를 지켜 나아가면서 '움직이지 않는 것'을 아름답다고 말했는데, 이 가운데에는 남녀의 교감은 마땅히 '예'로서 제어해야 한다는 의미가 함유되어 있다.

> 이 卦는 비록 '感'이 주제이나 六爻는 모두 마땅히 조용해야 할 것이며 움직이는 것은 옳지 않다고 했다. 『本義·朱熹』

(䷞) 九三 : 咸其股, 執其隨, 往吝.

【주석註釋】

咸其股, 執其隨, 往吝 : '股'는 '넓적다리(大腿)'를 뜻한다. '執'은 '그 뜻을 굳게 잡고 있다.'는 뜻이다. 『正義』에서는 '그 뜻이 잡히는 곳'이라고 해석했다. '隨'란? 이곳에서는 '덮어놓고 따라 다닌다.' 즉 '마음을 한 곳에 집중시키지 못하고 있다.'는 의미이다.

이 세 구절은 九三爻가 ≪咸≫의 下卦 마지막에 처하며 陽이 성하고 剛이 극진하며 上六爻와 호응하니 즉 교감이 '넓적다리(股)'에 이르렀다는 것을 설명한 내용이다. '넓적다리'는 발을 따라 움직이는 자이니, 서로 감응은 할지라도 자기 마음대로는 하지 못하고 따라만 다니는 것에 비유하였다. 이는 '앞으로 나아간다면' 반드시 '애석한 일을 만날 것이다.'는 의미이다.

'股(넓적다리)'라는 사물은 발을 따라 움직이는 자이다. 나아갈 때는 움직이는 것을 조절할 수 없으며 물러설 때는 머무를 곳을 조절할 수 없다. 교감하는 것이 넓적다리에 있다는 것은 뜻이 사람을 따르는 데에 있다는 의미이다. 뜻이 사람을 따르는 데에 있다는 것은 지키고자 하는 뜻 역시 미천하다는 의미이다. 이러한 방법을 사용해서 앞으로 나아간다면 애석한 일을 만나게 되는 것은 당연한 이치이다. 『王注』

【번역飜譯】
九三爻 : 그 넓적다리에서 교감한다는 것은 다른 사람에게 맹종하며 따라 다니는 데에 뜻을 둘(굳히고 있을) 뿐이라는 것이니, 이와 같이하여 앞으로 나아간다면 반드시 애석한 일을 만나게 될 것이다.

〈象〉曰 : '咸其股', 亦不處也. '志在隨人', 所執下也.

【주석註釋】
亦不處 : '不處'는 '움직이다(動)'는 의미이다. 즉 '處'는 '머무르다'·'정지하다'는 의미이다.

비단 나아갈 때 움직이는 것을 조절할 수 없을 뿐만 아니라 물러나서도 역시 조용하게 머무를 수 없다. 『正義』

【번역飜譯】
〈象傳〉에 이르되 : '그 넓적다리에서 교감한다.'고 한 것은 九三爻는 역시 조용하게 머무를 수 없다는 의미이다. '뜻을 다른 사람에게 맹종하며 따라 다니는 데에 둘 뿐이다.'고 한 것은 지키고자 하는 뜻이 천박하다는 의미이다.

【해설解說】

　九三爻는 '多凶'의 위치에 처하며 陽이 성하여 성질이 조급하다. 위로는 上六爻인 한 개의 陰爻와 호응하고 아래로는 두 개의 陰爻를 밟고 있는 것이 세 가지 마음에 두 개의 뜻을 가지고 있으면서 서로 감응은 할지라도 전념은 못하는 象이기 때문에 움직이는 순간 '애석한 일을 만날 것이다.(吝)'고 했다.

　　군자가 九三爻를 관찰해 본 후, 덮어놓고 따라 다니는 그의 행동을 책망할 것이 아니라 그의 뜻을 두는 곳이 천박함을 책망해야 한다는 것을 깨달았다. 『重定費氏學·馬其昶』

(䷞)　九四：貞吉, 悔亡. 憧憧往來, 朋從爾思.

【주석註釋】

　貞吉, 悔亡：이는 九四爻가 '咸'의 시점에 당면해, 근본적으로 '正位를 상실한' 것에 대한 후회를 할지라도 陽으로 陰位에 처함으로써 겸손하게 물러나는 象을 가진 것이, 정도를 향해 자신을 굳건히 지켜 나아가며 호응하게 될 初六爻와 신의와 정성으로 서로 조용하게 마음이 통하는 날을 기다리는 것과 같음으로 길할 것이며 후회가 사라질 것이라고 했다.

　　九四爻는, 上卦의 처음에 처하며 下卦의 아래 시작과 호응하며 몸체의 中位에 처하니 넓적다리 위에서 두 몸체가 비로소 서로 교감하여 그 뜻을 통하게 함으로써, 마음의 神靈함 조차도 비로소 감응하는 곳이다. 무릇 사물이 비로소 감응할 때 바른 곳에 의지하지 않으면 재난에 이르게 됨으로, 반드시 '정도를 굳건히 지켜 나아간' 연후라야 '길'할 것이며 '길'한 연후에 그 '후회'도 '사라질 것이다.'고 했다. 『王注』

　　爻位에 의하면 九四爻는 '몸 가운데'·'넓적다리 위에' 있음으로 王弼은 '心'에 감응하는 象으로 보았으니, 그대로 따라도 될 것이다.

憧憧往來, 朋從爾思 : '憧憧'은 '마음이 정해지지 않고 빈번히 왕래하는 형상'을 형용한 것이다. 『說文』에서는 '憧은 뜻이 고정되지 않은 것이다.'고 했다. 『釋文·王肅』은 '오고가는 것이 끊어지지 않는 모양이다.'고 했다. '朋'은 '初六爻'를 뜻한다. '爾'는 '九四爻'를 뜻한다. '思'는 '생각'을 뜻한다.

이 두 구절은 앞 文義를 계승하여 九四爻가 '후회하는 것에서부터 후회하는 바가 사라지기까지', 즉 친구의 뜻이 통하여 감응하기까지 마음을 기우려 서로 따르는 과정을 설명한 내용이다.

비로소 교감하는 곳에서는 감응이 극에 달하지 않음으로 无思의 지경에 이를 수가 없다. 그 친구를 얻어 '憧憧往來' 한 연후라야 친구가 그의 생각에 따를 것이다. 『王注』

【번역翻譯】

九四爻 : 정도를 굳건히 지켜 나아가면 길할 것이며 후회는 반드시 사라질 것이다. 마음이 정해지지 않은 채 빈번히 오고 가다가 친구는 결국 자네의 생각에 순응할 것이다.

〈象〉曰 : '貞吉悔亡', 未感害也. '憧憧往來', 未光大也.

【주석註釋】

未感害也 :

바르지 않게 교감하면 해로울 것이다. 『本義』

【번역翻譯】

〈象傳〉에 이르되 : '정도를 굳건히 지켜 나아가면 길할 것이며 후회는 반드시 사라질 것이다.'고 한 것은 九四爻가 일찍이 교감을 바르게 하지 않음으로 인하여 재난을 만난 적이 없다는 의미이다. '마음이 정해지지 않은 채 빈번히 오고간다.'고 한 것은 이 때 교감의 도는 여전히 크게 밝지 않다는 의미이다.

【해설解說】

본 爻는 남녀의 교감은 반드시 '正'해야 한다는 것을 간절히 말하고 있다. 初六爻는 陰柔이니, 당연히 마음을 평안히 하고 조용하게 하며 함부로 행동하지 말아야 할 것이다. 九四爻는 陽剛으로 마땅히 정도를 굳건히 지켜 나아가면서 그의 감응을 통하게 해야 할 것이다. 爻辭 뒤 두 구절이 비유한 象은 자못 생동감이 있다. '憧憧往來'는 생각이 정해지지 않은 것을 우려한 것으로 『詩經·關雎』의 '그를 구하나 얻을 수 없었다.(求之不得)'·'이리 저리 뒤척인다.(輾轉反側)'와 같은 의미이다. '朋從爾思'는 결국 권속의 기쁨을 성취시키는 것을 토로한 것으로 역시 '정갈하고 정숙한 숙녀가 북을 치면서 그와 즐기는 도다.(窈窕淑女, 鐘鼓樂之.)'와 같은 의미이다. 그러나 교감이치의 원칙을 남녀의 情事에만 한정시키지는 않았다. 즉 '感'은 지극히 바르고 지극히 훌륭한 것인바 '생각이 정해지지 않은 채' 구하는 것이 다시 있어서는 안 될 뿐만 아니라 '천하 만물'에 이르기까지 이로 인해 마음이 하나로 귀결되어야 할 것이며 사람들이 사사롭게 생각하는 바가 없어야 뜻이 모두 같은 곳으로 통하게 될 것이라는 바를 교훈으로 제시해 주고 있다.

> 천하에 무엇을 생각하고 무엇을 사려한단 말인가? 천하가 같은 곳으로 돌아가나 길은 모두 다르며 하나로 일치하나 백가지 생각을 가지고 있는데 천하에 무엇을 생각하고 무엇을 사려한단 말인가? 「繫辭下傳」

(䷞) 九五 : 咸其脢, 无悔.

【주석註釋】

咸其脢, 无悔 : '脢'에 대해 『正義』에서는 『子夏傳』·馬融·鄭玄·王肅·『說文』·『王注』 등의 여러 설에 근거하여 '등의 척추 살'·'등심살이며 心의 위에 위치해 있고 口의 아래에 위치해 있다.'고 했다. '등의 척추 살'은 '마음과 서로 등지고' 있어 볼 수가 없다.

이 두 구절은 九五爻가 '感'의 시점에 당면해, 陽剛으로 존위에 처하며 비록 六二爻와 감응은 할지라도 '크게 감응'할 수 없는 것이, '등의 척추 살' 위에 있어 그 마음이 통하기 어려운 것과 같음으로써 근근이(겨우) '후회는 하지 않을 것이다.'고 했다.

나아간다고 해도 크게 교감할 수 없으며 물러난다고 해서 역시 뜻이 없는 바는 아니다. 그 뜻이 미미함으로써 '후회는 하지 않을 뿐이다.(无悔)'고 했다. 『王注』

【번역飜譯】

九五爻 : 그 등의 척추 살 위에서 교감하고 서로 호응하니 후회에 이르지는 않을 것이다.

〈象〉曰 : '咸其脢', 志末也.

【번역飜譯】

〈象傳〉에 이르되 : '그 등의 척추 살 위에서 교감하고 서로 호응한다.'고 한 것은 九五爻의 교감하고자 하는 뜻이 얕은 말단부분을 지나가고 있다는 의미이다.

【해설解說】

인체에 있어서 '등의 척추 살'은 감통할 수 없는 象이니, 九五爻가 비록 존위에 처하나 오히려 '마른나무'의 無情함과 같아 마음이 그 아래와 감응하지 않는다는 의미이다. 六二爻는 '움직이면(호응하면) 흉할 것이나 편안하게 처하면서 조용함을 지켜 나아가면 길할 것이다.'는 것 역시 이와 유관함을 가지고 있다.

'성인이 사람들 마음에 감응하면 천하가 화평할 것이나' 말라죽어가는 나무와 같이 혼자서 방랑한다면 군자는 그 뜻을 얻을 수가 없을 것이다. 『重定費氏學 · 馬其昶』

(䷞) 上六 : 咸其輔頰舌.

【주석註釋】

咸其輔頰舌 : '輔'에 대해 『說文』에서는 '사람의 아래턱뼈이다.'고 했다. '輔(아래턱뼈)

·頰(뺨)·舌(혀) 세 가지를 합했다.'는 것은 지금의 '구두 언어(말)'를 뜻한다.

　　輔·頰·舌은 말하는 도구이다. 『王注』

　　혀(舌)가 움직이면 아래턱 뼈(輔)가 호응하고 뺨(頰)이 이를 따른다. 삼자가 서로 필요로 하여 구해야 만이 말이 만들어진다. 『來氏易注』

　　이 구절은 上六爻가 陰으로 ≪咸≫의 마지막에 처하며 '교감이 극함에 이르렀다가 돌아 왔으나 그 호응하는 무리들은 말만 하고 있을 뿐이다.'는 것을 설명한 내용이다.

　　'咸'道가 마지막으로 돌아왔으나 입으로 말만 하고 있을 뿐이다. 『王注』

【번역飜譯】
上六爻 : 그 언어상에서(말로) 교감하고 서로 호응한다.

〈象〉曰 : '咸其輔頰舌', 滕口說也.

【주석註釋】
滕 : '滕'은 '騰'과 통한다. 『釋文』에서는 '이르다'·'오르다'·'통하다'는 뜻이라고 했다. 『九家』에서는 '오르다'·'이기다'는 뜻이라고 했다. 『程傳』에서는 '날아서 올라간다.'는 뜻이라고 했다.

【번역飜譯】
〈象傳〉에 이르되 : '그 언어상에서(말로) 교감하고 서로 호응한다.'고 한 것은 上六爻가 날아가 버리는 빈 말을 하는 데에 불과할 뿐이라는 의미이다.

【해설解說】

　　上六爻가 언어상에서(말로) 교감하고 서로 호응한다고 한 것은 허위와 정성이 없다는 의미와 같다. 그러나 爻辭는 길흉에 대해 언급하지 않았다.

　　　　上六爻가 陰으로 兌說의 마지막에 처하여 언어(말)로 사람들을 감응시키는 것 전부를 그르다고 할 수는 없다. 다만 감응되는 것이 미미할 뿐이기 때문에 길흉을 말하지 않고 점을 기다리면서 스스로 살필 뿐이다. 『周易學說 · 劉沅』

　　　　≪咸≫의 극한 곳에서 입으로 말을 한다. 말은 마음의 소리이며 마음의 감응은 진실과 허위를 가지고 있다. 따라서 말로는 그 길흉을 정하기가 어려운 바이다. 『重定費氏學 · 馬其昶』

【咸】 요점 · 관점

　　사람이 살아가면서 조용히 할 수 있는 것은 하늘의 性을 받았기 때문이다. 사물에 감응해서 움직이는 것은 性의 욕망 때문이다. 『禮記 · 樂記』

　　天地가 있은 연후에 만물이 있고 만물이 있은 연후에 남녀가 있으며 남녀가 있은 연후에 부부가 있다. 부부의 도는 오래가지 않을 수가 없는 바이다. 「序卦傳」

　　≪咸≫의 요지를, 넓은 의미로 본다면 사물이 '감응'하는 이치를 보편적으로 천명한 것이고 좁은 의미로 본다면 남녀 '교감'의 이치에 편중해서 제시한 것이다.
　　卦辭에서 '교감'은 '正'해야 반드시 형통할 수 있고 남자는 '아내를 맞이해야(取女) 길할 수 있다.'고 밝혔다.
　　六爻를 인체가 감응하는 것에 비유하여 '교감'의 다른 상황과 옳고 그르며 얻고 잃는 것을 분별해서 보여주고 있다.
　　初六爻는 '엄지발가락'에서 교감함으로써 길흉을 볼 수가 없었다. 六二爻는 '장딴지'에서 교감함으로써 조용함을 지켜 나아가면 길할 것이라고 했다. 九三爻는 '넓적다리'에서 교감함으로써 맹종하며 따라 다니는 데에 뜻을 두니 반드시 애석한 일을 만날 것이라고 했다. 九四爻는 '心'에서 교감함으로써 정도를 굳건히 지켜 나아가면 길할 것이라고 했다. 九五爻는 '등의 척추 살 위'에서 교감하는 것은 넓게 감응을 할 수 없다는 것으로써 겨우 '후회를 하지 않을 뿐이다.'고 했다. 上六爻는 '언어' 상에서 교감한다는 것은 감응이 은밀함(쇠잔함)으로 바뀌었다는 것이니 따라서 길흉이 예측되기 어렵다고 했다. 많은 爻들이 하체로부터 상체로 교감해 나아감으로 취한 象이 간단명료하고 절실하다.

그 가운데에서 九四爻가 교감되는 것이 가장 '貞吉'한 미덕을 갖추고 있다. 爻辭는 '朋從爾思'의 경지를 찬양했으며 '感'은 '正'에 머물러야 반드시 길할 수 있으며 기쁨은 조용하고 청결해야 아름답게 된다는 것을 강조했다. 이는 마치 『詩經·關雎』의 '정갈하고 정숙한 숙녀는(窈窕淑女), 군자가 찾는 아름다운 배필이로다.(君子好逑)'고 한 뜻이 『易』 이치 가운데에서 체현되고 있는 것과 같다.

이와 같은 분석은 ≪咸≫의 '咸'은 '정도를 굳건히 지켜 나아가는 데에서 이로움을 얻을 것이다.(利貞)'는 것으로 논해졌을 뿐만 아니라 또한 '색을 좋아는 하되 음란하지는 말아야 할 것이다.(好色而不淫)'는 『詩經·國風』의 교훈과 함께 봉건사회 초기 남녀·부부의 禮敎에 관한 도덕범주 가운데에로 들어가서 고대사회의 예법제도, 특히 장가드는 제도를 연구하는 데에 중요한 자료를 제공 해주고 있다.

卦 가운데 남녀의 '교감'을 넘어선 '天地感而萬物化生, 聖人感人心而天下和平'은 『周易』 철학체계 가운데에서 '변화'·'발전' 이론의 한 측면으로 중요한 가치를 지닌 사상이 되었다.

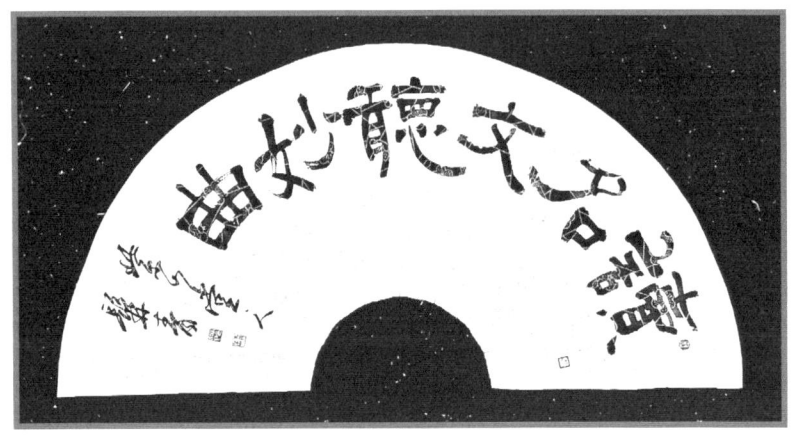

32. 恒卦의 立體文型圖

(☳☴) 《恒》: 恒. 亨, 无咎, 利貞, 利有攸往.

〈彖〉曰: 恒, 久也. 剛上而柔下, 雷風相與, 巽而動, 剛柔皆應, 恒. '恒. 亨, 无咎, 利貞', 久於其道也. 天地之道, 恒久而不已也. '利有攸往', 終則有始也. 日月得天而能久照, 四時變化而能久成, 聖人久於其道而天下化成. 觀其所恒, 而天地萬物之情可見矣!

〈象〉曰: 雷風, 恒. 君子以立不易方.

• • •

(− −) 上六: 振恒, 凶.
〈象〉曰: 振恒在上, 大无功也.

(− −) 六五: 恒其德, 貞. 婦人吉, 夫子凶.
〈象〉曰: 婦人貞吉, 從一而終也. 夫子制義, 從婦凶也.

(—) 九四: 田无禽.
〈象〉曰: 久非其位, 安得禽也?

(—) 九三: 不恒其德, 或承之羞. 貞吝.
〈象〉曰: '不恒其德', 无所容也.

(—) 九二: 悔亡.
〈象〉曰: 九二'悔亡', 能久中也.

(− −) 初六: 浚恒, 貞凶, 无攸利.
〈象〉曰: '浚恒'之'凶', 始求深也.

32 恒卦

(䷟)≪恒≫·錯(䷩)≪益≫·綜(䷞)≪咸≫·互(䷪)≪夬≫

(䷟)≪恒≫ : 恒. 亨, 无咎, 利貞, 利有攸往.

【주석註釋】

䷟ : 卦象이다. 下卦 ☴ 巽卦(風·入)와 上卦 ☳ 震卦(雷·動)로 구성되었다. 우레와 바람은 서로를 기다리다가 서로를 돕는 현상이 변하지 않고 오래가는 자연현상과 이치를 빌려와서 '변함없이 오래가는' 현상과 이치를 상징했다.

恒 : 卦名이다. '변하지 않고 오래간다.'·'영구하다'는 의미를 상징한다.

亨, 无咎, 利貞, 利有攸往 : 이 몇 구절은 '恒'道를 지극히 찬미한 내용으로, '恒'을 지켜 나아가는 자는 '형통'할 뿐만 아니라 '반드시 재난이 없을 것이다.'·'정도를 굳건히 지켜 나아가는 데에서 이로움을 얻을 것이다.'·'앞으로 나아가는 데에서 이로움을 얻을 것이다.'는 의미를 가지고 있다.

【번역翻譯】

≪恒≫ : 恒卦는 변하지 않고 오래가는 것을 상징한다. 형통할 것이며 반드시 재난이 없을 것이며 정도를 굳건히 지켜 나아가는 데에서 이로움을 얻을 것이며 앞으로 나아가는 데에서 이로움을 얻을 것이다.

〈象〉曰 : 恒, 久也. 剛上而柔下, 雷風相與, 巽而動, 剛柔皆應, 恒. '恒. 亨, 无咎, 利貞', 久於其道也. 天地之道, 恒久而不已也. '利有攸往', 終則有始也. 日月得天而能久照, 四時變化而能久成, 聖人久於其道而天下化成. 觀其所恒, 而天地萬物之情可見矣!

【주석註釋】

剛上而柔下 : '剛'은 上卦 震을 뜻한다. '柔'는 下卦 巽을 뜻한다.
　이 구절은 上卦의 위치와 下卦의 위치를 사용해서 尊卑질서는 언제나 변하지 않는 것이라는 바를 설명한 내용이다.

　　剛柔와 尊卑는 그 질서(순서)가 있다. 『王注』

雷風相與 : '雷'는 上卦 震을 뜻한다. '風'은 下卦 巽을 뜻한다. '與'는 '助'의 뜻이다.
　이 구절은 上卦象과 下卦象을 이용하여, 우레와 바람이 서로를 기다리다가 서로를 돕는 것은 언제나 변하지 않는 자연현상에 속한다는 것을 설명한 내용이다.

　　우레가 움직이면 곧 바람이 분다. 우레와 바람은 서로를 기다리다가 그 형세를 서로 도움으로 '서로 돕는다.(相與)'고 했다. 그 현상은 한결 같다. 『程傳』

巽而動 : '巽'은 '겸손하게 순응한다.'는 뜻으로 下卦를 가리킨다. '動'은 '움직이다'는 뜻으로 上卦 震을 가리킨다.
　이 구절은 下卦의 의미와 上卦의 의미를 사용해서 겸손하게 순응하면 나중에는 움직일 수 있게 된다는 것과 언제나 변하지 않는 사물의 이치를 설명한 내용이다.

　　움직인다는 것은 어긋난다는 뜻이 아니다. 『王注』

우레가 움직이자 바람이 순응하는 것은 어긋나는 것이 아님으로 오래 갈 수 있다.
『正義』

剛柔皆應, 恒 : 卦 가운데 六爻의 陰陽이 모두 호응하니, 이 역시 언제나 변하지 않는 이치를 의미한다.

이 구절은 앞의 세 구절과 함께 卦象·爻象을 사용하여 본 卦名 '恒'의 의미를 해석한 것이기 때문에 최후에는 '恒'字로 결론을 지었다.

'본 卦 六爻는 剛柔가 모두 서로 호응하여 외로운 자가 없음으로 오래갈 수 있다.'·'위 네 가지 일은 모두 오래갈 수 있는 도인 까닭에 이 卦를 "恒"이라고 이름을 지었다.'
『正義』

久於其道也 : '道'란? '도덕'을 뜻한다.

이 구절은 卦辭 '恒. 亨, 无咎, 利貞.'을 해석한 내용이다.

'노력이 오래간다.'는 것은, 즉 '항상 통하며 재난이 없으며 정도를 굳건히 지켜 나아가는 데에서 이로움을 얻을 것이다.'는 바와 의미가 통한다. 『王注』

天地之道, 恒久而不已也 : 이 두 구절은 아래문장 '마지막에 이르면 곧 다시 시작한다.(終則復始)'와 함께 '天地'가 영구히 운행하는 것을 멈추지 않는다는 바를 예로 들어 卦辭 '利有攸往'을 해석한 내용이다.

그것은 오래되는 바를 얻었음으로 멈추지 않는다. 그것은 변하지 않는 道(常道)를 얻었음으로 마지막에 이르면 곧 다시 시작하니 나아가는 것이 무궁할 뿐이다. 『王注』

'利有攸往'을 해석하는 데에 있어서, 먼저 天地를 예로 들어 증명하면서 비유했다. 天地는 그것이 영구히 오래가는 도를 얻었음으로 오래가며 그치지 않는다. 『正義』

天地萬物之情可見矣 : 이 구절은 앞의 네 구절과 함께 넓게 日月·四時·聖人이 '恒'을 지켜 나아가는 바를 예로 들어 ≪恒≫의 큰 뜻을 깊이 있게 설명한 내용이다.

【번역飜譯】

〈彖傳〉에 이르되 : 恒은 변하지 않고 오래간다는 뜻이다. 비유해 본다면, 陽剛은 위에 처하고 陰柔는 아래에 처하며 우레가 움직이면 바람이 불며 둘은 항상 서로를 도와 주며 먼저 겸손하게 순응하면 나중에는 움직일 수 있게 되는 즉 陽剛과 陰柔가 균등하게 서로 호응하고 화합하는 현상으로써, 이러한 것은 모두 변하지 않고 오래 갈 수 있는 일의 상태라는 것과 같은 의미이다. '변하지 않고 오래갈 것이다.(恒) 형통할 것이며 반드시 재난이 없을 것이며 정도를 굳건히 지켜 나아가는 데에서 이로움을 얻을 것이다.'고 한 것은 아름다운 도덕을 영구히 보전 유지하고자 한다는 것을 설명한 것이다. 천지의 운행규율은 영구히 멈추지 않는 것이다. '앞으로 나아가는 데에서 이로움을 얻을 것이다.'고 한 것은 사물의 발전이 마지막에 이르면 곧 다시 시작한다는 바를 설명한 것이다. 태양과 달이 天道를 따라가면서 운행되어야 천하를 영구히 밝혀 줄 수 있으며 사계절이 변화를 왕복시켜야 만물을 영구히 생성시킬 수 있으며 성인이 아름다운 도덕을 영구히 보전 유지하여야 천하의 백성들이 그의 가르침을 따라 아름다운 풍속을 만들어 나아갈 수 있을 것이다. 변하지 않고 오래가는 현상을 관찰함으로써 천지만물의 성품과 감정을 분명하게 이해할 수 있을 것이로다!

〈象〉曰 : 雷風, 恒. 君子以立不易方.

【주석註釋】

雷風, 恒 : ≪恒≫의 上卦 震은 雷이고 下卦 巽은 風으로 구성된 象이라는 것을 해석한 내용이다.

> 우레와 바람이 서로 도우는 것은 영구하다. 이는 이미 「彖傳」에서 해석한 바와 같다. 『正義』

立不易方 : '方'은 '道'를 뜻한다. 이곳에서는 '정확한 사상'을 의미한다.

이는 '군자'는 ≪恒≫ 卦象을 본 받아서, 언제나 변하지 않고 오래가는 道에다가 자신을 견고하게 세워야 한다는 것을 설명한 내용이다.

군자는 세상에 나아가 변하지 않는 道를 체득함으로써 그 道(정확한 사상)를 다른 것으로 변경하지 않는다. '方'은 '道'와 같은 뜻이다. 『正義』

【번역翻譯】

〈象傳〉에 이르되 : 우레가 움직이면 곧 바람이 분다(언제나 서로 기다리다가 서로 돕는다.)는 것은 변하지 않고 오래가는 것을 상징한다. 군자는 이러한 현상을 본 받아, 오랫동안 변하지 않는 정확한 사상을 수립해야 할 것이다.

【해설解說】

'恒'字의 의미는 두 가지로 분석할 수 있다.

① '언제나 변하지 않고 바뀌지 않는다.' 이는 正道를 보존 유지해 나아가는 것이 한 순간도 동요되어서는 안 될 것이라는 의미이다.
② '언제나 변하지 않고 그치지 않는다.' 이는 正道를 시행함에 있어서는 반드시 게으르지 말아야 할 것이라는 의미이다.

그러나 이 두 가지 또한 서로 도와야 서로가 완성될 수 있으니 나뉘어져서는 안 될 것이다.

'利貞'이란? '바뀌지 않고 영구하다.'는 것을 의미한다. '利有攸往'이란? '끊이지 않고(끝이 없이) 영구하다.'는 것을 의미한다. 이를 종합해 본다면, '영구히 변하지 않는 이치(常道)'를 의미한다. 한 쪽 편에 치우치는 것은 道가 아니다. 『周易會通·徐幾』

이는 「大象傳」의 '立不易方'이 실제적으로 내면에 '不已(그치지 않는다.)'의 의미를 지니고 있다는 것이다.

(䷟) 初六 : 浚恒, 貞凶, 无攸利.

【주석註釋】

浚恒 : '浚'은 '깊다'는 뜻이다.

　　이 구절은 初六爻가 ≪恒≫의 시작에 처하며 陰柔로 천박한 아래에 처하면서 위의 九四爻와 호응하는 것이, 서둘러 '恒'道를 심도 있게 구하고자 하나 오히려 서두름으로써 이루지 못할 것인 까닭에 '浚恒'의 象을 가졌다고 했다.

貞凶, 无攸利 : '貞凶'은 '정도를 굳건히 지켜 나아가면 흉함을 방지할 수 있을 것이다.'는 의미이다.

　　이곳에서는 앞 문장 '浚恒'의 의미를 이어서, 初六爻가 陰으로 陽位에 처하니 그의 행위가 정도를 상실했다는 의미이다. 그러나 '恒'心을 구하는 것이 절실함으로써 역시 모두 나쁘다고는 할 수 없다. 따라서 그가 정도를 향해 스스로 지켜 나아갈 수 있도록 격려함으로써 흉함을 피할 수 있기를 기대했다. 그렇지 않고 만약 '浚恒' 만을 고집한다면 반드시 이로울 바가 없을 것이다.

【번역飜譯】

初六爻 : 변하지 않고 오래가는 도를 심도 있게 구하니 정도를 굳건히 지켜 나아가면 흉함을 방지할 수 있을 것이나 그렇지 않다면 이로울 바가 없을 것이다.

〈象〉曰 : '浚恒'之'凶', 始求深也.

【번역飜譯】

〈象傳〉에 이르되 : '변하지 않고 오래가는 도를 심도 있게 구하니' '흉'할 것이다.'고 한 것은 初六爻가 금방 시작한 시점에서 구하는 것이 지나치게 깊다는 의미이다.

【해설解說】

初六爻 '浚恒'의 경고는 널리 治學과 治政 등에까지 비유되었다.

이러한 까닭으로 학문은 오래 해야 道業을 완성시킬 수 있어 성현의 경지에 이르게 될 것이다. 정치는 오래 해야 교화를 실천할 수 있어 堯舜의 경지에 이르게 될 것이다. 친구는 오래 사귈수록 마음의 부합이 깊어질 것이다. 군신은 오래 함께 일을 해야 충고를 따르고 명령을 따르게 되어 백성들이 아래에서 배불리 살 수 있게 될 것이다. 이와 같이 되는 데에는 오랜 세월 동안 누적된 연후로 말미암지 않는 바가 없으며 진실로 갑작스럽게 달성될 수는 없는 것이다. 지금 이 初六爻는 下卦의 처음이자 일의 시작 부분에 처해 오래가야 할 道와 영구할 효력에 대해 재촉하는 것이, 학문을 시작하자마자 주공과 공자의 경지에 서둘러 도달하고자 하는 것과 같으며 정치를 시작하자마자 요·순의 교화경지에 서둘러 이르고자 하는 것과 같으며 친구를 사귀기 시작하자마자 마음의 부합을 서둘러 깊이 하고자 하는 것과 같으며 군신의 인연을 비로소 맺자마자 왕도를 서둘러 크게 실천하고자 하는 것과 같다. 이는 그 일을 오래해 보지도 않은 채 常道(영원히 변하지 않는 바른 길)의 깊음을 구하고자 하기 때문이다. 『周易口義 · 胡瑗』

(䷟) 九二 : 悔亡.

【주석註釋】

悔亡 : 이는 九二陽爻가 陰位에 처한 것이, 근본적으로 正位를 상실한 '후회(悔)'의 문제를 가지고 있다는 의미이다. 그러나 오랫동안 中道를 지켜 나아가면서 편벽하지(치우치지) 않음으로써 결국에는 '후회가 사라질 것이다.(悔亡)'고 했다.

비록 그가 正位는 상실했으나 오랫동안 中에 처함으로써 후회를 사라지게 할 것이다. 『王注』

【번역飜譯】

九二爻 : 후회가 사라질 것이다.

〈象〉曰 : 九二 '悔亡', 能久中也.

【번역飜譯】

〈象傳〉에 이르되 : 九二爻 '후회가 사라질 것이다.'고 한 것은 변하지 않고 오랫동안 中道를 지켜 나아가면서 편벽한(치우치는) 일을 하지 않을 것이라는 의미이다.

【해설解說】

九二爻가 변하지 않고 오랫동안 '中'을 지킴으로써 '후회'를 사라지게 할 것이라는 것으로, 『周易』이 '中'사상을 중요시했다는 것을 알 수 있다.

> 오래 갈 수 있는 道는 다른 것이 아니라 中일 뿐이다. 지나친 것은 미치지 못하는 것과 같으니 모두 오래 갈 수 없는 바이다. 따라서 『中庸』에서 '중이란? 천하의 큰 근본이다.'고 했다. 『郭氏傳家易說·郭雍』

(䷟) 九三 : 不恒其德, 或承之羞. 貞吝.

【주석註釋】

不恒其德, 或承之羞 : '承'에 대해 『說文』에서는 '奉也'라고 했다. 이는 '받들어 나아간다.(奉進)'는 뜻이다. 이곳에서는 '보태다'는 뜻으로 사용되었다. '羞'는 '부끄럽고 욕되다.'는 의미이다.

이 두 구절은 九三爻가 陽剛으로 下卦의 마지막에 처하며 上六爻에 호응해 조급하게 움직여 서둘러 나아가며 덕을 지켜 나아가는 것이 오래가지 못하는 象이니, 사람들이 어떤 때는 그에게 부끄러운 욕을 가할 것이라는 의미이다.

> 위치가 비록 正位라고는 할지라도 지나치게 剛하며 中을 지키지 못하며 뜻이 위를 쫓는데 있음으로 그는 처한 곳에서 오래있지 못할 것이다. 따라서 '不恒其德, 或承之羞.'의 象이라고 했다. 『本義』

貞吝 : '정도를 굳건히 지켜 나아가면 애석함을 방지할 수 있을 것이다.'는 의미이다.

이는 九三爻가 비록 '不恒其德' 할지라도 그 위치는 오히려 바름으로써 그가 정도를 굳건히 지켜 나아가면 '恒'으로 돌아올 수 있으며 무릇 '애석함을 방지할 수 있을 것이다.(吝)'고 격려한 내용이다. 爻義는 '사악한 것을 인도하여 바른 것으로 돌아오게 한다.'는 의미를 함유하고 있다.

【번역飜譯】

九三爻 : 아름다운 덕을 오랫동안 보전유지 할 수 없으니 때때로 어떤 사람은 그에게 부끄러운 욕을 가할 것이다. 정도를 굳건히 지켜 나아가면 애석함을 방지할 수 있을 것이다.

〈象〉曰 : '不恒其德', 无所容也.

【번역飜譯】

〈象傳〉에 이르되 : '아름다운 덕을 오랫동안 보전유지 할 수 없다.'고 한 것은 九三爻가 나아가는 곳은 장차 몸이 안식할 곳이 못 된다는 의미이다.

【해설解說】

공자께서 이르시되 : 남쪽나라 사람들의 말에 '사람이 恒心이 없으면 무당이나 의원도 될 수 없다.'고 했다. 『論語·子路』

이는 덕을 지켜 나아가는 바가 오래가지 못하는 자는 천한 무리가 된다는 것으로, 本爻의 의미심장한 훈계를 엿 볼 수 있는 내용이다.

(䷟) 九四 : 田无禽.

【주석註釋】

田无禽 : 이는 사냥을 했으나 禽獸(날아다니는 조류와 걸어다니는 짐승)를 잡지 못한 것을 이용하여, 九四爻가 陽剛성품으로 正位를 상실했으며 오랫동안 不當한 지위에 처함으로써 단지 피곤만 할 뿐 이로움은 없을 것이라는 바에 비유한 내용이다.

正位가 아닌 곳에서 오랫동안 처했음으로, 비록 노력을 많이 했다고는 할지라도 얻는 바가 없을 것이다. 『王注』

'田'이란? '田獵(사냥)'을 말하는 것으로 '일이 있다.'는 것에 비유하였다. 사로잡지 못하니(无禽者), 즉 '사냥은 할지라도 금수를 잡지 못한다.'는 것을 '일은 할지라도 공적은 없을 것이다.'는 것에 비유했다. 『正義』

【번역飜譯】

九四爻 : 사냥은 할지라도 금수는 잡지 못할 것이다.

〈象〉曰 : 久非其位, 安得禽也?

【번역飜譯】

〈象傳〉에 이르되 : 오랫동안 不當한 지위에 처했는데 사냥을 한다한들 어찌 금수를 잡을 수가 있겠는가?

【해설解說】

九二爻는 正位에 처하지는 않았으나 '中'을 지켜 나감으로써 '후회가 사라질 것이다.(悔亡)'고 했다. 그러나 九四爻는 正位에 처하지 못했을 뿐만 아니라 또한 '中'을 상실했음으로 힘만 들 뿐 얻는 바가 없을 것이라고 했다.

군자는 오랫동안 仁義에 의한 정치를 해야 만이 아래로 백성들을 충분히 교화시킬 수 있을 것이다. 오랫동안 仁義에 의한 일을 도모해야 만이 위로 군왕을 충분히 바르게 할 수 있을 것이다. 仁義를 버렸음에도 변하지 않고 오래 간다는 것은 비록 저들과 같은 방법으로 한다고 할지라도 그들을 속이고 있는 것이며 저들과 같이 시행하여 오래 간다고 할지라도 단지 난을 불리는 것과 같을 뿐일진데 사냥을 한다한들 어찌 금수를 잡을 수가 있겠는가? 『涇野先生周易說翼 · 呂柟』

(䷟) 六五 : 恒其德, 貞. 婦人吉, 夫子凶.

【주석註釋】

恒其德, 貞 : '德'이란? 이곳에서는 특별히 '柔德'을 가리키는 것으로 六五爻가 '婦德'을 오랫동안 지켜 나아갈 수 있다는 의미이다.

　이 두 구절은 六五爻가 陰으로 上卦의 中位에 처하며 비록 正位에 처하지는 못했으나 아래 九二爻 剛中과 호응하는 것이, 부인이 그 덕을 오랫동안 간직하면서 정도를 굳건히 지켜 나아가며 남편을 따르는 象과 같다는 의미이다. 따라서 이는 다음 문장의 '婦人吉, 夫子凶.'을 말한 내용이다.

　존위에 처하며 '恒'의 주인은 되었으나 제도를 만들어 사물을 바르게 할 수는 없다. 九二爻에 결박되어 호응하며 마음을 오로지 바르게 사용하며 인도하는 데로 따를 뿐이니 부인은 길할 것이나 남편은(남편이라면) 흉할 것이다. 『王注』

【번역飜譯】

六五爻 : 유순한 아름다운 품 덕을 변하지 않고 오랫동안 보전유지하며 응당히 정도를 굳건히 지켜 나아갈 것이다. 부인은 길할 것이나 남편은(남편이라면) 반드시 흉할 것이다.

〈象〉曰 : 婦人貞吉, 從一而終也. 夫子制義, 從婦凶也.

【주석註釋】

從一而終 : '從一'은 '從夫(남편을 따른다.)'와 같은 뜻이다.

이 구절은 고대 禮制가 부녀자들에 대해 제약을 가한 것을 반영하고 있다.

> 남자와 한 번 혼인 술을 마시면 일평생 마음을 바꾸지 않아야했음으로 남편이 죽어도 재가를 하지 못했다. 『禮記 · 郊特性』

夫子制義, 從婦凶也 : '制義'는 '제도를 만들어 사물을 바르게 한다.'는 뜻이다. '從婦'란? '부인이 순응의 도를 따른다.'는 뜻이다.

> '制'란? 천을 제단해서 옷을 만든다는 뜻이다. '從婦'란? 부인이 순응의 도를 따른다는 뜻이다. 남편은 과감한 용기로 혼자서 단정하고 의리로 일을 처리해야 할 것이다. 가령 부인처럼 순응의 도를 따른다는 것은 심히 나약하다는 것일 진데 어찌 옳은 일을 과감히 할 수가 있겠는가? 따라서 흉할 것이라고 했다. 『來氏易注』

【번역翻譯】

〈象傳〉에 이르되 : 부인이 정도를 굳건히 지켜 나아가면 길할 것이라고 한 것은 한 남편에게만 순응한다는 이 마음을 한 평생 가지고 가야 한다는 의미이다. 남편은 반드시 사물의 올바름을 분별해야 할 것이며 가령 부인처럼 그렇게 유순하게 한다면 반드시 흉할 것이다.

【해설解說】

六五爻 '유순한 아름다운 품 덕을 변하지 않고 오랫동안 보전유지 한다.'는 象은 '부인이 남편에게 순응한다.'는 古代禮敎에 부합하는 의미를 가지고 있다.

> 반드시 공경할 것이며 반드시 삼갈 것이며 남편의 뜻을 위반하지 않고 순응을 정도로 삼는 것이 첩과 부인의 도이다. 『孟子 · 滕文公下』

이는 '婦人吉, 丈夫凶.'을 주석 한 내용이다.

(䷟) 上六 : 振恒, 凶.

【주석註釋】

振恒, 凶 : '振'에 대해 『釋文·馬融』에서는 '움직이다'·'활동하다'는 뜻이라고 했다. 이는 上六爻가 ≪恒≫ 上卦 震의 마지막에 처하며 성품이 활동적이라서 '恒을 보전유지 하지 못하며 '恒'이 극에 달하자 다시 돌아오며 움직임(진동)이 일정하지 않는 象을 하고 있음으로 '흉할 것이다.'고 했다.

'振'이란? 움직임이 빠른 것을 뜻한다. 上六爻는 ≪恒≫의 극점에 처하며 震의 마지막에 처한다. '恒'이 극에 달하니 변화가 일어나고 震이 마지막 시점에 이르니 지나치게 움직인다. 또한 陰柔는 굳게 지킬 수 없어 위에 처하면서도 평안함을 누리지 못함으로 '振恒'의 象을 가지게 되었으니 그의 점괘는 '흉'할 뿐이다. 『本義』

【번역翻譯】

上六爻 : 변하지 않고 오래가는 도를 흔들어 불안하게 하니(절제하지 못하니) 흉할 것이다.

〈象〉曰 : 振恒在上, 大无功也.

【번역翻譯】

〈象〉에 이르되 : 변하지 않고 오래가는 도를 흔들어 불안하게 하며(절제하지 못하며) 또한 높은 上爻에 처해 있다고 한 것은 上六爻가 일을 처리함에 있어서 반드시 (공적이 없는 것에 그칠 뿐만 아니라) 크게 공적을 세우지는 못할 것이라는 의미이다.

【해설解說】

初六爻는 가장 미천한 아래에서 '恒'을 지나치게 심도 있게 구했으나 上六爻는 마지막에 처하며 '恒'을 지켜 나아갈 수 없었다. 두 개의 象은 비록 서로 반대이나 모두 '恒'道를 위반했음으로 初六爻는 '无攸利'였고 上六爻는 '大无功'이 되었다.

천하에 큰 공을 세우고자 한다면, 반드시 오랫동안 굳은 한 마음으로 실천한 연후라야 비로소 뜻한 바를 성취시킬 수 있다. 만약 빠른 속도로 움직이거나 조급하게 서두른다면 순간적으로 쉽게 멈추어 버릴 진데 어찌 성공할 수가 있겠는가? 『重定費氏學·呂祖謙』

【恒】 요점·관점

≪恒≫은 사물의 '변하지 않고 오래가는' 이치를 발양한 것이다. 즉 人事로 말해 볼 것 같으면, 사람들에게 세상을 살아가는 데에 있어서 '변하지 않고 오래가는 마음을 지속시키는 정신이 중요하다.'는 것을 가르치고 있다.

卦辭는 '亨, 无咎, 利貞, 利有攸往.'을 사용해서 '恒'道를 지극히 찬양하면서 실천하도록 권장하고 있다.

그러나 卦 가운데 六爻는 어떤 것도 완전하게 길한 것이 없다. 즉 初六爻는 '恒'道를 심도 있게 구하는 것에 급급하여 속도를 내었기 때문에 목적을 달성하지 못함으로써 정도를 굳건히 지켜 나아가면 흉함을 방지할 수 있을 것이라는 경고를 받았다. 九二爻는 正位를 상실했으나 오랫동안 剛中을 지켜 나아갈 수 있음으로써 결국에는 '후회가 사라질 것이다.'고 했다. 九三爻는 덕을 지켜 나아가기는 할지라도 오랫동안 보전유지 하지 못함으로써 사람들로부터 때때로 '부끄러운 욕'을 얻어먹는 '애석함'에 이르게 될 것이나 정도를 굳건히 지켜 나아가면 애석함을 방지할 수 있을 것이라고 했다. 九四爻는 오랫동안 正位에 처하지 못함으로써 단지 피곤하게 일만 할 뿐 이익은 얻지 못할 것이라고 했다. 六五爻는 오랫동안 柔順한 덕을 지켜 나아감으로써 부인은 길할 것이나 남편은(남편이라면) 흉할 것이라고 했다. 上六爻는 움직이기를 좋아한 나머지 변하지 않고 오래가는 도를 지킬 수 없으니 흉한 상황에 직면할 것이라고 했다.

많은 爻가 비록 얻고 잃은 것이 같지는 않으나 모두 '恒'의 의리를 다 할 수 없었던 것에 대해『折中·邱富國』은 '恒의 道를 어찌 쉽게 말할 수 있겠는가!'라고 개탄했다.

'恒'개념 자체의 의미를 살펴본다면, 한 시점과 한 사건은 즉각적으로 완전하게 갖추어 지지 않는다는 것이다. 따라서 속담에 '길이 멀어야 말의 힘을 알 수 있고 낮이 길어야 사람의 마음을 알 수 있다.(路遙知馬力, 日久識人心.)'고 했다.

한 개의 爻 가운데에서 '완전한 吉'을 얻기가 어려웠다는 것은 곧 卦의 의미에 한계가 있다는 것이다. 六五爻에 이르러 '婦人吉, 夫子凶.'이라고 했는데, 이는 비록 象을 비유한 것이기는 할지라도 그 가운데에서 반영된 '婦德'과 '男權'사상에 대해서는 다시 더 상세하게 분석하거나 비판해 볼 필요가 있다.

縱的으로 전체 卦義를 살펴본다면, 각 爻의 占語가 이상적이거나 그렇지 않음을 막론하고 작자가 비유해 보여 준 것은 오히려 사람들에게 '正'을 지켜 나아갈 것이며 '恒'에 처하라는 것을 격려하지 않은 곳이 없다. 이것을 한마디로 요약해 본다면, '인간은 恒을 귀히 여겨야 할 것이다.'는 사상인데 이는 사실상 본 卦의 핵심의미를 상징한 것이다.

조각을 하다가 버려둔다면 썩은 나무토막이라고 할지라도 쪼갤 수 없을 것이나 쉬지 않고 계속 조각을 한다면 金石이라고 할지라도 아름다운 무늬를 새길 수 있을 것이다. 또한 이르되 : 참된 정성으로 오래오래 실천한다면 자연스럽게 문으로 통하는 길에 진입할 수 있을 것이니, 학문은 오랜 시간 계속하다 죽음에 이르러서야 비로소 멈추어야 할 것이다.『荀子·勸學』

이는 사실상 '學問'을 논한 것이나 역시 ≪恒≫의 의미를 제시한 것과 다를 바가 없다.

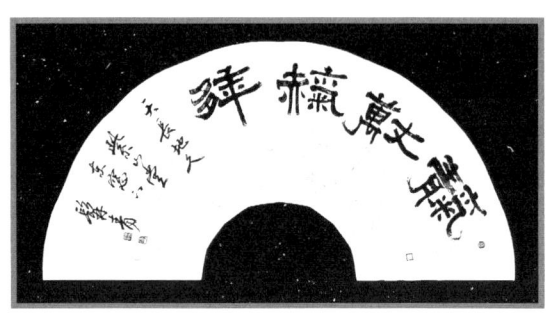

33. 遯卦의 立體文型圖
   　둔괘　　입체문형도

(䷠) 《遯》: 遯. 亨, 小利貞.
　　　　둔　　둔 형 소 리 정

〈彖〉曰:'遯, 亨', 遯而亨也. 剛當位而應, 與時行也. '小利貞', 浸而長也. 遯
　단 왈　　둔 형　둔이형야　강당위이응　여시행야　　소 리 정　침이장야　둔
之時義大矣哉!
지시의대의재

〈象〉曰: 天下有山, 遯. 君子以遠小人, 不惡而嚴.
　상 왈　천하유산　둔　군자이원소인　불오이엄

　　　　　• 　 •　 •

(─) 上九: 肥遯, 无不利.
　　　　상구　비둔 무불리

〈象〉曰:'肥遯无不利', 无所疑也.
　상 왈　비둔무불리　무소의야

(─) 九五: 嘉遯, 貞吉.
　　　　구오　가둔 정길

〈象〉曰:'嘉遯貞吉', 以正志也.
　상 왈　가둔정길　이정지야

(─) 九四: 好遯, 君子吉, 小人否.
　　　　구사　호둔　군자길　소인부

〈象〉曰: 君子好遯, 小人否也.
　상 왈　군자호둔　소인부야

(─) 九三: 係遯, 有疾厲. 畜臣妾, 吉.
　　　　구삼　계둔　유질려　휵신첩 길

〈象〉曰:'係遯'之'厲', 有疾憊也.'畜臣妾吉', 不可大事也.
　상 왈　계둔지려　유질비야　휵신첩길　불가대사야

(- -) 六二: 執之用黃牛之革, 莫之勝說.
　　　　육이　집지용황우지혁　막지승탈

〈象〉曰: 執用黃牛, 固志也.
　상 왈　집용황우　고지야

(- -) 初六: 遯尾. 厲, 勿用有攸往.
　　　　초육　둔미　여　물용유유왕

〈象〉曰:'遯尾'之'厲', 不往, 何災也?
　상 왈　둔미지려　불왕　하재야

33 遯卦

(䷠)《遯》·錯(䷒)《臨》·綜(䷡)《大壯》·互(䷫)《姤》

(䷠)《遯》: 遯. 亨, 小利貞.

【주석註釋】

☶ : 卦象이다. 下卦 ☶ 艮卦(山·止)와 上卦 ☰ 乾卦(天·健)로 구성되었다. 天아래에 山이 있는, 즉 산이 하늘을 침범해 올라가는 자연현상과 이치를 빌려와서 '물러나 피해 있는' 현상과 이치를 상징했다.

遯 : '遯'은 卦名이다. '물러나 피하다'·'숨다'·'은둔하다'는 의미를 상징한다.

　　'遯'字는 '遁'과 같다. '隱退하다'는 뜻이다. 즉 '흔적을 숨기고 (벼슬을 그만두고) 시속을 피해 은거하고 있다.'는 의미이다. 『釋文』

亨 : '遯'의 시점에서는, 즉 陰은 점진적으로 성장하고 陽은 점진적으로 쇠퇴하니 '군자'는 물러나 피한(은둔한) 연후라야 '형통할 수 있을 것이다.'는 의미이다.

　　소인이 바야흐로 사용될 것이며 군자는 날로 사라질 것이다. 군자가 이 시점에 당면하여, 만약 세상으로부터 물러나 피하지(은둔하지) 않는다면 그는 해를 입을 것이니 반드시 물러나 피한(은둔한) 연후라야 형통할 것이기 때문에 '遯, 亨.'이라고 했다. 『正義』

小利貞 : '小'는 '柔小한 자'에 비유한 것과 아울러 卦 가운데 두 개의 陰爻를 의미한다. 이 구절은 '물러나 피해야(은둔해야)' 할 세상에서는, 柔小한 자는 정도를 굳건히

지켜 나아가는 데에서 이로움을 얻을 것이나 헛된 행동으로 陽剛한 자를 해쳐서는 안 될 것이라는 의미를 설명한 내용이다.

【번역翻譯】

≪遯≫ : 遯卦는 물러나 피해(은둔해)있는 것을 상징한다. 형통할 것이며 柔小한 자는 정도를 굳건히 지켜 나아가는 데에서 이로움을 얻을 것이다.

〈彖〉曰 : '遯, 亨', 遯而亨也. 剛當位而應, 與時行也. '小利貞', 浸而長也. 遯之時義大矣哉!

【주석註釋】

剛當位而應 : '剛'은 九五爻를 의미한다. '應'은 九五爻가 六二爻와 호응한다는 의미이다.
　　이는 九五爻가 존위에 처하며 아래 六二爻와 호응하는 것을 사용해 陽剛이 장차 물러나야 할 시점의 상황을 설명한 내용이다.

與時行 : '與時'란? '시대의 형세를 따른다.'는 뜻이다. 이곳에서는 특히 '시대의 형세에 순응해서 물러나야 할 것이다.'는 의미이다.
　　이 구절은 앞 문장과 함께 卦辭 '遯, 亨.'을 해석한 내용으로, 陽剛이 비록 正位에 처해 호응할지라도 '小人'의 세력이 자라나는 시점이니 만큼 반드시 의연하게 물러나야 만이 비로소 '형통할 것이다.'는 의미이다.

　　물러나지 않을 수가 없다는 것은 시대의 형세가 옳지 않다는 것이기 때문에 '시대의 형세에 순응해서 물러나야 할 것이다.(與時行)'고 했다. 물러나 피하는(은둔하는) 것이 너무 빠르면 감정이 지나치다는 비난을 받게 되는데, 嚴光(後漢의 餘姚人으로 字는 子陵이다. 어릴 때 光武帝와 함께 공부했는데 광무제가 황제로 즉위하자 姓名을 바꾸고 숨어사는 것을 광무제가 찾아내어 諫議大夫에 임관했으나 사양하고 富春山에 은거했다.)이 그러하다. 너무 늦어서 물러나 피할(은둔할) 수가 없었다는 것은 소인들 가운데 깊이 빠져들어 나올 수가 없었다는 것이니, 劉歆이 그러하다. 『尚氏學』

尚선생은 東漢의 嚴光과 西漢의 劉歆을 예로 들었다. 즉 嚴光은 너무 빨리 물러남으로써 光武帝가 賢人으로 쓰고자 했으나 뜻을 이루지 못했고 劉歆은 王莽을 섬김으로써 물러날 처지가 못 된 채 왕망을 주살 하고자 했으나 뜻을 이루지 못하고 스스로 목숨을 끊었으니, '遯'은 마땅히 '時'와 부합해야 할 것이라는 의미를 자못 절실하게 증명한 내용이다.

浸而長 : '浸'은 '점진적이다'는 뜻이다.

이는 卦辭 '小利貞'을 해석한 내용으로, 下卦의 두 개 陰爻가 점진적으로 성장하여 정도를 굳건히 지켜 나아가는 데에서 이로움을 얻을 것이니, 마땅히 거짓된 행동으로 陽을 해쳐는 안 될 것이라는 의미이다.

점진적으로 성장하면 그 세력은 반드시 군자를 해치는 지경에 이르게 됨으로써 '정도를 굳건히 지켜 나아가는 데에서 이로움을 얻을 것이다.'고 경고했다. 『來氏易注』

遯之時義大矣哉 : 이는 ≪遯≫의 '時'와 '義'에 대해 찬탄한 내용이다.

시대의 형세를 적당하게 헤아려 세상을 피해 은둔하면서 스스로 대인으로 비치는 것을 바라지 않으나 이와 같이는 되지 않는다. 그 의미가 매우 큼으로 '大矣哉'라고 했다. 『正義』

【번역飜譯】

〈彖傳〉에 이르되 : '물러나 피해(은둔해) 있으니 형통할 것이다.'고 한 것은 반드시 먼저 물러나 피해(은둔해) 있는 연후라야 형통할 것이라는 의미이다. 비유해 본다면, 陽剛한 자가 존위에 바르게 앉아 아래 사람과 호응하며 시대의 형세에 순응해서 물러나 피하는(은둔하는) 바를 실천하는 것과 같다는 의미이다. '柔小한 자는 정도를 굳건히 지켜 나아가는 데에서 이로움을 얻을 것이다.'고 한 것은 陰氣가 점진적으로 베어들어 점진적으로 성장한다(그러나 거짓된 행동으로 陽剛을 헤쳐서는 안 될 것이다.)는 의미이다. 물러나 피해(은둔해) 있으면서 시대의 형세에 순응한다는 의미가 얼마나 훌륭한 것인가!

〈象〉曰: 天下有山, 遯. 君子以遠小人, 不惡而嚴.

【주석註釋】

天下有山, 遯 : ≪遯≫은 上卦 乾의 天과 下卦 艮의 山으로 구성된 象이라는 것을 설명한 내용이다.

'天'은 '군자'에 비유했고 '山'은 '소인'에 비유했다. 소인이 점진적으로 성장한다는 것은 山이 天을 침범한다는 뜻과 같다. 군자가 물러나 피한다(은둔한다)는 것은 天이 山을 멀리한다는 뜻과 같다. 『集解·崔憬』

遠小人, 不惡而嚴 : '惡'는 '오'로 발음하며 '증오하다'·'비방하다'·'헐뜯다'는 뜻이다. '嚴'은 '위엄'을 뜻한다. 즉 위풍이 있고 의연함으로써 감히 침범할 수 없다는 의미이다.
이 두 구절은 '군자'는 ≪遯≫의 卦象을 본 받아, 소인을 멀리 피할 것이며 오로지 증오의 감정을 드러내지 말 것이며 특히 시종일관 근엄하게 스스로를 굳건히 지켜 나아가면서 함부로 그들과 영합하지 말아야 할 것이라는 의미이다.

많은 소인배들이 점진적으로 일어나면 剛德은 위축되니, 군자는 그들을 피해 높은 뜻을 가지고 林野로 들어가야 할 것이다. 그러나 밖으로 보여 지는 것이 근엄해야 할 뿐만 아니라 마음으로도 역시 증오하지 말아야 할 것이다. 따라서 '우리 집안의 팔십 살·구십 살 된 노인은 황야에서도 겸손하다.(吾家耄遜於荒)'고 했다. 『集解·侯果』

『纂疏』의 '吾家耄遜于荒'은 『書經·微子』에 있는 글이다. 우리 집안의 노인들이 모두 황야 밖으로 도피했다는 뜻이다. 즉 '遠小人'을 설명한 내용이다.

【번역翻譯】

〈象傳〉에 이르되 : 높은 하늘 아래 큰 산이 서 있다는(하늘이 산을 멀리 피해 있는 것과 같다.) 것은 물러나 피해있는(은둔해 있는) 현상을 상징한다. 군자는 이를 본 받아, 소인을 멀리 피할 것이며 증오하는 감정을 드러내지 말 것이며 근엄하게 자신을 지켜 나아가면서 함부로 그들과 어울리지 말아야 할 것이다.

【해설解說】

卦辭는 '遯, 亨.'으로 '은둔'의 이치를 보여 주었다. 「大象傳」 '君子以遠小人, 不惡而嚴.'은 구체적으로 '은둔'의 이치를 설명한 내용이다.

> 군자가 물러나 피하는(은둔하는) 시점에 당면했다는 것은, 소인들이 道를 해치는 것을 두려워함으로써 소인들을 멀리하는 곳에 뜻을 두었다는 것일 뿐이다. 소인들을 멀리하는 道는 어떠한 것인가? 그 사람을 증오한다는 것이 아니라 엄연히 그것을 바르게 분별한다는 의미이다. 공자는 '인간으로서 어질지(仁) 못한 자를 너무 심하게 미워하는 것도 亂을 일으키는 원인이 될 것이다.(人而不仁, 疾之已甚, 亂也.)'고 했다. 그를 미워한다면 곧 증오심이 생겨날 것이나 증오하지 않는다면 곧 미워하지 않게 될 것이다. 『郭氏傳家易說·郭雍』

이는 『論語·泰伯』의 문장을 인용해서 '不惡'의 의미를 해석한 내용이다. 즉 군자가 '小人'에 대해, 만약 미워하고 증오하는 것이 지나치게 심하면 오히려 군자가 난을 초래하는 결과를 가져올 것이라는 의미이다. 따라서 먼저 멀리로 물러나 피해(은둔해) 있다가 다시 정돈된 교화를 도모하는 것이 '遯'의 의미에 부합하는 바이다.

(☷) 初六 : 遯尾. 厲, 勿用有攸往.

【주석註釋】

遯尾 : '尾'는 '끝'·'말단'을 뜻한다.

이는 初六爻가 下卦의 천한 아래에 처하며 '물러나 피해야(은둔해야)' 할 시점에 당면했으나 물러나 피하지(은둔하지) 못하고 말단으로 떨어져 있는 상황이 너무 위험하다는 것을 설명한 내용이다. 따라서 다음 문장에서 '厲'라고 했을 뿐만 아니라 '勿用有攸往'이라고 경고했다.

> 陰氣가 이미 六二爻에 이르자 初六爻는 그 뒤에 있게 되었음으로 '遯尾'라고 했다. 난을 피할 때는 당연히 앞에 있어야 함에도 불구하고 뒤에 있음으로 '厲'라고 했다. 계속 앞으로 나아간다면 재난이 모여들 것이기 때문에 '勿用有攸往'이라고 했다. 『集解 · 陸績』

【번역翻譯】

初六爻 : 물러나 피하지(은둔하지) 못하고 말단에 떨어져 있다. 위험한 상태에 놓여 있으니 마땅히 앞으로 나아가지 말아야 할 것이다.

〈象〉曰 : '遯尾'之'厲', 不往, 何災也?

【번역翻譯】

〈象傳〉에 이르되 : '물러나 피하지(은둔하지) 못하고 말단에 떨어져 위험한 상태에 놓여 있다.'고 한 것은, 이때에 만약 앞으로 나아가지 않는다면 또한 무슨 재난이 있으리요?의 의미이다.

【해설解說】

> 卦 가운데에서 두 개 陰爻는 소인을 뜻한다. 爻 가운데에서 물러나 피해(은둔해)있는 군자는 모두 遯爻이다. 즉 '은둔'의 의미를 표현하고 있다. 『折中 · 楊啓新』

이는 卦象은 전체 卦의 대의를 주관하고 爻象은 한 개 爻의 의미를 표현한 것이라는 뜻이다. 양자가 다른 면을 가지고 있는 것을 당연히 구별해서 관찰해야 할 것이다.

(☶.) 六二 : 執之用黃牛之革, 莫之勝說.

【주석註釋】

執之用黃牛之革, 莫之勝說 : '執'은 '속박'을 뜻한다. '說'은 '脫'과 통한다.

이 두 구절은 六二爻가 柔順中正하며 몸체는 艮止에 처하며 위로 九五爻 '존자'와 호응하고 있는 것이, 몸이 얽매인바 형세가 '물러나 피할(은둔할)' 수 없게 되었으니 반드시 정도를 지켜 나아가면서 스스로 견뎌 나아가야 할 뿐이기 때문에 황소가죽으로 만든 끈으로 묶여 풀려 나오기가 매우 어려운 象과 같다는 의미이다.

몸체는 艮이며 정도를 실천하며 위로 존귀한 주인과 호응하며, 뜻을 보좌하는 시점에 둠으로써 事項에 따라 물러나 피할(은둔할) 수가 없으니, 혼자서 마음속으로 바르고 정직함을 지켜 나아가는데 그 견고함이 황소의 가죽으로 만든 끈에 묶여있는 것과 같다. 이 뜻에 묶여 버리면 벗어날 수가 없는 것이다. 殷의 父師(태자의 스승) 箕子가 본 爻에 해당한다. 『集解·後果』

侯氏가 말한 '殷의 父師'란? '殷朝 紂王의 父師였던 箕子이며 箕子는 殷이 망할 당시 은둔해서 재난을 피할 생각을 하지 않았다.'는 상황을 가리킨 내용이다. 『尙書·微子』의 箕子에 대한 기록을 보면, '나는 물러나 피할(은둔할) 생각을 하지 않는다.'고 한 것이 바로 이 의미이다. 이를 六二爻의 爻義에 비유한 것은 정말 적절하다고 할 수 있다.

【번역翻譯】

六二爻 : 황소의 가죽으로 만든 끈에 의하여 묶어 버리면 어떠한 자도 풀려날 수가 없을 것이다.

〈象〉曰：執用黃牛, 固志也.

【번역飜譯】

〈象傳〉에 이르되 : 황소의 가죽으로 만든 끈에 의하여 묶여 버린다고 한 것은 六二爻가 견고한 의지로 존자를 보좌하는 시점에서는 물러날 생각을 하지 않는다는 의미이다.

【해설解說】

爻辭가 '황소의 가죽으로 만든 끈'을 '속박'에 비유한 것은 「象傳」'견고한 의지(固志)'를 뜻한 것이다. 즉 六二爻가 스스로 원해서 물러나지 않고 정도를 굳건히 지켜 나아간다는 의미이다.

(☶) 九三 : 係遯, 有疾厲. 畜臣妾, 吉.

【주석註釋】

係遯, 有疾厲 : '係'는 '마음이 그리워하는데 잡아 매였다.'는 뜻이다.

이 두 구절은 九三爻가 下卦의 마지막에 처하며 上九爻와 호응하지 못하며 六二爻와 가깝게 이웃함으로 마음이 잡아 매여서(떨어지지 않아) 물러날 수 없으니, 즉 이는 九三爻는 六二爻와 친밀한 이웃으로는 지낼 수는 있으나 호응할 수 있는 관계는 아니기 때문에 '병이 생기거나 위험에 처하게 될 것이다.(有疾厲)'고 경고한 내용이다.

물러나 피하는(은둔하는) 道는 멀리로 떠나는 것에 있다. 九三爻가 內卦의 위에 처하여 六二 陰爻와 절친하니 초연히 먼 곳으로 떠날 수 없어 질병이 생기거나 위험에 처하게 될 것이다. 『折中·胡瑗』

畜臣妾, 吉 : '臣'은 '臣僕(신하·종)'을 뜻한다. '妾'은 '侍妾(시녀·첩)'을 뜻한다.

이는 신하와 첩을 양육하는 것을 九三爻가 六二爻와 친하게 지내는 것에 비유한 것으로, 즉 그는 오로지 작은 일은 잘 주관할 수 있으나 나라를 다스리는 것과 같은 큰일은 할 수 없다는 의미이다.

가까운 것과 친하며 아랫사람에게 잡아 매였다. 마음을 다른 사람에게 베푼다고 할지라도 종과 첩을 양육하기에 알맞을 뿐이니 큰일을 하면 흉할 것이다. 따라서 '종과 첩을 양육하면 길할 것이다.(畜臣妾, 吉.)'고 했다. 『正義』

【번역飜譯】

九三爻 : 마음이 그리워하는데 잡아 매여서 물러나 피할(은둔할) 수가 없으니 장차 질병이 생기거나 위험에 처할 것이다. 만약 종과 첩을 양육한다면 길할 것이다.

〈象〉曰 : '係遯'之'厲', 有疾憊也. '畜臣妾吉', 不可大事也.

【주석註釋】

憊 : '憊'는 '병들어 쇠약하게 된 상태'를 뜻한다. 『尙氏學』에서는 『廣韻』에 근거해 '고달프다'는 뜻이라고 했다

【번역飜譯】

〈象傳〉에 이르되 : '마음이 그리워하는데 잡아 매여서 물러나 피할(은둔할) 수가 없으니 장차 위험에 처할 것이다.'고 한 것은 九三爻가 장차 질환을 만나 괴로움을 감당하지 못할 것이라는 의미이다. '종과 첩을 양육한다면 길할 것이다.'고 한 것은 九三爻는 국가대사를 처리 할 수 없는 인재라는 의미이다.

(䷠) 九四 : 好遯, 君子吉, 小人否.

【주석註釋】

好遯, 君子吉, 小人否 : 이 세 구절은 九四爻가 下卦 初六爻와 호응하여 마음과 감정에 기쁨이 충만할지라도 몸은 물러나 피해(은둔해) 있는 상태, 즉 이미 '遯'하고 있는 象을 의미한다. '군자'라면 사랑하는 마음을 굳건히 끊어 버릴 수 있음으로써 '길할 것이며' '소인'이라면 마음의 연연함을 끊어 버리지 못함으로써 '해낼 수 없을 것이다.(否)'고 했다.

外卦에 처하면서 內卦와 호응하는 군자는 '은둔을 잘하고' 있음으로 이를 버릴 수 있을 것이다. 소인은 그리움에 연연함으로써 이를 할 수 없을 것이다. 『王注』

【번역翻譯】

九四爻 : 마음에 그리워하는 정을 품고 있으나 몸은 이미 물러나 피해(은둔해) 있으니 군자라면 길할 것이나 소인이라면 해 낼 수 없을 것이다.

〈象〉曰 : 君子好遯, 小人否也.

【번역翻譯】

〈象傳〉에 이르되 : 군자는 마음에 그리워하는 정을 품고 있으나 몸은 이미 물러나 피해(은둔해) 있으니, 소인은 이렇게 할 수 없을 것이다.

【해설解說】

九四爻가 사랑하는 마음을 끊어버리고 물러나 피해(은둔해) 있다는 것에 대해 『程傳』에서는 '자신의 사욕을 극복하고 예로 돌아왔으며 道로서 사욕을 제어하고 있다.(克己復禮, 以道制慾.)'는 의미와 爻義가 흡사하다고 했다. 그러나 '사욕을 제어하고 있다.'는 것 외에 九四爻의 은둔은 여전히 '시대의 형세를 헤아리고 있다.'는 의미를 가지고 있다.

환난이 드러나지 않을 때는 조용히 물러나 피해(은둔해) 있는 것이 마땅할 것이다. 그러한 기미를 알아차리는 것은 神이 할 수 있는 일로서, 오로지 군자만이 그렇게 할 수 있는 것이다. 『尚氏學』

(䷠) 九五 : 嘉遯, 貞吉.

【주석註釋】

嘉遯, 貞吉 : '嘉'는 '아름답다'는 뜻이다.

　　이는 九五爻가 높은 존위에 처하며 剛中으로 正位에 처하며 下卦 六二爻 柔中과 호응하며 비록 물러나 피해(은둔해) 있지 않을지라도 오히려 기미를 인식하여 먼 곳까지 내다볼 수 있는 자이니, 적당한 시점에 이르면 물러나 피할(은둔할) 것이기 때문에 '嘉遯'의 象을 가졌다고 했다. 이때 정도를 굳건히 지켜 나아가면서 실천한다면 반드시 길할 것이다.

　　九五爻는 中位・正位에 처하며 下卦 六二爻와 서로 호응하니 반드시 물러나 피하지(은둔하지) 않아도 될 것이다. 그러나 미세한 기미로 먼 곳까지 내다 볼 수 있음으로 아름다운(적당한) 시점에 이르면 물러나 피할(은둔할) 것이니 '정도를 굳건히 지켜 나아가면 길할 것이다.(貞吉)'고 했다. 『尚氏學』

【번역翻譯】

九五爻 : 아름다운(적당한) 시점에 이르면 물러나 피할(은둔할) 것이며 정도를 굳건히 지켜 나아가면 길할 것이다.

〈象〉曰 : '嘉遯貞吉', 以正志也.

【번역翻譯】

〈象傳〉에 이르되 : '아름다운(적당한) 시점에 이르면 물러나 피할(은둔할) 것이며 정도를 굳건히 지켜 나아가면 길할 것이다.'고 한 것은 九五爻가 단아하고 正大하게 물러나 피할(은둔할) 마음을 가지고 있다는 의미이다.

【해설解說】

「象傳」'剛當位而應, 與時行也.'는 九五爻의 '嘉遯'을 의미한 것이다. 그러나 九五爻의 '位'를 비유한 象에 대해 학자들이 다음과 같은 다양한 의견을 제시했다.

> 이 爻는 비록 君位를 지키지는 못할지라도 존위에 처하니 역시 신하의 위치 가운데에서 높은 직위를 가진 자를 뜻한다. 무릇 공적을 성취시킨 후 몸을 물러나게 하는 것이 신하의 도리이기 때문에 伊尹은 '신하가 물러나는 것은 특별히 은총을 받아 성공한 자리에 처했었기 때문이다.'고 했는데 어찌 은둔을 아름답다고 하지 않겠는가? 『折中』

이는 九五爻는 '大臣'의 象이라는 것이며 의리의 핵심은 '공적을 성취시킨 후에 몸을 물러나게 해야 할 것이다.'는 의미이다.

> 家는 아들에게 전수하고 官은 현인에게 전수해야 할 것이다. 사계절이 운행되는 것과 같이 공적을 세운 자가 떠나버리고 그 사람을 찾지 못한다면 그 직위에 앉힐 수가 없는 것이다. 『韓氏易傳』

> 현인에게 전수하고 아들에게 전수하는 것은 모두 '嘉遯'이다. 堯임금이 늙어서 舜임금이 섭정한 것이 바로 본 爻義의 의미이다. '正志'라고 하고 '正位'라고 하지 않은 것은 그 뜻이 현인에게 양위하고자 하는 것에 있다는 바를 밝힌 것이며 그 직위에 처한다는 것이 아니기 때문이다. 이는 대체로 九五爻가 장차 변화할 것이라는 의미이다. 『韓氏易傳』

이는 九五爻가 '군왕'의 象이라는 것이며 의리의 핵심은 '직위를 현인에게 선양하고자 한다.(禪位讓賢)'는 것이다. 두 설법은 象을 해석한 시각이 비록 다르기는 할지라도 때가 되면 물러나야 할 것이며 존위에 연연하지 말아야 할 것이라는 큰 뜻은 오히려 서로 부합함으로써 참고할 만하다.

(☰☶) 上九 : 肥遯, 无不利.

【주석註釋】

肥遯, 无不利 : '肥'는 '날개를 펴서 날아다닌다(蜚)'와 통한다. 즉 '飛'의 의미이다. 이는 '욕심 없이 세상으로부터 물러나 피한다(은둔한다). 즉 '肥遯'을 사용해서, 上九爻가 ≪遯≫의 극점에 처한 것을 '높이 날아 먼 곳으로 초연히 물러나는(은둔하는)' 象에 비유한 내용이다. 은둔을 위해 통쾌히 날아가니 방해하는 것도 없음으로 '이롭지 않는 바가 없을 것이다.'고 했다.

『淮南九師道訓』·『易林』·『王注』에서는 모두 '肥'를 '飛'로 읽었다. 『尙氏學』

【번역飜譯】

上九爻 : 높이 날아 먼 곳으로 물러나니 이롭지 않은 바가 없을 것이다.

〈象〉曰 : '肥遯无不利', 无所疑也.

【주석註釋】

无所疑 : '疑'는 '의심하고 근심한다.'·'연민의 정을 간직한다.'는 두 가지 의미를 동시에 가지고 있다.

외괘의 가장 극한 곳에 처하며 內卦와 호응하지 않는다. 마음에 의심하고 근심하거나 남겨진 연민을 가지고 있지 않으니 세상을 벗어나서 높은 곳을 바라 볼 수 있다. 과단성 있는 행동을 하며 덕성을 양육하며 평안한 시기에 처함으로써 번민할 일이 없다.
『集解·侯果』

【번역飜譯】

〈象傳〉에 이르되 : '높이 날아 먼 곳으로 물러나니 이롭지 않은 바가 없을 것이다.'고 한 것은 上九爻가 의심하고 근심하거나 남겨진 연민의 정을 가지고 있지 않다는 의미이다.

【해설解說】

　　上九爻는 乾健의 극한 곳에 처하며 아래로 호응하는 자 없고 위로 방해하는 자 없음으로 외로운 한 몸이 하늘 밖으로 '날아서 피하니(은둔하니), 즉 飛遯하니 유독 '逍遙'의 이로움을 얻는 자이다.

　　새가 높이 날아 먼 곳으로 가는데 그물과 같은 방해물을 만날 것을 근심하지 않는 것과 같다. 넓은 하늘을 마음대로 날아다니는 새, 이 象이 그와 같다. 『周易學說·李士鉁』

【遯】 요점·관점

　　≪遯≫은 '물러나 피한다(은둔한다).' 즉 '은둔'을 말하나 원칙이 없는 소극적인 '세상도피'를 선양한 것은 아니다. 그리고 사물이 발전하는 과정에서 어떤 방해를 받을 때에는 반드시 잠시 물러나 피해(은둔해) 있으면서 일어나도 될 시점이 오기를 기다렸다가 다시 일어나야 할 것이라는 상황을 알려 주고 있다.

　　'人事'에 비유해 본다면, '군자'가 몰락의 세태에 당면했을 때는 '몸을 물러나게 하는 것이 이치를 형통하게 할 것이다.(身退而道亨)'는 의미이다.

　　물러나 피하는(은둔하는) 자는 이(몰락의 세태) 낌새를 먼저 알아차리는 자이다.
『易童子問·歐陽修』

　　군자가 물러나 피하는(은둔하는) 것이 그 도를 펼치는 것이다. 『程傳·程頤』

　　이 두개의 설은 '물러나 피할(은둔할)' 때는 '낌새를 알아차리는 것'을 귀하게 여겨야 할 것이며 '물러나 피하는(은둔하는)' 것을 실천할 때는 '도를 펼치는 것'을 제일로 삼아야 할 것이라는 것을 구별해서 표현한 내용이다.

　　卦辭에서 '遯, 亨.'이라고 하여 '물러나 피해(은둔해) 있으면 형통할 것이다.'는 이치를 일찍 보여주었다. 또한 '柔小한 자'는 정도를 굳건히 지켜나가는 데에서 이로움을 얻을 것이라고 했다. 즉 이때는 응당히 방해하는 세력의 증강을 억제해야 할 것이며 '剛大'한 자가 '물러나 피하는(은둔하는)' 일을 순리적으로 실천할 수 있도록 도와주어야 할 것이라는 의미이다.

卦의 六爻 가운데 下卦의 세 爻는 각종 환경조건의 제한으로 인해 '물러나 피하지(은둔하지)'를 못했거나 '물러나 피하는(은둔하는)' 것을 원하지 않았거나 '물러나 피할(은둔할)' 수가 없었으니, 이는 스스로 정도를 굳건히 지켜 나아가며 '大事'를 도모하지 않는 것을 마땅하다고 생각했기 때문이다. 上卦의 세 爻가 陽剛으로 외부에 처한 것은, 모두 때를 알고 물러나 피한(은둔한) 것이며 사사로운 것에 연연하지 않은 채 굳건히 멀리 떠나는 것을 아름답다고 생각했기 때문이다.

下卦의 세 爻는 '艮'인데 '艮'은 정지한 상태를 제일의 의미로 삼기 때문에 '不往'·'固志'·'係遯'이라고 했다. 上卦의 세 爻는 乾이며 乾은 실천하는 것을 제일의 의미로 삼기 때문에 '好遯'·'嘉遯'·'肥遯'이라고 했다. 『周易玩辭·項安世』

확실히 全卦에서 '遯'을 실천하는 행위의 중심은 上卦에 있다. 上卦는 또한 上九爻 '높이 날아 먼 곳으로 물러난다.(高飛遠退)'는 것에 비유한 象을 최고의 본 보기로 삼고 있다.

날을 듯이 물러나 피한다면(은둔한다면) 명성을 보전하는 이로움을 얻을 것이다.
『思玄賦·張衡』

정말로 사물세계 밖에다 마음을 놓아 버린다면 어찌 영화와 치욕 같은 것을 느낄 수 있으리오? 『歸田賦』

이는 모두 작자가 현실에 불만을 품고 물러나 피하고자(은둔하고자) 하는 뜻을 펼친 사상정서를 詩賦言語를 사용해서 ≪遯≫의 한 의미로 표현한 내용이다.

34. 大壯卦의 立體文型圖

(䷡) 《大壯》: 大壯. 利貞.

〈彖〉曰: '大壯', 大者壯也. 剛以動, 故壯. '大壯, 利貞', 大者正也. 正大而天地之情可見矣!

〈象〉曰: 雷在天上, 大壯. 君子以非禮弗履.

• • •

(− −) 上六: 羝羊觸藩, 不能退, 不能遂, 无攸利. 艱則吉.

〈象〉曰: '不能退, 不能遂.' 不詳也. '艱則吉', 咎不長也.

(− −) 六五: 喪羊于易, 无悔.

〈象〉曰: '喪羊于易', 位不當也.

(—) 九四: 貞吉, 悔亡. 藩決不羸, 壯于大輿之輹.

〈象〉曰: '藩決不羸', 尚往也.

(—) 九三: 小人用壯, 君子用罔. 貞厲, 羝羊觸藩, 羸其角.

〈象〉曰: 小人用壯, 君子罔也.

(—) 九二: 貞吉.

〈象〉曰: 九二 '貞吉', 以中也.

(—) 初九: 壯于趾, 征凶. 有孚.

〈象〉曰: '壯于趾', 其孚窮也.

34 大壯卦

(䷡)≪大壯≫·錯(䷓)≪觀≫·綜(䷠)≪遯≫·互(䷪)≪夬≫

(䷡)≪大壯≫: 大壯. 利貞.

【주석註釋】

䷡ : 卦象이다. 下卦 ☰ 乾卦(天·健)와 上卦 ☳ 震卦(雷·動)로 구성되었다. 우레가 하늘 위에서 진동하는 자연현상과 이치를 빌려와서 '강성한' 현상과 이치를 상징했다.

大壯 : 卦名이다. '큰 것이 강성하다.'·'크게 강성하다.'는 의미를 상징한다.

'壯'란? '힘이 점차 강해진다.'는 의미이다. 『釋文·鄭玄』

'壯'은 '강성하다'는 뜻이다. '陽'을 '大'라고 한다. '陽'이 성장을 이미 많이 하였다는 것은 '大'의 혈기가 왕성해졌다는 것이기 때문에 '大壯'이라고 했다. 『正義』

利貞 : 이는 '큰 것이 강성할 때'는 정도를 굳건히 지켜 나아가는 데에서 이로움을 얻을 것이라는 의미이다.

'大壯의 도'는 정도를 굳건히 지켜 나아가는 데에서 이로움을 얻을 것이다. 큰 것이 강성하다고(大壯) 할지라도 그가 정도를 실천하지 않는다면 강하고 용맹만 할 뿐이지 군자의 도가 왕성(壯盛)하다는 의미는 아니다. 『程傳』

【번역翻譯】

≪大壯≫ : 大壯卦는 큰 것이 강성한 것을 상징한다. 정도를 굳건히 지켜 나아가는 데에서 이로움을 얻을 것이다.

〈彖〉曰 : '大壯', 大者壯也. 剛以動, 故壯. '大壯, 利貞', 大者正也. 正大而天地之情可見矣!

【주석註釋】

大者壯 : 陽은 크고 陰은 작다. 卦 가운데 네 개의 陽爻가 강성하게 성장했음으로 '큰 것이 강성하다.'고 했다.

  陽爻가 점진적으로 성장하여 九四爻에까지 이르렀으니, 이것이 곧 '큰 것이 강성하다.'는 의미이다. 『正義』

剛以動, 故壯 : '剛'은 下卦 乾을 뜻한다. '動'은 上卦 震을 뜻한다.
  이는 下卦象・上卦象이 '剛'・'動'의 의미를 보유하고 있다는 것으로 앞 구절 '大者壯也'와 짝지어진 것이자 또한 卦名 '大壯'을 해석한 내용이다.

  '乾'은 '剛'하고 '震'은 '動'하며 陽은 아래로부터 올라가고 陽氣는 크게 활동함으로 '壯'이라고 했다. 『集解・荀爽』

大者正也 : 이는 卦辭 '大壯, 利貞.'의 뜻을 해석한 내용으로, 이때는 剛大한 자가 정도를 굳건히 지켜 나아가는 데에서 이로움을 얻을 것이라는 의미이다.

  큰 것(大者)이 정도(正)를 얻었음으로 '정도를 굳건히 지켜 나아가는 데에서 이로움을 얻을 것이다.(利貞)'고 했다. 『正義』

正大而天地之情可見矣 : 옛 사람들은 '天地'는 이미 크고(大) 또한 바르게(正) 되어 있기 때문에, 만물을 살아나게 하고 성장시키는 바를 공평하게 한다고 생각했음으로 '正大'라고 했다. 따라서 '天地의 情'을 명백히 이해할 수 있는 바이다.

이 구절은 앞 문장을 이어서 ≪大壯≫이 가지고 있는 '大者正'의 의미를 발양시킨 내용이다.

> 天地의 情은 바르고(正) 클(大) 뿐이다. 바른 것을 넓히고 큰 것을 극대화하면 곧 天地의 情이 체현되는 것이다. 『王注』

【번역飜譯】

〈彖傳〉에 이르되 : '큰 것이 강성하다.'고 한 것은 剛大한 자가 강성하다는 의미이다. 기질이 剛健할 뿐만 아니라 또한 분발하여 움직임으로 強盛하다고 했다. '큰 것이 강성하니 정도를 굳건히 지켜 나아가는 데에서 이로움을 얻을 것이다.'고 한 것은 剛大한 자는 반드시 단아하고 正大하며 아첨을 하지 않는다는 의미이다. 정직하고 剛大함을 보선유시 하면 天地의 性情 역시 명백히 이해할 수 있을 것이로다!

〈象〉曰 : 雷在天上, 大壯. 君子以非禮弗履.

【주석註釋】

雷在天上, 大壯 : ≪大壯≫은 上卦 震의 雷와 下卦 乾의 天으로 구성된 象이라는 것을 해석한 내용이다. 『王注』에서는 '강건하며 활동적이다.(剛以動)'고 했다.

> 우레(震雷)는 위엄 있게 움직이고 乾天은 剛健하게 주도한다. 雷가 天 위에 있으니 '剛健하며 활동적인 까닭에(剛以動)' '大壯'이라고 했다. 『正義』

非禮弗履 : '履'는 '실천하다'는 뜻이다.

이는 '군자'가 ≪大壯≫ 卦象을 관찰해 본 후, 강성할 때는 반드시 정도를 굳건히 지켜 나아가며 예를 실천해야 만이 그 '壯'을 잘 보전유지 할 수 있다는 것을 깨달았다는 의미이다.

강성할 때 예를 지키지 않는다면 곧 재난을 만날 것이고 재난을 만나면 곧 강성함이 사라질 것이다. 따라서 군자가 '大壯'하고자 한다면 반드시 예를 잘 따라야 할 것이다. 『王注』

강성함이 극에 달할 때는 교만해짐으로써 신분에 넘치는 일을 하고자 하는 마음이 곧 잘 살아난다. 따라서 '大壯'일 때는 '예가 아닌 것은 실천하지 말아야 할 것이다.'고 경고했다.(非禮勿履)' 『正義』

【번역飜譯】

〈象傳〉에 이르되 : 우레가 진동하는 소리가 하늘을 뚫고 올라간다(剛强한 위엄이 성하다.)고 한 것은 큰 것이 강성하다는 것을 상징한다. 군자는 이를 본 받아, (강성함을 잘 보전하기 위해서는) 예가 아닌 일을 시행하지 말아야 할 것이다.

【해설解說】

군자는 그 剛大한 것을 양육하는 자인 까닭에 역시 '예가 아닌 것을 시행하지 말아야 할 것이다.'고 했다. 『周易玩辭·項安世』

이 말은 『孟子·公孫丑上』의 '나는 나의 바르고 큰 원기를 잘 양육할 것이다.(我善養吾浩然之氣)'는 의미와 가깝다.

(☰) 初九 : 壯于趾, 征凶. 有孚.

【주석註釋】

壯于趾, 貞凶. 有孚 : 初九爻는 陽剛으로 '大壯'의 시작에 처하며 호응하지 못하며 발

(복사뼈 이하의 부분)에 강성함을 가지고 있는 象이니, 조급하게 움직이면 반드시 傷할 것이기 때문에 '앞으로 나아가면 반드시 흉할 것이다.(征凶)'고 경고했다. 그러나 陽剛으로 信義와 정성을 다하며 처한 위치에서 단아하고 正大함으로써 '신의와 정성(孚)'으로 자신을 지켜 나아가는 데에 힘쓰니, 앞으로 나아가지 않는다면 흉함을 피할 수 있을 것이라고 했다.

初九爻는 陽剛으로 아래에 처하며 강성한 시점에 당면하여, 나아가는 데에 강성함으로 '강건한 발(壯趾)'의 象을 가졌다. 이러한 형세로 나아간다는 것은 흉할 이치이다. 그러나 陽剛이 正位에 처한 것은 근본적으로 陽剛의 덕을 지니고 있는 까닭이니, 오로지 그 덕을 스스로 믿고 있을 뿐이다. 그는 곤궁함으로써 나아가서는 안 될 것이며 나아간다면 흉할 것이다. 『來氏易注』

【번역飜譯】

初九 : 강성함이 발에 있으니 앞으로 나아간다면 반드시 흉할 것이다. 응당히 신의와 정성으로 자신을 지켜 나아가야 할 것이다.

〈象〉曰 : '壯于趾', 其孚窮也.

【주석註釋】

孚窮 : 이는 '어려운 시점에 처했을 때는 신의와 정성으로 자신을 지켜 나아가야 할 것이다.'는 의미이다.

이미 호응해 주는 자가 없으며 또한 비천한 곳에서 직위도 없음으로 '어려운 상황에 처했다.(窮)'고 했다. 씩씩하게 앞으로 나아갈 시점에 당면하여, 그는 덕을 가지고 있으나 나아갈 수가 없으며 나아간다면 반드시 흉할 것이다. 이는 어려운 시기에 처했다는 의미이다. 따라서 오로지 그 덕을 스스로 믿으며 자신을 지켜 나아가는 것이 옳을 뿐이다. 『來氏易注』

【번역飜譯】

〈象傳〉에 이르되 : '강성함이 발에 있다.'고 한 것은 初九爻가 응당히 신의와 정성으로 자신을 지켜 나아가며 어려운 상황을 잘 처리해야 할 것이라는 의미이다.

【해설解說】

'趾'는 움직이는 象이다. 初九爻의 '壯趾'는 '강성하게 나아간다.'는 의미이다. 陽剛이 시작에 처하여 강성하게 움직인다면 반드시 흉할 것이다. 따라서 '신의와 정성'으로 자신을 지키면서 앞으로 나아가지 말고 그의 '강성(壯)'함을 잘 양육하라고 경고했다. 이 또한 『周易』의 '조심스러운 시작(愼始)'을 의미한 내용이다.

(䷡) 九二 : 貞吉.

【주석註釋】

貞吉 : 九二爻는 正位를 상실했음으로 근본적으로 재난을 가지고 있는 象이다. 그러나 '大壯'의 시기에 처하여, 陽으로 陰位에 처하며 剛中으로 겸허함을 지켜 나아가며 정도를 따라 스스로를 양육함으로써 '길'하게 될 象이다.

中位에 처하며 陽으로 陰位에 처하며 겸허함을 실천하여 거만하지 않으니 '정도를 굳건히 지켜 나아가면 길할 것이다.(貞吉)'고 했다. 『王注』

【번역飜譯】

九二爻 : 정도를 굳건히 지켜 나아가면 길할 것이다.

〈象〉曰 : 九二'貞吉', 以中也.

【번역翻譯】

〈象傳〉에 이르되 : 九二爻 '정도를 굳건히 지켜 나아가면 길할 것이다.'고 한 것은 陽剛이 中位에 처한 연고로 말미암은 것이다.

【해설解說】

『周易』이 '겸허(謙)' 사상을 중시한 것은 '大壯'의 시기에서 더욱 그러하다. 특히 겸허함과 부드러움으로써 '壯'을 사용하지 않는 아름다움을 가지고 있다.

> 『易』의 여러 卦는 陰陽이 正位를 얻은 것을 귀중하게 생각했다. 유독 ≪大壯≫에서 陽剛이 혹시라도 지나칠세라 陽으로 陰位에 처한 자를 길할 것이라고 했다. 대개 '壯'의 상황에서 그 陽剛의 지나침을 우려한 까닭에 九二爻와 九四爻 모두는 정도를 굳건히 지켜 나아가면 길할 것이라고 했다.
> 『周易總義 · 易祓』

(☱) 九三 : 小人用壯, 君子用罔. 貞厲, 羝羊觸藩, 羸其角.

【주석註釋】

小人用壯, 君子用罔 : '罔'은 곧 '无'이다. '用罔'은 '강성함을 사용하지 않는다.(不用壯.)'는 뜻이다.

이 두 구절은 정면과 반면의 비교되는 象을 취해, 九三爻가 下卦 乾의 마지막에 처하며 正位에서 上六爻와 호응하며 剛이 지나치게 강성하니, 이때 만약 '小人'이라면 반드시 強함에 의지해 경거망동함으로써 재난이 즉시 이르게 될 것이나 '군자'라면 반드시 함부로 強함을 사용하지 않고 정도를 굳건히 지켜 나아가면서 덕을 양육할 것이라는 바를 설명한 내용이다.

> '壯'은 하나이다. 소인은 이것을 이용할 것이나 군자는 이를 간직할 뿐 사용하지 않을 것이다. 『周易會通 · 京房』

『王注』에서는 '罔'을 '그물질하다(網)'로 새겼다.

　　군자는 이를 사용해서 자신을 몰아들일 것이다. 『王注』

　　이는 곧 '군자는 자신의 사욕을 극복할 것이다.(君子克己)'는 의미이다.
貞厲 : '정도를 굳건히 지켜 나아가면 위험을 방지할 수 있을 것이다.'는 의미이다.
　　이는 九三爻의 위치는 바르나 陽剛이 지나치게 강성하다는 것과 '많은 위험을 가지고 있는(多懼)' 곳에 처해 있음으로 정도를 굳건히 지켜 나아가야 만이 위험을 방지할 수 있을 것이라고 경고한 내용이다. 그렇지 않는다면 반드시 아래 문장 '觸藩'·'羸角'의 위험에 이르게 될 것이다.
羝羊觸藩, 羸其角 : '羝'는 '牡羊(숫양)'을 뜻한다.

　　숫양이 세 살이 된 상태를 '羝'라고 한다. 『一切經音義·慧琳』

이곳에서는 대체로 '큰 양'을 의미하고 있다.
'藩'은 '울타리'를 뜻한다.
'羸'는 '걸려서 고생한다.'는 의미이다.

　　겹겹이 휘감겨 얽매여 있다. 『正義』

　　이 두 구절은 큰 양이 울타리를 들이받자 그 뿔이 풀줄기에 감겨버린 象에 비유한 내용으로, 九三爻가 만약 정도를 굳건히 지켜 나아가지 않고 행동할 때 함부로 '강성함(壯)을 사용한다면' 위험이 즉시 자신의 몸에 이르게 될 것이라는 바를 설명한 내용이다.

　　소인이 강성한 시점에 처하면 활동을 지나치게 하여 앞으로 나아갈 뿐 돌아보지 않는 것이, 성격이 강퍅한 양이 비록 앞에 울타리가 있다고 할지라도 역시 들이받으면서 돌진하다가 도리어 그의 뿔만 고생시킬 뿐 나아가지도 물러설 수도 없는 흉함을 당하는 이치와 같다는 의미이다. 『周易口義·胡瑗』

【번역飜譯】

九三爻 : 소인은 강성함을 함부로 사용할 것이나 군자는 비록 강성함을 가지고 있다고 할지라도 사용하지 않을 것이다. 정도를 굳건히 지켜 나아가면 위험을 방지할 수 있을 것이니, 큰 양이 울타리를 강력하게 들이받으면 양의 뿔은 반드시 풀줄기에 감겨 빠져 나오지 못하여 고생하는 象과 같다는 의미이다.

〈象〉曰 : 小人用壯, 君子罔也.

【번역飜譯】

〈象傳〉에 이르되 : 소인은 강성함을 함부로 사용할 것이나 군자는 비록 강성함을 가지고 있다고 할지라도 사용하지 않을 것이다.

(☰☳) 九四 : 貞吉, 悔亡. 藩決不羸, 壯于大輿之輹.

【주석註釋】

貞吉, 悔亡 : 이는 九四爻가 上卦의 아래에 처하며 正位를 상실했으며 호응해 주는 자가 없음으로써 '후회(悔)'할 것이나, 九四爻는 陽이 가장 왕성한 시점에 처해있으나 陽爻로 陰位에 처하여 행동이 겸허하며 정도를 굳건히 지켜 나아가는 象이다. 따라서 '길할 것이며' '후회도 사라질 것이다.(悔亡)'고 했다.

    아래의 剛健함이 나아가면 장차 근심을 만날 것이다. 그러나 陽으로 陰位에 처함으로써 행동이 겸허함을 벗어나지 않으며 그의 강성함(壯) 역시 잃어버리지 않고 있으니 '정도를 굳건히 지켜 나아가면 길할 것이며(貞吉)' '후회도 사라질 것이다.(悔亡)'고 했다. 『王注』

藩決不贏, 壯于大輿之輹 : '決'이란? '열리다(開)'는 뜻이다. 즉 울타리가 들이받혀서 구멍이 뚫어졌다는 의미이다. '輹'은 '수레바퀴의 살'이다. 굴대의 중앙에 있는 車體, 즉 車箱과 굴대를 연결하는 물건이다. 수레가 굴러가는 것을 제어해 주는 부속품을 뜻한다.(좌우에 있는 것은 '轐'으로서 伏兎라고 한다. 즉 굴대의 좌우양끝에서 車箱과 굴대를 연결하는 물건이다.)

　이 두 구절은 앞 문장의 의미를 이어서, 九四爻가 이미 '貞吉, 悔亡.'했음으로 나아가는 데에 장애물이 없으니 앞길에 陰爻가 이를 막는다고 할지라도 반드시 통하게 되는 것은, 양이 '울타리'를 들이받아 훤하게 구멍이 뚫려버려 그 뿔이 '괴로워(贏)'하지 않는 것과 같다는 의미이자 아울러 수레 아래의 輹이 '강성하게' 適用되어 수레가 속도를 내어 굴러가는 것과 같다는 의미이다. 爻義는 九四爻의 강성함이 적당하여 시행하기에 이로울 것이라는 내용이다.

　자신은 그 강성함을 가지고 있고 위의 陰爻는 자신의 길을 막지 않음으로 울타리가 뚫려 뿔이 괴로워하지 않을 것이다. 큰 수레의 輹에 강성함이 있어 그 輹을 빠져 나가게 하지 않으니 앞으로 나아갈 수 있을 것이다. 『王注』

【번역飜譯】

九四爻 : 정도를 굳건히 지켜 나아가면 길할 것이며 후회는 반드시 사라질 것이다. 비유해 본다면, 울타리를 들이받아 구멍을 뚫었기 때문에 양의 뿔이 풀줄기에 감기지 않는 것과 같으며 또한 큰 수레의 輹이 강성하게 적용되는 것과 같다는 의미이다.

〈象〉曰 : '藩決不贏', 尚往也.

【번역飜譯】

〈象傳〉에 이르되 : '울타리를 들이받아 구멍을 뚫었기 때문에 양의 뿔이 풀줄기에 감기지 않을 것이다.'고 한 것은 九四爻가 진취적으로 나아가는 데에서 이로움을 얻을 것이라는 의미이다.

【해설解說】

九二爻와 九四爻는 모두 陽으로 陰位에 처함으로써 '정도를 굳건히 지켜 나아가면 길할 것이다.(貞吉)'고 했다. 朱熹는 이 두 개의 爻를 구별해서 다음과 같이 말했다.

> 九二爻가 정도를 굳건히 지켜 나아가면 길할 것이라고 한 것은 오로지 스스로를 지킬 뿐 나아가지 않는다는 의미이다. 그러나 九四爻는 오히려 나아갈 수 있는 象을 가지고 있다. 대개 陽이 陰位에 처함으로써 그 剛健함을 지극히 하지 않으며 앞에서 두 개의 陰爻를 만나니 울타리에 구멍이 뚫어진 象인 까닭에 나아갈 수가 있다. 九二爻는 앞에 九三爻와 九四爻인 陽爻가 그를 막고 있으니 나아갈 수가 없는 象이다. 『朱子語類』

(䷡) 六五 : 喪羊于易, 无悔.

【주석註釋】

喪羊于易, 无悔 : '易'는 '場'과 통한다. 즉 '밭두둑(田畔)'을 뜻한다.

> 넓은 땅을 구획(場) 짓는, 즉 경계 짓는 두둑(疆場)을 뜻한다. 『釋文』

이 두 구절은 六五爻가 '壯'이 이미 지나버린 시점에 처한 것이, 강성하고 씩씩한 양이 밭두둑에서 사라져버린 것과 같다는 의미이다. 그러나 柔로서 上卦의 中位에 처하며 강성함을 사용하지 않음으로써 '후회하지 않을 것이다.(无悔)'고 했다.

> 六五爻에 이르면 강성함(壯)이 이미 지나가 버린다. 또한 柔로서 中位에 처하니 그 강성함을 사용하지 않는다. 따라서 비록 양을 잃어버렸으나 '후회하지 않을 것이다.(无悔)'고 했다. 『折中』

【번역翻譯】

六五爻 : 밭두둑에서 양을 잃어버렸으나 후회하지 않을 것이다.

〈象〉曰 : '喪羊于易', 位不當也.

【번역翻譯】

〈象傳〉에 이르되 : '밭두둑에서 양을 잃어버렸다.'고 한 것은 六五爻가 처한 위치가 정당하지 않다는 의미이다.

【해설解說】

　　위치가 정당하고 정당하지 않은 것에 대해, 『易』에서는 많은 爻位를 빌려서 그의 德·時·地가 어울리고 어울리지 않는 것으로 결정했다. 이곳에서 '위치가 정당하지 않다.(位不當也.)'고 한 것은, 陰으로 陽位에 처해 강성함을 마음대로 사용하지 않는 데에서 그치지 않고 대개 九四 陽爻가 이미 지나가고 六五爻가 처한 곳이 정당하게 강성한 위치가 아니라는 것까지 말해주고 있다. 그리고 柔中으로 이곳에 처함으로 '밭두둑에서 양을 잃어버렸다.(喪羊于易)'고 했다. 『折中』

(䷡) 上六 : 羝羊觸藩, 不能退, 不能遂, 无攸利. 艱則吉.

【주석註釋】

羝羊觸藩, 不能退, 不能遂, 无攸利 : '遂'는 '退'와 상대적인 것으로 '나아가다(進)'는 뜻이다.

　　이 몇 구절은 上六爻가 ≪大壯≫의 마지막에 처하며 움직임(震動)의 극한 상황에 처하며 나아가고자 하는 마음이 간절하나 체질이 柔弱하여 어찌할 수 없는 것이, 양이 울타리를 들이받았으나 (뿔이 울타리의 풀줄기에 감겨버림으로써) 물러날 수 없을 뿐만 아니라 나아갈 수도 없는 상황에 처한 것과 같음으로 '이로운 바가 없을 것이다.(无攸利)'고 했다.

　　강성함이 종극에 이르러 움직임이 극에 달함으로써 울타리를 들이받으며 물러나지 않고 있다. 그러나 그는 체질이 본래 柔弱함으로 결국 나아갈 수가 없을 것이다.『本義』

艱則吉 : '艱'은 '어려움이 있으나 정도로서 스스로를 지켜 나아간다.'는 의미이다.

　　이는 上六爻가 비록 물러날 수 없을 뿐만 아니라 나아갈 수도 없는 어려운 경지에 처해 있으나 陰柔로 剛하지 않으며 下卦의 九三爻와 호응하고 있는 것이, 어려움이 있을지라도 정도로서 스스로를 지켜 나아가며 때가 오기를 기다린다면 결국에는 陰陽이 서로 화합하여 함께 나아가는 시기가 도래할 것이라는 의미이다.

　　上六爻는 정당한 위치에서 호응을 받으니 어려움이 있다고 할지라도 정도로서 스스로를 지켜 나아간다면 결국에는 길할 것이다.『尙氏學』

【번역飜譯】

上六爻 : 큰 양이 뿔로 울타리를 들이받으나 (뿔이 울타리의 풀줄기에 감겨버림으로써) 물러날 수 없을 뿐만 아니라 나아갈 수도 없으니 이로운 바가 없을 것이다. 어려움이 있을지라도 정도로서 스스로를 지켜 나아가면 길할 것이다.

〈象〉曰 : '不能退, 不能遂.' 不詳也. '艱則吉', 咎不長也.

【주석註釋】

詳 :

　　'용의주도하다'·'면밀하고 신중하다.'는 뜻이다.『釋文』

　　『釋文』에서는 鄭玄과 王肅이 주석한 '祥(詳과 통용한다.)은 善이다.'를 인용하였다.

咎不長 :

九三爻와 上六爻는 바르게 호응하니 결국에는 반드시 화합할 것이다. 따라서 '재난이 오래 가지 않을 것이다.(咎不長也)'고 했다. 『尙氏學』

【번역飜譯】

〈象傳〉에 이르되 : '물러날 수 없을 뿐만 아니라 나아갈 수도 없다.'고 한 것은 上六爻가 용의주도하게 처신하지 못한다는 의미이다. '어려움이 있을지라도 정도로서 스스로를 지켜 나아가면 길할 것이다.'고 한 것은 上六爻가 재난을 만날지라도 오래 가지는 못할 것이라는 의미이다.

【해설解說】

上六爻의 '无攸利'·'艱則吉.'은 두 방면에서 爻義을 제시한 내용이다. 이때 만약 맹목적으로 강하게 나아간다면 반드시 이로운 바가 없을 것이라는 의미와 만약 어려움을 정도로 견뎌 나아가면서 천천히 부드럽게 일을 도모한다면 길할 것이라는 의미이다.

上六爻는 매우 기묘한 비유법을 취했다. 강성함이 종극에 이르러 움직임이 극에 달했으나 나아갈 수 없다는 것을, 큰 양의 뿔이 울타리의 풀줄기에 감겨버림으로써 물러날 수도 나아갈 수도 없는 것과 같다고 했다. 그러나 어려움을 견뎌 나아가면 길할 것이라고 한 것은 결국에는 나아갈 수 있는 이치를 가지고 있다는 것이니, 반드시 어려움이 있어야 만이 비로소 길하게 될 것이라는 의미이다. 『朱子語類·朱熹』

【大壯】 요점·관점

'큰 것이 강성하다.(大壯)'고 한 것은 사물이 발전하는 아름다운 과정을 이야기한 것이다. 이때는 어떻게 하면 '강성함'을 잘 보전유지 시킬 수 있을까? 하는 것이 가장 중요한 문제이다.

≪大壯≫의 卦辭 '貞吉', 두 글자는 '정도(正)'를 굳건히 지켜 나아가면 '강성함(壯)'에 처할지라도 반드시 길한 이치를 얻을 수 있다는 것을 보여주고 있다.

卦 가운데 여러 개 爻는 '大壯'의 시점에서는 강함에 의지하여 '강성함을 사용해서

는 안 될 것'이며 겸허하게 물러나서 중도를 견지해 나아가야 할 것이라는 바를 구체적으로 설명해주고 있다. 따라서 九二爻·九四爻 두 개 爻의 剛한 성품은 柔한 성품을 겸하고 있음으로써 길할 수 있었다. 初九·九三의 陽爻는 만약 함부로 행동한다면 반드시 흉할 것이라고 했다. 六五爻·上六爻 두 개의 陰爻는 강성함이 이미 지났으니 마땅히 柔和로서 스스로를 지켜 나아가야 할 것이라고 했다.

강성함을 사용해서는 안 될 것이나 강성함을 두루 미치게 하는 것이 ≪大壯≫이 제시하는 중요한 의미이다. 『周易學說·劉沅』

필부의 용기는 '大壯'이라고 할 수 없다. 스스로 돌이켜 보며 부족함을 깨달아 판단을 바르게 하면 기운이 강성해 질 것이니, 이것이 正道이다. 天地간에 있는 바른 기운은 고금을 관통한다. 군자가 가지고 있는 바른 기운은 도덕의리와 짝을 할 수 있다. 董子는 '道로 말미암지 않고 승리한 것은 道로 말미암았으나 실패한 것만 같지 못하다.'고 했다. 道로 말미암지 않았으나 승리한 것은 '소인은 함부로 강성함을 사용할 것이다.(小人用壯)'·'지극히 높이 올라간 용은 후회할 것이다.(亢龍有悔)'고 한 것과 같은 의미이다. 道로 말미암았으나 실패한 것은 '군자는 비록 강성함을 가지고 있다고 할지라도 사용하지 않을 것이다.(君子用罔)'·'거대한 용이 물 속 깊이 엎드린 채(은둔한 채) 잠시 동안 재능을 사용하지 않고 있다.(潛龍勿用)'고 한 것과 같은 의미이다. 『周易』의 의리는 대부분 陽을 일으키고 陰을 억제하나 ≪乾≫·≪大壯≫은 사람들이 陽을 지나치게 사용하는 것을 경고하며 '강성함을 가지고 있다고 할지라도 사용하지 않아야 할 것이다.(用罔)'는 의리로 밀고 나아가다가 '나아가고 물러나며 생존하고 멸망할 것을 헤아려 그 정도를 잃어버리지 말 것이로다!'까지 접근시켰다. 『周易學說·馬振彪』

이 논리는 ≪大壯≫이 '강성함을 사용하지 않는다.(不用壯)'는 의미를 추앙한 것이나 사실상 전체 卦의 핵심사상이다.

許愼이 『說文』에서 '창을 사용하지 않는 것이 용기이다.(止戈爲武)'고 한 것이 바로 『周易』의 '大壯貞吉'과 같은 의미이다. 양자가 사물의 발단을 논한 바는 비록 다르다고 할지라도 '剛武'·'强盛'은 반드시 '正道'의 기초 위에서 건립되어야 하며 함부로 시행해서는 안 될 것이라는 관점은 자못 상통하고 있다. 「象傳」'正大而天地之情可見矣!' 역시 이 의미를 강조한 내용이다.

35. 晉卦의 立體文型圖

(☷) 《晉》: 晉. 康侯用錫馬蕃庶, 晝日三接.

〈彖〉曰: '晉', 進也, 明出地上. 順而麗乎大明, 柔進而上行, 是以'康侯用錫馬蕃庶, 晝日三接'也.

〈象〉曰: 明出地上, 晉. 君子以自昭明德.

• • •

(⚊) 上九: 晉其角, 維用伐邑, 厲吉, 无咎. 貞吝.

〈象〉曰: '維用伐邑', 道未光也.

(⚋) 六五: 悔亡, 失得勿恤. 往吉, 无不利.

〈象〉曰: '失得勿恤', 往有慶也.

(⚊) 九四: 晉如鼫鼠, 貞厲.

〈象〉曰: '鼫鼠貞厲', 位不當也.

(⚋) 六三: 衆允, 悔亡.

〈象〉曰: '衆允'之志, 上行也.

(⚋) 六二: 晉如愁如, 貞吉. 受茲介福, 于其王母.

〈象〉曰: '受茲介福', 以中正也.

(⚋) 初六: 晉如摧如, 貞吉. 罔孚, 裕无咎.

〈象〉曰: '晉如摧如', 獨行正也. '裕无咎', 未受命也.

35 晉卦

(䷢)《晉》・錯(䷄)《需》・綜(䷣)《明夷》・互(䷦)《蹇》

(䷢)《晉》: 晉. 康侯用錫馬蕃庶, 晝日三接.

【주석註釋】

䷢ : 卦象이다. 下卦 ☷ 坤卦(地・順)와 上卦 ☲ 離卦(日-火・麗)로 구성되었다. 태양이 대지위로 올라오는 자연현상과 이치를 빌려와서 '성장해(승진해) 나아가는' 현상과 이치를 상징했다.

晉 : 卦名이다. '성장'・'승진'・'발전'의 의미를 상징한다.

이 卦는 신하의 승진을 밝힌 것이기 때문에 '晉'이라고 했다. 『正義』

康侯用錫馬蕃庶, 晝日三接 : '康'에 대해 『釋文』에서는 '훌륭하다'는 뜻이라고 했다. 즉 '존귀하다'는 뜻이다. '錫'은 '하사하다(賜)'와 통한다. '馬'는 이곳에서는 '수레와 말(車馬)'을 겸해서 이른 것이다.

이 두 구절은 公侯가 천자로부터 상과 신임을 얻은 象을 사물이 '성장'할 때의 상황에 비유한 내용이다.

'康'이란? '훌륭하다'는 뜻이다. '侯'란? '승진하는 신하'를 뜻한다. 신하가 유순하게 나아가면 천자는 그를 칭찬하고 수많은 車馬를 하사하게 됨으로 '康侯用錫馬蕃庶'라고 했다. '晝日三接'이란? 단지 많은 車馬를 하사 받을 뿐만 아니라 천자의 은총을 친히 입는 정도가 하루 사이에 세 번을 접견할 정도로 빈번하다는 의미이다. 『正義』

【번역飜譯】

≪晉≫ : 卦象은 성장해(승진해) 나아가는 것을 상징한다. 존귀한 公侯가 천자가 수많은 車馬를 상으로 하사하는 은혜를 입었을 뿐만 아니라 하루 동안에 세 번씩이나 천자를 접견하는 영광을 얻었다.

【해설解說】

근대학자 顧頡剛은 『周易』卦辭와 爻辭 가운데에서 商史·周史의 실재내용이 있는 것을 다음과 같이 고찰해 내었다.

≪晉≫의 '康侯'는 '西周 武王의 동생으로 衛나라를 분봉 받은 제후 康叔이다.'고 했다. 아울러 ≪大壯≫의 '喪羊于易'·≪旅≫의 '喪牛于易'은 '商의 선조 王亥가 나라를 소홀히 한 일에 비유해 소·양을 잃어버렸다.'고 했다. ≪旣濟≫의 '高宗伐鬼方'·≪未濟≫의 '用伐鬼方'은 '商 高宗이 鬼方부락을 정벌한 일을 가리킨 것이다.'고 했다. ≪泰≫·≪歸妹≫의 '帝乙歸妹'는 '商 帝乙이 文王에게 딸을 시집보내는 일을 가리킨 것이다.'고 했다. ≪明夷≫의 '箕子之明夷'는 '商末의 仁者 箕子의 일 등을 가리킨 것이다.'고 했다. (顧頡剛 著「周易卦爻辭中的故事」『燕京學報』第六期·『古史辨』第二冊)

〈彖〉曰 : '晉', 進也, 明出地上. 順而麗乎大明, 柔進而上行, 是以 '康侯用錫馬蕃庶, 晝日三接'也.

【주석註釋】

明出地上 : '明'은 上卦 離가 '日'·'火'을 상징한다는 뜻이다. '地'는 下卦 坤이 '地'를 상징한다는 뜻이다.

이는 上卦·下卦가 '밝은 태양이 地面 위로 올라오는' 象을 하고 있는 것으로 앞 문장과 함께 卦名 '晉'의 의미를 해석한 내용이다.

離(日·火)가 위에 있고 坤(地)이 아래에 있음으로 '밝은 태양이 대지 위로 올라오고 있다.'고 했다. 밝은 태양이 이미 대지 위로 올라와서 점진적이며 지속적으로 올라가는 까닭에 '晉'이라고 했다. 『正義』

順而麗乎大明 : '順'은 下卦 坤이 '순응'의 뜻을 가지고 있다는 의미이다. '麗乎大明'은 上卦 離가 이미 '붙어있다(麗)'는 뜻이자 '크게 밝은(太明·태양)' 象을 가지고 있다는 의미이다.

이 구절은 上卦의 象과 下卦의 象을 사용하여 '臣'은 현명한 군왕에게 순응하며 붙어있어야 만이 반드시 '성장'·'승진(晉長)'할 수 있다는 것에 비유한 내용이다.

'坤'은 '순응'을 의미한다. '離'는 '붙어있는 것(麗)'이자 '밝은 것(明)'이다. '坤'은 크게 밝은 자(大明·태양)에게 순응(순종)하며 붙어있다. 『正義』

'坤'은 '臣道'이다. '日'은 '君德'이다. 臣이 공적을 쌓아 나아가면 군왕이 은혜로서 맞이함으로 '順而麗乎大明'이라고 했다. 『集解·崔憬』

柔進而上行 : '柔'는 六五爻를 뜻한다.

이 구절은 卦 가운데 六五爻가 위로 나아가서 존위에 처한 것이 앞 문장의 '順而麗乎大明'과 부합한다는 뜻이자 아울러 卦辭 '康侯用錫馬蕃庶, 晝日三接.'을 해석한 내용이다.

六五爻는 柔한 성품으로 나아가 위의 귀한 직위에서 직무를 수행하며 밝은 곳에 순응하며 붙어있으니 신하의 아름다운 도를 실천하는 자이다. 『正義』

卦名 '晉'이 六五爻를 주인으로 삼았기 때문에 '柔進而上行'이라고 했다. 『集解·崔憬』

【번역飜譯】

〈彖傳〉에 이르되 : '晉'은 성장해(승진해) 나아간다는 뜻으로 밝은 태양이 대지 위로 올라오는 현상을 본뜬 것이다. 비유해 본다면, 아래 신분에 있는 자가 위 신분의 넓고 밝은 덕성에 순응하며 붙어서 柔順한 도로 성장해 나아가다가 위로 존위까지 쉬지 않고 곧 바로 이르렀으니 따라서 '존귀한 公侯가 천자가 수많은 車馬를 상으로 하사하는 은혜를 입었을 뿐만 아니라 하루 동안에 세 번씩이나 천자를 접견하는 영광을 얻었다.'는 것과 같다는 의미이다.

〈象〉曰：明出地上, 晉. 君子以自昭明德.

【주석註釋】

明出地上, 晉：≪晉≫은 上卦 離의 明과 下卦 坤의 地로 구성된 象이라는 것과 「象傳」과 함께 卦名의 의미를 해석한 내용이다.

> 태양(日)이 대지(地) 밑에서 출현하여 하늘(天)로 떠올라 대지를 비추고 있음으로 '明出地上'이라고 했다. 『纂疏』

自昭明德：'昭'는 '밝다(明)'는 뜻으로 동사이다. 즉 '환하게 나타낸다.'·'환하게 드러낸다.'는 뜻이다. '明德'은 '마음의 밝은 덕성'·'빛나는 도덕'을 뜻한다.
이는 '군자'는 ≪晉≫ 卦象을 본 받아, 쉬지 않고 자아를 수양하여 마음의 밝은 덕성을 환하게 드러내야 한다는 것을 설명한 내용이다.

> 군자는 태양이 대지 위로 출현하여 점진적으로 밝음이 성해지는 象을 관찰해 본 후, 본래부터 가지고 있는 마음의 밝은 덕성(明德)을 스스로 환하게 드러내야 할 것이다. 가리어진 것을 제거하여 良知로 회복시킴으로써 자신이 본래부터 가지고 있는 마음의 밝은 덕성(明德)을 환하게 드러내야 할 것이다. 『程傳』

【번역飜譯】

〈象傳〉에 이르되 : 태양이 대지 위로 올라오는 현상으로 성장해(승진해) 나아가는 것을 상징했다. 군자는 이를 본 받아, 본래부터 가지고 있는 마음의 밝은 덕성을 스스로 환하게 드러내야 할 것이다.

【해설解說】

『禮記·大學』에 '옛날 성현들은 천하의 백성들에게 明德(마음의 밝은 덕)을 밝게 해 주고자 했다.(古之欲明明德於天下者)'고 논하면서 그 마지막에는 '천자로부터 서민에 이르기까지 하나 같이 모두 자신의 몸을 수양하는 것을 근본으로 삼아야 할 것이다.(自天子以至於庶人, 壹是皆以修身爲本.)'고 했다. 이는 즉 옛 사람들이 '明德을 밝게 하는 것'은 '천자'와 '서민'을 구별하지 않고 모두 당연히 힘써야 할 것이라는 점을 강조한 내용이다.

≪晉≫의 의미는 '신하의 도리(臣道)'에 중심을 두었음으로 「大象傳」'自昭明德' 역시 '신하'는 '성장(승진·발전)'하는 과정에서 자신을 수양해야 할 것이라는 점에 편중해서 한 말이다.

(䷢) 初六 : 晉如摧如, 貞吉. 罔孚, 裕无咎.

【주석註釋】

晉如摧如, 貞吉 : '如'는 語氣助詞이다. '摧'는 '꺾다'·'막다'·'억압하다' 등의 뜻을 가지고 있다.

이는 初六爻가 '晉'의 시작에 처하며 陰柔성품으로 아래에 처하며 나아가고자 하나 두 개의 陰爻가 '敵'으로 가로막고 있음으로 장차 나아간다면 좌절을 당할 象이라는 의미이다. 이 시점에서는 마땅히 '정도'로 자신을 지켜 나아가면서 침착하게 九四爻와의 호응을 기다린다면 '길'할 것이라고 했다.

初六爻가 陰爻인데 六二爻·六三爻 역시 陰爻이니 敵을 만난 상황인 까닭에 앞으로 나아간다면 곧장 좌절을 당하게 될 것이다. 九四爻가 호응해 줄 것이니 정도를 굳건히 지켜 나아가면 길할 것이다. 『尙氏學』

罔孚, 裕无咎 : '罔孚'는 '다른 사람으로부터 신임을 받지 못한다.'는 의미이다.

'孚'란? 자신에게 신의와 정성을 가지라는 것과 교제하는 데에도 신의와 정성을 가져야 한다는 의미이다. 『重定費氏學』

'裕'는 '관대하고 부드럽게 나아간다.'는 뜻이다.
이 두 구절은 앞 문장의 의미를 다시 새긴 것이다. 初六爻가 이미 앞의 陰을 만나

격리되었으니, 즉 '나아가기(晉)' 시작한 시점에서 '저지(摧)'를 당했으니 일시적으로 대중에게 신의와 정성을 베푸는 데에 어려움이 있을 것이기 때문에 침착하고 느슨한 마음으로 시기를 기다린다면 반드시 九四爻의 호응을 받아 어려운 난관이 사라지는 즉 '재난이 없을 것이다.(无咎)'는 의미이다.

初六爻는 비록 九四爻의 호응을 받게 되나 六二爻와 六三爻가 가로막고 있기 때문에 九四爻와 호응하기까지는 상당한 어려움을 견뎌 내어야함으로 '罔孚'라고 했다. '裕'는 느슨하고 부드러운 것을 뜻한다. 즉 이는 初六爻가 九四爻와 결국에는 바르게 호응할 것이니 침착하고 느슨한 마음으로 그를 기다린다면 '재난이 없을 것이다.(无咎)'는 의미이다. 『尚氏學』

【번역翻譯】

初六爻 : 성장해(승진해) 나아가기 시작한 시점에서 저지를 당한다고 할지라도 정도를 굳건히 지켜 나아가면 길할 것이다. 다른 사람들로부터 신임을 받지 못한다고 할지라도 당분간 관대하고 너그러운 마음으로 시기를 기다린다면 재난이 없을 것이다.

〈象〉曰 : '晉如摧如', 獨行正也. '裕无咎', 未受命也.

【주석註釋】

未受命 :

初六爻가 재능을 사용할 수 없는 위치에 처했다는 것은 관리의 직책 령을 받지 못하고 있다는 뜻이다. 『尚氏學』

【번역翻譯】

〈象傳〉에 이르되 : '성장해(승진해) 나아가기 시작한 시점에서 저지를 당한다.'고 한 것은 初六爻가 응당히 독자적으로 정도를 실천해 나아가야 한다는 의미이다. '당분간 관대하고 너그러운 마음으로 시기를 기다린다면 재난이 없을 것이다.'고 한 것은 初六爻가 당장 관리의 직책 령을 받지 못하고 있다는 의미이다.

【해설解說】

初六爻는 柔한 성품으로 나아가고자 한다. '군자'란? 禮義에 맞게 나아가고 물러나는 자이다. 보통 사람들은 신의와 정성을 드러내지 못하니, 즉 어떤 때는 서둘러 나아가 헛짓으로 구하고자 하며 어떤 때는 서둘러 물러나 윗사람이 알지 못하는 원망을 한다. 공자가 '내가 기다릴 가치가 있다.(我待價者也)'고 한 것이 바로 '다른 사람들로부터 신임을 받지 못한다고 할지라도(罔孚)' 침착하고 너그러운 마음으로 나아가야 할 것이라는 의미이다. 孟子는 齊나라에서 오랫동안 다른 사람들로부터 신임을 받지 못하자(罔孚) 침착하고 너그러운 마음으로 물러나 있었다. 『折中·王安石』

이는 孔·孟의 고사를 인용해 본 爻義와 같은 뜻이라는 것을 보여 준 내용이다.

(䷢.) 六二 : 晉如愁如, 貞吉. 受玆介福, 于其王母.

【주석註釋】

晉如愁如, 貞吉 : '愁'에 대해 『釋文·鄭玄』에서는 '변색된 얼굴', 즉 '근심에 찬 모습'이라고 했다.

이는 六二爻가 ≪晉≫ 下卦 中位와 두 陰爻 사이에 처하며 위로 호응하지 못하여 '성장해(승진해) 나아가는 길'이 험난함으로 '근심에 찬 모습'을 가진 象이라는 의미이다. 그러나 柔順中正함으로써 서둘러 나아가지 않으니 '정도를 굳건히 지켜 나아가면 길할 것이다.(貞吉)'고 했다.

六二爻는 下卦에 처하며 위로 호응하지 못하며 中正柔和의 덕을 가졌음으로 무리하게(억지로) 나아가면 안 될 것이다. 나아가면 우울하고 근심스러운 일을 만날 것인 까닭에 그는 나아가기가 어렵다고 했다. 그러나 그가 정도를 굳건히 지켜 나아간다면 당연히 길할 것이다. 『程傳』

受玆介福, 于其王母 : '介'는 '크다(大)'는 뜻이다. '于其'는 '그로 말미암다.'는 뜻이다. '王母'는 '祖母'를 뜻하는 것으로 六五爻에 비유했다.

이 두 구절은 앞문 '貞吉'의 의미를 발양한 내용으로, 六二爻가 六五爻와 비록 陰陽이 바르게 호응하는 것은 아니나 六五爻가 높은 존위에 처하며 六二爻와 동질이며 '中德'을 보유하고 있는 것이 六二爻의 王母(祖母)와 같음으로써 결국에는 六二爻에게 '큰 복(介福)'을 내리게 될 것이라고 했다.

> '王母'는 祖母이다. 陰으로서 지극한 존위에 처한 자, 즉 六五爻를 가리킨다. 六二爻는 中正의 道로서 자신을 지켜 나아가니, 비록 위로 호응하지 못하며 스스로 나아갈 수도 없으나 中正의 덕을 오래 지켜 나아가니 반드시 이름을 날리게 되어 윗사람이 스스로 응당히 그를 찾아 올 것이다. 그를 총애함으로써 녹을 내리게 되니, '할머니로부터 큰 복을 받게 될 것이다.(受介福于王母也)'고 했다. 『程傳』

【번역飜譯】

六二爻 : 성장해(승진해) 나아가는 시점에서 얼굴에 수심을 가득 담고 있으나 정도를 굳건히 지켜 나아가니 길할 것이다. 장차 넓고 큰 복을 받게 될 것이니, 이는 존귀한 할머니로부터 받게 될 하사품이다.

〈象〉曰 : '受玆介福', 以中正也.

【번역飜譯】

〈象傳〉에 이르되 : '장차 넓고 큰 복을 받게 될 것이다.'고 한 것은 六二爻가 中位에 처하면서 정도를 굳건히 지켜 나아가기 때문이다.

【해설解說】

'할머니(王母)'의 의미를 『程傳』에서는 '陰으로서 지극한 존위에 있는 자(陰之至尊者)'에 비유해 六五爻를 가리킨 것이라고 했다. '臣道'로 말한다면 역시 '신하로서 지극한 존위에 있는 자'이니, 卦辭 '康侯' 象과 서로 접근한다. 그러나 『周易』을 연구하는 학자들 사이에는 다음과 같은 의견을 제시하기도 했다.

六二爻가 內卦에 처하면서 덕성을 완성시킨 것을 뜻한다. 『王注』

'六二爻를 가리키며 下卦 坤은 어머니라는 의미이다.'・'하늘에 복종하여 王이 되었음으로 王母라고 했다.' 『尚氏學』

(䷢) 六三 : 眾允, 悔亡.

【주석註釋】

眾允, 悔亡 : '允'에 대해 『集解・虞翻』에서는 '신용하다'・'믿다'는 뜻이라고 했다.
　이는 六三爻가 陰爻로 下卦의 위에 처하며 正位를 상실했기 때문에 '후회할 것이다.(悔)'고 했다. 그러나 下卦 六二 陰爻와 함께 위로 나아갈 뜻을 품고 있다가, 그가 신임을 얻어 함께 나아감으로 '후회는 사라질 것이다.(悔亡)'고 했다.

六三爻는 中正이 아니니 마땅히 후회할 자이다. 그러나 그와 아래 六二 陰爻가 모두 위로 나아가고자 하는 것은 많은 사람들이 신임하기 때문이니 '후회는 사라질 것이다.(悔亡)'고 했다. 『本義』

【번역飜譯】

六三爻 : 여러 사람들의 신임을 얻음으로써 후회는 사라질 것이다.

〈象〉曰 : '眾允'之志, 上行也.

【번역飜譯】

〈象傳〉에 이르되 : 六三爻가 '여러 사람들의 신임을 얻는다.'고 한 것은 위를 향해 나아가고자 한다는 의미이다.

【해설解說】

六三爻가 下卦의 가장 높은 직위에 처하나 반드시 먼저 '여러 사람들'의 신임을 얻어야 하는 것은 자신의 터전을 튼튼하게 안정시킨 연후라야 만이 비로소 '위로 나아가는' 뜻을 성취시킬 수 있고 '군왕'에게 신임도 얻을 수 있기 때문이다.

> 初六爻의 '罔孚'란? 신임을 받지 못한다는 뜻이다. 六三爻의 '衆允'이란? 신임을 받는다는 뜻이다. 아래에서 신용을 가지고 있으면 위에서 신임을 하게 됨으로 친구에게 신임을 얻지 못한다면 윗사람에게도 신임을 얻지 못할 것이다. 『折中 · 吳日愼』

(☷☷) 九四 : 晉如鼫鼠, 貞厲.

【주석註釋】

晉如鼫鼠 : '鼫鼠'는 '날다람쥐(梧鼠)'를 뜻하며 '五技鼠'라고도 한다.

> 蔡邕의 『勸學篇』에서 '날다람쥐는 다섯 가지 재능을 가지고 있으나 한 가지의 기술도 성공하는 것이 없다.'고 했다. 즉 '날다람쥐는 날 수는 있으나 지붕을 넘을 수는 없고 기어오를 수는 있으나 나무 꼭대기까지 오를 수는 없고 헤엄을 칠 수는 있으나 골짜기 개골 물을 건널 수는 없으며 구멍을 팔 수는 있으나 자신의 몸을 가릴 만큼 팔 수는 없으며 걸을 수는 있으나 남보다 앞서 갈 수는 없다.'는 의미이다. 『正義』

이 구절은 '鼫鼠'를 사용하여 九四爻가 《晉》 上卦의 아래에 처하며 中正을 상실함으로써 자신의 몸으로 할 수 있는 전문적인 기술이 없으며 다른 사람들의 것을 탐하고 두려워하는 象이라는 것에 비유한 내용이다. 즉 이러한 방법으로 '성장해(승진해) 나아간다면(晉)' 그의 道는 반드시 위험에 처하게 될 것이라는 의미이다.

中道도 실천하지 않고 正道도 실천하지 않으며 높은 직위를 도둑질하여 다른 사람의 것을 탐하고 두려워하는 것은 대체로 위험한 道이기 때문에 '날다람쥐(鼫鼠)'의 象이라고 했다. 『本義』

貞厲 : 이 구절은 앞 문장을 발양한 것으로, 九四爻가 비록 正位를 상실함으로써 '성장해(승진해) 나아가는' 데에 위험을 가지고 있다고는 할지라도 六五爻와 이웃하며 初六爻와 호응하며 陽剛으로 겸허하게 陰位에 처함으로써 그가 '정도(正)'를 쫓아서 자신을 지켜 나아간다면 위험한 상황을 방지할 수 있을 것이라고 경고하고 격려한 내용이다.

【번역翻譯】

九四爻 : 성장해(승진해) 나아가는 시점에서 몸은 전문적인 기술이 없는 날다람쥐를 닮았으나 정도를 굳건히 지켜 나아간다면 위험한 상황을 방지할 수 있을 것이다.

〈象〉曰 : '鼫鼠貞厲', 位不當也.

【번역翻譯】

〈象傳〉에 이르되 : '몸은 전문적인 기술이 없는 날다람쥐를 닮았으나 정도를 굳건히 지켜 나아간다면 위험한 상황을 방지할 수 있을 것이다.'고 한 것은 九四爻가 처한 위치가 적당하지 않다는 의미이다.

【해설解說】

'晉'道는 柔順을 소중히 생각한다. 九四爻는 陽剛으로 正位를 상실한 까닭에 위험한 상황에 처할 것이다.

　　六三爻는 비록 正位는 아니나 그는 순응할 수 있는 까닭에, 자신의 뜻을 펼치기 위해서 위를 향해 나아갈 수 있었다. 九四爻는 비록 이미 위로 나아왔으나 그는 柔順의 도를 상실했음으로 날다람쥐가 궁지에 빠진 것처럼 뜻을 이루지는 못할 것이다. 『周易玩辭·項安世』

(䷢) 六五 : 悔亡, 失得勿恤. 往吉, 无不利.

【주석註釋】

悔亡, 失得勿恤. 往吉, 无不利 : '恤'은 '우려하다'는 뜻이다.

이는 六五爻가 비록 陰으로 陽位에 처해, 즉 正位에 처하지 못해 '후회할 것이나(悔)' 높은 존위에 처하며 품성이 '밝으며(明德)' 사람들에게 위임할 뿐만 아니라 아래 사람들이 순응하며 잘 따라줌으로써 그의 '후회는 결국 사라질 것이다.(悔亡)'는 의미이다. 또한 많은 일의 실패와 성공이 다른 사람에게 책임지어지니 자신은 '근심하지 않아도 될 것이며(勿恤)' '나아가면(往)' '길할 것이며' '이롭지 않는 바가 없을 것이다.(无不利)'고 했다.

正位가 아니니 후회할 것이다. 그러나 柔한 성품으로 존위에 처하며 陰으로 현명한 주인이 되었으니 스스로는 그 밝음을 사용할 수 없다는 것을 알고 아래 사람에게 일을 위임함으로써 '후회가 사라질 것이다.(悔亡)'고 했다. 일을 아래 사람에게 맡기고 사물도 위임하여 성공을 책임 지우니 그는 실패하고 성공하는 것에 대해서 근심할 필요가 없음으로 '실패하고 성공하는 것에 대해서는 근심할 필요가 없을 것이다.(失得勿恤)'고 했다. 이 도를 사용할 능력을 갖춘 자는 나아가면 모두 길할 것이며 이롭지 않는 바가 없을 것이기 때문에 '나아가면 길할 것이며 이롭지 않는 바가 없을 것이다.(往吉, 无不利.)'고 했다. 『正義』

【번역飜譯】

六五爻 : 후회가 사라질 것이니, 실패하고 성공하는 것에 대해서는 근심할 필요가 없을 것이다. 나아가면 반드시 길할 것이며 이롭지 않는 바가 없을 것이다.

〈象〉曰:'失得勿恤', 往有慶也.

【번역飜譯】

〈象傳〉에 이르되 : '실패하고 성공하는 것에 대해서는 근심할 필요가 없을 것이다.'고 한 것은 六五爻가 나아가면 반드시 경사스러운 일을 만날 것이라는 의미이다.

【해설解說】

'失得勿恤'에 대한 학자들의 의견은 다음과 같이 분분하다.

> 그는 일의 결과를 헤아려서 이익을 도모하고자 하는 마음을 모두 버렸다. 『本義』

즉 六五爻는 자신의 이익을 놓고 싸우지 않는다는 의미이다.

> 孟喜·馬融·鄭玄·虞翻·王肅의 本에는 失이 矢로 되어있다. 오늘날『帛書周易』을 관찰해 보았더니 역시 矢로 되어있어 각 본과 합일했다. 『釋文』

> '矢'로 단정해서 '矢得勿恤'로 한다면, 六五爻가 화살을 사용함으로써 근심이 사라질 것이라는 의미이다. 이는 ≪噬嗑≫ 九四爻 '得金矢'와 같은 예이다. 『尙氏學』

(䷢) 上九 : 晉其角, 維用伐邑, 厲吉, 无咎. 貞吝.

【주석註釋】

晉其角, 維用伐邑, 厲吉, 无咎 : '角'은 '짐승의 뿔'이니, 上九爻가 성장해(승진해) 나아가는 과정 가운데에서 극한 곳에 이른 상황에 비유한 것이다. '維'는 語氣詞이다. '用'은 조사로서 '宜'의 뜻이다.

이는 上九爻가 ≪晉≫의 마지막에 처한 것이, 성장(승진)이 뿔에 이르게 되자, 즉 '성장이(晉)' 극(뿔)에 달하면 곧장 돌아와야 할 것이라는 것은 밝음이 극에 이르면 장차 기우는 것을 근심해야 하는 것과 같다는 의미이다. 따라서 평상시에 일을 게을리 해서는 안 될 것이며 마땅히 '邑國을 정벌하는(伐邑)' 공을 세워 그의 직무를 다해야 만이 비록 '위험(厲)'에 처할지라도 '길할 것이며' 아울러 '재난에 이르지도 않을 것이다.(无咎)'고 했다.

성장해(승진해) 나아가는 극한점에 처하며 밝음의 中位를 지났으니 밝음은 장차 사라질 것이다. 이미 뿔에 와있는 데에도 계속 나아간다면 어찌 지나치지 않다고 할 수 있겠는가? 무릇 인도해서 가르쳐도, 해야 할 일을 하지 않는다면 반드시 공격해서 정벌한 연후에 封邑도 정복해야 할 것이다. 위험에 처한다고 할지라도 길할 것이며 길함으로써 재난도 없을 것이다. 『王注』

貞吝 : 이 구절은 上九爻가 '읍국을 정벌(伐邑)'하여 '재난(咎)'은 면했으나 결국에는 '무(武)'를 사용한 아쉬움을 가지고 있으니 '완전히 길하다.'고 할 수는 없음으로 다시 정성을 다해 정도를 쫓아 자신을 지켜 나아간다면 '애석함'을 방지할 수 있을 것이라는 의미이다.

【번역飜譯】

上九爻 : 성장해(승진해) 나아가는 상황이 극에 이른 것이 짐승 뿔의 뾰족한 가장 높은 곳에 처한 것과 흡사하니 마땅히 邑國을 정벌해서 공적을 세워야 할 것이니, 그렇게 한다면 비록 위험은 있을지라도 길할 것이며 재난에 이르지 않을 것이다. 정도를 굳건히 지켜 나아가면 애석함을 면할 것이다.

〈象〉曰 : '維用伐邑', 道未光也.

【주석註釋】

道未光也 :

'離(日・火)'는 '밝다'는 뜻이다. 上九爻에 이르게 되면 밝음이 장차 사라질 것이다.

무릇 王道가 크게 빛나면 무력으로 정벌하지 않을 것이다. 무력으로 정벌한다면 반드시 '빛나지 않을 것이다.(未光)' 『尙氏學』

【번역 飜譯】

〈象傳〉에 이르되 : '마땅히 邑國을 정벌해서 공적을 세워야 할 것이다.'고 한 것은 上九 爻의 성장해(승진해) 나아가는 道가 크게 빛나지 못하고 있다는 의미이다.

【해설 解說】

'성장, 즉 승진(晉)'이 극에 달하면 반드시 돌아올 것이라는(極必反) 것은, '밝은 태양이 대지 위로 올라와(明出地上) 왕성함이 극에 달하면 장차 쇠퇴해질 것이라는 바와 같은 의미이다. 上 九爻의 '성장, 즉 승진(晉)'이 '뿔(角)'에 이르자 '읍국을 정벌하는데(伐邑)' 의지해 '재난(咎)'을 면하게 되었으니, 이로써 밝은 '德'이 '쇠잔함'에 이르렀다는 것을 알 수 있다.

【晉】 요점·관점

≪晉≫은 사물이 성장해(승진해) 나아가는 과정을 제시했다. '人事'의 시각으로는 '신하의 승진과정을 사용해서 이 卦의 의미를 완벽하게 설명했다.' 『郭氏傳家易說』

卦辭, 즉 '康侯'가 상을 하사 받는 象을 취해 비유한 것에서 이미 본 卦의 卦義가 제시되었다.

「象傳」에서는 진일보하여 '順而麗乎大明, 柔進而上行.'이라고 했다. 이는 '順'·'柔' 두 글자를 사용해서 '성장(승진)'의 요점을 정확하게 제시한 내용이다.

卦 가운데 네 개 陰爻는 '승진'·'성장'·'발전'하는 道를 가진 象이다. 즉 初六爻는 비록 저지당할지라도 관대하고 너그러운 마음으로 기다리면서 나아가는 象이다. 六二爻는 비록 근심이 있을지라도 정도를 굳건히 지켜 나아감으로써 복을 받는 象이다. 六三爻는 대중들에게 신임을 얻음으로써 '후회가 사라지는(悔亡)' 象이다. 六五爻는 실패하고 성공하는 것에 대해서는 근심할 필요가 없이 '길'하게 되는 象이다.

이는 모두 柔順한 성품으로 말미암아 '성장, 즉 승진(晉)' 과정이 순조롭다는 의미이다. 더욱이 六五爻는 존위에 처함으로써 가장 훌륭한 성장(승진)을 하는 상황이기 때문에 卦辭 '康侯'와 비유해 서로 호응하게 했다.

두 개 陽爻는 '성장, 즉 승진(晉)'이 정당하지 않는 象이다. 즉 九四爻는 正中을 상실함으로써 '성장, 즉 승진(晉)'에 반드시 위험이 초래되는 象이다. 上九爻는 '성장, 즉 승진(晉)'이 극한점에 이르러 더 나아갈 수가 없으니 '애석함(吝)'에 이르는 것을 면하기 어려운 象이다. 이는 모두 柔順의 성품을 상실함으로 인해 '성장, 즉 승진(晉)' 과정에 장애가 발생한다는 의미이다.

사실상 ≪晉≫은 지극히 긍정적으로 '柔順'의 道를 주장한 것과 아울러 '밝은 도덕(光明道德)'을 중요한 전제조건으로 제시했다. 즉 아랫사람은 '윗사람의 밝은 덕(明)'에 붙어서 성장(승진)과 발전을 추구해 나아가야 할 것이며 윗사람은 더욱 '밝은 덕(明)'을 향해 실천해 나아가야 할 것이라는 바를 강조했다.

卦象은 下卦의 '유순'한 덕과 上卦의 '밝은' 덕으로 구성되었으며, 六五爻 존자는 '離明'의 가운데(中)에 처해있다. 이것이 본 卦의 요지를 명백하게 표현한 부분이다. 따라서 '유순'은 '성장, 즉 승진(晉)'을 구하는 수단이며 '밝음'은 '성장, 즉 승진(晉)'을 성취시키는 기초가 된다. 양자가 결합하는 곳이 ≪晉≫의 大義가 있는 곳이다.

「大象傳」 '君子以自昭明德'이라고 한 것은 충실하고 풍부한 '밝은(光明)' 소질을 가지고 있다는 의미이다. 그렇지 않고 이 한 조건을 떠나서 독자적으로 '유순'을 주장한다면 반드시 '군왕은 어리석고 신하는 재주를 부림으로써(君昏臣佞)' 천하에 '밝음이 사라지는(明夷)' 경지가 초래될 것이다.

36. 明夷卦의 立體文型圖

(☷☲) ≪明夷≫ : 明夷. 利艱貞.

〈彖〉曰 : 明入地中, '明夷'. 內文明而外柔順, 以蒙大難, 文王以之. '利艱貞', 晦其明也. 內難而能正其志, 箕子以之.

〈象〉曰 : 明入地中, '明夷'. 君子以莅衆, 用晦而明.

• • •

(− −) 上六 : 不明晦. 初登于天, 後入于地.

〈象〉曰 : '初登于天', 照四國也. '後入于地', 失則也.

(− −) 六五 : 箕子之明夷, 利貞.

〈象〉曰 : 箕子之貞, 明不可息也.

(− −) 六四 : 入于左腹, 獲明夷之心, 于出門庭.

〈象〉曰 : '入于左腹', 獲心意也.

(—) 九三 : 明夷于南狩, 得其大首. 不可疾, 貞.

〈象〉曰 : 南狩之志, 乃大得也.

(− −) 六二 : 明夷. 夷于左股, 用拯馬壯, 吉.

〈象〉曰 : 六二之吉, 順而則也.

(—) 初九 : 明夷于飛, 垂其翼. 君子于行, 三日不食. 有攸往, 主人有言.

〈象〉曰 : '君子于行', 義不食也.

36 明夷卦

(䷣)≪明夷≫·錯(䷅)≪訟≫·綜(䷢)≪晉≫·互(䷧)≪解≫

(䷣)≪明夷≫ : 明夷. 利艱貞.

【주석註釋】

䷣ : 卦象이다. 下卦 ☲ 離卦(日·火·麗)와 上卦 ☷ 坤卦(地·順)로 구성되었다. 태양(밝은 빛)이 대지 아래 있는 자연현상과 이치를 빌려와서 '밝은 지혜를 숨기는' 현상과 이치를 상징했다.

明夷 : 卦名이다. 태양이 대지 밑으로 들어간 卦의 象이 마치 '밝은 빛(태양·지혜)이 떨어져서 상처를 입었다.'·'밝은 빛이 사라졌다.'·'밝은 빛을 숨겼다.'·'밝은 빛이 숨었다.' 등과 같아 보이기 때문에 이름을 '明夷'라고 했다. 「序卦傳」에서 '夷는 상하다·다치다·가련하다(傷)는 의미이다.'고 했다.

　　이 卦는 태양이 대지 밑으로 들어간 것에 비유된 것이기 때문에 '明夷'의 象이리고 했다. 그를 人事에 비유해 본다면, 어리석은 군왕이 위에 있고 지혜로운 신하가 아래에 있으니 신하가 감히 자신의 밝은 지혜를 발휘하지 못하고 있는 것, 이 역시 '明夷'라고 할 수 있다. 『正義』

利艱貞 : 이는 천하가 '明夷'의 시점에 처했을 때, '군자'는 '스스로 고통스러운 시대에 처해있다는 것을 똑똑히 기억하면서 정도(正)를 굳건히 지켜 나아가는 데에서 이로움을 얻을 것이다.' 즉 괴롭고 힘든 시기라는 것을 잊어버리지 말 것이며 가볍게 권력을 휘둘러서도 안 될 것이라는 의미이다.

'밝은 빛이 떨어져서 상처를 입었다.'는 것은, 성인군자가 明德을 지니고 있으나 난세를 만나 아랫자리에서 억압을 당하니, 즉 마땅히 고통스러운 시대에 처해있다는 것을 똑똑히 기억하면서 政事를 맡지 않음으로써 소인들의 해침을 피해야 할 것이라는 의미이다. 『集解·鄭玄』

【번역飜譯】

≪明夷≫ : 明夷卦는 밝은 빛이 떨어져서 상처를 입었다는 것을 상징한다. 고통스러운 시대에 처해있다는 것을 똑똑히 기억하면서 정도를 굳건히 지켜 나아가는 데에서 이로움을 얻을 것이다.

〈彖〉曰 : 明入地中, '明夷'. 內文明而外柔順, 以蒙大難, 文王以之. '利艱貞', 晦其明也. 內難而能正其志, 箕子以之.

【주석註釋】

明入地中 : '明'은 下卦 離가 '日(태양)'·'火(불)'를 상징한다는 의미이다. '地'는 上卦 坤이 '대지(大地)'를 상징한다는 의미이다.

이 구절은 下卦의 象과 上卦의 象을 사용해서 卦名 '明夷'를 해석한 내용이다.

이 두 개의 象은 卦名을 해석한 것이다. 『正義』

內文明而外柔順, 以蒙大難, 文王以之 : '文明'은 下卦 離가 '밝다(明)'는 뜻이다. '柔順'은 上卦 坤이 '順하다'는 뜻이다. '以之'에 대해 『釋文·王肅』은 '用之'로 해석했다.

이는 또한 下卦象·上卦象과 周 文王이 商 紂王에 의해 羑里獄에 감금당해 어려움을 겪었던 사실을 예로 들어, 앞 문장의 '明入地中'과 짝을 지었으며 아울러 卦名 '明夷'의 의미를 해석한 내용이다.

離는 안에서 '文明'하고 坤은 밖에서 '柔順'하다. 文王은 文明과 柔順의 德을 모두 가지고 있던 신하로서 商 紂王을 섬기다가 羑里獄에 구금당했을 때 『易』을 저술했음으로 '큰 괴로움을 당했다.(以蒙大難)'고 했다. 『纂疏』

晦其明 : 이는 卦辭 '利艱貞'을 해석한 내용으로, '明夷'의 시대에서는 마땅히 어리석은 채 하면서 밝은 지혜를 숨기고 사용하지 말 것이며 '고통스러운 시대에 처해있다는 것을 똑똑히 기억하면서 정도를 굳건히 지켜 나아가는 데에서 이로움을 얻을 것이다.'는 의미이다.

밝은 태양이 대지 밑에 있는 것이 '晦其明'이다. '明夷'의 세상에 처하면 밖으로는 그 밝은 지혜를 숨기고 사악한 도에 빠지는 것을 두려워해야 함으로 '고통스러운 시대에 처해있다는 것을 똑똑히 기억하면서 정도를 굳건히 지켜 나아가는 데에서 이로움을 얻을 것이다.'고 했다. 이는 正道를 상실하지 말아야 한다는 의미이다. 고통스러운 시대에 처해있다는 것을 똑똑히 기억하면서 정도를 굳건히 지켜 나아가는 데에서 이로움을 얻을 것이기 때문에 그의 밝은 지혜를 숨겨야 하는 것이다. 『正義』

內難而能正其志, 箕子以之 : '箕子'는 商 紂王의 숙부로서 구금당하자 미친척하면서 자신의 뜻을 지켜 나아갔다. 이는 箕子가 안으로 어려움에 처하자 밝은 지혜를 숨기고 정도를 굳건히 지켜 나아갔던 예를 인용하여 앞 문장 '晦其明也'와 배합시킨 것이자 또한 卦辭 '利艱貞'의 의미를 해석한 내용이다.

箕子는 紂王의 숙부였던 까닭에 '종실 안에서 고난을 당했다.(內難)'고 했다. 紂王이 箕子를 구금하고자 할 때 箕子는 미친척하면서 종노릇을 하며 밝은 지혜를 숨기고 사용하지 않자 비로소 몸에 미치는 재난을 면하게 되었음으로 '기자는 이러한 방법을 사용하여 밝은 지혜를 숨기고 정도를 굳건히 지켜 나아갔다.(箕子以之)'고 했다. 『尙氏學』

【번역飜譯】

〈象傳〉에 이르되 : 밝은 빛(태양)이 대지 밑으로 들어갔다는 것은 '밝은 빛이 떨어져서 상처를 입었다.'는 것을 상징한다. 비유해 본다면, 안으로 아름다운 밝은 미덕을 품고 밖으로 柔順하고 정겨운 자태를 보여주었으니, 큰 재난을 입었을 때 周 文王이 이 방법을 사용하여 위난을 건넜는 것과 같다는 의미이다. '고통스러운 시대에 처해있다는 것을 똑똑히 기억하면서 정도를 굳건히 지켜 나아가는 데에서 이로움을 얻을 것이다.'고 한 것은 스스로 밝은 지혜를 숨기고자 한다는 의미이다. 자신의 몸이 내부의 어려움에 빠졌다고 할지라도 역시 정도를 굳건히 지켜 나아가면서 순수한 마음을 다했다는 것은 商의 箕子가 이 방법을 사용해서 밝은 지혜를 숨기고 정도를 굳건히 지켜 나아갔다는 의미이다.

【해설解說】

「彖傳」은 文王의 고사를 예로 들어 卦名 '明夷'를 해석했을 뿐만 아니라 箕子의 고사를 예로 들어 卦辭 '利艱貞'을 해석했다. 두 사건과 卦의 요지는 매우 부합할 뿐만 아니라 箕子의 고사는 六五 爻辭 '箕子之明夷'와 서로 호응한다.

> 文王은 한 卦의 작용에 토대가 되었고 箕子는 六五 한 개 爻의 德으로 사용되었다. 文王은 밖에서 고생했고 箕子는 안에서 고생했다. (張載)

〈象〉曰 : 明入地中, '明夷'. 君子以莅衆, 用晦而明.

【주석註釋】

明入地中, 明夷 : ≪明夷≫는 下卦 離明과 上卦 坤地의 象으로 구성되었다는 것을 해석한 내용이며 「象傳」앞 두 구절과 卦名의 뜻이 같다는 의미이다.

> 태양이 대지 위로 올라오면 그 밝음이 빛날 것이다. 태양이 대지 밑으로 들어가면 밝음은 곧 사라지게 될 것이기 때문에 이를 '明夷'라고 했다. 『集解·鄭玄』

君子以莅衆, 用晦而明 : '莅'는 '다스리다'는 뜻이다. '莅衆'은 '대중을 다스린다.(治衆)'는 뜻과 같다.

이는 군자가 ≪明夷≫ 卦象을 관찰해 본 후, 대중을 다스릴 때는 응당히 '밝은 지혜를 숨기는(晦明)' 도를 사용하면 그 '밝은 지혜(明)'가 더욱 드러나게 된다는 것을 깨달았다는 바를 설명한 내용이다.

'明(태양)'이 비추는 까닭에 군자는 비추지 않는 바가 없다. 그러나 明을 지나치게 사용한다면 환하게 드러나는 데에서 다치게 될 것이다. 지나치게 환하게 드러낸 상태로 최선을 다 한다고 해서 넓은 道를 가졌다고는 할 수 없다. 따라서 군자는 明(태양)이 대지 밑으로 들어간 象을 관찰하여 대중을 다스려야 할 것이다. 환하게 드러나는 것을 지극하지 않게 하여 지혜를 숨긴 연후에라야 사물을 받아들일 수 있고 대중들과 화합할 수 있으며 대중들도 친밀하게 접근할 수 있으며 천하도 평안하게 될 것이라는 바이다. 이것이 곧 '스스로 밝은 지혜를 숨김으로서 도덕의 밝음을 더욱 빛나도록 해야 할 것이다.(用晦而明)'는 의미이다. 『程傳』

【번역飜譯】

〈象傳〉에 이르되 : 밝은 태양이 대지 밑으로 들어갔다고 한 것은 '밝은 빛이 떨어져서 상처를 입었다.'는 것을 상징한다. 군자는 이를 본 받아, 대중을 다스리는데 신중해야 할 것이며 스스로 밝은 지혜를 숨김으로서 도덕의 밝음을 더욱 빛나도록 해야 할 것이다.

【해설解說】

본 卦의 卦名 '明夷'가 상징하는 바는, '천하'가 어두운 시국에 처했을 때 '군자'는 마땅히 밝은 지혜를 숨기고 사용하지 말 것이며 '고통스러운 시대에 처해있다는 것을 똑똑히 기억하면서 정도를 굳건히 지켜 나아가는 데에서 이로움을 얻을 것이다.'는 바이다. 따라서 「彖傳」에서 文王과 箕子가 어려움에 처한 것을 예로 들어 특수한 환경 가운데에서는 부득이 '밝은 지혜를 숨기는' 이치가 중요하다는 것을 제시하였다.

「大象傳」에서는 '대중을 다스리는(莅衆)' 각도에서, '밝은 지혜를 숨기는(晦明)' 정책을 시행하면 그 밝음이 더욱 빛날 것이라는 보편적 의미를 보여주었다. 이 점은 사실상 고대 통치계급이 늘 주장하던 일종의 정치예술이다. 이는 老子의 '하지 않는다는 것은 안 하는 것이 아니다.(无爲而无不爲)'는 사상에 근거를 두고 있다.

대중을 다스릴 때 환하게 드러내는 것은 백성들에게 허위로 가렸다(숨겼다)는 의미이다. 따라서 '蒙(어리석음)'을 사용하여 바른 것을 양성해야 할 것이며 '明夷'를 사용하여 대중을 다스려야 할 것이다. 안에다 밝은 것을 숨기고 있다고 한들 여전히 밝게 빛날 뿐이다. 밖에서 밝게 드러내고 있다고 할지라도 재주를 부린다면 숨길 수 있을 뿐이다.『王注』

(䷣) 初九 : 明夷于飛, 垂其翼. 君子于行, 三日不食. 有攸往, 主人有言.

【주석註釋】

明夷于飛, 垂其翼. 君子于行, 三日不食 : 이 네 구절은 새가 '明夷'의 어두움 가운데에서 날개를 축 늘어뜨리고 날아가고 있는 모습을, '군자'가 스스로 자신의 밝은 지혜를 숨긴 채 멀리 달아나는 모습을 들키지 않게 해야 하는 시점에서 황급히 달아나고 있는 모습과 배가 고파도 한가하게 음식을 먹지 못하는 상황 등에 비유한 내용이다. 爻義는 陽剛이 '明夷'의 시작에 처하니, 일찍 깊은 곳으로 숨는다면 난을 피할 수 있을 것이라는 바와 스스로 지혜를 숨기고 사용하시 않아야 할 것이라는 바에 주의했다.

初九爻는 卦의 시작에 처하며 재난으로부터 가장 먼 곳에 처해 있다. 재난으로부터 지나치게 멀리 있으니, 밝은 빛이 떨어져서 상처를 입고 자취를 없애고 모습을 숨기기 위해 멀리로 달아날 때 수레바퀴자국이 나있는 길을 사용하지 않음으로 '明夷于飛'라고 했다. 조심스럽게 행동하면 그 행동이 감히 드러나지 않음으로 '垂其翼'이라고 했다. 의리를 숭상하는 행동을 함으로 '君子于行'이라고 했다. 마음이 행동보다 절박하게 급하고 배가 고파도 한가하게 음식을 먹지 못함으로써 '三日不食'이라고 했다.『王注』

有攸往, 主人有言 : '言'은 '책망하다'는 뜻이다.

이는 初九爻가 陽剛으로 가장 아래에 처하여, (난을 피하기 위해 멀리 떠나야 하는 상황을) 인지하는 시점이 지나치게 빠르나 일반 사람들은 필연코 이해하지 못하는 까닭에 이때 스스로 숨기고 '나아가다가(有往)' 무릇 '주인'을 만난다면 반드시 의심을 받아 책망을 듣게 될 것이라고 했다. 爻辭의 뜻은 初九爻에게 '用晦(밝은 지혜를 숨기는 것을 사용한다.)'의 시점에서는 매우 신중해야 할 것이라는 점을 경고한 내용이다.

지나치게 다르면 이로서 적이 되고 사람들의 마음은 그를 의심할 것이다. 따라서 '有攸往, 主人有言.'이라고 했다. 『王注』

무릇 나아가고자 하면 주인이 싫어하고 주인에게 책망당하면 불안할 것이다. 『尙氏學』

【번역翻譯】

初九爻 : 밝은 빛이 떨어져서 상처를 입은 시점에 밖을 향해 날아가니 그의 날개는 낮게 축 늘어 뜨려졌다. 군자는 황급히 먼 곳으로 남몰래 달아나느라 삼일 동안 고픈 창자를 채울 겨를이 없었다. 이 시점에서 앞으로 나아가다가 주인을 만난다면 곧장 의심을 받아 책망을 듣게 될 것이다.

〈象〉曰 : '君子于行', 義不食也.

【주석註釋】

義不食 : 이는 爻辭 '三日不食'의 의미이다. 이곳에서 '食'은 '녹봉(祿食)'에 비유된 것이다.

군자가 은둔하여 어려움에 처해 있을지라도 義를 행하는 것은 당연한 처사이다. 오로지 의를 행하는 것을 당연한 처사라고 생각함으로 평안하게 처할 수 있으며 번민하지 않으니 비록 먹지는 못한다고 할지라도 괜찮을 것이니라. 『程傳』

바야흐로 스스로 밝은 지혜를 숨기는 것에 한가하지 않을 것이니 당연히 食祿을 얻지 못할 것이다. 『尙氏學』

【번역飜譯】

〈象傳〉에 이르되 : '군자는 황급히 먼 곳으로 남몰래 달아난다.'고 한 것은 初九爻가 '스스로 밝은 지혜를 숨기는' 의미는 祿食을 구하지 않기 위해서라는 것이다.

(䷣) 六二 : 明夷. 夷于左股, 用拯馬壯, 吉.

【주석註釋】

夷于左股, 用拯馬壯, 吉 : '拯'은 '돕다'·'구제하다'는 뜻이다.

이는 六二爻가 柔順中正으로 '明夷'의 시점에 당면하여, 자신의 뜻을 실천하기가 매우 어려운 상황이니 따라서 '왼쪽 허벅지(左股)'로 하여금 상처를 입게 한 후 스스로 밝은 지혜를 숨기고 정도를 굳건히 지켜 나아갈 것이며, 그러한 연후에 良馬에 올라타서 그의 도움을 빌려 구제된 후 용감하고 굳센 의지를 서서히 도모해 나아가니 결국에는 길할 것이라는 의미이다.

왼쪽 허벅지에 상처를 입혔으니 행동이 용감하고 굳셀 수가 없다. 六二爻는 柔로서 中位에 처하며 그의 밝은 지혜를 숨긴 채 용감하고 굳세게 처신을 하지 않는다. 또한 이르되 : 왼쪽 허벅지에 상처를 내는 밝은 지혜로 재난을 피했으며 용감하고 굳세게 처신을 하지 않음으로써 혼용한 주인이 의심하는 바가 없었다. 이는 中位에 처해 두려움 없이 시행한 연후에 서서히 양마에 올라타서 구제됨으로써 길할 것이라는 의미이다. 『正義』

【번역飜譯】

六二爻 : 밝은 빛이 떨어져서 상처를 입었다. 왼쪽 허벅지로 하여금 상처를 입게 한 연후에 良馬에 올라타서 (그의 도움을 빌려) 구제된 후 점진적으로 용감하고 굳센 의지를 회복해 나아가니 길할 것이다.

〈象〉曰：六二之吉, 順而則也.

【주석註釋】

順而則：

　　외형적으로는 비록 柔順하게 행동을 할지라도 정신 속에는 밝은 법칙을 가지고 있다. 따라서 '用拯馬壯'이라고 했다. 『來氏易注』

【번역翻譯】

〈象傳〉에 이르되: 六二爻가 길할 것이라고 한 것은 이미 유순할 뿐만 아니라 법칙도 군건히 지켜 나아갈 수 있다는 의미이다.

【해설解說】

來知德은 文王과 紂王의 일을 이 爻에 비유해 인증하면서 다음과 같이 해석했다.

　　문왕이 羑里獄에 구금되었다는 것을 '왼쪽 허벅지로 하여금 상처를 입게 했다.'는 것으로 비유했다. 흩어져 의롭게 살아가던 무리들이 미녀와 진주를 받쳤다는 것을 '良馬에 올라타서 (그의 도움을 빌려) 구제된 후 점진적으로 용감하고 군센 의지를 회복해 나아갔다.'는 것에 비유했다. 羑里獄에서 풀려난 후 자신의 주관대로 정벌했으니 '길할 것이다.'고 했다. 『來氏易注』

六二爻가 상징한 것은 즉 「象傳」'內文明而外柔順, 以蒙大難, 文王以之.'의 의미이다.

(䷣) 九三：明夷于南狩, 得其大首. 不可疾, 貞.

【주석註釋】

明夷于南狩, 得其大首：'南'에 대해 『正義』에서는 '밝음이 있는 곳이다.'고 했다. 즉

九三爻가 '離'의 가장 윗자리에 처하며 '離'가 상징하는 방위는 '南'에 속한다는 의미이다. '狩'에 대해 『正義』에서는 '정벌의 종류이다.'고 했다. '大首'에 대해 『正義』에서는 '혼용한 군왕을 뜻한다.'고 했는데, 이는 오늘날 '흉악한 자들의 우두머리'와 같은 뜻으로서 上六爻에 비유한 것이다.

이는 九三爻가 下卦 離明의 위에 처하며 陽剛으로 正位에 처하며 '明夷'의 시점에서, 뜻이 上六爻인 '혼용한 군왕'을 주살하고 바른 덕을 빛나게 하는 데에 있음으로 '南狩'·'得大首'의 象을 가지고 있다고 했다.

下體의 가장 위에 처한 것은 밝음의 극에 처했다는 것이며 上六爻는 지극히 어두운 '대지 속으로 들어간' 사물이다. 따라서 그 밝음을 숨기고 남방을 순회하며 시찰하다가 흉악한 자들의 우두머리를 주살할 것이라고 했다. 남방을 순회하며 시찰하는 자는 그의 밝음을 드러낼 것이다. 『王注』

不可疾, 貞 : '疾'은 '서두르다'는 뜻이다.

이는 앞 문장의 의미를 이어서 천하가 '明夷'로 된지 이미 오래이니, 어두움을 걷어내고 밝음을 회복시키는 일은 마땅히 점진적으로 해야 할 것이며 서둘러서는 안 될 것이기 때문에 반드시 '정도'를 굳건히 지켜 나아가면서 때를 기다려야 할 것이라고 했다. 그 의미는 卦辭 '利難貞'과 같다.

'서둘러서는 안 될 것이다.(不可疾)'고 한 것은 비록 '흉악한 자들의 우두머리를 주살한다.(得其大首)'고 할지라도 그것을 믿고 지나치게 서두르는 것은 좋지 않다는 의미이다. '정도를 굳건히 지켜 나아가야 할 것이다.(貞)'고 한 것은 올바른 상태로 安定되었다는 의미이다. '疾'과 '貞'은 서로 대립되는 의미를 가지고 있다. 옛날에는 '疾貞'을 달아 읽었으며 『九家』에서는 '不可疾正'이라고 했는데 이는 의리를 가장 해치는 설법이다. 獨項氏는 『玩辭』에서 '貞'은 독립된 구절이라고 했으니, 이는 곧 經과 부합되는 해설 법이다. 『尙氏學』

【번역飜譯】

九三爻 : 밝은 빛이 떨어져서 상처를 입은 시점에 남방에서 순회하며 시찰하다가 정벌하여 흉악한 자들의 우두머리를 주살하게 될 것이다. 이때 조급히 서둘러서는 안 될

것이며 정도를 굳건히 지켜 나아가야 할 것이다.

〈象〉曰 : 南狩之志, 乃大得也.

【번역翻譯】

〈象傳〉에 이르되 : 九三爻의 '남방에서 순회하며 시찰하다가 정벌하는 뜻'은 장차 큰 이득을(백성들을 편안하게 해주는 바를) 얻을 것이기 때문이다.

【해설解說】

成湯이 夏臺에서 일어났고 文王이 羑里에서 일어난 것이 바로 이 爻義와 부합한다. 『本義』

(䷣) 六四 : 入于左腹, 獲明夷之心, 于出門庭.

【주석註釋】

入于左腹, 獲明夷之心, 于出門庭 : '左'는 '물러나다'·'순응하다'는 뜻으로 六四爻가 柔順하게 일을 처리하는 것에 비유한 내용이다.

'右'는 일을 주관한다는 의미이다. '左'를 따르고 右를 따르지 않는다는 것은 卑順하여 거역하지 않는다는 의미이다. 『正義』

'腹'에 대해 『正義』에서는 '사정이 있는 곳이다.'고 했다. 즉 六四爻가 腹要의 위치에 있다는 것에 비유한 것이다. '心'은 '마음의 뜻' 곧 '내부사정'을 말한 것으로 이는 천하에서 '밝은 빛이 떨어져서 상처를 입은(明夷) 까닭'을 의미한다.

이 세 구절은 六四爻가 上卦 坤體의 시작에 처한 것은, '明夷'의 시점에 당면하여 몸이 어두운 곳에 처하며 柔順하게 물러나 '腹要'의 위치에 처하여 '明夷' 시점의 내부사정을 잘 알게 됨으로써 결국에는 적당한 시기에 이르면 폭로할 것이며 순종을 거역하고 대문을 나서서 멀리로 떠날 것이라는 의미이다.

 '左(왼쪽)'란? '순응'을 뜻한다. 물러나 왼쪽 복부직위에 처했다고 한 것은 그의 마음을 얻었다는 것으로 비록 가깝게 있다고는 할지라도 위험하지 않을 것이라는 의미이다. 수시로 재난을 피해야 함으로써 대문 안에 있을 뿐이며 거역할 수도 없는 바이다. 『王注』

 六四爻는 坤體에 속함으로 '물러나 왼쪽 복부직위에 처했다.(入于左腹)'고 했다. '坤'은 어두움 즉 '明夷'의 '내부사정을 깊이 이해하게' 되었으니 의연히 대문을 나서 멀리로 떠난다.(獲明夷之心, 于出門庭)'고 했다. 또한 이르되 : 언행이 九四爻에 이르러 坤으로 들어가서 '明夷'의 까닭을 모두 알게 된 것이 바로 이곳이다. 『尙氏學』

 初九爻·六二爻·九三爻는 明體에 처하며 暗體의 밖에 처하니, 즉 모두 밝은 곳에서 어두움을 대면하고 있는 자들이다. 六四爻는 坤體에 진입했다. 坤은 全卦가 어둡다. 군자가 어두운 곳에 진입했으니 응당히 법칙을 세워서 벗어나야 만이 어두움이 주는 상처를 받지 않는다. 六四爻는 가지고 있는 조건으로 이점을 해 내었다. 六四爻는 坤의 아래에 처하여 어두운 곳으로 빠져들기는 하였으나 여전히 얕은 곳일 뿐이며 또한 柔로서 正位에 처했으니 '入于左腹(물러나 왼쪽 복부지위, 즉 밝음이 여전히 남아있는 곳에 처했다.)'에 불과할 뿐이다.
 본 爻가 말하고자 하는 것은 商·周 사이에 微子啓(이름은 '啓', 商 나라 29대 帝乙의 장자이나 서자이다. 그는 '微'地에 봉해졌음으로 '微子'라고 불리었다. '微子'와 이름을 합하여 '微子啓'라고도 부른다.)가 조국 商나라를 버리고 周나라로 간 사실을 이야기 한 것이다. '于出門庭(대문을 나서서 멀리로 떠난다.)'이라고 한 것은 미자가 紂王의 포악함을 견디지 못함으로써 급박하고 과감하게 행적을 감추고 가족을 떠났던 사실, 즉 周나라로 몸을 던진 사실을 말한 것이다. '獲明夷之心(밝은 빛이 떨어져서 상처를 입은 시점의 내부사정을 깊이 이해하게 되었다.)'이라고 한 것은 미자가 이와 같이 한 것은 明夷의 마음을 얻었기 때문이라는 것이다. 明夷의 마음이란 明夷의 이치를 말하는 것이자 역시 군자가 明夷의 시점에 처하여 응당히 어떻게 해야 할 것인가?의 처세관을 알고 있다는 의미이다.

【번역飜譯】

六四爻 : 물러나 왼쪽 복부지위에 처해 밝은 빛이 떨어져서 상처를 입은 시점의 내부 사정을 깊이 이해한 후 과감하게 대문을 나서서 멀리로 떠났다.

〈象〉曰 : '入于左腹', 獲心意也.

【주석註釋】

入于左腹 : 이는 爻辭 全文의 略語이다.
獲心意也 : 이는 곧 '獲, 明夷之心'을 의미한 것이다. 微子가 행적을 감추었다는 것은 자신의 조국과 가족을 배반했다는 의미이다. 미자는 이러한 심리상의 압력을 극복하고자 더욱 굳센 신념으로 周나라를 섬김으로써 혼용한 군왕을 버리고 밝고 지혜로운 군왕에게 몸을 맡기는 사상의 기석이 되었다.

【번역飜譯】

〈象傳〉에 이르되 : '물러나 왼쪽 복부지위에 처했다.'고 한 것은 밝은 빛이 떨어져서 상처를 입은 시점의 내부사정을 깊이 이해하게 되었다는 의미이다.

【해설解說】

본 卦의 下卦 離는 밝은 몸체(明體)이고 上卦 坤은 어두운 몸체(闇體)이며 上卦와 下卦의 많은 爻는 모두 이에 의지해 '明夷' 뜻을 밝히고 있다.

下卦의 세 개 爻는 어두움 밖에서 빛을 밝히고 있음으로 그 遠近高下에 따라 처지가 다르다. 六四爻는 柔正으로 어두운 곳에 처하며 신분도 낮음으로 멀리로 떠나는 곳에서 뜻을 얻을 수 있었다. 六五爻는 柔中으로 어두운 곳에 처한 것이 이미 급박한 상황에 이른 것이기 때문에 내부에서 바른 뜻을 실현하기란 어려우니 그 밝음을 숨기는 象이 되었다. 上六爻는 지극히 어두워진 상태가 된 까닭에 그 밝음에 스스로 상처를 입혀 어두움에 이르게 했으며 또한 사람들의 밝음에 상처를 입혔다. 대개 아래 다섯 개 爻는 모두 군자이며 유독 上六爻 만이 혼용한 군왕이다. 『本義』

(☷☲) 六五 : 箕子之明夷, 利貞.

【주석註釋】

箕子之明夷, 利貞 : 이는 商의 箕子가 紂王에 의해 구금당하자 거짓으로 미친척하며 자신의 진심을 숨기면서 뜻을 지켜 나아가는 象을 취해, 六五爻가 '혼용한 군왕'과 가장 가깝게 있으니 몸은 재해를 입었고 마음은 고통스러우며 정도를 옮기지 않고 굳건히 지켜 나아가는 데에서 이로움을 얻을 것이나 어두움은 사라지지 않을 것이라는 의미이다. 즉 「象傳」'晦其明'·'內難而能正其志, 箕子以之.'의 의미이다.

六五爻가 혼용한 군왕을 가장 가까이 모시고 있는 것이 箕子가 商 紂王과 가까이 있는 것과 같음으로 '기자의 밝은 빛(지혜)이 사라졌다.(箕子之明夷)'고 했다. '정도를 굳건히 지켜 나아가는 데에서 이로움을 얻을 것이다.(利貞)'고 한 것은 箕子가 자신의 굳은 뜻을 돌이키지 않음으로써, 어두움이 끝나지 않는다면 밝음은 절대로 꺼지는 것이 아닌 까닭에 꼭히 위험을 근심하지 않아도 될 것이니, 따라서 '利貞'이라고 했다. 『正義』

【번역飜譯】

六五爻 : 商 箕子의 밝은 빛이 떨어져서 상처를 입었으나 정도를 굳건히 지켜 나아가는 데에서 이로움을 얻을 것이다.

【해설解說】

尙先生은 '箕子는 곧 孩子이며 箕와 孩의 音이 함께 통용되었다. 孩子는 바로 商의 紂王을 가리킨 것이다.'고 다음과 같이 말했다.

六五爻는 '天子의 자리이다.' '孩子의 밝은 빛이 떨어져서 상처를 입었다.'는 것은 '紂王이 혼용하다.'는 의미이다. 『尙氏學』

『易』에서는 일반적으로 五位가 君位이나 중요한 변동시기에 있어서는 君位가 아닐 때도 있다. 즉 ≪明夷≫는 上六爻가 君位이고 六五爻는 臣位이다. 上六爻는 陰으로 陰位에 처하며 陰暗이 明을 상하게 하는 극점에 처했으니, ≪明夷≫의 주인으로 商의 紂王과 매우 닮았다. 六五爻는 陰으로 陰暗이 明을 상하게 하는 주인과 매우 가깝게 있을 뿐만 아니라 직접 傷害를 입을 위험한 경지에 처해 있는 것이 箕子와 닮았다. 기자의 처지가 지극히 곤란했던 것이 마치 ≪明夷≫ 六五爻와 上六爻의 관계와 같았다. 즉 紂王을 바르게 인도해 주고자 했으나 권세로 필적할 수 없었으며 紂王을 구제해 주고자 했으나 힘이 부족했으며 紂王을 떠날 것을 고려해 보았으나 의리상 그렇게 할 수가 없었다. 그러한 기자의 처세는 매우 타당하였다. 紂王을 바르게 인도해 주지도 못했고 구제해 주지도 못했으며 역시 그를 떠나지도 못했던 기자는 자신의 明(밝음)에 상처를 내어 暗(어둡게)하게 하는 방법을 골라서, 즉 미친 척 노예 짓으로 재난을 피하면서 마음은 오히려 정도를 굳건히 지켜 나아갔다. 이것이 '箕子之明夷'이다. 爻辭는 '箕子之明夷'의 뜻은 기자의 처지와 그 해결방법이 이와 같은 것이었다는 바를 제시했다.

〈象〉曰: 箕子之貞, 明不可息也.

【주석註釋】

箕子之貞 : '箕子之貞'의 의미는 明은 절대로 꺼지지 않는다는 것이다. 기자가 미친 척 노예 짓으로 신체에 모욕을 받았으나 明을 꺼지게 하지는 않았으니, '明'이란? 기자가 수많은 역경 가운데에서도 끊임없이 紂王, 즉 君心이 잘못을 뉘우쳐 깨달아 주기를 일념으로 바라던 것을 말한다. 만약 기자 역시 미자 처럼 행적을 감추었거나 比干(紂王의 叔父로서 주왕의 폭정을 간하다가 피살당했다.)처럼 죽었다거나 자신의 明을 감추지 않았거나(明에 상처를 내어 어둡게 하는 방법을 생각해 내지 않았거나) 몸을 보존하지 않았다면 그의 명 역시 꺼져버렸을 것이다. 따라서 고인들은 商의 三仁人(미자·비간·기자)은 모두 지조를 바꾸지 않았으나 그 가운데 기자가 가장 고생했다고 생각했다.

明不可息 : '息'은 '꺼지다'·'사그라지다'와 통한다.『正義』에서는 '息은 滅이다.'고 했다.「象」에서는 '마음의 밝음은 꺼질 수가 없다.'고 했다.

　　이는 箕子가 정도를 굳건히 지켜 나아가는 것이 밝혀지자 결국 그의 온 몸이 武王의 본 보기가 되었다는 의미이다.

【번역飜譯】

〈象傳〉에 이르되 : 商朝의 箕子가 정도를 굳건히 지켜 나아갔다고 한 것은 六五爻 마음의 밝음은 절대로 꺼지지 않을 것이라는 의미이다.

【해설解說】

來知德은 六爻象에 대해 다음과 같이 말했다.

> 初九爻는 伯夷를 가리키고 六二爻는 文王을 가리키며 九三爻는 武王을 가리키고 六四爻는 微子를 가리키고 六五爻는 箕子를 가리키고 上六爻는 紂王을 가리킨다. 『來氏易注』

(䷣) 上六 : 不明晦. 初登于天, 後入于地.

【주석註釋】

不明晦, 初登于天, 後入于地 : '不明晦'는 '밝은 빛을 비추지 않고 도리어 어두움을 가져온다.'는 의미이다.

　　이는 태양이 처음에는 하늘을 향해 올라 가다가 나중에는 대지 밑으로 들어가 밝은 빛을 비추지 않고 반대로 어두움을 일으키는 현상을, 上六爻는 陰으로 '明夷'의 극한점에 처하며 '혼용한 군왕(闇君)'의 象이 된 것에 비유한 내용이다.

　　'明夷'의 극한점에 처했다는 것은 '지극히 어두운 자'라는 뜻이다. 본래 그는 처음에는 밝은 곳에 있었다. 돌아서 어두운 곳에 이르더니 결국에는 대지 밑으로 들어가 버렸다. 『王注』

六五爻辭 '箕子之明夷'의 시각으로 본 爻를 해설한다면, 본 爻는 商 紂王이 나라를 망하게 한 象이다. 上六爻는 全卦의 마지막이자 明夷의 主人이며 아래 五爻 明은 모두 그가 夷하게 했으니 紂王의 행위가 이와 꼭 부합한다. 아래 五爻의 爻辭는 모두 '曰:明夷'라고 했으나 오직 上六爻만이 '曰:不明晦'라고 했다. '不明晦'는 밝지 않고 어둡다는 뜻이자 밖이 어둡고 안 역시 어둡다는 뜻이기도 하며 안과 밖이 철저한 어두움으로 관철되었다는 뜻이니 즉 진정한 어두움에 처해있다는 의미이다. 어두웠다가 밝아졌거나 혹은 밝았다가 어두워졌거나 아니면 밖은 어둡고 안은 밝거나 하는 것은 어두운 것 같으나 사실은 밝다는 의미이다. '登天(하늘로 올랐다.)'이란? 君位에 있는 象을 의미한다. '初登于天(처음에는 하늘까지 올라갔다.)'이란? 시작의 시점 즉 즉위하여 군왕이 되었다는 의미이다. '入地(대지 밑으로 들어갔다.)'란? 군왕의 직위로부터 실각한 象을 의미한다. '後入于地(최후에는 대지 밑으로 떨어져 들어갔다.)'란? 나라를 망치고 군왕의 직위로부터 실각함으로써 마지막을 고했다는 의미이다.

【번역翻譯】

上六爻 : 밝은 빛을 비추지 않고 도리어 어두움을 데려왔다. 처음에는 하늘을 향해 올라갔으나 결국에는 대지 밑으로 떨어져 들어갔다.

〈象〉曰 : '初登于天', 照四國也. '後入于地', 失則也.

【주석註釋】

不則 : 紂王도 처음 천자가 되었을 때는 高明했음으로 그 밝음이 사방을 골고루 비추었다. 그러나 갈수록 昏暗無道함을 일삼더니 결국 대지 밑으로 떨어져 들어가는 즉 '失則'을 고했다. '失則'이란? '失道'를 의미한다. 上六爻의 '失則'은 六二爻의 '順則'과 서로 대응한다. '順則'은 文王을 만든 까닭이 되었고 '失則'은 紂王을 만든 까닭이 되었다.

【번역飜譯】

〈象傳〉에 이르되 : '처음에는 하늘까지 올라갔다.'고 한 것은 사방의 여러 국가들을 밝게 비출 수 있었다는 의미이다. '결국에는 대지 밑으로 떨어져 들어갔다.'고 한 것은 上六爻가 바른 법칙을 위반했다는 의미이다.

【해설解說】

아래 세 개 爻는 '明夷'를 구절의 앞에 놓았다. 六四爻와 六五爻는 '明夷'를 구절의 가운데에 놓았다. 上六爻는 '明夷'를 언급하지 않고 '不明晦'라고 했다. 上六爻는 밝은 빛을 비추지도 않고 어두워졌음으로 六五爻의 밝음도 모두 그가 상처를 입었다.(꺼지게 했다.) 『周易本義通釋·胡炳文』

【明夷】 요점 · 관점

사물이 흥하고 쇠하는 것과 사회의 안녕과 혼란은 자체적으로 어쩔 수 없는 발전 규율을 가지고 있다.

≪明夷≫는 '밝은 빛(태양)이 대지 밑으로 들어갔다.'는 것에 비유하여, '정치적 암흑상태' · '희망이 사라진 세상의 상황'을 펼쳐 보였으며 아울러 군자는 자신의 밝은 지혜를 스스로 숨기는 자이자 정도를 굳건히 지켜 나아가면서 마음을 변질시키지 않는 품격을 가진 자라는 것을 보여주고 있다.

卦辭 '利艱貞'은 고통스러운 시대에 처해 있다는 것을 똑똑히 기억하면서 정도를 굳건히 지켜 나아가는 데에서 이로움을 얻을 것이라는 의미를 강조한 내용이며 '自晦' 가운데에서는 쇠망이 흥성으로 전이되어 광명의 천지를 다시 보게 될 그 날을 기대하게 해 주었다.

구체적으로 살펴본다면, '사건과 사물'은 구제할 수 있는 것과 구제할 수 없는 것이 구별되어야 한다는 것과 '시기(時)'는 안주 할 수 있는 시기와 안주해서는 안 되는 시기가 구분되어야 한다는 것이다.

본 卦 가운데에서 上六爻가 '혼용한 군왕'의 象을 가진 것을 제외한 나머지 다섯 개 爻는 각각 다른 시각으로 '군자'가 '明夷' 시점에 처해있을 때의 특징을 보여주고 있다.

무릇 '군자'란? 이 세상에 대해 책임을 져야할 것이며 자신의 힘으로 구제할 수 있다면 곧 구제해야만 할 것이니 바로 六二爻의 '用拯'이 그것이다. 자신의 힘으로 바르게 할 수 있다면 곧 바르게 해 주어야만 할 것이니 바로 九三爻의 '南狩'가 그것이다. 이미 구제할 수 없는 지경이 되었거나 바르게 할 수 없는 지경이 되었다면 군자는 모욕을 감히 사양하지 않으면서 자신의 본 모습을 숨겨야만 할 것이니 바로 六五爻 '箕子'가 그 모습이다. 군자가 明夷의 세상에 처했다면 책임감을 가지고 반드시 이를 막아야 할 것이나 온 몸을 사용해서 그 정도를 굳건히 지켜 나아갈 책임을 질 필요는 없다. 初九爻와 六四爻는 이 세상에 대한 책임감을 가지지 않았기 때문에 가까이 있던 자는 '물러나 왼쪽 복부직위에 처하여 내부사정을 깊이 이해한 후 대문을 나서서 멀리로 떠났다.' 그러나 멀리 있던 자는 '황급히 먼 곳으로 남몰래 달아나느라 삼일 동안 고픈 창자를 채울 겨를이 없었다.' 『東坡易傳·蘇軾』

이는 많은 爻義에 대해 비교적 정확하게 평론한 내용이다. 이에 근거해 다시 한 번 살펴본다면, 初九爻·六四爻는 소극적인 반항태도로 '明夷'에 처했다. 六二爻·九三爻·六五爻는 적극적인 구세정신으로 '明夷'에 처했다. 적극적인 구세정신은 '湯王式'·'武王式'의 용감하고 굳센 행동을 하는 경우와 '箕子式'의 모욕을 참아내는 인내로 정도를 굳건히 지켜 나아가는 모습으로 구분하고 있다.

이를 간추려 본다면, '明夷'에 처해 있는 위치적 특징은 비록 다르다고 할지라도 기본적인 입지는 '고통스러운 시대에 처해있다는 것을 똑똑히 기억하면서 정도를 굳건히 지켜 나아가는 데에서 이로움을 얻을 것이다.'는 卦義와 오히려 완전히 일치하고 있다.

이 의미는 六五爻 하나에서 더욱 절실하게 표현되고 있다. 즉 세상이 비록 암흑의 경지에 이르렀다고는 할지라도 도는 사라지지 않는 법이니, 자신의 몸만이라도 순수하고 바르게 세움으로써 위험이 닥치는 것을 두려워하지 않았던 바를 극찬한 내용이다. 이것이 바로 「象傳」 '明不可息'의 의미이다.

37. 家人卦의 立體文型圖

(☴☲) ≪家人≫ : 家人. 利女貞.

⟨彖⟩曰 : 家人, 女正位乎內, 男正位乎外. 男女正, 天地之大義也. 家人有嚴君焉, 父母之謂也. 父父, 子子, 兄兄, 弟弟, 夫夫, 婦婦, 而家道正. 正家而天下定矣.

⟨象⟩曰 : 風自火出, 家人. 君子以言有物而行有恒.

· · ·

(—) 上九 : 有孚, 威如, 終吉.
⟨象⟩曰 : 威如之吉, 反身之謂也.

(—) 九五 : 王假有家, 勿恤, 吉.
⟨象⟩曰 : '王假有家', 交相愛也.

(— —) 六四 : 富家, 大吉.
⟨象⟩曰 : '富家大吉', 順在位也.

(—) 九三 : 家人嗃嗃, 悔厲, 吉. 婦子嘻嘻, 終吝.
⟨象⟩曰 : '家人嗃嗃', 未失也. '婦子嘻嘻', 失家節也.

(— —) 六二 : 无攸遂, 在中饋, 貞吉.
⟨象⟩曰 : 六二之吉, 順以巽也.

(—) 初九 : 閑有家, 悔亡.
⟨象⟩曰 : '閑有家', 志未變也.

37 家人卦

(䷤)≪家人≫·錯(䷧)≪解≫·綜(䷥)≪睽≫·互(䷿)≪未濟≫

(䷤)≪家人≫: 家人. 利女貞.

【주석註釋】

䷤ : 卦象이다. 下卦 ☲ 離卦(火·麗)와 上卦 ☴ 巽卦(風·入)로 구성되었다. 바람(바람은 안으로부터 밖으로 번져 나가는 사물이다.)은 불이 일어나는 것으로부터 살아나는 자연현상과 이치를 빌려와서 '가정의 화목이 평천하의 시발점이다.'는 현상과 이치를 상징했다.

家人 : 이는 卦名이다. '한 가족'의 의미를 상징한다.

> 사람들이 거처하는 곳을 '家'라고 한다. 『釋文』

> 방안을 '家'라고 한다. 『爾雅』

> 집안의 도를 밝게 하는 것이 한 가족을 바르게 하는 것이니, 이를 '家人'이라고 했다. 『正義』

利女貞 : 집안의 일을 하는 데에 있어서는 여자가 중요한 인소가 됨으로, '여자가 정도를 굳건히 지켜 나아가는 데에서 이로움을 얻을 것이다.'고 했다.

> 집안의 도를 다스리느라 집밖 다른 사람의 일은 알 수가 없다. 한마디로 논한다면,

남편이 바르지 않다고 할지라도 오로지 '여자가 정도를 굳건히 지켜 나아가는 데에서 이로움을 얻을 것이다.(利女貞)'는 의미이다. 『正義』

【번역飜譯】

≪家人≫ : 家人卦는 한 가족을 상징한다. 여자가 정도를 굳건히 지켜 나아가는 데에서 이로움을 얻을 것이다.

〈彖〉曰 : 家人, 女正位乎內, 男正位乎外. 男女正, 天地之大義也. 家人有嚴君焉, 父母之謂也. 父父, 子子, 兄兄, 弟弟, 夫夫, 婦婦, 而家道正. 正家而天下定矣.

【주석註釋】

女正位乎內, 男正位乎外 : '女'는 六二爻를 의미한다. '男'은 九五爻를 의미한다.

이는 六二爻와 九五爻가 內卦와 外卦에서 正位를 얻은 象으로, 여자는 집안의 일을 주관하고 남자는 집밖의 일을 주관한다는 것과 다음 문장 '男女正, 天地之大義也.'와 함께 卦名과 卦辭 '家人, 利女貞.'을 해석한 내용이다.

六二爻와 九五爻를 뜻한다. '家人'의 의리는 안을 근본으로 삼음으로써 '女'를 먼저 말했다. 『集解·王弼』

六二爻와 九五爻가 正位를 얻은 것으로 '家人'의 의미를 해석함과 아울러 '여자가 정도를 굳건히 지켜 나아가는 데에서 이로움을 얻을 것이다.(利女貞)'는 의미를 밝힌 내용이다. 『正義』

天地之大義 : 이는 '家人' 즉 가족 사이에 있어서 남녀의 '정도'는 天地·陰陽·尊卑의 이치와 합일한다는 것을 말한 내용이다.

正家而天下定矣 : 이는 위 문장 '家人有嚴君焉'에서 '家道正'까지의 의미를 이어서 '正

家'와 '定天下'의 논리적 관계를 밝힌 내용이다.

聖人은 먼저 가족으로부터 시작하라는 것을 가르쳤다. 가족 사이에 정도가 실천되어야 만이 천하의 교화가 잘 될 것이며 자신을 수양해야 만이 백성들을 평안하게 해줄 수 있을 것이다. 『集解 · 陸績』

천하를 안정시키는 것은 한 가족에서부터 연결되는 것이다. 어찌 여자가 정도를 굳건히 지켜 나아가는 데에서 이로움을 얻지 않을 수가 있겠는가? 이는 근원은 당연히 '여자가 정도를 굳건히 지켜 나아가는(女貞)' 연유로 소급되기 때문이다. 『來氏易注』

【번역飜譯】

〈彖傳〉에 이르되 : 한 가족 가운데 여자는 집안에서 정당한 지위를 가지고 있어야 할 것이며 남자는 집밖에서 정당한 지위를 가지고 있어야 할 것이다. 남녀가 처한 위치가 모두 정당하여 체면을 유지하니, 이것이 天地 · 陰陽의 큰 道理이다. 한 가족 가운데 근엄하고 올바른 손위 사람이 있다는 것은 곧 부모님이 계신다는 의미이다. 부친은 부친의 책임을 다하고 아들은 아들의 책임을 다하며 형은 형의 책임을 다하고 아우는 아우의 책임을 다하며 남편은 남편의 책임을 다하고 아내는 아내의 책임을 다한다면, 이와 같이 한다면 가족 사이의 도리가 바르게 될 것이다. 가족 사이의 도리를 바르게 지키면 천하는 안정될 것이다.

【해설解說】

卦辭에서는 다만 '利女貞'만 말했을 뿐이나 「彖傳」에서는 '男女' · '父子' · '天下'의 일들을 넓게 밝혀 경전 해석의 넓이를 볼 수 있게 했다.

〈象〉曰 : 風自火出, 家人. 君子以言有物而行有恒.

【주석註釋】

風自火出, 家人 : ≪家人≫은 上卦 巽의 風과 下卦 離의 火로 구성된 象이라는 의미이다. 이 卦의 內卦는 火이고 外卦는 風인 것이, 집안의 일이 안에서부터 밖으로 영향을 미치는 것과 같음으로『王注』에서 '안에서 말미암아 서로 잘 타게 할 것이다.'고 했다.

불(火)이 일어나는 처음에는 바람으로 인해 바야흐로 타오르게 된다. 불이 이미 불꽃으로 왕성해지면 도리어 다시 바람을 살아나게 한다. 이는 안과 밖이 서로 도와야 성공을 할 수 있는 '가족'의 의미와 같은 것이다. '바람은 불이 일어나는 것으로부터 살아 나온다.(風自火出)'는 것은 사실상 '집안 일'과 '사회 풍속과 교화'의 관계를 의미한 것이다. 『正義』

『來氏易注·來知德』이 '풍속과 교화(風化)의 근본은 가정으로부터 나온다.(風化之本, 自家而出.)'고 한 것이 「象傳」의 의미와 부합한다.

言有物而行有恒 : 이는 군자가 ≪家人≫ 卦象을 관찰해 본 후, 평소 가정에서 일어나는 작은 일들 역시 '풍속과 교화'의 이치와 관계있는 것이기 때문에, 스스로 작은 절목에서부터 수양을 해야 만이 언행이 착실하고 거짓이 없게 된다는 것을 깨달았다는 바를 설명한 내용이다.

'家人'의 도는 가깝고 작은 것을 잘 다스려 거짓이 없게 하는 것이다. 따라서 군자가 말을 할 때 반드시 사실에 근거한다면 입으로 말을 가려하지 않아도 되고 행동을 할 때 반드시 변함없이 한다면 몸으로 행동을 가려하지 않아도 될 것이다. 『王注』

즉 언행이 신실해야 실패하지 않을 것이라는 의미이다.

【번역飜譯】

〈象傳〉에 이르되 : 바람은 불이 일어나는 것으로부터 살아 나온다(안에서부터 밖으로 이어진다.)고 한 바는 한 가족을 상징한 것이다.(집안일과 사회풍속과 교화는 관계가 있다.) 군자는 이를 본 받아, 일상의 언어는 반드시 실물과 꼭 같이 해야 할 것이며 가정에서 일을 할 때는 반드시 일관성을 지켜 나아가야 할 것이며 변덕을 부리지 말아야 할 것이다.

【해설解說】

「彖傳」에서는 '家人, 女貞.'을 발전시키면 '天下定'이 된다고 했고 「大象傳」에서는 '천하'의 풍속과 교화는 '군자' 한 몸으로부터 시작된다고 했다. 이 두 가지는 사실상 '방법은 다르나 결론이 같은' 묘미를 가지고 있다.

군자는 바람은 불이 일어나는 것으로부터 살아 나온다는 것을 깨달았다고 했다. 이는 군자가 가정이 잘 다스려지는 데에는 개인의 몸을 잘 수양하는 것이 근본이 되고 개인의 몸을 잘 수양하는 데에는 언행의 수양이 가장 우선 이라는 것을 깨달았다는 의미이다. 『周易集說 · 兪琰』

이것이 곧 「大象傳」의 의미이다.

(䷤) 初九 : 閑有家, 悔亡.

【주석註釋】

閑有家, 悔亡 : '閑'은 '방지하다'는 뜻이다. 즉 '사악함을 방지한다.'는 의미이다.

이는 初九爻가 ≪家人≫의 시작에 처하여 가정의 도를 처음 세우니, 당연히 사악함을 엄격히 방지해야 만이 비로소 가정을 잘 보전할 수 있게 되어 '후회가 없을 것이다.(悔亡)'는 의미이다.

무릇 처음부터 교화하고 시작부터 바르게 해야 할 것이다. 가족이 무질서해진 후에 엄격히 하고 뜻이 변한 후에 다스린다면 곧 '후회하게 될 것이다.(悔也)' ≪家人≫의 처음에 처한 것은 '家人'의 시작이라는 것인 까닭에 반드시 '사악함을 방지한 연후라야 만이 그 가족을 보전할 수 있을 것이며 후회가 사라질 것이다.(閑有家, 悔亡.)'고 했다. 『王注』

【번역飜譯】

初九 : 사악함을 방지한 연후라야 만이 그 가족을 보전할 수 있을 것이며 후회가 사라

질 것이다.

〈象〉曰 : '閑有家', 志未變也.

【번역翻譯】

〈象傳〉에 이르되 : '사악함을 방지한 연후라야 만이 그 가족을 보전할 수 있을 것이다.'고 한 것은 初九爻가 뜻이 변하지 않았을 때 먼저(미리) 예방해야 할 것이라는 의미이다.

【해설解說】

애초에 사악함을 방지해야 한다는 것은, 즉 나쁜 싹은 돋아나기 전에 미리 예방해야 한다는 의미이다.

> 처음일 때 응당히 사악함을 방지해야 할 것이다. 初九의 陽剛성품은 사악함을 충분히 방지할 수 있을 것이다. 『周易本義通釋·胡炳文』

> 어린아이를 교육하는 것보다 어머니 교육을 먼저 해야 할 것이다. 이렇게 한다면 이 爻의 의미를 체득할 수 있겠는가? 『周易本義通釋·顔之推』

胡炳文과 顔之推의 '처음부터 신중해야 할 것이다.(愼初)'고 한 뜻이 본 爻의 의미와 부합한다.

(䷤) 六二 : 无攸遂, 在中饋, 貞吉.

【주석註釋】

无攸遂, 在中饋, 貞吉 : '遂'는 '완성하다'·'성취하다'·'마음대로 결단한다.'는 뜻이다. '无攸遂'는 혼자서 일을 주관하지 못함으로써 '성취되는 바가 없다.'는 뜻이다. '饋'는 '식사'·'권하다'·'선물'·'보내다' 등의 뜻이다. 이에 대해 『周禮·天官·膳夫』에서는 '王이 음식을 보내 주었다.'는 뜻이라고 했다. 鄭玄은 '존자에게 사물을 진상하는 것을 饋라고 한다.'고 했다. '中饋'란? '집안(부엌)에서 음식을 만드는 일이 마땅하다.'는 뜻이다.

이는 六二爻가 ≪家人≫ 下卦의 中位에 처하며 柔順中正으로 上卦 九五爻 陽剛에 호응하는 것이 '부인이 남편을 잘 따르는' 象과 같음으로, 혼자서 일을 주관하지 못해 성취되는 바는 없으나 오로지 '집안에서 음식 만드는 일(中饋)'을 주관하며 정도를 굳건히 지켜 나아가니 길할 것이라는 의미이다.

六二爻는 和順하며 正位를 얻었으니, 正位를 얻었다는 것은 호응한다는 뜻이며 호응한다는 것은 실속이 있다는 뜻으로 陰道의 지극히 아름다운 모습을 하고 있는 자이다. 坤道는 순응하는 체질인 까닭에 성취할 수가 없다. 집안에서 안주를 장만하고 술과 음식에 대해 의논함으로써 '中饋'라고 했다. 中位에 처하며 정도를 지켜 나아가며 오랫동안 그 뜻을 바르고 굳건하게 지켜 나아가니 길할 것이기 때문에 '貞吉'이라고 했다.
『集解·荀爽』

【번역飜譯】

六二爻 : 성취되는 바는 없으나, 집안에서 음식 만드는 것을 주관하며 정도를 굳건히 지켜 나아가니 길할 것이다.

〈象〉曰：六二之吉, 順以巽也.

【번역飜譯】

〈象傳〉에 이르되 : 六二爻의 길함은 유순하고 겸허하며 온유한 까닭으로 말미암은 것이다.

【해설解說】

「象傳」 '女正位乎內'가 곧 本 爻를 의미한 것이다. 그것이 비유한 象은 사실상 古代禮敎에서 널리 떨쳤던 '婦德'의 전형적인 모습이다.

전혀 거동하지 않으며 오로지 술과 음식에 대해서 의논할 뿐이다. 『詩·小雅·斯干』

부인은 집안의 일 모두를 전담하여 하는 것이 아니다. 하지 않는 것도 부인이 할 일이 아니며 잘 하는 것도 부인이 할 일이 아니다. 부인의 일은 다만 술을 빚고 음식을 만드는 일에 대해서 의논할 뿐이다. 『鄭箋』

『詩』와 『箋』의 의미가 六二爻의 뜻과 부합한다.

(☲) 九三 : 家人嗃嗃, 悔厲, 吉. 婦子嘻嘻, 終吝.

【주석註釋】

家人嗃嗃, 悔厲, 吉. 婦子嘻嘻, 終吝 : '嗃嗃'에 대해 『程傳』에서는 '글의 내용과 글자의 音과 뜻으로 보면 嗷嗷와 같은 종류이다.'고 했다. 『毛詩傳疏·陳奐』에서는 '嗷란? 많은 사람들이 근심스럽게 지껄이는 모습이다.'고 했다. 이는 '嘻嘻'와 반대의 모습이며 모두 의성어이다. '嘻嘻'는 '기뻐서 웃으며 떠드는 소리'를 뜻한다. 『釋文·馬融』에서는 '웃는 소리이다.'고 했다. 鄭玄은 '애교를 떨면서 즐겁게 웃는다.'는 뜻이라고 했다.

이는 九三爻가 下卦의 위에 처하며 陽剛성품이 극성하며 집안을 다스리는 데에 지나치게 엄격하자 가족들이 '학학(嗃嗃)'거리며 원망하고 있는 象을 의미한다. 이때는 비록 많은 '후회(悔)'와 '위험'을 지니고 있다고는 할지라도 정도를 잃지 않는다면 길할 것이라고 했다. 만약 엄격함을 관대함으로 전환시킨다면 부녀자와 아이들은 방종하여 '희희(嘻嘻)'거리며 떠들어 될 것이니, 즉 집안의 질서가 허물어져 결국에는 머지않아 애석하게 될 것이라는 의미이다.

陽으로 陽位에 처하며 강건하고 엄격한 자이다. 下卦의 극에 처하며, 한 가정의 가장이 되어 그들(부인과 자녀들)에게 오만하게 행동하는 것이 차라리 공손하게 대하는 것보다 나을 것이다. … 가족들이 비록 '학학(嗃嗃)거려', '후회스럽고 위험한 상황에 처한다고 할지라도(悔厲)' 오히려 길할 것이다. 부녀자와 아이들이 '희희(嘻嘻)거리며' 웃고 떠든다면 가정은 질서를 잃어버리게 될 것이다. 『集解·王弼』

【번역翻譯】

九三爻 : 한 가족이 학학거리며 원망하니 비록 후회스럽고 위험한 상황에 처한다고는 할지라도 오히려 길할 것이다. 만약 부인과 어린아이들이 희희거리며 웃고 떠든다면 결국에는 애석함에 이르게 될 것이다.

〈象〉曰 : '家人嗃嗃', 未失也. '婦子嘻嘻', 失家節也.

【주석註釋】

未失 : '失'은 '편안하다(佚)'와 통한다. 즉 '방자하게 마음대로 즐긴다.'는 뜻이다.

'失'과 '佚'은 고어에서는 통했다. '未佚'이란? 감히 '방자하게 노는 것을 즐겨서는 안 될 것이다.'는 뜻이다. 만약 '희희(嘻嘻)거리면서' 방자하게 노는 것을 즐긴다면, 즉 가족 사이의 질서가 사라질 것이기 때문에 '失家節'라고 했다. 아래 '失'은 '득실(得失)'의 '실(失)'로 읽는다. 위의 '失'은 '일(佚)'로 읽으며 '절(節)'과 韻을 맞춘 것이다. 『尙氏學』

【번역翻譯】

〈象傳〉에 이르되 : '한 가족이 학학거리며 원망한다.'고 한 것은 이때는 감히 방자하게 노는 것을 즐기게 해서는 안 될 것이라는 의미이다. '부인과 아이들이 희희거리며 웃고 떠든다.'고 한 것은 가족 사이에 예절을 지키지 않는다는 의미이다.

【해설解說】

九三爻는 가정을 다스리는 데에는 차라리 엄격은 할지언정 관대해서는 안 될 것이라는 것과 차라리 엄정은 할지언정 마음대로 하도록 놓아두어서는 안 될 것이라는 것에 중점을 두었다.

'학학(嗃嗃)'이란? 의리가 감정을 승리하는 것이기 때문에 비록 '후회스럽고 위험한 상황에 처한다고는 할지라도 오히려 길할 것이다.'고 했다. '희희(嘻嘻)'란? 감정이 의리를 승리하는 것이기 때문에 '결국에는 애석함에 이르게 될 것이다.'고 했다. '후회(悔)'란? 흉함으로부터 길하게 되는 의식이다. '애석함(吝)'이란? 길함으로부터 흉하게 되는 의식이다. 九三爻는 剛한 성품으로 剛位에 처하니 가족들에게 엄하게 할 수 있다. 六二爻의 柔順한 성품과 이웃하며 또한 부인과 어린아이들과도 쉽게 친해질 수 있다. 九三爻 그는 길함과 흉함 사이에 있다고 할 수 있지 않는가? 『周易本義通釋 · 胡炳文』

(䷤) 六四 : 富家, 大吉.

【주석註釋】

富家, 大吉 : '富'는 동사로 '증가하다' · '부유해지다'는 뜻이다.

이는 六四爻가 上卦의 아래에 처하며 陰虛로 본래는 부유하지 않았으나 柔順으로 正位를 얻었으며 아래 初九爻와 호응하고 위로 九五爻를 잘 받들어 陽剛의 富와 實을 크게 얻음으로써 '富家, 大吉.'의 象이 되었다는 의미이다.

巽의 主爻이자 또한 陽을 받들고 陽과 호응함으로 '富'해 졌다. 또한 이르되 : 卦 가운데 두 개의 陰爻는 모두 正位에 앉아 陽을 받들고 있다. 六二爻는 下卦에 있음으로 사람을 섬기고 六四爻는 上卦에 있음으로 사람을 양육한다. 『周易學說 · 李士鉁』

【번역飜譯】

六四爻 : 그 가정을 부유하게 하니 크게 길할 것이다.

〈象〉曰 : '富家大吉', 順在位也.

【주석註釋】

順在位 : 이는 六四爻가 柔順하게 九五爻를 받든다는 의미이다.

부유한 까닭은 陽에 순응하기 때문이다. 九五爻가 正位에 앉아있음으로 '존위에 있는 자에게 순응한다.(順在位)'고 했다. 『尚氏學』

【번역翻譯】

〈象傳〉에 이르되 : '그 가정을 부유하게 하니 크게 길할 것이다.'고 한 것은 六四爻가 존위에 처한 陽剛을 유순하게 받들기 때문이다.

【해설解說】

六四爻가 처한 위치의 특색에 대해 『折中』에서는 다음과 같이 분석했다.

六四爻는 다른 卦에서는 臣下의 도이니, ≪家人≫에서는 곧 아내가 지키는 道이다. 남편은 한 가족의 교육을 주관하는 자이다. 아내는 한 가족의 양육을 주관하는 자이다. 『老子』가 말한 '가르치는 자는 아버지이고 먹이는 자는 어머니이다(教父食母)'고 한 것이 바로 이 뜻이다. 六二爻의 '在中饋'로부터 六四爻의 '富家'까지는 가정 안에서의 직무(內職)를 뜻한 것이다.

(䷤) 九五 : 王假有家, 勿恤, 吉.

【주석註釋】

王假有家 : '假'에 대해 『王注』에서는 '이르다(至也)'는 뜻이라고 했다. 『尚氏學』에서는 『尚書·堯典』을 인용해 '상하에 이른다(格于上下)'는 뜻이라고 했다. 『孔傳』에서

는 '格은 至이다.'는 훈으로 이를 인증했다. 이곳에서는 '감격하다'·'감동해서 통한다.'는 뜻이다.

이 세 구절은 九五爻가 陽剛中正으로 '君'의 직위에 처하며 下卦 六二爻 柔正과 호응하며 아름다운 덕을 사용하여 가족을 감동에 이르게 한 연후에 그의 가정을 보전해 나아가는 象을 설명한 내용이다. 따라서 '반드시 근심할 바가 없으며 길할 것이다.(勿恤, 吉.)'고 했다.

爻가 제시하는 것은 '가정을 바르게 하면 천하를 안정되게 다스릴 수 있을 것이다.'는 의미이다.

> 정도를 실천하여 감응시키며 존체인 巽에 처하니 군왕이 이 道에 이르면 가정을 잘 보전할 것이다. 존위에 처하며 家道에 밝으니 아래에서 교화되지 않는 바가 없을 것이다. 아버지는 아버지의 직책을 다하고 아들은 아들의 직책을 다하고 형은 형의 직책을 다하고 아우는 아우의 직책을 다하고 남편은 남편의 직책을 다하고 아내는 아내의 직책을 다하니, 즉 六親이 화목하여 서로 사랑하며 행복하게 지내는 것은 家道가 바르다는 의미이다. 가정을 바르게 하면 천하가 안정됨으로 '王假有家, 勿恤, 吉.'이라고 했다. 『王注』

> 군왕은 지극한 덕으로 가족을 감화시키며 바르게 하지 않는 바가 없음으로 근심할 바가 없으며 길할 것이라고 했다. 『尚氏學』

【번역飜譯】

九五爻 : 군왕은 아름다운 덕을 사용하여 백성들을 감동에 이르게 한 연후에 그의 가정을 잘 보전하게 될 것이니, 근심할 바가 없으며 길할 것이다.

【해설解說】

『集解』에서는 陸績의 주석을 인용해 '假'를 '大'의 뜻으로 다음과 같이 해석했다.

> 九五爻가 존위에 처해, 六四爻에 의지하며 六二爻에 호응하는 것은 천하를 한 가족으로 생각한 것이기 때문에 '군왕은 많은 가족을 가지고 있다.'고 했다. 천하가 바르게 됨으로써 근심할 바가 없으며 길할 것이다. 『集解·陸績』

〈象〉曰:'王假有家', 交相愛也.

【주석註釋】

交相愛 : 九五爻와 六二爻가 서로 호응하는 것이, 가족이 화목하게 지내는 것과 같다는 의미이다. 아울러 家道가 바르니 천하가 안정될 것이라는 의미를 함유하고 있다.

六二爻와 九五爻가 서로 정성을 다하고 믿음을 가지고 있음으로 '이르다(格)'는 뜻으로 해석해야 할 것이다. 『尙氏學』

【번역飜譯】

〈象傳〉에 이르되 : '군왕은 아름다운 덕을 사용하여 백성들을 감동에 이르게 한 연후에 그의 가정을 잘 보전하게 될 것이다.'고 한 것은 이때에는 서로서로 사랑하며 화목하게 지낼 것이라는 의미이다.

【해설解說】

九五爻의 요지는 개인의 모범행위가 단서가 되어 그의 가족을 감동에 이르게 한다는 것에 있다. 『古周易訂詁·何楷』

아내에게 본 받아 형제에게 이르게 하면 가정과 나라를 다스릴 수 있을 것이다. 『詩經·大雅·思齊』

이는 곧 본 爻의 의미와 통하는 내용이다.

(☲) 上九 : 有孚, 威如, 終吉.

【주석註釋】

有孚, 威如, 終吉 : 이는 上九爻가 陽剛으로 ≪家人≫의 마지막에 처하며 한 가족의 제일 우두머리 지위에 처하면서 마음속에 신의와 정성을 가지고 위엄스럽게 가족을 다스림으로 '결국에는 길할 것이다.(終吉)'는 의미이다.

무릇 '사물은 용맹함을 근본으로 삼는다.'고 한 것은 '근심은 은혜를 적게 하는 곳에 있다.'는 의미이다. '사랑을 근본으로 삼는다.'는 것은 '근심은 위엄을 적게 하는 곳에 있다.'는 의미이다. 따라서 '家人'의 도는 위엄을 숭상하는 데에 있다. 家道가 잘 완성되려면 오로지 신의와 위엄이 있어야 할 것이다. 몸에 위엄과 공경함을 지니고 있다면 사람들 역시 이와 같아질 것이다. 이를 자신의 몸에서 신중하게 실천한다면 사람들에게도 실천하게 될 것이다. 『王注』

【번역飜譯】

上九爻 : 마음속에 신의와 정성을 품고 위엄으로 가족을 다스린다면 결국에는 길할 것이다.

〈象〉曰 : 威如之吉, 反身之謂也.

【주석註釋】

反身 : '자신을 돌아본다.'는 뜻이다.

가족을 다스리는 道는 자신의 몸을 바르게 하는 것을 근본으로 삼아야 함으로 '反身之謂'라고 했다. 爻辭는 가족을 다스릴 때는 당연히 위엄을 가져야 한다고 했으며 공자 역시 거듭 '마땅히 먼저 그 자신에게 엄격해야 할 것이다.(當先嚴其身也)'고 경고했다. 『程傳』

【번역飜譯】

〈象傳〉에 이르되 : '위엄으로 가족을 다스린다면 결국에는 길할 것이다.'고 한 것은 上九爻가 먼저 자신을 돌아보고 스스로 반성하며 자신에게 엄숙하고 정당한 언행을 요구했다는 의미이다.

【해설解說】

'자신을 돌아본다.(反身)'고 한 것은 '행동교육이 언어교육 보다 중요하다.(身敎重於言敎)'는 의미이다. 이는 「象傳」의 작자가 爻의 의미를 잘 발휘시킨 내용이다.

【家人】 요점 · 관점

≪家人≫은 '治家'의 道에 대한 설명을 잘 해주고 있다.

卦辭는 '여자가 정도를 굳건히 지켜 나아가는 데에서 이로움을 얻을 것이다.'고 한 것을 중심논제로 했으나 六爻는 오히려 남녀가 어떻게 하면 함께 '가정을 바르게 할 수 있을 것인가?'에 대해 말해주고 있다.

'家人'의 도는 남자는 강건하며 엄격함을 정도로 삼아야 하고 여자는 부드럽고 순응함을 정도로 삼아야 한다는 것이다. 初九爻의 '방지하다(閑)' · 九三爻의 '위험하다(厲)' · 上九爻의 '위엄있다.(威如)'는 모두 남자가 지켜 나아가야 할 도이다. 六二爻와 六四爻의 「象傳」에서는 모두 '유순하다' · '순응하다(順)'고 했으니, 이는 부인이 지켜 나아가야 할 도이다. 九五爻는 剛한 성품으로 中位에 처하며 엄격하지 않는 바가 아니며 엄격하되 성품이 너그럽고 침착하기도 한 자이다. 『折中 · 吳日愼』

『易』을 쓴 작자의 뜻을 깊이 새겨 보면, 卦辭에서 '利女貞'을 강조한 까닭은 여자의 '정도'는 절대적으로 '부드럽고 순응하는 것이며(柔順) 혼자서 성취할 수 없다는 것을 임무로 생각해야 한다는 것이다. '부인의 덕'은 이로 인해 성립되며 '家道'는 이로 인해 상실되지 않는다. 그렇다면 진정 가정을 다스리는 주권은 자연히 '남자'에게 속하게 되는 것이니, 上九爻를 '위엄있는 象(威如)'에 비유한 것은 '男權'의 상징성을 가장 잘 표현하기 위해서이다.

「象傳」'男女正, 天地之義.' 역시 남자는 엄하고 여자는 유순하며 陽은 인도하고 陰은 따른다는 관념에 근본을 둔 것이다.

사실상 인간 윤리의 尊卑는 인류사회가 발전되어 나아온 과정 가운데에서 만들어진 객관적 현상으로 스스로 일정한 규율을 가지고 있다. 그러나 이로 인해 출발한 '男尊女卑' 사상은 중국 3000여 년의 봉건사회에 깊은 영향을 주었으니, 오늘날에 있어서도 심도있게 생각해 보아야 할 문제이다.

≪家人≫은 '家人'의 밖을 넘어선 의미를 가지고 있다. 즉 「象傳」 '正家而天下定矣'에서부터 「大象傳」 '君子'에 이르기까지, 집안에 있을 때 언행을 수양하고 풍속과 교화를 아름답게 하는 것을 잊어서는 안 될 것이라는 내용 가운데에서 '身'·'家'·'天下' 사이를 하나로 관통시키는 짙은 정치색채의 끈을 엿볼 수 있다.

이와 같은 시각으로 분석해 볼 때, ≪家人≫의 큰 요지는 『禮記·大學』에서 선양한 '修身·齊家·治國·平天下'의 정치사상과 꼭 같다고 할 수 있다.

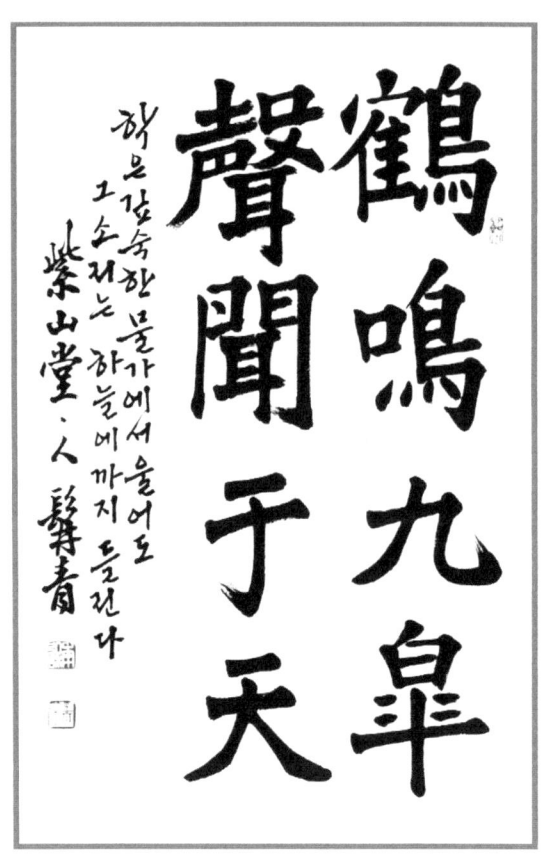

38. 睽卦의 立體文型圖
　　규 괘　　　입 체 문 형 도

(☲☱) ≪睽≫: 睽. 小事吉.
　　　　규　규　소사길

〈彖〉曰: 睽, 火動而上, 澤動而下. 二女同居, 其志不同行. 說而麗乎明, 柔進而上行, 得中而應乎剛, 是以小事吉. 天地睽而其事同也, 男女睽而其志通也, 萬物睽而其事類也. 睽之時用大矣哉!

〈象〉曰: 上火下澤, 睽. 君子以同而異.

•　　　•　　　•

(—) 上九: 睽孤, 見豕負塗, 載鬼一車, 先張之弧, 後說之弧. 匪寇, 婚媾. 往遇雨則吉.

〈象〉曰: '遇雨之吉', 群疑亡也.

(− −) 六五: 悔亡, 厥宗噬膚, 往何咎?

〈象〉曰: '厥宗噬膚', 往有慶也.

(—) 九四: 睽孤. 遇元夫, 交孚, 厲无咎.

〈象〉曰: '交孚无咎', 志行也.

(− −) 六三: 見輿曳, 其牛掣. 其人天且劓. 无初有終.

〈象〉曰: '見輿曳', 位不當也. '无初有終', 遇剛也.

(—) 九二: 遇主于巷, 无咎.

〈象〉曰: '遇主于巷', 未失道也.

(—) 初九: 悔亡. 喪馬, 勿逐自復. 見惡人, 无咎.

〈象〉曰: '見惡人', 以辟咎也.

38 睽卦

(☲☱)《睽》· 錯(☵☶)《蹇》· 綜(☴☲)《家人》· 互(☵☲)《旣濟》

(☲☱)《睽》: 睽. 小事吉.

【주석註釋】

☲☱ : 卦象이다. 下卦 ☱ 兌卦(澤·悅)와 上卦 ☲ 離卦(火·麗)로 구성되었다. 위에 있는 불은 위로 타오르고 아래에 있는 연못의 물은 아래로 스며 내려가는, 즉 만나지 못하는 반대의 방향으로 향하는 사연현상과 이치를 빌려와서 '서로 벌어지는 즉 어긋나서 반목하는' 현상과 이치를 상징했다.

睽 : '睽'는 卦名이다. '외면하다'·'배반하다'·'다르다'·'어긋나다(어그러지다)'·'반목하다'·'헤어지다'·'서로 등진다.' 등의 의미를 상징한다. 『說文』에서는 '눈을 서로 마주치지 않는 현상, 즉 어그러져 틀린 현상을 의미한다.'고 했다.

小事吉 : '小'는 '陰柔'를 뜻한다. 이곳에서는 '조심하다'는 뜻을 가지고 있다.

　무릇 사물이 서로 어긋났을 때에는 반드시 柔順한 방법을 사용하여 조심스럽게 그 가운데에서 화합(화해)할 수 있는 점을 찾아내어야 만이 비로소 '어긋난 것'이 '화합'으로 전환될 수 있다. 만약 과단성 있게 결단하는 강함을 지닌다면 '어긋난 것을 구제하기(그만두게 하기)' 어려울 것이기 때문에 '조심스럽게 일을 처리하면 길할 것이다.(小事吉)'고 했다. 卦 가운데 六五爻가 柔한 성품으로 中位에 처하며 剛한 九二爻와 호응하니 마침 이 象에 부합한다.

　조심하는 자는 六五爻를 뜻하니, 陰은 조심하는 성품을 가지고 있다. 中位에서 九二

爻의 剛한 성품과 호응함으로 길할 것이라고 했다. 『集解·虞翻』

【번역飜譯】

≪睽≫ : 睽卦는 어긋나서 서로 떨어진 것을 상징한다. 조심스럽게 일을 처리하면 길할 것이다.

【해설解說】

'小事吉'에 대한 해석은 대체로 다음 두 종류로 통용되고 있다.

① '小事'는 '세세한 일'·'작은 일'을 의미한다.
사물의 상태가 서로 어그러진 것이 큰일이어서는 안 될 것이다. '큰일'이란? 일을 하는 데에 있어서 대중을 움직여야 하는 상황을 뜻하며 반드시 大同의 세상이라야 만이 바야흐로 성취시킬 수 있다. '작은일'이란? 음식이나 의복같이 많은 사람들의 힘을 필요로 하지 않고 비록 어그러졌다고 할지라도 괜찮은 것을 의미한다. 『正義·孔穎達』

② '小事'는 '조심스럽게 일을 처리한다.'는 의미한다.
일이 이미 어그러졌을 때는 화를 내며 미워하는 마음으로 학대해서는 안 될 것이다. 다만 이미 심한 상태만 아니라면 서서히(찬찬히) 전이시키는(옮겨가게 하는) 것이 '어그러진 것을 하나로 화합하게 하는' 좋은 기술일 것이다. 따라서 '小事吉'이라고 했다. '小事'란? '柔한 성품으로 일을 처리한다.'는 뜻이다. 큰일이 不吉하지 않다는 것은 조심스럽게 일을 처리함으로써 길하게 될 것이라는 의미이다. 『折中·何楷』

〈彖〉曰 : 睽, 火動而上, 澤動而下. 二女同居, 其志不同行. 說而麗乎明, 柔進而上行, 得中而應乎剛, 是以小事吉. 天地睽而其事同也, 男女睽而其志通也, 萬物睽而其事類也. 睽之時用大矣哉!

【주석註釋】

火動而上, 澤動而下 : '火'는 上卦 '離'를 뜻한다. '澤'은 下卦 '兌'를 뜻한다.

이는 上卦와 下卦가 '어긋나서 서로 떨어져 있는' 象을 하고 있다는 의미이다.

밝은 불은 위로 타오르고 못의 물은 아래로 스며든다. 『集解 · 虞翻』

二女同居, 其志不同行 : '二女'란? 上卦 離의 '中女'와 下卦 兌의 '少女'를 뜻한다.
이는 下卦의 象과 上卦의 象은, 즉 '두 여인'이 함께 살다가 장성하면 반드시 각각 다른 곳으로 돌아가고자 하는 뜻을 가지게 되는 것과 같다는 의미이다. 문장의 의미는 앞의 두 구절과 함께 卦名 '睽'를 해석한 내용이다.

中女(둘째 딸)와 少女(셋째 딸)가 한 집안에서 함께 산다는 것은 뜻이 호응하는 동지라는 의미이다. 각자 돌아가고자 한다는 것은 뜻이 함께 하지 않는다는 것, 즉 뜻이 같지 않기 때문이다. 『正義』

『折中』에서는 '二女'의 象을 다음과 같이 분석했다.

두 여인이 농거하는 卦가 많은데, 특히 ≪睽≫ · ≪革≫에서 말한 그녀들은 모두 長女가 아니다. 무릇 가정에 적장자가 있다면 직분을 분담시켜 통솔할 것이다. 그들이 동행하지 않으면 서로 얻는 바가 없는 까닭에 서로 어긋나서 쉽게 변할 것이니, 이는 적장자가 없어 직분을 정해주지 못하기 때문이다. 『正義』

說而麗乎明 : '說'은 '기쁘다(悅)'는 뜻이다. 즉 下卦 兌가 '悅'을 상징한다는 의미이다. '麗乎明'란? 上卦 離가 '밝다(明)' · '붙는다(麗)'는 뜻을 동시에 가지고 있다는 것을 상징한다.
이는 下卦의 象과 上卦의 象이 '밝은 것에 기쁘게 붙어 있다.'는 의미를 가졌다는 내용이다.

'兌'는 '기쁘다(說)'는 뜻이다. '離'는 '붙는다(麗)'는 뜻이자 '밝다(明)'는 뜻이다. 따라서 '밝은 것에 기쁘게 순응하여 붙어있다.'는 의미이다. 『程傳』

柔進而上行, 得中而應乎剛 : '柔' · '中'은 六五爻가 '柔順中正'이라는 뜻이다. '剛'은 九

二爻를 뜻한다.

　이는 六五爻가 柔中으로 下卦 九二 剛爻와 호응한다는 뜻이다. 문장의 의미는 앞 구절을 이어서 마땅히 기뻐하며 부드럽게 순응하는 이치로 조심스럽게 '睽'의 상황에 처해 있다는 것과 卦辭 '小事吉'의 의미를 해석한 내용이다.

　　六五爻는 柔한 성품으로 존위에 처하며 밝게 빛나는 것에 기꺼이 순응하여 붙어 있으며 中道를 실천하며 剛한 것에 호응하고 있다. 『程傳』

睽之時用大矣哉 : 이는 앞 세 구절을 이어서 天地·男女·萬物을 예로 들어, 사물은 비록 '睽'할지라도 같은 이치를 가지고 있다면 그 이치를 따라 '어긋난 것을 하나로 화합할 수' 있음으로 '睽'의 시점에 당면해, 어긋난 것을 하나로 화합하는 작용을 넓게 시행하는 것을 찬탄한 내용이다.

　　하늘은 높고 땅은 낮으니, 그 몸체는 어긋나서 서로 떨어져 있다. 陽은 내려오고 陰은 올라가서 서로 화합하면 化育의 일이 이루어지는 것은 한 몸으로 되기 때문이다. 남녀는 각각 다른 본질, 즉 반대의 성품을 가지고 있으나 서로 구하는 뜻은 통한다. 생물이 모두 각양각색으로 다른 것이 곧 '睽'의 의미이다. 하늘과 땅이 화합하는 것은 陰陽의 기운을 바탕으로 하는 것이니, 이는 서로 같을 종류이기 때문이다. 사물의 본성은 비록 다르나 생장하는 이치는 본래 같으며 하늘 아래가 큼으로써 많은 생물들이 각양각색으로 다르게 흩어져 있으니 성인은 이들과 함께 한다. 睽의 시점에 처하여 어긋난 것을 하나로 화합하는 작용, 그 일이 지극히 큰 것인 까닭에 '광대하도다!(大矣哉!)'고 했다. 『程傳』

【번역飜譯】

〈象傳〉에 이르되 : 어긋나서 서로 떨어져 있는 것, 비유해 본다면, 이는 불꽃은 타면서 위로 올라가고 연못의 물은 흘러서 아래로 스며드는 것과 같다는 의미이다. 또한 두 여자가 한 방에서 동거할지라도 뜻이 같지 않으면 행위가 어긋나는 것과 같다는 의미이다. 이때는 응당히 밝은 것에 기꺼이 붙어야 할 것이며 柔順한 도를 사용해 나아갈 것을 모색해야 만이 비로소 위로 곧 바로 올라 갈 수 있을 것이며 또한 일을 처리함에 있어서 中道를 실천하며 陽剛한 자에 호응하여 화합해야 할 것이니, 이는 곧 조심스럽게 일을 처리하면 길할 것이라는 의미이다. 하늘과 땅이 위와 아래에서 어긋나서 서로 떨어져 있으나 만물을 화육시키는 일의 이치는 오히려 서로 같으며 남녀 陰陽이 어긋나서 서로 떨어져 있으나 서로 감응하여 화합을 구하는 마음은 오히려 서로 통하며 하늘 아래 만물이 비록 어긋나서 서로 떨어져 있으나 天地·陰陽氣質을 부여 받는 상황은 오히려 서로 비슷하다. 어긋나서 서로 떨어져 있는 시점에서 시행되기를 기다리고 있는 범위가 얼마나 광대한 것인가!

〈象〉曰：上火下澤, 睽. 君子以同而異.

【주석註釋】

上火下澤, 睽 : ≪睽≫는 上卦 離의 '火'와 下卦 兌의 '澤'으로 구성된 象이라는 것을 해석한 내용이다.

> '火'의 본성은 위로 타오르고 '澤'의 본성은 아래로 스며들어 감으로써 '睽'라고 했다.
> 『集解·荀爽』

同而異 : '사물의 모두 같음을 구할 것을 상의함과 아울러 같아서는 안 되는 사소한 차이가 함께 존재하도록 해야 할 것이다.'는 의미이다.

이는 '군자'가 ≪睽≫ 卦象을 관찰해 본 후, '어그러진(어긋난) 것을 하나로 화합하는(合睽)' 이치는 사물의 '모두 같음(大同)'을 구할 것을 상의함과 아울러 같아서는 안 되는 '사소한 차이(小異)'가 함께 존재해야 한다는 것을 깨달았다는 것을 설명한 내용이다.

> 크게 돌아가는 것은 비록 같다고 할지라도 작은 일들은 당연히 달라야 할 것이다. 백관이 각각 직책이 다르고 사·농·공·상은 하는 사업이 각기 다르다. 문인들과 무인들이 함께 활동하나 위엄과 덕은 서로 반대이다. 그러나 모두 治化에 귀결된다. 따

라서 '군자는 크게는 같은 것을 도모해야 할 것이나 작게는 다르게 존재하도록 해야 할 것이다.(君子以同而異)'고 했다. 『集解·荀爽』

【번역翻譯】

〈象傳〉에 이르되 : 위에는 불이 있고 아래에 연못이 있는 것은 어긋나서 서로 떨어져 있는 것을 상징한다. 군자는 이를 본 받아, 사물의 모두 같음을 구할 것을 상의함과 아울러 같아서는 안 되는 사소한 차이가 함께 존재하도록 해야 할 것이다.

【해설解說】

程頤는 『禮記·中庸』에 있는 '화해는 할지라도 함께 섞여 흐르지는 않는다.(和而不流)'는 뜻으로서의 '同而異'을 다음과 같이 설명했다.

모두 같은 가운데에서 마땅히 다르다는 것을 알아야 할 것이다. 『程傳』

이는 「大象傳」의 의미와 매우 흡사하다.

「象傳」의 '異而同'은 어긋나서 서로 떨어진 것을 구제하는(그만 두게 하는) 공적을 이루었기 때문이다. 「象傳」의 '同而異'는 어긋나서 서로 떨어진 것을 사용하는 이치를 밝혔기 때문이다. 『泰軒易傳·李中正』

하나의 학설로 하나의 종교를 지탱해 나아간다면, 반드시 다른 사람들을 자기와 같아지도록 강요함으로써 같은 무리들(同類)이 원성을 높여 공격할 것이며 심할 경우에는 전쟁의 화근을 양성하게 될 것이다. 이는 모두 '군자는 이를 본 받아, 사물의 모두 같음을 구할 것을 상의함과 아울러 같아서는 안 되는 사소한 차이가 함께 존재하도록 해야 할 것이다.(君子以同而異)'는 이치를 이해하지 못한 까닭이다. 南郭惠子가 子貢에게 '선생님의 문하생들은 어찌 그리도 잡다하십니까?(夫子之門, 何其雜?)'라고 질문하자 자공이 '아! 그것은 바로 공자께서 큰 까닭이 아니시겠는가?(嗚呼! 此孔子之所以爲大也.)'라고 대답했었다. 『重定費氏學·馬其昶』

馬氏는 공자가 제자를 가르친 상황에 근거해 말한 것으로, 공자의 '교육을 하는 데에 있어서는 신분의 상하를 가리지 말아야 할 것이다.(有敎無類)'는 사상과 「大象傳」 '同而異'는 의미상에서 서로 통한다.

(☲☱) 初九 : 悔亡. 喪馬, 勿逐自復. 見惡人, 无咎.

【주석註釋】

悔亡 : 初九爻가 ≪睽≫의 시작에 처한 것이, 처음으로 다른 사람과 '어긋난 것과 같으며 직위도 낮고 호응하는 자도 없으며 따로 자립해서 스스로 드러날 수도 없음으로 다른 사람들과 넓게 사귀며 화합해야 만이 '후회는 사라질 것이다.(悔亡)'고 했다.

   ≪睽≫의 시작에 처하며 下卦의 가장 아래에 처하며 호응하는 자가 없어 혼자서 지내니 '후회'할 것이다. 다른 사람과 뜻을 화합(합하여 하나로) 한다면 '후회는 사라질 것이다.(悔亡)'『王注』

喪馬, 勿逐自復. 見惡人, 无咎 : '見'에 대해『正義』에서는 '겸손하게 그를 맞이한다.'는 의미라고 했다. '喪馬'는 '어긋난 것'에 비유한 내용이다. '勿逐自復'은 '뒤쫓아 가지 말고 스스로 돌아오기를 조용히 기다려야 할 것이다.' 즉 '어긋난 것이 사라질 것이다.'는 의미이다. '惡人' 역시 '자신과 대립되는 의견을 가진 자'로, 온화한 안색으로 서로 대접하며 스스로 반성하며 善을 따른다면 '어긋난 것'이 사라질 것이라는 바에 비유한 것이다. 비유한 뜻은 모두 初九爻는 반드시 물러나서 순응할 것이며 함부로 움직이지 말 것이며 변화하는 상황에 대처하면서 명을 기다린다면 '어긋난 것'이 자연스럽게 사라질 것이라는 의미이다.

   달아나는 말의 뒤를 쫓아간다면 쫓아 갈수록 멀리 달아날 것이다. 惡人은 그 말을 세차게 때리니 때릴수록 더욱 어그러질 것이다. 따라서 쫓아가지 말 것이며 말이 스스로 돌아오기 기다렸다가 그를 온화하게 맞이한다면 재난을 면할 것이다. 睽의 시작에 처하니 그 도는 마땅히 이와 같이 해야 할 것이다. 그렇지 않으면 '어긋난 것(睽)'이 끝까지 어긋난 상태로 유지될 뿐이다.『大易緝說』

【번역飜譯】

初九爻 : 후회가 사라질 것이다. 말이 달아날지라도 뒤쫓아 가지 말 것이며 말 스스로 돌아오기를 조용히 기다려야 할 것이다. 자신과 대립되는 의견을 가진 자를 겸손하게 맞이하면 재난에 이르지 않을 것이다.

〈象〉曰 : '見惡人', 以辟咎也.

【주석註釋】

辟 : '피하다(避)'와 통한다.

【번역飜譯】

〈象傳〉에 이르되 : '자신과 대립되는 의견을 가진 자를 겸손하게 맞이해야 할 것이다.'고 한 것은 어긋난 것이 격화되는 재난을 피하기 위해서다.

【해설解說】

初九爻에서는 '睽'에 처했을 때 두 방면의 원칙을 제시하고 있다.

① '화합하여 함께 한다.(和同)'는 의미이다.
　'빛나는 것에 화합하고 더러운 것에 함께 한다.'는 것, 즉 '스스로 다르게 나타내 보이지 않는다.'는 의미이다. 『正義·孔穎達』

② '조용히 지켜본다.'는 의미이다.
　조용하게 그를 기다리다가 겸손하게 그를 맞이하며 넓고 욕심 없는 마음을 가지면 그의 어긋난 모습을 보지 못할 것이다. 무릇 오로지 그의 어긋난 모습을 보지 않은 후라야 만이 어긋났던 것이 하나로 화합할 수 있을 것이다. 『折中·何楷』

(☲.) 九二 : 遇主于巷, 无咎.

【주석註釋】

遇主于巷, 无咎 : '主'는 六五爻를 뜻하며 존위에서 九二爻와 호응함으로써 그렇게 불렀다.

이는 九二爻가 '睽'의 시점에 당면하여, 正位를 상실함으로써 불안하며 본래는 재난을 만나게 되어있다. 그러나 陽으로 陰位에 처하여 겸손함을 지키며 시기에 순응할 뿐만 아니라 中位에 처하니, 기대하지 않았던 六五爻를 길에서 만나 '서로 떨어져 있던 바'가 마침내 하나로 화합하게 되었음으로 '반드시 재난이 없을 것이다.(无咎)'고 했다.

'睽'에 처하며 正位를 상실하여 장차 평안하지 못할 것이다. 六五爻 역시 正位를 상실하였다. 그들은 모두 자신과 같은 무리를 구하고자 하는 같은 뜻을 가지고 대문을 나섰다. 기대하지 않았으나 만났음으로 '길에서 예기치 않게 우연히 주인을 만났다.(遇主于巷)'고 했다.『王注』

【번역飜譯】

九二爻 : 길에서 예기치 않게 우연히 주인을 만났으니 반드시 재난이 없을 것이다.

〈象〉曰 : '遇主于巷', 未失道也.

【번역飜譯】

〈象傳〉에 이르되 : '길에서 예기치 않게 우연히 주인을 만났다.'고 한 것은 九二爻가 睽의 道에 처하는 과실을 저지르지 않는다는 의미이다.

【해설解說】

九二爻가 '조심스럽게' 어긋난 상황을 처리할 수 있었던 것은 剛한 곳에 처하면서 柔할 수 있어 행동이 中을 잃어버리지 않았기 때문이다. 어긋난 것을 하나로 화합하는 것을 억지로 구하지 않는다는 것은 그 어긋난 것이 스스로 하나로 화합하게 된다는 것이니, 그 '어긋난 것'을 구제하는(그만 두게 하는) 조심스럽고 순한 이치를 충분히 볼 수 있는 바이다.

(䷥) 六三 : 見輿曳, 其牛掣. 其人天且劓. 无初有終.

【주석註釋】

見輿曳, 其牛掣. 其人天且劓 : '曳'는 '당기다'는 뜻이다. '掣'는 '행동을 제지한다.'·'눌러서 멈추게 한다.'는 뜻이다. '天'은 '而'이며 '而'는 고대에 '머리를 깎는 형벌'을 뜻한다. 즉 죄인의 '귀 앞 머리털을 깎는 형벌'을 뜻한다. '劓'는 '코를 베는 형벌'을 뜻한다.

이 세 구절은 세 종류의 比喩象을 취하여, 六三爻가 《睽》 下卦의 마지막에 처하며 上九爻와 호응하고자 하다가 오히려 어긋나서 서로 떨어진 상황 즉 하나로 화합하기 어렵게 된 상황을 설명한 내용이다. 六三爻는 陰柔로 正位를 상실했으며 上下 두 개의 陽爻와 이웃해 있어 심리적 위협이 조성되어 있는 것이, 九二爻는 뒤에서 '수레를 끌어당기고'·九四爻는 앞에서 '소를 제지하고' 있는 것과 같다는 의미이다. 또한 上九爻는 멀리 外卦의 극한 곳에 처해 있음으로 아마도 그는 자신에 대해 의심하면서 징벌을 가하고자 할 것이니 자신의 몸이 '天'·'劓'의 가혹한 형벌을 받고 있는 것과 같은 정신착란이 일어날 지경이라는 의미이다.

爻辭는 六三爻가 內卦에 처하며 어긋나서 서로 떨어짐이 지극하여 처한 경지가 고통스럽다는 것에 주의함과 아울러 이로 말미암아 공포·의심으로 인한 근심이 생겨나고 있다는 것을 설명하고 있다.

六三爻와 上九爻가 바르게 호응은 하나 六三爻는 두 개의 陽爻 사이에 처해있는 관게로 뒤에서는 九二爻가 끌어당기고 앞에서는 九四爻가 제지한다. 睽의 시점에 당면해, 上九爻의 질투가 바야흐로 매우 깊어졌음으로 '머리털이 깎이거나 코가 베어지는 (髡·劓)' 상처를 입게 될 것이라고 했다. 『本義』

无初有終 : '처음에는 어긋나서 서로 떨어졌으나 결국에는 하나로 화합할 것이다.'는 의미이다.

이는 六三爻가 비록 어긋나서 서로 떨어진 것을 감당할 수 없다고는 할지라도 진실하게 오로지 上九爻만을 사모함으로써, 九二爻와 九四爻는 六三爻와 바르게 호응하는 관계가 아님으로 즉 九二爻는 뒤에서 六三爻를 끌어 당기기가 어렵고 九四爻는 앞에서 六三爻를 제지하기가 어려우니 결국에는 上九爻의 의심이 사라지고 기쁘게 하나로 화합할 것이라는 의미이다.

사악한 것은 바른 것을 이기지 못하며 결국에는 반드시 하나로 화합하게 될 것이다. 『本義』

【번역翻譯】

六三爻 : 마치 큰 수레가 (뒤에서) 끌어당김으로써 앞으로 나아가는 데에 어려움을 겪고 있으며 수레를 몰고 가는 소는 (앞에서) 견제를 받아 나아가지 못하고 있는 것을 보고 있는 것과 같다. 또한 자신의 몸에서 머리털이 깎이고 코가 베어지는 참혹한 형벌을 받는 것 같은 정신착란이 일어날 지경이다. 처음에는 어긋나서 서로 떨어졌으나 결국에는 기쁘게 하나로 화합할 것이다.

【해설解說】

爻辭 '天'의 의미에 대한 학자들의 의견은 다음과 같이 다양하다.

이마에 먹물을 넣는 것을 '天'이라고 한다. 『集解·虞翻』

'天'은 '而'이다. 이 두 글자는 古文에 서로 같은 의미로 사용되었으니, 이는 후인들이 잘못 베껴썼기 때문이다. '而'는 漢法에 있어서, 죄를 지었을 때 귀의 앞머리를 자르는 형벌을 의미했다. 『周易口義·胡瑗』

'天'은 '兀(발의 뒤꿈치를 벤다.)'字와 같다. 『玉篇』에 古文 '天'字를 '兂'로 표기했으니, 그 字形이 비슷했음으로 '兀'이 '天'으로 잘못 변해 내려오고 있다. 아울러 『莊子·德充符』에 '노나라에서는 兀이 있었다.'고 했다. 『釋文』에서는 '발꿈치를 베어버리는 형벌을 兀이라고 한다.'고 했다. 『羣經平議·俞樾』

〈象〉曰 : '見輿曳', 位不當也. '无初有終', 遇剛也.

【주석註釋】

遇剛 : 六三爻와 上九爻가 호응하고 하나로 화합할 것이라는 의미이다.

【번역飜譯】

〈象傳〉에 이르되 : '마치 큰 수레가 (뒤에서) 끌어당김으로써 앞으로 나아가는 데에 어려움을 겪고 있는 것을 보는 것과 같다.'고 한 것은 六三爻가 처한 위치가 정당하지 않음으로써 그렇게 되었다는 의미이다. '처음에는 어긋나서 서로 떨어졌으나 결국에는 기쁘게 하나로 화합할 것이다.'고 한 것은 六三爻가 결국에는 반드시 서로 호응해야 하는 陽剛과 만나서 하나로 화합할(등용될) 것이라는 의미이다.

【해설解說】

六三爻는 陰爻로 內卦에 처하며 어긋나서 서로 떨어짐이 지극하여 우환과 두려움이 생겨났다. 上九爻는 陽으로 外卦에 처하며 어긋나서 서로 떨어짐이 한층 더 심해지자 질투와 의심이 생기고 환각현상은 더욱 강렬해 졌다.
이 두 개의 爻는 자못 대조하면서 이해해야 할 것이다.

(☲) 九四 : 睽孤. 遇元夫, 交孚, 厲无咎.

【주석註釋】

睽孤 : 九四爻가 '睽'의 시점에 당면하여, 고립되어 호응하지 못하며 六三爻와 六五爻 두 개의 陰爻가 비록 상하에서 이웃하고 있다고 할지라도 각각 마음대로 일을 주관하는 자들이기 때문에 九四爻는 유독 '남이 배반함으로써 고립된(睽孤)' 象을 현격히 보여주고 있다.

> 호응하는 자가 없어 혼자서 처하며, 六五爻는 자발적으로 九二爻와 호응하며 六三爻는 자신(九四爻)과 어긋나 있기 때문에 '어긋나서 고독하게 서있다.(睽孤)'고 했다. 『王注』

遇元夫, 交孚, 厲无咎 : 初九爻가 陽大인 까닭에 '元'이라고 했다. '元夫'는 '大丈夫'를 뜻한다.

> '元'이란? '훌륭하다'는 뜻이다. '夫'란? '人'을 뜻한다. '陽'이란? '大人'을 뜻한다. 『來氏易注』

이는 앞 구절의 의미를 이어서 九四爻가 '睽孤'의 호응하지 못하는 시점에 당면하여, 陰陽이 서로 호응하는 것을 억지로 구하지는 않으며 初九爻를 찾아가서 만나보니 역시 혼자 처하며 호응하는 자가 없었으니, 初九爻와 九四爻는 두 개의 陽剛성품이지만 서로 끌어 당겨 동지가 되어 서로 정성을 다해 사귈 것이라는 의미이다. 따라서 비록 '멀리 떨어져 있음으로써' 위험은 할지라도 결국에는 재난을 면할 것이라고 했다.

> 初九爻 역시 호응하는 자 없이 특별히 우뚝하게 서 있으니, 睽의 시점에 처하여 모두 혼자 서 있으며 함께 上卦와 下卦의 아래에 처해있는 동지이다. 그리고 자신의 正位를 상실했으며 六三爻·六五爻와 이웃하나 모두 자기와 어긋난 상태이니 처한 곳이 편안하지 못함으로써 그는 동지를 구해 스스로 의탁해야 할 것이다. 따라서 '대장부를 만난다.(遇元夫)'고 했다. 동지를 서로 얻어 의심하지 않음으로써 '정성과 믿음으로 사귈 것이다.(交孚)'고 했다. 비록 멀리 떨어져 있으나 뜻은 벗과 같이 함께 함으로 비록 '위험은 할지라도 오히려 재난을 면할 것이다.(厲无咎)'고 했다. 『王注』

【번역翻譯】

九四爻 : 어긋나서 서로 떨어져 고독하게 서있다. 陽剛의 대장부를 만나서 서로 신의와 정성으로 사귈 것이니 비록 위험은 할지라도 오히려 재난은 면할 것이다.

〈象〉曰 : '交孚无咎', 志行也.

【번역翻譯】

〈象傳〉에 이르되 : '서로 신의와 정성으로 사귈 것이니 비록 위험은 할지라도 오히려 재난은 면할 것이다.'고 한 것은 그 뜻이 어긋나서 서로 떨어져 있는 상황을 구제하는(그만 두게 하는) 바를 실천하는 데에 있다는 의미이다.

【해설解說】

初九爻가 아래에 처한 것은 陽이나 물러날 수 있다는 의미이다. 九四爻가 陰位에 처한 것은 剛한 성품이나 柔할 수 있다는 의미이다. 양자는 모두 겸손하고 화해할 수 있는 미덕을 타고 났으니 서로 신의와 정성으로 사귀게 됨으로써 결국 '어긋나서 서로 떨어져 있는 상황(睽)'을 '하나로 합할(合)' 수 있게 될 것이다. 九四爻와 初九爻는 '같은 것을 추구하나 다르게 존재하는(求同存異)' 신념을 가진 자들로서 어긋나서 서로 떨어져 있는 상황을 구제하는(그만 두게 하는) 뜻을 실천할 수 있는 자들이다.

(☲) 六五 : 悔亡, 厥宗噬膚, 往何咎?

【주석註釋】

悔亡, 厥宗噬膚, 往何咎 : '宗'은 '종족내부'를 뜻한다. 이는 九二爻가 六五爻에 호응하는 것이 '宗親'과 같다는 의미이다. '噬膚'는 '부드러운 피부를 깨문다.'는 뜻이다. 이곳에서는 柔順하고 까다롭지 않게 어긋나서 서로 떨어져 있는 상황을 구제하는(그만 두게 하는), 즉 '濟睽'의 과정에 비유한 내용이다.

이 세 구절은 六五爻가 부당한 곳에 처함으로써 본래는 후회하게 되어 있으나, 존위에 처하며 柔順하게 下卦의 九二爻와 호응할 것이며 九二爻는 和順하게 中位에 처해 '유순하고 까다롭지 않는(噬膚)' 도로서 만나기를 기대하니 앞으로 나아가 호응하면 반드시 재난이 없을 것이기 때문에 '후회가 사라질 것이다.(悔亡)'고 했다.

'睽'의 시점에서, '조심스럽게 일을 처리하면 길할 것이다.(小事吉)'고 한 것은 좁은 감정으로 곧게 나아가면 하나로 화합하기 어려우나 굽혀서 부드럽게 들어가면 쉽게 통할 것이라는 의미이다. 예를 들면, 음식물이 그러하다. 즉 몸속의 뼈를 씹기는 어려우나 그의 피부를 깨물기는 쉽다. 九二爻가 길에서 나(六五爻)를 만난다는 것은 '그 종친(厥宗)'을 만나니 '부드러운 피부를 씹는 것(噬膚)'과 같이 편안하다는 의미이다. 내가 가서 그와 하나로 화합하면 어긋나서 서로 떨어져 있던 상황이 사라지게 될 것이다. 이것이 그의 '후회가 사라지게 될 것이다.'는 이유일 진데 어찌 재난이 있을 수 있겠는가? 『折中』

【번역翻譯】

六五爻 : 후회가 사라질 것이라고 한 것은 그 서로 호응하는 종친이 마치 부드러운 피부를 깨무는 것처럼 하는데(화순한 道로 만나서 하나로 화합하기를 기대하는 것처럼 하는데) 앞으로 나아가면 어찌 재난이 있을 수 있겠는가?의 의미이다.

〈象〉曰 : '厥宗噬膚', 往有慶也.

【번역翻譯】

〈象傳〉에 이르되 : '그 서로 호응하는 종친이 마치 부드러운 피부를 깨무는 것처럼 한다.'고 한 것은 六五爻가 이때에 앞으로 나아가면 반드시 좋은 일이 있을 것이라는 의미이다.

【해설解說】

六五爻의 '후회가 사라지는(悔亡)' 까닭은 九二爻와 서로 호응하기 때문이며 더욱이 九二爻가 조심스럽게 쉽고 화순한 道를 찾아 구하여 만나서 하나로 화합할 것을 기대하고 있기 때문이다. 이로 인해 앞으로 나아가면 반드시 좋은 일이 있을 것이며 둘이 서로 기쁘게 만나게 될 것이다. 「象傳」 '得中而應乎剛'이 바로 이 의미이다.

(☲) 上九 : 睽孤, 見豕負塗, 載鬼一車, 先張之弧, 後說之弧. 匪寇, 婚媾. 往遇雨則吉.

【주석註釋】

睽孤, 見豕負塗, 載鬼一車, 先張之弧, 後說之弧 : '豕'와 '鬼'는 모두 上九爻가 六三爻를 시기하고 의심하다가 이미 추한 형태로 변한 것에 비유한 내용이다. '說'은 '脫'과 통한다.

이 몇 구절은 上九爻가 陽으로 ≪睽≫의 가장 극한 곳에 처하며 六三爻와 떨어져 갈라선 지가 지극히 오래되자 고독해 하고 번잡해 하고 초조해 하더니 시기하고 의심하는 헛된 마음이 생겨나서 결국에는 여러 가지 환각을 양성시키게까지 되었다는 것을 설명한 내용이다. 즉 어떤 때는 돼지가 등에 진흙을 묻히고 있는 모습으로 변해있는 것이 보이고 어떤 때는 유령을 가득 태운 수레가 빨리 달리는 것을 보고 활시위를 당겨 화살을 쏘았는데 화살이 날아가는 기세가 맹렬한가 싶더니 귀신이 곧장 사라져 버리는 것이 보인다고 했다.

爻辭의 뜻은 六三爻와 서로 호응하는 上九爻가 '睽'의 극한점에서 생겨나는 심리현상의 변질된 모습을 보여주고 있다.

上九爻와 六三爻는 비록 서로 호응은 할지라도 '睽'의 극한 곳에 처하여 의심하지 않는 바가 아니니 그가 六三爻를 만나는 것을, 마치 더러운 돼지가 또한 등에 진흙을 묻히고 있는 것을 만나는 것처럼 그를 만나는 것을 매우 싫어했다. 이미 매우 싫어하고 있다는 것은 수레에 그득 실려 있는 유령을 보는 것과 같이 했다는 의미이다. 유령은 본래 형체가 없으니 유령이 하나 그득 실린 수레를 만나게 되면 그는 없는 것을 있는 것처럼 말해야함으로 진실이 아닌 것의 극치가 된다. 또한 이르되 : 먼저 활시위를 당긴다는 것은 비로소 의심하고 미워하기 때문에 그에게 화살을 겨냥하고자 한다는 뜻이다. 그를 의심한다는 것은 거짓일 진데 거짓이 어찌 오래 갈 수가 있겠는가? 따라서 결국에는 반드시 바른 곳으로 돌아올 것이다. 六三爻는 사실상 싫어하지 않음으로 후에 활을 벗어버리고 화살을 겨냥하지 않을 것이다. 『程傳』

匪寇, 婚媾. 往遇雨則吉 : '婚媾'란? 上九爻와 六三爻가 바르게 호응하는 관계라는 것에 비유한 내용이다. '雨'란? 옛 사람들은 '陰陽 二氣가 서로 화해해서 만들어진 물질이다.'고 생각했다. 이곳에서는 上九爻와 六三爻가 '睽'의 극한점에 이르러 서로 화해할 것이라는 것에 비유한 내용이다.

 이 세 구절은 앞 문장의 의미를 이어서, 上九爻의 시기와 의심이 이미 사라졌다는 것은 六三爻가 '원수(寇)'가 아니라 사실상 上九爻의 훌륭한 배필이라는 것을 알았다는 것을 설명한 내용이다. 따라서 앞으로 나아간다면 반드시 '비를 만나게(遇雨)'되어 '길할 것이다.'고 했다.

 '睽'의 상황이 극에 처하면 다시 돌아오게 됨으로 六三爻와는 다시 원수가 되는 것이 아니라 혼인할 배필이 되는 것이다. 또한 陰陽이 하나로 화합하다가 더욱 화해하면 비가 됨으로 '앞으로 나아간다면 비를 만나게 되어 길할 것이다.'고 했다. 앞으로 나아간다는 것은 이곳에서부터 앞으로 나아간다는 것이니 이미 하나로 화합했음에도 불구하고 더욱 화해하면 길할 것이라는 의미이다. 『程傳』

【번역翻譯】

上九爻 : 어긋나서 서로 떨어져 있는 상황이 극한 곳에 이르자 고독으로 의심하며 어쩔 줄을 모르다가, 정신착란 상태가 되어 더러운 돼지가 등에 진흙을 묻히고 있는 것과 같이 보이기도 하고 또한 유령을 가득 태운 수레가 빨리 달리는 것을 보고 먼저 활시위를 당겨 화살을 쏘고자 하다가 나중에 또한 활시위를 놓아 버리기도 하는 것과 같이 했다. 원래는 원수가 아니라 자신과 혼인할 훌륭한 배필이었다. 이때 앞으

로 나아가면 陰陽의 조화로 일어나는 단비를 만나게 되어 장차 길할 것이다.

〈象〉曰 : '遇雨之吉', 群疑亡也.

【주석註釋】

群疑 :

비로소 '어긋나서 서로 떨어졌다.(睽)'는 것은 의심이 없었던 것이 아님으로 '여러 종류의 의심(群疑)'이라고 했다. 『程傳』

【번역飜譯】

〈象傳〉에 이르되 : '陰陽의 조화로 일어나는 단비를 만나게 되어 장차 길할 것이다.'고 한 것은 上九爻가 하던 여러 종류의 의심이 이미 모두 사라졌다는 의미이다.

【해설解說】

지금 길 중간에서 더러운 돼지가 진흙을 등에 묻히고 귀신이 수레에 타고 있는 것을 본 것은 모두 의심이 극한 상황에서 나타나는 환상이었다. 『重定費氏學 · 馬其昶』

上九爻가 이미 이러한 상황이 된 것과 六三爻의 '輿曳' · '牛掣'와 신체상에 '髡' · '劓'의 형을 받은 것 역시 이와 같지 않는 바가 없다. 이는 어긋나서 서로 떨어져 있는 극한 상황에 이르러 '여러 종류의 의심'이 분분히 일어날 때는 오로지 心氣를 화평하게 한다면 더욱 잘 이해할 수 있을 것이며 '柔道'를 사용해서 천천히 소통시킨다면 비로소 의심이 사라지고 어긋나서 서로 떨어져 있는 상황을 하나로 화합하게 되어 다시 서로 화해하게 될 것이다. 따라서 六三爻와 上九爻는 '처음에는 어긋나서 서로 떨어져 있었으나 결국에는 기쁘게 하나로 화합할 것이다.(无初有終)' · '단비를 만나게(遇雨) 되어 장차 길할 것이다.'고 했다.

【睽】 요점·관점

인간의 감정과 사물의 이치는 항상 하나로 화합하기를 좋아하고 떨어져 갈라지기를 좋아하지 않음으로 기쁘면 모이고 기쁘지 않으면 흩어진다.

≪睽≫는 '어긋나서 서로 떨어져 있는 상황'을 卦의 의미로 이름을 정했으나 오히려 어떻게 하면 '어긋나서 서로 떨어져 있는 상황(睽)'을 '하나로 화합하는 상황(合)'으로 전화시킬 것인가?의 이치에 대해 말해주고 있다.

卦辭의 '小事吉(조심스럽게 일을 처리하면 길할 것이다.)'은 곧 사물이 비록 '어긋나서 서로 떨어져 있다.'고는 할지라도 반드시 함께 할 수 있으며 하나로 화합하여 처할 수 있으니, 柔和하고 세심한(조심스러운) 방법을 사용해 형세에 순응하며 이로운 방향으로 나아간다면 어긋나서 서로 떨어져 있던 상황은 사라지게 될 것이고 어긋나서 서로 떨어졌던 상황은 결국 하나로 화합하게 될 것이라는 것을 표명한 내용이다.

卦 가운데 六爻는 비록 모두 '睽'의 시점에 처했으나 한 개의 爻도 오랫동안 어긋나서 서로 떨어진 채 하나로 화합하지 않고 있는 것이 없다. 즉 六爻는 모두 앞에서는 어긋나서 서로 떨어져 있으나 나중에는 하나로 화합했다.

內卦는 모두 어긋나서 서로 떨어진 상태로 기다리고 있고 外卦는 모두 돌아와 호응하고 있다. 初九爻에서는 '말이 달아날지라도 뒤쫓아 가지 말 것이다.'고 하더니 九四爻에 이르러서는 '대장부를 만난다.(遇元夫)'고 함으로써 初九爻와 九四爻가 하나로 화합한다는 것을 보여주고 있다. 九二爻는 예기치 않게 우연히 주인을 만난다고 하더니 六五爻에 이르자 '앞으로 나아가면 어찌 재난을 만날 수 있겠는가?(往何咎)'라고 함으로써 九二爻와 六五爻가 하나로 화합한다는 것을 보여주었다. 六三爻는 '큰 수레가 (뒤에서) 끌어당김으로써 앞으로 나아가는 데에 어려움을 겪고 있다.(輿曳)'·'수레를 몰고 가는 소는 (앞에서) 견제를 받아 나아가지 못하고 있다.(牛掣)'고 하더니 上九爻에 이르러서는 '단비를 만난다.(遇雨)'는 것으로 六三爻와 上九爻가 서로 하나로 화합하는 것을 보여주고 있다. 천하의 이치는 사실상 끝까지 어긋나서 서로 떨어져 있는 상태로 존재하지 않는다. 많은 爻들이 모두 '조심하고' '유순한' 이치를 사용했으며 아울러 '어긋나서 서로 떨어져 있는 상황을 구제하고(그만 두게 하고), 즉 濟睽하고' '어긋나서 서로 떨어져 있는 상황을 하나로 화합하는, 즉 合睽하는' 공능을 가지고 있음으로 '불

만이 있더라도 일의 성취를 위해 남에게 굽혀 부드럽게 들어간다면 쉽게 통할 수 있을 것이다.(委曲巽入則易通也)'고 했다. 『折中 · 馮當可』

각 爻의 의미 가운데에서 우리는 『周易』 작자가 사물의 '同'·'異'와 '睽'·'合'의 관계에 대한 인식을 명백하게 제시하고 있다는 것을 알 수 있다. 「象傳」'天地睽而其事同也夜, 男女睽而其志通也, 萬物睽而其事類也.'가 바로 이 의미를 제시한 내용이다.

「大象傳」'同而異(사물의 모두 같음을 구할 것을 상의함과 아울러 같아서는 안 되는 사소한 차이가 함께 존재하도록 해야 할 것이다.)'는 '조심스럽게 어긋나서 서로 떨어져 있는 상황을 처리해야 할 것이다.'는 추상적 개념의 구체적 표현이며 ≪睽≫가 함유하고 있는 '대립과 통일'의 철학적 색채를 진일보 적으로 표현한 내용이다.

祭天地之牛角繭栗宗廟之牛角握賓客之牛角尺

천지에 올리는 제물의 犧牲소는 뿔에 고치 밤을 만한 뿔이난 것을 사용하고 종묘에 올리는 제물의 희생소는 주먹만 한 뿔이난 것을 사용하고 한백접대용 희생소는 한 자 정도 되는 뿔이난 것을 사용한다

錄禮記句

卷六

39. ䷦ 坎上艮下 《蹇》：反身修德

40. ䷧ 震上坎下 《解》：赦過宥罪

41. ䷨ 艮上兌下 《損》：懲忿窒欲

42. ䷩ 巽上震下 《益》：見善則遷，有過則改.

43. ䷪ 兌上乾下 《夬》：施祿及下，居德則忌.

44. ䷫ 乾上巽下 《姤》：施命誥四方

45. ䷬ 兌上坤下 《萃》：除戎器，戒不虞.

46. ䷭ 坤上巽下 《升》：順德，積小以高大.

39. 蹇卦의 立體文型圖

(䷦) 《蹇》: 蹇. 利西南, 不利東北. 利見大人, 貞吉.

〈彖〉曰: '蹇', 難也, 險在前也. 見險而能止, 知矣哉! '蹇, 利西南', 往得中也. '不利東北', 其道窮也. '利見大人', 往有功也. 當位'貞吉', 以正邦也. 蹇之時用大矣哉!

〈象〉曰: 山上有水, 蹇. 君子以反身修德.

• • •

(- -) 上六: 往蹇, 來碩. 吉, 利見大人.
〈象〉曰: '往蹇來碩', 志在內也. '利見大人', 以從貴也.

(—) 九五: 大蹇, 朋來.
〈象〉曰: '大蹇朋來', 以中節也.

(- -) 六四: 往蹇, 來連.
〈象〉曰: '往蹇來連', 位當實也.

(—) 九三: 往蹇, 來反.
〈象〉曰: '往蹇來反', 內喜之也.

(- -) 六二: 王臣蹇蹇, 匪躬之故.
〈象〉曰: '王臣蹇蹇', 終无尤也.

(- -) 初六: 往蹇, 來譽.
〈象〉曰: '往蹇來譽', 宜待也.

39 蹇卦

(䷦)≪蹇≫・錯(䷥)≪睽≫・綜(䷧)≪解≫・互(䷿)≪未濟≫

(䷦)≪蹇≫: 蹇. 利西南, 不利東北. 利見大人, 貞吉.

【주석註釋】

☵ : 卦象이다. 下卦 ☶ 艮卦(山・止)와 上卦 ☵ 坎卦(水・險)로 구성되었다. 험악한 산 정상에 넓고 깊은 웅덩이가 있는 자연현상과 이치를 빌려와서 '어려움에 처한'의 현상과 이치를 상징했다.

蹇 : 卦名이다. '어렵다'・'고생스럽다'・'걷기가 힘들다.'・'길을 걸을 때 어려움을 만난다.'는 의미를 상징한다.「序卦傳」에서는 '蹇이란? 어렵다(難)는 의미이다.'고 하면서「象傳」과 같이 해석했다.

　　발이 나아갈 수 없으니 행동하기가 어렵다.『本義』

利西南, 不利東北 : '西南'은 '平地'를 상징한다. '東北'은 '산기슭'을 상징한다.
　이는 卦名 '蹇'의 의미를 계승해 '蹇難'의 시점에 당면하면, 마땅히 험난한 곳을 피해 평평한 곳으로 나아가야함으로 '서남방향으로 가는 데에서 이로움을 얻을 것이나 동북방향으로 가는 데에서는 이로움을 얻지 못할 것이다.'고 했다.

　　西南은 평지이고 東北은 산기슭이다. 어려움이 평지에 있다는 것은 곧 어려움이 해결된다는 의미이다. 어려움이 산에 있다는 것은 곧 길이 막혔다(道가 다했다.)는 의미이다.『王注』

西南은 순한 자리이자 평탄하고 쉬운 방향이다. 東北은 험난한 자리이자 장애물이 있는 곳이다. 세상의 이치가 많이 어렵다고 할지라도 사물을 거느리고 평탄하고 쉬운 방향으로 간다면 절름발이가 길을 걸을 때의 어려움도 해결될 수 있을 것이다. 만약 험난한 곳으로 들어간다면 더욱 막히게 될 것이다. 길을 가는 이치는 모름지기 이와 같아야 할 것이다. 『正義』

利見大人, 貞吉 : 이는 '蹇'의 시점에 처해, '大人'이 분발하여 어려움을 구제하는 데에서 이로움을 얻을 것이며 아울러 반드시 정도를 굳건히 지켜 나아가면 길할 것이라는 의미이다.

본 卦는 九五爻가 剛中으로 존위에 처하며 여러 爻들이 正位를 얻은 것이 이 象과 부합한다는 의미이다.

'蹇'의 시점에 당면해서는, 반드시 大人을 뵙는 연후라야 어려움을 구제할 수 있다. 또한 반드시 정도를 굳건히 지켜 나아간 연후라야 길할 수 있다. 본 卦의 九五爻는 剛健하며 中正의 도를 실천함으로 '大人'의 象을 가지고 있다. 六二爻에서부터 위 다섯 개 爻는 모두 正位를 얻었으며 또한 '정도를 굳건히 지켜 나아가는(貞)' 의리를 가지고 있다. 『本義』

【번역翻譯】

≪蹇≫ : 蹇卦는 걸어가기가 고생스러운 것을 상징한다. 西南 평지로 향해 가는 데에서는 이로움을 얻을 것이나 東北 산기슭으로 향해 가는 데에서는 이로움을 얻지 못할 것이다. 大人을 뵙는 데에서 이로움을 얻을 것이며 반드시 정도를 굳건히 지켜 나아가면 길할 것이다.

【해설解說】

坤은 西南을 상징하는 卦이고 艮은 東北을 상징하는 卦이다. 坤은 大地를 상징하고 艮은 山을 상징한다. 따라서 西南과 東北은 平地와 山麓(산기슭)을 상징한다. 「說卦傳」

『王注』의 뜻은 여기에 근본을 둔 것이다. 그러나 ≪坤≫ 卦辭 가운데에서 '西南'은 陰이 이를 따라 앞으로 나아가면 陽을 만나는 일이 점점 많아질 것이라는 데에 비유되었고 '東北'은 陰이 이를 따라 앞으로 나아가면 陽을 잃어가다가 점진적으로 없어져 버릴 것이라는 데에 비유되었기 때문에 '得朋' 혹은 '喪朋'이라고 했다. ≪坤≫·≪蹇≫ 두 卦는 비록 모두 '西南'·'東北'을 취해 象으로 삼았으나 그 용의는 오히려 같지 않다.

〈象〉曰:'蹇', 難也, 險在前也. 見險而能止, 知矣哉!'蹇, 利西南', 往得中也.'不利東北', 其道窮也.'利見大人', 往有功也. 當位'貞吉', 以正邦也. 蹇之時用大矣哉!

【주석註釋】

險在前也. 見險而能止, 知矣哉 : '險'은 上卦 '坎'을 뜻한다. '止'는 下卦 '艮'을 뜻한다. '知'는 '지혜(智)'의 뜻이다.

　　이는 上卦象·下卦象을 사용해서 앞 문장과 함께 卦名 '蹇'의 의미를 해석한 내용이다.

　　'坎'이 그 밖에 있다는 것은 험난함이 앞에 있다는 의미이다. 험난함이 앞에 있는 것이 어렵게 되는 까닭이다. 만약 위험을 무릅쓰고 나아간다면 닦아올 그 피해에 대해 근심해야 할 것이다. '艮'이 그 안에 있다는 것은 정지한 채 나아가지 않는다는 의미이나 시기를 선택해 움직이는 까닭에 지혜롭지 않을 수가 없다. 『正義』

往得中 : '中'은 '적중하다'·'합당하다'는 뜻이다.

　　이는 卦辭 '利西南'을 해석한 내용으로, '蹇'일 때는 西南平地로 가는 것이 합당한 이치라는 의미이다.

　　평탄하며 쉬운 곳으로 가는 것이 어려움을 구원하는 이치인 까닭에 '나아가는 것이 합당할 것이다.'고 했다. 『正義』

'得中'이란? 오로지 나아가고 물러나는 것의 마땅함을 취하며 성급하게 움직여 어려움을 범하지 않는 것으로 '서남방향으로 가는 데에서 이로움을 얻을 것이다.'는 의미이다. 『折中』

其道窮 : 卦辭 '不利東北'의 의미를 해석한 내용이다.

험난한 장애물이 있는 곳으로 가면 어려움은 한층 더해질 것이며 그 도는 더욱 궁해질 것이다. 『正義』

往有功 : 卦辭 '利見大人'의 의미를 해석한 내용이다.

어려움에 처했을 때 성현이 아니면 천하의 어려움을 구제할 수가 없음으로 대인을 뵙는 데에서 이로움을 얻을 것이라고 했다. 대인이 正位에 처함으로써 어려움을 구제하는 공적을 성취시킬 수 있으니 앞으로 나아가면 공적을 세울 것이라고 했다. 『程傳』

當位貞吉, 以正邦也 : '當位'란? 六二爻 이상의 여러 爻가 모두 正位에 처해있다는 것을 뜻한다. 初六爻는 비록 陰으로 陽位에 처했으나 가장 낮은 위치에 처했으니 그 의리 역시 바르다고 할 수 있다. 따라서 全卦 六爻는 모두 정도를 지켜 나아가면서 '어려움(蹇)'을 구제하는 의미를 함유하고 있다. 이는 爻象을 사용하여 卦辭 '貞吉'을 해석한 것이다.

≪蹇≫의 여러 개 爻 가운데 初六爻를 제외한 나머지는 모두 正位에 처함으로써 정도를 굳건히 지켜 나아가면 길할 것이라고 했다. 初六爻는 비록 陰으로 陽位에 처했으나 가장 아래에 처했으니 역시 陰의 정당함을 가지고 있다고 할 수 있다. 이와 같음으로써 도를 바르게 하고 그 나라를 바르게 하니 '어려움(蹇)'으로부터 구제될 수 있을 것이다. 『程傳』

蹇之時用大矣哉 : 이 구절은 「象」의 전체 내용을 결산한 것으로, 어려운 경지에 처하여 어려움을 훌륭하게 구제하는 시점에서 그 노력하는 바가 지극히 훌륭하다는 것을 찬탄한 내용이다.

위의 문장에서 말한 '往得中'·'有功'·'正邦'은 그 노력이 훌륭하다는 의미이다. 『周易本義通釋』

【번역飜譯】

〈彖傳〉에 이르되 : '蹇'은 걸어가기가 고생스럽다는 뜻으로, 비유해 본다면, 험난한 경지가 앞에 놓여있으니 걸어가기가 필연코 어려울 것이라는 것과 같은 의미이다. 험난한 경지가 출현하면 앞으로 나아가지 않고 멈출 수 있다면 밝은 지혜를 가진 자라고 할 수 있을 것이로다! '걸어가기가 고생스러운 시점에서 西南 평지로 향해 가는 데에서는 이로움을 얻을 것이다.'고 한 것은, 이와 같이 앞으로 나아가는 것이 이치에 일치하며 적절하다는 의미이다. '東北 산기슭으로 향해 가는 데에서는 이로움을 얻지 못할 것이다.'고 한 것은 동북방향으로 간다면 반드시 머지않아 노독은 쌓이고 길은 막힐 것이라는 의미이다. '大人을 뵙는 데에서 이로움을 얻을 것이다.'고 한 것은 앞으로 나아가면 어려움을 구제하여 반드시 공적을 세울 것이라는 의미이다. 직위가 적당한 곳에 처해 '정도를 굳건히 지켜 나아가면 길할 것이다.'고 한 것은 어려움으로부터 벗어나서 나라를 바르게 할 것이라는 의미이다. 어려운 시점에 처하여 어려움을 구제한 공적이 얼마나 넓고 큰(훌륭한) 것인가!

【해설解說】

본 卦 '西南'·'東北'의 의미와 「彖傳」에서 해석한 여러 가지는 漢魏 『易』學家 대부분이 卦變을 사용하여 해석한 내용들이다. 즉 荀爽은 '利西南, 往得中.'과 '不利東北, 其道窮也.'에 대해 다음과 같이 주석했다.

'西南'은 坤이다. 乾이 움직여 나아가다가 坤五에 처함으로써 中을 얻었다. 『集解』

'東北'은 艮이다. 艮이 坎 아래에 있음으로 험난함이 출현하면 멈추어야 하는 까닭에 그 道가 다했다고 했다. 『集解』

'利見大人, 往有功也.'에 대해 虞翻은 다음과 같이 주석했다.

'大人'은 九五爻를 뜻한다. 六二爻가 나아가 九五爻와 호응을 하자 九五爻가 많은 공을 세우게 됨으로써 앞으로 나아가면 공적을 세울 것이라고 했다. 『集解』

〈象〉曰：山上有水, 蹇. 君子以反身修德.

【주석註釋】

山上有水, 蹇 : ≪蹇≫ 下卦인 艮은 '山'의 象이고 上卦 坎은 '水'의 象이라는 것을 설명한 내용이다.

　　'山'은 가파르고 험악하다. '水'는 험난함으로써 통행하기가 어렵다. '水'가 '山' 위에 고여 있다는 것은 갈수록 위험하고 어렵다는 의미이다. 따라서 '山' 위에 '水'가 있는 것을 '蹇'이라고 했다. 『正義』

反身修德 : '反身'이란? '자신에게서 원인을 찾아 반성한다.'·'반성하며 책망한다.'는 의미이다.
　　이는 '군자'가 ≪蹇≫의 卦象을 관찰해 본 후, '蹇'의 시점에 처해서는 반드시 먼저 '자신의 행위를 돌아보고 덕을 수양한' 연후라야 만이 비로소 어려움을 구제하고 어려운 경지를 건널 수 있다는 것을 깨달았다는 바를 설명한 내용이다.

　　어려움에 처했을 때는 앞으로 나아가서는 안 될 것이니, 오로지 마땅히 자신의 행위를 돌아보고 자신의 덕을 수양하여 道가 성취되고 德이 세워져야 만이 바야흐로 험난함을 구제할 수 있을 것이다. 따라서 '군자는 자신에게서 원인을 찾아 반성하고 덕을 수양하는 노력을 해야 할 것이다.(反身修德)'고 했다. 『正義』

【번역飜譯】

〈象傳〉에 이르되 : 높은 산 위에 물이 고여 있다는 것은 걸어가기가 고생스럽다는(역경에 처했다는) 것을 상징한다. 군자는 이를 본 받아, 걸어가기가 고생스러울(역경에 처했을) 때는 자신에게서 원인을 찾아 반성할 것이며 아름다운 덕성을 수양하는 노력을 해야 할 것이다.

(☷) 初六 : 往蹇, 來譽.

【주석註釋】

往蹇, 來譽 : '往'은 '나아가다(進)'는 뜻이다. '來'는 '물러나다(退)'·'돌아오다'는 뜻이다. 이는 初六爻가 '蹇'의 시작에 처하며 陰柔로 낮은 아래에 처하며 위로는 더불어 호응할 자가 없음으로 어려움을 무시하고 함부로 나아간다면 반드시 '蹇'할 것이나 시기를 분별하여 물러나 처한다면 명예를 얻을 것이라는 의미이다.

【번역翻譯】

初六爻 : 앞으로 나아가면 걸어가기가 고생스러울 것이나 돌아온다면 반드시 아름다운 명예를 얻을 것이다.

〈象〉曰 : '往蹇來譽', 宜待也.

【번역翻譯】

〈象傳〉에 이르되 : '앞으로 나아가면 걸어가기가 고생스러울 것이나 돌아온다면 반드시 아름다운 명예를 얻을 것이다.'고 한 것은 응당히 시기를 기다려야 한다는 의미이다.

【해설解說】

본 卦의 初六爻·九三爻·六四爻·上六爻에서는 모두 '나아가고(往)'·'돌아오는(來)' 것을 언급함과 아울러 '蹇'의 시점에 처해서는 가던 길을 멈추고 반드시 적당한 시점을 기다려야 한다는 의리를 제시하고 있다.

(䷦) 六二 : 王臣蹇蹇, 匪躬之故.

【주석註釋】

王臣蹇蹇, 非躬之故 : '臣'은 '신하'·'종(臣僕)'을 뜻한다. 『帛書周易』에는 '僕'字로 되어있다. '蹇蹇'은 '노력하여 어려움을 구제하는 상황'을 형용한 것이다. 『尙氏學』에서는 '충분히 노력(수고)한다.'는 의미라고 했다. '躬'은 '자신'을 뜻한다.

이 두 구절은 六二爻가 蹇難의 시기에 당면했으나 柔順한 성품으로 中位에 처하며 위로 九五爻에 호응하며 뜻을 어려움을 구제하는 데에 두고 있는 것이, '王臣'이 직무를 다하기 위해 최선의 노력을 하면서 자신을 돌보지 않고 있는 것과 같다는 의미이다.

어려운 시기에 처했으나 그가 맡은 직위에서 해야 할 일을 모두 수행하며 中道를 잃지 않고 九五爻에 호응하고 있다. 『王注』

【번역翻譯】

六二爻 : 군왕의 신복이 전력으로 어려움을 구제하기 위해 노력하는 것은 자신의 사사로운 목적을 위한 것은 아니다.

〈象〉曰 : '王臣蹇蹇', 終无尤也.

【번역翻譯】

〈象傳〉에 이르되 : '군왕의 신복이 전력으로 어려움을 구제하기 위해 노력한다.'고 한 것은 六二爻가 결국 비난받을 일은 하지 않는다는 의미이다.

【해설解說】

본 爻가 말하는 '蹇蹇'은 힘을 뽐내어 어려움을 구제할 때는 得失과 成敗를 계산하지 말아야 한다는 의미를 함유하고 있다.

(☷☵) 九三 : 往蹇, 來反.

【주석註釋】

往蹇來反 : 이는 九三爻가 陽으로 下卦 艮卦의 위에 처하며 앞에는 坎의 험난함에 임박해 있고 아래로는 두 개 陰爻에 의지해 있음으로 앞으로 나아가면 '어려움(蹇)을 만나게 될 것이나 되돌아오면 자신의 위치를 지킬 수 있을 것이다.'는 의미이다.

나아가면 험난한 경지에 들어갈 것이나 되돌아오면 자신의 위치를 지킬 수 있을 것이기 때문에 '앞으로 나아가면 어려움이 있을 것이나 되돌아오면 그의 위치를 지킬 수 있을 것이다.(往蹇來反)'고 했다. 『王注』

【번역翻譯】

九三爻 : 앞으로 나아가면 걸어가기가 고생스러울 것이나 되돌아 물러나면 그의 위치를 지킬 수 있을 것이다.

〈象〉曰 : '往蹇來反', 內喜之也.

【주석註釋】

內喜之 : '內'는 內卦의 두 陰爻를 뜻한다. '喜'란? '陰은 陽이 되돌아오는 것을 기뻐한다.'는 의미이다. '之'는 九三爻가 '되돌아오는 것'을 뜻한다.

內卦의 세 개 爻 가운데 오로지 九三爻 만이 陽爻이며 그는 두 개 陰爻 위에 있다. 九三爻는 內卦가 의지하는 곳이기 때문에 '내부에 있는 陰柔한 자 모두가 九三爻가 되돌아오는 것을 기뻐할 것이다.(內喜之)'고 했다. 『正義』

【번역飜譯】

〈象傳〉에 이르되 : '앞으로 나아가면 어려움이 있을 것이나 되돌아 물러나면 그의 위치를 지킬 수 있을 것이다.'고 한 것은 내부에 있는 陰柔한 자 모두가 九三爻가 되돌아오는 것을 기뻐할 것이라는 의미이다.

【해설解說】

九三 陽爻가 剛한 성품으로 正位에 처했으나 坎의 험난함이 앞에 놓여있음으로 그가 '어려움'을 구제하는 도는 먼저 뒤로 물러났다가 후에 앞으로 나아가는 것이다. 이는 곧 「彖傳」 '見險而能止, 知矣哉.'의 의미이다.

    어려움을 구제하는 기술은 역시 많다. 九三爻가 다시 되돌아오는 것은 아마도 먼저 그의 내부를 안정시키고자 하기 때문일 것이다. 『重定費氏學·馬其昶』

(䷦) 六四 : 往蹇, 來連.

【주석註釋】

往蹇來連 : '連'은 '연속되는 어려움' 즉 '또한 어렵다.'는 뜻이다.
    이는 六四爻가 '蹇'의 시점에 당면하여, 비록 柔順으로 正位에 처했으나 柔로서 九三爻 剛을 올라타고 있으며 下卦 初六爻와 호응하지 못하며 자신 또한 坎의 험난함에 처해 있음으로 나아가도 되돌아와도 모두 어려움을 만나는 象이라는 의미이다. 爻義는 '時'·'位'가 이와 같다는 것에 주의하여 그는 어려움을 피할 수 없을 것이라는 의미를 표현했다.

앞으로 나아가도 호응하는 자 없고 되돌아오면 剛한 자를 올라타게 되니 나아가도 되돌아와도 모두 어려움에 처할 뿐이다. 따라서 '앞으로 나아가면 어려움이 있을 것이며 되돌아와도 또한 어려움을 만날 것이다.(往蹇來連)'고 했다. 『王注』

【번역翻譯】

六四爻 : 앞으로 나아가면 걸어가기가 고생스러울 것이며 되돌아와도 또한 어려움을 만날 것이다.

〈象〉曰 : '往蹇來連', 位當實也.

【주석註釋】

位當實 : '實'은 '처한 자리가 바르다.'는 뜻이다. 즉 바른 것을 바르다고 하지 않고 '實하다'고 했다.

　이곳에서는 상하교제에 대한 설명을 하고 있다. 즉 상하와 교제할 때 가장 중요한 것은 성실한 자세이다. '位當實'은 다음 두 방면으로 설명되고 있다.

① 六四爻 : 六四爻는 上卦에 처하나 위를 향해 나아가지 않고 아래로 내려와 下卦의 여러 爻들과 뜻을 같이 하고 있음으로 많은 대중을 얻게 되었다. 또한 陰으로 陰位에 처하기 때문에 당면한 위치가 實하다.
② 六四爻 : 下卦 九三爻는 正位에 처했다. 九三爻는 陽으로 陽位에 처하고 六二爻는 陰으로 陰位에 처하는, 이것이 당면한 위치가 實하다는 뜻이다. 初六爻는 비록 正位에 처하지는 못했으나 陰으로 아래에 처하니 역시 實하다. 여러 爻들이 모두 어려움에 처했으나 實함을 이용하여 서로 교제하니 六四爻가 아래로 내려와서 여러 爻들을 연합시킬 수 있다.

【번역翻譯】

〈象傳〉에 이르되 : '앞으로 나아가면 걸어가기가 고생스러울 것이며 되돌아와도 또한 어려움을 만날 것이다.'고 한 것은 六四爻는 정당하며 본래부터 實位에 처했다는 의미이다.(어려움을 만나는 것 역시 터무니없이 초래되는 바는 아니다.)

【해설解說】

본 爻 '來連'의 뜻에 대해 학자들의 견해가 다음과 같이 다르게 나타나고 있다.

> 되돌아와서 九五爻를 받드니, 즉 至尊한 자와 서로 연결되었다.『集解·荀爽』

> 九三爻에 붙어서 힘을 합해 어려움을 구제한다.『朱熹』

(☵) 九五 : 大蹇, 朋來.

【주석註釋】

大蹇, 朋來 : 이는 九五 陽爻가 坎卦의 中位에 처하며 '큰 어려움(大蹇)'의 시점에 당면하여, 陽剛中正의 덕성으로 下卦 六二爻와 호응함으로써 '친구들이 수 없이 모여들어 도와 줄 것이다.'는 의미이다.

> 어려운 시점에 처해, 혼자 험난한 가운데 있으니 그 어려움이 큼으로써 '큰 어려움(大蹇)'이라고 했다. 그러나 正位를 잃지 않고 中位를 상실하지 않고 덕을 키우는 것을 고집하는 그 절개를 바꾸지 않으니 뜻을 같이하는 동지들이 수 없이 모여들게 됨으로써 '친구들이 모여들어 도와 줄 것이다.(朋來)'고 했다.『王注』

【번역飜譯】

九五爻 : 걸어가기가 매우 고생스러울 것이나 친구들이 수 없이 많이 돌아와서 서로 도와 줄 것이다.

〈象〉曰 : '大蹇朋來', 以中節也.

【주석註釋】

中節 :

中位에 처하여 그 절개를 바꾸지 않았다. 『正義』

【번역翻譯】

〈象傳〉에 이르되 : '걸어가기가 매우 고생스러울 것이나 친구들이 수 없이 많이 돌아와서 서로 도와 줄 것이다.'고 한 것은 九五爻가 陽剛中正의 氣節을 보전유지하고 있다는 의미이다.

【해설解說】

　　여러 爻들은 모두 '나아감으로써(往)' '어려움(蹇)'을 만나게 된다. 성인 또한 천하를 걱정하자 모두가 '나아가지' 않음으로써 '어려움(蹇)'이 출현되지 않았다. 六二爻·九五爻의 君臣이 되돌아와서 나아가지 않고 있는데 누가 나아갈 것인가? 이러한 까닭에 六二爻에서는 '전력으로 어려움을 구제하기 위해 노력한다.(蹇蹇)'고 했으며 九五爻에서는 '큰 어려움(大蹇)'을 말했다. 『周易本義通釋·胡炳文』

　　六二爻·九五爻는 단독으로는 왕래 할 수 없는 법이니, 대개 군신은 서로 도우면서 어려움을 구제하는 자들이다. 그에 대한 책임을 사양하지 않으며 의로운 일에 있어서도 피하지 않는 바이다. 이는 ≪遯≫의 여러 爻들이 모두 '군자는 물러나 피해(은둔해) 있으니 형통할 것이며 소인은 정도를 굳건히 지켜 나아가는 데에서 이로움을 얻을 것이라는 象(遯)이 되었다.'는 것과 같은 의미이다. 즉 六二爻가 유독 九五爻와 호응하는 것은 정말로 물러날 뜻을 가지고 있지 않기 때문이다. 胡氏의 말이 바로 이 뜻이다. 무릇 『易』이 호응하는 데에 있어서는 二爻와 五爻보다 더 중요한 것은 없음으로 二爻를 王臣이라고 부르는 자는 五爻를 의미한다. 五爻가 '친구들이 수없이 많이 돌아와서 서로 도와 줄 것이다.'고 한 것은 二爻를 의미한다. 아래에 있는 자가 五爻의 신임을 얻는다는 것은 국사의 어려움을 헤아려서 더욱 '자신의 사사로운 목적을 위하지 않는' 절개를 다한다는 의미이다. 위에 있는 자가 二爻의 신임을 얻는다는 것은 정도를 굳건히 지켜 나아가는 신하들의 충성을 믿어주니 그의 '친구들이 수 없이 많이 돌아와서' 서로 도와주는 이로움이 갈수록 크고 넓어진다는 의미이다. 이는 주자가 ≪乾≫의 二爻와 五爻는 서로 손님과 주인이 된다고 예를 든 것과 같다. 이를 미루어 본다면 ≪蒙≫·≪師≫ 등 여러 卦 역시 그러하지 않는 바가 없다. 『折中』

(䷦) 上六 : 往蹇, 來碩. 吉, 利見大人.

【주석註釋】

往蹇, 來碩. 吉, 利見大人 : 이는 上六爻가 陰으로 ≪蹇≫의 마지막에 처하며, '어려움'이 극에 달하니 장차 通하게 될 것이라는 의미이다. 만약 나아간다면 이롭지 않을 뿐만 아니라 장차 더한 어려움이 발생할 것이니 되돌아와 본래의 위치를 지키면서 존엄한 九五爻를 따른다면 크게 성공할 것이기 때문에 '길할 것이다.'고 함과 아울러 九五爻 '大人'을 뵙는 데에서 이로움을 얻을 것이라고 했다.

이미 卦의 극한 곳에 처하며 나아가도 갈 곳이 없고 더한 어려움만 당할 뿐이다. 되돌아와 九五爻에게로 가서 九五爻와 함께 어려움을 구제하는 것이 곧 크고 훌륭한 공을 세우는 길이 될 것이다. '大人'은 九五爻를 뜻한다. 『本義』

【번역飜譯】

上六爻 : 앞으로 나아가면 걸어가기가 고생스러울 것이나 되돌아온다면 큰 공을 세울 것이다. 길할 것이며 대인을 뵙는 데에서 이로움을 얻을 것이다.

〈象〉曰 : '往蹇來碩', 志在內也. '利見大人', 以從貴也.

【주석註釋】

志在內 : 이는 上六爻는 이미 되돌아와서 九五爻를 따르며 九五爻는 六二爻와 호응하며 上六爻는 九三爻와 호응하고 있다는 의미이다. 즉 六二爻와 九三爻는 모두 內卦

에 처하며 上六爻와 九五爻의 뜻은 함께 內卦와 연합하여 어려움을 구제하고자 하는 데에 있음으로 '뜻이 내부와 연합하여 공동으로 어려움을 구제하고자 하는 데에 있다.(志在內)'고 했다.

上六爻가 九三爻와 호응하여 九五爻를 따르니 뜻이 안에 있는 바이다. 『程傳』

從貴 : '貴'는 九五爻가 귀한 신분인 '군왕의 직위에 있다.'는 의미이다.

九五爻의 귀한 신분을 따른다는 의미이다. '귀한 신분을 따른다.(從貴)'고 한 까닭은 사람들이 '大人'은 '九五爻'를 가리킨다는 것을 모르는 것을 두려워하기 때문이다. 『程傳』

【번역翻譯】

〈象傳〉에 이르되 : '앞으로 나아가면 걸어가기가 고생스러울 것이나 되돌아온다면 큰 공을 세울 것이다.'고 한 것은 上六爻의 뜻이 내부와 연합하여 공동으로 어려움을 구제하고자 하는 데에 있다는 의미이다. '大人을 뵙는 데에서 이로움을 얻을 것이다.'고 한 것은 上六爻가 응당히 존귀한 陽剛의 군왕을 친밀하게 따를 것이라는 의미이다.

【해설解說】

上六爻는 본 卦의 마지막에 처하며 정당한 위치에서 호응하며 '존귀한 군왕을 친밀하게 따를 것이니' 이때 '어려움'을 구제하는 공적이 반드시 성취될 것이기 때문에 爻辭에서 '길할 것이다.'고 했다.

여러 개 爻 모두를 '길할 것이다.'고 하지 않은 것은 대체로 '어려운' 가운데에서 벗어나지 못하기 때문이다. 그러나 上六爻에 이르러 '앞으로 나아가면 걸어가기가 고생스러울 것이나 되돌아온다면 큰 공을 세울 것이며 길할 것이다.'고 한 것은 '어려움'이 극에 이르면 오히려 어려움을 구제할 수 있는 이치를 가지고 있기 때문이다. 『朱子語類』

【蹇】요점·관점

≪蹇≫은 '걸어가기가 고생스럽다'·'어렵다'는 의미를 취해서 이름을 지었으며 그 뜻은 어려움을 구제하는 이치에 비유해 보여주었다.

卦辭가 나타내고자 하는 뜻은 다음 세 가지이다.

① 어려움을 구제하는 데에는 반드시 나아가고 물러나는 것이 적당해야 할 것이다. '서남'의 평지로 향해 가는 데에서는 이로움을 얻을 것이나 '동북'의 산기슭으로 향해 가는 데에서는 이로움을 얻지 못할 것이라고 한 것은, 즉 이때는 나아갈 수 있다면 즉시 나아갈 것이고 나아갈 수 없다면 즉시 물러서야 할 것이라는 뜻을 표현한 내용이다.
② '大人'은 어려움을 구제하는 주도인소이다. '대인을 뵙는 데에서 이로움을 얻을 것이다.'고 한 것은 사실상 '어려운' 시기라는 것을 표현하면서 여러 방면의 힘을 모으기를 기대하는 것으로 상하의 뜻을 통일해야 한다는 '권위성적' 인소를 제시한 것이다. 즉 '권위'가 '주도'한다면 위험은 사라지고 어려움은 구제될 것이라는 의미이다.
③ 어려움을 구제하는 데에는 반드시 정도를 굳건히 지켜 나아가야 한다는 의미이다. '정도를 굳건히 지켜 나아가면 길할 것이다.'고 한 것은 언행이 正道를 위반하지 말아야 한다는 의미이며 상하가 같은 배를 타고 함께 건너야 만이 반드시 어려움을 구제 할 수 있어 길하게 될 것이라는 의미이다.

卦 가운데 六爻는 이 세 방면의 의미에 둘러싸여 있으며 다른 환경과 다른 지위 가운데에 처해 어려움을 구제하는 상황을 보여주고 있다.

初六爻는 지위가 낮고 호응할 자가 없으니 함부로 나아간다면 어려움을 만날 것이나 물러나서 적당한 때를 기다린다면 아름다운 명예를 얻을 것이라고 했다. 六二爻는 柔中으로 剛한 자와 호응한 것이 '王臣'이 사사로운 이익을 계산하지 않고 전력으로 어려움을 구제하기 위해 노력하는 것과 같다고 했다. 九三爻는 剛正으로 험난하고 어려운 상황이 앞에 당면해 있으니 반드시 잠시 물러나 '내부를 안정시킨' 연후에 앞으로 나아갈 길을 모색해야 할 것이라고 했다. 六四爻는 柔正으로, 앞뒤가 모두 험난함으로 어느 쪽으로든 갈 수가 없으니 모름지기 스스로 정도를 굳건히 지켜 나아가야 할 뿐이라고 했다. 九五爻는 陽剛中正으로 '大人'이 어려움을 구제하는 象이다. 비록 '매우 고생스러운' 즉 '큰 어려운' 시기에 처했다고 할지라도 '친구들이 수없이 많이 돌아와서' 함께 어려움을 구제해 준다고 했다. 上六爻는 어려움이 장차 구제될 상황이다. 즉 '존귀한 군왕'을 친밀하게 따르니 '큰 공적'을 세워 결국에는 길할 것이라고 했다.

六爻의 의미를 종합해보면, 각 爻는 모두 어려운 시기를 잘 처리 할 것이며 있는 힘을 다해 어려움을 구제할 것을 독자들에게 제시하고 있다. 그러나 전체 卦의 진행이 上六爻에 이르러서야 비로소 '길할 것이다.'고 한 것은, 즉 어려움을 바르게 구제하는 데에는 반드시 오랜 시간과 수많은 고난의 과정을 경과해야 만이 비로소 효과를 볼 수 있다는 뜻을 숨겨서 표현한 방법이라고 할 수 있다.

이는 다음 내용과 같은 이치이다.

(하늘이 장차 큰 임무를 이 사람에게 내리려 하실 때는) 반드시 먼저 그의 마음을 괴롭게 하며 그의 몸을 고달프게 하며 그의 육체를 굶주리게 할 것이다.(必先苦其心志, 勞其筋骨, 餓其體膚.) 『孟子 · 告子下』

40. 解卦의 立體文型圖

(䷧) 《解》: 解. 利西南. 无所往, 其來復吉. 有攸往, 夙吉.

〈彖〉曰: 解, 險以動, 動而免乎險, 解. '解, 利西南.' 往得衆也. '其來復吉', 乃得中也. '有攸往, 夙吉.' 往有功也. 天地解而雷雨作, 雷雨作而百果草木皆甲坼. 解之時大矣哉!

〈象〉曰: 雷雨作, 解. 君子以赦過宥罪.

• • •

(--) 上六: 公用射隼于高墉之上, 獲之, 无不利.

〈象〉曰: '公用射隼', 以解悖也.

(--) 六五: 君子維有解, 吉, 有孚于小人.

〈象〉曰: 君子有解, 小人退也.

(—) 九四: 解而拇, 朋至斯孚.

〈象〉曰: '解而拇', 未當位也.

(--) 六三: 負且乘, 致寇至. 貞吝.

〈象〉曰: '負且乘', 亦可醜也. 自我致戎, 又誰咎也?

(—) 九二: 田獲三狐, 得黃矢. 貞吉.

〈象〉曰: 九二貞吉, 得中道也.

(--) 初六: 无咎.

〈象〉曰: 剛柔之際, 義无咎也.

40 解卦

(䷧)《解》・錯(䷤)《家人》・綜(䷦)《蹇》・互(䷾)《旣濟》

(䷧)《解》: 解. 利西南. 无所往, 其來復吉. 有攸往, 夙吉.

【주석註釋】

䷧ : 卦象이다. 下卦 ☵ 坎卦(水・險)와 上卦 ☳ 震卦(雷・動)로 구성되었다. 우레가 진동하더니 비가 내리는 자연현상과 이치를 빌려와서, 즉 봄에 우레가 진동하고 비가 내리면 곡식이 싹을 틔우는 자연현상과 이치를 빌려와서 '서서히 해결돼 나아가는(풀려 나아가는)' 현상과 이치를 상징했다.

解 : '解'는 卦名이다. 위험하고 어려운 상황(險難)이 '서서히 해결돼 나아간다.(풀리다・벗어나다・석방되다)'는 의미를 상징한다.

> '解'란? 험난함이 '해결된다'는 의미이자 사물에 대한 감정이 '서서히 부드러워진다.' ・'관대해 진다.'는 의미이다. 『正義』

利西南 : '西南'은 '많은 사람들이 사는 지역'을 상징한다. 이는 험난함을 서서히 해결하자 그 이로움이 많은 사람들에게 베풀어지고 있으니, 즉 여러 사람들의 마음으로 하여금 서서히 관대함을 가지게 할 것이라는 의미이다. 따라서 '서남방의 많은 사람들이 사는 지역에서 이로움을 얻을 것이다.(利西南)'고 했다.

> '西南'은 '많다'는 뜻이다. 어려움을 해결하고 위태로움을 구제하니 그 이로움이 많은 사람들에게 베풀어질 것이다. 『王注』

无所往, 其來復吉 : 이 두 구절은 위급한 재난(危難)이 없을 때는 나아가지 말 것이며 '본래대로 돌아와서(來復)' 편안하게 살면서 그의 내부를 잘 다스리면 길할 것이라는 의미이다.

> 어려움이 없으니 나아갈 수도 있으나 본디로 돌아오면 길할 것이다. 『正義』

有攸往 夙吉 : '夙'은 '아침 일찍'의 의미이다. 이곳에서는 '빠르다·서두르다(速)'는 뜻과 통한다.

이 두 구절은 앞 문장 '无所往, 其來復吉.'과 대조되는 것으로, 위급한 재난을 만났을 때는 응당히 나아가야 할 것이며 아울러 서둘러 나아가야 만이 빨리 해결할 수 있어 길할 것이라는 의미이다.

> 어려움이 있으니 나아가야 할 것이며 서두르면 길할 것이다. 『王注』

【번역飜譯】

≪解≫ : 解卦는 위험하고 어려운(險難) 상황이 서서히 해결되는 것을 상징한다. 서남방향의 많은 사람들이 사는 지역에서 이로움을 얻을 것이다. 위급한 재난이 없을 때는 나아가 서서히 해결할 필요가 없으니 본디로 돌아와서 편안히 처하면 길할 것이다. 위급한 재난을 만났을 때는 나아가되 서둘러 나아가면 길할 것이다.

【해설解說】

> '坤'은 '서남'을 대표하는 卦이며 또한 '많은 것'을 대표하는 卦이다. 따라서 '서남'은 '많은 사람들'을 상징한다. 「說卦傳」

王弼이 '서남은 많은 사람들을 뜻한다.(西南, 衆也.)'고 한 것은 바로 「說卦傳」에 근거한 것이다. '서남'을 상징한 것은 ≪坤≫ 卦辭 '西南得朋'에서 시작되었으며 ≪蹇≫·≪解≫ 두 卦가 그 의미를 이었다. 세 개 卦의 異同 점을 분석해 보면 다음과 같다.

≪坤≫은 '서남방향으로 가면 친구를 얻을 것이다.'고 했다. 그리고 ≪蹇≫·≪解≫의 '이로움

(利)' 역시 '서남'에 있으니 세 개 卦가 취한 象은 모두 같다. 그러나 가리키는 바는 각각 다르다. 즉 ≪坤≫은 陰柔한 자는 마땅히 '순응하며 따르고'·'겸손하게 물러서 처하는 것'에 중점을 두었으나 ≪蹇≫은 어려움을 구제하는 데에 주의했으며 이로움은 편안하고 쉽게 손에 넣는 곳에 두었다. ≪解≫는 험난함을 서서히 해결하여 많은 사람들에게 응당히 베푸는 것에 목적을 두었다.

〈彖〉曰:解, 險以動, 動而免乎險, 解. '解, 利西南.' 往得衆也. '其來復吉', 乃得中也. '有攸往, 夙吉.' 往有功也. 天地解而雷雨作, 雷雨作而百果草木皆甲坼. 解之時大矣哉!

【주석註釋】

險以動, 動而免乎險 : '險'은 下卦 '坎'이 '험난하다'·'어렵다'는 뜻을 가진 것을 의미한다. '動'은 上卦 '震'이 '움직이다'는 뜻을 가진 것을 의미한다.
　이는 下卦의 卦象과 上卦의 卦象으로 卦名 '解'의 뜻을 해석한 내용이다.

　험난한 것 밖에서 움직이기 때문에 이를 '면할 것이다(免)'고 했다. 험난함을 면한다는 것은 곧 해결된다는 뜻이기 때문에 이를 '解'라고 했다. 『王注』

往得中 : 이 구절은 卦辭 '利西南'의 뜻을 해석한 내용이다. '서남'은 이미 '많은 사람들이 살고 있는 지역'이니 앞으로 나아가 어려움을 해결하면 반드시 대중들의 옹호를 받을 것이기 때문에 '이로울 것이다.(利)'고 했다.

得中 : '적당한 도를 얻을 것이다.'는 뜻으로 ≪蹇≫「彖傳」'往得中'의 의미와 같다. 이 구절은 卦辭 '无所往, 其來復吉.'을 해석한 내용이다.

　어려움이 없이 해결될 것이며 물러나 조용히 있으면 이치에 맞는 적당함을 얻을 것이다. 『正義』

往有功 : 이 구절은 卦辭 '有攸往, 夙吉.'을 해석한 내용이다.

어려움을 해결할 때는 서둘러야 할 것이니, 즉 그 기회를 놓치지 말아야 함으로써 '나아가면 성공할 것이다.(往有功)'고 했다. 『正義』

天地解而雷雨作, 雷雨作而百果草木皆甲坼 : '雷'는 上卦 '震'을 뜻하고 '雨'는 下卦 '坎'을 뜻한다. '甲'은 '식물 종자의 껍질'을 뜻한다. '坼'는 '터지다'·'갈라지다'는 뜻이다.

봄이 되면 草木은 우레 소리를 듣고 비를 맞으면서, 즉 그들의 새싹은 껍질을 찢고 솟아나오고 꽃봉오리는 세차게 피어나오고 잎과 줄기는 남몰래 자라나고 밖의 껍질은 터진다.(坼) 『尙氏學』

이 두 구절 또한 上卦와 下卦가 '雷雨'의 象이라는 것을 이용하여 '天地'와 '草木'이 봄에 '서서히 해결되는(성장하는)' 상황을 보기로 들어 ≪解≫의 의미를 돋보이게 했다.

解之時大矣哉 : 이는 위 문장 두 구절에 귀결시켜 '서서히 해결하는' 시점의 큰 공적을 찬미한 내용이다.

【번역飜譯】

〈彖傳〉에서 이르기를 : 위험하고 어려운(險難) 상황을 서서히 해결하는(풀어 나아가는) 것을, 비유해 본다면, 신체가 위태로운(어려운) 경지에 놓였으면 분발해서 움직여야 할 것이며 분발해서 움직이면 벗어날 수 있을 것이니 즉 위태로운 경지로 떨어지는 것을 피할 수 있을 것이니, 이것이 곧 험난함을 서서히 해결하는 것과 같다는 의미이다. '험난함을 서서히 해결하는 시점에서, 서남방향의 많은 사람들이 사는 지역에서 이로움을 얻을 것이다.'고 한 것은 앞으로 나아가 어려움을 해결하면 반드시 머지않아 많은 사람들의 옹호를 받을 것이라는 의미이다. '위급한 재난이 없을 때는 반드시 나아가 서서히 해결할 필요가 없으니 반드시 본디로 돌아와서 편안히 처하면 길할 것이다.'고 한 것은, 이와 같이 하는 것이 이치에 맞고 또한 적절할 것이라는 의미이다. '위급한 재난을 만났을 때는 나아가되 서둘러 나아가면 길할 것이다.'고 한 것은 앞으로 나아가면 어려움을 해결하여 반드시 업적을 쌓을 수 있을 것이라는 의미이다. 천지가 서서히 풀리면 그 제서야 우레가 왕성하게 내리치고 비가 흠씬 내리며 우레가 왕성하게 내리치고 비가 흠씬 내리면 그 제서야 수많은 과일과 초목의

씨앗이 모두 서서히 움을 틔우고 껍질을 터트리게 될 것이다. 서서히 해결되는(풀리는) 시점의 공적이 얼마나 넓고 큰 것인가!

〈象〉曰 : 雷雨作, 解. 君子以赦過宥罪.

【주석註釋】

雷雨作, 解 : ≪解≫ 上卦의 '震'은 '우레(雷)'이고 下卦 '坎'은 '비(雨)'의 象이라는 뜻이다. 이는 곧「象傳」'天地解而雷雨作'의 뜻으로 만물은 봄이 되면 우레와 비로 인해 生機를 서서히 발동시킴으로써 '서서히 해결돼 나아가는(풀려 나아가는)' 象이 된다는 의미이다.

우레가 치다가 비가 오고 비가 오다가 우레가 치면 천지는 이(우레와 비)를 사용해서 만물의 어려움을 해결해 줄 것이다. 『來氏易注』

赦過宥罪 : 이는 '군자'는 ≪解≫의 象을 본 받아, '잘못을 사면해 주고 지은 죄를 용서해 주는 것'을 실현하면서 서서히 '仁政'을 베풀어야 할 것이라는 의미를 설명한 내용이다.

'赦'란? '면해서 놓아준다.'는 뜻이다. '過'란? '잘못'을 뜻한다. '宥'란? '관대하게 용서한다.'는 뜻이다. '罪'란? '고의로 저지르는 죄'를 뜻한다. 잘못이 가벼우면 면해서 놓아 주고 죄가 무거우면 관대하게 용서해 준다면 모든 것이 '해결될 것이다.'는 의미이다. 『正義』

【번역翻譯】

〈象傳〉에 이르기를 : 우레가 왕성하게 내리 치고 비가 흠씬 내리는 (초목의 싹이 움트고 껍질이 터지는) 것을 사용하여 서서히 해결돼 나아가는(풀려 나아가는) 것을 상징했다. 군자는 이를 본 받아, 잘못을 사면해 주고 지은 죄를 관대하게 용서해 주어야 할 것이다.

【해설解說】

≪解≫의 上卦와 下卦를 바꾸면 ≪屯≫이 된다. 험난한 가운데에서 움직이는 것은 '屯'이며 움직여서 험난한 곳 밖으로 나오는 것은 ≪解≫이다. '屯'은 초목의 싹이 움터 땅을 뚫고 올라는 왔으나 여전히 펴지를 못하고 있는 象이다. '解'는 우레가 왕성하게 내리 치고 비가 흠씬 내리니 수많은 과일과 초목이 모두 껍질을 터트리면서 성장해 나아가는 象이다. 『周易本義通釋 · 胡炳文』

이는 ≪解≫ · ≪屯≫의 卦象이 가리키는 의미가 서로 대조적이라는 뜻이다.

(䷧) 初六 : 无咎.

【주석註釋】

无咎 : 初六爻가 위급한 재난이 처음 해결된 시점에 당면해, 柔로서 아래에 처하며 위로 上卦 九四爻와 호응함으로 '재난이 없을 것이다.(无咎)'고 했다.

어려움은 이미 해결되었으며, 柔로서 下卦의 아래에 처하며 위로 바르게 호응하니 어찌 재난이 있으리오? 『正義』

【번역飜譯】

初六爻 : (험난하고 어려운 상황이 처음 해결되었으니) 재난이 없을 것이다.

〈象〉曰 : 剛柔之際, 義无咎也.

【주석註釋】

剛柔之際, 義无咎也 : '剛'은 九四爻를 뜻한다. '柔'는 初六爻를 뜻한다. '際'는 '교제하다', 즉 '서로 호응한다.'는 뜻이다. '義'는 '理'와 같은 뜻이다.

　　이는 初六爻가 '재난이 없을 것이다.(无咎)'는 원인을 해석한 내용이다.

　　初六爻와 九四爻가 서로 호응한다는 것은 剛한 것과 柔한 것이 서로 친하게 교제한다는 의미이다. 剛한 것과 柔한 것이 서로 교제한다는 것은 그들이 마땅함(이치의 올바름)을 얻는다는 뜻이다. 어려움은 이미 해결되었고 이에 처한 剛한 것과 柔한 것이 마땅함을 얻었으니 그것이 재난이 없을 것이라는 의미이다. 『程傳』

【번역翻譯】

〈象傳〉에 이르되 : 初六爻와 九四爻의 剛한 것과 柔한 것이 교제하며 서로 호응한다는 것은, 곧 험난함을 서서히 해결해 나아가는 이치로 본다면 반드시 재난이 없을 것이라는 의미이다.

【해설解說】

　　본 爻는 오로지 '无咎' 두 글자를 말했을 뿐이나 전체 爻가 깨우쳐 주는 의미는 爻象 가운데에 이미 포함되어 있다.

　　≪恒≫ 九二爻의 '悔亡'·≪大壯≫ 九二爻의 '貞吉'·≪解≫ 初六爻의 '无咎', 이들 세 개 爻는 오로지 두 글자만으로 그 말이 매우 간단하다. 즉 象이 爻 가운데에 있음으로 반복되는 말을 하지 않았다. 『周易本義通釋·胡炳文』

(䷧) 九二 : 田獲三狐, 得黃矢. 貞吉.

【주석註釋】

田獲三狐, 得黃矢. 貞吉 : '狐'는 '은둔한 채 잠복하고 있는 우환'에 비유한 것이다. '黃'

矢'는 '中位에 처하며 剛直한 성품을 지니고 있는 것'에 비유한 것이다.

이는 九二爻가 위급한 재난이 처음 해결된 후의 시점에 당면하여, 위로 六五爻 군왕과 호응하는 것이 숨어있는 우환을 제거하는 중임을 짊어진 것과 같음으로 '사냥할 때 세 마리의 여우를 잡는다.(田獲三狐)'는 것을 사용하여 비유했다. 또한 陽爻의 剛한 체질로 中位에 처하며 剛柔가 서로 잘 어울림으로 '黃矢'와 같은 미덕을 가지고 있다고 했다. 따라서 정도를 굳건히 오래 지켜 나아가면 반드시 험난함을 서서히 해결해 내는 것은 물론 숨어있는 우환을 제거해야 하는 사명에 대해서도 부담을 가지지 않을 것이기 때문에 '정도를 굳건히 지켜 나아가면 길할 것이다.(貞吉)'고 했다.

여우는 숨어서 잠복해 사는 동물이다. 剛한 성품으로 中位에 처하며 六五爻와 호응하며 六五爻를 위해 공을 세운다. 험난한 상황 가운데에 처함으로써 험난한 사정을 잘 알고 있다. 그는 사물을 잘 이해함으로써 숨어서 잠복해 있는 것도 잡아낼 수 있다. 따라서 '사냥할 때 세 마리의 여우를 잡는다.'고 했다. '黃'은 이치 가운데에 있는 것을 뜻한다. '矢'는 곧은 것을 뜻한다. '사냥할 때 세 마리의 여우를 잡는다.'고 한 것은 이치 가운데의 도를 체득한다는 뜻이자 강직하고 치우치지 않는 中和의 미덕을 잃지 않는다는 의미이다. 즉 전적으로 그는 바른 자라는 뜻이다. 따라서 '세 마리의 여우를 잡을 뿐만 아니라 또한 황금빛 화살도 얻을 것이니 정도를 굳건히 지켜 나아가면 길할 것이다.'고 했다.『王注』

【번역翻譯】

九二爻 : 사냥을 할 때 세 마리의 숨어있는 여우를 절호의 시점에서 정확하게 포획할 뿐만 아니라 (강직하고 치우치지 않는 中和의 미덕을 상징하는) 황금빛 화살도 얻을 것이다. 정도를 굳건히 지켜 나아가면 길할 것이다.

〈象〉曰：九二貞吉, 得中道也.

【번역翻譯】

〈象傳〉에 이르되 : 九二爻가 정도를 굳건히 지켜 나아가면 길할 것이라고 한 것은 中位에 처하여 편협하지 않는 도를 실천한다는 의미이다.

【해설解說】

爻位로 볼 것 같으면, 九二爻는 陽爻로 陰位에 처함으로 '정도를 상실하는' 象을 가지고 있다. 그러나 剛直한 성품으로 中位에 처해 '황금빛 화살을 얻게 되는' 미덕을 가지고 있음으로써 결국에는 우환을 제거할 수 있어 '사냥할 때 세 마리의 여우를 포획하는' 공적을 쌓게 된다. 따라서 爻辭는 '정도를 굳건히 지켜 나아가면 길할 것이다.(貞吉)'고 했다. 「象傳」에서 '中位에 처하여 편협하지 않는 도를 실천한다.(得中道)'고 한 말은, 본 爻는 '정도를 굳건히 지켜 나아가면 충분히 길할 수 있다.'는 뜻을 밝힌 관건 인소이다.

(䷧) 六三 : 負且乘, 致寇至. 貞吝.

【주석註釋】

負且乘, 致寇至. 貞吉 : 이는 六三爻가 '解'의 시점에 처해, 陰爻의 柔한 성품으로 正位를 상실했으며 九二爻 陽剛 위에 올라앉아 九二爻를 능멸하며 九四爻를 끌어 잡고 달라붙어(攀龍附鳳 : 용의 비늘을 끌어 잡고 봉황의 날개에 붙어있다.) 있는 것이, '소인'이 높은 관직의 근본을 훔쳐 그것을 근거지로 삼고 있는 것과 같음으로써 무거운 짐을 등에 지고 몸은 큰 수레에 올라 앉아 있다가 도둑을 불러들여 물건을 빼앗기는 것으로 비유했다. 즉 그는 분수에 맞지 않는 위치에 처함으로써 오래갈 수 없을 것이라는 의미이다. 그러나 爻辭는 또한 '소인'에게 사악함을 善으로 고칠 것을 바르게 권유하는 뜻을 가지고 있음으로, 그는 정도를 향해 스스로 굳건히 지켜 나아간다면 애석함을 방지할 수 있을 것이라고 특별히 훈계하고 있다.

그는 正位에 처하지 않음으로 정도를 실천하지 못하며 九四爻를 끌어 잡고 달라 붙어서 무릇 柔하고 사악함을 사용하여 스스로 아첨을 하는 자이다. 九二爻 위에 올라앉아 九四爻의 힘을 믿고 그 자신을 장식해 나아간다. 도둑이 들어온 것은 스스로 그렇게 되게 했기 때문이다. 『王注』

【번역翻譯】

六三爻 : 무거운 짐을 등에 지고 몸은 큰 수레에 올라 앉아 있으니 반드시 도둑을 불러들여 물건을 빼앗기게 될 것이다. 정도를 굳건히 지켜 나아간다면 애석함을 방지할 수 있을 것이다.

【해설解說】

『易』을 지은 작자, 그가 도둑을 만날 것을 알았겠는가?『易』에서 '무거운 짐을 등에 지고 몸은 큰 수레에 올라 앉아 있으니 반드시 도둑을 불러들여 물건을 빼앗기게 될 것이다.'고 했다. '무거운 짐을 등에 지는 것'은 소인의 일이다. '큰 수레에 올라 앉아 있는 자'는 군자의 그릇이다. 소인이 군자의 그릇에 올라 앉아 있다는 것은 도둑이 그것을 빼앗을 생각을 하게 한다는 의미이다. 위에 달라 붙어서는 거만하고 아래로는 난폭하게 한다는 것은 도둑이 그를 치게 할 생각을 하게 한다는 의미이다. 거만함을 마음속에 품고 있다는 것은 도둑을 불러들일 것이라는 의미이며 얼굴을 예쁘게 단장하고 있다는 것은 음탕한 짓을 하고자 한다는 의미이니, 『易』에서 '무거운 짐을 등에 지고 몸은 큰 수레에 올라 앉아 있으니 반드시 도둑을 불러들여 물건을 빼앗기게 될 것이다.'고 했다. 이는 본 爻를 다른 사물에 가탁해서 보다 선명하게 설명한 내용이다. '위에 달라붙어서는 거만하고 아래로는 난폭하게 한다.'고 한 것, 즉 '소인'이 높은 관직의 근본을 훔쳐 그것을 근거지로 삼는다는 것은 '위에 처한 자(上)'가 간사하고 아첨을 잘하며 경박하고 매사에 소홀하며 진실하지 않다는 점을 보여준 것이다. 이는 爻辭 밖의 의미를 깊이 있게 새겨 보여 준 내용이다. 「繫辭上傳」

〈象〉曰 : '負且乘', 亦可醜也. 自我致戎, 又誰咎也?

【번역翻譯】

〈象傳〉에 이르되 : 六三爻가 '무거운 짐을 등에 지고 몸은 큰 수레에 올라 앉아 있다.'고 한 것은 그 행위가 너무 추잡하다(부끄럽다)는 의미이다. 자신은 덕이 없음에도 불구하고 외람되게 직위를 이용하여 전쟁의 참화를 불러들이니 또한 마땅히 누구에게 그 허물로 돌릴 것인가?

【해설解說】

본 爻의 요지는, 위급한 재난이 서서히 해결된 후 국세가 이미 안정되었다고는 할지라도 잠복해 있는 환난은 여전히 존재하고 있음으로 '소인은 외람되게 직위를 이용할 것이다.'고 했으니, 즉 이것이 가장 우려해야할 잠복해 있는 환난이다. 따라서 「象傳」에서 이 환난은 장차 '전쟁(戎)'의 재난으로 초래될 것이라고 했다. 즉 爻辭 '致寇至'의 숨은 뜻을 펼친 내용이다.

　　　등에 무거운 짐을 지고 몸은 큰 수레에 올라 앉아 있으니, 이는 소인은 영광으로 생각할 것이나 군자로서는 수치스러운 일이기 때문에 '추잡하다(可醜)'고 했다. 작게 해치는 것을 '盜'라고 하며 크게 해치는 것을 '戎'이라고 한다. 사람의 도리를 모르는 자에게 책임을 지워서 부린다면 곧 '해결(解)'이 '어려움(蹇)'으로 전환되어 천하에 전쟁이 일어나게 될 것이다. 『折中·雷思』

(䷧) 九四 : 解而拇, 朋至斯孚.

【주석註釋】

解而拇, 朋至斯孚 : '而'에 대해 『正義』에서는 '너'를 뜻한다고 했다. 즉 九四爻를 뜻한다. '拇'는 『釋文·陸績』에서 '엄지발가락이다.'고 했다. '朋'은 初六爻를 뜻한다. '斯'는 介詞인데 『經傳釋詞』에서는 '乃'와 같은 뜻이라고 했다.

　　이 두 구절은 九四의 陽爻가 陰位에 처하며 아래로 六三爻와 이웃하며 그(六三爻)가 붙어있는 바가, 엄지발가락에 생긴 병(六三爻)이 그(六四爻)가 初六爻와 서로 호응하는 것을 방해하는 것과 같다는 의미이다. 따라서 반드시 그의 '엄지발가락에 생긴 병'이 '낫게(解)' 된 연후라야 初六爻 '친구(朋)'를 불러 올 수 있게 되어 陰陽이 서로 '신의와 정성(孚)'의 덕을 가지고 곧 만나게 될 것이라는 의미이다.

【번역翻譯】

九四爻 : 자네 엄지발가락에 있는 남모르는 병을 서서히 낫게 하는 것과 같이 소인의 감겨 붙어있는 것으로부터 벗어난 연후라야 친구가 와서 신의와 정성스런 마음으로 서로 호응할 수 있을 것이다.

〈象〉曰 : '解而拇', 未當位也.

【번역飜譯】

〈象傳〉에 이르되 : '자네 엄지발가락에 있는 남모르는 병을 서서히 낫게 하는 것과 같이 소인의 감겨 붙어있는 것으로부터 벗어나야 할 것이다.'고 한 것은 九四爻가 처한 위치가 정당하지 못하다는 의미이다.

【해설解說】

九二爻·九四爻는 모두 '王臣'의 象을 가지고 있으나 처한 위치가 모두 바르지 못하다. 九二爻는 '세 마리의 여우를 잡는다.'고는 할지라도 그는 '中'의 德에 의지해야 했다. 九四爻는 '소인'에 의해 감겨 붙어 있는데 그 첫째 이유는 처한 위치가 '정당하지 못하기(未當)' 때문이고 둘째 이유는 그가 '不中'하기 때문이다.

(䷧) 六五 : 君子維有解, 吉, 有孚于小人.

【주석註釋】

君子維有解, 吉 : '維'는 語氣助詞이다.

　　이는 六五爻가 柔한 성품으로 中位에서 존엄하게 처하며 下卦 九二爻와 호응하여 위급한 재난을 서서히 해결해 나아가는 君子의 象을 가졌음으로 길할 것이라고 했다.

　　존엄한 지위에 처하면서 中을 실천하며 剛한 자와 호응하여 해결해 나아가니 길할 것이다. 『王注』

有孚于小人 : 이 구절은 앞 문장의 의미를 신장시킨 내용이다. 즉 六五爻가 어려움을 해결할 수 있을 뿐만 아니라 신의와 정성스런 덕을 사용하여 '소인'을 감화시킴으로

써 소인으로 하여금 진심으로 따르게 하며 원한을 품지 않도록 할 것이라는 의미이다.
군자의 도는 어려움을 해결하고 험난함을 처리하는 것이니, 소인이 비록 막는다고 할지라도 그들을 설득시켜 원한을 품지 않도록 해야 한다. 따라서 '신의와 정성스런 덕을 사용하여 소인을 감화시킬 것이다.(有孚于小人)'고 했다.

【번역飜譯】

六五爻 : 군자는 험난함을 서서히 해결해 나아갈 수 있으니 길할 것이며 심지어 신의와 정성스런 덕을 사용하여 소인을 감화시킬 것이다.

〈象〉曰 : 君子有解, 小人退也.

【번역飜譯】

〈象傳〉에 이르되 : 군자가 험난함을 서서히 해결해 나아가면 소인은 반드시 두려워하며 복종하거나 물러나 웅크리고 있을 것이다.

【해설解說】

六五爻는 '柔한 성품으로 中道를 실천하는' 덕을 사용해 위급한 재난을 서서히 해결해 나아가는 자로서 신의와 정성스런 덕을 사용하여 '소인'을 감화시킬 것이다. 이는 사악한 자를 善한 길을 걷도록 전향시킴으로써 숨어있는 우환을 제거할 것이라는 의미이다.

(䷧) 上六 : 公用射隼于高墉之上, 獲之, 无不利.

【주석註釋】

公用射隼于高墉之上, 獲之, 无不利 : '隼'은 '성품이 잔인한 송골매'를 뜻한다. 이곳에서는 六三爻에 비유한 것이다. '墉'은 '城'의 뜻이다.

　　이 세 구절은 上六爻가 ≪解≫의 마지막에 처하며, 진동이 극한 곳에 처한 것이 위급한 재난을 서서히 해결해 나아가는 '王公'의 象이라는 의미이다. 六三爻 '소인이 외람되게 직위를 이용하는 것'이 잔인한 송골매가 '높은 성위(高墉之上)'를 굳은 근거지로 삼아 앉아있는 것과 같으니, 上六爻가 '화살을 적중시켜(射)', '그를 잡았으니(獲之)', '우환이 제거됨으로써', '이롭지 않는 바가 없을 것이다.(无不利)'고 했다.

【번역飜譯】

上六爻 : 王公이 높은 성위를 굳은 근거지로 하여 앉아있는 성품이 잔인한 송골매에게 화살을 발사하여 한 발에 적중시켜 잡았으니 이롭지 않는 바가 없을 것이다.

〈象〉曰 : '公用射隼', 以解悖也.

【주석註釋】

悖 : '인륜에 어긋나고 나라를 반역하는 자'와 같은 말로 六三爻를 뜻한다.

　　'悖'란? '반역하다'는 뜻이다. 六三爻는 正位를 상실했으며 무거운 짐을 등에 지고 몸은 큰 수레에 올라 앉아 있으며 上六爻에 호응하지 않으니 인륜에 어긋나고 나라를 반역하는 자이다. 『正義』

【번역飜譯】

〈象傳〉에 이르되 : '王公이 높은 성위를 굳은 근거지로 하여 앉아있는 성품이 잔인한 송골매에게 화살을 발사하여 한 발에 적중시켜 잡았다.'고 한 것은 上六爻가 반역자가 조성한 험난함을 서서히 해결해 나아가고 있다는 의미이다.

【해설解說】

　　송골매는 날짐승이다. 화살은 도구 내지 재능을 뜻한다. 그를 쏘아 적중시키는 자는 사람이다. 군자는 몸에 도구를 숨기고 때를 기다렸다가 움직이는데 어찌 이롭지 않는 바가 있을 것인가? 「繫辭下傳」

　上六爻는 한편으로 '송골매에게 화살을 쏘아 적중시키는' 그 시점이 정당함으로 '이롭지 않는 바가 없을 것이다.(无不利)'고 했다. 그리고 다른 한편으로는 上六爻가 '解'의 극한 상황에 처한 것은, 위급한 재난은 비록 이미 서서히 해결되었다고는 할지라도 새로운 우환이 곧장 다시 싹을 틔울 것이기 때문에 마땅히 미리 감추어 두었던 '훌륭한 무기'를 사용하여 수시로 깨우쳐 주어야 할 것이며 한 순간의 '해결(解)'로 인해 다른 날의 '어려움(蹇)'을 잊어버려서는 안 될 것이라는 의미를 제시한 것이다.

【解】 요점·관점

　≪解≫는 위험하고 어려운(險難) 상황을 '서서히 해결해 나아가는' 이치에 대해 설명한 내용이다.

　卦辭에서 먼저 위험하고 어려운 상황을 서서히 해결하여 '서남방향'의 많은 사람들이 사는 지역에서 시행하면 이로움을 얻을 것이라고 했는데, 그 목적은 많은 사람들의 마음을 서서히 얻는 데에 있다는 의미이다. 그런 연후에 어려움을 서서히 해결해 나아가는 기본 원칙을 두 방면으로 제시했다. 즉 '어려움이 없을' 경우에는 '본디로 돌아와서' 편안하게 처하면 길할 것이고, '어려움이 있을' 경우에는 일찍 서둘러 가서 서서히 해결하면 길할 것이라고 했다.

　　만약 가지 않을 것이라면 마땅히 본디 그곳으로 돌아와서 편안하고 조용하게 있을 것이며, 만약 갈 것이라면 마땅히 일찍 갔다가 일찍 돌아오는 것이 번뇌와 근심을 오래가게 하지 않을 것이다. 『本義·朱熹』

　≪解≫의 요지는, 환난을 제거하고 어려움을 서서히 해결해 나아가는 것을 통해 일종의 안녕과 평화로운 환경을 추구하는 데에 있다.

六爻는 '어려움을 서서히 해결해 나아가는' 과정의 구체적인 상황을 전개시켜 보여주는 데에 중점을 두고 '소인'을 제거하고 '내환'을 서서히 해결해 나아가는 것에 대한 중요한 의미를 반복적으로 말하고 있다.

六爻의 의미는 소인을 제거하는 것에 중점을 두었다. 六三爻 한 개의 陰爻는 소인으로 의지할 데가 없어 천하를 전란으로 몰아넣자 다른 爻들은 모두 그를 제거 하고자 했다. 九二爻가 여우를 잡는다고 했는데 이는 곧 六三爻를 잡는다는 뜻이다. 九四爻는 엄지발가락의 남모르는 병을 서서히 낫게 한다고 했는데 이는 곧 六三爻를 제거한다는 뜻이다. 上六爻는 성품이 잔인한 송골매에게 화살을 발사하여 한 발에 적중시켰다고 했는데 이는 곧 六三爻를 겨냥해 쏘았다는 뜻이다. 六五爻는 신의와 정성스런 덕을 가지고 역시 六三爻를 물러나게 했다. 오로지 初六爻 만이 柔한 성품으로 낮은 위치에 있음으로 어려움을 해결하는 소임을 맡지않고 처음 해결된 시점에 처함으로써 재난이 없었을 뿐이다. 『周易淺述·陳夢雷』

확실히 전체 卦의 '어려움'은 六三爻에 집중되어 있고 모두 일어나서 그를 '해결(解)'하고자 했다. 六三爻는 陰爻로서 內卦 '坎'의 험난하고 어려운 상황 제일 위에 있는 자로 실로 '내부의 숨은 우환'에 비유되었다.

그렇다면 본 卦가 제시한 '서서히 해결해 나아갈' 때의 중요한 모순 점, 역시 위험하거나 평안한 환경의 중요인소는 의심할 여지없이 '안(內)'에 있거나 '보이지 않는 곳(隱)'에 있다는 것이다.

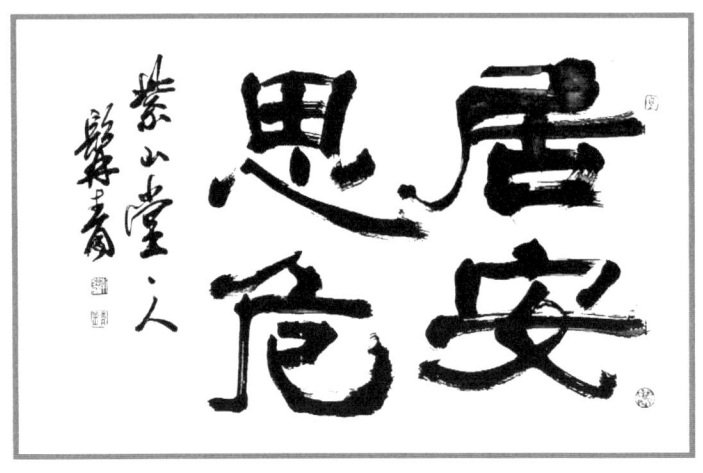

41. 損卦의 立體文型圖

(☶) 《損》: 損. 有孚, 元吉, 无咎, 可貞, 利有攸往. 曷之用? 二簋可用享.

〈彖〉曰: '損', 損下益上, 其道上行. 損而有孚, 元吉, 无咎, 可貞, 利有攸往. 曷之用? 二簋可用享. 二簋應有時, 損剛益柔有時. 損益盈虛, 與時偕行.

〈象〉曰: 山下有澤, 損. 君子以懲忿窒欲.

• • •

(―) 上九: 弗損益之. 无咎, 貞吉, 利有攸往, 得臣无家.
〈象〉曰: '弗損益之', 大得志也.

(― ―) 六五: 或益之十朋之龜, 弗克違, 元吉.
〈象〉曰: 六五元吉, 自上祐也.

(― ―) 六四: 損其疾, 使遄有喜, 无咎.
〈象〉曰: '損其疾', 亦可喜也.

(― ―) 六三: 三人行, 則損一人. 一人行, 則得其友.
〈象〉曰: 一人行, 三則疑也.

(―) 九二: 利貞, 征凶. 弗損益之.
〈象〉曰: 九二利貞, 中以爲志也.

(―) 初九: 已事遄往, 无咎. 酌損之.
〈象〉曰: '已事遄往', 尚合志也.

41 損卦

(䷨)≪損≫·錯(䷞)≪咸≫·綜(䷩)≪益≫·互(䷗)≪復≫

(䷨)≪損≫ : 損. 有孚, 元吉, 无咎, 可貞, 利有攸往. 曷之用? 二 簋可用享.

【주석註釋】

䷨ : 卦象이다. 下卦 ☱ 兌卦(澤·悅)와 上卦 ☶ 艮卦(山·止)로 구성되었다. 산 아래의 연못이 자신을 덜어 내어 산을 높여주는 자연현상과 이치를 빌려와서 '덜어내는' 현상과 이치를 상징했다.

損 : 卦名이다. '덜어내다'·'줄여서 적게 한다.'는 것을 상징한다. 즉 '아래에서 덜어내어 위에다 더해 준다.'는 것이 주제이다.

　　'損'이란? '덜어내다'는 뜻이다. 이 卦는 아래에서 덜어내어 위에다 더해 주는 것을 밝힌 것이기 때문에 '損'이라고 했다. 『正義』

有孚, 元吉, 无咎, 可貞, 利有攸往 : 이 몇 구절은 '덜어내는' 이치는 길할 것이며 재난이 없을 것이며 정도를 굳건히 지켜 나아갈 수 있을 것이며 앞으로 나아가는 데에서 이로움을 얻을 것이니, 그 가운데에서 강조된 바는 반드시 '마음속에 신의와 정성을 품고 있어야 한다.(有孚)'는 것이 전제 조건이라는 뜻을 적극적으로 설명한 내용이다.

'損'이란? 본래 인간들이 좋아하는 것이 아니며 지나치거나 모자라거나 시기에 적절하지 못한 것은 모두 바른 이치에 합당하지 않거나 마음속에 신의와 정성이 없기 때문이다. '마음속에 신의와 정성이 있지' 않으면 길하지 않거나 재난이 있을 것이니, 즉 바르지 않은 이치이기 때문에 계속 앞으로 나아갈 수 없을 것이다. 오로지 '마음속에 신의와 정성이 있어야 만이' '크게 길할 것(元吉)'이며 '재난이 없을 것이며(无咎)' '정도를 굳건히 지켜 나아갈 수 있을 것이며(可貞)' '앞으로 나아가는 데에서 이로움을 얻을 것이다.(利有攸往)' 즉 네 가지의 善을 가지게 될 것이다. 『來氏易注 · 凡曰』

曷之用 二簋可用享 : '曷'은 의문사로서 '何(어찌·무엇)'와 같은 뜻이다. '曷之用'은 곧 '무엇을 사용했는가?' · '무엇이 사용되었는가?' · '어찌 사용되었는가?'의 뜻이다. '簋(궤)'는 '서직을 담는 祭器'이며 '二簋'는 '작고 적은 사물'에 비유한 것으로 ≪坎≫ 六四爻의 '簋貳'와 같은 뜻이다. '享'은 '奉獻하다'는 뜻으로 '존자에게 물건을 바치거나 혹은 神靈에게 제사 올리는 일'을 뜻한다.

   이 두 구절은 設問형식을 사용하여, '損'의 이치는 오로지 마음속에 신의와 정성이 있으면 될 뿐이며 지나치게 심하게 덜어내어 많은 사물을 위에다 더하는(보태는) 데에 반드시 힘쓸 필요는 없다는 의미이다. 따라서 '두 개의 제기에 담박한 음식을 담아 봉헌하는 것으로도 충분하다.(二簋可用享)'는 것에 비유해 깨우쳐 주고 있다. 즉 '損'의 시점에 당면하여, 오로지 마음속에 신의와 정성을 가지고 있다면 보잘 것 없는 음식을 위에 봉헌한다고 할지라도 역시 충분하다는 의미이다.

【번역翻譯】

≪損≫ : 損卦는 덜어내는 것을 상징한다. 마음속에 신의와 정성을 품고 있으면 크게 길할 것이며 반드시 재난이 없을 것이며 정도를 굳건히 지켜 나아갈 수 있을 것이며 앞으로 나아가는 데에서 이로움을 얻을 것이다. 덜어내는 이치는 무엇을 사용해서 구체적으로 표현되었는가? 두 개의 제기에 담박한 음식을 담아 존자와 神靈에게 봉헌하는 것으로도 충분하다는 것으로 표현했다.

〈象〉曰:'損', 損下益上, 其道上行. 損而有孚, 元吉, 无咎, 可貞, 利有攸往. 曷之用? 二簋可用享. 二簋應有時, 損剛益柔有時. 損益盈虛, 與時偕行.

【주석註釋】

損下益上, 其道上行 : '上行'은 '위를 향해 봉헌한다.'는 뜻이다. 즉 아랫사람이 스스로 자신의 것을 덜어서 윗사람에게 바친다는 의미이다.

이 두 구절은 上卦와 下卦의 象을 사용해 卦名 '損'의 의미를 해석한 내용이다. 上卦 艮은 陽으로 위에서 멈추어 있으며 下卦 兌는 陰으로 기꺼이 艮에 순응함으로 '아래 것을 덜어내어 위에다 더해주는(損下益上)' 象을 가지고 있다는 의미이다.

'艮'은 陽이고 '兌'는 陰이다. 무릇 陰은 陽에게 순응하는 자이다. 陽이 위에서 멈추어 있으면 陰은 기꺼이 순응한다. 아래의 것을 덜어내어 위에다 더해 준다는 것은 위에서 시행한다는 의미이다. 『王注』

신하가 온 정성을 다해 군왕을 섬기고 백성들이 나라를 위해 전력으로 복역하는 것은 모두 아래를 덜어내어 위에다 더해주는 것과 같은 의미이다. 반드시 이와 같이 한 연후라야 군왕·신하·백성 등 상하의 교류가 원만해짐으로써 뜻을 같이 할 수 있을 진데 어찌 '그 도가 위에서 시행된다.(其道上行)'고 하지 않겠는가? 『折中』

損而有孚 : '而'는 연접사이나 '할 수 있다.(能)'는 뜻을 겸하고 있다.

이 구절은 卦辭 '損, 有孚.' 사이에 '而' 字를 하나 더하여 그 다음의 '元吉, 无咎, 可貞, 利有攸往.'을 해석한 내용이다. 이는 '四善(元吉, 无咎, 可貞, 利有攸往.)'은 모두 '有孚'로 인해 얻어지는 것이라는 의미이다.

덜어 주었으나 길할 수 있는 것은 그가 오로지 '마음속에 신의와 정성을 품고 있기' 때문이 아니겠는가? 덜어 주면서도 마음속에 신의와 정성을 품고 있기에 크게 길할 것이며 재난이 없을 것이며 정도를 굳건히 지켜 나아갈 수 있을 것이며 앞으로 나아가는 데에서 이로움을 얻을 것이다. 『王注』

曷之用, 二簋可用享 : 이 두 구절은 卦辭를 그대로 사용하여 자연스럽게 해석한 내용이다. 즉 이후의 구절 '自答'은 앞 구절 '設問'을 해석한 내용이다.

二簋應有時, 損剛益柔有時 : 이 두 구절은 앞 문장 '二簋可用享'의 의미를 진일보 발양시켜, '덜어서 줄(損)' 때는 반드시 적당한 시기를 잘 선택해야 할 것이라는 뜻을 설명한 내용이다. 즉 '두 개의 제기에 담박한 음식을 담아' 위에 봉헌하거나 또한 아래의 剛을 덜어서 위의 柔에 더해 주거나를 논할 것 없이 모두가 마땅히 그 '적당한 시기(時)'에 순응해야 할 것이며 함부로 해서는 안 될 것이라는 의미이다.

　　두 개의 제기라는 것은 지극히 검소하다는 뜻이다. 오직 덜어 낼 때는 적당한 시기에 호응하여 그를 시행해야 할 것이며 적당한 시기가 아니면 하지 말아야 할 것이다. 또한 이르되 : 그를 덜어낸다는 것은, 즉 아래를 덜어내어 위에다 더할 수 있는 까닭은 아래가 감히 剛하거나 굳세지 않음으로써 위에 봉헌하는 것을 귀하게 여긴다는 의미이다. 즉 剛하거나 굳센 것을 덜어내어 柔하고 順한 것에 더한다는 의미이다. 剛한 것을 덜어낸다는 것은 兌의 陽爻를 덜어낸다는 뜻이다. 柔한 것에 더한다는 것은 艮의 陰爻에 더해 준다는 뜻이다. 사람이 덕스럽기 위해서는 반드시 剛柔가 겸비되어야 할 것이다. 剛柔 가운데 剛은 德이 자라난다는 의미이다. 이미 德이 자라났다는 것은 오랫동안 덜어내지 않았다는 의미이다. 따라서 그것을 덜어낼 때는 '적당한 시기(有時)'에 맞추어야 할 것이다. 『正義』

損益盈虛, 與時偕行 : 이는 앞 두 구절의 뜻을 끝맺는 말로서 사물 '損益' 이치의 중점은 적당한 '시기(時)'에 있다는 의미이다.

　　자연의 본질은 각각 그의 분수가 정해져 있다. 짧은 것은 부족하다고 생각하지 않으며 긴 것은 남는다고 생각하지 않는데 덜어내고 더하는 것이 어찌 있을 수 있겠는가? 道는 불변하지 않는 까닭에 반드시 '시기에 맞추어 자연스럽게 시행해야 할 것이다. (與時偕行)' 『王注』

물오리는 다리를 짧다고 생각하지 않고 학은 목이 길다고 생각하지 않는데 어찌 반드시 나의 것을 덜어내어 남에게 더하라고 하는가? 이것을 비워서 저것을 채울 수 있단 말인가? 다만 적당한 시기를 가려서 적당히 사용하면 될 것이니 즉 적당한 시기에 호응해 시행하면 될 것이다. 『正義』

【번역 飜譯】

〈彖傳〉에 이르되 : '덜어내다'는 뜻은 아래에서 덜어내어 위에다 더해준다는 것이며 그 이치는 아랫사람이 위에 있는 존자에게 봉헌한다는 것이다. 덜어낼 때는 마음속에 신의와 정성을 품고 있으면 크게 길할 것이며 반드시 재난이 없을 것이며 정도를 굳건히 지켜 나아갈 수 있을 것이며 앞으로 나아가는 데에서 이로움을 얻을 것이다. 덜어내는 이치는 무엇을 사용하여 구체적으로 표현되었는가? 두 개의 제기에 담박한 음식을 담아 존자와 神靈에게 봉헌하는 것으로도 충분하다는 것으로 표현했다. 두 개의 제기에 담박한 음식을 담아 봉헌할 때는 반드시 그 시기에 합당하게 해야 할 것이며 아래의 陽剛을 덜어내어 위의 陰柔에 더해주는 것 역시 시기에 맞추어서 해야 할 것이다. 사물을 덜어내는 것과 더해주는 것 그리고 꽉 채우는 것과 텅 비워내는 것 모두는 시기에 맞추어 자연스럽게 시행하여야 할 것이다.

〈象〉曰 : 山下有澤, 損. 君子以懲忿窒欲.

【주석 註釋】

山下有澤, 損 : ≪損≫은 上卦 艮인 山과 下卦 兌인 澤의 象으로 구성되었다는 것을 설명한 내용이다.

  연못(澤)이 산 아래에 있으니, 연못이 낮고 산이 높은 것은 연못이 스스로를 덜어내어 산을 높여 준 것과 같은 象이다. 『正義』

懲忿窒欲 : '懲'은 '멈추다'·'누르다'는 뜻이다. '窒'은 '막는다'는 뜻이다.

이는 '군자'가 ≪損≫의 象을 관찰해 본 후, 분노를 멈추고 욕망을 막는 것이 스스로 선하지 않은 것을 덜어내는 것이라는 바를 깨달았다는 의미이다.

군자는 '損'의 이치를 본 받아, 분노를 멈추고 情欲을 막아야 할 것이다. 무릇 사람의 감정은 사물에 감응해서 움직이는 것이다. 경우에 따라서 순응도 하고 반역도 하는 것은 감정이 분노와 욕망을 가지고 있기 때문이다. '멈추다(懲)'는 뜻은 그것이 이미 가고 있는 것을 그치게 한다는 의미이다. '막는다(窒)'는 뜻은 그것이 닦아오는 것을 막는다는 의미이다. 분노와 욕망은 모두 왕래하는 것이니 '懲'과 '窒'도 다 같이 서로 도와주는 사이이다. 『正義』

【번역翻譯】

〈象傳〉에 이르되 : 산 아래에 깊은 못이 있는 것은 덜어내는 것을(연못이 스스로를 덜어내어 산이 높아지는 데에 더해주는 것과 같다.) 상징한다. 군자는 이를 본 받아, 분노를 멈추고 사악한 욕망을 막아 스스로 선하지 않은 것을 덜어내야 할 것이다.

【해설解說】

'덜어내다'는 뜻은 자못 광범위하다. 「大象傳」은 유독 '懲忿窒欲'의 뜻을 발양했는데, 이는 확실히 '修身立德'의 의리에 착안했기 때문이다. 따라서 朱熹는 다음과 같이 말했다.

군자가 몸을 수양하는 것은 당연히 (분노와 욕망을) 덜어내는 것이니 덜어내는 것으로 이보다 더 절실한 것은 없을 것이다. 『本義』

(䷨) 初九 : 已事遄往, 无咎. 酌損之.

【주석註釋】

已事遄往 : '已'는 '끝나다'·'마치다'·'일이 완성되었다.'는 뜻이다. '事'는 문장 가운데에서 '수양하는 일'을 뜻한다. '遄'은 '신속하다'는 뜻이다.

이는 初九爻가 '損'의 시작에 처하며 陽剛의 성품으로 아래에 처하며 上卦 六四爻에 호응함으로써, '스스로 수양(自修)'하는 일을 애초에 완성하였다면 마땅히 신속하게 가서 六四爻에 호응하여 보조해야 할 것이라는 의미이다. 즉 '위에다 더해 주어야 할 것이다.'는 뜻을 밝힌 내용이다.

덜어내는 것이 道라는 뜻은 아래를 덜어내어 위에다 더해준다는 의미이다. 예를 들면, 신하가 스스로를 덜어내어(낮추어서) 군왕을 받드는 것과 같은 의미이다. 그러나 각각 맡은 바의 책임을 가지고 있음으로 만약 수양하는 일은 하지 않고 가서 받든다면 재난이 막대할 것이다. 만약 수양하는 일이 이미 끝났음에도 불구하고 가서 받들지 않는다면 오만한 신하가 될 것이다. 수양하는 일을 끝내고 신속하게 가서 받든다면 반드시 재난이 없을 것이다. 『正義』

酌損之 : 初九爻가 六四爻에 호응하는 것이 剛을 덜어내어 柔에다 더해주는 것과 같으며 이때는 맹목적으로 그 剛을 지나치게 덜어내어서는 안 될 것이기 때문에 마땅히 '잘 헤아려서 그를 덜어내어야 할 것이다.(酌損之)'고 했다.

剛이 이긴다는 것은 곧 柔가 위태롭다는 뜻이니, 剛한 성품으로 柔한 성품을 받든다면 처음에는 친밀함을 볼 수 없을 것이다. 따라서 반드시 잘 헤아려서 강한 성질을 덜어내어야 만이 뜻을 화합할 수 있을 것이다. 『正義』

【번역翻譯】

初九爻 : 스스로 수양하는 일을 완성한 후 신속하게 나아가 존자를 보조한다면 반드시 재난이 없을 것이다. 응당히 자신의 강한 성질을 잘 헤아려서 덜어내어야 할 것이다.

〈象〉曰 : '已事遄往', 尙合志也.

【주석註釋】

尙合志 : '尙'은 '上'과 통한다. 初九爻와 上卦의 六四爻가 뜻을 화합할 것이라는 의미이다.

'尙'은 '上'이다. 즉 六四爻가 初九爻에게 의뢰하거나 初九爻가 六四爻에게 더해준다는 것은 윗사람과 뜻을 합할 것이라는 의미이다. 『程傳』

【번역飜譯】

〈象傳〉에 이르되 : '스스로 수양하는 일을 완성한 후 신속하게 나아가 존자를 보좌해야 할 것이다.'고 한 것은 初九爻와 존자가 마음을 하나로 화합할 것이라는 의미이다.

(䷨) 九二 : 利貞, 征凶. 弗損益之.

【주석註釋】

利貞, 征凶. 弗損益之 : '弗損'이란? 九二爻가 '자신에게서는 덜어낼 것이 없다.'는 뜻이다. '益之'란? '六五爻에게 더해준다.'는 뜻이다. 이는 '덜어내는' 이치는 여유 있는 것을 덜어서 부족한 곳에 더해준다는 뜻이나 九二爻는 陽爻로 陰位에 처해 剛柔가 잘 조화됨으로써 '여유'가 없는 자이며 六五爻는 陰爻로 陽位에 처하니 역시 剛柔가 잘 조화됨으로써 '부족함'이 없는 자이다. 양자가 비록 바르게 호응은 하나 九二爻는 '신속하게 앞으로 나아가서는(遄往)' 안 될 것이며 오로지 스스로를 덜어내지 말고 자신의 정도를 굳건히 길게 지켜 나아간다면 '존자를 이롭게 할 것이기 때문에(益上)' '정도를 굳건히 지켜 나아가는 데에서 이로움을 얻을 것이나 서둘러 나아간다면 흉할 것이다.(利貞, 往凶)'고 했다.

九二爻는 剛한 성품으로 中位에 처하며 뜻은 자신을 잘 지켜 나아가는 데에 두어야 할 것이며 함부로 나아가서는 안 될 것이며 정도를 굳건히 지켜 나아가는 데에서 이로움을 얻을 것이나 서둘러 앞으로 나아간다면 흉할 것이라고 했다. 자신의 것을 덜어내지 않고도 六五爻(존자)에게 더해준다는 것은 그가 지켜 나아가는 것을 바꾸지 않는다는 뜻이니, 이것이 존자에게 더해 줄 수 있는 까닭이다. 『本意』

'損'은 '지나치는 것'과 '미치지 못하는 것'이 있음으로써 하나를 덜어내면 하나가 더해져서 中을 얻게 된다. 가령 九二爻와 六五爻가 이미 中이 되었다는 것은 九二爻는 여유분이 없고 六五爻는 부족한 곳이 없다는 뜻이다. 하나에 더하거나 덜어내는 것이 있다면 오히려 그는 中의 상태를 상실할 것이다. 『周易玩辭』

【번역翻譯】

九二爻 : 정도를 굳건히 지켜 나아가는 데에서 이로움을 얻을 것이나 나아가는 것을 구하는데 서두른다면 흉할 것이다. 스스로 덜어내지 않는 것이 곧 존자에게 더해 주는 것이다.

〈象〉曰 : 九二利貞, 中以爲志也.

【번역翻譯】

〈象傳〉에 이르되 : 九二爻가 정도를 굳건히 지켜 나아가는 데에서 이로움을 얻을 것이라고 한 것은 응당히 中道를 굳건히 지켜 나아가는 것을 자신의 뜻으로 삼는다는 의미이다.

【해설解說】

九二爻가 '앞으로 나아가지 않는 것'을 의리로 삼은 것은 '존자에게 더해주는' 도를 실천할 수 없다는 의미이다. 그러나 그가 '剛한 성품으로 中位에 처해' 이를 지켜보는 것은 즉 스스로 정도를 굳건히 지켜 나아감으로써 六五爻에게 이로움을 주기 때문이다.

(䷨) 六三 : 三人行, 則損一人. 一人行, 則得其友.

【주석註釋】

三人行, 則損一人. 一人行, 則得其友 : '三人'이란? '많은 사람들'을 뜻한다. 본 문장

가운데에서는 특히 '陰性'을 뜻한다. '一人'은 앞에서는 上九爻를 뜻하고 뒤에서는 六三爻를 뜻한다.

이 네 구절은 六三爻가 下卦 兌의 최고 위치에 처하며 上九爻에게 호응해서 기꺼이 그와 화합할 수 있을 것이나, 만약 여러 陰爻들과 함께 행동하여 화합하고자 한다면 반드시 上九爻 하나의 陽爻는 손해를 입을 것이라는 의미이다. 만약 자기 혼자서만 나아간다면 곧 陰陽의 순수한 정이 잘 화합하게 됨으로 그는 정말로 좋은 친구를 얻게 될 것이라는 의미이다.

≪損≫의 이치는 아래를 덜어내어 위에다 더해주어 그 도가 위에서 시행되는 것을 뜻한다. '三人'이란? 六三爻로부터 위로 세 개의 陰爻를 뜻한다. 세 개의 陰爻가 함께 행동해서 上九爻를 받든다면 上九爻는 친구를 잃어버리게 될 것이고 안에는 그 주인이 없게 될 것이니, 이를 이름 지어 '益'이라고 했으나 사실상은 '損'이 되는 것이다. 하늘과 땅이 서로 호응해야 자연의 생육이 잘 되어 나아갈 것이며 남녀가 짝을 지어야 새로운 자손이 태어날 것이다. 陰陽이 맞지 않는데 생명을 얻을 수 있을 것인가? 따라서 六三爻는 혼자서 행동해야 만이 그 친구를 얻게 될 것이다. 두 개의 陰爻와 함께 행동한다면 반드시 의심을 낳게 할 것이다. 『王注』

【번역翻譯】

六三爻 : 세 사람이 함께 나아가 하나의 陽剛한 자를 얻고자 한다면 반드시 저 陽剛한 사람(上九爻)에게 손해를 입히게 될 것이다. 한 사람(六三爻) 혼자서 나아가 오로지 화합할 것을 구한다면 강건한 친구를 얻을 것이다.

〈象〉曰 : 一人行, 三則疑也.

【번역翻譯】

〈象傳〉에 이르되 : 한 사람 혼자서 나아간다면 오로지 화합할 것을 구할 수 있을 것이나 세 사람이 함께 나아간다면 상대방으로 하여금 주인이 없다는 의심을 낳게 할 것이다.

【해설解說】

공자가 이르되 : 하늘과 땅은 원기로 만물을 싹틔워 자라게 하고 남녀의 결합은 자손을 낳아 자라게 한다. 「繫辭下傳」

(䷨) 六四 : 損其疾, 使遄有喜, 无咎.

【주석註釋】

損其疾, 使遄有喜, 无咎 : '疾'은 六四爻가 初九爻를 사모하여 '相思病'에 이르게 된 상황을 뜻한다.

이는 六四爻가 陰柔의 성품으로 正位에 처하며 艮卦의 시작에 처하며 初九爻와 호응하며 그 병을 스스로 덜어내어 신속하게 陽剛을 맞아들임으로써 '반드시 기쁠 것이며(有喜)' '재난에 이르지 않을 것이다.(无咎)'는 내용이다.

'疾'이란? '相思病(서로 그리워하는 병)'을 뜻한다. 初九爻가 스스로 덜어내어 신속하게 앞으로 나아가자 六四爻는 正道로서 신속하게 맞아들여 陰陽이 서로 모여 同志가 되었으니 다시는 '상사병'을 앓지 않을 것이기 때문에 '그 병을 덜어내었다.(損其疾)'고 했다. 병을 어찌하여 오래 가도록 할 것인가? 병은 신속하게 고쳐야 기쁨을 가지게 될 것이고 재난에 이르지 않을 것이기 때문에 '初九爻로 하여금 신속하게 앞으로 나아오게 하여 맞아들이니 반드시 기쁠 것이며 재난에 이르지 않을 것이다.(使遄有喜, 无咎.)'고 했다. 『正義』

'損疾'이란? '그 좋지 않은 것(不善)을 덜어내는 것'을 뜻한다. 『程傳』

'使遄'이란? 六四爻가 初九爻로 하여금 '신속히 앞으로 나아오게 하여' 호응할 것이라는 의미이다. 『誠齋易傳』

【번역飜譯】

六四爻 : 스스로 그 相思病을 덜어내고 신속하게 陽剛한 자를 맞아들이니 반드시 기쁨

을 누릴 것이며 재난에 이르지 않을 것이다.

〈象〉曰：'損其疾', 亦可喜也.

【번역翻譯】

〈象傳〉에 이르되 : '스스로 그 相思病을 덜어낸다.'고 한 것은 六四爻가 陽剛한 자를 맞아들여 기쁨을 누릴 것이라는 의미이다.

【해설解說】

본 爻에서 '스스로 그 상사병을 덜어내었다.'고 한 것은 이미 스스로 '상사병'을 덜어내었다는 뜻이자 또한 柔弱한 성질을 덜어내었다는 의미이다. 따라서 初九爻의 시각으로 분석해 본다면, '剛한 것을 덜어내어 柔한 것에 더해준다.(損剛益柔)'는 의미이다. 六四爻의 시각으로 본다면, '陰柔를 덜어내고 陽剛의 더함을 얻었다.'는 뜻이다. 양자 중 하나는 자신의 것을 덜어내는 데에 중점을 두었고 다른 하나는 더함을 받는 데에 중점을 두었다.

(☲) 六五 : 或益之十朋之龜, 弗克違, 元吉.

【주석註釋】

或益之十朋之龜, 弗克違, 元吉 : '朋'은 고대 화폐의 단위이며 雙貝를 '朋'이라고 했다. '十朋'은 곧 '二十貝'로서 '가격이 매우 비싸다.'는 뜻이다.

이 세 구절은 六五爻가 柔한 성품으로 中位에 처하며 존위에 처하며 '아무 잡념 없이(虛中)' 스스로 덜어 낼지언정 스스로 더하지는 않는(이롭게 하지 않는) 象이기 때문에 천하 사람들이 다투어 '그에게 더해주니(益之)' 결국에는 十朋之龜(매우 비싼 신령스럽고 귀한 생선)의 더해 줌을 받기에 이르렀으나 사절을 할 수 없었다는 것, 즉 존자의 위치인 '君位'에 처해 결국은 '지극히 길할 것이다.(元吉)'는 의미이다.

'柔順한 성품으로 마음에 잡념이 없으며 존위에 처하여 損의 시점에 당면하니, 천하 사람들의 더해 줌을 받게 되었다.' '十朋之龜는 큰 보배를 뜻한다.' '어떤 자는 이를 사용해서 그에게 더해 주었으나 사양할 수가 없었으니 그의 길함을 알 수 있는 바이다.' 『本意』

【번역飜譯】

六五爻 : 어떤 사람이 값어치가 十朋이나 되는 큰 보물 거북이를 그에게 올렸으나 사양할 방법이 없으니 지극히 길할 것이다.

〈象〉曰 : 六五元吉, 自上祐也.

【주석註釋】

上 : '天'을 뜻한다.

【번역飜譯】

〈象傳〉에 이르되 : 六五爻가 지극히 길한 것은 위에 있는 하늘로부터 도움을 받기 때문이다.

【해설解說】

六五爻는 '마음에 잡념이 없는(虛中)' 덕을 사용함으로써, 비록 스스로 덜어 내고자 할지라도 사람들은 기필코 '그에게 더해 주었다.(益之)' 따라서 爻辭는 '사양할 방법이 없다.(弗克違)'고 했고 「象傳」에서는 '위에 있는 하늘로부터 도움을 받기 때문이다.'고 했다. 이는 역시 ≪大有≫ 上九爻의 '하늘이 그를 도우니 길할 것이며 이롭지 않는 바가 없을 것이다.(自天祐之, 吉无不利.)'와 같은 의미이다.

(☱) 上九 : 弗損益之. 无咎, 貞吉, 利有攸往, 得臣无家.

【주석註釋】

弗損益之 : 이는 上九爻가 陽剛의 성품으로 ≪損≫의 마지막에 처하니, '아래를 덜어내어 위에다 더해주는 상황(損下益上)'이 반드시 장차 '위를 덜어내어 아래에다 더해주는 상황(損上益下)'으로 전환될 것이라는 의미이다. 그러나 上九爻는 아래의 더해줌을 받은 것이 이미 극한 상황이기 때문에 모름지기 '스스로 덜어 내지(自損)' 않고 곧장 그 아래로 베풀기만 하면 됨으로써 '덜어내지 않고도 다른 자에게 더해 줄 수 있는(弗損益之)' 象을 하고 있다고 했다. 즉 上九爻는 陽剛으로 ≪損≫의 마지막에 처하니, ≪損≫이 극점에 이르면 응당히 不損으로 변하게 된다. 이 시점에서, 上九爻는 두 종류의 선택을 할 수 있다. 하나는 陽剛으로 上爻에 처했으니 아래에다 덜어내어 주는 것으로, 이는 재난을 만날 象이다. 또 다른 하나는 아래에다 덜어내어 줄 수 있으나 그 덜어내어 주는 것을 시행하지 않고 陽剛의 道를 사용하여 아래에 더해주는 것으로, 이는 재난이 없을 것이며 정도를 굳건히 지켜 나아가면 길할 것이며 앞으로 나아가는 데에서 이로움을 얻을 象이다. 이곳에서 上九爻는 두 번째 길을 택했다.

    上九爻는 '아래를 덜어내어 위에다 더해주는' 시점에 당면하여, 卦의 위에 처하여 더해줌을 받은 것이 지극함으로써 스스로 덜어내어 다른 사람에게 더해주고자 한다. 그러나 위에 처하면서 아래에 더해주니 '은혜를 베풀어도 낭비되는 것이 없는' 자이며 자신을 덜어내지 않고도 다른 사람에게 더해 줄 수 있을 것이다. 『本意』

无咎, 貞吉, 利有攸往, 得臣无家 : '无家'에 대해 『正義』에서는 다음과 같이 설명했다.

    천하를 밝게 다스린다는 것은 한 집안에만 적용시킨다는 뜻이 아니다. 한 집안에만 적용시킨다는 뜻이 아니라는 것은 즉 한 집안에만 제한하는 것이 아니라는 의미이다. 『正義』

    이 네 구절은 앞의 문장을 이어서 上九爻가 '덜어 내지 않고도 아래에 더해 줄 수 있음으로' 곧 '반드시 재난이 없을 것이다.(无咎)'고 한 바를 설명한 것이다. 그러나 마땅히 '정도를 굳건히 지켜 나아가면 길할 것이다.(貞吉)'고 했으며 앞으로 나아가는 데에서 이로움을 얻을 것이며 반드시 장차 '신하와 백성들'을 크고 넓게 얻을 것이며 '한 집안' 만의 옹호를 받는 제한성을 가지지는 않을 것이라고 했다. 이는 '아래에 더해주는' 덕의 크고 넓은 것을 극찬한 말로서 그렇게 하면 또한 '신하와 백성들의 옹호를 받을 것이며 한 집안의 제한성을 가진 옹호를 받지 않는(得臣无家, 즉 순응하는 자가 매우 많은 것이 마치 四海同胞가 한 가족처럼 옹호하는 것과 같은)' 길함을 얻을 것이라는 의미이다.

이와 같이 한다면 곧 '반드시 재난이 없을 것이다.' 그러나 역시 반드시 '정도'를 지켜 나아가야 만이 '길할 것이며' 앞으로 나아가는 데에서 이로움을 얻을 것이다. '은혜를 베풀어도 낭비되는 것이 없을 것이다.'고 한 것은 그는 넓게 은혜를 베풀 것이라는 의미이다. 따라서 '신하와 백성들의 크고 넓은 옹호를 받지 한 집안의 제한성을 가진 옹호를 받지는 않을 것이라는 의미이다.' 『本意』

【번역翻譯】

上九爻 : 스스로 덜어내지 않고도 다른 사람에게 더해 줄 수 있을 것이다. 반드시 재난이 없을 것이며 정도를 굳건히 지켜 나아가면 길할 것이며 앞으로 나아가는 데에서 이로움을 얻을 것이며 넓고 큰 신하와 백성들의 옹호를 받을 것이며 한 집안의 제한성을 가진 옹호를 받지는 않을 것이다.(즉 사해동포가 한 가족처럼 옹호해 줄 것이다.)

〈象〉: '弗損益之', 大得志也.

【번역翻譯】

〈象傳〉에 이르되 : '스스로 덜어내지 않고도 다른 사람에게 더해 줄 수 있을 것이다.'고 한 것은 上九爻가 천하 사람들에게 은혜를 베풀고자 하는 뜻이 크게 실현될 것이라는 의미이다.

【해설解說】

上九爻와 九二爻는 모두 '스스로 덜어내지 않고도 다른 사람에게 더해 줄 수 있을 것이다.'고 했다. 九二爻는 스스로 덜어내지 않고도 존자에게 더해 줄 수 있으며 上九爻는 스스로를 덜어내지 않고도 아랫사람에게 더해 줄 수 있다는 것이다. 양자의 거주하는 위치가 다르니 가리키는 의미 역시 구별된다.

> 백성들이 이롭게 됨으로써 그를 이롭게 하는 것, 이 역시 베푸는 것이지 낭비하는 것은 아니지 않는가?(因民之所利而利之, 斯亦惠而不費乎?) 『論語·堯曰』

【損】 요점·관점

≪損≫은 '아래에서 덜어내어 위에다 더해준다.'는 뜻에 그 중심의미를 두고 있다. 卦辭에서 '덜어내는' 이치는 응당히 '신의와 정성'을 근본으로 삼아야 '元吉, 无咎, 可貞, 利有攸往.'한다고 했다. 아울러 오로지 마음속에 신의와 정성을 품고 있다면 비록 '두 개의 제기에 담박한 음식(二簋淡食)을 담은 것'과 같이 보잘 것 없는 것일지라도 역시 존자에게 충분히 봉헌할 수 있다는 의미이다.

「象傳」에서 진일보 적으로 이 의미를 밝혀 '損益盈虛, 與時偕行.'이라고 했다. 이는 '마음속의 신의·정성'과 '적당한 시기'를 연결시켜 분석해 '아래의 것을 덜어낼지라도' 함부로 덜어내서는 안 될 것이라는 것과 '위에다 더해 주되' 함부로 더해 주어서는 안 될 것이라는 뜻을 표명한 내용이다.

이 의미는 '흙을 쌓아올려 담장을 수축하는 것'으로 비유할 수 있다. 담장 아래에서 빼어 낸 흙과 돌을 사용해서 담장을 높게 쌓아 올릴 때, 그 빼어 낸 것이 바르지 않고 그 시기가 적당하지 않으면 담장은 반드시 위험하게도 무너져 내릴 것이다. 『程傳』

卦 가운데 六爻는 上卦와 下卦로 나누어 '損'·'益'의 의미를 전개시켜 나아갔다. 下卦 세 개 爻는 아래에서 스스로 덜어내었고 上卦 세 개 爻는 위에 처하면서 둘 둘씩 서로 응답하며 더해 줌을 받았다. 그 가운데 初九爻는 '덜어내는 것을 잘 헤아려' 剛한 성품으로 '서둘러 나아가서' 六四爻에 호응하여 六四爻에게 기쁨을 주는 것으로 응답한다. 九二爻는 스스로 함부로 덜어내지 않고 '정도를 굳건히 지켜 나아가며' 존자에게 더해주니, 六五爻에게 二十貝(十朋)나 되는 값진 거북이를 얻게 하는 것으로 응답한다. 六三爻는 '혼자서 나아가 오로지 화합할 것을 구하는' 정성을 上九爻에게

더해주니, 上九爻는 '넓고 큰 신하와 백성들의 옹호를 받는, 즉 사해동포가 한 가족처럼 옹호하는' 상황으로 응답한다.

『易』의 陰爻와 陽爻가 대응하는 상황을, 본 卦 가운데에서는 上卦와 下卦가 적당한 시기에 損·益의 관계로 나타나는 것에서 볼 수 있다.

한 번 더 爻辭와 爻象으로부터 여러 개 爻의 의미를 고찰해 본다면, 下卦 '잘 헤아려서 덜어내거나'·'덜어내지 않거나'·'세 사람이 함께 가면 한 사람에게 손해를 입힐 것이다.'가 훈계하는 의미는 '덜어내어야 할 것은 당연히 덜어내는 것'에 중점을 두고 있다는 것을 알 수 있다. 上卦의 六四爻와 六五爻는 陰爻로 上卦에 처하며 마음을 비우고 자신을 겸손하게 낮추어 더해줌을 받는 象이다. 아울러 '덜어내는 가운데 더함이 있다.'는 것을 볼 수 있다. 上九爻는 卦의 제일 극점에 처해 더해줌을 받은 것으로 인해 아랫사람에게 넓고 크게 더해 줄 수 있으니, 즉 '덜어내는 것'과 '더해주는 것'이 서로 돌고 돈다는 이치를 표현했다. '스스로 덜어내는' 자가 덜어내는 것이 극한 상황에 처하면 반드시 더해줌을 받게 되고 '더해줌을 받는' 자 역시 더해짐이 극에 달하면 당연히 다른 사람에게 더해준다는 것을 설명하고 있다.

본 卦는 자못 소박한 관점으로, 사물의 발전과정에서나 혹은 아래를 덜어내어 위에다 더해주거나 작은 것을 덜어내어 큰 것에다 더해 주거나 남은 것을 덜어내어 부족한 것에다 더해 주는 과정에서는, 즉 덜어내고 더해주는 사이에서는 반드시 신의와 정성으로 정도를 굳건히 지켜 나아가야 할 것이라는 것과 덜어내거나 더해주는 시점은 반드시 그 시기를 잘 맞추어야 할 것이라는 바를 제시한 내용이다.

당연히 ≪損≫이 상징하는 의미는 매우 넓다. 「大象傳」'懲忿窒欲'은 곧 '修身'의 시각으로부터 '不善한 것을 스스로 덜어내는' 의미로 미루어 밝힌 내용이다.

> '덜어내는 것(損)'의 이치는 아래를 덜어내어 위에다 더해주는 것에 중점을 두었다. 이 의미를 넓혀 본다면, 학문은 곧 그 사욕을 스스로 덜어내어 公理를 이롭게 하는 것에 중점을 두어야 할 것이며 처세는 자신과 가정을 스스로 덜어내어 천하를 이롭게 하는 것에 중점을 두어야 할 것이다. 이 모두는 덜어내는 이치가 올바르거나 시기에 적합해야 할 것이다. 『周易學說·馬振彪』

이 논점은 「大象傳」의 의미와 서로 부합한다고 할 수 있다.

42. 益卦의 立體文型圖

(☴☳) 《益》: 益. 利有攸往, 利涉大川.

〈彖〉曰: '益', 損上益下, 民說无疆. 自上下下, 其道大光. '利有攸往', 中正有慶. '利涉大川', 木道乃行. 益動而巽, 日進无疆. 天施地生, 其益无方. 凡益之道, 與時偕行.

〈象〉曰: 風雷, 益. 君子以見善則遷, 有過則改.

• • •

(─) 上九: 莫益之, 或擊之. 立心勿恒, 凶.

〈象〉曰: '莫益之', 偏辭也. '或擊之', 自外來也.

(─) 九五: 有孚惠心, 勿問元吉. 有孚惠我德.

〈象〉曰: '有孚惠心', 勿問之矣. '惠我德', 大得志也.

(- -) 六四: 中行告公從, 利用爲依遷國.

〈象〉曰: '告公從', 以益志也.

(- -) 六三: 益之用凶事, 无咎. 有孚中行, 告公用圭.

〈象〉曰: 益用凶事, 固有之也.

(- -) 六二: 或益之十朋之龜, 弗克違, 永貞吉. 王用享于帝, 吉.

〈象〉曰: '或益之', 自外來也.

(─) 初九: 利用爲大作, 元吉, 无咎.

〈象〉曰: '元吉无咎', 不厚事也.

42 益卦

(☴☳)《益》・錯(☰☴)《恒》・綜(☶☱)《損》・互(☶☴)《剝》

(☴☳)《益》: 益. 利有攸往, 利涉大川.

【주석註釋】

☴☳ : 卦象이다. 下卦 ☳ 震卦(雷・動)와 上卦 ☴ 巽卦(風・入)로 구성되었다. 바람이 세차게 불수록 우레는 더욱 강해지고 우레의 진동이 강해질 수록 바람의 기세 또한 더욱 세차지는 자연현상과 이치를 빌려와서 '더해주는' 현상과 이치를 상징했다.

益 : 卦名이다. '더해주다'・'이롭게 해준다.'는 의미를 상징한다. 그 뜻은 '위에서 덜어내어 아래에다 더해준다.'는 것에 중점을 두었다

'益'은 '불어나다'는 뜻이며 '위의 것을 덜어내어 아래에다 더해준다.'는 의미로서 이를 '益'이라고 했다. 아래가 이미 가지고 있는 데에도 불구하고 위에서 그에게 더해준다는 것으로, 성인이 사물을 이롭게 하는 것은 끝이 없다는 것을 밝힌 내용이다. 『正義』

利有攸往, 利涉大川 : 이 두 구절은 '위에서 덜어내어 아래에다 더해준다.'는 이치의 시행은, 즉 앞으로 나아가는 데에서 이로움을 얻을 것이며 험난하다고 건널 수 없는 것이 아니라는 의미이다.

이미 위에서 아래로 베푸는 道가 실천되어 만물을 유익하게 하여 움직여도 어긋남이 없을 진데 어찌 앞으로 나아가는 데에 이롭지 않겠는가? 따라서 '앞으로 나아가는 데에서 이로움을 얻을 것이다.(利有攸往)'고 했다. 더해줌으로써 험난함을 건널 수 있

으며 험난함을 없애게 다스림으로 '거센 물결이 도도히 흐르는 험난한 큰 하천을 건너는 데에서 이로움을 얻을 것이다.(利涉大川)'고 했다. 『正義』

【번역翻譯】

≪益≫ : 益卦는 더해주는 것을 상징한다. 앞으로 나아가는 데에서 이로움을 얻을 것이며 거센 물결이 도도히 흐르는 험난한 큰 하천을 건너는 데에서 이로움을 얻을 것이다.

【해설解說】

≪損≫·≪益≫ 兩卦의 의미는 서로 관련되어 있다. 이름을 취한 유래 역시 유사한 면을 가지고 있다.

≪損≫은 '아래의 것을 덜어내어 위에다 더해준다.'는 뜻이고 ≪益≫은 '위의 것을 덜어내어 아래에다 더해준다.'는 뜻이다. 이름은 모두 '아래'에다 중점을 두고 지은 것이지 위에 의거한 것은 아니다. 向秀가 이르되 : '명철한 군왕은 아래로 베푸는 데에 뜻을 둠으로써 아래에서 받으니 이를 損이라 했고 아래에게 주니 이를 益이라고 했다.' 『正義』

〈彖〉曰 : '益', 損上益下, 民說无疆. 自上下下, 其道大光. '利有攸往', 中正有慶. '利涉大川', 木道乃行. 益動而巽, 日進无疆. 天施地生, 其益无方. 凡益之道, 與時偕行.

【주석註釋】

損上益下, 民說无疆. 自上下下, 其道大光 : '下下'란? 앞의 것은 동사이고 뒤의 것은 방위를 가리키는 명사이다. 즉 '아래방향으로 내려간다.'·'아래로 이로움을 베푼다.'는 뜻이다.

이 네 구절은 上卦의 象과 下卦의 象을 이용해서 卦名 '益'을 해석한 내용으로, 巽陰은 위에 처하고 震陽은 아래에 처하며 巽의 順한 성품은 震을 거역하지 않는 까닭에 '위의 것을 덜어내어 아래에다 더해주는' 象을 가졌다고 했다. '위를 덜어내어 아래에 더해 줄 수 있고'·'위로부터 아래의 방향으로 내려 갈 수 있다면' 자연히 백성들은 기뻐할 것이고 道義는 밝게 빛날 것이다.

    '震'은 陽이다. '巽'은 陰이다. 巽은 震을 거역하지 않는다. 위에 처한 것이 巽이나 아래에게 거역하지 않으니 '위를 덜어내어 아래에다 더해준다.'는 象이다. 『王注』

中正有慶 : '中正'은 九五爻를 뜻한다.
    이 구절은 九五爻가 剛한 성품으로 中位·正位에 처함으로써 아래에다 더해 줄 수 있는 象이라는 뜻이며 卦辭 '利有攸往'을 해석한 내용이다.

    九五爻가 中位·正位에 처하며 위로부터 아래의 방향으로 내려감으로써 '경사로움이 있을 것이다.(有慶)'고 했다. 中正으로 경사스런 덕성을 가지고 앞으로 나아가니 어디에 간들 이롭지 않겠는가? 『王注』

木道乃行 : '木'은 上卦 巽이 木이라는 뜻이다.

    六三爻가 움직이면 ≪渙≫이 된다. ≪渙≫은 배(舟)와 노(楫)의 象이니, 巽의 木(나무)이 水(물)를 얻으면 곧 '木道가 실천된다.(배를 타고 간다.)'는 의미이다. 따라서 '木道'란? 곧 '舟道'를 뜻한다. 『集解·虞翻』

    이 구절은 上卦의 象을 취해, '더해줌으로써(益)' 험난함을 건너니 出征하는 길이 순탄할 것이라는 것에 비유해 卦辭 '利涉大川'을 해석한 내용이다.

    '木'이란? 큰 하천을 건널 때 반드시 필요한 것으로 물속으로 빠지지 않게 하는 사물이다. '더해줌으로써(益)' 험난함을 건널 수 있을 것이라는 바는 木의 역할과 같다는 의미이다. 『王注』

益動而巽, 日進无疆. 天施地生, 其益无方 : '動'이란? 下卦 震을 의미한다. '巽'은 '겸손하게 순응한다.'는 뜻으로 上卦 巽을 의미한다. '天施'란? '하늘이 은혜를 베푼다.'

는 의미이다. '地生'이란? '대지가 만물을 생육시킨다.'는 뜻이다. '方'이란? '장소'를 뜻한다. '无方'이란? '온갖 국가에 두루 미친다.'는 뜻이다.

이 네 구절 역시 上卦象·下卦象과 天地가 만물을 생성하는 것을 예로 사용해 '益' 道의 위대함을 넓게 밝힌 내용이다.

두 몸체를 장악하면 더해주는 곳을 더욱 명확하게 이해할 것이다. 만약 움직일 때 자신에 대한 교만이 꽉 차 있다면 그 손해는 끝이 없을 것이다. 만약 움직일 때 자신을 낮추고 겸손하다면 이로움을 증진시키는 것이 끝이 없을 것이다. 또한 이르되 : 하늘이 대지에게 氣를 베풀면 대지는 그 氣를 받아서 만물을 화육시키니, 이 역시 위를 덜어내어 아래에 더해준다는 의미이다. 하늘의 氣를 받아서 만물이 화육되는 이로움은 정해진 방향과 장소가 없을 뿐이다. 『正義』

凡益之道, 與時偕行 : 이 두 구절은 앞의 문장에 귀결되며 '더해주는(益)' 이치는 반드시 시기가 적당해야 할 것이며 함부로(아무시점에서나) 더해주어서는 안 될 것이라는 의미를 설명한 내용이다.

【번역翻譯】

〈彖傳〉에 이르되 : '더해주다'는 뜻은 위에서 덜어내어 아래에다 더해준다는 것으로, 이와 같이 한다면 백성들의 기쁨이 한량없을 것이다. 위로부터 아래로 이로움을 베푸는 이러한 종류의 道義는 반드시 크게 빛날 것이다. '앞으로 나아가는 데에서 이로움을 얻을 것이다.'고 한 것은 존자가 剛한 성품으로 中正의 道를 실천해 나아가니 반드시 장차 큰 경사로운 일이 있을 것이라는 의미이다. '거센 물결이 도도히 흐르는 험난한 큰 하천을 건너는 데에서 이로움을 얻을 것이다.'고 한 것은 木船으로 물을 건너니 출정하는 길이 순탄할 것이라는 바와 같다는 의미이다. 더해 줄 때, 아래 사람은 흥겹게 움직이고 위 사람은 겸손하게 순응하니 그 더해짐은 날로 증진되어 끝없이 발전할 것이다. 비유해 본다면, 위에 있는 하늘은 이로운 혜택을 내려 보내고 아래에 있는 대지는 그 혜택을 받아서 만물을 화육시키니 자연계가 베푸는 화육의 이로움이 그 제서야 온갖 국가에 두루 미치는 바와 같다는 의미이다. 사물이 더해지는 시점에 당면하여, 구체적으로 나타나는 이치 모두는 그의 적당한 시기에 맞추어 자연스럽게 시행하여야 만이 온당함을 얻을 것이다.

〈象〉曰 : 風雷, 益. 君子以見善則遷, 有過則改.

【주석註釋】

風雷, 益 : ≪益≫ 上卦 巽은 '風'의 象이고 下卦 震은 '雷'의 象이라는 뜻을 해석한 내용이다.

바람이 세차면 우레가 빨라지고 우레가 과격해지면 바람의 기세도 대단해지니 바람과 우레는 서로에게 더해주는 자들이다. 『程傳』

見善則遷, 有過則改 : '遷'은 '좇다'・'따르다'・'이루다' 즉 '향해 나아간다.'는 뜻이다. 이는 '군자'가 ≪益≫의 象을 관찰해 본 후, 선행을 보면 곧장 전념하여 따를 것이며 잘못이 있으면 서둘러 바르게 고칠 것이며, 이를 함께 다스린다면 자신의 德을 증진시킬 수 있다는 것을 깨달았다는 의미이다.

선행하는 것을 보면 곧장 전념하여 따를 것이며 잘못이 있으면 서둘러 바르게 고칠 수 있다면 이로움이 막대해 질 것이다. 『王注』

【번역飜譯】

〈象傳〉에 이르되 : 바람과 우레는 서로 도와줌으로써 더해주는 것을 상징한다. 군자는 이를 본 받아, 선행하는 것을 보면 곧장 전념하여 따를 것이며 잘못되었다는 것을 알면 서둘러 바르게 고쳐야 할 것이다.

【해설解說】

≪益≫의 큰 뜻은 '위의 것을 덜어내어 아래에다 더해준다.'는 것으로 사물에 이로움을 베푼다는 의미이다. 따라서 「彖傳」에서는 '民說无疆'・'其道大光'・'中正有慶'이라고 극찬했다. 「大

象傳」에서는 '風雷相益'의 象으로부터 '遷善改過'의 의리로 확대하여 설명했는데, 이 역시 '修身'의 道에 착안한 것이다. ≪損≫의 「大象傳」과 비교해 본다면, ≪損≫은 '분노를 멈추고 사욕을 막는 것'을 말하면서 스스로 不善한 것을 '덜어내는' 데에 치중했으나 ≪益≫은 아름다운 善을 스스로 '더해주는' 데에 치중했다. 양자가 이치를 펼치는 시각이 자연스럽게 구분된다.

우레는 陽氣를 움직이는 사물이니, 사람의 마음이 분발하면 선한 것에 용기가 일어나는 것이 이와 같다. 바람은 陰氣를 흩어지게 하는 사물이니, 사람의 마음이 씻겨 진다는 것은 마음의 악한 것을 사라지게 하는 것으로 이와 같다. 『折中』

이 말은 본 卦 上卦·下卦의 象을 '遷善'·'改過'와 합해 하나의 이치로 설명한 내용으로 참고할만하다.

(䷩) 初九 : 利用爲大作, 元吉, 无咎.

【주석註釋】

利用爲大作, 元吉, 无咎 : '大作'을 『正義』에서는 '큰일을 한다.'로 해석했다.

이는 初九爻가 陽剛의 성품으로 '益'의 시작에 처하며 六四爻와 호응하며 아래에 처하여 더해줌을 받는 象이 되어 큰일을 함에 합당함으로써 '지극히 길할 것이다.(元吉)'고 했다. 그는 오로지 '지극히 길할 것이기 때문에' 비록 낮은 위치에 처한다고 할지라도 큰일을 담당할 수 있을 것이며 반드시 재난이 없을 것이라고 했다.

【번역飜譯】

初九爻 : 큰일(천하에 큰 이익이 되게 하는 일)을 하는 데에서 이로움을 얻을 것이며 지극히 길할 것이며 반드시 재난이 없을 것이다.

【해설解說】

'大作(큰일)'이란? '농사의 이로움'을 뜻한다. 『集解·虞翻』

'大作'이란? '농사'를 뜻한다. '益'의 시작에 처한 것은 '震'의 처음에 처한 것이며 '震'을 '농사'이자 또한 '大作'이라고 했다. '더해줌이 큰 것' 가운데에는 '농사'보다 더 큰 것은 없음으로 初九爻의 이로움은 농사를 지음으로써 이로울 것이라는 의미이다. 『集解·侯果』

이는 初九爻가 아래에 처하면서 '농사를 짓는 象을 하고 있다.'는 의미와 통한다.

〈象〉曰 : '元吉无咎', 不厚事也.

【주석註釋】

不厚事 : '厚事'에 대해 『正義』에서는 '큰일(大事)', 즉 '천하에 큰 이익이 되게 하는 일이다.'고 해석했다.

　　이는 初九爻의 위치가 낮음으로 본래는 큰일을 담당하기가 어려우나 陽剛의 덕성으로 위로부터 더해줌을 얻음으로써 '큰일(大作)'을 할 수 있게 되었으니, 즉 '지극히 길할 것이며 반드시 재난이 없을 것이다.(元吉, 无咎.)'는 뜻을 해석한 내용이다.

　　'不厚事'는 '아래 백성들에게 힘든 노역을 시키지 않음으로써 농부에게 시기를 놓치지 않게 한다.'는 의미이다. 『集解·侯果』

【번역翻譯】

〈象傳〉에 이르되 : '지극히 길할 것이며 반드시 재난이 없을 것이다.'고 한 것은 初九爻가 본래는 큰일을 담당할 수 없다는 의미이다.(그러나 이때 더해줌을 얻음으로써 큰일을 해 낼 수 있게 되었다.)

【해설解說】

　　본 爻가 六四爻에 호응을 얻은 것은 六四爻가 스스로를 덜어내어 初九爻에게 더해 준 것과 같다. 爻辭가 '大作(큰일)'을 강조한 것은 初九爻가 공적 없이 더해줌을 얻은 것이 아니라 반드시 '큰일을 해 내어' 다른 사람들에게 널리 더해 주어야 만이 비로소 그 더해 준 것을 오랫동안 보전할 수 있게 되며 재난도 면할 수 있게 된다는 의미이다.

반드시 크게 다른 사람에게 더해주는 일을 한 연후라야 자신도 그 더해줌을 얻을 수 있는 것이다. 그렇지 않고 크게 더해줌을 얻는 것은 곧 큰 손실을 입게 되는 까닭이 될 뿐이다.『折中』

(䷩) 六二 : 或益之十朋之龜, 弗克違, 永貞吉. 王用享于帝, 吉.

【주석註釋】

或益之十朋之龜, 弗克違, 永貞吉 : '十朋之龜'는 ≪損≫ 六五爻의 의미와 동일하나 이곳에서는 六二爻가 영광스럽게도 '신하의 위치'에 있는 것에 비유하였다.

이 세 구절은 六二爻가 '아래에다 더해 주는(益)' 시점에 당면하여, 柔中의 덕으로 九五爻 '君'의 호응을 얻어 君命을 받아 영광스럽게 요직에 처한 것이, '十朋之龜'를 하사 받았으나 사양할 방법이 없는 것과 같음으로써 마땅히 오랫동안 정도를 굳건히 지켜 나아가면(나아가야 만이) 길할 것이라고 했다.

六二爻가 '아래에 더해 주는(益)' 시점에 당면하여, 마음속을 비우고 아래에 처한 까닭에 그 象이 ≪損≫의 六五爻와 같다. 그러나 爻와 位가 모두 陰이기 때문에 '오랫동안 정도를 굳건히 지켜 나아가면(나아가야 만이) 길할 것이다.(永貞吉)'고 경고했다.『正義』

王用享于帝, 吉 : '帝'는 '天帝'를 뜻한다.

'帝'란? '天'이다. 군왕이 이 시점을 이용해 天帝에게 제사를 드리니 신령스러운 귀신(明靈)이 복을 내려주는 까닭에 '王用享于帝, 吉.'이라고 했다.『正義』

'군왕이 이 시점을 이용해 天帝에게 제사를 드린다.'고 한 것은 군왕이 六二爻를 이용해 天帝에게 제사를 드린다는 의미이다.『折中・鄭維嶽』

【번역飜譯】

六二爻 : 어떤 사람이 값이 十朋이나 되는 큰 거북이를 내려 주었으나 사양할 방법이

없었으니 오랫동안 정도를 굳건히 지켜 나아가면(나아가야 만이) 길할 것이다. 이 시점에 군왕이 마침 天帝에게 제사를 드리며 복을 내려 줄 것을 기원하니 길할 것이다.

〈象〉曰:'或益之', 自外來也.

【주석註釋】

自外來 : 六二爻가 더해 줌을 받은 것은 외부로부터 저절로 온 것이지 자신이 요구하여 얻은 것이 아니라는 뜻이다. 이는 ≪損≫ 六五爻「象傳」의 '하늘로부터 큰 도움을 받았다.(自上祐也)'고 한 의미와 비슷한 내용이다.

> 그에게 더해 준 자가 외부로부터 스스로 온 것이지 불러서 도달한 것은 아니라는 뜻을 밝혔다. 『正義』

【번역飜譯】

〈象傳〉에 이르되 : '어떤 사람이 값이 十朋이나 되는 큰 거북이를 내려 주었다.'고 한 것은 六二爻가 더해줌을 받은 것이 외부로부터 저절로 온 것이지 자신이 요구해서 얻은 것은 아니라는 의미이다.

【해설解說】

≪益≫ 六二爻와 ≪損≫ 六五爻는 모두 '或益之十朋之龜, 弗克違.'를 말함으로써 '더해줌을 받은(益)' 것은 모두 자신이 요구해서 얻은 것이 아니라고 했다. 그러나 두 爻가 지닌 의미는 오히려 크게 다르다. ≪損≫의 六五爻는 위에 처하면서 아래의 더해줌을 받은 까닭에 '거북이'를 받은 자가 '왕의 위치(君位)'가 되어 점괘가 '크게 길할 것이다.(元吉)'고 나왔다. ≪益≫의 六二爻는 아래에 처하면서 위의 더해줌을 받은 까닭에 '거북이'를 받은 자가 '신하의 위치(臣位)'가 되어 그 점괘가 '오랫동안 정도를 굳건히 지켜 나아가면(나아가야 만이) 길할 것이다.(永貞吉)'고 나왔다.

(☵☳) 六三 : 益之用凶事, 无咎. 有孚中行, 告公用圭.

【주석註釋】

益之用凶事, 无咎 : '之'는 조사이다. '凶事'는 '흉한 것을 구제하고 험난한 것을 평정하는 사무'를 뜻한다.

　이는 六三爻가 '아래에다 더해주는' 시점에 당면하여, 陰으로 下卦의 위에 처하며 더해줌을 받은 것이 지극히 대단하자 '位勢'가 더욱 굳어지는 象이라는 의미이다. 이때는 반드시 더해줌을 받은 것을 다른 사람에게 넓게 더해주어야 함으로써, 위험을 구제해야 하는 '흉사' 가운데에로 몸을 던지는 노력을 해야만 할 것이다. 즉 善을 위해 그 적당한 시점을 헤아려 처한다면 '반드시 재난이 없을 것이다.(无咎)'는 의미이다.

　陰으로 陽位에 처하며 下卦의 위에 처하니 강건함이 지극한 상황이다. 쇠락하는 위험을 구제하니 사물이 그를 믿고 따름으로써 '흉사'를 이용한다면 '반드시 재난이 없을 것이다.'고 했다. 『王注』

有孚中行, 告公用圭 : '告'는 '나아가서 만난다.' · '자신의 뜻을 상대방에게 밝힌다.'는 뜻이다. '圭'란? '玉器'의 명칭으로 고대 천자와 諸侯들이 제사를 지낼 때나 제후가 來朝하여 천자를 알현할 때, 그리고 卿大夫 등이 제후를 알현할 때 이 圭를 잡고 '믿음'을 표시했다. 즉 '믿음'을 표현하는 기구였다.

　대부가 '圭'를 지니고 사신으로 가는 것은 '믿음을 보낸다.'는 의미이다. 『禮記·郊特牲』

　이 두 구절은 앞 문장을 이어서 다시 한 번 더 주의를 주는 뜻을 지니고 있다. 六三爻가 부당한 위치에 처하면서 더해줌을 받은 것이 지극히 많으니, '益'으로 인해 근심을 잊어버리거나 마음이 내키는 대로 헛된 행위를 해서는 안 될 것이며, 응당히 '신의'를 지켜 나아가면서 '中'을 견지하며 수시로 圭를 지니고 '王公을 알현하는' 象과 같이 정성과 공경함을 가져야 할 것이며 구차한 행위를 해서는 안 될 것이라는 의미를 설명한 내용이다. 이러한 태도로 일을 처리해야 만이 비로소 오랫동안 '재난이 없을 것이다.'고 했다.

　　가령 더해줌을 받은 것을 사사롭게 사용하지 않는다는 것은 뜻이 재난을 구제하는 데에 있다는 의미이다. 용감함이 극에 이르지 않았다는 것은 中道를 실천하는 행위를 상실하지 않았다는 의미이다. 이러한 태도로 王公을 알현하니 國主가 중요한 요직에 임명할 것이다. '圭를 지니는(用圭)' 예는 이러한 도를 갖추었다는 의미이다. 『玉注』

　　무릇 제사를 드릴 때와 來朝하여 천자를 알현할 때 玉으로 된 圭를 지닌다는 것은 마음속의 신의와 정성이 서로 통하기 때문이다. 마음속에 신의와 정성이 있으면 中道를 실천하게 되어 위 사람으로 하여금 그를 믿게 할 수 있을 것이다. 王公을 알현할 때 玉으로 된 圭를 지닌다는 것은 그 마음속의 신의와 정성이 王公과 상통한다는 의미이다. 『停電』

【번역飜譯】

六三爻 : 더해줌을 받은 것이 지극히 많으니 응당히 흉한 것을 구제하고 험난한 것을 평정하는 사무를 열심히 시행해야 만이 반드시 재난이 없을 것이다. 반드시 마음속에 신의와 정성을 품고 中道를 견지하면서 행동에 신중하며 수시로 玉圭를 손에 잡고 王公을 알현하여 자신의 뜻을 충분히 밝히는 것과 같이 삼가는 마음과 공경하는 태도를 지녀야 할 것이다.

〈象〉曰 : 益用凶事, 固有之也.

【번역飜譯】

〈象傳〉에 이르되 : 더해줌을 받는 것이 지극히 많으니 응당히 흉한 것을 구제하고 험난한 것을 평정하는 사무를 열심히 시행해야 할 것이니, 이와 같이 해야 만이 비로소 더해줌을 받은 것을 견고히 보전할 수 있을 것이다.

【해설解說】

본 爻 '益用凶事, 固有之也.'라고 한 것은 사실상 공적 없이는 더해줌을 받을 수 없다는 것을 경고한 내용이다. 그러나 말의 의미가 初九爻의 '큰일을 하는 데에서 이로움을 얻을 것이다.(利用爲大作)'에 비해 매우 강렬함을 보여준 것은, 즉 六三爻는 이미 '정도를 상실했고(失正)' 또한 '흉한 일이 많이 일어나는(多凶)' 위치에 처해있기 때문이다. 爻辭 '中行(中道를 견지한다.)'・'用圭(玉圭를 손에 잡았다)' 두 구절은 이 爻가 '재난이 없을 것이다.'는 이치에 처해있는 것을 신중하게 전개시키면서 진일보 적으로 앞 문장의 훈시를 강조해 주고 있다.

(䷩) 六四 : 中行告公從, 利用爲依遷國.

【주석註釋】

中行告公從, 利用爲依遷國 : '遷國'이란? '고대에는 항상 그 나라의 國都를 옮겨서 재난을 피하고 나라를 이롭게 했다.'는 의미이다. 예를 들자면, '盤庚이 商나라의 수도를 殷으로 옮긴 일『尙書・盤庚』'이 곧 그러하다.

이 두 구절은 六四爻가 '위에서 덜어내어 아래에다 더해주는(益)' 시점에 당면하여, 품성이 柔하고 바른 덕성으로 上卦의 시작에 처하며 陽剛의 九五爻를 가까이에서 받들며 '군왕'에게 의지해서 '아래 백성들에게' 더해줌을 베푸는 象을 가진 까닭에 그는 마땅히 '中道를 견지하는(中行)' 덕성으로 '王公'을 알현하여 아래 백성들에게 더해 줄 것이니 '王公'은 반드시 그의 뜻을 따라야 할 것이라는 의미이다. 또한 군왕에게 의지해서 그 국가의 도읍을 옮기면 '이로울 것이다.'고 한 것은 백성들에게 은혜를 베풀 수 있을 것이라는 의미이다. 爻義는 陰柔한 자가 正位를 얻어 위 사람의 뜻을 받들어 아래 백성들에게 더해준다는 것에 중점을 두었다.

이는 '아래에다 더해준다.'는 뜻을 핵심으로 삼았으며 '中道를 견지하는' 바에 부합하는 것으로, 곧 '王公'을 알현하여 의논하면 王公이 그의 뜻을 따를 것이라는 의미이다. 「傳」에 '周가 서방의 鎬京에서 동방의 洛邑(洛陽)으로 수도를 옮길 때 晉과 鄭이 잘 따라 주었다.'고 했다. 대체로 고대에 國都를 옮기는 것은 아래 백성들을 더욱 이롭게 해

주는 것이 목적이었으며 반드시 따르는 바가 있은 연후라야 비로소 건립할 수가 있었기 때문이다. 『本義』

【번역飜譯】

六四爻 : 中道를 견지하며 신중한 행동으로 王公을 알현하여 자신의 뜻을 충분히 밝히면 반드시 말을 들어주고 계책을 따라 줄 것이니, 군왕에게 의지하여 국도를 옮겨 백성들에게 더해 주는 데에서 이로움을 얻을 것이다.

【해설解說】

六三·六四 두 爻는 '中道를 견지한다.(中行)'고는 할지라도 모두 中位가 아닌 까닭에 그들은 中을 상실할 것을 두려워하며 특별히 열심히 노력하고 조심해야 할 것이라는 의미를 전개시켰다. 그들은 당연히 '中和'를 향해 나아가야 할 것이며 正道를 실천해야 할 것이다.

> 六三爻·六四爻는 모두 中位에 처하지 못한 까닭에 모두 '中을 견지할 것(中行)'을 특별히 훈계했다. 『本意·朱熹』

그러나 다음과 같은 견해도 있다.

> ≪益≫의 가운데에 있는 까닭으로 六三爻·六四爻를 모두 '中行'이라고 했다. 『周易卦爻經傳訓解·蔡淵』

〈象〉曰 : '告公從', 以益志也.

【주석註釋】

以益志 :

> 王公을 알현하고 의논하는 것은 천하 백성들에게 더해 주겠다는 의미이다. 『程傳』

【번역飜譯】

〈象傳〉에 이르되 : '王公을 알현하여 자신의 뜻을 충분히 밝히면 반드시 말을 들어주고 계책을 따라 줄 것이다.'고 한 것은 六四爻가 천하 백성들에게 더 해주기 위한 마음으로 王公에게 가서 권유하고 충고한다는 의미이다.

【해설解說】

六四爻는 비록 上卦에 처하나 '臣'의 위치에 속함으로 '권력'을 발휘하는 데에는 한계가 있다. 따라서 반드시 '존자'를 의지하고 받들어야 만이 비로소 '아래에게 더해주는' 뜻을 실천할 수 있을 것이다.

六四爻는 '아래에 더해주는 것'에 중심을 두었으나 군왕의 지위에 있지 아니함으로 감히 자신의 의사대로 움직일 수 없으며 반드시 王公을 알현하고 의논한 후 '中道를 견지한다면(中行)' 곧 따라 줄 것이다. 『折中』

(☲) 九五 : 有孚惠心, 勿問元吉. 有孚惠我德.

【주석註釋】

有孚惠心, 勿問元吉 : '惠心'이란? '천하 백성들에게 베풀고자 하는 마음'을 뜻한다. '勿問'이란? '털끝만큼도 의심이 없다.'는 뜻이다.

이 두 구절은 九五爻가 陽剛의 성품으로 中正의 덕을 가지고 '君位'에 처하며 六二爻와 잘 호응하고 있는 것이, 신의와 정성을 마음속에 품은 채 아래 백성들에게 베풀고자 하는 뜻이 자신을 덜어내어 사물에게 더해주는 것을 신념으로 삼은 것과 같음으로써 '털끝만큼도 의심할 여지없이 반드시 지극히 길할 것이다.(勿問元吉)'고 했다.

九五爻는 陽剛의 성품으로 中正의 존위에 처하며 또한 六二爻 中正과 서로 잘 호응하여 그의 더해 주고자 함을 실현시키니 어찌 이롭지 않을 수 있겠는가? 陽의 實로서 中位에 처하며 마음속에 신의와 정성을 품고 있는 象이다. 九五爻는 덕성·재주·지위를 가지고 있으며 마음은 지극히 정성스러워 사물에게 더해주는 혜택을 베풀고자 하는 자이니 그의 지극히 선함은 지극히 길할 것이라는 바는 물을 필요도 없이 알 수 있다. 따라서 '털끝만큼도 의심할 여지없이 반드시 지극히 길할 것이다.(勿問元吉)'고 했다. 『程傳』

有孚惠我德 : '我'는 九五爻를 가리킨다. '惠我德'은 '천하의 백성들이 九五爻 나의 은덕을 얻어 감사해 하고 있다.'는 의미이다.

이 구절은 앞 문장 '지극히 길할 것이다.(元吉)'는 의미를 발전시킨 것으로, 九五爻의 '길할 것이다.'고 한 것은 '천하의 백성들이' 이로움을 널리 받고 있을 뿐만 아니라 '천하의 백성들' 역시 신의와 정성으로 위의 그에게서 받은 은혜에 감사하는 마음을 표현한다는 의미이다. 즉 상하가 서로 신의와 정성을 나누는 마음이 통하는 까닭에 그 길함이 지극히 클 것이라는 의미이다.

군왕이 지극한 정성을 천하의 백성들에게 더해주니 천하의 백성들 역시 지극한 정성으로 그를 사랑하고 옹호하지 않는 자가 없다. 군왕의 은덕이 백성들에게 미치는 혜택을 恩惠라고 한다. 『程傳』

【번역飜譯】

九五爻 : 마음속에 신의와 정성을 품고 진실하게 천하의 백성들에게 은혜를 베풀고자 하는 마음을 지니고 있으니 털끝만큼도 의심할 여지없이 지극히 길할 것이다. 천하의 백성들 역시 반드시 장차 진실과 정성 그리고 믿음의 은혜에 감응하여 나의 은덕에 보답할 것이다.

〈象〉曰 : '有孚惠心', 勿問之矣. '惠我德', 大得志也.

【번역飜譯】

〈象傳〉에 이르되 : '마음속에 신의와 정성을 품고 진실하게 천하의 백성들에게 은혜를 베풀고자 하는 마음을 지니고 있다.'고 한 것은 지극히 길할 것이라는 바를 털끝만큼도 의심할 필요가 없다는 의미이다. '천하의 백성들 역시 반드시 장차 진실과 정성 그리고 믿음의 은혜에 감응하여 나의 은덕에 보답할 것이다.'고 한 것은 九五爻가 위를 덜어내어 아래에다 더해 주는 뜻을 크게 얻을(실현할) 것이라는 의미이다.

【해설解說】

≪損≫·≪益≫ 두 卦의 제 五爻는 모두 '지극히 길할 것이다.(元吉)'고 했다. 그러나 ≪損≫은 아래가 더해 준 것으로 인해 아래에게 더해줌을 베풀게 된 것이니, 이는 즉 한결같은 마음으로 스스로 덜어내어 아래를 이롭게 해준 것이다. 두 爻가 의미하는 시각은 다르다. 여기서 우리는 '損'·'益'이 의리상에서 相對性과 互補性을 모두 지니고 있다는 것을 알 수 있다.

> ≪損≫의 六五爻는 아래의 더해줌을 얻은 자이다. ≪益≫의 九五爻는 아래에게 더해 준 자이다. ≪損≫의 六五爻는 더해줌을 얻어서 '지극히 길할 것이다.'고 했으나 ≪益≫의 九五爻는 오로지 백성들에게는 당연히 더해 주어야 할 뿐이라는 것을 알고 있었음으로 털끝만큼도 '의심할 여지없이 지극히 길할 것이다.(勿問元吉)'고 했다. 『折中·鄭維嶽』

(䷩) 上九 : 莫益之, 或擊之. 立心勿恒, 凶.

【주석註釋】

莫益之, 或擊之 : 이는 上九爻가 ≪益≫의 극점에 처함으로써 陽剛의 체질이 지극히 (지나치게) 왕성해져 탐욕이 끝없으며 '위에서 덜어내어 아래에다 더해주는 것'이 '아래에서 덜어내어 위에다 더해주는 것'으로 전환되었음으로 천하에서 그에게 어떤 것도 더해주는 자 없을 뿐만 아니라 떼를 지어 일어나 그를 공격할 것이다.'는 의미이다.

> ≪益≫의 극점에 처했다는 것은 지나치게 꽉 채워졌다는 의미이다. 인간의 도는 꽉 채워진 것을 싫어하니 원망하는 자가 하나가 아닐 것이기 때문에 '어떤 사람들은 (떼를 지어 일어나) 그를 공격할 것이다.(或擊之)'고 했다. 『王注』

立心勿恒, 凶 : '立心'은 '침착하고 편안한 마음'·'늘 생각하고 잊지 않는 마음'·'욕심이 많은 마음'을 뜻한다. '恒'은 '평안하다'는 뜻이다.

  이 두 구절은 앞 문장 '莫益之, 或擊之.'의 원인을 뜻하는 것으로 上九爻가 생각하고 잊지 않으니 그 직위를 항상 편안하게 지킬 수 없으며 오로지 욕심 부리는 것을 싫어하지 않으며 '益(더해짐)'을 추구하는 것이 끝이 없음으로 '흉할 것이다.'고 했다.

  '益'을 추구하는 것이 끝이 없으니 마음이 평안하지 못한 자이다. 추구하는 것을 싫어하지 않으니 사람들이 그와 함께 하지 않을 것이다. 『王注』

  '勿'이란? '无'이다. 이익을 추구하는 바가 끝이 없다는 것은 늘 생각하고 잊지 않으니 평안하지 못한 자라는 의미이다. 평안하지 못한 자는 반드시 흉한 재난을 모으게 됨으로 '늘 생각하고 잊지 않으니 평안하지 못함으로써 흉할 것이다.(立心勿恒, 凶.)'고 했다.

【번역飜譯】

上九爻 : 어떠한 자도 그에게 더해주지 않으며 어떤 자들은 그를 공격할 것이다. 늘 생각하고 잊지 않으니 항상 평안하지 못함으로써(탐욕스러워 추구하는 것을 싫어하지 않음으로써) 흉할 것이다.

〈象〉曰 : '莫益之', 偏辭也. '或擊之', 自外來也.

【주석註釋】

偏辭 : '일방적으로 더해짐을 추구한다.'는 뜻이다. 上九爻가 '스스로 덜어내는' 이치에 반대되는 행동, 즉 사사로운 마음으로 더해짐을 구하는 까닭에 어떠한 자도 그에게 호응하지 않을 것이라는 의미이다. '어떠한 자도 그에게 더해주지 않는다. 즉 그에게 더해주는 자가 없다.(莫益之)'는 뜻을 해석한 내용이다.

혼자서 소리 높여 부르짖으나 화답하는 자가 없으니 '일방적으로 더해짐을 추구한다.(偏辭)'고 했다. 『王注』

이쪽은 구하나 저쪽이 호응하지 않는 것이 '偏辭'이다. 『正義』

自外來 :

원망하는 자가 하나가 아니니, 불러들일 준비를 못함으로써 '自外來'고 했다. 『正義』

【번역翻譯】

〈象傳〉에 이르되 : '어떠한 자도 그에게 더해주지 않을 것이다.'고 한 것은 上九爻가 일방적으로 더해짐을 추구한다는 의미이다. '어떤 자들은 그를 공격할 것이다.'고 한 것은 외부로부터 초래된 것이 아니라 스스로 초래한 흉한 현상이라는 의미이다.

【해설解說】

≪損≫의 上九爻는 자신을 덜어내어 남에게 더해주는 마음에 근본을 두었기 때문에 결국에는 다른 자로부터 더해줌을 받을 수 있어 '넓고 큰 신하와 백성들의 옹호를 받을 것이며 한 집안의 제한성을 가진 옹호를 받지는 않을 것이다.(得臣无家)' 즉 '사해동포가 한 가족처럼 옹호할 것이다.'는 상황에 이르게 되었다. ≪益≫의 上九爻는 다른 자의 것을 덜어내어 자신에게 더하는 생각을 가지고 있음으로 오히려 다른 자들로부터 덜어냄을 받아(受損) '공격을 당하거나'·'흉하게 되는 것'을 근심하게 되었다. 두 개의 爻義는 정 상반되는 상황을 보여주나 스스로 덜어내어야 만이 반드시 더해질 것이며 스스로 더하고자 한다면 반드시 덜어내어야 할 것이라는 이치를 함께 보여주고 있다.

【益】 요점 · 관점

≪益≫의 의미는 '위에서 덜어내어 아래에다 더해준다.'는 것에 중심을 두었다. '흙을 쌓아 올려 담장을 만드는 것'을 사용해 비유했다.

담장 위의 수많은 흙과 돌을 덜어내어 담장 아래 기초를 쌓는 것에 더해주니 담장의 기초가 견고해짐으로써 담장의 몸체가 안정적으로 튼튼해지게 되었다는 것과 같은 의미이다. 『程傳』

이에 대해 范仲淹은 다음과 같이 말했다.

위를 덜어내어 아래에다 더해주니, 아래에 더해주어야 만이 그 근본을 견고히 할 수 있을 것이다. 『范文正公集·易義』

따라서 卦辭에서 '益'일 때, '앞으로 나아가는 데에서 이로움을 얻을 것이며 거센 물결이 도도히 흐르는 험난한 큰 하천을 건너는 데에서 이로움을 얻을 것이다.'고 한 것은, 곧 '益'의 이치는 아름답고 훌륭한 것으로 실천할 만하다는 것을 적극적으로 표현한 내용이다.

六爻의 爻義를 분석해 보면, 下卦 세 개 爻는 '더해줌을 받은 것'이 중심이며 上卦 세 개 爻는 '스스로 덜어내는 것'이 중심이다. 그 가운데 初九爻는 陽剛의 성품으로 낮은 위치에 처하여 더해줌을 받으니 '큰일을 하는 데에서' 이로움을 얻게 되어 결국은 '지극히 길할 것이며 반드시 재난이 없을 것이다.'고 했다. 六二爻는 柔한 성품으로 中正에 처하며 '十朋之龜'의 보물을 하사 받았으니 마땅히 오랫동안 中道의 미덕을 지켜 나아가며 오랫동안 正道를 굳건히 지켜 나아가면 길할 것이라고 했다. 六三爻는 정당한 위치가 아닌 데에도 불구하고 더해줌을 받은 것이 지극히 많으니 반드시 수고로움을 사양하지 말아야 할 것이며 '흉한 것을 구제하고 험난한 것을 평정하는 사무'를 열심히 시행해야 만이 '반드시 재난이 없을 것이다.'고 했다. 이 세 개 爻는 아래에 처하면서 더해줌을 받은 까닭에, 모두 마땅히 베풀어야 할 것이기 때문에 안일 무사하게 지내서는 절대로 안 될 것이다. 六四爻는 柔한 성품으로 正位에 처하며 上卦의 시작에 처하며 존자에게 의지하여 '아래에 더해주는' 이치를 시행하는 데에 유리할 것이라고 했다. 九五爻는 剛한 성품으로 中位·正位에 처하며 존위에 처하여 신의와 정성으로 '천하의 백성들'에게 은혜를 베푸니 결국에는 '지극히 길할 것이다.'고 했다. 이 두 爻體는 자신을 덜어내어 남에게 더해주는 뜻을 실천함과 아울러 다른 자에게 은혜를 베푸는 것이 결국 장차 다른 자의 더해줌을 받게 될 것이라는 뜻을 표현하고 있다. 오로지 上九爻 만이 지극히 높은 곳에 처함으로써 스스로 덜어낼 수가 없자, 도리어 남의 것을 덜어서 자신을 이롭게 하며 더해짐을 추구하는 것을 싫어하지 않는 욕심을 가지고 있는 까닭에 '공격'을 당하거나 '흉할 것이다.'고 했다.

≪損≫·≪益≫ 두 卦를 비교해 본다면, 양자의 의미는 서로 통할 뿐만 아니라 서로 보완해 주고 있다는 것을 알 수 있다. 아래에서 덜어내어 위에 더해주면, 즉 위 사람은 더해줌을 받을 뿐만 아니라 당연히 아래 사람들에게 다시 은혜를 베풀게 될 것이다. 위에서 덜어내어 아래에 더해주면, 즉 아랫사람은 은혜를 받을 뿐만 아니라 역시 위 사람들에게 더해줌을 돌려주게 될 것이다. '덜어내는 것'·'더해주는 것'은 돌고 도는 이치이라는 바를 명백히 제시해 주고 있다.

이는 한편으로는『周易』작자가 계급사회 가운데 상층신분과 하층신분 사이에서 일어나는 작용과 반작용에 대한 소박한 인식을 폭로한 것이라고 할 수 있으나 다른 한편으로는 넓은 의미에서 작자가 이해하고 있는 사물의 발전과정에서는 항상 이로움과 피폐함 그리고 재난과 복된 일이 서로 교차하는 변화규율이 있다는 철학적 이치를 중점적으로 보여 준 것이라고도 할 수 있다.

공자는 『周易』의 ≪損≫·≪益≫을 읽으면서 '스스로 덜어내는 자는 더해지게 될 것이나 스스로 더하는 자는 부족하게 될 것이다.'고 개탄했다. 『說苑·敬愼篇』

43. 夬卦의 立體文型圖
^{쾌괘} ^{입체문형도}

(☰/☱) 《夬》: 夬. 揚于王庭, 孚號有厲. 告自邑, 不利卽戎. 利有攸往.

〈彖〉曰: '夬', 決也, 剛決柔也. 健而說, 決而和. '揚于王庭', 柔乘五剛也. '孚號有厲', 其危乃光也. '告自邑, 不利卽戎.' 所尙乃窮也. '利有攸往', 剛長乃終也.

〈象〉曰: 澤上於天, 夬. 君子以施祿及下, 居德則忌.

• • •

(− −) 上六: 无號, 終有凶.

〈象〉曰: '无號之凶', 終不可長也.

(—) 九五: 莧陸夬夬, 中行无咎.

〈象〉曰: '中行无咎', 中未光也.

(—) 九四: 臀无膚, 其行次且. 牽羊悔亡, 聞言不信.

〈象〉曰: '其行次且', 位不當也. '聞言不信', 聰不明也.

(—) 九三: 壯于頄, 有凶. 君子夬夬獨行, 遇雨若濡, 有慍, 无咎.

〈象〉曰: '君子夬夬', 終无咎也.

(—) 九二: 惕號, 莫夜有戎, 勿恤.

〈象〉曰: '有戎勿恤', 得中道也.

(—) 初九: 壯于前趾, 往不勝爲咎.

〈象〉曰: 不勝而往, 咎也.

43 夬卦

(☱☰)《夬》・錯(☶☷)《剝》・綜(☰☴)《姤》・互(☰☰)《乾》

(☱☰)《夬》: 夬. 揚于王庭, 孚號有厲. 告自邑, 不利卽戎. 利有攸往.

【주석註釋】

☱☰ : 卦象이다. 下卦 ☰ 乾卦(天・健)와 上卦 ☱ 兌卦(澤・悅)로 구성되었다. 연못(水氣)이 하늘 보다 위에 있는, 즉 하늘 위에 있는 水氣는 결단코 비가 되어 내려오는 자연현상과 이치를 빌려와서 단호하게 '판별하여 결단하는' 현상과 이치를 상징했다.

夬 : '夬'는 卦名이다. '단호하게 판결한다.(판별하여 결단한다.)' · '과감하게 결단한다.' · '송사를 판별하여 결정한다.' · '잘못한 일을 징계한다.' 등의 의미를 상징한다.

이곳에서는 '陽剛'이 '陰柔'에 대해 결단성 있는 제재를 취하는 것을 뜻한다. 즉 卦 가운데 다섯 개 陽爻가 함께 한 개 陰爻인 上六爻를 판별하여 단호하게 결정하는 것이 곧 본 卦象의 의미이다.

'夬'란? '판별하여 결정한다.'는 의미이다. 즉 '剛健이 陰柔를 판결한다.'는 의미이다.
「象傳」

'夬'란? '판결'을 뜻한다. 이는 陰은 사라지고 陽이 자라나는 卦로서 陽의 성장이 九五爻에 이르자 다섯 개 陽爻가 함께 한 개의 陰爻를 판결함으로써 이름을 '夬'라고 했다.
『正義』

揚于王庭 : '揚'은 '선포하다'는 뜻이다. '王庭'에 대해『正義』에서는 '百官이 있는 곳이다.'고 했는데 이는 '군왕의 法庭'을 의미한다.

이는 '군자'가 '소인'을 제재할 때는 응당히 光明正大하게 王庭에서 선포해야 한다는 것을, '剛健이 陰柔를 판결할' 때는 '공정하고 사사로움이 없어야 할 것이다.(公正無私)'는 상황에 비유한 내용이다.

孚號有厲 : '號'는 '號令'을 뜻한다.

이는 앞 문장을 계승하여 '군자'가 '소인'을 판결할 때는, 반드시 많은 사람들에게 위험에 주의하여 대비할 것을 명령해야 할 것이라는 바를 설명한 내용이다.

'孚'란? 마음속에 신의와 정성을 품고 있다는 것으로 '誠意'를 뜻한다. '號'란? '많은 사람들에게 명령하는 말'을 뜻한다. 군자의 도가 비록 자라나 왕성하다고는 할지라도 경계해야 한다는 것을 감히 잊어서는 안 될 것이다. 따라서 지극한 정성으로 많은 사람들에게 명령함으로써 그들로 하여금 오히려 위험한 도가 있다는 것을 알게 해야 할 것이다. 비록 이것의 심히 왕성함을 사용하여 저것의 심히 쇠락함을 판결한다고 할지라도 만약 쉽게 생각하여 준비하지 않는다면 걱정하지도 않던 후회할 일이 발생할 수 있을 것이다. 이는 오히려 위험한 이치를 지니고 있다는 뜻이니 반드시 경계하고 두려워하는 마음을 가지고 조심해야 만이 우환이 없게 될 것이다.『程傳』

告自邑, 不利卽戎 : '告自邑'은 '邑民에게 政令을 알린다.'는 뜻이다. '卽戎'은 '병사를 일으켜 출정시킨다.'는 뜻이다.

이 두 구절은 진일보 적으로 '剛健한 자가 陰柔한 자를 판결할 때'는 '德'으로 해야 할 것이며 무력을 사용하여 승리해서는 안 될 것이라는 바를 설명한 내용이다.

利有攸往 : 이 구절은 위 문장을 총 결산하는 것으로, '夬'의 시점에 처하면 '剛健'한 성품에는 유리하나 '柔順'한 성품에는 불리함으로써 陽剛한 자가 만약 상술한 이치를 따라 행동한다면, 즉 앞으로 나아가는 데에서 이로움을 얻을 것이라는 의미이다.

剛健한 德은 갈수록 성장할 것이나 柔弱한 사악은 갈수록 사라질 것이니, '앞으로 나아가는 데에서 이로움을 얻을 것이다.(利有攸往)'고 한 것은 道가 이리하여 완성될 것이라는 의미이다.『王注』

【번역飜譯】

≪夬≫ : 夬卦는 단호하게 판결하는 것을 상징한다. 군왕의 법정에서 소인의 죄악을 공포하여 징계를 가해야 할 것이며 아울러 마음속에 신의와 정성을 품고 대중에게 명령하여 위험을 방비하도록 해야 할 것이다. 이 시점에서는 응당히 城邑의 상하 백성들에게 政令을 널리 펴서 알게 해 주어야 할 것이며 병사를 일으켜 출정시켜 무력을 사용하여 강제적으로 징계하는 데에서는 이로움을 얻지 못할 것이다. 이와 같이 한다면 곧 앞으로 나아가는 데에서 이로움을 얻을 것이다.

〈彖〉曰 : '夬', 決也, 剛決柔也. 健而說, 決而和. '揚于王庭', 柔乘五剛也. '孚號有厲', 其危乃光也. '告自邑, 不利卽戎.' 所尙乃窮也. '利有攸往', 剛長乃終也.

【주석註釋】

剛決柔 : '剛'이란? 卦 가운데 다섯 개의 陽爻를 뜻한다. '柔'란? 한 개의 陰爻 上六爻를 뜻한다.

　이는 六爻의 爻象을 가지고 '夬'가 '決'이라는 것을 설명한 내용이며 그 뜻은 陽剛이 陰柔를 판결하는 것, 즉 '군자'가 '소인'을 판결하는 것을 의미한다.

健而說, 決而和 : '健'은 下卦 乾을 뜻한다. '說'은 '悅'의 뜻으로 上卦 兌를 가리킨다.

　이 두 구절은 下卦·上卦의 象을 가지고 설명한 내용으로, '夬'의 시점에서는 剛健한 자가 단호하게 판결해야 만이 사람들이 기꺼이 복종하게 될 것이며 아울러 많은 사물을 화합에 이르게 할 수 있다는 의미이다. 이는 앞의 문장 '夬, 決也, 剛決柔也.'와 함께 卦名 '夬'의 뜻을 해석한 내용이다.

柔乘五剛也 : '柔'는 上六爻를 뜻한다. '五剛'은 卦 가운데 다섯 개 陽爻를 뜻한다.

　이 구절은 卦辭 '揚于王庭'을 해석한 내용으로, 한 개의 陰爻가 다섯 개의 陽爻를 올라타고 앉아 업신여기고 있는 象을 하고 있는 것이, '소인'이 나쁜 짓을 하고 있는 것과 같음으로써 반드시 '王庭'에서 단호하게 판결하여 징계해야 할 것이라는 의미이다.

其危乃光也 : 이는 卦辭 '孚號有厲'를 해석한 내용으로, 이때는 마땅히 사람들로 하여금 두려워하고 경계하는 마음을 오랫동안 가지게 해야 할 것이라는 의미이다. 즉 군자가 '夬'道에 처했을 때는 반드시 光明正大해야 한다는 의미이다.

지극한 신의와 정성으로 사람들에게 명령을 한다면 그들은 두려운 일이 발생할 것이라는 바를 깨달을 것이다. 즉 군자의 道는 이러함으로써 근심할 바가 없을 것이며 光明正大하게 될 것이다. 『程傳』

所尚乃窮也 : 이 구절은 卦辭 '告自邑, 不利卽戎.'을 해석한 내용으로, 만약 '병사를 일으켜 출정시킨다면', 즉 '무기를 숭상하는 바'를 사용하여 '夬'에 처한다면 德으로 승리를 하는 것이 아니기 때문에 그 道는 반드시 곤궁하게 될 것이라는 의미이다.

지조가 굳어 사욕을 理智로 이기는 道는 보통사람으로서는 행하기 어려운 바이다. 힘과 포악한 용맹만을 사용한다는 것은 '병사를 일으켜 출정시킨다.'는 뜻으로 즉 '힘을 숭상하여 승리를 얻는다.'는 것이니, '단호한 판결로 징계했다고는 할 수 있으나 不和를 초래하게 되어' 그 道는 곤궁하게 될 것이다. 『正義』

剛長乃終也 : 이는 卦辭 '利有攸往'을 해석한 내용으로, '夬'道는 陽剛의 德이 왕성하게 성장한 곳에서 성취되는 바이니 즉 반드시 陽剛으로 陰柔를 제압하는 승리를 획득했다는 바를 알리게 될 것이라는 내용이다.

陽剛의 德은 날로 성장할 것이나 陰柔의 사악성은 날로 사라질 것이니, '앞으로 나아가는 데에서 이로움을 얻을 것이다.'고 한 것은 夬道가 곧 성취될 것이라는 의미이다. 『王注』

道가 성취될 것이라는 바는 陽剛의 덕이 성장하고 陰柔의 사악함이 사라져 '夬'道가 곧 성취될 것이라는 의미이다. 『正義』

【번역翻譯】

〈彖傳〉에 이르되: '夬'의 의미는 단호하게 판결한다는 것으로, 陽剛의 덕을 가진 군자가 陰柔의 소인을 단호하게 판결하여 징계한다는 것과 같다는 의미이다. 강건함을 사용하여 사람들 마음으로 하여금 기꺼이 진심으로 따르게 할 수 있어야 만이 단호한 판결의 기세를 통해 수많은 사물들의 협력과 화합을 이끌어 낼 수 있을 것이다. '군왕의 법정에서 소인의 죄악을 공포하여 징계를 가해야 할 것이다.'고 한 것은 본卦 가운데 한 개의 陰柔한 爻가 방자한 마음으로 다섯 개의 陽剛한 爻들을 올라타고 앉아 그들을 업신여기고 있다는 의미이다. '마음속에 신의와 정성을 품고 대중에게 명령하여 위험을 방비하도록 해야 할 것이다.'고 한 것은 백성들로 하여금 시시때때로 두려워하고 경계하게 해야 만이 곧 光明正大하게 '夬'道에 처할 수 있게 될 것이라는 의미이다. '이 시점에서는 응당히 城邑의 상하 백성들에게 政令을 널리 펴서 알게 해 주어야 할 것이며 병사를 일으켜 출정시켜 무력을 사용하여 강제적으로 징계하는 데에서는 이로움을 얻지 못할 것이다.'고 한 것은 만약 무력을 남용한다면 장차 '夬'道에 처한 것으로 하여금 곤궁하게 할 것이라는 의미이다. '앞으로 나아가는 데에서 이로움을 얻을 것이다.'고 한 것은 陽剛德이 왕성하게 성장하면 최종적으로는 반드시 陰柔를 승리할 것이라는 의미이다.

〈象〉曰: 澤上於天, 夬. 君子以施祿及下, 居德則忌.

【주석註釋】

澤上於天, 夬: ≪夬≫의 上卦 兌는 '澤'이며 下卦 乾는 '天'의 象이라는 것을 설명한 내용이다.

> 水氣는 하늘(天)을 향해 올라가서 결단코(단호히) 비가 되어 내려옴으로 '夬'라고 했다. 『集解·陸績』

施祿及下, 居德則忌: '祿'은 '은택'을 뜻한다. '居'는 '쌓다'는 뜻이다. '居德'과 '施祿'은

앞뒤 대칭 글이다. '忌'는 '미워하다'는 뜻이다.

　　이는 '군자'가 ≪夬≫ '연못이 하늘보다 위에 있는' 象을 관찰해 본 후, 응당히 단호한 판단력으로 아래에 있는 백성들에게 은택을 베풀어야 할 것이며 덕을 쌓아 베풀지 않음으로써 백성들을 원망에 이르게 해서는 안 될 것이라는 바를 깨달았다는 내용이다.

【번역飜譯】

〈象傳〉에 이르되 : 연못의 물이 水氣로 변해 하늘로 올라간다는 것은 단호하게 판결하는 것(단연코 비가 되어 내려온다.)을 상징한 것이다. 군자는 이를 본 받아, 단호한 판단력으로 천하의 백성들에게 은택을 베풀어야 할 것이며 만약 덕과 은혜로움을 쌓아 베풀지 않는다면 반드시 미움을 받게 될 것이다.

【해설解說】

　　본 卦의 이름인 '夬'는 '판결(판별하여 결단함)'을 의미한다. 「象傳」은 六爻 가운데 '다섯 개의 陽剛이 한 개의 陰柔를 판결하는' 象으로 해석했는데, 이는 '군자'가 '소인'을 단호한 판결로 징계를 가한다는 의미이다. 그러나 「大象傳」이 上卦와 下卦의 '연못이 하늘보다 위에 있는' 象에 근거하여 '군자가 천하의 백성들에게 은택을 베푸는' 의미를 펼쳐서 보여 준 것은 '陽剛이 陰柔를 단호히 판결하는 것'과는 마침 서로 반대되는 의미이다.

　　　　象辭는 매번 상반되게 의미를 취했다. 이 역시 그 가운데 한 예이다. 『尙氏學』

(☰) 初九 : 壯于前趾, 往不勝爲咎.

【주석註釋】

　　壯于前趾, 往不勝爲咎 : 이는 初九爻가 '夬'의 시점에 당면해, 陽剛으로 아래에 처한 것이 '강성함이 발(복사뼈 아래 부분)의 前端(발끝)에 있는 것'과 같음으로써 단호한 판결을 하기 위해서는 여유를 가져야 할 것이며 신중하고 또 신중해도 부족한 象과 같다는 의미이다. 따라서 이 爻는 조급하게 앞으로 나아갈 뿐만 아니라 또한 위의 호응을 얻지 못함으로써 승리할 수 없을 것이며 결국에는 재난을 불러올 것이라고 했다.

剛健(강하고 씩씩함)의 시작에 처하며 단호한 판결의 시작에 처하니 마땅히 그 계략을 자세히 살펴서 그 일을 실천해야 할 것이다. 강성함이 발끝에 있으니 서둘러 앞으로 나아간다면 승리할 수 없을 것이며 그는 재난을 불러올 것이다. 『王注』

【번역翻譯】
初九爻 : 강성함이 발끝에 있으니 위험을 무릎 쓰고 앞으로 나아가면 반드시 승리할 수 없을 것이며 도리어 재난을 불러올 것이다.

〈象〉曰 : 不勝而往, 咎也.

【번역翻譯】
〈象傳〉에 이르되 : 승리할 수 없는 데에도 불구하고 서둘러 앞으로 나아간다면 재난의 이치를 불러들이는 바가 될 것이다.

【해설解說】
初九爻의 '往不勝爲咎' 역시 사람을 사귈 때는 처음부터 신중할 것을 충고한 내용이다.

성인이 강성함을 사용할 수 있었던 것은 항상 그 처음에서 깊이 경계하며 신중했기 때문이었다.
『重定費氏學 · 歐陽修』

(䷪) 九二 : 惕號, 莫夜有戎, 勿恤.

【주석註釋】

惕號, 莫夜有戎, 勿恤 : '號'는 '부르짖다'·'외치다'는 뜻이다. 이는 만일을 염려하여 미리 방비하라는 의미이다. '莫'은 '暮'로서 '저물다'·'늦다'는 뜻이다.

　　이는 九二爻가 剛中의 덕으로 '夬'에 처하며 이미 단호한 판결(판별한 후 과감하고 단호하게 내리는 결단)을 내렸다고는 할지라도 또한 조심하고 근신함으로써 시시각각 두려워하며 부르짖을 수 있어 비록 '깊은 밤에 나쁜 놈들이 쳐들어온다.'고 할지라도 즉 완벽한 방어태세를 갖추고 있음으로써 화를 당하지 않을 것이니 결국에는 '걱정할 필요가 없을 것이다.(勿恤)'고 했다.

　　九二爻는 '夬'의 시점에 당면하여, 剛한 성품으로 柔한 자리에 처해 있으며 또한 中道를 실천하고 있음으로써, 걱정하며 두려워하며 부르짖을 수 있다는 것은 스스로 경계 준비를 완벽히 하고 있다는 의미이다. 그리하여 '한 밤중에 일어나는 전쟁이라고 할지라도 역시 응전할 수 있을 것이니 걱정할 필요가 없을 것이다.'고 했다. 『本義』

【번역翻譯】

九二爻 : 시시때때로 경계하고 두려워하며 부르짖을 수 있다면 비록 깊고 깊은 한 밤중에 일어나는 전쟁이라고 할지라도 역시 응전할 수 있을 것이니 걱정할 필요가 없을 것이다.

〈象〉曰 : '有戎勿恤', 得中道也.

【번역翻譯】

〈象傳〉에 이르되 : '한 밤중에 일어나는 전쟁이라고 할지라도 역시 응전할 수 있을 것이니 걱정할 필요가 없을 것이다.'고 한 것은 九二爻가 中位에 처하면서 신중하게 행동하는 이치를 지니고 있다는 의미이다.

(䷪) 九三 : 壯于頄, 有凶. 君子夬夬獨行, 遇雨若濡, 有慍, 无咎.

【주석註釋】

壯于頄, 有凶 : '頄'는 '광대뼈'를 뜻한다.

　　이 두 구절은 九三爻가 ≪夬≫ 下卦의 위에 처하며 陽剛으로 剛位에 처하며 上六爻와 호응하며 단호한 판결력이 지나쳐 소인을 제거하는 것을 서두름으로써, '강성함이 광대뼈에 있다.'는 것을 사용하여 그가 '소인을 판결할 때' 안색에 서려있는 노기에 비유해 설명한 내용이다. 이와 같이 ≪夬≫에 처한다면, 반드시 아름다운 道를 상실함으로써 결국 흉할 것이기 때문에 매우 조심해야 할 것이라고 경고했다.

　　九三爻가 夬의 시점에 당면해, 강한 성품으로 인해 中道를 지나쳐, 소인을 판결하고자 하자 강성함이 얼굴에 나타나는 것이 이와 같으니 곧 흉할 이치이다. 『本義』

君子夬夬獨行, 遇雨若濡, 有慍, 无咎 : '夬夬'는 '강직하고 단호한 판결력'을 뜻한다. 즉 '강인하고 의지가 굳세어 단호하게 끊어버린다.'는 뜻이다. '獨行'이란? 九三爻가 혼자 가서 上六爻와 호응한다는 뜻이다. '遇雨'란? 九三爻인 陽과 上六爻인 陰이 '서로 만난다.'는 뜻이다. '若'이란? '語氣詞'이다. '濡'란? '젖다'는 뜻이다.

　　이 문장은 앞의 문장과 서로 대를 이루고 있는 것으로, '군자'가 九三爻의 시점에 처하여 안색에 노기를 띠지 않고 굳센 의지와 단호한 판결력으로 '혼자 가서(獨行)' 上六爻에 호응하는 것이, 잠시 '소인'과 왕래하며 때를 기다렸다가 제거할 결단을 내리는 것과 같다는 의미이다. 이와 같은 모습은 '비를 맞아 옷이 조금씩 젖어드는 것(遇雨若濡)'과 같은 의심을 받음으로써 사람들에 의해 분노할지라도 결국에는 반드시 소인을 징계함으로써 재난을 만나지 않을 것이라고 했다.

　　수많은 陽爻들 가운데에서 유독 혼자서 上六爻와 호응하니, 이에 그 판결을 강직하고 단호하게 할 수 있다는 것은 사사로운 애정에 얽매이지 않는다는 의미이다. 비록 上六爻와 화합한다고는 할지라도 '혼자 가다가 비를 만나 옷이 젖는 지경에 이르는 것'

과 같은 혐의를 받음으로써 군자는 분노할 것이나 결국에는 반드시 소인을 결연히 징계함으로써 재난을 만나지 않을 것이라고 했다. 『本義』

【번역飜譯】

九三爻 : 강성함이 얼굴의 광대뼈 위에 있는 것이 안색에 노기가 서려있는(드러내는) 것과 같으니 반드시 흉할 것이다. 군자는 마땅히 강직하고 단호한 판결력(판별한 후 과감하고 단호하게 내리는 결단력)으로 혼자서 앞으로 나아가(소인과 어울리면서 소인을 징계할 적당한 시기를 가늠한다.) 마음껏 음양의 화합으로 만들어진 비를 맞아 온 몸을 흠뻑 젖게 할 뿐만 아니라 심지어 사람들로부터 의심을 받고 사람들에 의해 분노할지라도 결국에는 소인배를 징계함으로써 재난을 만나지 않을 것이다.

〈象〉曰 : '君子夬夬', 終无咎也.

【번역飜譯】

〈象傳〉에 이르되 : '군자의 강직하고 단호한 판결력'이라고 한 것은 결국 소인배를 제재함으로써 재난을 만나지 않을 것이라는 의미이다.

【해설解說】

군자가 소인배를 제거할 때 반드시 분노한 모습을 얼굴에 드러낼 필요는 없다. 비를 만나 옷이 흠뻑 젖기까지는, 비록 대중을 위해 겉으로 분노를 감추고 있을지언정 속뜻은 음험함을 제거할 결심을 굳히고 있으니 결국에는 소인배를 반드시 제거할 것이다. 따라서 '재난을 만나지 않을 것이다.'고 했다. 九三爻는 비록 上六爻와 호응은 하나 剛한 성품으로 陽剛位에 처함으로 단호한 판결을 내릴 수 있는 象이다. 따라서 '강성함이 광대뼈에 있다.'는 것은 곧 '흉할 것이다.'는 의미이나 柔와 화합하여 그를 제거함으로써 결국에는 '재난을 만나지 않을 것이다.'고 했다. 『朱子語類』

(䷪) 九四 : 臀无膚, 其行次且. 牽羊悔亡, 聞言不信.

【주석註釋】

臀无膚, 其行次且 : '次且'는 '자저(趑趄)', 즉 행동거지를 '머뭇머뭇 거리는 모양'·'행동거지가 곤란한 모양'을 뜻한다. 『釋文·王肅』에서는 '趑趄는 행동거지에 방해를 받는다.'는 뜻이라고 했다.

이는 九四爻가 陽으로 陰位에 처하며 강직하고 단호한 판결력이 부족한 상태로 '夬'의 시점에 당면한 것이, '궁둥이 부위에 피부가 없는 것과 같다.'는 의미이다. 또한 아래 세 개 陽爻를 업신여기며 앞으로 나아감으로써 반드시 많은 어려운 상황에 처할 것이니 따라서 '그의 행동거지가 머뭇머뭇 거린다.(其行次且)'고 했다.

牽羊悔亡, 聞言不信 : '牽'은 '서로 얽히어 관련된다.'는 뜻이다. '羊'은 강건하고 굳센 동물로서 九五爻에 비유하였다.

이 두 구절은 앞 문장의 의미를 신장시킨 것으로, 九四爻가 비록 강직하고 단호한 판결력이 부족하기는 하나 九五 陽爻의 뜻을 받들고 있는 것이, 강건한 성품의 羊과 서로 긴밀히 연결되어 그의 부족함을 보완할 수 있는 것과 같아 '후회는 사라질 것이다.'고 했다. 그러나 九四爻는 正位를 상실한 剛이기 때문에 '말을 듣고도 믿고 따르지 않는다.(聞言不信)'고 한 것은 '한 결 같이 혼자서 행동함으로써 반드시 화를 초래할 것이다.'는 의미이다.

羊은 이리와 맞붙어 싸우면 승부를 가리기 어려운 동물이다. 이를 九五爻에 비유했다. 九五爻는 ≪夬≫의 주인으로 아래 爻들의 침범을 용서하지 않는다. 만약 九五爻에게 끌려간다면 '후회는 사리질 것이다.(悔亡)' 강직하고 굳세어 남의 말을 잘 받아들이지 않고 자기 멋대로 일을 처리하니 '말을 듣고도 믿고 따르지 않는다.'고 했다. 이처럼 행동한다면 재난을 만나게 되는 것은 쉽게 알 수 있는 바이다. 『王注』

【번역翻譯】

九四爻 : 궁둥이 부위에 피부가 없으니 행동을 머뭇머뭇 거리며 나아가지 못할 것이

다. 만약 羊과 긴밀한 관계를 유지한다면(양과 같이 강건한 陽剛의 기질을 보유한 존자가 꽉 잡고 끌어당겨 준다면) 후회는 장차 사라질 것이나 이 말을 듣고도 믿고 따르지 않으니 어찌할 수 없는 바이다.

〈象〉曰 : '其行次且', 位不當也. '聞言不信', 聰不明也.

【주석註釋】

聰不明 : '聰'은 '聽'이다. '明'은 '그 이치에 상세히 밝다.'는 뜻이다. '不明'은 '상세하게 밝지 않다.'는 뜻이다.

【번역翻譯】

〈象傳〉에 이르되 : '행동을 머뭇머뭇 거리며 나아가지 못할 것이다.'고 한 것은 九四爻의 위치가 정당하지 못하다는 의미이다. '이 말을 듣고도 믿고 따르지 않는다.'고 한 것은 九四爻가 말을 아무리 들어보아도 사물의 이치를 상세히 이해할 수 없다는 의미이다.

【해설解說】

九四爻는 '강직하고 단호한 판결을 내리기에는' 부족한 체질을 하고 있음으로 뜻은 강력하게 실행하고자 할지언정 능력(힘)이 감당할 수 없다. 따라서 그의 행동은 반드시 '주저주저하며 머뭇머뭇 거릴 뿐' 앞으로 나아가지는 못하고 있는 실정이다.

(䷪) 九五 : 莧陸夬夬, 中行无咎.

【주석註釋】

莧陸夬夬, 中行无咎 : '莧'은 '莧陸'으로 풀이름이다.

나무의 뿌리에 풀의 줄기로 아랫부분은 강하고 윗부분은 부드럽다. 『正義·子夏傳』

'馬齒莧'이 바로 이것이다. 햇볕을 쏘여도 잘 마르지 않는 陰氣가 많은 식물로 물렁물렁함으로써 쉽게 꺾어진다. 『程傳』

爻辭 가운데 陰氣의 사물을 빌려서 비유한 것은 上六爻이다.

이는 九五爻가 '夬'의 시점에 당면해, 陽剛中正으로 존위에 처하며 한 개의 陰爻 上六爻와 가까이 이웃해 있음으로 '莧陸'을 베어 없애는 것과 같이 가볍게 그를 제거할 수 있다는 의미이다. 그러나 九五爻가 '君位'의 존귀한 곳에 처함으로 오히려 가장 가까이 붙어있는 소인을 친히 스스로 제재한다면 그의 덕이 크게 빛나 보일 수 없음으로 마땅히 신중하게 中道를 실천해야 만이 '재난이 없을 것이다.(无咎)'고 했다.

'莧陸'은 부드러워 잘 꺾어지는 풀이다. 이를 꺾는 것은 지극히 쉬운 일이기 때문에 '夬夬'라고 했다. '夬'의 의미는 剛한 것이 柔한 것을 과단성 있게 자른다는 것, 즉 군자로서 소인을 제거한다는 뜻이다. 九五爻는 존위에 처하며 소인과 가장 가까이 있음으로 몸소 친히 제거하는 자이다. 지극히 존엄한 자가 지극히 천박한 자를 적으로 삼고 있으니 비록 그가 승리한다고는 할지라도 이긴 것을 칭찬할 바는 아니다. 中位에 처하면서 中道를 실천하니 충분히 재난은 없을 수 있으나 크게 영광스럽다고는 할 수 없는 바이다. 『王注』

【번역翻譯】

九五爻 : 부드러운 莧陸草를 베어 없애는 것과 같이 굳세고 단호한 판결력으로 소인배를 깨끗이 제거하며 中位에 처해 정도를 실천하니 반드시 재난은 없을 것이다.

【해설解說】

『春秋傳』에 이르되 : 국가를 위하는 자는 악을 만나거든, 농부가 잡초를 제거하는 것과 같이 악의 근본 뿌리를 절단하여 그로 하여금 소생하지 못하게 해야 할 것이다. 『重定費氏學·姚配中』

〈象〉曰 : '中行无咎', 中未光也.

【번역翻譯】

〈象傳〉에 이르되 : '中位에 처해 정도를 실천하니 반드시 재난은 없을 것이다.'고 한 것은 九五爻 中正의 道가 오히려 크게 빛나지는 못할 것이라는 의미이다.

【해설解說】

張載가 이르되 : 陽이 陰에 가까이 있으면 우환이 없을 수가 없음으로 陽은 반드시 그 행동을 바르게 한 연후라야 만이 재난을 면할 수 있을 것이다. 『橫渠易說』

(☰) 上六 : 无號, 終有凶.

【주석註釋】

无號, 終有凶 : '號'는 '목 놓아 통곡하는 모양' 즉 '放聲大哭'의 뜻이다.
　이는 上六爻가 陰爻로 가장 극한 곳인 ≪夬≫의 마지막에 처하니, 소인이 높은 곳에 올라앉아 나쁜 짓을 하는 象을 하자 아래 다섯 개 陽爻들이 함께 단호히 제거해 버림으로써 방성대곡을 해 보았자 아무 소용없으며 결국은 반드시 흉할 것이라는 의미이다.

【번역翻譯】

上六爻 : 방성대곡을 할 필요가 없는 것은 흉함으로부터 결국 벗어나기 어려울 것이기 때문이다.

〈象〉曰 : '无號之凶', 終不可長也.

【번역飜譯】

〈象傳〉에 이르되 : '방성대곡을 할 필요가 없는 것은 흉함으로부터 결국 벗어나기 어려울 것이기 때문이다.'고 한 것은 上六爻가 위의 높은 곳에 처한 상황이 결국 오래가지 못할 것이라는 의미이다.

【해설解說】

上六爻가 '흉함으로부터 결국 벗어나기 어려울 것이기 때문이다.'고 한 것은 소인이 군자를 제치고 윗자리에 올라앉았으니 한 때의 권세는 누릴 것이나 결국에는 제거당할 뿐만 아니라 울부짖어도 소용없는 후회가 막급한 상황에 이르게 될 것이라는 의미이다.

【夬】 요점 · 관점

≪夬≫의 핵심은 '단호한 판결, 즉 과단성 있는 결단'이다. 즉 陰陽의 모순이 격화되는 시각으로부터 陽剛은 반드시 '단호한 판결력'을 가진 기백으로 陰柔를 징계해야 한다는 것을 강조했다. 바꾸어 말한다면, '군자'는 응당히 '소인'을 깨끗이 제거해야 할 것이며 '正氣'는 응당히 '邪氣'를 굴복시켜야 할 것이라는 의미이다.

卦辭의 핵심은 군자가 소인을 판결하는 세 방면의 요령을 제시해 주고 있다.

① 公正無私해야 만이 '王庭'에서 공개적으로 소인배의 죄상을 심판할 수 있을 것이다.
② 사람들에게 삼가고 경계할 것을 깨우쳐 주어야 할 것이다. 즉 신의와 정성을 품은 마음으로 대중들에게 소인배가 조성해 놓은 위험에 빠지지 않도록 조심하고 대비할 것을 명령해야 할 것이다.
③ 덕으로 승리해야 한다는 것을 사용하여, 이 시점에서 무력을 남용하는 데에서는 이로움을 얻지 못할 것이며 政令 공포를 통해서 미덕을 선양해야 할 것이며 사람들로 하여금 진심으로 복종하게 해야 할 것이다.

이 세 가지가 준비된 상태에서 '夬'에 처하면, '반드시 앞으로 나아가는 데에서 이로움을 얻을 것이다.'

六爻象을 분석해 보면, 본 卦는 한 개의 陰爻가 다섯 개의 陽爻 위에 올라 앉아있는 것이 '소인'이 득세하여 '군자'들을 제치고 윗자리에 있는 것과 같으니 결단코 제거당할 象이다.

卦 가운데에서 陰爻와 陽爻의 '힘(역량)'이 매우 대조적인 것이 특징이다. 다섯 개의 陽爻는 剛健함이 왕성하게 성장한 상태로 한 개 陰爻를 징계하니 陽爻는 승리하고 陰爻는 패배하며 바른 것은 존재하고 사악한 것은 멸망한다는 필연적인 결과를 보여주고 있다.

「象傳」에서 '剛長乃終'이라고 한 것이 바로 이 이치를 밝힌 내용이다. 그러나 陽剛이 비록 우세한 상황에 처했다고는 할지라도 마음을 경솔하게 가져서는 안 될 것이기 때문에 爻辭에서는 시시각각 '夬'에 처했을 때는 매우 조심할 것을 당부하고 있다.

初九爻는 '승리할 수 없을 것이다.' 즉 위험을 무릅쓰고 앞으로 나아간다면 도리어 '재난을 불러올 것이다.'고 경고했다. 九二爻는 '시시때때로 경계하고 두려워하며 부르짖어야 할 것이다.'고 경고했다. 九三爻는 강성함이 지나쳐 '반드시 흉할 것이나.'고 경고했다. 九四爻는 강건하고 단호한 판결력이 부족함으로써 '머뭇머뭇 거리며 나아가지 못할 것이다.'고 경고했다. 九五爻는 中位에 처하여 정도를 실천할지라도 크게 빛나지는 못할 것이다. 즉 신중하게 행동해야 만이 비로소 '재난이 없을 것이다.'고 경고했다.

이곳에서 우리는 다섯 개 陽爻의 강성함을 사용하여 철두철미하게 한 개 陰爻를 깨끗이 제거하는 것 역시 쉬운 일이 아니라는 것을 알 수 있다. 이로써 '陰'이 강성해진 시점에서, 만약 陽에 대해 징계를 하고자 한다면 그 힘든 정도에 대해서 우리는 충분히 상상할 수 있을 것이다.

≪夬≫의 작자는 '군자'가 '소인'을 경계하고 훈계하고 방어해야 하는 마음 씀씀이를 알려주는 것이 절실했던 것이다.

강성하게 앞으로 나아가는 다섯 개의 陽爻가 쇠퇴해 가는 한 개의 陰爻를 제거하는 그 형세는 매우 쉬운 것 같아 보인다. 그러나 성인은 감히 '쉽다(易)'고 그를 가볍게 생각하지 않았다. 따라서 ≪夬≫, 이 한 卦에서 再三 심사숙고해야 할 것이라고 한 것은 즉 두루두루 경계하고 조심하며 방어함이 미치지 않는 곳을 없게 해야 할 것이기 때문이다. 『折中 · 徐幾』

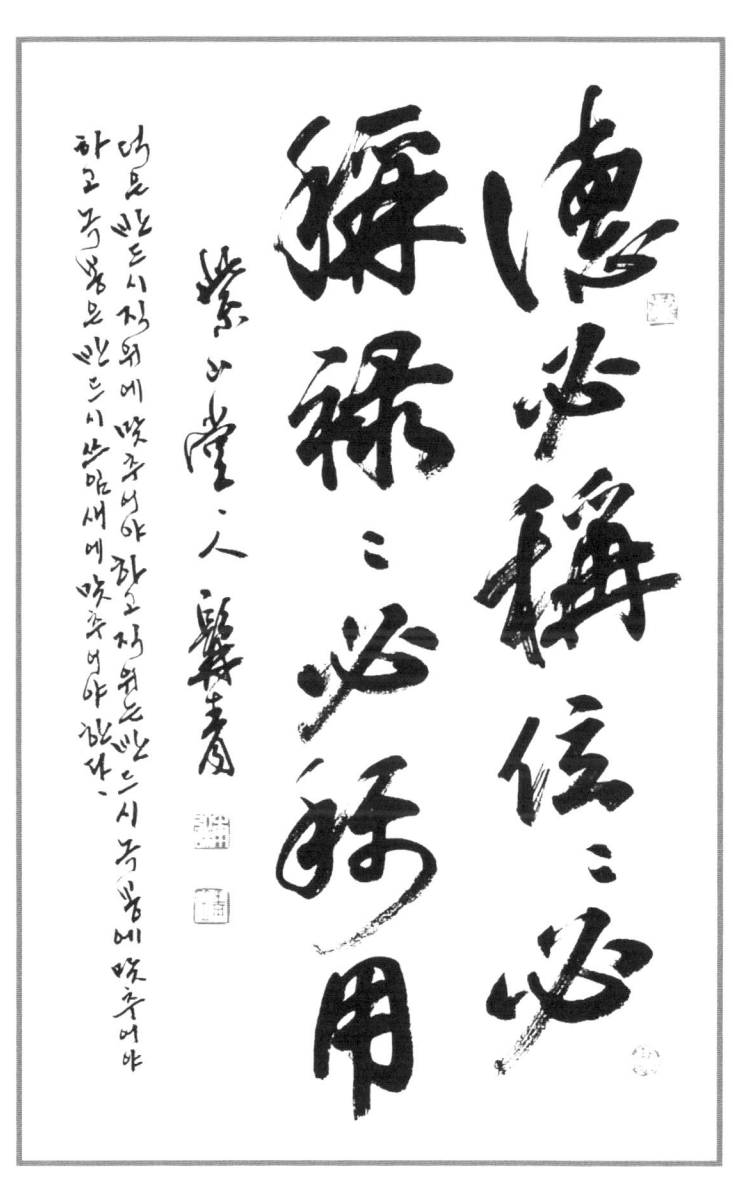

44. 姤卦의 立體文型圖

(䷫) ≪姤≫: 姤. 女壯, 勿用取女.

〈彖〉曰: 姤, 遇也, 柔遇剛也. '勿用取女', 不可與長也. 天地相遇, 品物咸章也. 剛遇中正, 天下大行也. 姤之時義大矣哉!

〈象〉曰: 天下有風, 姤. 后以施命誥四方.

• • •

(—) 上九: 姤其角. 吝, 无咎.

〈象〉曰: '姤其角', 上窮吝也.

(—) 九五: 以杞包瓜. 含章, 有隕自天.

〈象〉曰: 九五含章, 中正也. '有隕自天', 志不舍命也.

(—) 九四: 包无魚, 起凶.

〈象〉曰: 无魚之凶, 遠民也.

(—) 九三: 臀无膚, 其行次且. 厲, 无大咎.

〈象〉曰: '其行次且', 行未牽也.

(—) 九二: 包有魚, 无咎. 不利賓.

〈象〉曰: '包有魚', 義不及賓也.

(- -) 初六: 繫于金柅, 貞吉. 有攸往, 見凶, 羸豕孚蹢躅.

〈象〉曰: '繫于金柅', 柔道牽也.

44 姤卦

(䷫)≪姤≫·錯(䷗)≪復≫·綜(䷪)≪夬≫·互(䷀)≪乾≫

(䷫)≪姤≫: 姤. 女壯, 勿用取女.

【주석註釋】

䷫ : 卦象이다. 下卦 ☴ 巽卦(風·入)와 上卦 ☰ 乾卦(天·健)로 구성되었다. 하늘 아래에서 부는 바람은 만나지 않는 만사만물이 없는 자연현상과 이치를 빌려와서 '만나는' 현상과 이치를 상징했다.

姤 : 卦名이다. '서로 만난다.'는 의미를 상징한다. 「彖傳」에서 '姤는 만나다.'는 뜻이라고 했다. 「序卦傳」·「雜卦傳」에서도 역시 같은 말을 했다.

　본 卦는 가장 아래에 있는 陰爻가 위의 다섯 개 陽爻들을 만남으로 '姤'라고 했다.

　'姤'는 '만나다'는 뜻이다. 본 卦는 한 개의 柔順한 陰爻가 다섯 개의 剛健한 陽爻를 만나게 됨으로 卦名을 '姤'라고 했다. '姤'는 또한 '遘'로도 쓴다. 『正義』

女壯, 勿用取女 : '用'은 '宜(마땅히)'·'應(응당히)'와 같이 사용한다. '取'는 '娶(장가들다)'와 통한다.

　본 卦 六爻는 '한 여자가 다섯 명의 남자를 만난다.'는 象을 가지고 있음으로 '여성의 혈기가 지나치게 왕성하다.'는 것과 함께 '이 여성에게는 마땅히 장가들지 말아야 할 것이다.'고 경고하는 내용을 담고 있다. 卦辭의 의미는 '서로 만나는' 이치는 마땅히 정당해야 할 것이며 '禮'에 어긋남으로써 난에 이르게 해서는 안 될 것이라는 바에 비유했다.

한 개의 陰爻가 다섯 개 陽爻를 받들고 있는 것은 한 명의 여성이 다섯 명의 남성을 감당하고 있는 것과 같으니, 정말로 이렇게 서로 만난다면 올바른 예라고 할 수 없음으로 '姤(음기가 비로소 성해지니 양기를 많이 필요로 하고 있다.)'라고 했다. 여성의 혈기 왕성함이 이와 같다는 것은 기운이 세어서 음탐함이 넘친다는 것이기 때문에 장가들지 말아야 할 것이다. 부인은 유순하고 순응하는 것을 그의 덕으로 삼아야 할 것이다. 『集解·鄭玄』

【번역飜譯】

≪姤≫ : 姤卦는 서로 만나는 것을 상징한다. 만약 여성이 지나치게 강성하다면(남성을 지나치게 많이 만난다면) 마땅히 장가들어 아내로 삼지 말아야 할 것이다.

【해설解說】

본 卦는 『周易』에서 자주 나타나는 '陽을 돋우고 陰을 억제한다.(扶陽抑陰)'는 사상이다. 卦辭 '女壯, 勿用取女.'는 비록 비유법으로 상징한 것이나 그 가운데에는 고대예법이 여자들에 대해 특별히 가한 폐쇄성과 확연한 '男權' 관념이 반영되어 있다.

〈彖〉曰 : 姤, 遇也, 柔遇剛也. '勿用取女', 不可與長也. 天地相遇, 品物咸章也. 剛遇中正, 天下大行也. 姤之時義大矣哉!

【주석註釋】

柔遇剛 : '柔'는 初六爻를 뜻한다. '剛'은 九二爻에서 上九爻까지 다섯 개 陽爻를 뜻한다. 이는 六爻의 象으로 卦名 '姤'를 해석한 내용이며 아울러 그 아래 문장과 배합하여 卦辭 '勿用取女'를 해석한 내용이다.

不可與長 : '부정한 여인'과 오랫동안 함께 하지 말라는 뜻으로 卦辭 '勿用取女'의 의미를 해석한 내용이다.

天地相遇, 品物咸章也 : '品物'은 '각종 사물'을 뜻한다. '章'은 '밝다(彰)·드러나다'는

뜻과 통한다.

　　이 두 구절은 정면으로 '만나다(姤)'는 뜻을 발휘한 것으로, '한 여성이 다섯 남성을 만나고 있으니' 비록 아내로 맞아 들여서는 안 된다고는 할지라도 天地陰陽의 정당한 만남은 만물이 번창하고 발전하는 중요한 요소이니 만큼 없어서는 안 될 것이라는 의미이다. 天地가 만약 필적으로 맞설 뿐 서로 교합하지 않는다면 각종 만물은 뚜렷이 자신을 나타내지 못할 것이다. 반드시 陰陽二氣가 서로 만나야 만이 각종 만물은 후손을 탄생시키고 성장시킬 수 있을 것이다.

剛遇中正, 天下大行也 : 이 두 구절은 앞 문장의 뜻을 이어받아 陽剛이 만약 中正의 陰柔를 만난다면 천하에서 '생명이 탄생되고 성장하는(化育)' 이치가 반드시 '크게 실천될 것이다.(大行)'는 의미이다.

　　한 여성이 다섯 남성을 만나고 있으니, 이 여성에게는 장가들지 말아야 할 것이다. 天地가 배필이 되어야 각종 사물들을 완성시킬 수 있을 것이다. 이 말은 剛이 中正의 柔를 만나는 것은 남성이 정숙한 여성을 만나는 것과 같다는 의미이니, 즉 천하 인류의 교화가 크게 행해질 것이라는 의미이다. 『正義·莊氏』

　　剛은 九五爻를 뜻한다. 九五爻가 中을 만나고 正位에 처하니 천하에 교화가 크게 실천될 것이라는 의미이다. 『集解·翟玄』

姤之時義大矣哉 : 이 구절은 「彖」의 전체내용을 총 결산한 것으로, '정도(正)'를 사용하여 서로 만나면 곧 '姤'道가 아름다워질 것이라는 의미이다.

　　위에서 이미 넓은 의미의 아름다움에 대해 언급했으나 이곳에서 또 한 번 감탄하면서 결론을 내렸다. 卦는 의로움을 취하고자 했으나 한 여성이 다섯 남성을 만나는 것을 아름답다고 할 수는 없는 바이다. 天地가 서로 배필이 된다는(만난다는) 것을 넓게 헤아려보면, 즉 天地가 서로 만나야 각종 사물들이 모두 환하게 빛날 수 있게 되며 그런 연후라야 만이 만나는 시점의 이치가 크게 시행될 것인져! 『正義』

【번역飜譯】

〈彖傳〉에 이르되 : 姤는 서로 만난다는 뜻이니, 비유해 본다면, 陰柔가 陽剛을 만나면 서로 하나로 화합할 수 있다는 것과 같은 의미이다. '마땅히 장가들어 아내로 삼지 말아야 할 것이다.'고 한 것은 행위가 부정한 여성과는 오랫동안 함께 해서는 안 될 것이라는 의미이다. 天地陰陽이 서로 만나야 만이 각종 사물의 발전이 모두 환하게 빛날 수 있을 것이다. 剛한 자는 응당히 中에 처하며 정도를 굳건히 지켜 나아가는 柔한 자를 만나야 만이 천하의 인륜이 잘 교화되어 크게 통하게 될 것이다. 서로 만나는(姤) 시점의 의미가 얼마나 넓고 큰 것인져!

〈象〉曰 : 天下有風, 姤. 后以施命誥四方.

【주석註釋】

天下有風, 姤 : ≪姤≫ 上卦 乾은 '天'의 象이라는 것과 下卦 巽은 '風'의 象이라는 것을 해석한 내용이다.

　　바람(風)이 하늘 아래에서 불면 사물들과 만나지 않는 바가 없음으로 '姤'의 象이 되었다. 『正義』

后以施命誥四方 : '后'는 '군왕'이다. '誥'는 동사로서 '전하여 아뢴다.'·'알아듣게 타이른다.'는 뜻이다.
　이는 군왕은 ≪姤≫ '하늘 아래에서 바람이 불고 있는' 象을 본 받아, 사방에 정령을 시달하고 알려서 상하가 서로 만나도록 해야 할 것이라는 뜻을 설명한 내용이다.

　　하늘 아래에서 바람이 분다는 것은 바람이 두루두루 다니지 않는 곳이 없다는 의미이다. 따라서 군왕은 정령을 두루두루 시달하여 사방의 백성들을 골고루 교화시켜야 할 것이다. 『集解·翟玄』

【번역飜譯】

〈象傳〉에 이르되 : 하늘 아래에서 불고 있는 따뜻한 바람(바람은 각종 사물들과 서로 만나지 않는 바가 없다.)이라고 한 것은 서로 만나는(姤) 것을 상징한다. 군왕은 이를 본 받아, 정령을 시달하여 사방에 골고루 전해지도록 해야 할 것이다.

【해설解說】

卦辭의 의미를 反面에서 살펴본다면, 바르지 않는 '만남'은 아름답지 않음으로써 '勿用取女'를 사용해 경고했다. 「象傳」에서는 '勿取'의 의미를 먼저 해석하고 다시 陰陽이 서로 만나는 정면 의미를 발휘시켜 前後正反이 서로 비추도록 함으로써 먼저 '오랫동안 함께 해서는 안 될 것이다.(不可與長)'고 말한 후 '서로 만나는 때의 의미가 얼마나 넓고 큰 것인져!(姤之時義大矣哉!)'라고 했다. 「大象傳」에서는 전적으로 正面으로부터 상하가 서로 만나는 이치를 펼쳐 보인 까닭에 '군왕은 정령을 시달하여 사방에 골고루 전해지도록 해야 할 것이다.(后以施命誥四方)'고 했다.

(☰) 初六 : 繫于金柅, 貞吉. 有攸往, 見凶, 羸豕孚蹢躅.

【주석註釋】

繫于金柅, 貞吉 : '柅'에 대해 『正義·馬融』은 '수레의 아래에서 수레바퀴를 멈추게 하여 움직이지 못하게 하는 사물'이라고 했다. 즉 멈추었다 앞으로 나아가게 하는 기계인 '刹車器' 내지 '摩托車'를 뜻한다.

　이 두 구절은 '金'을 '剛'에 비유한 것으로써, '金柅'는 九四爻를 뜻하며, 初六爻 한 개의 陰爻가 아래에 처하며 '姤'의 시점에 당면하여, 下卦 巽風의 들뜨고 경솔한 몸체에 처하여 '스스로 방종하며' 돌아가지(시집가지·의지하지·붙어 따르지) 못하고 있는 상황이기 때문에 모름지기 외골수로(한결같이) 九四爻에 매달려 호응해야 만이 오랫동안 정도를 굳건히 지켜 나아갈 수 있어 길할 것이라는 의미이다.

'金'이란? 견강한 사물이다. '柅'란? 움직이는 것을 제어하는 주재자이다. 즉 九四爻를 뜻한다. 初六爻는 '姤'의 시작에 처하며 하나의 陰爻로서 다섯 개의 剛爻를 받들고 있으며 남자의 육체를 보면 성질이 급해져 만나면 통할 것이나 헤어지면 의지할 주인이 없는 방자함을 쫓는 자이다. 柔한 사물은 견제를 하지 않으면 안 된다. 臣妾의 도는 정절을 지키지 않을 수 없음으로 반드시 正道에 호응하도록 꽉 메어 놓아야만 할 것이다. 따라서 '정도를 굳건히 지켜 나아가면 길할 것이다.'고 했다. 『王注』

有攸往, 見凶, 羸豕孚蹢躅 : '羸豕'는 '약한 돼지'를 뜻한다. 이곳에서는 '암 돼지(牝豬)'를 가리킨 것으로 初六爻에 비유했다. '孚'는 '浮'와 통하는 것으로 '경박하고 조급한 행동거지'를 뜻한다. '蹢躅'은 '躑躅'과 같은 것으로 '불안정하게 배회하는 모양'을 뜻한다.

이 세 구절은 앞 문장과 밀접하게 연결되었으며 반면으로도 경고하면서, 初六爻가 앞으로 나아가는데 서두르는 것이, '암 돼지'가 성급히 움직이고자 '배회하며 머뭇머뭇 거리고 있는' 불안정한 심리로 한 가지 일에 전념하지 못하고 있는 것과 같으니 반드시 흉할 것이라는 것을 설명한 내용이다. 이 역시 앞 문장에서 '정도를 굳건히 지켜 나아가며(貞)' 九四爻에 호응하라는 의미이다.

만약 하나에 얽매이지(끌려가지) 않고 앞으로 나아가는데 서두른다면 오로지 흉한 상황을 만날 뿐이다. 약한 돼지는 암 돼지를 뜻한다. 수많은 돼지 가운데 수 돼지는 강하고 암 돼지는 약함으로 '약한 돼지'라고 했다. '孚'란? '참을성 없이 성질이 조급하다.'는 뜻이다. 무릇 陰의 기질로 성질이 조급하고 방자한 것으로는 암 돼지가 특히 심하다. 정도를 굳건히 지켜 나아가지 않는 陰이 그를 이끄는 끈을 놓친다면 그는 음란하고 추악하게 되어 '암 돼지'가 경솔하게 날뛰며 머뭇거리는 것과 같아질 것이다. 『王注』

【번역翻譯】

初六爻 : 건강하고 민첩한 利車器 위에 꽉 동여 메여 정도를 굳건히 지켜 나아가면 길할 것이다. 만약 앞으로 나아가는데 서두른다면 반드시 흉한 일을 출현시킬 것이니, 이는 곧 암 돼지가 경솔하게 날뛰며 안정을 찾지 못하고 있는 것과 같다는 의미이다.

〈象〉曰 : '繫于金柅', 柔道牽也.

【번역翻譯】

〈象傳〉에 이르되 : '견강하고 민첩한 利車器 위에 꽉 동여 메인다.'고 한 것은 初六爻가 반드시 유순한 도를 굳건히 지켜 나아가기 위해서는 陽剛한 자의 견제를 받아야만 한다는 의미이다.

【해설解說】

卦辭는 初六爻를 '여성(陰氣)이 지나치게 강성하다.'고 했다. 전체 卦로 본다면, '한 명의 여성이 다섯 명의 남성을 만나고 있는' 象이기 때문에 陽剛한 자들은 '마땅히 장가들어 아내로 삼지 말아야 할 것이다.'고 경고했다. 爻辭는 初六爻를 '암 돼지'라고 했는데, 이는 初六爻가 낮고 미천하며 柔弱한 곳에 처한 것에 근거한 것이다. 따라서 柔弱한 자는 정도를 굳건히 지켜 나아가며 경솔하게 행동하지 말 것을 경고했다. 卦辭와 爻辭가 비유한 象의 각도가 다른 것을 볼 수 있다.

한 卦를 단적으로 총론 한다면, 즉 한 개의 陰爻가 다섯 개의 陽爻를 감당하고 있음으로 '여성(陰氣)이 지나치게 강성하다.'고 했다. 初六爻는 다섯 개의 陽爻 아래에 있으니, 이는 하나의 陰이 매우 미약한 상황이기 때문에 '돼지'가 '약하다'고 했다. 그러나 세월이 지나 陰氣가 성장하게 되면 두려워해야 할 상대이니 만큼 약하다고 방심해서는 절대로 안 될 것이다. 『周易本義通釋 · 胡炳文』

(☰) 九二 : 包有魚, 无咎. 不利賓.

【주석註釋】

包有魚, 无咎. 不利賓 : '包'는 '부엌' · '음식' · '요리(庖)'와 통한다. '魚'는 '陰의 事物'로서 初六爻에 비유한 것이다.

이는 九二爻가 陽剛의 성질로 中位에 처하며, 初六爻는 陰으로 九二爻 아래 가까이에서 九二爻를 받들고 있는 것이, '부엌' 가운데 '생선이 있는 것'과 같아 어떠한 때에 이르러도 九二爻는 '재난이 없을 것이다.(无咎)'고 했다. 그러나 이 '생선'은 위의 九四爻와 호응함으로 사실상은 九二爻의 것이 아니다. 따라서 멋대로 사용하여 빈객을 맞이하는 잔치를 베푸는 것은 옳지 않다고 했다.

初六爻는 陰爻로서 가장 아래에 처함으로 '魚'라고 했다. 不正한 陰으로 만남의 시작에 처했으니 가까이 있는 자를 거역할 수가 없다. 初六爻가 스스로 기꺼이 찾아 와서 자신의 주방에 호응해 주니 잘못된 호응은 아님으로 '재난이 없을 것이다.(无咎)'고 했다. 그러나 다른 사람의 물건(九四爻)을 자기 멋대로 사용하여 자신을 이롭게 하는 것은 의리가 아님으로 '손님들에게 주어서는 안 될 것이다.'고 했다. 『集解·王弼』

【번역飜譯】

九二爻 : 부엌에서 한 마리의 생선을 발견했으니 재난이 없을 것이다. 그러나 제 멋대로 손님을 위한 잔치에 사용하는 데에서는 이로움을 얻지 못할 것이다.

〈象〉曰 : '包有魚', 義不及賓也.

【번역飜譯】

〈象傳〉에 이르되 : '부엌에서 한 마리의 생선을 발견했다.'고 한 것을 九二爻와 初六爻가 서로 호응하지 않는 의리로 본다면, 제 멋대로 손님을 위한 잔치에 사용하지는 않을 것이라는 의미이다.

【해설解說】

'姤'의 시점에 당면하여, 九二爻는 선천적으로 剛中의 덕을 가진 성품이다. 비록 初六爻를 만났으나 오히려 '正道'로서 제약하며 初六爻를 함부로 억눌러 자기의 것이라고 생각하지 않으며 역시 初六爻로 하여금 '손님'을 만나게도 하지 않을 것이니 실로 '姤'의 시점을 잘 처리해 나아가는 象이기 때문에 '재난이 없을 것이다.(无咎)'고 했다.

(䷫) 九三 : 臀无膚, 其行次且. 厲, 无大咎.

【주석註釋】

臀无膚, 其行次且 : ≪夬≫ 九四爻와 같은 의미이다.

　　이는 九三爻가 지나치게 剛하며 不中하며 위로 호응하지 못할 뿐만 아니라 아래로 만나지도 못하는 것이, '궁둥이 피부가 벗겨져' 움직이고자 하나 머뭇머뭇 거리며 나아가지 못하고 있는 것과 같다는 의미이다.

　　九三爻는 지나치게 剛하며 不中하며 아래로 初六爻와 만나지 못하며 위로 上九爻와 호응하지 못하며 불안하게 지내며 움직이고자 하나 나아가지도 못한다. 『本意』

厲, 无大咎 : 이는 앞 문장의 의미를 발전시킨 것으로, 九三爻가 비록 지나치게 剛하며 호응하지 못하며 만나지 못하며 기거동작이 힘들어 위험은 할지라도 正位에 처해있음으로 심각한 재난은 없을 것이라는 의미이다.

【번역飜譯】

九三爻 : 궁둥이 피부가 벗겨졌으니 행동이 머뭇머뭇하면서 앞으로 나아가지 못할 것이다. 위험은 할지라도 심각한 재난은 없을 것이다.

〈象〉曰 : '其行次且', 行未牽也.

【주석註釋】

行未牽 : 九三爻의 행동이 '머뭇머뭇하면서 앞으로 나아가지 못할 것이다.(次且)'고 한 것은 '만나지 못한다.'는 뜻이다. 그러나 또한 이로 인해 외부 사물의 견제를 받지 않

음으로써 나쁜 일은 만나지 않을 것이니, 이곳에서 '심각한 재난은 없을 것이다.'는 의미를 엿 볼 수 있다.

그가 처음에는 初六爻와 만나고자 하는 뜻을 가졌음으로 그의 행동은 침착하고 신중했다. 견제를 받지 않는다는 것은 그의 행동이 빠르지 않다는 의미이다. 이미 위험한 상황이라는 것을 알면 그것을 개선할 것이기 때문에 큰 재난에 이르지 않을 것이다. 『程傳』

【번역翻譯】

〈象傳〉에 이르되 : '행동이 머뭇머뭇하면서 앞으로 나아가지 못할 것이다.'고 한 것은 九三爻의 행위가 외부사물의 견제를 받지 않는다는 의미이다.(이로 인해 비록 만나지는 못할지라도 재난은 면할 것이다.)

(☰) 九四 : 包无魚, 起凶.

【주석註釋】

包无魚, 起凶 : '魚'는 初六爻에 비유한 것이다. '起'는 '일어나다'·'움직이다'·'일하다'는 뜻이다. 이곳에서는 '다투다'는 뜻으로 사용되었다.

이 두 구절은 九四爻가 陽剛의 성품으로 正位를 상실하자 호응해 주어야 할 初六爻는 九四爻를 배신하고 九二爻의 뜻을 받들고 있는 것이, 자신의 '생선'이 달아나서 九二爻의 '부엌(包)'에 들어가 있는 것과 같다는 의미이다. 陰은 民을 상징하는 것이기 때문에 '생선을 잃어버렸다.'는 것은 '백성을 잃어버렸다.'는 것과 같은 뜻이다. '백성을 잃어버림으로써' 다툼이 발생할 것이며 이렇게 된다면 장차 더욱 고립될 것이기 때문에 흉할 것이라고 했다.

九二爻가 九四爻의 생선을 가지고 있음으로 '생선을 잃어버렸다.'고 했다. 백성 없이 활동하고 호응해 주는 자가 없어 다툰다면 이것이 흉한 까닭이 된다. 『王注』

【번역翻譯】

九四爻 : 부엌에서 한 마리의 생선을 잃어버렸으니 다툼이 일어나면 반드시 흉할 것이다.

〈象〉曰 : 无魚之凶, 遠民也.

【번역翻譯】

〈象傳〉에 이르되 : 한 마리의 생선을 잃어버렸으니 반드시 흉할 것이라고 한 것은, 九四爻가 上卦에 처한 것이 백성들로부터 멀리 떠나 있으며 민심을 잃어버린 것과 같다는 의미이다.

【해설解說】

'姤'의 시점에서는 반드시 '正道'로 서로 만나야 할 것이나 九四爻가 처한 위치는 이미 不正할 뿐만 아니라 初六爻를 잃어버렸음으로 심한 다툼이 일어난다면 흉함을 면하기 어려울 것이다. 이와 반대로 만약 조용하게 처하면서 다투지 않으면서 정도를 향해 자신을 굳건히 지켜 나아간다면 九二爻 剛中은 그 생선을 마음대로 억누르지 않을 것이며 九三爻는 머뭇머뭇 거리며 나아가지 못할 것이며 初六爻는 '정도'를 굳건히 지켜 나아가기 위해 '刹車器(金柅)'에 꽉 동여매어 있으니, 九四爻와 初六爻의 만남은 드디어 실현될 것이다. 九四爻의 '다툼이 일어나면 반드시 흉할 것이다.'고 한 것을 반면성 경고로 본다면, '다툼이 일어나지 않는다면 흉하지 않을 것이다.'는 의미이다.

(☰) 九五 : 以杞包瓜. 含章, 有隕自天.

【주석註釋】

以杞包瓜 : '杞'는 '키가 큰 나무'로서 九五爻에 비유했다. '包'는 '포장하다'·'덮다'는 뜻으로, 이곳에서는 '감싸서 보호한다.'는 의미로 사용했다. '瓜'는 '참외'로서 아래에 처

하는 사물, 즉 '賢者'에 비유했다.

　　이 구절은 九五爻가 陽剛의 성품으로 中位·正位에 처하며 존위에 처한 것을 설명한 내용이다. '姤'의 시점에 당면해, 자신을 굽힌 겸손한 자세로 賢者를 찾아 만나는 덕을 가진 것이, 키가 큰 杞樹가 푸른 잎을 사용하여 나무 아래에 있는 참외를 감싸서 보호해 주는 것과 같다는 의미이다.

　　무릇 上·下가 만난다는 것은 서로가 필요하여 찾기 때문이다. '杞'는 키가 크고 잎이 넓은 나무이다. 높은 곳에 처하며 몸이 커서 사물을 감싸서 보호할 수 있는 것이 '杞'이다. 아름다운 열매가 아래에 있다는 것은 참외를 뜻한다. 아름다우면서 아래에 처한다는 것은 미천한 신분의 賢者를 상징한다. 九五爻는 높은 君位에 처하면서 아래에 있는 賢才를 구하니, 지극히 높은 곳에서 지극히 낮은 곳에 있는 자를 찾아 만나고자 하는 것이 杞나무가 넓은 잎으로 참외를 감싸서 보호해 주고자 하는 것과 같다는 뜻으로, 스스로 굽히고 낮출 수 있는 것이 이와 같아야 할 것이라는 의미이다. 『程傳』

含章, 有隕自天 : '含'은 '품고 있다.'·'마음속에 넣어둔다.'는 뜻이다. '章'은 '빛나는 아름나움을 드러낸다.'는 뜻이다. '隕'은 '내려오다'는 뜻이다.

　　이 두 구절은 九五의 剛中이 正位에 처하며 마음속에 품고 있는 中正의 아름다운 미덕을 드러내어 만남을 구하니, 반드시 현자가 '하늘로부터 내려와(有隕自天)' 그와 호응하여 화합할 것이라는 의미이다.

【번역翻譯】

九五爻 : 응당히 杞樹의 가지와 넓은 잎은 杞樹 아래에 있는 참외를 감싸서 보호할 것이다. 마음속에 빛나는 아름다움을 품고 있으니 반드시 이상적인 만남이 하늘로부터 내려올 것이다.

〈象〉曰 : 九五舍章, 中正也. '有隕自天', 志不舍命也.

【주석註釋】

不舍命 : '舍'는 '위반하다'·'거역하다'는 뜻이다. '命'은 '天命'과 같은 뜻이다.

'舍'는 '거역하다'는 뜻이다. 지극한 정성으로 中正을 지켜 나아가며 자신을 굽혀 현자를 구한다면 그 뜻이 天理와 합일되는 까닭에 '이상적인 만남이 하늘로부터 내려옴으로써(有隕自天)' 반드시 현자를 얻게 될 것이다. 『程傳』

【번역飜譯】

〈象傳〉에 이르되 : 九五爻가 마음속에 빛나는 아름다움을 품고 있는 것은 中位에 처하면서 正道를 굳건히 지켜 나감으로 말미암은 것이다. 반드시 '이상적인 만남이 하늘로부터 내려올 것이다.'고 한 것은 九五爻의 마음이 천명을 거역하지 않는다는 의미이다.

【해설解說】

九五爻는 선천적으로 中正의 미덕을 가지고 태어났음으로 반드시 不正한 자와는 만나기를 원하지 않는 자이다. 따라서 그는 스스로 마음속에 빛나는 아름다움을 품은 채 자신을 굽힌 겸손한 자세로 '하늘로부터 내려오는' 이상적인 만남을 기다릴 것이다.

九五爻는 본 卦의 주인으로 陰과 이웃하지도 않으며 호응하지도 않으니, 卦 '勿用取女'의 의미이다. 무릇 陰과 비록 이웃하지도 않고 호응하지도 않지만 卦의 주인이 된 자로서 陰의 방종을 제어할 수 있다. 따라서 덕을 수양하여 天道로 돌아가는 이치를 극진히 말하고 있다. 『折中』

이 말은 본 爻의 이치와 부합한다.

(䷫) 上九 : 姤其角. 吝, 无咎.

【주석註釋】

姤其角. 吝, 无咎 : '角'은 '구석'을 뜻한다.

이는 上九爻가 ≪姤≫의 마지막으로 더 이상 오를 곳이 없는 최상의 위치에 처한 것이, 황량하고 쓸쓸한 '구석'을 만난 것과 같다는 의미이다. 비록 어떠한 사람도 만나지 못하는 '애석함(吝)'이 생길지라도 편안한 마음으로 다투지 않으니 陰邪한 상처를 받지 않음으로써 '재난을 만나지 않을 것이다.(无咎)'고 했다.

최고의 극한 곳으로 나아가면 다시 만날 바는 없고 구석진 모서리만 만날 뿐이기 때문에 '황량하고 쓸쓸한 구석을 만날 것이다.(姤其角)'고 했다. 나아가나 만날 수 없다면 오로지 한이 있을 뿐이다. 사물과 다투지 않는다면 그 道는 손상되지 않을 것이기 때문에 '재난은 만나지 않을 것이다.'고 했다. 『王注』

【번역翻譯】

上九爻 : 황량하고 쓸쓸한 구석을 만날 것이다. 마음에 애석함을 간직할지라도 재난은 만나지 않을 것이다.

〈象〉曰 : '姤其角', 上窮吝也.

【번역翻譯】

〈象傳〉에 이르되 : '황량하고 쓸쓸한 구석을 만날 것이다.'고 한 것은 上九爻가 가장 높은 곳까지 올라가 처함으로써 어느 누구도 만날 수 없는 애석함에 이를 것이라는 의미이다.

【해설解說】

九三爻와 上九爻는 모두 陽剛의 성품으로 만날 수가 없으나 어떤 때는 '심각한 재난은 없을 것이다.'고 했고 어떤 때는 '재난은 만나지 않을 것이다.'고 했다. 양자의 의미를 볼 것 같으면, 그와의 만남이 바르지 않다면 차라리 만나지 않는 것이 재난을 면할 수 있는 길이라는 뜻이다.

九三爻는 剛한 성품으로 下卦의 위에 처하며 初六 陰爻와는 만나지 않는 까닭에 비록 '위험(厲)'

은 할지라도 '심각한 재난은 없을 것이다.(无大咎)'고 했다. 上九爻는 剛한 성품으로 上卦의 위에 처하며 初六 陰爻와 역시 만나지 않음으로 비록 '애석함을 간직할지라도(吝)' 역시 '재난은 만나지 않을 것이다.(无咎)'고 했다. 만남이 본래 바르지 않다면 만나지 않는 것만 못한 바이니, 만남이 곧 재난이 된다는 의미이다. 『周易本義通釋 · 胡炳文』

【姤】 요점 · 관점

≪姤≫는 사물이 '서로 만나는' 이치를 천명한 내용이다.

그러나 卦辭의 설득방식은 오히려 反證法을 사용했다. 먼저 '여성(陰氣)이 강성한' 것을 사용하여 卦 가운데 한 개의 陰爻인 初六爻와 그 위 다섯 개 陽爻와의 관계를 '한 여성이 다섯 명의 남성을 만난다.'는 것에 비유했으며 나아가서는 남성들은 이 여성에게는 장가들지 말아야 할 것이라고 경고했다.

작자는 '서로 만나는' 이치는 반드시 '禮'에 합당해야 할 것이며 '정도'를 지켜 나아가야 할 것이라는 뜻을 주장하면서 정당하지 않은 만남에 대해 매우 비탄해 하고 있다.

六爻의 의미를 살펴본다면, 初六爻는 한 개의 陰爻로 전체 卦 가운데에서 경계해야 할 주요한 인소로 설정되었다. 즉 그 자신으로 논해 볼 것 같으면, 오로지 九四爻에게만 호응하고 九四爻에게만 외골수로(한결같이) 동여매여 있어야 정도를 지켜 나아갈 수 있어 길할 것이라고 했다. 만약 그렇지 않고 경솔하게 제 멋대로 행동하거나 아첨으로 접대한다면 반드시 '흉할 것이다.'고 했다. 다섯 개 陽爻의 '만나는' 상황은 정도를 엄격히 지켜 나아가며 '陰'을 피하거나 방어하는 것에 중점을 두었다. 九二爻는 剛한 성품으로 中位에 처하며 경솔하게 陰物을 소유하지 않음으로 '재난이 없을 것이다.'고 했다. 九三爻는 지나치게 剛한 성품으로 나아가고 멈춤에 어려움을 겪고 있으니 만나는 바가 없음으로써 역시 '심각한 재난은 없을 것이다.'고 했다. 九四爻는 陰物을 잃어버렸다고 해서 다투어서는 안 될 것이며 다툼이 발생한다면 '반드시 흉할 것이다.'고 했다. 九五爻는 陽剛의 성품으로 中位·正位에 처하며 마음속에 빛나는 아름다움을 품은 채 현자를 기다리고 있다고 했다. 上九爻는 가장 높은 곳에 처해 어떠한 사람과도 만나는 바가 없음으로써, 陰邪한 상처조차도 받지 않는 까닭에 '재난은 만나지 않을 것이다.'고 했다. 여러 개의 陽爻는 비록 '陰이 陽을 만나고'·'柔가 剛을 만나는' 시점에 당면했다고는 할지라도 오히려 맹목적으로 부정한

陰을 만나서는 안 될 것이라고 했다. 이 점은 卦辭 '勿用取女'의 뜻과 잘 호응한다.

만약 正面的 의미로 분석해 본다면, 본 卦에서 『周易』 작자의 이상적이며 아름다운 상하의 만남에 대해 추구하는 깊은 마음을 엿볼 수 있다. 九五爻辭가 말하는 '이상적인 만남이 하늘로부터 내려올 것이다.'고 한 바는 곧 '존자'는 덕을 수양하고 현인을 구하는 모범을 상징한 것으로써 즉 '군신사이의 만남'은 장차 하늘이 내려 줄 것이라는 희망을 표명한 것이다. 이는 의심할 나위 없이 본 卦의 의리 가운데 있는 일정한 수준의 정치사상을 표현한 내용이다.

순임금이 요임금을 만난 것은 天人合一이다. '이상적인 만남이 하늘로부터 내려올 것이다.'는 象을 핑계로 어찌 驩兜(환두 : 共工과 결탁하여 나쁜 짓을 했음으로 순임금이 崇山으로 내 쫓았다.)를 우려할 것인가? 어찌 孔壬(공임 : 아첨을 대단히 잘 하는 사람)을 두려워 할 것인가? 『誠齋易傳 · 楊萬里』

45. 萃卦의 立體文型圖

(䷬) 《萃》: 萃. 亨. 王假有廟, 利見大人, 亨利貞. 用大牲吉, 利有攸往.

〈彖〉曰: '萃', 聚也. 順以說, 剛中而應, 故聚也. '王假有廟', 致孝享也. '利見大人亨', 聚以正也. '用大牲吉, 利有攸往.' 順天命也. 觀其所聚, 而天地萬物之情可見矣!

〈象〉曰: 澤上於地, 萃. 君子以除戎器, 戒不虞.

• • •

(− −) 上六: 齎咨涕洟, 无咎.

〈象〉曰: '齎咨涕洟', 未安上也.

(──) 九五: 萃有位, 无咎, 匪孚. 元永貞, 悔亡.

〈象〉曰: '萃有位', 志未光也.

(──) 九四: 大吉, 无咎.

〈象〉曰: '大吉无咎', 位不當也.

(− −) 六三: 萃如嗟如, 无攸利. 往无咎, 小吝.

〈象〉曰: '往无咎', 上巽也.

(− −) 六二: 引吉, 无咎. 孚乃利用禴.

〈象〉曰: '引吉无咎', 中未變也

(− −) 初六: 有孚不終, 乃亂乃萃. 若號, 一握爲笑. 勿恤, 往无咎.

〈象〉曰: '乃亂乃萃', 其志亂也.

45 萃卦

(䷬)≪萃≫・錯(䷉)≪大畜≫・綜(䷭)≪升≫・互(䷴)≪漸≫

(䷬)≪萃≫ : 萃. 亨. 王假有廟, 利見大人, 亨利貞. 用大牲吉, 利有攸往.

【주석註釋】

䷬ : 卦象이다. 下卦 ☷ 坤卦(地・順)와 上卦 ☱ 兌卦(澤・悅)로 구성되었다. 즉 대지 위의 물이 연못으로 모여드는 자연현상과 이치를 빌려와서 '모여드는' 현상과 이치를 상징했다.

萃 : 卦名이다. '모여들다'・'모이다' 등의 의미를 상징한다.

亨 :

> 卦名 아래에 원래는 '亨'字가 없으나 유독 王肅本에서만 '亨'字가 있다. 王弼이 결국 이를 사용하였으나 孔子의 「彖傳」彖辭 시작에서는 이를 언급하지 않았다. 『折中・項安世』

> 본고는 王肅本과 같다. 馬融・鄭玄・虞翻 등은 함께 卦辭 아래에 '亨'字가 없다고 했다. 『釋文』

王假有廟 : '假'는 '감동시켜 통하게 한다.(感格)'・'감동시켜 이르게 한다.'는 뜻이다. (≪家人≫卦 九五爻 참고)

이 구절은 '萃'의 시점에 당면하여, 군왕은 아름다운 덕성을 사용하여 神靈을 감동시켜 조상들을 모여들게 하는 '정신'으로 '廟祭'를 보전해야 할 것이라는 의미로서,

즉 '社稷'을 영원히 보전해야 할 것이라는 의미이다.

'假'은 '昭假烈祖'의 '假(격)'으로서 '감동시켜 통하게 한다.(感格)'는 뜻이다. 군왕이 宗廟에 제사를 드릴 때는 자신의 정신을 사용하여 조상의 정신을 감동시켜야 만이 조상들이 '모여들 것이다.(萃)' 『折中·龔煥』

'군왕은 아름다운 덕성으로 신령을 감동시켜 廟祭를 보전해야 할 것이다.(王假有廟)'는 뜻은 '군왕이 지극한 정성을 다해 조상들을 宗廟에 이르게 하여(이르게 한 후) 제사를 드린다.'는 의미이다. 『尙氏學』

利見大人, 亨利貞 : 이는 '천하의 백성들이 모여드는' 시점에서는, '大人'을 뵙는 데에서 이로움을 얻을 것이니, 즉 '大人이 형통함에 이르게 할 것이며 아울러 정도를 굳건히 지켜 나아가는 데에서 이로움을 얻을 것이다.'는 의미이다. 본 卦 九五爻가 마침 '大人'의 象을 가지고 있다.

모여들었으나 주관하는 자가 없다면 흩어지지 않으면 곧 혼란이 초래될 것이다. 오로지 큰 덕을 가진 자 만이 正道를 펼쳐 나아갈 수 있을 것이다. 正道는 항상 통용되는 것이기 때문에 '正道를 굳건히 지켜 나아가는 데에서 이로움을 얻을 것이다.'고 했다. 『正義』

用大牲吉, 利有攸往 : 『說文』에서 '소(牛)는 큰 희생 품(大牲)이다.'고 했다. 즉 제사 때 사용하는 중대한 '犧牲品'을 뜻한다.

이 두 구절은 크게 '모여드는' 시점에서, '큰(중대한·훌륭한) 희생 품'을 사용하여 제사를 지내면 '길'할 뿐만 아니라 앞으로 나아가는 데에서 이로움을 얻을 것이라는 의미이다. 卦辭의 의미는 시기에 배합하고자 하는 것에 중점을 둔 큰 행사를 말한다.

'큰 희생 품(大牲)'이란? '소'를 뜻한다. 경사스러운 모임이 있을 때 대인이 일을 맡아서 처리하니, 이때는 반드시 소를 잡아서 변하지 않을 것을 맹세한다. 이왕에 맹세한 바데로 나아갈 수 있음으로 '앞으로 나아가는 데에서 이로움을 얻을 것이다.(利有攸往)'고 했다. 『集解·鄭玄』

【번역翻譯】

≪萃≫ : 萃卦는 모여드는 것을 상징한다. 형통할 것이다. 이 시점에서 군왕은 아름다운 덕성을 사용하여 신령을 감동시켜 통하게 함으로써 廟祭를 보전할 수 있을 것이며 대인을 뵙는 데에서 이로움을 얻을 것이며 앞날이 형통할 것이며 정도를 굳건히 지켜 나아가는 데에서 이로움을 얻을 것이다. 큰 희생 품을 사용해서 제사를 지내면 길할 것이며 앞으로 나아가는 데에서 이로움을 얻을 것이다.

〈彖〉曰:'萃', 聚也. 順以說, 剛中而應, 故聚也. '王假有廟', 致孝享也. '利見大人亨', 聚以正也. '用大牲吉, 利有攸往.' 順天命也. 觀其所聚, 而天地萬物之情可見矣!

【주석註釋】

順以說, 剛中而應, 故聚也 : '順'은 下卦 坤을 뜻한다. '說'은 '悅'로서 上卦 兌를 뜻한다. '剛中'은 九五爻가 陽剛으로 中位에 처한다는 의미이다.

이는 下卦象・上卦象 그리고 九五爻象으로 卦名 '萃'의 뜻을 해석한 내용이다. 이 시점에서 사물의 情이 和順하고 기뻐하는 것은 陽剛한 자가 中道를 지켜 나아가며 아래에 호응하여 화합하기 때문이니, 결국 수많은 사람들을 널리 모여들게 할 수 있을 것이라는 의미이다.

九五爻가 剛한 성품으로 中位에 처하니 많은 陰들이 순응하고 기뻐하며 그를 따름으로 많은 사람들을 모여들게 할 수 있을 것이라고 했다. 『集解・荀爽』

致孝享也 : '致'는 '극진하게 보답한다.'는 뜻이다. '享'은 '봉헌하다'는 뜻이다. 즉 '지극히 정성스런 마음으로 봉헌한다.'는 의미이다.

이 구절은 卦辭 '王假有廟'를 해석한 내용으로, '군왕'이 '萃'의 시점에 당면하여, 공경하는 마음이 선조에게 '孝'・'享'의 정성으로 극진히 표현되면 이것이 神靈을 감동시킴으로써 廟祭를 잘 보전하게 될 것이라는 의미이다.

聚以正也 : 이는 卦辭 '利見大人, 亨利貞.'을 해석한 내용이다.

> 大人을 만난다는 것은, 즉 그 모여드는 것은 正道로 인한 것이라는 의미이다. 그가 正道를 실천하니 곧 형통할 것이다. 『程傳』

順天命也 : 이는 卦辭 '用大牲吉, 利有攸往.'을 해석한 내용이다.

> 天의 덕성은 剛하나 中에 어긋나지 않는다. 오늘 순응하고(順) 기뻐하며(說) 剛으로 주인을 삼는다는 것은 '天命에게 순응한다.(順天命)'는 의미이다. 天命에 순응하여 움직인다면 神明에 봉헌할 수 있으니 나아가는 데에 이롭지 않는 바가 없을 것이다. '큰 희생 품을 사용해서 제사를 지내니 길할 것이며 앞으로 나아가는 데에서 이로움을 얻을 것이다.(用大牲吉, 利有攸往.)'고 한 것은 오로지 '順天命(天命에 순응하는 것)'일 뿐이라는 의미이다. 『正義』

天地萬物之情可見矣 : 이는 ≪萃≫ 대의를 찬양한 것으로, 사물이 모여드는 시점에서는 반드시 '性情과 氣質이 서로 일치하는 것이 반영되어 나타난다.'는 의미이다.

> 사정은 같은 종류로 모여들고 사물은 같은 부류로 나누어진다. 情이 같아진 연후에 모여들고 氣가 화합한 연후에 무리가 된다. 『王注』

【번역翻譯】

〈彖傳〉에 이르되 : '萃'는 모여든다는 뜻이다. 비유해 본다면, 사물의 情이 화순하고 기쁜 시점에서, 陽剛으로 위에 처한 자가 中道를 지켜 나아가며 아래에 호응하여 하나로 화합하는(마음을 맞추는) 것은 곧 수많은 군중을 널리 모여들게 하는 것과 같다는 의미이다. '이때 군왕은 아름다운 덕성을 사용하여 신령을 감동시켜 통하게 함으로써 廟祭를 보전할 것이다.'고 한 것은 조상에 대한 효심을 극진히 하여 지극히 정성스런 마음을 봉헌하는데 대한 응답을 표현한다는 것을 의미한다. '大人을 뵙는 데에서 이로움을 얻을 것이며 앞날이 형통할 것이다.'고 한 것은 大人이 모임을 주관하면 반드시 正道를 쫓을 것이라는 의미이다. '큰 희생 품을 사용해서 제사를 지내면 길할 것이며 앞으로 나아가는 데에서 이로움을 얻을 것이다.'고 한 것은 모여드는 시점에서는 반드시 天의 규율에 순응해야 할 것이라는 의미이다. 모여드는 현상을 관찰해 보면, 천지만물의 性情이 곧 분명해 질(천지만물의 性情을 곧 확실하게 이해할) 것이로다!

〈象〉曰 : 澤上於地, 萃. 君子以除戎器, 戒不虞.

【주석註釋】

澤上於地, 萃 : ≪萃≫는 上卦 兌의 '澤'과 下卦 坤의 '地' 象으로 구성되었다는 것을 해석한 내용이다.

'澤(연못)'은 낮은 곳에 처하니, 빗물이 돌아서 그곳으로 모여들어 만물이 생장한다. 따라서 이를 '萃'라고 했다. 『集解·荀爽』

除戎器, 戒不虞 : '除'는 '수리하다'는 뜻이다. '戎'은 '병기'를 뜻한다. '不虞'는 '예측할 수 없다.'는 의미이다.

이는 군자가 ≪萃≫의 象을 관찰해 본 후, 사물이 오랫동안 '모여' 있으면 반드시 變亂을 일으키고 사람의 情이 오래 동안 머물러 있으면 다른 마음을 싹틔움으로써 병기를 수리해서 예측할 수 없는 변란발생에 대한 방비를 해야 한다는 것을 깨달았다는 의미이다.

사람들이 이미 모여 있다면 방비를 하지 않으면 안 됨으로, 군자는 이때에 병기를 수리하여 예측할 수 없는 변란발생에 대해 경계하며 대비해야 할 것이다. 『正義』

【번역翻譯】

〈象傳〉에 이르되 : 연못이 대지 위에 있다는 것은 (빗물이 돌아서 그곳으로) '모여드는 것'을 상징 한다 . 군자는 이를 본 받아, 병기를 수리하여 수많은 사람들이 모여 있는 곳에서 일어날 수 있는 예측할 수 없는 변란 발생에 대해 경계하며 대비해야 할 것이다.

(䷬) 初六爻 : 有孚不終, 乃亂乃萃. 若號, 一握爲笑. 勿恤, 往无咎.

【주석註釋】

有孚不終, 乃亂乃萃 : '乃'는 語氣詞이다.

이는 初六爻가 陰爻로서 '萃'의 시작에 처하며 九四爻와 호응하고자 하나 앞에 두 개의 陰爻가 가로막고 있으며 六三爻 또한 九四爻를 받들고 있으니, 九四爻에 대해 의심과 근심이 첩첩이 쌓이게 됨으로써 신의와 정성스런 마음을 끝까지 견지하지 못하고 결국에는 행위가 문란해지고 아무나 하고 함부로 어울리게 될 것이라는 의미이다.

初六爻는 九四爻와 호응하고자 하나 위 두 개의 陰爻가 가로막고 있어 '萃'의 시점에 당면하여 스스로를 지켜 나아갈 수가 없으며 신의와 정성스런 마음을 끝까지 지켜 나아가지 못함으로써 마음이 혼란스러워져 아무나 하고 함부로 어울리게 될 것이다. 『本義』

若號, 一握爲笑. 勿恤, 往无咎 : '號'는 '부르짖다'·'부르다'는 뜻이다. '一握爲笑'는 '한 번 손을 잡는 사이에 즐거운 웃음이 만들어진다.'는 뜻이다.

이 몇 구절은 初六爻에게 경고한 것으로, 그가 만약 九四爻를 부르짖으며 부른다면 九四爻는 반드시 와서 호응할 것이며 양자는 악수를 하면서 즐겁게 이야기할 것이기 때문에 '근심은 사라지고 앞으로 나아가면 반드시 재난이 없을 것이다.'고 격려한 내용이다.

初六爻가 九四爻에게로 가는 것은 서로 믿는 마음이 있기 때문이며 亂을 일으킬까 의심하는 것은 뜻이 합일하지 못하기 때문이다. '萃'의 시점에 처한 것은 상하가 서로 필요해서 찾는다는 의미이니, 만약 初六爻가 부르짖으면서 九四爻를 찾는다면 九四爻는 반드시 기뻐하면서 初六爻에게 호응할 것이다. 즉 한 번 악수하는 사이(극히 짧은 순간)에 큰 울부짖음은 기쁜 미소로 변할 것이니, 그것이 '萃'이다. 이러함에 주의하라고 이르되 '근심할 필요가 없다.(勿恤)'고 했으며 또한 이를 격려하여 이르되 '앞으로 나아가면 반드시 재난이 없을 것이다.(往无咎)'고 했다. 『折中·王宗傳』

【번역飜譯】

初六爻 : 마음속에 신의와 정성을 끝까지 보전하지 않는다면 반드시 행위는 문란해지고 아무나 하고 함부로 어울리게 될 것이다. 만약 하나의 감정으로 위를 향해 부르짖는다면 陽剛한 친구와 한 번 악수를 하는 사이에 즐겁게 웃는 모습을 거듭 볼 수 있을 것이다. 근심할 필요가 없으며 앞으로 나아가면 반드시 재난이 없을 것이다.

〈象〉曰 : '乃亂乃萃', 其志亂也.

【번역飜譯】

〈象傳〉에 이르되 : '행위가 문란해지고 아무나 하고 함부로 어울리게 될 것이다.'고 한 것은 初六爻의 마음이 헷갈리고 혼란스럽다는 의미이다.

【해설解說】

初六爻의 우환은 '의심하는 데에' 있다. 일단 의심하지 않은 채 '앞으로 나아가면 재난이 없을 것이며' 또한 '웃을 수 있을 것이다.'

初六爻는 오로지 九四爻와 六三爻를 의심하는 까닭에 마음이 헷갈리고 혼란스러운 것이다. 『正義·孔穎達』

(☱☷) 六二爻 : 引吉, 无咎. 孚乃利用禴.

【주석註釋】

引吉, 无咎 : '引'은 '끌어당기다'는 뜻이다.

　　이는 六二爻가 柔한 성품으로 中正에 처하며 위로 九五爻에 호응하니, 반드시 그(九五爻)가 끌어당겨 모여들게 할 것이기 때문에 '길'할 것이며 '재난에 이르지 않을 것이다.(无咎)'고 했다.

　　'萃'의 시점에 처하여, 몸체는 柔한 체질이며 正位에 처하며 坤卦의 中位에 처하여 혼자서 유독 정도를 실천하며 대중들과는 다르게 남달리(뛰어나게) 지조를 잘 지켜 나아가며 화합한다. 백성들 대부분은 궁벽한 상황이나 홀로 위험한 것을 바르게 하는 자이니 체질을 변화시키지 않는다면 재난으로부터 멀어질 것이다. 반드시 九五爻가 끌어당기기를 기다린 연후라야 길할 것이며 재난에 이르지 않을 것이다. 『集解·王弼』

孚乃利用禴 : '禴'은 고대 사계절 祭禮의 하나로서, 商나라 때는 '春祭'를 '禴'이라고 했다. 비교적 조촐한 '제사'에 속한다.

　　이 구절은 '제사'를 사용해서 비유한 것으로, 六二爻가 '萃'의 시점에 당면해, 오로지 마음에 신의와 정성만을 품고 있음으로 설령 조촐한 '禴祭'를 지낸다고 할지라도 역시 神靈에게 헌향할 수 있을 것이며 그가 내려주는 복을 받을 것이라는 의미이다.

　　'禴'은 商나라 때의 '春祭'를 뜻하는 것으로 사계절 祭禮 가운데에서 가장 절약하는 제사이다. '萃'의 시점에 당면해, 中正에 처하며 행동이 충성스럽고 정성이 있으니 귀신에게 조촐한 제사를 올릴 수 있을 것이다. 『集解·王弼』

【번역翻譯】

六二爻 : 사람의 끌어당김을 받아 서로 모여드니 길할 것이며 재난에 이르지 않을 것이다. 오로지 마음속에 신의와 정성만을 품고 있다면 설령 조촐한 禴祭를 지낸다고

할지라도 역시 神靈에게 헌향하는 데에서 이로움을 얻을 것이다.

〈象〉曰 : '引吉无咎', 中未變也

【번역飜譯】

〈象傳〉에 이르되 : '사람의 끌어당김을 받아 서로 모여드니 길할 것이며 재난에 이르지 않을 것이다.'고 한 것은 六二爻가 中位에 처하면서 正道를 지켜 나아가는 마음이 변하지 않는다는 의미이다.

【해설解說】

六二爻의 길함은 마음속에 정성과 믿음을 오랫동안 보전하며 柔順中正의 뜻을 변화시키지 않는데 있으니, 정성스러운 마음이 '존자'에게 발견되어 끌어당겨 조촐한 제례를 '神靈'에게 헌향하게 되었다.

(䷬) 六三 : 萃如嗟如, 无攸利. 往无咎, 小吝.

【주석註釋】

萃如嗟如, 無攸利 : '萃如'란? '모여드는' 현상이 실현되지 않는 상황을 형용한 내용이다. 이는 六三爻가 下卦의 마지막에 처하며 正位를 상실하여 호응하지 못하니, 즉 모여드는 현상을 실현하고자 하는 마음은 간절하나 같은 무리를 찾지 못함으로써 자못 스스로 '탄식(嗟如)'할 뿐이며 '이로운 바가 없을 것이다.(无攸利)'고 했다.

'萃'의 시점에서는 '利見大人'일지언정, 六三爻와 九五爻는 호응하지도 않고 이웃하지도 않음으로써 '萃'를 실현할 수 없어 탄식하는 소리가 터져 나오는 바를 면하지 못할 것이니 곧 '이로운 바가 없을 것이다.(无攸利)'고 했다. 『折中·兪琰』

往无咎, 小吝 : 이는 六三爻가 비록 上六爻와 호응하지는 않으나 오히려 九四爻와 이웃함으로써 '나아가면 재난이 없을 것이다.(往无咎)'고 했다. 그러나 六三爻와 九四爻는 모두 正位를 상실한 자들이며 양자는 陰陽이 바르게 호응하는 무리에 속하지 않음으로써 '약간의 애석함을 가질 것이다.(小吝)'고 했다.

六三爻와 九四爻는 서로 이웃해 있지만 正位에 처하지 않음으로 '아! 이로운 바가 없을 것이다.(嗟如, 无攸利.)'고 했다. 그러나 나아가서 上六爻와 '만난다면' 비록 陰陽의 호응은 아니라고 할지라도 '재난이 없을 것이다.(无咎)'고 했다. 『王注』

【번역飜譯】

六三爻 : 서로 모여들고자 하는 사람이 없어 탄식하는 소리만 쏟아내니 이로운 바가 없을 것이다. 앞으로 나아가면 재난이 없을 것이나 약간의 애석함은 가질 것이다.

〈象〉曰 : '往无咎', 上巽也.

【주석註釋】

上巽 : 이는 '위에 있는 陽剛에 순응한다.'는 의미이다.

'巽'은 '순응하다'는 뜻이다. '上巽'은 위로 '九四爻와 九五爻에 순응한다.'는 의미이다. 즉 九四爻와 九五爻는 陽爻이기 때문에 '재난이 없을 것이다.(无咎)'고 했다. 『尚氏學』

六三爻는 이미 九四爻와 모여 있고 九四爻는 九五爻의 뜻을 받들고 있는 까닭에 尚先生은 '六三爻가 九四爻와 함께 九五爻에게 순응할 것이다.'고 했다.

【번역飜譯】

〈象傳〉에 이르되 : '앞으로 나아가면 재난이 없을 것이다.'고 한 것은 六三爻가 위의 陽剛에 순응할 것이라는 의미이다.

【해설解說】

  六爻 가운데 오로지 六三爻와 上六爻만 호응하지 않으며 또한 모두 어려운 위치에 처하며 한 번 탄식하고 또 한 번 탄식하나 '萃'의 상황을 성공시키지 못하는 까닭에 '이로운 바가 없을 것이다.'고 했다. 그러나 天命에는 순응하지 않을 수 없는 바이니, 九四爻와 九五爻는 '萃'의 주인으로 諸侯를 모아 중요한 일을 발표하고 엄금한다. 六三爻가 九四爻와 이웃함으로써 九五爻와 만난다면 비록 위치는 정당하지 못해 '약간의 애석함은 가진다고 할지라도 萃의 시점에 당면하여 스스로 會盟의 밖에 처하지는 않게 될 것이기 때문에 六三爻와 初六爻는 모두 '나아가면 재난이 없을 것이다.'고 했다. 『重定費氏學·馬其昶』

  이는 初六爻·六三爻·九四爻·九五爻·上六爻 간의 동일하지 않은 관계를 설명한 내용이다.

(䷬) 九四 : 大吉, 无咎.

【주석註釋】

  大吉, 无咎 : 이는 九四爻가 '萃'의 시점에 당면해, 아래 三개의 陰爻를 올라타고 앉아 의지함으로써 '크게 길할 것이다.(大吉)'고 했다. 그러나 九四爻는 처한 위치가 바르지 않아 본래부터 '재난'을 지니고 있으니, 다만 '크게 길할 것이다.'고 한 것은 오로지 위대한 공적을 쌓은 연후라야 만이 반드시 재난을 면할 것이라는 의미이다.

【번역翻譯】

  九四爻 : 크게 길할 것이며 반드시 재난이 없을 것이다.

〈象〉曰 : '大吉无咎', 位不當也.

【번역翻譯】

〈象傳〉에 이르되 : '크게 길할 것이며 반드시 재난이 없을 것이다.'고 한 것은 九四爻가 처한 위치가 오히려 타당하지 않다는 의미이다.

【해설解說】

본 爻는 陽剛 성격으로 正位를 상실했으며 존위에 처하지 못하나 오히려 下卦의 세 개 陰爻들이 그에게 넓게 모여드는 까닭에 먼저 '크게 길할 것이다.'고 한 연후에 '재난이 없을 것이다.'고 했으니, 이는 실질적으로 '길'로서 '재난'을 보완한다는 의미이다.

존위에는 처하지는 못했으나 민심을 얻고 있음으로 반드시 '크게 길한' 연후에 '재난이 없을 것이다.'고 했다. 이는 ≪益≫의 初九爻가 아래에 처하면서도 '큰일을 담당해 잘 해냄으로써(厚事)' 역시 반드시 '크게 길한(元吉)' 연후에 '재난이 없을 것이다.'고 한 것과 같은 의미이다. 『周易玩辭·項安世』

(☱☷) 九五 : 萃有位, 无咎, 匪孚. 元永貞, 悔亡.

【주석註釋】

萃有位, 无咎, 匪孚 : 이는 九五爻가 천하가 '크게 모이는(大聚)' 시점에 당면해, 높은 존위에 처한다는 것을 설명한 내용이다. 그러나 그때는 九四爻가 이미 방자하게도 세 개의 陰爻를 모아놓고 있으니, 자신의 德으로는 대중으로부터 널리 신의를 얻을 수 없는 까닭에 오로지 스스로 剛正을 지켜 나아간다면 재난에 이르지 않을 것이라고 했다.

'萃'의 시점에 처하며 가장 훌륭한 지위에 처함으로써 '모여드는 시점에 높은 존위에 처해있다.(萃有位)'고 했다. 九五爻는 오로지 웅거하고만 있을 뿐 德을 실천하지 않고 스스로 지키고 있을 뿐이다. 따라서 '재난에 이르지 않을 것이나 널리 대중들의 신의는 얻지 못할 것이다.(无咎, 匪孚.)'고 했다. 『王注』

元永貞, 悔亡 : '元'이란? '훌륭한 우두머리', 즉 '훌륭한 군왕(덕이 있는 군왕)'을 뜻한다. '永'은 '오래가다'는 뜻이다. '貞'은 '바르다'는 뜻이다. 따라서 '元永貞'은 '덕이 있는 군왕(君長)은 오랫동안 정도를 굳건히 지켜 나아갈 것이다.'는 의미이다.

    이 두 구절은 앞 문장의 뜻을 이어 九五爻는 이미 陽剛의 성품으로 尊長의 덕성을 선천적으로 가지고 있음으로, 즉 오랫동안 변함없이 정도를 굳건히 지켜 나아가면 반드시 '대중들의 신의를 얻지 못하는' 재난에 이르지 않을 것이며 '후회도 사라질 것이다.'고 했다.

    仁을 실천하고 정도를 지켜 나아가면 오랜 시간이 흐른 후에는 반드시 후회가 사라질 것이기 때문에 '훌륭한 군왕이 오랫동안 변함없이 정도를 굳건히 지켜 나아가면 후회는 사라질 것이다.'고 했다. 『王注』

    '元永貞'이란? 군왕의 덕이자 민심이 돌아오는 곳이다. 따라서 천하의 도에 가까워지는 것과 천하의 도에 모여들게 하는 것, 모두가 이 삼자(元永貞)에 있다. 또한 이르되 : 元은 우두머리이자 尊長者이다. 君은 각양각색의 사물을 처음으로 살아나게 하는 덕을 지닌 자이며 君은 수많은 생명들을 생육시키는 자로서 훌륭하고 존경하는 의미를 가지고 있으며 통솔을 주관한다는 의미도 가지고 있다. 그리고 오랫동안 변하지 않고 정도를 굳건히 지켜 나아간다는 것은, 즉 神明에게까지 통하게 하며 四海까지 밝게 비추어 주어 복종하지 않는다는 것을 생각하지 못하게 한다는 뜻이자 또한 신의와 정성이 넓게 펼쳐지지 않을 수 없게 함으로써 그의 후회가 사라지게 될 것이라는 의미이다. 『程傳』

【번역翻譯】

九五爻 : 모여드는 시점에서 높은 존위에 처하니 재난에 이르지 않을 것이나 여러 사람들로부터 신의와 정성을 널리 얻지는 못할 것이다. 덕이 있는 군왕은 응당히 오래 동안 변함없이 정도를 굳건히 지켜 나아갈 것이니 후회는 장차 반드시 사라질 것이다.

〈象〉曰 : '萃有位', 志未光也.

【번역飜譯】

〈象傳〉에 이르되 : '모여드는 시점에서 높은 존위에 처한다.'고 한 것은 九五爻가 천하 여러 사람들의 마음을 모여들게 하는 바가 여전히 크게 빛나지 못하고 있다는 의미이다.

【해설解說】

九五爻가 만약 천하 여러 사람들의 마음을 모여들게 하는 것을 실현하고자 한다면 오로지 높은 존위에 의탁만 해서는 안 될 것이며 '군왕으로서 오래 동안 변함없이 정도를 굳건히 지켜 나아가는' 덕을 더욱 아름답게 닦아 나아가야 할 것이다.

> 朱子의 제자들이 朱子에게 다음과 같은 질문을 했다. '九五爻가 陽剛의 성품으로 존위에 처하는데 어찌하여 여러 사람들로부터 신의와 정성을 널리 얻지 못합니까?' 朱子는 이에 대해 다음과 같이 회답했다. '지위는 높으나 덕이 없으니 비록 여러 사람들이 모여들기는 할지라도 그들로 하여금 믿게 하지는 못한다는 뜻이다. 따라서 여러 사람들이 믿어 주지 않는다면 마땅히 그 군왕은 오래 동안 변함없이 정도를 굳건히 지켜 나아가는 덕을 닦은 후라야 만이 후회가 사라질 것이라는 의미이다.' 『朱子語類』

(䷬) 上六 : 齎咨涕洟, 无咎.

【주석註釋】

齎咨涕洟, 无咎 : '齎咨'는 '비탄한 심정으로 탄식하는 소리'를 뜻한다. 즉 슬픔과 원망으로 터져 나오는 소리이다. '涕洟'는 '통곡하면서 코 눈물을 흘리는 모양'을 뜻한다. 이는 上六爻가 ≪萃≫의 마지막에 처하며 극한 곳에서 호응해 주는 자 없으며 또한 陰으로서 九五爻의 陽剛한 尊長을 올라타고 있으니, 사람들을 모여들게 하고자 하나 여의치 않는 까닭에 '비탄한 심정으로 탄식하며 코 눈물을 흘리면서 통곡한다.'고 했다. 다만 그는 슬피 울면서 두려워할 줄은 알기 때문에 재난을 면할 것이라고 했다.

'萃'의 시점에서, 가장 마지막에 처하며 九五爻가 업신여기는 것은 아니나 안에서 호응해 주는 자가 없다. 윗자리에 홀로 처하니 멀고 가까이에서 도와주는 자들이 없어 위험함이 막심하다. '齎咨'란? 탄식하는 소리이다. 만약 위험이 지극하다는 것을 알고 화가 깊어지는 것을 두려워할 줄 알고 병이 심해지는 것을 근심할 줄 안다면 '코 눈물을 흘리는 상황에 이른다고 할지라도 감히 스스로 안일하지는 않을 것이며 역시 많은 사람들이 해치지도 못할 것이다.' 따라서 '재난을 면할 것이다.(无咎)'고 했다. 『王注』

【번역飜譯】

上六爻 : 탄식하면서 코 눈물을 흘리니 재난을 면할 것이다.

〈象〉曰 : '齎咨涕洟', 未安上也.

【번역飜譯】

〈象傳〉에 이르되 : '탄식하면서 코 눈물을 흘린다.'고 한 것은 上六爻가 모여들게 하고자 하나 모여들지 않으니 지극히 높은 지위에서 편안하게 처할 수 없다는 의미이다.

【해설解說】

지극히 높은 지위에 처해있으나 군왕에게 소외당한 외로운 신하이다. 모여드는 것이 극에 달하면 머지않아 흩어질 것이며 모여들지 않는다면 군왕과 부모도 만나지 못할 것이다. '齎咨涕洟' 四字는 원망하면서 모여들어 주기를 간절히 기다리는 정을 표현하는 까닭에 결국은 모여들게 됨으로써 재난을 면할 것이라고 했다. 『折中·黃淳耀』

【萃】 요점·관점

'사정은 같은 종류로 모여들고 사물은 같은 부류로 나누어진다.(方以類聚, 物以羣分.)' 자연계 만물은 '함께 모여 사는(羣居)' 형식 가운데에서 발전하고 진화해 나아가고 있다.

> 옛날의 제후들은 반드시 집회를 가졌다. 『公羊傳·莊公四年』

> 살아가는 것을 서로 사랑하며 죽어가는 것을 서로 애통해 하는 것이 모임의 이치인 까닭에 이를 '族'이라고 한다. 『白虎通義·宗族篇』

여기서 우리는 사람이 '모여 사는 것'은 순수한 '生態' 영역의 내용일 뿐 아니라 정치성향도 충만하다는 것을 알 수 있다.

≪萃≫는 사물이 '모여드는' 이치를 보여주고 있다. 전체 卦의 대의는 사람과 사람은 정치적 관계 속에서 서로 모여살고 있다는 것을 깨우쳐 주는 데에 있다.

卦辭는 형상을 제례에서 본 떠, '군왕'과 '대인'은 반드시 아름다운 덕성과 正道를 사용하여 '여러 사람들'과 '神'을 모여들게 하여 상하를 통하게 해야 만이 앞날이 형통할 것이며 나아가는 데에서 이로움을 얻을 것이라는 바를 설명했다. 이는 「象傳」의 '대인이 모임을 주관하면 반드시 정도를 쫓을 수 있어(聚以正)' 이로울 것이라는 것과 '天의 규율에 순응하면(順天命)' 반드시 길할 것이라는 바와 같은 의미이다.

卦 가운데 네 개의 陰爻는 사람에게 모여드는 현상에 중점을 두었다. 그 가운데 初六爻는 위치가 가장 낮으니 아무나 하고 함부로 어울려서는 안 될 것이며 오로지 신의와 정성스런 마음으로 호응해야 할 것이라고 했다. 六二爻는 柔順한 성품으로 中正을 실천하자 尊者의 끌어당김을 받아 서로 모여드니 이로울 것이라고 했다. 六三爻는 正位를 상실하여 호응하는 자가 없으나 陽剛한 자와 가까이 이웃함으로써 역시 나아가면 재난이 없을 것이라고 했다. 오직 上六爻만이 '萃'의 가장 극한 곳에 처함으로써 모여들게 하고자 하나 모여들지 않는 상황에 처해있다고 했다. 九四爻와 九五爻 두 개의 陽爻는 사람들을 모여들게 하는 주체자이나, 九四爻는 부당한 위치에서 세 개의 陰들을 모여들게 했으니 반드시 '크게 길한(위대한 공적을 쌓은)' 연후라

야 만이 '반드시 재난이 없을 것이다.'고 했으며 九五爻는 비록 존위에 처한다고 할지라도 오히려 여러 사람들로부터 신임을 얻지 못했으니 마땅히 '군왕은 오래 동안 변함없이 정도를 굳건히 지켜 나아가는' 덕을 닦은 연후라야 만이 '후회는 장차 반드시 사라질 것이다.'고 했다.

六爻義가 제시하는 의미를 관찰해 본다면, 한 개의 爻에서도 '凶' 象이 나타나지 않고 있다. 즉 上六爻로 하여금 모여들게 하지 못하게 한 것 역시 근심과 두려움을 사용해 위험을 깨닫게 하여 재난을 면해 주고자 한 것이었다. 그러나 어느 한 개의 爻도 순조롭게 발전되거나 모여들게 하고자 하는 바람이 완벽하게 실현되지는 못했다. 비록 九五爻가 陽剛의 성품으로 中正의 도를 실천한다고는 하지만 역시 조심하라는 훈계를 많이 제시하고 있다. 따라서 六爻는 하나같이 모두 '재난이 없을 것이다.'는 말을 하고 있을 뿐이다.

'재난이 없을 것이다.(无咎)'고 한 것은 善한 것으로 잘못된 것을 보완해 준다는 의미이다. 「繫辭上傳」

'재난이 없을 것이다.(无咎)'고 한 것은 완벽하게 좋다는 의미가 아니다. 『尙氏學』

이로써 우리는 『周易』 작자가 '萃'의 시점에서는 한 순간이라도 正道를 실천하지 않는다면 즉각 변란을 일으키게 됨으로써, 즉 적극적으로 오래 동안 재난을 방어하고자 하는 조심스런 마음을 가질 것을 강조하고 있다는 것을 알 수 있다. 「大象傳」 '以除戎器, 戒不虞.'에서 이 의미가 집중적으로 표현되고 있음을 볼 수 있다.

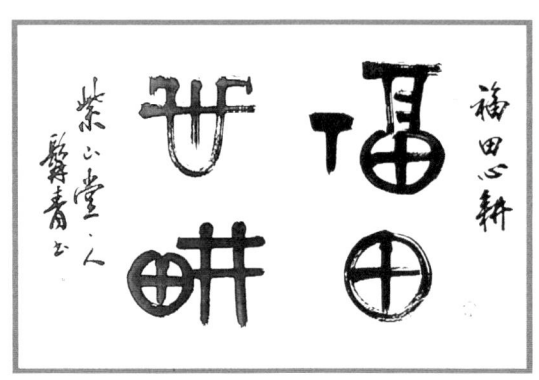

46. 升卦의 立體文型圖

(☷) ≪升≫ : 升. 元亨, 用見大人, 勿恤, 南征吉.

〈彖〉曰 : 柔以時升, 巽而順, 剛中而應, 是以大亨. '用見大人, 勿恤', 有慶也. '南征吉', 志行也.

〈象〉曰 : 地中生木, 升. 君子以順德, 積小以高大.

• • •

(− −) 上六 : 冥升, 利于不息之貞.

〈象〉曰 : 冥升在上, 消不富也.

(− −) 六五 : 貞吉, 升階.

〈象〉曰 : '貞吉升階', 大得志也.

(− −) 六四 : 王用亨于岐山, 吉, 无咎.

〈象〉曰 : '王用亨于岐山', 順事也.

(—) 九三 : 升虛邑.

〈象〉曰 : '升虛邑', 无所疑也.

(—) 九二 : 孚乃利用禴, 无咎.

〈象〉曰 : 九二之孚, 有喜也.

(− −) 初六 : 允升, 大吉.

〈象〉曰 : '允升大吉', 上合志也.

46 升卦

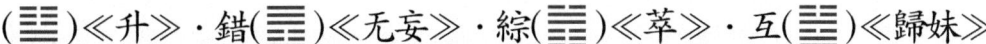

(䷭)≪升≫・錯(䷘)≪无妄≫・綜(䷬)≪萃≫・互(䷵)≪歸妹≫

(䷭)≪升≫: 升. 元亨, 用見大人, 勿恤, 南征吉.

【주석註釋】

䷭ : 卦象이다. 下卦 ☴ 巽卦(木・遜)와 上卦 ☷ 坤卦(地・順)로 구성되었다. 즉 대지 속에서 나무의 싹이 움터 올라오는 자연현상과 이치를 빌려와서 '상승'・'성장'의 현상과 이치를 상징했다.

升 : 卦名이다. '상승'・'성장' 등의 의미를 상징한다.

元亨, 用見大人, 勿恤 : '用'은 '마땅하다'・'이롭다'・'화목하다'・'아름답다'・'이치에 맞다.' 등의 뜻이 있다.

　이는 下卦 巽과 上卦 坤을 뜻한 것으로, 겸손하고 柔順하게(온화하고 공손하게) 상승함으로써 '지극히 형통할 것이다.'고 했다. 그러나 卦 가운데 陽爻가 존위에 처하지 못한 것이 근심이기 때문에 반드시 '大人'을 만나야 만이 비로소 剛中의 미덕을 오랫동안 보전할 수 있어 '근심이 사라질 것이다.(勿恤)'고 했다.

　'巽'은 겸손함으로써 상승할 수 있다. 陽爻가 존위에 처하지 못해 嚴剛의 正을 갖추지 못했으니 근심을 면할 수 없게 되었음으로 '반드시 대인을 만나는 데에서 이로움(올바른 이치)을 얻을 것이며 근심이 사라질 것이다.'고 했다. 『王注』

南征吉 : '南'은 '밝음(光明)'・'나아감(進)'을 상징한다. '北'은 '어두움'・'물러남(退)'를 상징한다.

이 구절은 사물이 '겸손하고 유순하게' 上升하는 시점에 당면하여, '대인'의 德에서 이로움(올바른 이치)을 얻을 뿐만 아니라 또한 밝은 방향을 향해 나아가면 반드시 막힘이 없이 창통할 것이기 때문에 '길할 것이다.'고 했다.

【번역飜譯】

≪升≫ : 升卦는 상승을 상징한다. 지극히 형통할 것이며 대인을 뵙는 데에서 이로움(올바른 이치)을 얻을 것이니 근심할 필요가 없으며 밝은 남쪽을 향해 나아가면 반드시 길할 것이다.

【해설解說】

卦辭 '大人'은 九二爻의 爻象을 취한 것이다. '升'의 시점에 당면해, 九二爻 '大人'을 뵙는 데에서 이로움(올바른 이치)을 얻을 것이다. 爻位로 본다면 九二爻는 비록 존자의 위치는 아니나 '剛中'의 큰 德을 구비하고 있음으로 '大人'이라고 했다. 이는 ≪乾≫ 九二爻에서 나오는 '利見大人'과 비슷하다.

'大人'은 九二爻이다. 六五爻는 당연히 九二爻에 호응할 것이니, 九二爻 剛中의 신하를 만나는 데에서 이로움(올바른 이치)을 얻을 것이라고 한 것은 德에 의지해서 상승할 것이기 때문이다. 『重定費氏學·徐幾』

〈彖〉曰 : 柔以時升, 巽而順, 剛中而應, 是以大亨. '用見大人, 勿恤', 有慶也. '南征吉', 志行也.

【주석註釋】

柔以時升, 巽而順, 剛中而應, 是以大亨 : '柔'는 上卦·下卦 모두가 陰卦라는 의미이다. '巽'은 下卦 巽卦가 '겸손'을 뜻한다는 것이다. '順'은 上卦 坤卦가 '유순(柔順 즉 온화하고 공순함)'을 뜻한다는 것이다. '剛中'이란? 九二爻가 陽剛의 성품으로 中位에 처한다는 뜻이다.

이는 下卦·上卦의 卦象과 九二爻象으로 卦辭 '升, 元亨.'의 의미를 해석한 내용이며, 이때는 '柔'의 이치를 따라가면 상승할 것이며 사물의 정이 '겸손하고 유순하며' 陽剛한 자가 中位에 처하며 위의 존자와 호응할 수 있음으로 '크게 형통할 것이다.(大亨)'고 했다.

柔(柔軟 즉 초목의 싹이 나온 지 얼마 되지 않은 부드러운 상태)하다고 할지라도 그 시기를 잘 맞추면 상승할 수 있다. 純柔는 스스로 상승할 수 없고 剛亢(지나치게 굳센 것)은 사물이 따라주지 않는다. 시기에 맞추어 상승하며 또한 겸손하고 유순하며 剛中으로 호응하니, 이로 인해 상승하는 까닭에 크게 형통할 것이라고 했다. 『王注』

有慶也 : 卦辭 '用見大人, 勿恤.'을 해석한 내용이다.

크게 통하는 덕이다. 대인을 뵙는 데에서 이로움을 얻을 것이며 근심도 없을 것이며 막힘도 없을 것이며 반드시 경사스러운 일이 이루어질 것이기 때문에 '有慶也'라고 했다. 『正義』

志行也 : 卦辭 '南征吉'을 해석한 내용이다.

어두운 곳을 향해 가는 것은 그의 본뜻이 아니다. 지금 유순한 이치를 따라 밝은 곳을 향해 올라가는 것은 바로 그 뜻이 실천될 것이라는 의미이다. 『正義』

【번역飜譯】

〈彖傳〉에 이르되 : 柔의 이치를 따라 시기에 맞추어 상승하며 겸손하고 유순하며(온화하고 공순하며) 陽剛한 성질로 中位에 처하며 위로 존자에 호응하여 하나로 화합할 수 있는 것이 크게 길할 수 있는 이유이다. '대인을 뵙는 데에서 이로움을 얻을 것이니 근심할 필요가 없다.'고 한 것은 이 시점에서 상승하면 반드시 경사스러운 일이 있을 것이라는 의미이다. '밝은 남쪽을 향해 나아가면 반드시 길할 것이다.'고 한 것은 상승하고자 하던 뜻이 원하는 바데로 성취될 것이라는 의미이다.

〈象〉曰:地中生木, 升. 君子以順德, 積小以高大.

【주석註釋】

地中生木, 升 : ≪升≫ 上卦 坤은 '地'이고 下卦 巽은 '木'의 象이라는 것을 해석한 내용이다.

대지(地)는 坤이고 나무(木)는 巽이다. 대지 속에서 싹터 올라오고 있는 나무, 즉 어슴푸레함(은밀함)으로부터 명료해질(눈에 보일) 때까지 상승하고(올라오고) 있는 것을 象으로 했다. 『集解·荀爽』

君子以順德, 積小以高大 : '군자'는 본 卦의 '대지 속에서 싹터 올라오고 있는 나무(地中生木)'의 象을 본 받아, 자신의 아름다운 덕성을 유순하게 따르면서 '작은 선(小善)'을 쌓아 존귀하고 고상한 명망과 사업을 성취시켜야 할 것이라는 의미이다.

대지 속에서 싹터 올라오고 있는 나무, 그의 싹이 처음 올라올 때에는 여리고 작으나 결국에는 한 아름드리의 나무로 성장할 것이다. 군자는 이러함을 본 받아, 그의 덕성을 柔順하게(온화하고 공손하게) 따르면서 작은 선을 쌓아올려 큰 이름을 날려야 할 것이다. 『正義』

【번역飜譯】

〈象傳〉에 이르되 : 대지 속에서 싹터 올라오고 있는 나무는 상승을 상징한다. 군자는 이를 본 받아, 아름다운 덕성을 유순하게(온화하고 공손하게) 따르면서 작은 善을 쌓아 나아감으로써 존귀하고 고상하며 넓고 큰 사업을 성취시켜야 할 것이다.

【해설解說】

「大象傳」에서는 '君子以順德, 積小以高大.'를 사용하여, 본 卦 柔順한 성품이 '상승'의 의미를 발양시켰다고 했다. 이는 '進德修業'을 취해 비유한 내용이다.

만물이 발전하는 것은 모두 이치를 따르기 때문이다. 선을 쌓지 않고서는 이름을 날릴 수가 없으며 학업에 충실함으로써 도덕이 높아지는 것, 이 모두는 하나하나 쌓아 올림으로 말미암아 이루어지는 것이다. 『程傳·程頤』

나무는 하루만 성장하지 않아도 금방 마르고 병들어 버린다. 학문을 하는 자는 학업을 하루에 조금이라도 게을리 해서는 안 될 것이다. 『朱子語類·朱熹』

(䷭) 初六 : 允升, 大吉.

【주석註釋】

允升, 大吉 : '允'은 '應'·'當'·'宜'로서 '합당하다'·'마땅하다'·'이치에 맞다.' 등의 뜻이다.

이는 初六爻가 ≪升≫의 시작에 처하며 柔順한(온화하고 공순한) 성품으로 아래에 처하며 비록 六四爻와는 호응하지 않으나 九二爻·九三爻 두 개의 陽爻를 받들며 그들과 뜻을 함께 하니, 즉 상승할 수 있는 이치에 합당함으로써 '크게 길할 것이다.(大吉)'고 했다.

【번역飜譯】

初六爻 : 상승할 수 있는 이치에 합당함으로써 크게 길할 것이다.

〈象〉曰 : '允升大吉', 上合志也.

【번역飜譯】

〈象傳〉에 이르되 : '상승할 수 있는 이치에 합당함으로써 크게 길할 것이다.'고 한 것은 初六爻가 위로 두 개 陽爻의 뜻에 화합하여 받들며 순응하니 즉 상승할 조건을 갖추었다는 의미이다.

【해설解說】

본 爻는 陰柔로서 下卦 巽의 가장 아래에 처하며 위로 두 개 陽爻를 받들다가 다시 위로 올라가 보니 역시 坤卦의 柔順한 대지(地)가 있었다. 이는 상승하기에 좋은 시기가 확실함으로써 결국 '크게 길할 것이다.'고 했다.

初六爻는 巽卦의 주인으로 가장 아래에 처해있는 것이 나무의 뿌리와 같다. 나무의 뿌리는 대지의 기운을 얻어 생장함으로 그가 커 나아가는 것은 이치에 맞는(允) 일이다. 상승할 수 있는 까닭은 겸손하기(巽) 때문이다. 겸손할 수 있는 까닭은 시작에 처해있기 때문이다. '크게 길한 것'으로서 어떤 것이 이와 같을 수 있으리오! 『折中‧何楷』

(䷭) 九二 : 孚乃利用禴, 无咎.

【주석註釋】

孚乃利用禴, 无咎 : 이는 九二爻가 '升'의 시점에 당면해, 剛中의 덕을 가진 성품으로 六五爻와 호응하는 것이, 마음에 신의와 정성을 품고 존자에게 신임을 받고 있는 것과 같음으로써, 비록 소박한 제물이라고 할지라도 또한 신에게 헌향함으로써 복을 얻을 象이라는 의미이다. 이렇게 '상승(升)'을 하면 반드시 원하는 바를 이룰 수 있음으로 '재난에 이르지 않을 것이다.(无咎)'고 했다.

九二爻는 六五爻와 호응하며 六五爻까지 올라가서 반드시 신임을 얻는 까닭에 '마음속에 신의와 정성을 품고 있다.(孚)'고 했다. 九二爻의 체질은 剛德하며 中道를 실천하며 나아가 총애를 구하지 않으나 뜻은 大業에 두고 있다. 마음을 쓰는 것이 이와 같으니 간소하게 神明께 헌향한다고 할지라도 재난에 이르지 않을 것이기 때문에 '마음속에 신의와 정성을 품고 있다면 春祭로 하여금 소박하게 한다고 할지라도 또한 신령께 헌향하는 데에서 이로움을 얻을 것이며 재난에 이르지 않을 것이다.(孚乃利用禴, 无咎.)'고 했다. 『正義』

【번역翻譯】

九二爻 : 오로지 마음속에 신의와 정성을 품고 있다면 설령 禴祭를 올리는 바가 소박하다고 할지라도 또한 신령께 헌향하는 데에서 이로움을 얻을 것이며 재난에 이르지 않을 것이다.

〈象〉曰 : 九二之孚, 有喜也.

【번역翻譯】

〈象傳〉에 이르되 : 九二爻의 신의와 정성을 갖춘 아름다운 미덕은 장차 반드시 경사로운 일을 가져 올 것이다.

【해설解說】

≪萃≫의 六二爻와 ≪升≫의 九二爻는 모두 '孚乃利用禴'을 이용해서 비유했다. 양자는 비록 爻의 성격이 陰과 陽으로 같지는 않으나 전자는 柔中으로 존자에게 끌어당겨졌으며 후자는 剛中으로 높은 지위에까지 상승할 수 있었으니, 그들의 기본 처세술은 '마음속에 신의와 정성을 품고 있는 것이었다.(孚信)'

≪萃≫의 六二爻는 中虛의 도를 지키면서 '마음속에 신의와 정성을 품고(孚)' 九五爻와 호응했다. ≪升≫의 九二爻는 中實의 도를 지키면서 '마음속에 신의와 정성을 품고' 六五爻와 호응했다. 이 두 개의 爻는 비록 虛(陰)·實(陽)의 차이점은 있으나 '마음속에 신의와 정성을 품고 있다.'는 것은 같다. '마음속에 신의와 정성을 품고 있다면' 설령 '禴祭를 올리는 바가 소박하다고 할지라도' 또한 '이로움을 얻을 것이다.(利)' 따라서 두 개의 爻 모두가 '孚乃利用禴'이라고 했다. 『折中·張清子』

「象傳」의 '剛中而應'이 바로 本 爻를 가리킨 것이다.

(䷭) 九三 : 升虛邑.

【주석註釋】

升虛邑 : '虛'는 '텅 비었다.(空)'는 뜻이다.

　　이는 九三爻가 下卦의 위에 처하며 陽剛의 성품으로 正位를 얻어 上六爻에 호응하며 장차 上卦 坤에 이르게 될 것이라는 의미이다. 坤陰은 虛인 까닭에 '텅 빈 도성으로 진입한다.(升虛邑)'는 것에 비유했다. 이는 상승의 시기에 어떠한 험난함(막힘)도 없이 순조롭게 진행될 것이라는 의미이다.

【번역翻譯】

九三爻 : 상승하는 바가 순조로운 것이 텅 빈 도성으로 곧장 진입하는 것과 같다.

〈象〉曰 : '升虛邑', 无所疑也.

【번역翻譯】

〈象傳〉에 이르되 : '상승하는 바가 순조로운 것이 텅 빈 도성으로 곧장 진입하는 것과 같다.'고 한 것은 九三爻가 이때 상승하는 것은 의심할 나위가 없다는 의미이다.

【해설解說】

　　九三爻는 陽剛의 재질로 정도를 실천하며 겸손하니 위에서도 모두 그에게 순응하며 거듭 호응을 보낸다. 이러한 까닭으로 상승하는 것이 사람이 살지 않는 텅 빈 도성에 누구의 저지도 받지 않고 곧장 진입하는 것과 같은 바이로다! 『程傳·程頤』

　　爻辭에서 왜 '길할 것이다.'는 말을 하지 않았는가? 이에 대해 蘇軾은 다음과 같은 견해를 밝혔다.

　　陽位에 陽爻를 사용했음으로 그가 '상승(升)'하는 것은 당연한 결과이다. 따라서 '升虛邑, 无所疑也.'라고 했다. 『折中·蘇軾』

(䷭) 六四 : 王用亨于岐山, 吉, 无咎.

【주석註釋】

王用亨于岐山, 吉, 无咎 : '王'은 '商王'을 뜻한다. '亨'은 '享', 즉 '제사'와 통한다. '岐山'은 지금의 陝西省 岐山縣의 동북쪽에 있는 산이다. 周民族 古公亶父가 부락민을 이끌고 豳으로부터 岐山 아래 周原으로 이주하여 城을 쌓고 도읍을 만들었다.

이 세 구절은 商王이 岐山으로 와서 제단을 만드니 주 민족이 순응하며 복종하며 열심히 상왕을 섬겼다는 일에 비유한 내용이다. 즉 六四爻가 ≪升≫ 上卦의 아래에 처하며 柔順의 성품으로 正位에 처하며 신하의 직위를 잘 지켜 나아감으로써 '길할 것이며 반드시 재난이 없을 것이다.(吉, 无咎.)'고 했다.

六四爻의 상승(승진), 그의 상승은 순응하기 때문이다. 위로는 군왕에게 순응하고 아래로는 백성에게 순응하니 순응이 지극한 바이다. 그로 하여금 제사를 주관하게 하니 百神이 제사를 받았다. 『重定費氏學 · 朱軾』

【번역飜譯】

六四爻 : 군왕이 岐山으로 와서 신령들에게 제사를 드리니 길할 것이며 반드시 재난이 없을 것이다.

〈象〉曰 : '王用亨于岐山', 順事也.

【주석註釋】

順事 :

사물의 情에 순응하는 것이 功을 세우고 사업을 일으키는 것이다. 『正義』

【번역飜譯】

〈象傳〉에 이르되 : '군왕이 歧山으로 와서 신령들에게 제사를 드린다.'고 한 것은 六四爻가 군왕에게 순응하며 공을 세우고 사업을 일으키고 있다는 의미이다.

【해설解說】

　　이 구절은 商王 帝乙과 西伯 王季의 고사를 이용하여, 六五爻는 六四爻가 순응의 미덕을 가지고 있는 것을 알자 그로 하여금 제사를 주관하게 한 까닭에 '길할 것이다.'·'반드시 재난이 없을 것이다.'고 했다. 『重定費氏學·馬其昶』

　　이 구절은 文王이 商王에게 복종해서 열심히 섬긴 것을 뜻한 것이다. '王'이란? 商의 紂王을 뜻한다. 『尚氏學』

(䷭) 六五 : 貞吉, 升階.

【주석註釋】

貞吉, 升階 : '升階'란? '계단을 따라 올라간다.'는 뜻이다.
　　이는 六五爻가 '升'의 시점에 당면해, 柔한 성품으로 中道를 실천하며 존위에 처하며 아래 九二爻와 호응하는 것이, 아래 어진신하를 임용하며 스스로 전권을 휘두르지 않는 것과 같다는 의미이다. 따라서 '정도를 굳건히 지켜 나아가면 길할 것이다.(貞吉)'고 했다. 계급을 따라 오르다 존위에 이른 象이다.

【번역飜譯】

六五爻 : 정도를 굳건히 지켜 나아가면 길할 것이라고 한 것은 곧 계급을 따라 일 보 일 보 상승(승진)하는 바에 비유한 것이다.

〈象〉曰 : '貞吉升階', 大得志也.

【번역飜譯】

〈象傳〉에 이르되 : '정도를 굳건히 지켜 나아가면 길할 것이라고 한 것은 곧 계급을 따라 일 보 일 보 상승(승진)하는 바에 비유한 것이다.'고 한 것은 六五爻가 상승(승진)하고자 하는 뜻을 크게 성취시킬 것이라는 의미이다.

【해설解說】

六五 陰爻는 柔한 성품으로 中位에 처하며 시기에 순응하여 상승(승진)한 자이니, 그 형세가 계급(계단)을 따라 오르다가 결국 尊位를 얻는 자와 같다는 의미이다.

'君'의 象을 취하지 않았으며, 臣位가 극에 이른 것은 ≪晉≫・≪漸≫의 五爻와 같다. 『折中』

(䷭) 上六 : 冥升, 利于不息之貞.

【주석註釋】

冥升, 利于不息之貞 : 이는 上六爻가 陰으로서 ≪升≫의 마지막에 처하며 坤陰의 극한 곳에 처하며 어리석음이 지극히 심하나 오히려 끝없이 상승하고자 하는 象이라는 의미이다. 따라서 '정도를 굳건히 지켜 나아가는' 것을 쉬지 않고 노력해야 할 것이며 경망스럽게 행동하지 말아야 할 것이며 혹시라도 제 멋대로 사물의 주인노릇을 해서도 안 될 것이라는 의미이다.

≪升≫의 극한 곳에 처하면서도 나아가는 것을 쉬지 않고 하는 자이다. 나아가기만 하고 쉬지 않는 까닭에 비록 어리석다고는 할 수 있으나 오히려 상승은 하게 될 것이다. 따라서 쉬지 않고 정도를 시행한다면 괜찮을 것이나 사물의 주인이 되어 영향력을

미친다면 재난을 만날 것이다. 『王注』

【번역飜譯】

上六爻 : 어리석음이 지극히 심하나 오히려 계속해서 상승하고자 하니 쉬지 않고 정도를 굳건히 지켜 나아가는 데에서 이로움을 얻을 것이다.

〈象〉冥升在上, 消不富也.

【번역飜譯】

〈象傳〉에 이르되 : 어리석음이 지극히 심하나 오히려 계속해서 상승하고자 하며 지극히 높은 곳에 처해 있는 것은 上六爻의 발전추세는 반드시 장차 쇠퇴할 것이며 왕성할 수가 없다는 의미이다.

【해설解說】

上六爻는 '상승(升)'이 극에 달해 반드시 돌아오게 되는 시점에 처했으니 본래는 흉한 象이다. 그러나 爻辭에서 오히려 '쉬지 않고 정도를 굳건히 지켜 나아가는 데에서 이로움을 얻을 것이다.'고 한 것은 경계하고 격려하는 의미이다. 즉 선한 쪽으로 옮겨가는 대문을 열어 준 것이다.

【升】 요점 · 관점

≪升≫은 사물이 순조로운 추세로 상승하는 것과 작은 것을 모아 크게 하는 이치를 천명한 내용이다.

卦辭가 '升'의 시점에서 지극히 형통할 것이라고 찬양한 것은 '剛中'의 미덕을 갖춘 大人을 뵙는 데에서 이로움(올바른 이치)을 얻을 것이라는 바를 강조하기 위해서이다. 즉 순조롭게 아무 근심 없이 상승할 수 있다는 것과 밝은 곳을 향해 나아가면 반드시 길할 것이라는 의미이다.

卦 가운데 六爻는 순조로운 추세로 상승을 추구하는 이치를 집중적으로 반영하고 있다. 初六爻는 유순하게 위로 두 개의 陽爻를 받드니 즉 陰陽이 뜻을 화합하게 되어 당연히 상승하였다. 九二爻는 剛中의 성품으로 柔中에 순응하며 마음속에 신의와 정성을 품고 있었으니 반드시 상승할 수 있었다. 九三爻는 陽剛의 성품으로 겸손함으로써 어떠한 험난함(막힘)도 없이 상승하는 바가 순조로운 것이 인적이 없는 텅 빈 도성에 진입하는 것과도 같이 수월하였다. 六四爻는 柔正의 성품으로 존자에 순응하니 장차 상승하여 길할 것이라고 했다. 六五爻는 柔中의 성품으로 九二爻에 호응하니 그의 상승세는 마치 계단을 밟고 똑바로 올라가는 것과 같았다. 오로지 上六爻만이 어리석고 우둔하여 상승을 하는 것과 같아 보이나 그 기세는 곧장 쇠퇴해질 것이니 정도를 굳건히 지켜 나아가면서 경거망동하지 말 것을 경고했다.

본 卦는 '순응하는 성품(順性)'으로 상승(승진)하는 데에 중점을 두었고 '자연의 규율'을 존중하며 따라야 할 것이라는 것을 집중적으로 표현했다.

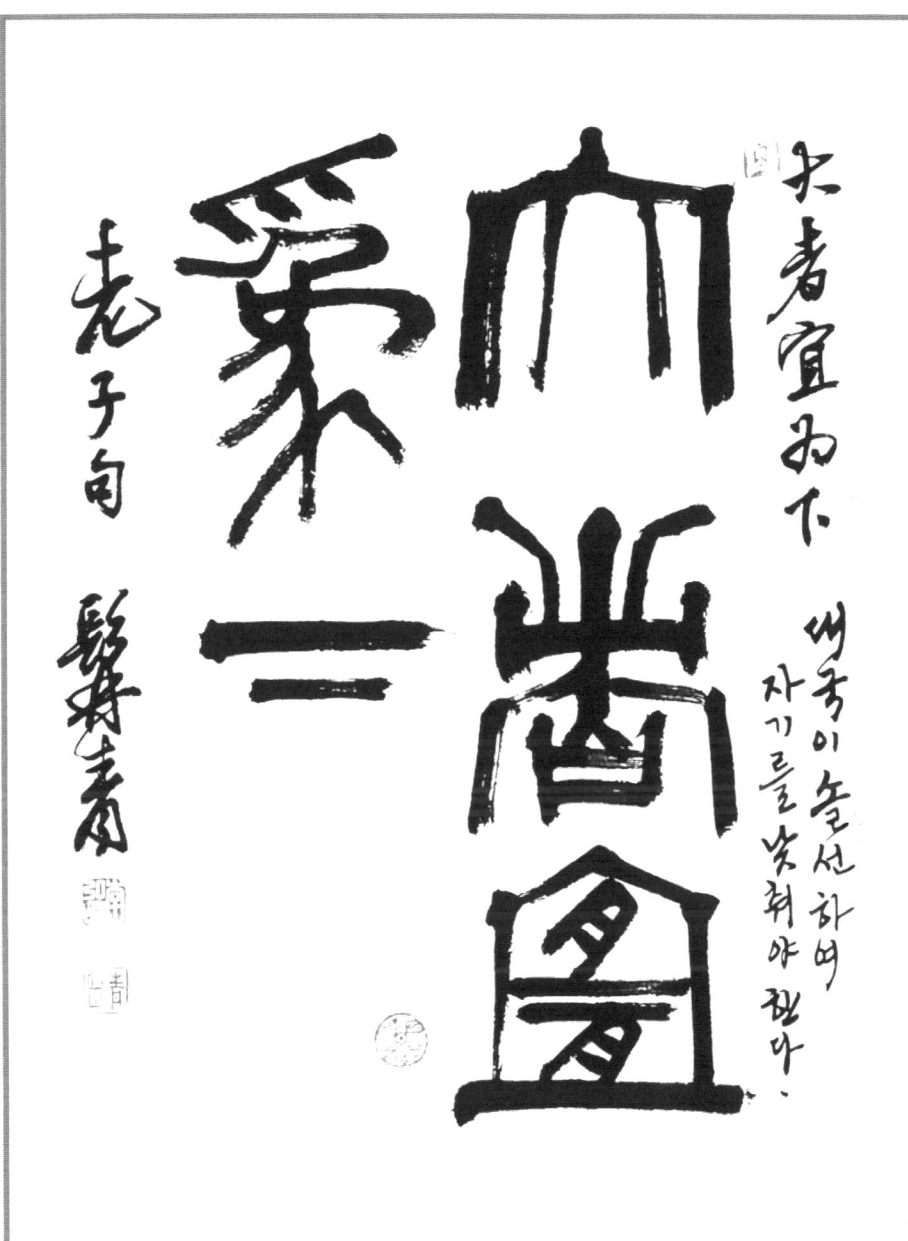

卷七

47. ䷮ 兌上坎下 《困》：致命遂志

48. ䷯ 坎上巽下 《井》：勞民勸相

49. ䷰ 兌上離下 《革》：治歷明時

50. ䷱ 離上巽下 《鼎》：正位凝命

51. ䷲ 震上震下 《震》：恐懼脩省

52. ䷳ 艮上艮下 《艮》：思不出其位

53. ䷴ 巽上艮下 《漸》：居賢德善俗

54. ䷵ 震上兌下 《歸妹》：永終知敝

47. 困卦의 立體文型圖
   곤괘   입체문형도

(☱☵) 《困》: 困. 亨. 貞, 大人吉, 无咎. 有言不信.
         곤   곤 형 정 대인길 무구 유언불신

〈彖〉曰: 困, 剛揜也. 險以說, 困而不失其所亨, 其唯君子乎!'貞, 大人吉,'
단 왈   곤 강엄야   험이열   곤이불실기소형   기유군자호   정 대인길

以剛中也.'有言不信', 尙口乃窮也.
이강중야   유언불신   상구내궁야

〈象〉曰: 澤无水, 困. 君子以致命遂志.
상 왈   택무수 곤   군자이치명수지

• • •

(− −) 上六: 困于葛藟, 于臲卼. 曰動悔有悔, 征吉.
       상육 곤우갈류   우얼올   왈동회유회 정길

〈象〉曰:'困于葛藟', 未當也.'動悔有悔', 吉行也.
상 왈   곤우갈류   미당야   동회유회   길행야

(—) 九五: 劓刖, 困于赤紱. 乃徐有說, 利用祭祀.
      구오 의월 곤우적불   내서유탈 이용제사

〈象〉曰:'劓刖', 志未得也.'乃徐有說', 以中直也.'利用祭祀', 受福也.
상 왈   의월 지미득야   내서유탈   이중직야   이용제사   수복야

(—) 九四: 來徐徐, 困于金車, 吝, 有終.
      구사 내서서   곤우금거   인 유종

〈象〉曰:'來徐徐', 志在下也. 雖不當位, 有與也.
상 왈   내서서   지재하야   수부당위 유여야

(− −) 六三: 困于石, 據于蒺藜. 入于其宮, 不見其妻, 凶.
       육삼 곤우석   거우질려   입우기궁   불견기처 흉

〈象〉曰:'據于蒺藜', 乘剛也.'入于其宮, 不見其妻.' 不祥也
상 왈   거우질려   승강야   입우기궁 불견기처   불상야

(—) 九二: 困于酒食, 朱紱方來, 利用享祀. 征凶, 无咎.
      구이 곤우주식   주불방래   이용향사   정흉 무구

〈象〉曰:'困于酒食', 中有慶也.
상 왈   곤우주식   중유경야

(− −) 初六: 臀困于株木, 入于幽谷, 三歲不覿.
       초육 둔곤우주목   입우유곡   삼세부적

〈象〉曰:'入于幽谷', 幽不明也.
상 왈   입우유곡   유불명야

47 困卦

(䷮)≪困≫·錯(䷓)≪賁≫·綜(䷯)≪井≫·互(䷤)≪家人≫

(䷮)≪困≫: 困. 亨. 貞, 大人吉, 无咎. 有言不信.

【주석註釋】

䷮ : 卦象이다. 下卦 ☵ 坎卦(水·險)와 上卦 ☱ 兌卦(澤·悅)로 구성되었다. 물이 연못의 바닥 아래로 내려가 있는, 즉 연못에 물이 없는 자연현상과 이치를 빌려와서 '곤궁한' 현상과 이치를 상징했다.

困 : 卦名이다. '곤궁하다'는 것을 상징한다.

   '困'이란? '고생스러워서 힘이 빠진 상태'를 뜻한다. 즉 길도 막히고 힘도 다 빠져 스스로 헤쳐 나올 수 없음으로 '困'이라고 했다. 『正義』

亨 : 이는 '군자'가 곤궁한 상황에 처했으나 스스로 헤쳐 나올 수 있다면 반드시 형통할 것이라는 의미이다.

   곤궁에 처하면 반드시 통함을 모색하게 될 것이다. 곤궁에 처했으나 스스로 통함을 모색하지 않는 자는 소인이다. 『王注』

貞, 大人吉, 无咎 : 이는 앞 문장 '형통할 것이다.(亨)'는 의미를 밝힌 것이다. 즉 '困'의 시점에 당면하여, 오로지 정도를 굳건히 지켜 나아가는 '大人' 만이 비로소 길할 수 있을 것이며 재난에 이르지 않을 것이라는 의미를 설명한 내용이다. 卦 가운데 九二

爻 · 九五爻는 陽剛의 성품으로 中位에 처함으로 '大人'의 象을 구비하고 있다.

　　곤궁에 처했으나 스스로 통함을 모색하는 자는 반드시 정도를 굳건히 실천하는 大人이다. 곤궁을 헤쳐 나온 후라야 만이 길할 수 있을 것이며 재난에 이르지 않을 것이다. 『正義』

有言不信 : 이 구절 또한 '곤궁'에 처했을 때 말을 많이 한다면 반드시 사람들로부터 신임을 얻지 못할 것이라는 의미이다. 따라서 '곤궁'에 처했을 때는 응당히 자신의 덕성을 수양하는 데에 보다 많은 노력을 기우려야 할 것이며 말은 적게 하는 것이 좋을 것이다.

【번역翻譯】

≪困≫ : 困卦는 곤궁함을 상징한다. 노력하여 스스로 헤쳐 나온다면 반드시 형통할 것이다. 응당히 정도를 굳건히 지켜 나아가야 할 것이며 대인은 길할 것이며 재난에 이르지 않을 것이다. 이 시점에서 말을 많이 한다면 반드시 사람들로부터 신임을 얻지 못할 것이다.

〈彖〉曰 : 困, 剛揜也. 險以說, 困而不失其所亨, 其唯君子乎! '貞, 大人吉.' 以剛中也. '有言不信', 尙口乃窮也.

【주석註釋】

剛揜也 : '揜'은 '가리다'는 뜻이다. 이는 卦名 '困'을 해석한 내용으로, '곤궁'이란? 陽剛이 가리어짐으로 인해 신장 · 발전할 수 없게 된 바를 의미한다는 것이다. 卦 가운데 下卦 坎卦는 陽이고 上卦 兌卦는 陰이니, 陽이 陰 아래에 있는 것이 곧 '剛이 가리어진(剛揜)' 象이다.

이는 두 개의 몸체로 卦名을 해석한 내용이다. 兌卦 陰卦는 柔한 성품이며 坎卦 陽卦는 剛한 성품이다. 坎卦가 兌卦 아래에 있는 것이 곧 剛이 柔에게 가리어졌다는 것이다. 剛은 마땅히 위를 향해 나아가야 하나 지금은 柔에 의해 가리어진 채 다른 자에게 그를 전달하고 있다. 그것은 군자가 소인에게 가리어져 곤궁에 처해 있는 것과 같은 의미이다. 『正義』

九二爻·九五爻는 陰이 가리고 있다. 『集解·荀爽』

九二爻는 두 개의 陰爻가 가리고 있고 九四爻와 九五爻는 上六爻가 가리고 있다. 『本義』

險以說, 困而不失其所亨, 其唯君子乎 : '險'은 '험난하다'는 뜻으로 下卦 坎을 뜻한다. '說'은 '기쁘다(悅)'는 뜻으로 上卦 兌를 뜻한다.

이는 下卦·上卦의 卦象으로 卦辭 '亨'의 의미를 해석한 내용이다. '군자'는 곤궁함, 즉 비록 '험난한' 경지에 있다고 할지라도 개의치 않고 헤쳐 나올 것을 모색하는 까닭에 스스로 헤쳐 나올 수 있으니 '형통할 것이다.(亨)'고 했다.

험난함에 처해있다고 할지라도 낙관적인(說) 생각을 바꾸지 않고 있으니, 곤궁하다고 할지라도 그가 형통하는 이치는 상실되지 않고 있다. 『王注』

以剛中也 : 이는 九二爻와 九五爻가 陽剛의 성품으로 中位에 처한 象을 사용하여 卦辭 '貞, 大人吉, 无咎.'를 해석한 내용이다.

곤궁하나 정도를 굳건히 지켜 나아갈 수 있는 것이 대인이 길할 수 있는 까닭이다. 대개 대인은 剛中의 도를 지켜 나아가는 자이니 九五爻와 九二爻가 그러하다. 剛中이 아니라면 곤궁에 처했을 때 정도를 굳건히 지켜 나아갈 수 없는 바이다. 『程傳』

尙口乃窮也 : 이는 卦辭 '有言不信'을 해석한 내용이다.

곤궁함에 처했을 때 통할 것을 모색하며 덕성을 수양하며 말을 하지 않는다면 곤궁함을 면할 수 있을 것이다. 단지 말하는 바를 숭상한다면 곤궁함에 더욱 빠져들게 되는 까닭에 '말을 숭상한다면 더욱 곤궁해 질 것이다.(尙口乃窮也)'고 했다. 『正義』

【번역翻譯】

〈彖傳〉에 이르되 : 곤궁하다는 것은 陽剛이 가리어져 신장·발전할 수 없다는 의미이다. 험난한 상황에 당면한다고 할지라도 마음속으로 기꺼이 받아들일 것이며, 이렇게 한다면 비록 곤궁한 상황에 처한다고 할지라도 역시 형통할 수 있는 앞길을 놓치지 않을 것이니, 이는 오로지 군자라야 만이 비로소 할 수 있을 것이로다! '정도를 굳건히 지켜 나아가야 할 것이며 대인은 길할 것이다.'고 한 것은 곤궁함에서 헤쳐 나와 형통할 수 있는 바는 응당히 陽剛中和의 미덕을 갖추어야 한다는 의미이다. '이 시점에서 말을 많이 한다면 반드시 사람들로부터 신임을 얻지 못할 것이다.'고 한 것은 말을 숭상한다면 이롭지 못할 뿐만 아니라 오히려 더욱 심한 곤경에 처할 것이라는 의미이다.

〈象〉曰 : 澤无水, 困. 君子以致命遂志.

【주석註釋】

澤无水, 困 : ≪困≫ 上卦인 兌는 '澤'이고 下卦인 坎은 '水'의 象이라는 것을 해석한 내용이다.

　　연못에 물이 없다는 것은 물이 연못의 바닥 아래에 있다는 뜻이다. 물이 연못의 바닥 아래에 있는 것이 곧 곤궁한 象이다. 『王注』

致命遂志 : '致命'은 '생명을 버린다.'는 의미이다. '遂'는 '이루다'·'성취하다', 즉 '실현하다'는 뜻이다.

　　이는 군자가 ≪困≫의 象을 관찰해 본 후, '困'의 시점에 당면했을 때는 차라리 생명은 버릴지라도 높은 뜻을 실현시키고자 하는 의지는 견지해야 한다는 것을 깨달았다는 의미이다.

'君子'란? 도를 지키다가 죽는 자이니, 비록 곤궁한 세태를 만났다고 할지라도 생명이 다해 죽을 때까지 반드시 그 높은 뜻을 이루기 위해서는 흔들리지 말아야 할 것이다. 따라서 차라리 생명을 버릴지라도 숭고한 뜻을 실현시켜야 할 것이다.(致命遂志)'고 했다. 『正義』

【번역飜譯】

〈象傳〉에 이르되 : 연못에 물이 없다는 것은 곤궁함을 상징한 것이다. 군자는 이를 본받아, 곤궁한 시점에 당면해서는 차라리 생명을 버릴지라도 숭고한 뜻을 실현시켜야 할 것이다.

【해설解說】

「大象傳」에서 말한 '致命遂志'란? 사실상 '군자'의 氣節은 '곤궁함'을 '형통함'의 이치로 이끌어 내는 것이라는 뜻을 찬양한 내용이다.

환난이 닥쳤을 때 옳고 그른 것은 논할지라도 이득과 손해는 논하지 말 것이며 가볍고 심각한 것은 논할지라도 죽고 사는 것은 논하지 말아야 할 것이다. 목숨을 죽이면서까지 仁을 성취시키고 생명을 버리면서까지 義를 실현시키기 위해 노력을 하다보면 다행히 이 목숨이 보전되기도 할 것이고 이름이 남게 되기도 할 것이다. 불행하게 이 목숨이 죽는다고 할지라도 이름은 썩지 않을 것이다. 어찌 몸이 '곤궁하지' 않고서야 뜻이 '형통할' 수 있을 것인가? 목숨을 보전하면서 이름을 날린 자는 순박한 張良과 절개 높은 蘇軾이었다. 목숨을 죽이고 이름을 남긴 자는 比干·文天祥·陸秀夫·張世傑이었다. 『來氏易注·來知德』

(䷮) 初六 : 臀困于株木, 入于幽谷, 三歲不覿.

【주석註釋】

臀困于株木 : '株'는 '나무의 줄기'를 뜻한다. '株木'은 '가지와 잎이 없는 나무'를 뜻한다.

이는 初六爻가 곤궁함의 시작에 처하며 柔弱한 성품으로 험난함의 가장 낮은 곳에 처함으로써 스스로 곤궁한 경지로부터 벗어날 수 없음으로 九四爻가 그를 도와주고 보호해 주어야 할 것이나 九四爻 역시 不中不正으로 자신 역시 陰의 가리움(揜蔽)을 받고 있는데 어떻게 初六爻를 지원하여 곤궁함을 헤쳐 나올 수 있도록 도와 줄 수가 있겠는가? 즉 初六爻는 비록 九四爻와 서로 호응은 할지라도 九四爻는 正位를 상실한 자로서 역시 곤궁에 처해 있으며, 이미 또한 앞에는 坎卦의 험난함에 직면해 있는 까닭에 곤궁함에서 스스로 빠져 나오지 못하고 있는 것이, 궁둥이가 가지와 잎이 없는 나무 아래에 빠져서 괴로워하고 있는 것과 같이 거처가 편안하지 않다는 의미다.

가장 낮은 곳에 처하며 비천하고 고통스러운 곳에 가라앉아 있으니 처소가 편안하지 않는 까닭에 '궁둥이가 가지와 잎이 없는 나무 아래에 빠져서 고통스러워하고 있듯이 편안하지 않을 것이다.(臀困于株木)'고 했다. 『王注』

入于幽谷, 三歲不覿 : '三歲'란? '여러 해'를 뜻한다. '覿'이란? '만나다'·'노출하다'는 뜻이다.

이 두 구절은 앞 문장의 의미를 발전시켜, 初六爻가 앞으로 나아가 보나 이미 호응해 주는 자가 없음으로 조용히 있어 보지만 역시 편안하지도 않으니, 오로지 '으늑하고 깊숙한 골짜기'로 들어가 여러 해 동안 숨어 살면서 곤궁한 상황이 해소되기를 기다려야만 할 것이라는 의미이다.

앞으로 나아가도 구제될 수 없으니 반드시 은둔자가 되어야 할 것이다. 따라서 '으늑하고 깊숙한 골짜기로 들어가야 할 것이다.(入于幽谷)'고 했다. 곤궁함에 처한 도는 몇 해를 넘기지 못할 것이니, 비록 곤궁함으로 인해 은둔해서 살지라도 곤궁함이 해결되면 세상에 나올 것이기 때문에 '여러 해 동안 얼굴을 노출시키지 않아야 할 것이다.(三歲不覿)'고 했다. 『王注』

【번역飜譯】

初六爻 : 궁둥이가 가지와 잎이 없는 나무 아래에 빠져서 괴로워 하듯이 편안하지 않을 것이며 오로지 으늑하고 깊숙한 골짜기로 들어가 여러 해 동안 얼굴을 노출시키

지 않아야 할 것이다.

〈象〉曰:'入于幽谷', 幽不明也.

【주석註釋】

幽不明 :

'밝지 않는 곳(不明)'에 들어간다는 것은 스스로 숨는다는 의미이다.『王注』

【번역飜譯】

〈象傳〉에 이르되 : '오로지 으늑하고 깊숙한 골짜기로 들어간다.'고 한 것은 初六爻가 일시적으로 어둡고 밝지 않는 곳에서 몸을 숨기고 있어야 할 것이라는 의미이다.

【해설解說】

初六爻는 陰柔로서 나약하며 위치도 낮으며 또한 陽剛의 기질도 결핍된 까닭에 상당히 곤궁한 곳에 앉아 있으나 스스로 빠져 나올 수가 없는 象이다.

(䷮) 九二 : 困于酒食, 朱紱方來, 利用享祀. 征凶, 无咎.

【주석註釋】

困于酒食, 朱紱方來, 利用享祀 : '紱'에 대해서는 '고대 祭服의 장식용 허리띠'라는 주장과 '祭服'이라는 두 가지 주장이 있다. '朱紱'은 '무릎을 가리는 하의(치마)'로 '亞'字 모양이며 천자가 上大夫에게 내리는 복장으로써 '높은 관직' 혹은 '녹봉'에 비유한 것이다.

'朱紱'이란? '귀인이 종묘에 제사를 올리기 위해서 입는 옷'을 의미한다. '朱紱方來'란? 장차 '하사하는 명령을 받들 것이다.'는 의미이다. 『尚氏學』

이 세 구절은 九二爻가 '困'의 시점에 당면하여, 비록 '먹고사는 것(酒食)'이 궁핍하며 불우한 상황에 처해 있을지라도 剛中의 성품으로 자신을 잘 지켜 나아가면서 安貧樂道를 실천하는 까닭에 결국 귀인이 찾아와서 녹봉을 받게 할 뿐만 아니라 발탁하여 제사 大禮를 주재하는 요직을 담당하게 할 것이라는 내용을 설명한 것이다.

九二爻는 剛中의 덕으로 困의 시점에 당면하여, 곤궁함을 기꺼이 감내하며 中의 덕을 잘 지켜 나아감으로써 군왕에게 기용되었다. 따라서 '먹고사는 것은 궁핍할지라도 높은 관직이 장차 내려질 것이다.(困于酒食, 朱紱方來.)'는 象을 가졌다. 『來氏易注』

征凶, 无咎 : 이는 九二爻가 빈궁함에 안존하며 '困'한 가운데에서도 앞으로 나아가고자 하니 실로 어려움이 많을 것이라는 의미이다. 그러나 '剛中'의 미덕으로 곤궁함에서 빠져 나오고자 安危를 돌보지 않고 몸을 던지는 노력을 함으로써 '뜻을 성취시킬 것이다.' 따라서 결국 '재난은 없을 것이다.(无咎)'고 했다.

【번역飜譯】

九二爻 : 먹고사는 것은 궁핍할지라도 높은 관직이 장차 내려질 것이며 종묘 제사(享祀)의 大禮를 주재하는 데에서 이로움을 얻을 것이다. 이 시점에서 앞으로 나아가면 비록 많은 흉함은 있다고 할지라도 재난은 없을 것이다.

〈象〉曰 : '困于酒食', 中有慶也.

【번역飜譯】

〈象傳〉에 이르되 : '먹고사는 것은 궁핍하다.'고 한 것은 九二爻가 오로지 中道를 지켜 나아감으로써 복되고 경사로운 일을 만날 것이라는 의미이다.

【해설解說】

본 爻의 요지는 '군자는 몸이 고달프다고 할지라도 도를 지켜 나아감으로써 형통할 것이다.'는 의미이다.

> 이는 곧 孔明의 일이다. '困酒食'이란? 孔明이 南陽에서 쉬고 있을 때를 뜻한다. '朱紱方來'란? 劉備가 孔明을 세 번 찾아간 것(三顧)을 뜻한다. '利用享祀'란? 초빙에 응한다는 의미이다. '征凶'이란? 죽은 이후에는 끝이라는 의미이다. '无咎'란? 군신간의 의리는 변하지 않을 것이라는 의미이다. 『來氏易注·來知德·史蹟印證辭義』

(☱☵) 六三 : 困于石, 據于蒺藜. 入于其宮, 不見其妻, 凶.

【주석註釋】

困于石, 據于蒺藜. 入于其宮, 不見其妻, 凶 : '石'은 九四爻에 비유한 것이다. '蒺藜'는 일년 생 식물로 열매에 가시가 있으며, 九二爻에 비유한 것이다. '宮'은 '居室'을 뜻한다. '見其妻'란? '그 아내를 만난다.'는 뜻이다.

이는 六三爻가 陰柔로 正位를 상실했으며 陰으로 陽位에 처하며 '剛武'의 뜻을 지니고 있는 까닭에 호응해 주는 자가 없자 九四爻 이웃에게 접근하여 배우자가 되기를 간청하나 九四爻는 이미 初六爻에 호응한 상태이니, 六三爻는 돌 아래 깔려있거나 돌이 너무 단단해서 진입할 수 없는 곤궁함에 처해 있는 것과 같다는 의미와 함께 또한 九二爻를 올라타고 九二爻에게 배필이 되어줄 것을 청하나 九二爻는 剛强하여 억눌리지 않으니, 즉 六三爻가 蒺藜 위에 발을 잘못 놓아 가시로 인해 발을 디딜 수 없는 것과 같다는 의미이다. 이와 같이 지극히 곤궁한 시점에 당면했으니, 六三爻는 비록 그의 집으로 물러나 처할지라도 不正한 몸에 호응하는 자가 없음으로써 오로지 우울하게 혼자 있을 뿐이다. 따라서 '그의 아내를 찾아볼 수 없을 것이다.(不見其妻)'고 했다. 爻義는 곤궁함에 처하고 正道도 상실해 버렸으니 반드시 흉할 것이라는 것에 중점을 두었다.

돌이라는 물건은 견고하여 들어갈 수 없으니, 이를 九四爻에 비유했다. 六三爻는 陰으로 陽位에 처하며 뜻을 武에 두고 있는 자이다. 九四爻는 스스로 初六爻를 받아들이고 六三爻는 받아들이지 않는다. 九二爻는 억눌리지 않는 剛한 성품이니 이길 수도 없다. 六三爻는 위로는 돌을 가까이함으로써 괴롭고 아래로는 蒺藜를 밟고 있다. 호응하여 진입할 수 없는데 어찌 배필을 만날 수 있겠는가? 곤궁함에 처한 것이 이와 같으니 그가 흉한 것은 당연한 이치이다. 『王注』

【번역翻譯】

六三爻 : 큰 돌 아래 눌려 곤궁할 뿐만 아니라 蒺藜 위에 의지해 있다.(가시가 많아 밟고 있기가 힘들다.) 설령 자신의 집으로 돌아간다고 할지라도 역시 그의 아내를 찾아 볼 수 없으니 흉할 것이다.

〈象〉曰 : '據于蒺藜', 乘剛也. '入于其宮, 不見其妻.' 不祥也.

【번역翻譯】

〈象傳〉에 이르되 : '蒺藜 위에 의지해 있다.(가시가 많아 밟고 있기가 힘들다.)'고 한 것은 六三爻가 陰柔로 剛强 위에 올라타서 업신여기고 있다는 의미이다. '설령 자신의 집으로 돌아간다고 할지라도 역시 그의 아내를 찾아 볼 수 없을 것이다.'고 한 것은 불길한 현상을 의미한다.

【해설解說】

　　六三爻의 흉함은 正位를 상실하고 호응하는 자 없는 것에서 말미암은 것이다.

　　곤궁한 곳이 아닌 곳에서 곤궁하다는 것은 이름이 반드시 수치를 당한다는 의미이다. 의지할 곳이 아닌 곳에서 의지한다는 것은 몸이 반드시 위험에 처한다는 의미이다. 이미 수치를 당했고 위험에 처했으니 죽음이 곧장 이르게 될 것인데 그가 아내를 볼 수가 있을 것인가? 『繫辭下傳』

(☱☵) 九四 : 來徐徐, 困于金車, 吝, 有終.

【주석註釋】

來徐徐, 困于金車, 吝, 有終 : '來'는 九四爻가 初六爻에게로 와서 호응한다는 것을 뜻한다. '徐徐'는 '의심으로 망설이면서 천천히 행동하는 현상'을 뜻한다. '金車'란? 九二爻에 비유한 것이다.

이는 九四爻가 陽剛의 성품으로 上卦의 시작에 처하며 下卦 初六爻에게로 와서 호응하고자 하나 자신은 正位를 상실한 처지이며 앞길에 九二爻가 막고 있는 것이, '황금으로 장식한 한 량(輛 - 수레를 세는 수사)의 수레에 의해 저지당하고 있는(困于金車)' 상황과 같음으로 의심으로 망설이면서 천천히 행동한다고 했다. 또한 初六爻와 九四爻는 바르게 호응하는 관계이기 때문에 九四爻가 비록 어려움을 당해 빨리 올 수 없는 것이 유감이기는 할지라도 겸손하고 조심스럽게 행동함으로써 결국에는 감응하여 화합할 때가 있을 것이니, 비록 '애석함(吝)'은 있을지언정 결국에는 '감응하여 회합할 것이다.(有終)'고 했다.

'金車'란? 九二爻를 뜻한다. 九二爻는 剛함으로 태울 수 있는 자이다. 따라서 그를 '金車'라고 했다. '徐徐'란? 의심을 품고 두려워한다는 뜻이다. 즉 뜻이 初六爻에 있으나 九二爻가 막고 있으며 일을 하고자 할지라도 正位가 아니니 위엄있는 명령이라고 한들 실행될 수가 없다. 그렇다고 그를 포기할 수도 없으며 가고자 하나 九二爻를 조심해야 함으로 '의심으로 망설이면서 천천히 나아가 보지만 황금으로 장식한 한 량의 수레에 의해 저지당할 것이다.(來徐徐, 困于金車.)'고 했다. 호응할 자가 있지마는 그에게로 건너갈 수 없음으로 '애석하다(吝)'고 했다. 그러나 陽으로 陰位에 처함으로 겸손의 도를 실천하며 최선을 다하면서 九二爻와 다투지 않을 것이며, 비록 正位에 처하지는 않았다고 할지라도 사물은 결국 그와 함께 할 것이니, '결국에는 배우자와 감응하여 회합할 것이다.(有終)'고 했다. 『王注』

【번역飜譯】

九四爻 : 의심으로 망설이면서 천천히 나아가 보지만 황금으로 장식한 한 량의 수레에 의해 저지당함으로써 애석할 것이나 결국 원하는 바와 같이 배우자와 감응하여 회합할 것이다.

〈象〉曰 : '來徐徐', 志在下也. 雖不當位, 有與也.

【주석註釋】

有與 : 이는 九四爻가 비록 正位에 처하지는 못했다고 할지라도 겸손한 까닭으로 '함께 할 동료를 얻을 것이다.' · '함께 할 수 있을 것이다.(有與)'고 한 의미이다.

【번역飜譯】

〈象傳〉에 이르되 : '의심으로 망설이면서 천천히 나아간다.'고 한 것은 九四爻의 마음이 아래에 있는 初六爻와 회합하는 데에 있다는 의미이다. 비록 정당한 위치에 처하지는 않았을지라도 겸손하고 조심스럽게 행동함으로써 반드시 원하는 바와 같이 함께 할 수 있을 것이다.

【해설解說】

본 爻는 正位를 상실한 까닭에 곤궁은 할지라도 결국에는 '원하는 바와 같이 배우자와 감응하여 회합할 것이다.(有終)'고 했다. 중요한 원인은 陰陽이 서로 호응함으로써 결국 서로 떨어질 수가 없다는 의미이다.

> 九二爻와 九五爻는 모두 剛한 성품이며 六三爻와 上六爻는 모두 柔한 성품이다. 오로지 初六爻와 九四爻 만이 剛柔가 서로 호응하는 까닭에 특별히 '함께 할 수 있을 것이다.(有與)'고 했다. 『周易集說 · 兪琰』

(䷮) 九五 : 劓刖, 困于赤紱. 乃徐有說, 利用祭祀.

【주석註釋】

劓刖, 困于赤紱 : '劓'는 '코를 베는 형벌'을 뜻한다. '刖'은 '발꿈치를 절단하는 형벌'을 뜻한다. '赤紱'이란? 고대 귀족들이 입는 祭服의 장식품이니 즉 九五爻가 '높고 존귀한 직위에 있다.'는 것에 비유한 것이다.

이는 九五爻가 陽으로 陽位에 처하며 행위가 굳세고 사나운 것이, 지나치게 형법을 시행하는 통치 하에서 대중은 배반하고 친족은 떠나가니 높고 귀한 존위가 곤궁함에 빠진 것과 같다는 뜻을 설명한 내용이다.

'劓'·'刖'은 작은 형벌이다. '困'의 시점에 당면해, 柔德을 숭상하지 않으며 剛한 성품으로 剛位에 처하니 비록 그가 작은 형벌을 시행한다고 할지라도 그는 大權을 상실하게 될 것이기 때문에 '劓刖'이라고 했다. '赤紱'은 천자가 입는 祭服의 장식품이다. 따라서 '困'이라고 한 것은 그 정권을 빼앗겼다는 의미이다. 오로지 제사만 지낼 수 있다는 것은 『春秋傳』에서 말한 '정치는 寧氏로부터 나올지라도 제사는 과인이 거행할 것이로다.(政由寧氏, 祭則寡人.)'고 한 고사와 같은 것으로 '높고 귀한 존위가 곤궁에 빠졌다.(困于赤紱)는 의미이다. 『集解·崔憬』

'赤紱'과 '朱紱'에 대해서는 다음과 같은 설도 있다. 즉 九二爻의 '朱紱'을 하사받은 上大夫 보다 낮은 계급의 下大夫에게 천자가 하사하는 '祭服'·'祭服의 장식용 허리띠'이다.

乃徐有說, 利用祭祀 : '徐'는 '순차적으로 나아간다.'·'점진적으로 나아간다.'는 뜻이다. '說'은 '벗어나다(脫)'와 통한다.

이는 九五爻가 비록 '높고 귀한 존위에서 곤궁함에 빠져들었다.'고는 할지라도 剛中의 德을 지니고 있는 까닭에 지나치게 난폭한 행위를 고칠 수 있으니 점진적으로 곤궁한 경지로부터 벗어 날 수 있을 것이라는 의미이다. 이때는 응당히 여러 사람들과 神들로부터 광범위한 신임을 받아야 만이 비로소 그 '社稷'을 보전할 수 있음으로

'제사를 거행하는 데에서 이로움을 얻을 것이다.(利用祭祀)'고 했다.

中位에 처하면서 정직하게 행하며 곤궁함에 처했으나 통할 것을 생각한다. 처음에는 비록 일시적으로 곤궁함에 빠져들 것이나 결국에는 반드시 기쁨을 만끽할 것이기 때문에 '서서히 곤궁함으로부터 벗어날 것이다.(乃徐有說)'고 했다. 『集解·崔憬』

'利用祭祀'의 의미를 「象傳」에서는 '복을 받을 것이다.(受福也)'고 했다. 즉 지극한 정성으로 神靈을 감격시키고 여러 사람들의 신임을 받음으로 인해 오랫동안 '社稷'을 보전할 수 있는 복을 받을 것이라는 의미이다.

【번역飜譯】

九五爻 : 코를 베고 발꿈치를 절단하는 형벌을 시행하여 여러 사람들을 다스리니 높고 귀한 존위에서 곤궁함을 맞이할 것이다. 그러나 점진적으로 곤궁한 경지로부터 벗어날 수 있을 것이며 제사를 거행하는 데에서 이로움을 얻을 것이다.

〈象〉曰 : '劓刖', 志未得也. '乃徐有說', 以中直也. '利用祭祀', 受福也.

【번역飜譯】

〈象傳〉에 이르되 : '코를 베고 발꿈치를 절단하는 형벌을 시행하여 여러 사람들을 다스린다.'고 한 것은 九五爻가 곤궁함으로부터 헤쳐 나오고자 하는 뜻이 실현되지 않고 있다는 의미이다. '점진적으로 곤궁한 경지로부터 벗어날 수 있을 것이다.'고 한 것은 剛中하며 正直한 도를 지켜 나아감으로써 얻어지는 결과를 의미한다. '제사를 거행하는 데에서 이로움을 얻을 것이다.'고 한 것은 神靈이 내려주는 복을 받을 것이라는 의미이다.

【해설解說】

九二爻는 '利用享祀'하고 九五爻는 '利用祭祀'한다. 양자의 異同에 대해 程頤는 다음과 같이 분석하고 있다.

> 九二爻에서는 '享祀'라고 했고 九五爻에서는 '祭祀'라고 했는데, 큰 뜻은 지극한 정성을 사용함으로 인해 복을 받을 것이라는 의미이다. '祭'·'祀'·'享'은 모두 통하는 말이다. 이를 분석해 본다면, '祭'는 '天神'에게 하는 것이고 '祀'는 '地示(地祇)'에게 하는 것이고 '享'은 '人神'에게 하는 것이다. 九五爻는 君位이기 때문에 마땅히 '祭'라고 했고 九二爻는 아래에 있음으로 '享'이라고 했다. 『程傳·程頤』

(䷮) 上六:困于葛藟, 于臲卼. 曰動悔有悔, 征吉.

【주석註釋】

困于葛藟, 于臲卼:'藟(류)'는 '등나무 종류의 식물'을 뜻한다. '臲卼(얼올)'은 '臬兀'이라고도 하며 '동요하며 불안한 상황'을 형용한 것이다.

이는 上六爻가 陰으로 '困'의 극한 곳에 처하며 九四爻와 九五爻 두개의 剛을 올라타고 있으며 아래에서는 六三爻가 호응해 주지 않는 것이, 등나무 줄기가 얽혀있는 것과 같은 곤궁함에 빠지거나 위험한 낭떠러지에 임박해 있는 것과 같다는 의미이다.

> 곤궁함의 극에 처하며 剛을 올라타고 앉았고 아래에서는 그에게 호응하지 않으니 행동을 하면 할수록 얽혀들 뿐이다. 행동을 할수록 휘감기니 거처하기가 편안하지 않음으로써 '칡과 등나무 줄기 사이에 감겨드는 곤궁함에 처하게 될 것이며 또한 흔들려서 거의 떨어질 지경에 이르는 위태로운 곤궁함에 처하게 될 것이다.(困于葛藟, 于臲卼.)'고 했다. 아래 구절에 '困'이 없는 것은 위로 말미암은 것이기 때문이다. 『王注』

> '葛藟'란? '덩굴이 휘감겨 있는 풀'을 뜻한다. '臲卼'란? '동요하며 불안해하는 모양'·'위태로운 모양'는 뜻이다. 『正義』

曰動悔有悔, 征吉:'曰(월)'은 發語辭이다. 이곳에서는 '생각하다'·'도모하다'·'계획하다'는 뜻이 함유되어 있다. '動悔'란? '움직일 때마다 후회한다.'는 뜻이다. 위 문장 '困'의 극함을 이어서 나온 것이다. '有悔'는 마땅히 후회되는 일이 있으면 '뉘우쳐야 할 것이다.'는 의미이다. 아래 문장 '征吉'의 의미를 열어주고 있다.

　　이 두 구절은 上六爻가 비록 극한 곤궁함의 처지에 있다고는 할지라도 곤궁함이 지극해지면 반드시 상황이 반전될 것이기 때문에, 움직일 때마다 후회가 된다면 뉘우쳐야 할 것이라는 교훈을 받아들여, 근신하고 깊이 생각해서 행동한다면 반드시 곤궁한 경지로부터 벗어날 수 있을 것이며 이와 같이 앞을 향해 나아가면 반드시 길할 것이라고 했다.

【번역飜譯】

上六爻 : 칡과 등나무 줄기 사이에 감겨드는 곤궁함에 처하게 될 것이며 또한 흔들려서 거의 떨어질 지경에 이르는 위태로운 곤궁함에 처하게 될 것이다. 응당히 잘 고려하되 움직일 때마다 후회가 되거든 즉시 뉘우치고 반성해야 할 것이며 이렇게 앞으로 나아간다면 반드시 길할 것이다.

〈象〉曰 : '困于葛藟', 未當也. '動悔有悔', 吉行也.

【주석註釋】

吉行 : '행동을 하기만 하면 곧 길할 것이다.'는 의미이다.

【번역飜譯】

〈象傳〉에 이르되 : '칡과 등나무 줄기 사이에 감겨드는 곤궁함에 처하게 될 것이다.'고 한 것은 上六爻가 처한 지위가 온당하지 못하다는 의미이다. '움직일 때마다 후회가 되거든 즉시 뉘우치고 반성해야 할 것이다.'고 한 것은 앞으로 나아가면 곤궁함에서 벗어날 수 있으며 아울러 길할 것이라는 의미이다.

【해설解說】

본 卦 六爻 가운데에서 오직 上六爻 만이 '길할 것이다.'고 한 것은 '곤궁함이 극에 달하면 반드시 통할 것이다.'는 이치를 구체적으로 표현한 내용이다.

　　陽剛은 끝까지 곤궁할 수 없으나 九二爻・九四爻・九五爻는 모두 '길할 것이다.'고 말하지 않았다. 陰柔는 곤궁에서 벗어날 수 없으나 上六爻는 유독 '길할 것이다.'고 함으로써 곤궁이 극에 달하면 변할 수 있다는 것을 말해 주고 있다. 이는 ≪否≫는 ≪泰≫를 가지고 있음으로써 비록 험난하기는 할지라도 결국 구제되는 것과 같다는 의미이다. 『周易總義・易祓』

【困】 요점・관점

≪困≫의 대의는 '곤궁한' 이치에 처한 것에 비유했다.

卦辭에서는 오로지 '君子' 만이 몸이 곤궁한 경지에 처했을 때 그 이치를 형통되게 할 수 있으며, 정도를 굳건히 지켜 나아가는 '大人'은 길할 뿐만 아니라 재난에도 이르지 않을 것이라는 의미를 적극적으로 선양했다. 아울러 곤궁한 상황에 처했을 때 말을 많이 한다면 사람들로부터 신임을 받기가 어려울 것이기 때문에 반드시 몸가짐을 청결히 하면서 덕성을 잘 닦아 나아가야 할 것이라고 했다.

「象傳」에서 '剛揜'을 사용한 것은, '困'에 이르게 되는 근본적인 원인은 陽剛이 가리어져서 발전할 수 없기 때문이라는 뜻이다. 이는 '군자'가 소인들의 억압과 능멸을 당한다는 의미이다.

卦 가운데 六爻는 각각 같지 않는 '困'의 상황에 처해있다. 그 가운데 세 개의 陰爻는 柔暗懦弱하여 지극히 근심스러운 곤궁함에 처해 있다. 즉 初六爻는 곤궁함에 주저앉은 채 스스로 빠져 나오지 못하며 六三爻는 곤궁함으로 인해 자리를 잡고 앉지를 못한다. 이 두 개의 爻는 흉한 재난을 면하기가 실로 어려운 실정이다. 오직 上六爻 만이 곤궁함의 극에 처한 까닭에 장차 형통의 시기에 당면할 것이기 때문에, 빠른 뉘우침과 반성을 한다면 곤궁함으로부터 벗어날 수 있어 길할 것이라고 했다. 세 개의 陽爻는 비록 '困'한 가운데에 있다고는 할지라도 모두 陽剛의 氣節을 사용해 正道를 굳건히 지켜 나아가면서 곤궁함으로부터 벗어나게 된다. 즉 九二爻와 九五爻는 성품에 剛中한 미덕을 지니고 있음으로써 행여나 곤궁한 어려움에 처한다고 할지라

도 몸을 던져 뜻을 실현시킬 것이니 재난이 없을 것이며, 어떤 때는 마음속에 품고 있는 신의와 정성 그리고 中正의 의지를 사용하여 위험을 안전한 상태로 전환시키면서 점진적으로 곤궁한 경지로부터 벗어날 것이라고 했다. 九四爻는 앞길에 어려움이 가로막고 있으나 겸손하고 조심스럽게 천천히 행동함으로써 역시 자신이 뜻한 바를 이루어낼 수 있을 것이라고 했다. 이로 볼 때 '困'에 처했을 때의 이치는 陰陽에 따라 다르며 사람에 따라 다르기 마련이다.

'困'은 스스로 이르는 것이 아니라 시대의 대세를 따라 만나게 되는 것이다. 마땅히 그 剛中의 덕을 지켜 나아갈 것이라는 바는 '곤궁한 상황에 처한다고 할지라도 역시 형통할 수 있는 앞길을 놓치지 않을 것이다.'는 의미이니, 이때 곤궁의 도는 '정도를 굳건히 지켜 나아가는' 것이 주제이다. 만약 곤궁함이 자신의 柔暗으로 인해 초래된 것이라면 마땅히 그 행위를 변화시켜야 만이 곤궁함으로부터 벗어날 수 있을 것이니, 이때 곤궁의 도는 '뉘우침과 반성'이 주제이다. 학자들은 이러함을 깊이 살펴 곤궁함에 처했을 때는 각각 다른 상황에 의한 다른 이치의 올바름으로 마땅한 처신을 해야 만이 살아날 방법이 모색될 것이라는 바를 깨달아야 할 것이다. 『折中·吳日愼』

48. 井卦의 立體文型圖

(䷯)《井》:井. 改邑不改井, 无喪无得, 往來井井. 汔至亦未繘井, 羸其瓶, 凶.

〈彖〉曰:巽乎水而上水, 井. 井養而不窮也. '改邑不改井', 乃以剛中也. '汔至亦未繘井', 未有功也. '羸其瓶', 是以凶也.

〈象〉曰:木上有水, 井. 君子以勞民勸相.

• • •

(−−) 上六:井收, 勿幕. 有孚, 元吉.
〈象〉曰:'元吉'在上, 大成也.

(—) 九五:井洌, 寒泉食.
〈象〉曰:'寒泉之食', 中正也.

(−−) 六四:井甃, 无咎.
〈象〉曰:'井甃无咎', 脩井也.

(—) 九三:井渫不食, 爲我心惻. 可用汲, 王明並受其福.
〈象〉曰:'井渫不食', 行惻也. 求'王明', 受福也.

(—) 九二:井谷射鮒, 甕敝漏.
〈象〉曰:'井谷射鮒', 无與也.

(−−) 初六:井泥不食, 舊井无禽.
〈象〉曰:'井泥不食', 下也. '舊井无禽', 時舍也.

446_「周易」:우주자연 법칙식 周 민족주의 봉건 강국 윤리론 ②

48 井卦

(☵☴)《井》・錯(☳☶)《噬嗑》・綜(☱☵)《困》・互(☲☴)《睽》

(☵☴)《井》: 井. 改邑不改井, 无喪无得, 往來井井. 汔至亦未繘井, 羸其瓶, 凶.

【주석註釋】

☵☴ : 卦象이다. 下卦 ☴ 巽卦(木・遜)와 上卦 ☵ 坎卦(水・險)로 구성되었다. 나무의 뿌리가 빨아들인 수분이 줄기・가지・잎・꽃 등으로 올라가는 자연현상과 이치를 빌려와서 '우물의 물을 퍼 올려서 사람을 양육하는' 현상과 이치를 상징했다.

井 : 卦名이다. '우물(水井)'을 상징한다.

이 卦는 군자가 덕을 닦아 백성들을 양육하는 일은 언제나 변함이 없어야 할 것이며 처음과 끝이 바뀌어서도 안 될 것이라는 의미와 사물을 양육하는 것을 끝없이 하는 것은 우물보다 더한 것은 없다는 의미를 설명한 내용이다. 따라서 덕을 닦는 卦로서 비유법을 취하여 이름을 '井'이라고 했다.

改邑不改井 : '改'는 '옮기다'는 뜻이다. '邑'은 '邑里'를 뜻한다.

이 구절은 '邑'은 옮길 수 있으나 '우물(井)'은 옮길 수 없다는 것을 사용해서 우물의 덕은 '변하지 않는다.'는 것에 비유했다.

우물은 변하지 않는 것을 덕으로 삼는다. 『王注』

无喪无得 : 이는 우물의 물은 퍼 올려도 퍼 올려도 없어지지 않으며 모여 들어도 모여

들어도 넘치지 않는 것을 사용하여 우물의 덕은 '언제나 변함이 없다.(有常)'는 것에 비유한 내용이다.

　　　　덕은 언제나 변함이 없을 뿐이다.『王注』

　　이는 우물은 언제나 변함이 없는 덕을 가지고 있다는 뜻을 밝힌 내용이다. 즉 우물은 종일토록 물을 퍼 올려도 감소하지 않으며 종일토록 물이 모여 들어도 넘치지 않는다는 의미이다.『正義』

往來井井 : '往來'는 '가는 자와 오는 자 모두'를 뜻한다. '井井'은 '반복적으로 끊임없이 사용한다.'는 뜻이다.
　이 구절은 우물을 사용해서 '사물을 끝없이 양육하는 덕'에 비유한 내용이다.

　　　우물에 이르는 자는 모두 우물의 물을 사용하게 되니 '가는 자와 오는 자가 끊임없이 사용한다.(往來井井)'고 했다.『程傳』

汔至亦未繘井, 羸其瓶, 凶 : '汔'은 '접근하다'는 뜻이다. '繘'은 '矞(율)'과 통하며 '나오다(出)'는 뜻이다. '羸'는 '넘어지다'·'배반하다'·'뒤집어지다'·'덮다'는 뜻이다. '瓶'은 고대의 '급수기(汲水器)' 즉 '두레박'을 뜻한다.
　이 세 구절은 물을 기르는 이치를 말한 내용으로, 물이 우물입구로 나오려고 할 때 만약 두레박을 기우려 뒤집어지게 한다거나 깨어지게 한다면 얻는 바가 없음으로써 '흉할 것이다.'고 했다. 이는 사람의 '덕행'이 시작부터 마칠 때까지 한결같이 善하지 않다면 장차 반드시 재난을 초래할 것이라는 뜻에 비유한 내용이다.

　　　우물의 이치는 이미 나온 것을 업적으로 삼으니, 거의 다 퍼 올렸다고 할지라도 두레박을 기우려 뒤집어지게 하거나 깨어지게 한다면 물을 기르지 않는 것과 같은 것이다.『王注』

【번역飜譯】

≪井≫ : 井卦는 우물을 상징한다. 도시나 촌락은 옮길 수 있어도 우물은 옮길 수가 없으며 매일 두레박으로 물을 퍼 올려도 고갈되지 않으며 수원으로부터 흘러서 들어오나 역시 차고 넘치지도 않으며 가는 자와 오는 자 모두가 반복적으로 끊임없이 우물에 의지하여 식수를 사용하는 바이다. 물을 퍼 올릴 때 두레박을 우물 입구까지 끌어 올렸다고 할지라도 오히려 우물 밖으로 나오게 하지 않은 채 만약 두레박으로 하여금 기우러져 뒤집어지게 한다거나 깨어지게 한다면 반드시 흉할 것이다.

【해설解說】

卦辭는 우물을 사람에게 비유했다. 먼저 '우물'의 각종 덕성과 효용을 말한 후 다시 '물을 기르는' 이치에 대해 말했다.

'도시나 촌락은 옮길 수 있어도 우물은 옮길 수가 없다.(改邑不改井)'고 한 것은 우물의 몸체를 뜻한 것이다. '매일 두레박으로 물을 퍼 올려도 고갈되지 않으며 수원으로부터 흘러서 들어오나 역시 차고 넘치지도 않는다.(无喪无得)'고 한 것은 우물의 덕을 뜻한 것이다. '가는 자와 오는 자 모두가 반복적으로 끊임없이 우물에 의지하여 식수를 사용하는 바이다.(往來井井)'고 한 것은 우물의 용도를 뜻한 것이다. 이 세 구절은 우물에 대한 것을 말한 내용이다. '물을 퍼 올릴 때 두레박을 우물 입구까지 끌어 올렸다고 할지라도 오히려 우물 밖으로 나오게 하지 않는다.(汔至亦未繘井)'고 한 것은 사용하지 못한다는 의미이다. '만약 두레박으로 하여금 기우러져 뒤집어지게 한다거나 깨어지게 한다.(羸其甁)'고 한 것은 사용할 기회를 놓친다는 의미이다. 이 두 구절은 우물에서 물을 기르는 일을 말한 내용이다. 『折中·邱富國』

〈象〉曰 : 巽乎水而上水, 井. 井養而不窮也. '改邑不改井', 乃以剛中也. '汔至亦未繘井', 未有功也. '羸其甁', 是以凶也.

【주석註釋】

巽乎水而上水 : '巽'은 '순응하다'·'따르다(順)'는 뜻으로 下卦 巽卦를 뜻한다. '水'는 上卦 坎卦를 뜻한다. '上'은 동사와 같이 사용했다. '上水'는 '물을 퍼(끌어) 올린다.'는

뜻이다.

　　이는 下卦・上卦의 卦象을 사용하여 卦名 '井'을 해석한 내용이며, 물이 조금씩 흘러나오는 성질을 따라 大地에 구멍을 뚫어 샘으로 끌어 들여 물을 퍼 올리는 곳이 결국 '우물(井)'이라는 것을 설명한 내용이다.

　　비와 눈이 녹아서 된 물이 흙과 돌에 스며들었다가 모이면 샘물의 근원이 된다. 大地에 구멍을 뚫어 샘과 통하게 하는 것을 '우물(井)'이라고 한다. 이것이 즉 '巽乎水而上水'이다. 『重定費氏學・馬其昶』

　　'巽'은 '나무(木)'이며 '들어가다(入)'는 뜻이다. 따라서 두레박(木)을 물속에 넣어(入) 물을 퍼 올리는 곳이 곧 '우물(井)'의 형상이다. 『正義』

井養而不窮也 : '養'은 '사람들에게 양육을 시행한다.'・'사람들을 양육한다.'는 뜻이다.
　　이 구절은 앞 문장을 이어서 卦名 '井'의 뜻을 해석한 내용이자 또한 아래 구절을 열어 卦辭를 해석한 내용이다.

　　우물의 덕은 퍼 올릴수록 물길이 솟아나 사람들을 '끊임없이 양육해 낸다.'는 뜻을 찬탄한 내용이다. 『正義』

乃以剛中也 : '剛中'은 九二爻와 九五爻가 陽剛의 성품으로 中位에 처해있다는 의미이다.
　　이는 九二爻・九五爻의 爻象을 사용해서 卦辭 '改邑不改井'의 의미를 해석한 내용으로, 兩爻가 항상 '剛中'의 덕성을 지켜 나아가는 것이 우물의 덕성이 언제나 변하지 않는 것과 같다는 의미이다.

未有功也 : 이는 卦辭 '汔至亦未繘井'을 해석한 내용이다.

　　물이 사용되지 않는다면 우물의 공적은 달성되지 않을 것이다. 『正義』

是以凶也 : 이는 卦辭 '羸其瓶'을 해석한 내용이다.

　　물을 퍼 올리다가 끝까지 퍼내지 않고 중도에서 두레박으로 하여금 기우러져 뒤집히게 한다거나 깨어지게 한다는 것은 덕을 수양하다가 완성하지 않은 채 멈추는 것과 같은 것이니, 이것이 흉한 까닭이다. 『正義』

【번역飜譯】

〈彖傳〉에 이르되 : 물이 조금씩 흘러나오는 성질을 따라 大地에 구멍을 뚫어 샘으로 끌어 들여 물을 퍼 올리는 곳이 곧 우물이다. 우물이 사람을 양육하는 공덕은 무궁무진할 뿐이다. '도시나 촌락은 옮길 수 있어도 우물은 옮길 수가 없다.'고 한 것은 군자는 항상 陽剛의 체질로 中位에 처하는 미덕을 지켜 나아가야 할 것이라는 의미이다. '물을 퍼 올릴 때 두레박을 우물 입구까지 끌어 올렸다고 할지라도 오히려 우물 밖으로 나오게 하지 않는다.'고 한 것은, 이때 우물의 물은 사람들을 양육하는 성과를 실현할 수 없을 것이라는 의미이다. '두레박으로 하여금 기우려져 뒤집어지게 한다거나 깨어지게 한다.'고 한 것은, 그렇게 한다면 반드시 흉함을 초래할 것이라는 의미이다.

【해설解説】

어떤 자는 「彖」은 三陽에 주의했다고 말했다. 九五爻의 '寒泉食(맑고 차가운 샘물을 식용수로 제공한다.)'은 陽剛이 中位에 처했다는 의미이며 도시와 촌락은 옮길 수 있어도 우물은 옮길 수가 없다는 의미이다. 九三爻의 '井渫不食(우물을 깨끗이 청소했으나 사람들이 그 물을 마셔주지 않는다.)'은 성과가 없다는 의미이다. 九二爻의 '甕敝漏(두레박이 깨어져 물이 새어 나온다.)'는 '羸其瓶(두레박으로 하여금 기우러져 뒤집어지게 한다거나 깨어지게 한다.)'으로 흉하다는 의미이다. 이는 「彖傳」이 九五爻・九三爻・九二爻 세 개 陽爻의 의미에 치중하여 서술했다는 뜻이다. 『折中・晁說之』

〈象〉曰 : 木上有水, 井. 君子以勞民勸相.

【주석註釋】

木上有水, 井 : ≪井≫의 下卦인 巽은 '木'의 象이고 上卦인 坎은 '水'의 象이라는 것을

해석한 내용으로, 나무는 몸 안에 수분을 촉촉이 함유하고 있는데 그 수분이 뿌리로부터 줄기를 통해 위로 운행되고 있는 것이, 우물의 물을 끌어 당겨(퍼) 올라오게 해서 사람을 양육시키는 것과 같다는 의미이다.

　　　나무는 수분을 함유하고 있고 그 수분이 위로 운행되는 것이 '井'의 象이다. 『本意』

勞民勸相 : '勞民'은 '백성들을 위해 고달프게 일한다.'는 뜻이다. '相'은 '도우다'는 뜻이다. '勸相'은 '백성들에게 서로 돕도록 권유한다.'는 의미이다.
　　이는 '군자'가 ≪井≫의 象을 관찰해 본 후, 응당히 '백성들을 위해 노력해야 할 것이며 백성들에게 서로 도우며 살도록 권유해야 만이(勞民勸相)' 사람들을 널리 이롭게 할 수 있다는 뜻을 깨달았다는 의미이다. 따라서 군자는 '우물의 물이 사람들을 무궁하게 양육하는' 덕을 본 받아야 할 것이다.

　　　'勞民'이란? 君이 '백성들을 양육한다.'는 의미이다. '勸相'이란? 백성들로 하여금 '서로 서로 양육하게 한다.'는 의미이다. 이 모두는 '우물이 양육한다.(井養)'는 뜻에서 취한 것이다. 『本意』

【번역翻譯】

〈象傳〉에 이르되 : 나무의 끝에서 수분이 조금씩 흘러나오는 것으로 우물을 상징했다. 군자는 이(우물이 양육하는 덕)를 본 받아, 백성을 위해 수고를 아끼지 않는 노력을 해야 할 것이며 백성들에게 서로 의지하고 도우며 살도록 권유해야 할 것이다.

(䷯) 初六 : 井泥不食, 舊井无禽.

【주석註釋】

井泥不食, 舊井无禽 : '舊'는 '久(오래 동안)'와 통한다.
　　이는 初六爻가 陰柔로 천하고 낮은 위치에 처하며 위로 호응할 자 없는 것이, 우물 밑에 가라앉아 있는 진흙이 밖으로 나오지 못하고 있는 것과 같다는 의미이다. 즉 우물을 오랫동안 청소하지 않으면 진흙이 쌓이기 때문에 '날아다니는 새들(禽)' 조차도 업신여기며 돌아보지 않을 진데 하물며 사람들이 물을 길러 마시겠는가?

우물의 가장 밑바닥에 있으면서 위로 또한 호응할 수 없는, 이는 가라앉은 찌꺼기이니 '우물 밑에 진흙이 가라앉아 있으니 그 물을 마실 수가 없다.(井泥不食)'고 했다. 우물에 진흙이 있어 그 물을 마실 수 없다는 것은 오랫동안 우물 밑의 진흙을 처내는 자를 보지 못했다는 의미이다. 오랫동안 우물 밑의 진흙을 처내는 자를 보지 못했으니 날아다니는 새들 조차도 업신여기며 마시러 오지 않을 진데 하물며 사람들이 오겠는가? 즉 일시적으로 버림을 받고 있다는 의미이다. 『王注』

【번역飜譯】

初六爻 : 우물 밑에 진흙이 가라앉아 있으니 그 물은 마실 수가 없으며 이 우물은 오랫동안 청소를 하지 않았으니 날아다니는 새들 조차도 업신여기며 한 번도 돌아보지 않고 지나가 버린다.

〈象〉曰 : '井泥不食', 下也. '舊井无禽', 時舍也.

【번역飜譯】

〈象傳〉에 이르되 : '우물 밑에 진흙이 가라앉아 있으니 그 물은 마실 수가 없다.'고 한 것은 初六爻가 柔한 성품으로 어둡고 낮은 위치에 처해 있다는 의미이다. '이 우물은 오랫동안 청소를 하지 않았으니 날아다니는 새들 조차도 업신여기며 한 번도 돌아보지 않고 지나가 버린다.'고 한 것은 初六爻가 일시적으로 버림을 받고 있다는 의미이다.

【해설解說】

본 爻는 '井養'의 시점에 당면하여, 柔暗으로 낮은 곳에 처하여 사물에게 베풀 수가 없음으로 '井泥'·'无禽' 등의 象이 되었다.

井은 陽剛을 水源으로 삼으나 初六爻는 陰柔이기 때문에 '井泥'·'舊井'이라고 했다. '井'은 위로 솟아오르는 것을 공적으로 삼으나 初六爻는 아래에 처함으로 '不食'·'无禽'이라고 했다. 『易經蒙引·蔡淸』

(䷯) 九二 : 井谷射鮒, 甕敝漏.

【주석註釋】

井谷射鮒, 甕敝漏 : '井谷'은 '우물 가운데 물이 뿜어 나오는 구멍 내지 물이 고여 있는 오목한 곳'을 뜻한다. '鮒'는 '작은 고기' 즉 '붕어'·'개구리'·'두꺼비' 등을 뜻한다. '射鮒'는 '작은 고기를 쏘아서 적중시켜 잡는다.'는 의미이다. '甕'은 고대에 '물을 기르는 공구(汲水器)'를 뜻한다.

이 두 구절은 九二爻가 비록 陽剛으로 中位에 처하기는 할지라도 正位를 상실함으로써 九五爻가 호응해 주지 않아 위로 올라가 베풀 수 없는 것이, 우물 가운데에 있는 오목한 곳에 맑은 물이 있으나 오히려 길러가는 자가 없자 헛되이 작은 고기(붕어·두꺼비·개구리 등)를 잡는 용도로 사용되고 있는 것과 같다는 의미이다. 또한 물을 기르는 자의 두레박이 깨어져 물이 새어 나오자 물을 퍼 올릴 방법이 없는 것과 같다는 의미이다.

우물에서 물이 솟아난다는 것은 우물에 진흙이 없기 때문이다. 그 공적은 다만 '작은 고기를 쏘아서 적중시켜 잡는다.(射鮒)'고 한 것은 위에서 끌어 당겨(퍼 올려) 주는 자가 없다는 것으로, '두레박이 깨어져 물이 새어 나오고 있다.(敝漏)'는 것과 같은 의미이다. 즉 사람들이 사용하는 것에 대한 결정 역시 스스로 할 수 없다는 의미이다. 『折中』

【번역飜譯】

九二爻 : 우물 가운데에 물이 고여 있는 오목한 곳이 작은 고기를 쏘아서 적중시켜 잡는 용도로 헛되이 사용되고 있으며, 이때 두레박이 깨어져 물이 새어 나오니 물을 기르나 마실 물이 없는 바이다.

【해설解說】

　　九二爻辭는 두 구절이 각각 하나의 象을 가지고 있다. 앞 구절 '射鮒'는 재능이 사용되지 않고 있는 것에 비유하였고 뒤 구절 '甕敝漏'는 어떤 사람도 물을 길러서 마시지 않고 있는 것에 비유하였다.

　　두레박이 깨어져 물이 새어 나온다는 것은 물을 기르는 것이나 기르지 않는 것이나 같다는 뜻이다. 이는 군왕이 현인을 쓰고자 할 때는 보는 것만으로 기용해서는 안 될 것이며 기용하는 것을 서둘러서도 안 될 것이라는 것에 비유한 내용이다. 『周易學說·李士鉁』

〈象〉曰 : '井谷射鮒', 无與也.

【주석註釋】

无與 : 이는 '无應'과 같은 뜻으로 九二爻를 위에서 호응해 주지 않고 있다는 의미이다.

【번역飜譯】

〈象傳〉에 이르되 : '우물 가운데에 물이 고여 있는 오목한 곳이 작은 고기를 쏘아서 적중시켜 잡는 용도로 헛되이 사용되고 있다.'고 한 것은 九二爻를 끌어 당겨서 호응해 주는 자가 없다는 것을 설명한 내용이다.

(☳) 九三 : 井渫不食, 爲我心惻. 可用汲, 王明並受其福.

【주석註釋】

井渫不食, 爲我心惻 : '渫'은 '진흙을 제거하여 물로 하여금 깨끗하게 한다.'는 뜻이다. '爲'는 '使'의 뜻이다.

　　이는 九三爻가 ≪井≫ 下卦의 가장 위에 처하며 陽剛의 성품으로 正位에 처하나

아래 陰爻가 기대어(의지해) 주지 않는 것이 우물을 깨끗이 청소하여 물은 맑아졌으나 아무도 마셔주지 않는 것과 같음으로 '마음이 아파서(心惻)' 탄식한다고 했다.

'渫'은 오염되어 혼탁해진 것을 제거하여 청결하게 했다는 뜻이다. 九三爻는 正位에 처함으로 '우물의 물이 맑아졌다.(井渫)'고 했다. 陰爻가 의지하지 않는다는 것은 사용되지 않고 있다는 뜻이기 때문에 '마시지 않는다.(不食)'고 했으며 우물이 해야 할 도리가 실행되지 않고 있는 까닭에 '내 마음이 아프다.(我心惻)'고 했다. 『集解·荀爽』

可用汲, 王明並受其福 : '可用汲'은 '응당히 서둘러 물을 길러야 할 것이다.'는 의미이다. 이는 九三爻가 비록 아래 陰爻가 기대어 주지는 않으나 위로 上六爻와는 서로 호응하고 있음으로 결국에는 '물을 길러줄 때'가 올 것이라는 의미이다. '군왕' 역시 장차 길러서 마시는 현명함을 사용함으로써 군신으로 하여금 함께 福樂을 누리게 될 것이라는 의미이다.

위와 호응한다는 뜻은 '물을 길러줄 것이다.(可汲)'는 의미이다. 우물의 물을 길러줄 것이라는 바는 사람들이 사용하게 될 것이라는 의미이다. 즉 만약 현명한 군왕을 만나지 못한다면 그가 가지고 있는 재주와 능력을 묵힐 것이나 만약 현명한 군왕을 만난다면 그의 재능을 발전시킬 수 있음으로써 현명한 군왕은 그의 행위를 가상히 여겨 그에게 벼슬을 내릴 것이기 때문에 '마땅히 서둘러 이 맑고 깨끗한 우물의 물을 길러 마신다면 군왕의 고명한 덕으로 인해 군신이 모두 福樂을 누리게 될 것이다.(可用汲, 王明並受其福也.)'고 했다. 『正義』

【번역翻譯】

九三爻 : 우물을 깨끗이 청소했음에도 불구하고 오히려 사람들이 물을 길러서 마셔 주지 않으니, 나의 마음으로 하여금 슬프고 처량하게 한다. 마땅히 서둘러 이 맑고 깨끗한 우물의 물을 길러서 마셔 준다면, 군왕의 고명한 덕으로 인해 군신이 장차 함께 福樂을 누리게 될 것이다.

〈象〉曰:‘井渫不食', 行惻也. 求‘王明', 受福也.

【주석註釋】

行惻:'지나가는 사람들이 정성에 감동함으로써 슬퍼한다.(惻)'는 뜻이다.
求:'바라다'·'희망하다'는 뜻이다.

【번역飜譯】

〈象傳〉에 이르되:'우물을 깨끗이 청소했음에도 불구하고 오히려 사람들이 그 물을 마셔 주지 않는다.'고 한 것은 九三爻의 행위를 이해해 주지 않는 것이 진정 사람으로 하여금 마음을 아프게 한다는 의미이다. '군왕의 고명한 덕'에 희망을 건다는 것은 군신이 함께 福樂을 누리기 위한 것이라는 의미이다.

【해설解說】

九三爻의 爻辭는 희망의 정서로 충만하다. 우물의 물이 이미 맑아졌으니 응당히 때가 되면 마시고자 하는 심경이 될 것이라는 것을 보여주고 있다. 그 의미는 '존자'가 '현인을 사모하는 것을 목말라 하는 것과 같다.'·'현인을 기용하여 직능을 수여할 것이다.'는 것에 희망을 걸고 있기 때문이다.

(䷯) 六四:井甃, 无咎.

【주석註釋】

井甃, 无咎:'甃'는 '벽돌을 사용하여 우물을 깨끗이 수축한다.'는 뜻이다.
　　이는 六四爻가 柔正의 성품으로 正位에 처하나 아래에서 호응해 주지 않음으로 조용하게 정도를 지켜 나아가면서 덕을 닦아야 할 것이며 나아가는 데에 서둘러서는 안 될 것이라는 의미이다. 이는 우물이 파괴되었으나 깨끗이 수리를 한다면 '반드시 재난이 없을 것이다.'는 의미이다.

【번역翻譯】

六四爻 : 우물이 수리되고 있으니 반드시 재난이 없을 것이다.

〈象〉曰 : '井甃无咎', 脩井也.

【주석註釋】

脩井 :

우물의 파괴된 곳을 수리한다고 할지라도 바라는 것(최상으로)과 같이 백성들을 양육할 수는 없을 것이다. 『正義』

【번역翻譯】

〈象傳〉에 이르되 : '우물이 수리되고 있으니 반드시 재난이 없을 것이다.'고 한 것은 六四爻는 오로지 우물을 수리해야 한다는 의미이다.(몹시 급하게 서둘러 사람들에게 마시게 해서는 안 될 것이라는 의미이다.)

【해설解說】

六四爻의 爻義는 덕을 닦아 잘못을 고치는 데에 중점을 두었다.

黃道周는 이 의미를 신장시켜 '선왕의 법은 한 번 피폐해지면 다시 고치지 못하는 것이니, 반드시 백성을 양육하는 자가 백성을 해치게 될 것이다.'고 했다. 『易象正』

(䷯) 九五 : 井洌, 寒泉食.

【주석註釋】

井冽, 寒泉食 : '井冽'는 '우물의 물이 맑다.' · '우물의 물이 맛이 있다.'는 뜻이다.

이는 九五爻가 陽剛中正으로 ≪井≫의 존위에 처하며 上六爻와 친밀한 이웃으로 지내는 것이, 유족한 수원의 '차가운 샘(寒泉)'에서 솟아나는 깨끗한 우물의 물이 길러져서 사람들에게 식용수로 제공되고 있는 것과 같다는 의미이다.

【번역飜譯】

九五爻 : 우물의 물은 맑고 맛이 있으니, 유족한 수원의 차가운 샘에서 솟아나는 깨끗한 우물의 물이 길러져서 사람들에게 식용수로 제공되고 있는 바이다.

〈象〉曰 : '寒泉之食', 中正也.

【번역飜譯】

〈象傳〉에 이르되 : '유족한 수원의 차가운 샘에서 솟아나는 깨끗한 우물의 물이 길러져서 사람들에게 식용수로 제공되고 있는 바이다.'고 한 것은 九五爻가 陽剛中正의 미덕을 갖추고 있다는 의미이다.

【해설解說】

九五爻는 '우물의 덕성(井德)'이 지극히 아름답다는 것을 상징한 내용이다. 이는 '현명한 군왕'이 존위에 처하면서 '백성들을 변함없이 양육하고 있는' 것과 같다는 의미이다.

> 이 爻는 '달고 맑고 차가운' 물을 천하의 백성들에게 제공하여 마시게 하는 것이 목적이기 때문에 만약 목마른 자가 있다면 우물로 가기만 하면 될 것이다. 샘물이 맑지 않고 차갑지 않다는 것은 군왕이 中正의 도를 지키지 않고 있는 것과 같다는 의미이며 사람들이 우물 밑의 진흙을 끌어내는 것은 마음이 더러운 군왕을 부끄럽게 생각하여 그를 제거하고자 하는 것과 같다는 의미이다. 『誠齋易傳 · 楊萬里』

(䷯) 上六 : 井收, 勿幕. 有孚, 元吉.

【주석註釋】

井收, 勿幕. 有孚, 元吉 : '收'는 '완성하다'·'성취하다'는 뜻이다. '幕'은 '뚜껑을 덮는다.'는 뜻이다.

　　이는 上六爻가 ≪井≫의 마지막에 처하며 아래로 九三爻와 호응하는 것이, 우물의 물이 이미 우물 밖으로 나왔음으로 우물의 공적이 크게 완성된 象과 같다는 의미이다. 이때는 응당히 마음속에 신의와 정성을 품고 있음으로써 '우물이 사람을 양육하는(井養)' 덕을 널리 펼칠 수 있기 때문에 '크게 길할 것이다.(元吉)'고 했다.

【번역翻譯】

上六爻 : 우물의 공적이 이미 완성되었으니 (모든 사람들이 수시로 와서 마음껏 물을 마실 수 있도록) 우물난간 입구에 뚜껑을 덮을 필요가 없을 것이다. 이때 마음속에는 신의와 정성을 품고 있으니 크게 길할 것이다.

〈象〉曰 : '元吉'在上, 大成也.

【번역翻譯】

〈象傳〉에 이르되 : 上六爻는 높은 존위에 처하니 '크게 길할 것이다.'고 한 것은 이때 우물의 공적이 이미 크게 성취되었다는 의미이다.

【해설解說】

　　우물의 水位가 높이 올라 갈수록 보다 많은 사람들에게 물을 마시게 할 수 있으며 사람들을 양육하는 공적도 무궁무진해 질 것이다. 따라서 上六爻는 지극히 높은 卦의 마지막에 처한 것

즉 우물의 용도(공능・효용・작용)가 크게 성공한 것을 사용하여 '크게 길할 것이다.'고 했다. 『周易』六十四卦의 대다수는 上爻에서 나타나는 反轉으로 인하여 그다지 좋은 상황이 출현되지 않으나 유독 ≪井≫・≪鼎≫만은 上爻에 이르러 공적이 크게 성치됨으로써 '元吉, 즉 크게 길할 것이다.'고 했다.

【井】요점・관점

'黃帝가 우물을 팠다.(黃帝穿井)'는 전설이 『釋文・周書』에 전해지고 있다. 이는 우물은 遠古시대에 이미 출현되었다는 의미이다.

> 사물을 양육하는 것을 한없이 하는 것은 우물보다 더한 것이 없다. 『正義・孔穎達』

이는 우물에서 나오는 물은 인류생활에 복을 가져다주는 위대한 것이라는 의미이다. ≪井≫의 중요한 요지는, '우물(井)'을 인격화하여 우물의 물이 '사람(백성)을 양육시키는' 여러 가지 미덕을 열거하면서 '군자'는 응당히 자신을 수양함으로써 사물에게 무궁하게 은혜를 베풀어야 할 것이라는 것에 비유했다.

卦辭는 한편으로는, 우물은 한 곳에서 이동하지 않으며 꽉 차지도 않고 고갈되지도 않으며 반복적으로 끊임없이 사용할 수 있는 특성을 찬양하면서 언제나 변함이 없으며 공정하며 사사로움이 없는 '군자'의 형상을 지켜 나아가는 것으로 묘사하고 있다. 다른 한편으로는, 물을 기르는 자에게 물을 우물의 입구까지 퍼 올렸을 때 만약 두레박으로 하여금 기우러져 뒤집어지게 한다거나 깨어지게 한다면 장차 흉할 것이라고 경고했다. 이는 생동감 있게 덕을 닦아 사람들에게 베푸는 자는 善으로 시작하여 善으로 마무리를 지어야 만이 공든 탑이 무너지지 않고 성공할 것이라는 뜻을 암시한 것이다.

卦 가운데 六爻를 陰陽의 상황으로 살펴본다면, 陽象은 우물의 물이고 陰象은 우물의 몸체이다.

> 先儒는 三陽을 泉(水源)이라고 했으며 三陰을 井(물을 긷는 설비・우물의 난간)이라고 했으니, 이는 陽은 實의 象이고 陰은 虛의 象이라는 의미이다. 『折中・邱富國』

만약 여러 개의 爻를 '우물의 덕'에 비유해 본다면, 初六爻와 六四爻는 우물의 몸인 까닭에 허물어지면 마땅히 수리를 해야 할 것이니 혹시라도 '우물 밑에 진흙이 있다면' 반드시 사람들로부터 버림을 받을 것이며 혹시라도 우물이 파괴되었을 때는 마땅히 신속히 수리를 해야 만이 재난을 면할 것이라고 경고했다. 九二爻와 九三爻 두 개의 陽爻는 우물의 물을 기를 수 있으면 당연히 길러야 할 것이나 혹시라도 물을 길러 올리는 사람이 없다면 장차 '고기를 잡는' 용도로 헛되이 사용될 것이며 혹시라도 지혜로운 자가 있다면 물을 길러서 반드시 우물이 양육하는 복을 누릴 것이라고 했다. 九五爻와 上六爻는 一陽一陰으로, 九五爻는 물이 맑고 맛이 달고 깨끗하여 사람들이 모두 마시게 될 것이며 上六爻는 우물의 공적이 크게 성취되어 무궁하게 베풀어질 것이라고 했다.

전체 卦의 요지를 종합해 본다면, '자신의 덕을 수양하는 것'과 '사람을 양육하는 것' 두 가지를 강조하지 않는 바가 없다. 그 가운데 九五爻는 '井洌寒泉'의 象으로 '우물 덕'의 아름다움을 가장 잘 표현하고 있다. 우물의 물은 '퍼 올려도 퍼 올려도 감소하지 않고'·'모여 들어도 모여 들어도 꽉 차지 않는' 품위를 지니고 있는 것을 사용하여 작자는 맑고 깨끗한 성치에 기대를 걸고 있다.

49. 革卦의 立體文型圖

(䷰) 《革》: 革. 己日乃孚, 元亨, 利貞, 悔亡.

〈彖〉曰: 革, 水火相息. 二女同居, 其志不相得, 曰革. 己日乃孚, 革而信之. 文明以說, 大亨以正, 革而當, 其悔乃亡. 天地革而四時成. 湯武革命, 順乎天而應乎人. 革之時大矣哉!

〈象〉曰: 澤中有火, 革. 君子以治歷明時

• • •

(－－) 上六: 君子豹變, 小人革面. 征凶, 居貞吉.

〈象〉曰: '君子豹變', 其文蔚也. '小人革面', 順以從君也.

(－) 九五: 大人虎變, 未占有孚.

〈象〉曰: '大人虎變', 其文炳也.

(－) 九四: 悔亡, 有孚改命, 吉.

〈象〉曰: '改命之吉', 信志也.

(－) 九三: 征凶, 貞厲. 革言三就, 有孚.

〈象〉曰: '革言三就', 又何之矣.

(－－) 六二: 己日乃革之, 征吉, 无咎.

〈象〉曰: '己日革之', 行有嘉也.

(－) 初九: 鞏用黃牛之革.

〈象〉曰: '鞏用黃牛', 不可以有爲也.

卷七: 49. 革卦_463

49 革卦

(䷰)《革》·錯(䷃)《蒙》·綜(䷱)《鼎》·互(䷫)《姤》

(䷰)《革》: 革. 己日乃孚, 元亨, 利貞, 悔亡.

【주석註釋】

☰ : 卦象이다. 下卦 ☲ 離卦(火·麗)와 上卦 ☱ 兌卦(澤·悅)로 구성되었다. 물과 불, 즉 물은 불을 없애고 불은 물을 고갈시키는 자연현상과 이치를 빌려와서 '개혁(혁명)'의 현상과 이치를 상징했다.

革 : 卦名이다. '고치다'·'변혁하다'·'개혁하다'·'혁명하다'·'털갈이 한다.' 등의 의미를 상징한다.

'革'은 '고치다'·'개혁하다'·'바로 잡다.'·'서로 없애가면서(교대해 가면서) 바꾸어 고쳐 나아간다.'는 의미이다. '水'와 '火'가 오랫동안 서로 교대로 없애 가면서 서로 고쳐 나아가면서 要路에서 더욱 마음대로 정권을 좌지우지한다(권세를 부린다.)는 의미이다. 이는 군왕이 天命을 받아 正朔(달력)을 고치고 服色을 바꾸는 것과 같음으로 '革'이라고 했다. 『集解·鄭玄』

己日乃孚, 元亨, 利貞, 悔亡 : '己日'란? 고대 '十干'으로 날짜를 계통적으로 적은 것이다. '己'는 앞 五數와 뒤 五數의 가운데에 있으며 돌아가며 변함으로 '바뀌다'는 뜻을 상징한다. 그 뒤에 오는 수가 '庚'인데, 이는 즉 '이미 바뀌었다.'는 뜻이다.

卦辭는 '己日'을 象으로 삼아 반드시 '바뀌어야' 할 시점에 당면한다면 과감하게 변혁을 추진해야 할 것이라는 것과 아울러 마음속에 '신의와 정성(孚)'을 품고 있으면 천하의 백성들도 장차 '신의와 정성'으로 호응할 것이라는 내용을 설명하고 있다. 이와 같이 한다면 '지극히 형통할 것이며' '정도를 굳건히 지켜 나아가는 데에서 이로움을 얻을 것이며' '후회는 반드시 사라질 것이다.'고 했다.

> '己'는 마땅히 '戊巳'의 '巳'로 읽어야 한다. 十日이 '庚'에 이르면 바뀐다. '바뀌다'는 것은 '변혁(革)'을 의미한다. 『漢上易傳·朱震』

> '己'字는 阮刻과 諸本에 '巳'字와 통하게 제작했다. 『王注』

> 天地의 덕은 中을 넘으면 곧 변화한다. 태양이 중천에 이르면 곧 기울어지고 달도 차면 곧 기울어지니, 『易』이 귀하게 생각하는 것이 곧 中이다. 十干은 곧 '戊巳'를 中으로 삼으며 '己'에 이르면 곧장 中을 넘게 되어 변화의 시점이 되며, 이를 받아 '庚'이 된다. 庚이란? '바뀌다(更)'는 뜻이다. 천하의 일은 당연히 中을 지나면 곧장 변화하는 시기가 오며 그런 연후에 바뀌게 되는데, 사람들은 이를 믿고 있다. 『日知錄·顧炎武』

【번역飜譯】

≪革≫ : 革卦는 변혁을 상징한다. 서둘러 반드시 바뀌어져야 할 己日에 변혁을 추진해야 할 것이며 아울러 대중으로부터 신의를 얻어야 만이 그 제서야 앞날이 지극히 형통할 것이며 정도를 굳건히 지켜 나아가는 데에서 이로움을 얻을 것이며 후회는 반드시 곧장 사라질 것이다.

【해설解說】

'변혁(개혁)'을 성공시킬 수 있는 중요한 전제조건은 반드시 다음 두 가지 기초 위에서 이루어져야 할 것이다.

① 적당한 시점에서 돌아가는 기회를 장악해야 함으로, 卦辭는 '己日'을 사용해서 '돌아가며 변화하는 기틀'을 상징했다.
② 백성들로부터 신의를 얻는 것은 正道를 실천하는 까닭이기 때문에 卦辭에서 '마음속에 신의와 정성을 품고' '정도를 굳건히 지켜 나아가는 데에서 이로움을 얻을 것이다.'는 바를 강조했다.

앞의 것은 외재적 조건이며 뒤의 것은 내재적 인소이다. 내외가 서로 도우면 '革'도는 성공할 것이며 따라서 '지극히 형통할 것이고' 아울러 '후회도 곧장 사라질 것이다.'

〈象〉曰：革, 水火相息. 二女同居, 其志不相得, 曰革. 己日乃孚, 革而信之. 文明以說, 大亨以正, 革而當, 其悔乃亡. 天地革而四時成. 湯武革命, 順乎天而應乎人. 革之時大矣哉!

【주석註釋】

水火相息 : '水'는 上卦 兌卦가 '연못(澤)'을 상징한다는 뜻이다. '火'는 下卦 離卦가 '불(火)'을 상징한다는 뜻이다. '息'은 '길다'·'오래가다(長)'는 뜻으로, 즉 '대를 바꾸어 가면서(이어가면서) 권세를 부린다.'는 의미이다. 『說文』에서는 '息은 熄이다.'고 했다. 이는 '熄滅(꺼지다·없애다)의 뜻으로, 즉 水·火는 相剋이라는 뜻이니 의리에 있어서는 역시 통한다.

　　이는 上卦와 下卦는 물과 불이 오랫동안 서로 교대로 없애가면서 서로 고쳐 나아가는 象이라는 의미이다.

　　'息'은 '오래가다'는 뜻으로 '대를 바꾸어 나아가면서 더욱 마음대로 정권을 좌지우지한다.'는 의미이다. 『尚氏學』

二女同居, 其志不相得 : '二女'는 下卦 離卦는 '中女'이며 上卦 兌卦는 '少女'라는 의미이다.

　　이는 下卦·上卦가 '二女'의 象을 가진 것으로, 양자가 동거할지라도 각각 다른 뜻을 가지고 있으니 장차 결국 변화가 발생할 것이라는 의미이다.

　　이 두 구절은 앞 문장에 배합함과 아울러 卦名 '革'을 해석한 내용이다.

　　中女와 少女 두 여인이 하나의 卦가 되었다. 이는 비록 모양은 같으나 뜻은 변할 것이라는 의미이다. 一男一女라야 만이 서로 감응할 것이다. 二女가 비록 다시 동거한다고 할지라도 그들의 뜻은 결국 서로 합일하지 못할 것이니, 뜻이 서로 합일하지 못한다는 것은 변화가 반드시 일어날 것이라는 의미이다. 『正義』

革而信之 : 이는 卦辭 '己日乃孚'를 해석한 내용으로, 변혁을 추진할 때 만약 변화의 기틀에 적합하고 아울러 대중으로부터 신의를 얻는다면 곧 천하 사람들이 반드시 떼를 지어 믿고 따를 것이라는 뜻을 설명한 내용이다.

文明以說, 大亨以正, 革而當, 其悔乃亡 : '文明'은 下卦 離卦가 '불(火)'을 상징한다는 뜻이다. '說'은 上卦 兌卦가 '기쁨(悅)'을 상징한다는 뜻이다.

　　이는 卦辭 '元亨, 利貞, 悔亡.'을 해석한 내용으로, 변혁의 시점에서 '밝은(文明)' 미덕을 사용한다면 천하 백성들의 마음으로 하여금 기뻐하게 할 것이며 정도를 굳건히 지켜 나아간다면 앞날로 하여금 지극히 형통하게 할 것이니, 즉 이와 같은 변혁은 사리에 어그러지지 않음으로써 정당함을 얻게 될 것이며 모든 후회는 반드시 사라질 것이라는 의미이다.

湯武革命 : 이는 商나라 湯王이 夏나라 桀王을 멸망시키고 周나라 武王이 商나라 紂王을 멸망시킨 것을 의미한다. 앞 문장의 '天地革'으로부터 마지막에 이르기까지 '天地'·'四時'·'湯武'를 예로 들어, '變革'해야 할 시점을 잘 선택함으로써 '변혁의 효과가 지극히 훌륭했다.'는 것을 극찬한 내용이다.

　　天地의 이치는 陰과 陽이 오르고 내리고 따뜻하고 덥고 서늘하고 추운 것이 번갈아가며 서로 바뀌니, 그런 뒤에 사계절의 순서가 모두 완성되는 것이다. 夏나라 桀王과 商나라 紂王은 헤아릴 수 없을 만큼 포악하게 미쳐 날뛰었던 관계로 하늘은 진노했고 백성들 역시 군왕을 배반했다. 商나라 湯王과 周나라 武王은 총명하고 지혜로워서 위로는 天命에 순응했고 아래로는 백성들 마음에 감응하자 鳴條의 들판에서 桀王을 내치고 牧野의 들판에서 紂王을 주살 한 후 그들의 王命을 바꾸었고 그들의 惡習을 고치었다. 따라서 '湯王과 武王의 혁명은 하늘에 순응하고 백성들 마음에 감응한 것이다.(湯武革命, 順乎天而應乎人.)'고 했다. 군왕이 前代의 계승을 도모한 후 正朔(달력·정월과 초하루·해의 처음과 달의 처음)을 바꾸고 服色을 바꾸는 것은 모두 혁명이니 특히 湯·武가 그러하다. 舜이 禹에게 禪讓한 것은 오히려 구습에 따라 행한 것이다. 湯·武는 전쟁을 함으로써 그 손실과 이익을 극진히 하였던 까닭에 서로 변화를 취한 것이 심했으니 어진 사람을 사용하여 혁명을 행하게 했던 바이다. 『正義』

사계절이 서로 교대하는 것은 실로 서로 바뀌는 것이며 기약 없이 굳세고 강건하다는 것은 신의를 가지고 있다는 것이다. 탕왕과 무왕의 혁명은 하늘과 백성들이 모두 감응한 바이니 역시 신의를 가지고 있었다는 의미이다. 신의가 없으면 혁명을 할 수가 없는 까닭에 적당한 시점을 찾는 것은 실로 매우 중요한 일이니, 이것이 그 의미이다. 『尙氏學』

【번역飜譯】

〈彖傳〉에 이르되 : 변혁(바꾸어 고쳐 나아간다.)을, 비유해 본다면, 물과 불이 서로 오랫동안 교대로 없애가면서 개혁해(고쳐) 나아가는 것과 같다는 의미이다. 또한 두 여자가 한 집안에서 함께 살고 있으나 쌍방 간의 뜻이 합일하지 못하면 결국 변화를 일으키게 될 것이니, 이를 곧 변혁이라고 한다는 것과 같은 의미이다. 서둘러 반드시 바뀌어야 할 己日에 변혁을 추진해야 할 것이며 아울러 대중으로부터 신의를 얻어야 만이 그 제서야 변혁하는 과정에 천하 사람들이 떼를 지어 몰려와서 믿고 따를 것이다. 밝은(文明) 미덕을 사용한다면 천하 백성들의 마음으로 하여금 기뻐하게 할 것이며 정도를 굳건히 지켜 나아간다면 앞날로 하여금 지극히 형통하게 할 것이니, 이와 같은 변혁은 곧 사리에 어그러지지 않음으로써 정당함을 얻게 될 것이며 모든 후회는 반드시 사라지게 될 것이다. 천지의 변혁은 사계절의 형성을 이끌어 낸다. 상나라 탕왕과 주나라 무왕이 하나라 걸왕과 상나라 주왕의 왕명을 변혁시킨 그것은 그들이 天의 규율에 순응했을 뿐만 아니라 백성들이 원하는 것에 호응해서 하나로 화합했기 때문이었다. 변혁의 시점을 잘 선택한 효력이 얼마나 넓고 큰 것인지고!

〈象〉曰 : 澤中有火, 革. 君子以治歷明時.

【주석註釋】

澤中有火, 革 : ≪革≫의 上卦 兌卦는 '연못(澤)'을 상징하고 下卦 離卦는 '불(火)'을 상

징한다는 뜻을 해석한 내용이다.

불은 건조함을 조성하고 연못은 본래 습하니 이 두 가지는 서로 화합할 수 없음으로 결국 응당히 그들은 바뀌게 될 것이다. 따라서 '연못 가운데에 불이 있다는 것은 革'을 의미한다고 했다. 『集解·崔憬』

治歷明時 : 이는 군자가 ≪革≫의 卦象을 관찰해 본 후, 사물이 변혁하는 이치를 깨달음으로써 曆法을 만들어 사계절의 변화를 밝혔다는 의미이다.

군자가 變革의 象을 관찰해 본 후, 日月星辰의 변천을 추론하여 曆數를 만들어 사계절의 질서를 밝혔다. 『程傳』

【번역飜譯】

〈象傳〉에 이르되 : 연못 가운데에 뜨거운 불이 있다는 것은 변혁을 상징한 것이다. 군자는 이를 본 받아, 曆法을 만들어 사계절의 변화를 명백하게 밝혔다.

(䷰) 初九 : 鞏用黃牛之革.

【주석註釋】

鞏用黃牛之革 : '鞏'은 '견고하다'는 뜻이다. '黃'은 '중간 색상'으로 '中을 견지하면서 길들어져 순응한다.'는 뜻에 비유하였다. '牛之革'은 '질긴 사물'로서 '항상 변하지 않고 지켜 나아간다.'는 뜻에 비유하였다.

이는 初九爻가 陽剛으로 낮고 천한 곳이자 변혁의 시작에 처하며 위에서 도와주지 않음으로써 변화에 호응할 수 없으니, '황소의 가죽으로 만든 줄(黃牛之革)'로 견고하게 결박된 것을 사용하여, 반드시 일반적인 규정을 견고히 지켜나가야 할 것이며 함부로 행동해서는 안 될 것이라는 바에 비유한 내용이다.

【번역飜譯】

初九爻 : 응당히 황소의 가죽으로 만든 줄에 견고하게 결박되어 있어야 할 것이다.

〈象〉曰 : '鞏用黃牛', 不可以有爲也.

【번역飜譯】

〈象傳〉에 이르되 : '응당히 황소의 가죽으로 만든 줄에 견고하게 결박되어 있어야 할 것이다.'고 한 것은 初九爻가 함부로 변혁을 감행해서는 안 될 것이라는 의미이다.

【해설解說】

본 爻는 陽爻로서 미천한 지위에 처하며 변혁을 감당할 힘이 없을 뿐만 아니라 변혁해야 하는 적당한 시점에 이르지도 않았음으로 반드시 '응당히 황소의 가죽으로 만든 줄에 견고하게 결박되어 있어야 할 것이다.'고 하면서 평소의 제도를 견고히 지켜 나아갈 것을 권유하고 있다.

(䷰) 六二 : 己日乃革之, 征吉, 无咎.

【주석註釋】

己日乃革之, 征吉, 无咎 : 이는 六二爻가 '革'의 시점에 처하여, 柔中으로 正位에 처하며 九五爻와 호응하며 또한 下卦 離卦의 中位에 처한 것이 '해가 중천에서 곧장 기울어지고자 하는 시점(『尙氏學』에서는 二를 日中이라고 했다.)'에 처한 것과 같다는 것과 마침 '己日'에 이르러 변화의 시점을 기다리고 있음으로써 단연코 변혁을 봉행해야 할 것이라는 의미이다. 따라서 '나아가면 반드시 길할 것이며' '재난에 이르지 않을 것이다.(无咎)'고 했다.

【번역飜譯】

六二爻 : 서둘러 변천해야 하는 己日에는 단연코 변혁을 추진해야 할 것이며 나아간다면 반드시 길할 것이며 재난에 이르지 않을 것이다.

〈象〉曰 : '己日革之', 行有嘉也.

【번역飜譯】

〈象傳〉에 이르되 : '서둘러 변천해야 하는 己日에는 단연코 변혁을 추진해야 할 것이다.'고 한 것은 六二爻가 노력하며 나아간다면 반드시 훌륭한 공적을 남길 것이라는 의미이다.

【해설解說】

본 爻는 柔中으로 호응하는 상대가 있으니 적당한 시점을 만나면 곧장 변혁을 추진해야 할 것이며 반드시 '陽剛尊者'와 짝을 지어 옛 것을 고치고 폐단을 제거해야 할 것이다. 따라서 爻辭에서는 '나아간다면 반드시 길할 것이다.' · '재난에 이르지 않을 것이다.'고 격려했으며 「象傳」에서는 '노력하며 나아간다면 반드시 훌륭한 공적을 남길 것이다.(行有佳)'고 했다.

(䷰) 九三 : 征凶, 貞厲. 革言三就, 有孚.

【주석註釋】

征凶, 貞厲. 革言三就, 有孚 : '貞厲'는 '정도를 굳건히 지켜 나아가면 위험을 방지할 수 있을 것이다.'는 의미이다. '言'은 語氣助詞이다. '三'은 '여러 번'을 뜻한다. '就'는 '俯就'로서 '머리를 숙이고 깊이 생각하면서 조심스럽게 나아간다.' · '자신을 굽혀서 남을 따른다.' · '아랫사람의 의견을 따른다.'는 의미이다.

이는 九三爻가 ≪革≫ 下卦의 위에 처한 것이, '革'道가 처음으로 성공하는 象(重卦의 안에서 三位에 이르기까지는 변혁을 작게 성공시키는 이치를 가지고 있다.)이니 만큼 마땅히 매우 조심스럽게 나아가야 할 것이라는 뜻이다. 그러나 九三爻는 陽爻로 陽位에 처함으로 剛함이 극에 달하여 조급한 행동을 할 수 있는 까닭에 '나아가는 것을 모색하는데 있어서 서두른다면 반드시 흉할 것이나 정도를 굳건히 지켜 나아가면 위험을 방지할 수 있을 것이다.'고 경고했다. 또한 이때의 변혁을 처리하는 방법은 반드시 잠시 물러났다가 앞으로 나아가야 한다는 것이다. 즉 구제도에 대해 '여러 번 생각하면서 조심스럽게 나아가야 만이(三就)' 인심을 어루만질 수 있음으로써 대국을 안정시키는 견고한 성과를 이룰 수 있을 것이라 의미이다. 이와 같이 한다면 '마음속의 신의와 정성'을 사용하여 백성들로부터 신임을 얻을 수 있을 것이며 편안한 마음으로 개혁을 추진할 수 있을 것이라고 했다. 이 또한 「象傳」 '革而當, 其悔乃亡.'의 의미이다.

무릇 편안하다는 것은 위험이 있다는 뜻이다. 따라서 天命을 받은 군왕이 비록 흉한의 우두머리를 주살했다고 할지라도 그 天命을 바꾸지 않았다면 곧장 天命을 바꾸는 일을 실행해야 할 것이다. 풍속이 안정되지 않았음으로 '나아가는 것을 모색하는데 있어서 서두른다면 흉할 것이다.(征凶)'고 했다. 정도를 사용하는 것은 위험으로부터 말미암은 것이기 때문에 '정도를 굳건히 지켜 나아가면 위험을 방지할 수 있을 것이다.(貞厲)'고 했다. 이는 武王이 紂王을 정복하였으나 즉시 周命을 시행하지 못하고 여전히 商政으로 돌아간 것과 같으니, 이것이 一就이다. 箕子가 감옥에서 풀려나고 比干이 墓에 봉안된 것은 商을 공경하여 백성들을 받아들인 것이니, 이것이 二就이다. 鹿臺(紂王의 재화·보물창고)의 재물을 나누어 주고 鉅橋(紂王의 쌀 창고)의 벼를 풀어 온 천하 백성들을 위로하였으니, 이것이 三就이다. 따라서 '革言三就'라고 했다. 『集解·催憬』

【번역飜譯】

九三爻 : 나아가는 것을 모색하는데 있어서 서두른다면 반드시 흉할 것이나 정도를 굳건히 지켜 나아가면 위험을 방지할 수 있을 것이다. 변혁이 성공한 효과가 처음으로 이미 보여 지고(나타나고) 있다고 할지라도 더욱 많이 자신을 굽혀 인심을 따라야 만이 대국을 안정시킬 수 있을 것이니, 일을 할 때는 반드시 마음속에 신의와 정성을

품고 있어야 할 것이다.

〈象〉曰:'革言三就', 又何之矣.

【번역翻譯】

〈象傳〉에 이르되:'변혁이 성공한 효과가 처음으로 이미 보여지고(나타나고) 있다고 할지라도 더욱 많이 자신을 굽혀 인심을 따라야 만이 대국을 안정시킬 수 있을 것이다.'고 한 것은 九三爻가 또한 하필이면 이 시점에 나아가는 것을 지나치게 서두르고 있는가를 설명한 내용이다.

【해설解說】

九三爻의 변혁은 비록 이미 처음으로 성공했다고 할지라도 사물의 정이 안정되지 못한 까닭에 행동이 만약 조금이라도 신중하지 못하다면 장차 앞에서 쌓은 공적이 모두 사라질 것이며 그 위험이 대국에 반드시 미칠 것이다. 따라서 爻辭는 특별히 이때는 오히려 '흉할 것이다.'·'위험을 방지할 수 있을 것이다.(厲)'는 의미심장한 경고의 뜻을 전달하고 있다.

(䷰) 九四:悔亡, 有孚改命, 吉.

【주석註釋】

悔亡, 有孚改命, 吉:'改'는 '바꾸다(革)'는 뜻이다. 즉 '운명을 바꾼다.(改命)'·'옛 정령을 바꾸어 없앤다.(革除舊命)'는 의미이다.

이는 九四爻가 正位를 상실함으로 인해 본래는 '후회'를 하게 되어 있으나 '革'의 시점에 당면하여, 上卦의 '水'·'火'가 바뀌는 시점에 처하며 剛하나 柔할 수 있어 변혁을 추진할 수 있음으로 '후회가 사라질 것이다.(悔亡)'고 했다. 이 시점에 만약 마음속에 신의와 정성을 품고 옛 정령을 바꾸고(고치고) 없앤다면 반드시 길할 것이라고 했다.

陽爻로서 陰位에 처함으로 후회할 것이다. 그러나 卦位가 이미 中을 지나 水·火가 만나고 있는 시점이자 또한 '革'의 시점이며 剛柔가 치우치지 않은 시점이니 '革'을 사용해야 만이 '후회가 사라질 것이다.' 그러나 반드시 '마음속에 신의와 정성을 품은' 연후라야 만이 '변혁'을 할 수 있으며 '길'할 것이다. 『本義』

【번역翻譯】

九四爻 : 후회는 사라질 것이며 마음속에 신의와 정성을 품고 옛 정령을 바꾸고(고치고) 없앤다면 길할 것이다.

〈象〉曰 : '改命之吉', 信志也.

【주석註釋】

信志 : '信'은 '펼치다(伸)'와 통한다.

옛 정령을 고치는 것이 곧 변혁(운명을 바꾼다.)을 실행하는 것이기 때문에 '뜻을 펼친다.'고 했다. 그 뜻을 실행한다는 것은 뜻이 실행되는 것이기 때문에 '길할 것이다.'고 했다. 『尚氏學』

【번역翻譯】

〈象傳〉에 이르되 : '옛 정령을 바꾸고(고치고) 없앤다면 길할 것이다.'고 한 것은 九四爻가 변혁의 뜻을 펼쳐 나아갈 것이라는 의미이다.

【해설解說】

九四爻는 上卦의 아래에 처하며 '革'道가 장차 크게 성공할 것이기 때문에 '마음속에 신의와 정성을 품고 옛 정령을 바꾸고(고치고) 없앤다면 길할 것이다.'고 했다.

(䷰) 九五：大人虎變, 未占有孚.

【주석註釋】

大人虎變, 未占有孚 : '占'은 '의심나서 질문한다.'는 뜻이다. '未占'은 '의심할 필요가 없다.'는 뜻이다.

이는 九五爻가 '革'의 시점에 당면해, 陽剛中正으로 존위에 높이 처한 것이, '大人'이 전면적으로 변혁을 추진하는 기세가 호랑이 같은 위엄을 떨치고 있는 것과 같다는 뜻이다. 이때 '革'道가 밝게 빛나는 것에 대해서는 의심할 필요가 없는 바이며 九五爻의 신의와 정성스런 心德이 저절로 광채를 드러낼 것이다.

九五爻는 中位에 처하며 존위에 처하며 大人의 덕으로 革의 주인이 되었다. 앞 군왕의 損益을 헤아려 제도를 創制하며(만들며) 법을 세우며 예악의 아름다움도 손질하니 그 빛남을 이로서 볼 수 있는 바이다. 변혁의 기세는 호랑이 가죽의 무늬와 같아 명확하게 면목을 일신시킬 것이며 그 도덕성은 범 가죽의 무늬가 뚜렷한 것과 같아 아름다울 것이니, 이는 곧 湯·武의 혁명과 같이 넓게 백성들과 호응할 수 있을 것이라는 의미이며 수고스럽게 점으로 결정할 필요도 없을 것이라는 의미이며 신의와 덕이 저절로 드러날 것이라는 의미이다. 따라서 '대인은 맹렬한 기세의 호랑이 가죽의 무늬와 같이 명확하게 면목을 일신시켜 털끝만큼의 의심도 없게 할 것이며 반드시 신의와 정성스런 미덕을 밝게 빛낼 것이다.(大人虎變, 未占有孚.)'고 했다. 『正義』

【번역翻譯】

九五爻 : 대인은 맹렬한 기세의 호랑이 가죽의 무늬와 같이 명확하게 면목을 일신시켜 털끝만큼의 의심도 없게 할 것이며 반드시 신의와 정성스런 미덕을 밝게 빛낼 것이다.

〈象〉曰 : '大人虎變', 其文炳也.

【주석註釋】

其文炳 : '文'은 '아름다운 광채'를 뜻한다. 즉 '도덕'을 뜻한다.

【번역飜譯】

〈象傳〉에 이르되 : '대인은 맹렬한 기세의 호랑이 가죽의 무늬와 같이 명확하게 면목을 일신시킬 것이다.'고 한 것은 九五爻의 도덕성이 밝게 빛날 것이라는 의미이다.

【해설解說】

九五爻는 中正으로 존위에 처하며 변혁을 추진해야 하는 시점에 당면하여, 이미 그 덕성을 드러내고 있으며 또한 그 위엄을 보여주고 있으니 천하의 백성들이 믿고 따르지 않는 자 없는 바이다.

(☱) 上六 : 君子豹變, 小人革面. 征凶, 居貞吉.

【주석註釋】

君子豹變, 小人革面 : '面'은 '향하다'·'바라보다'는 뜻이다. '革面'은 '바뀌는 경향'·'바뀌는 추세'와 같은 뜻이다.

이는 上六爻가 《革》의 마지막에 처하며 '革'道가 크게 성공한 것이, 얼룩무늬 표범과 같이 '大人'의 변혁을 도와 공훈을 세웠다는 의미이다. 이때 전체 국면은 이미 안정되었음으로 '小人'들 역시 떼를 지어 순응하며 호응하는, 즉 바뀌는 추세가 되었다는 의미이다.

上六爻는 《革》의 마지막에 처하며 변혁의 도가 이미 완성되었다. 군자가 이곳에 처하면 비록 九五爻의 革命創制가 호랑이 가죽무늬와 같이 명확하게 면목을 일신시켰다거나 그 도덕성이 범 가죽무늬가 뚜렷한 것과 같이 아름답다고는 할 수 없으나 역시 나라를 다스리는 큰 사업을 꾸미는 것은 표범무늬가 뚜렷하고 아름다운 것과 같다는 의미이다. 『正義』

上六爻는 '革'의 공적이며 '君子'·'小人'은 신하와 백성이다. '面'은 '向'의 뜻이니, 옛 사람들은 모두 '面'을 '向'이라고 했다. 『重定費氏學』

'革面'이란? 단지 그 얼굴의 안색만 바꾸어 위에 순응할 뿐이라는 의미이다. 『正義』

征凶, 居貞吉 : 이는 앞문장의 의미를 이어서 나온 것으로 上六爻가 이미 변혁이 성공되고 대국이 안정된 시점에 당면하여, 마땅히 조용히 처하며 정도를 굳건히 지켜 나아가며 성과를 잘 지켜 나아간다면 길할 것이라는 의미이다. 만약 이미 거두어들인 성과를 안전하게 지켜 나아가지 않고 다시 변혁할 것을 생각한다면 지나쳐서 미치지 못한 것과 같으니 반드시 흉할 것이라고 했다.

변혁의 도(革道)가 이미 완성되었으니 마땅히 조용히 정도를 굳건히 지켜 나아가야 할 것이다. 더욱 앞으로 나아가고자 한다면 곧장 흉할 것이며 조용히 처하면서 정도를 굳건히 지켜 나아간다면 길할 것이다. 『正義』

【번역翻譯】

上六爻 : 군자가 표범의 무늬가 뚜렷하고 아름다운 것과 같이 변혁을 도와서 성공시켰으니 소인들 역시 떼를 지어 옛날의 경향을 바꾸어 나아갈 것이다. 이 시점에서 만약 계속해서 맹렬하게 앞으로 나아가기만 하고 그만두지 않는다면 반드시 흉할 것이며 조용하게 처하면서 정도를 굳건히 지켜 나아간다면 길할 것이다.

〈象〉曰 : '君子豹變', 其文蔚也. '小人革面', 順以從君也.

【주석註釋】

其文蔚 : '蔚'은 '무늬가 빛나는 모양'을 뜻한다.

　　이는 上六爻가 변혁을 도와서 성공시킨 미덕은 '大人'의 빛남과 훌륭함으로 인해 이루어진 광채라는 의미이다.

【번역翻譯】

〈象傳〉에 이르되 : '군자가 표범의 무늬가 뚜렷하고 아름다운 것과 같이 변혁을 도와서 성공시켰다.'고 한 것은 上六爻의 아름다운 덕은 대인의 빛남이 널리 행해짐으로 인한 것이라는 의미이다. '소인들 역시 떼를 지어 옛날의 경향을 바꾸어 나아갈 것이다.'고 한 것은 군왕의 변혁에 순응한다는 의미이다.

【해설解說】

　　上六爻는 '대인'의 변혁이 이미 완성된 시점에 처하며 '표범무늬가 뚜렷하고 아름다운 것과 같이 변혁을 도와서 성공시켰다.'는 象이라고 한 것은 그가 변혁을 도와 성공시킨 업적이 이미 나타나고 있다는 의미이이다.

　　'군자가 표범의 무늬가 뚜렷하고 아름다운 것과 같이 변혁을 도와서 성공시켰다.(君子豹變)'란? 혁명 후에 군왕을 도와 공훈을 세운 자들은 모두 제후에 봉해지고 영토를 하사 받으며 신분이 오르고 부귀도 누리며 세대를 바꾸어가면서 명망을 날릴 것이라는 뜻이다. 따라서 '豹變'이라고 했다. 『尙氏學』

【革】요점 · 관점

　　'革'은 '고치다' · '개혁하다'는 뜻이다. 이곳에서는 반드시 완전히 뒤집어 다시 한 번 바꾸는 것을 뜻한다. 즉 '갈라진 틈을 수리하는 데에 그칠 뿐만 아니라 철저하게 새롭게 한번 만든다.'는 의미이다. 『朱子語類』

　　이는 ≪革≫, 즉 '변혁' 의미는 격렬한 성품을 품고 있다는 바를 깨우쳐 준 내용이다.

卦辭는 '변혁이 성공할 수 있는 다음 두 가지 요소'를 집중적으로 강조하고 있다.

① 시기를 장악해야 한다. 즉 기다리던 변혁해야 할 '己日'이 닥치면 서둘러 단연코 변혁을 추진해야 만이 순조롭게 진행될 수 있다.
② 신의와 정성을 품고 정도를 굳건히 지켜 나아가야 한다. 즉 변혁을 추진하는 자는 반드시 정도를 굳건히 지켜 나아가야 하며 마음속에 신의와 정성을 품고 있어야 만이 백성들로부터 신임을 얻을 수 있다.

이와 같이 변혁을 시행한다면 '지극히 형통할 것이며' '후회도 사라질 것이다.'
「象傳」'湯武革命, 順乎天而應乎人.'은 史例를 사용하여 위 두 가지 의미를 표현한 내용이다. '順天'이란? '변화의 기틀에 적절하게 순응한다.'는 의미이다. '應人'이란? '정도를 굳건히 지켜 나아가면 사람들이 믿고 따른다.'는 의미이다.

六爻가 비유한 象은 모두 卦辭의 대의를 돌려서 그 의미를 이야기한 것으로, 사물 변혁의 초기에서부터 말기까지의 발전과정을 보여 주며 작자가 가지고 있는 변혁규율에 대한 일정한 인식을 구체적으로 표현한 것이다.

初九 陽爻는 미천하고 지위가 낮아 시기적으로 변혁할 수 없으니 반드시 평소의 제도를 잘 지켜 나가야 할 것이라고 했다. 六二 陰爻는 柔中으로 九五爻와 호응하니, 장차 변혁해야 할 그 시점에 당면하면 단연코 변혁을 추진해야 할 것이라고 했다. 九三爻는 변혁이 작은 성과를 이루었으나 과격하게 나아가서는 안 될 것이며 마땅히 조심스럽게 人心을 어루만져야 할 것이라고 했다. 九四爻는 剛한 성품으로 柔한 곳에 처함으로써 변혁의 국면이 장차 나타날 것이니 마땅히 있는 힘을 다해 옛 정령을 개혁해야 할 것이라고 했다. 九五爻는 陽剛中正이니 '맹렬한 기세의 호랑이 가죽 무늬와 같이 명확하게 면목을 일신시켜(虎變)' 제도를 새로 만든다면(創制한다면) 신임과 덕망이 빛날 것이라고 했다. 上六爻는 '표범의 무늬가 뚜렷하고 아름다운 것과 같이 변혁을 도와서 성공시켰다.(豹變)' 즉 공을 세운 후 성과를 편안히 지켜 나아가야 할 것이라고 했다.

이렇게 볼 때, 확실히 六爻는 변혁 과정상 어떤 한 단계의 특징을 각각 반영하고 있다. 初九爻와 上六爻는, 옛 규율을 견고히 지켜 나아가는 것에서 시작하여 새로운 제도를 안전하게 보전하는 의리로 마무리 지음으로써 사물의 전체모습이 철저하게 바꾸어진 즉 '질적 변화'의 상황을 표현했다.

『周易』철학의 주제는 '變'이다. ≪革≫에서는 '變'의 典型(본보기)을 논리적으로 표현해 주고 있다. 수많은 易學家들이 『周易』을 정치변혁의 시각으로 인식하고 있으나 그것이 상징하고 있는 의미는 실로 넓고도 넓은 것이로다!

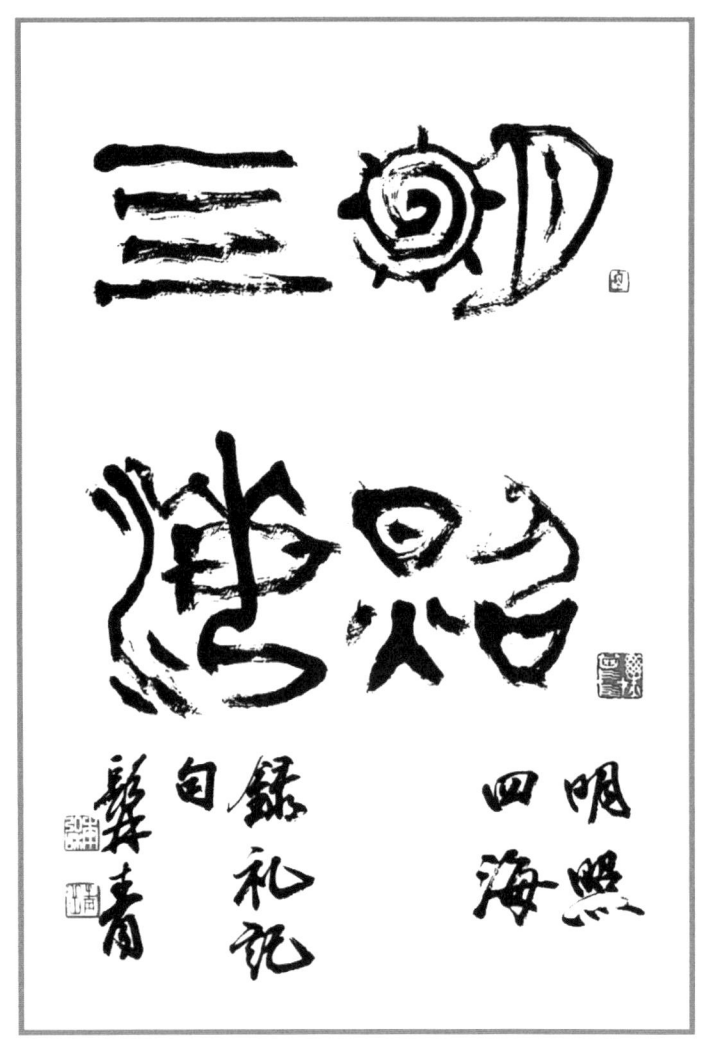

50. 鼎卦의 立體文型圖

(䷱) ≪鼎≫ : 鼎. 元吉, 亨.

〈彖〉曰 : 鼎, 象也. 以木巽火, 亨飪也. 聖人亨以享上帝, 而大亨以養聖賢.
巽而耳目聰明, 柔進而上行, 得中而應乎剛, 是以元亨.

〈象〉曰 : 木上有火, 鼎. 君子以正位凝命.

• • •

(━) 上九 : 鼎玉鉉, 大吉, 无不利.

〈象〉曰 : 玉鉉在上, 剛柔節也.

(╌) 六五 : 鼎黃耳金鉉, 利貞.

〈象〉曰 : '鼎黃耳', 中以爲實也.

(━) 九四 : 鼎折足, 覆公餗, 其形渥, 凶.

〈象〉曰 : '覆公餗', 信如何也!

(━) 九三 : 鼎耳革, 其行塞, 雉膏不食. 方雨虧悔, 終吉.

〈象〉曰 : '鼎耳革', 失其義也.

(━) 九二 : 鼎有實. 我仇有疾, 不我能卽, 吉.

〈象〉曰 : '鼎有實', 愼所之也. '我仇有疾', 終无尤也.

(╌) 初六 : 鼎顚趾, 利出否. 得妾以其子, 无咎.

〈象〉曰 : '鼎顚趾', 未悖也. '利出否', 以從貴也.

50 鼎卦

(䷱)《鼎》・錯(䷂)《屯》・綜(䷰)《革》・互(䷪)《夬》

(䷱)《鼎》: 鼎. 元吉, 亨.

【주석註釋】

䷱ : 卦象이다. 下卦 ☴ 巽卦(木・遜)와 上卦 ☲ 離卦(火・麗)로 구성되었다. 부엌 아궁이 속 나무둥치에 불을 붙이면 솥 안에 있던 날곡식이 먹을 수 있는 익은 음식으로 새롭게 변화하는 자연현상과 이치를 빌려와서 '새로운 양육' 현상과 이치를 상징했다. 즉 개혁 내지 혁명으로 탄생된 새로운 권력층이 천하를 새롭게 '양육하는(교화시키는)' 현상과 이치를 상징했다.

鼎 : 卦名이다. '발이 세 개 귀가 두 개 달린 금속으로 만든 솥'을 상징한다. '솥'은 고대에 다음과 같은 두 가지 의미를 상징했다.

① 음식을 삶는 容器이다.
② 통치자들의 권력을 상징하는 '法象'이다.

'鼎'이란? 용기의 명칭이다. 불에 쇠붙이를 녹인 후 그릇을 만들어 음식을 익히는 용도로 사용했는데, 이를 '鼎'이라고 했다. 또한 이르되 : 鼎은 용기이며 또한 두 가지 의미를 가지고 있다. ① 음식을 익히는 용도이다. ② 사물형상의 법칙이다. 이 卦는 성인이 天命을 바꾸는 것(혁명)을 밝혔으며 사물형상의 법칙을 보여 주었으니, 오로지 그 제도를 새롭게 하는 것으로 鼎의 의미를 제시했다. 나무가 불에 순응하여 타는 것이 '鼎'의 象다. 『正義』

元吉, 亨 : 이는 '鼎'은 '사물을 삶아 새로운 용도로 만든다.'는 뜻과 '權力法制의 象을 가졌다.'는 뜻으로, 군자가 이 용기를 가지고 있다는 것은(솥의 의미를 새긴다.) 또한 권력을 집행하여 '자신도 새로워지고 다른 사람들도 새롭게 한다.(自新新人)'는 의미이며, 이때는 '크게 길할 것이며(元吉)' 연후에는 '형통할 것이다.(亨)'고 했다.

'革'은 옛 것을 버리는 것이고 '鼎'은 새 것을 취하는 것이다. 『王注』

【번역飜譯】

≪鼎≫ : 鼎卦는 솥을 상징한다. 지극히 길할 것이며 형통할 것이다.

【해설解說】

'鼎'은 음식을 익히는 용기이다. 初六 陰爻는 솥의 발이고 九二·九三·九四 陽爻는 솥의 배이며 六五 陰爻는 솥의 귀이며 上九 陽爻는 솥귀의 고리이다. 이것이 '鼎'의 象이다. 『本義』

〈象〉曰 : 鼎, 象也. 以木巽火, 亨飪也. 聖人亨以享上帝, 而大亨以養聖賢. 巽而耳目聰明, 柔進而上行, 得中而應乎剛, 是以元亨.

【주석註釋】

鼎, 象也. 以木巽火, 亨飪也 : '木'은 下卦 巽卦를 뜻한다. '巽'은 '순응'을 뜻한다. '火'는 上卦 離卦가 火라는 뜻이다. '亨'은 '삶다(烹)'·'요리하다'는 뜻과 통한다.

이는 下卦와 上卦의 卦象을 사용해서 卦名 '鼎'의 의미를 해석한 내용으로, 두 개의 몸체는 나무를 사용해 불을 지펴 솥에서 음식을 익히는 象과 같다는 의미이다.

'鼎을 象으로 말한 卦이다.'·'밥은 나무로 불을 지펴 만드는 것이니, 이는 곧 솥을 사용하여 요리를 만드는 象이다. 또한 三公의 직위를 形象한 것으로, 위로는 陰陽을 조화시키고 아래로는 백성들을 어루만지는 象이다. 솥은 사물을 익혀서 사람들을 양육하기 때문에 象으로 삼았다.'『九家易』

聖人亨以享上帝, 而大亨以養聖賢 : '亨'은 '제사를 올린다.'는 뜻이다. '上帝'는 '天帝'를 뜻한다.

　　이 두 구절은 '鼎'이 사물을 익혀서 天帝에게 제사를 올리고 현인을 봉양하는 두 가지 효능에 대해 극찬한 내용이다.

　　이는 솥의 용도가 아름답다는 것을 밝힌 것이다. 음식을 익히는 것은 반드시 다음과 같은 두 가지 역할에서 벗어날 수가 없다. ① 제사를 올리는 데에 사용한다. ② 손님을 접대하는 데에 사용한다. 제사를 올리는 것은 天神이 훌륭하다(大)는 것을 기리는 것이고 손님을 접대하는 것은 성현을 소중히(重) 여긴다는 의미이다. 따라서 그것을 중대히 여김으로써 하찮은 것을 알 수 있게 했다. 天帝에게 제사를 드리는 것을 '亨(향)'이라 하고 백성들을 양육하는 것을 '大亨(대팽)'이라고 한다. 天帝에게 제사를 드릴 때는 본질을 숭상함으로써 소 한 마리도 근본을 주재할 수 있으니 '亨'이라고 했다. 성현들은 자못 숫자가 많고 봉양할 때는 반드시 배불리 먹이는 것이 중요함으로 '亨'자 앞에 '大'자를 첨가했다.『正義』

巽而耳目聰明 : '巽'은 '겸손하게 순응한다.'는 뜻으로 下卦를 가리킨 것이다. '聰明'은 '밝다'는 뜻으로 上卦 離(火)를 가리킨 것이다.

　　이 구절은 下卦와 上卦의 卦象을 취해서 '솥'의 용도가 이롭다는 내용을 말하고 있다. 즉 현인들은 봉양을 받은 연후라야 겸손하게 윗자리에 있는 자를 보좌할 것이니, 그렇게 되면 위에 있는 자가 도움을 얻어 '눈과 귀가 밝아져(耳目聰明)' 여의치 못하던 일을 성공시킬 수 있을 것이라는 의미이다.

柔進而上行, 得中而應乎剛 : '柔進'과 '得中'은 六五爻가 겸손하고 부드러운 미덕에 의지하여 위를 향해 나아갈 것이며 中位에 처해 陽剛의 賢人과 호응한다는 의미이다. '剛'은 九二爻를 뜻한다.

　　이는 六五爻가 '柔中'과 '應剛'의 덕성을 가진 것을 들어, 존자가 솥을 사용해 현인을 봉양함으로써 '자신이 새로워지며 백성들도 새롭게 한다.(自新新人)'는 것에 비유한 내용이다. 앞 두 구절과 함께 卦辭 '元吉, 亨.'의 의미를 해석한 내용이다.

【번역翻譯】

〈彖傳〉에 이르되 : 솥(鼎器)은 음식을 익혀서 사람들을 양육하는 물체의 形象이다. 나무가 불에 순응하여 타오르는 것을 사용하여 음식을 익히는 상황을 말했다. 성인은 음식을 익혀 天帝에게 제사를 드려야 할 것이며 또한 엄청나게 많이 익힌 음식물로 성현들을 봉양해야 할 것이다. 음식물을 익혀서 현인들을 양육해야 만이 현인들로 하여금 겸손하게 존자를 도울 수 있게 할 것이며 이로 인해 존자의 눈과 귀가 밝아지게 될 것이니, 이 시점에서 존자는 겸손하고 부드러운 미덕에 의지하여 나아갈 것이며 아울러 위를 향해 곧장 나아갈 것이며 높은 中位에 처하여 아래의 陽剛한 현인과 호응할 수 있는 까닭에 지극히 형통할 것이다.

〈象〉曰 : 木上有火, 鼎. 君子以正位凝命.

【주석註釋】

木上有火, 鼎 : ≪鼎≫ 下卦의 巽은 '木'의 象이고 上卦 離卦는 '火'의 象이라는 것을 해석한 내용이다. 이는 「彖傳」 '以木巽火'의 의미와 같다.

　　'나무 위에 불이 붙어 타오르고 있다.'는 것은 '나무가 불에 순응한다.(以木巽火)'는 것으로써, 이는 곧 음식을 익히는 象이기 때문에 '鼎'이라고 했다. 『正義』

正位凝命 : '正'은 '端正하다' 즉 '단아하고 정정당당하다.'는 뜻으로 동사처럼 사용되었다. '凝'은 '잘 정돈된 모양이다.'·'엄격하게 준수한다.'는 뜻으로 역시 동사로 사용되고 있다. '命'은 '使命'을 뜻한다.

　　이는 '군자'가 솥의 몸체가 단아하고 정정당당한 象을 본 받아, 자신의 직위를 단정하게 하고 사명을 엄격히 준수한다면 사악한 경지로 진입되는 것을 면할 수 있을 뿐만 아니라 직책을 준수하는 데에도 부끄러움이 없을 것이라는 의미이다.

【번역翻譯】

〈象傳〉에 이르되 : 나무 위에 불이 붙어 타오르고 있다는 것은 솥이 음식을 익히고 있다는 것을 상징한다. 군자는 이 鼎象을 본 받아, 자신의 직위를 단아하고 정정당당하게 지켜 나아갈 것이며 사명을 엄격히 준수해야 할 것이다.

【해설解說】

卦辭의 의미는 '솥'의 효능에 중점을 두었음으로, '군자'가 이 용기를 가지고 있으면(솥의 의미를 잘 새긴다면) 반드시 '지극히 길할 것이며 형통할 것이다.'고 했다. 「大象傳」에서 솥의 몸체가 '正하다고 한 것은 사실상 '엄격히 준수한다(凝)'는 의미이다. 즉 음식을 익혀 사람들을 양육해야 할 것이라는 의미로서, '군자'는 마땅히 솥의 象을 본 받아, '자신의 직위를 단아하고 정정당당하게 지켜 나아갈 것이며 사명을 엄격히 준수해야 할 것이다.'는 뜻을 권유한 내용이다.

(䷱) 初六 : 鼎顚趾, 利出否. 得妾以其子, 无咎.

【주석註釋】

鼎顚趾, 利出否 : '否'는 '좋지 않는 사물' 즉 '폐물'을 뜻한다.

이는 初六爻가 '鼎'의 시작에 처하며 陰虛로서 아래에 처하니 '뒤집어진 솥(顚鼎)'의 象이라는 의미이다. 솥은 사물을 넣고 익히는 그릇이니 마땅히 먼저 뒤집어서 폐물을 깨끗이 버려야 할 것이기 때문에 '폐물을 쏟아버리는 것에서 이로움을 얻을 것이다.(利出否)'고 했다.

陽은 實이고 陰은 虛이다. '솥(鼎)'이라는 물건은 아래는 實하고 위는 虛하다. 지금은 陰이 아래에 있으니 뒤집어져 있는 솥이며 솥이 뒤집어졌다는 것은 발이 거꾸로 놓여 있다는 뜻이다. '否'란? '좋지 않는 사물'을 뜻한다. 『王注』

得妾以其子, 无咎 : '妾'은 初六爻에 비유된 것이며 '子'는 九四爻에 비유한 것이다.

이 象은 앞의 문장 '顚趾'·'出否'를 이어서, 初六爻가 비록 비천한 아래에 처하기는 할지라도 위로 九四爻에 호응하니 당연히 '폐물을 버린' 연후에 새로운 물품을 넣어 음식을 익힐 것이라는 의미이다. 이는 첩이 아들을 낳게 되면 자식이 귀한 까닭으로 인해 구원되어 正室이 되는 것과 같다는 뜻이다. 이 역시 옛 것을 버리고 새 것을 성취시킨다는 의미이기 때문에 '반드시 재난이 없을 것이다.(无咎)'고 했다.

'妾'이란? 잉첩으로 정실이 아니다. 시집을 올 때 따라 온 시녀로서 正室이 비록 죽었다고 할지라도 첩은 가정의 주인이 될 수가 없다. 첩이 가정의 주인이 된다는 것은 역시 솥이 발을 거꾸로 하고 있는 바와 같이 잘못된 것을 의미한다. 첩이 만약 훌륭한 아들을 가지게 되면 어머니는 자식의 귀함으로 인해 繼室이 될 수 있어 재난이 없어질 것이다. 따라서 첩이 그 아들로 인해 '재난이 없을 것이다.'고 했다. 『正義』

【번역飜譯】

初六爻 : 솥이 발을 거꾸로 하여(솥을 뒤집어) 폐물을 쏟아 버리는 것에서 이로움을 얻을 것이다. 이는 곧 첩을 얻어 아들을 낳자 그 첩이 정실로 구원되었으니 반드시 재난이 없을 것이라는 것과 같은 의미이다.

〈象〉曰 : '鼎顚趾', 未悖也. '利出否', 以從貴也.

【주석註釋】

從貴 : 初六爻가 九四爻를 따르는 것을 뜻한 바로서, 그가 사물을 받아들여 음식을 익힐 것이라는 의미이다. 이는 '첩'이 귀한 자식으로 인해 正室로 구원된 것과 같다는 의미이다.

폐물을 버리는 것은 새로운 것을 받아들이기 위한 것이다. 『王注』

【번역飜譯】

〈象傳〉에 이르되 : '솥이 발을 거꾸로 하였다.'고 한 것은 반드시 이치에 어긋난다는 뜻은 아니다. '폐물을 쏟아 버리는 것에서 이로움을 얻을 것이다.'고 한 것은 初六爻가 마땅히 위로 존귀한 자를 따를 것이라는 의미이다.

【해설解說】

初六爻의 '발을 거꾸로 하였다.'고 한 것과 '첩을 얻었다.'고 한 것은 모두 사물의 외적현상을 표현한 것으로 때에 따라 평소의 규율을 위반하는 것과 같으나, '사물을 익혀서 새로운 음식을 만드는' 시점에 당면해서 이러한 사물상태의 실질은 오히려 의리에 어긋나는 바가 아니라는 의미이다.

> 무릇 일의 흔적이 비록 上下尊卑의 서열에 어긋난다고 할지라도 의리에 적합하다면 재난은 없을 것이다. 『來氏易注 · 來知德』

(䷱) 九二 : 鼎有實. 我仇有疾, 不我能卽, 吉.

【주석註釋】

鼎有實 : 이는 九二爻가 ≪鼎≫ 下卦의 中位에 처하며 陽剛의 충실한 성품을 보유함으로써 '솥이 사물을 가득 담고 있는' 象이라는 의미이다.

> 陽의 質로서 鼎의 中位에 처하니 實(곡식 · 사물)을 가진 자이다. 『王注』

我仇有疾, 不我能卽, 吉 : '我'는 九二爻를 뜻한다. '仇'는 배필인 六五爻를 뜻한다. '卽'은 '가까이 한다' · '나아가다'는 뜻이다. '不我能卽'란? 곧 '나에게로 가까이 올 수 없다.(不能就我)'는 뜻이다.

이는 九二爻가 위의 六五爻에 호응하고자 하나 六五爻가 剛한 자를 올라타고 있는 것이, '병이 있어(有疾)' 九二爻 앞으로 나아올 수 없는 것과 같다는 의미이다. 九二爻는 이로 인해 증가되는 짐을 면하게 되어 鼎의 實(곡식 · 사물)이 넘치지 않게 되었음으로 '吉할 것이다.'고 했다.

實의 사물이 있으니 다시 더할 수가 없다. 이에 더한다면 넘칠 것이며 오히려 그 實의 사물을 다치게 할 것이다. 나의 배필은 六五爻를 뜻한다. 剛을 올라탄 질병의 위경에 처함으로써 나에게로 올 수가 없으니, 즉 내가 넘치지 않아 그 길함을 보전할 수 있을 것이다. 『王注』

【번역飜譯】

九二爻 : 솥 가운데 사물이 이미 가득 담겨져 있다. 나의 배우자는 몸에 질병을 가지고 있음으로써 잠시 동안 내가 지고 있는 짐 위에 더 보태러 오지는 못할 것이니 길할 것이다.

〈象〉曰 : '鼎有實', 愼所之也. '我仇有疾', 終无尤也.

【주석註釋】

愼所之 : 이는 솥 가운데에 사물이 이미 가득 담겨져 있는데 더 넣는다면 반드시 넘칠 것이기 때문에 그의 행동은 마땅히 조심해야 할 것이라는 의미이다.

사물이 이미 가득 담겨져 있는 솥은 다시 더 받아들일 수가 없다. 『王注』

終无尤 : 이는 솥 가운데에 짐을 더 가중시키지 않는다면 결국 잘못되지 않을 것이라는 의미이다.

六五爻는 이미 剛을 올라탄 질병을 가지고 있는 까닭에 나에게 더 보태지 못할 것이기 때문에 나는 결국 '잘못되지 않을 것이다.'고 했다. 『正義』

【번역飜譯】

〈象傳〉에 이르되 : '솥 가운데에 사물이 이미 가득 담겨져 있다.'고 한 것은 九二爻가 조심스럽게 나아가야 할 것이라는 의미이다. '나의 배우자는 몸에 질병을 가지고 있다.'고 한 것은 九二爻가 (잠시 동안 六五爻와 호응하지 못하고 있는 것이) 결국 잘못되지 않을 것이라는 의미이다.

【해설解說】

九二爻는 '剛中'의 미덕을 가지고 있어 조심스럽게 행동할 수 있으며 편파적이지 않다. 九四爻는 不正・不中으로 힘이 견뎌내지 못해 '솥의 다리가 부러졌다.(鼎折足)' 따라서 九二爻는 '길' 할 것이며 九四爻는 '흉'할 것이라고 했다.

(䷱) 九三：鼎耳革, 其行塞, 雉膏不食. 方雨虧悔, 終吉.

【주석註釋】

鼎耳革, 其行塞, 雉膏不食. 方雨虧悔, 終吉：'雉'는 '야생 닭', 즉 '꿩'을 뜻한다. '雉膏'는 '꿩국'을 뜻한다. '方'은 '바야흐로 … 하고자 한다.'・'마침내'의 뜻이다. 이는 '기다리다'는 뜻을 내포하고 있다. '雨'는 '陰陽이 조화된 상태'를 상징한다. '虧'는 '사라지다'・'적어지다'는 뜻이다.

《鼎》 九三爻와 《井》 九三爻의 象은 비록 다르나 의미는 대체로 같다. 그들은 모두 下卦의 위에 처하며 때가 되어도 사용되지 못하고 있다. 《井》 九三爻는 陽剛으로 正位에 처하니 세상을 구제할 수 있는 인재의 象으로, 이는 깨끗한 샘물이 우물 밑에 처하며 사람들이 사용해 주기를 기다리고 있는 것과 같은 象이다. 《鼎》 九三爻는 陽剛으로 巽卦 위에 처하니 강하나 부드러울 수 있는 것이 사업을 성취시킬 수 있는 인재의 象으로, 六五爻가 그에게로 와서 그를 알아보고 중용해 주기를 기다리고 있는 것과 같은 象이다. 그러나 九三爻는 六五爻와 근본적으로 호응하는 관계가 아니기 때문에 양자가 쉽게 통하지 않는 것이, '솥의 귀 부분에 괴상스러운 변화가 일어나 그 들어 옮기는 통로가 막혔다.(鼎耳革, 其行塞.)'는 것과 같다는 의미이다. '솥의 귀(鼎耳)'는 六五爻를 뜻하며 '革'은 '변혁' 즉 '괴상스러운 변화'를 의미한다. 솥(鼎)은 귀의 고리를 사용하여 귀를 당겨야 만이 바야흐로 옮길 수가 있다. 그러나 지금 솥은 귀에 괴상스러운 변화가 발생하여 옮길 수가 없으니, 즉 六五爻의 행동이 저지를 받아 九三爻와 통할 수가 없다는 뜻이다. 九三爻 자신으로 본다면, 그의 처지는 '꿩국 맛을 보여 줄 수가 없다.(雉膏不食)'는 것과 같이 '솥(鼎)' 가운데에 맛있는 음식과 맛좋은 안주가 가득 차 있음으로써 사람들을 배불리 먹일 수 있으나 사람들은 오히려 한 결 같이 먹어 볼 수가 없는 상황이라는 의미이다. 그러나 이는 단지 한 단면일 뿐 진정한 문제는 다른 곳에 있다. 즉 '바야흐로 陰陽의 조화로 출현하는 장마 비를 기다린다면 반드시 후회는 사라지고 결국에는 길할 것이다.(方雨虧悔, 終吉.)'는 것이다. 六五爻는 文德을 갖춘 주인이다. 九三爻가 위로 文德을 갖춘 자의 뜻을 받들며 또한 剛正으로 자신을 잘 지켜 나아감으로써 六五爻는 결국 九三爻를 찾을 것이며 마침내 六五爻는 陽을 만나고 九三爻는 陰을 만나 陰陽으로 화합된 비가 될 것이라는 것, 즉 九三爻와 六五爻는 처음에는 비록 서로 만나지 못하는 실수를 할 것이나 결국에는 서로 만나 길하게 될 것이라는 의미이다.

'비(雨)'란? 陰陽이 조화된 것을 상징하며 한편으로 치우치지 않는 것을 뜻한다. 비록 몸체가 陽爻라고 할지라도 근본은 陰卦에 속하니 만약 전적으로 마음대로 강하고 굳세게 하지 않고 조화에 힘을 쏟는다면 '마침내 비를 만날 수 있어(方雨)' 후회는 사라질 것이고 결국에는 '길할 것이다.'고 했다. 『王注』

【번역翻譯】

九三爻 : 솥의 귀 부분에 괴상스러운 변화가 일어나 끼워 넣어서 들어 옮기는 통로가 막혔으니 꿩국 맛을 보여 줄 수가 없는 바이다. 마침내 陰陽의 조화로 만들어진 기다리던 장마 비가 내리니 반드시 후회는 사라질 것이며 결국에는 길할 것이다.

〈象〉曰 : '鼎耳革', 失其義也.

【주석註釋】

失其義 :

솥은 귀를 사용하여 운반되나 귀에 괴상한 변화가 일어나 끼워 넣어서 들어 옮기는 통로가 막혔으니 그 의리를 상실한 것이다. 『集解·虞翻』

그는 비어있는 가운데에로 받아들이는 의리를 상실했다. 『正義』

【번역飜譯】

〈象傳〉에 이르되 : '솥의 귀 부분에 괴상한 변화가 일어났다.'고 한 것은 九三爻가 虛中의 의리를 상실했다는 의미이다.(九三爻와 六五爻는 이웃도 아니며 즉 非比이며, 올라타고 있는 관계도 아니며 즉 非乘이며, 받드는 관계도 아니며 즉 非承이며, 호응하는 관계도 아니며 즉 非應인 것이, 곧 그 의리를 상실했다는 의미이다.)

【해설解說】

九三爻는 陰陽의 조화로 이루어진 '비(雨)'를 象으로 삼았다. 즉 지나치게 剛한 성품을 바꾸어 虛中의 의리로 회복시킬 것을 격려했다. 솥의 귀에 괴상한 변화가 없다면 끼워 넣어서 들어 옮기는 통로도 막히지 않을 것이니, 이 솥은 결국 음식물을 익히는 데에 사용되어 꿩국 맛을 보여 줄 수가 있을 것이기 때문에 후회는 사라질 것이며 결국에는 길할 것이라고 했다.

(䷱) 九四 : 鼎折足, 覆公餗, 其形渥, 凶.

【주석註釋】

鼎折足, 覆公餗, 其形渥, 凶 : '餗'은 '솥 안에 있는 음식'·'쌀알'을 뜻한다. '形'은 '솥의 몸체'를 뜻한다. '渥'은 '물에 흠씬 젖은 상태'를 뜻한다.

이는 九四爻가 위 六五爻의 뜻을 받드는 자신의 소임이 중요하다는 것을 인식하고는 있으나 아래로 初六爻와 호응해야 하며 또한 中正을 상실했으니 일을 하는 데에 있어서 자력으로 감당할 역량이 없는 象인 것이, 솥이 무거운 짐을 받들기가 힘에 겨우면 반드시 '다리가 부러지고(折足)' '솥 안의 음식물도 쏟아지게(覆餗)' 될 뿐만 아니라 솥의 몸체 역시 물에 잠기는 조난을 당하게 되는 것과 같다는 의미이다. 따라서 '흉할 것이다.'고 했다.

上體의 아래에 처하며 또한 初六爻와 호응한다는 것은 六五爻를 받들기도 하며 初六爻에게 베풀기도 한다는 뜻이니, 이는 혼자서 감당할 수가 없는 것이기 때문에 '솥의 다리가 부러졌다.'고 했다. 初六爻에서 이미 폐물을 버렸고 九四爻에 이르러서 꽉 채워졌던 것이 이미 깨끗이 비워졌음으로 '三公이 먹는 귀한 음식이 쏟아졌다.(覆公餗)'고 했다. '渥'은 흠씬 젖은 모양이다. 三公이 먹는 귀한 음식이 이미 쏟아졌다는 것은 몸체가 물에 젖었다는 의미이다. 작은 지혜를 이용해서 큰 계책을 세우고자 하나 그는 감당할 수가 없을 뿐만 아니라 오히려 그는 욕을 당하게 되어 재난이 그 몸에 미치게 됨으로써 '그(솥)의 몸체도 젖게 되어 흉할 것이다.(其形渥, 凶.)'고 했다. 『王注』

【번역飜譯】

九四爻 : 솥이 무거운 짐을 받들기가 힘이 들자 솥의 다리가 부러져 王公이 먹을 귀한 음식이 모두 쏟아졌으며 솥 몸체의 작은 부분까지 흠씬 젖게 되었으니 흉할 것이다.

〈象〉曰 : '覆公餗', 信如何也!

【주석註釋】

信如何 : 九四爻가 '신임을 얻지 못한다.'는 뜻이다.

그의 힘을 헤아리지 못해 결국에는 재난을 초래했으니 어떻게 그를 믿을 수 있단 말인가! 『王注』

【번역飜譯】

〈象傳〉에 이르되 : '王公이 먹을 귀한 음식이 모두 쏟아졌다.'고 한 것은 九四爻를 어떻게 믿을 수 있단 말인가!의 의미이다.

【해설解說】

본 爻가 제시한 것은 '사물이 스스로 감당할 역량이 없는 데에도 불구하고 맡겨진 일을 강행한다면 근심과 흉함을 면하기 어려울 것이다.'는 의미이다.

덕성이 얇으나 직위가 존엄하며 지혜는 작으나 계략이 크며 역량이 적으나 맡겨진 임무가 무겁다면 좋은 일이 일어날 수 없을 것이다. 「繫辭下傳」

(☰) 六五 : 鼎黃耳金鉉, 利貞.

【주석註釋】

鼎黃耳金鉉, 利貞 : '黃'은 '중간 색상'으로 六五爻 '柔中'에 비유한 것이다. '金'은 '견강한 사물'을 뜻하는 것으로 六五爻가 陽位에 처하며 또한 剛爻와 서로 호응하는 것에 비유한 것이다. '鉉'은 '솥을 들어 올리는 고리'를 뜻한다.

이는 六五爻가 柔中으로 존위와 陽位에 처하며 九二 陽剛爻의 호응을 받아들이는 것이, 솥에 '누른 색상의 귀'를 짝지어 붙이고 '견강한 고리'를 짝지어 끼워 넣어 솥을 들어 옮기면서 익힌 요리를 제공하는 것과 같다는 의미이다. 따라서 정도를 굳건히 지켜 나아가는 데에서 이로움을 얻을 것이며 반드시 솥의 용도를 다하는 아름다움이 있을 것이라고 했다.

'黃'은 '중간색상'을 뜻한다. '金'은 '견강하다'는 뜻이다. 六五爻는 中位이기 때문에 '누른 색상의 귀'라고 했다. 九二爻에 호응하는 것은 柔로서 剛을 받아들이는 것이기 때문에 '견강한 고리'라고 했다. '剛正'을 받아들이기 때문에 '정도를 굳건히 지켜 나아가는 데에서 이로움을 얻을 것이다.'고 했다. 『正義』

【번역翻譯】

六五爻 : 솥에 누른 색상의 귀를 짝지어 붙이고 견강한 고리를 짝지어 끼워 넣었으니 정도를 굳건히 지켜 나아가는 데에서 이로움을 얻을 것이다.

〈象〉曰 : '鼎黃耳', 中以爲實也.

【주석註釋】

中以爲實 : 六五爻가 아래의 九二爻와 호응하여 陽實의 이익을 얻을 것이라는 의미이다.

　　六五爻는 中位에 처하며 九二爻와 호응함으로 中이 實을 생각한다고 했다. 實은 九二爻를 뜻한다.『尙氏學』

【번역飜譯】

〈象傳〉에 이르되 : '솥에 누른 색상의 귀를 짝지어 붙였다.'고 한 것은 六五爻가 中位에 처하며 剛實의 이로움을 얻을 것이라는 의미이다.

(䷱) 上九 : 鼎玉鉉, 大吉, 无不利.

【주석註釋】

鼎玉鉉, 大吉, 无不利 : '玉'은 견강하고 온화하며 윤기가 나는 물건이니, 上九爻가 剛으로 柔位에 처한다는 것에 비유한 내용이다.

　　이는 上九爻가 ≪鼎≫의 마지막에 처하며 陽爻로서 陰位에 처한 것이 剛하나 온화한 옥을 사용해 만든 솥을 들어 올리는 고리와 같다는 의미이다. 이때 上九爻가 九三爻에게 얽매이지 않는 것은 뜻이 보다 넓게 아래의 것들과 호응하는 데에 있기 때문이니, 이는 '옥으로 만든 고리(玉鉉)'가 솥을 들어 올리는 용도로 사용된다면 솥의 공적이 크게 성취되는 象과 같음으로써 '크게 길할 것이며 이롭지 않는 바가 없을 것이다.(大吉, 无不利.)'고 했다.

　　'玉'이란? 견강하고 윤기가 나는 물건이다. 上九爻는 ≪鼎≫의 마지막에 처함으로 鼎

道가 성취되는 위치이며 몸체는 剛하고 위치는 柔하니, 즉 옥으로 만든 고리를 사용해서 스스로 들어 올리는 자인 까닭에 '세 발 달린 솥에 옥으로 만든 고리를 짝지어 끼워 넣었다.(鼎玉鉉)'고 했다. 또한 호응을 하나에만 하지 않는다는 것은 들어 올리지 않는다는 뜻이 아님으로 '크게 길할 것이며(大吉)'·'이롭지 않는 바가 없을 것이다.(无不利)'고 했다. 『正義』

【번역飜譯】

上九爻 : 솥에 옥으로 만든 고리를 짝지어 끼워 넣었으니 크게 길할 것이며 이롭지 않는 바가 없을 것이다.

〈象〉曰 : 玉鉉在上, 剛柔節也.

【주석註釋】

剛柔節 :

陽으로 陰位에 처한다는 것은 剛하나 자신을 절제하여 柔할 수 있다는 의미이다. 또한 玉의 온화함과 윤택함이 고리가 될 수 있는 까닭과 같다는 것이다. 『來氏易注』

【번역飜譯】

〈象傳〉에 이르되 : 옥으로 만든 솥의 고리가 높은 곳에 있다는 것은 上九爻 陽剛이 陰柔를 사용하여 조절(알맞게) 할 수 있다는 의미이다.

【해설解說】

본 爻 陽剛이 가장 위에 처한다는 것은 솥의 용도가 빛나고 있다는 의미로서 '옥으로 만든 고리'에 비유하였다. 이는 솥의 공적이 성취되었다는 것을 들어, '사물을 익혀서 사람을 양육한다.(烹物養人)'는 의미의 극치를 보여 준 내용이다.

≪井≫의 上六爻와 ≪鼎≫의 上六爻는 모두 길하게 구성되었다. 이는 물은 우물에서 끌어올려

나오게 한 후라야 만이 사용할 수가 있기 때문이며 음식은 솥에서 익혀서 나오게 한 후라야 만이 사용할 수가 있기 때문이다. 『折中·熊良輔』

【鼎】 요점·관점

'鼎(솥)'은 음식을 익히는 기구로 사용되어 '사람을 양육하는(養人)' 작용을 한다. 鼎을 '法器'로 인식하기도 했고 '권력'을 상징하기도 했다.

솥은 세 개의 발이 한 몸을 지탱함으로 三公이 천자의 뜻을 받드는 것과 같다. 三公은 陰陽이 조화된 상태를 뜻한다. 솥은 五味를 조화시키는 것을 뜻한다. 『九家易』

≪鼎≫의 주제는 사물을 삶아, 즉 날 것을 익힌 음식으로 만드는 것이다. 이는 즉 사물을 새로운 것으로 만드는 이치에 비유한 내용이다. 그 가운데 '권력행사를 구체적으로 실현하는 법'·'천하를 다스리는 법'·'자신이 새로워져서 남을 새롭게 하는 법'에 중점을 두었다. 『集解』

「雜卦傳」에서 '≪革≫은 옛 것을 버리는 것이고 ≪鼎≫은 새 것을 취하는 것이다.'고 한 것이 바로 이 뜻이다.

'革(옛 것을 버리는 것)'의 위대함은, 즉 九鼎(禹王 때 주조한 솥으로 夏·殷·周 때 보배로 삼았으며 굉장히 무거움으로 중요한 직위를 상징하는 용어로 사용하였다.)의 무거운 용기를 내다버린다고 할지라도 지나치지 않다고 생각하는 것은 한 세대의 耳目을 새롭게 하는 것을 중요시 한 까닭이다. 솥을 사용한 것은, 옛 것을 변혁시키는 것을 허물로 생각하지 않는다는 의미이다. 이는 陰陽이 교감하여 새롭게 되는 큰 업적을 만들어 내기 때문이다. 따라서 ≪鼎≫은 ≪革≫을 계승하는 것으로 서로 작용했다. 만약 기물이 음식을 익혀 사람을 양육하는 것에만 주력한다면 그것은 대단한 것이 아니다. 「大象傳」은 '正位凝命'을 四字로 묶어서 자신의 덕성을 양육하고 자신의 몸을 양육하고 가정을 다스리고 국가를 다스리는 도는 천하를 가진 자가 취해야 할 법이며 어느 누구도 그 범위를 넘어설 수 없다고 했다. 『周易學說·馬振彪』

卦辭의 대의로 본다면, '군자'가 솥을 가지고 있으면(솥의 의미를 새기면) 지극히 길할 것이며 앞날이 형통할 것이며 '옛 것을 버리고 새 것을 취하면' 법제가 빛날 것이라는 뜻을 주제로 강조하고 있다.

六爻를 관찰해 보면, 각각 솥의 한 부위 혹은 하나의 사건을 짝지어 비유하면서 일정한 환경조건 하에서 일을 맡거나 권력을 잡았을 때의 같지 않은 상황을 설명하지 않은 것이 없다.

初六爻는 陰柔로서 가장 아래에 처하며 솥이 발을 거꾸로 하여 폐물을 깨끗이 쏟아버리니 '반드시 재난이 없을 것이다.'고 했다. 九二爻는 솥 안에 사물이 가득 차 있으니, 이곳에 처했을 때 조심하라는 뜻을 '차고 넘치게 하지 않는다면 길할 것이다.'고 했다. 九三爻는 솥의 귀부분에 괴상스런 변화가 생겨 솥의 용도에 장애를 받게 되었으나 만약 陰陽을 조화시킬 수 있다면 결국에는 '길할 것이다.'고 했다. 六五爻와 上九爻는 金·玉으로 만든 '고리' 즉 아름다움이 더해지는 상황으로, 六五爻는 한 卦의 주인으로 '정도를 굳건히 지켜 나아가는 데에서 이로움을 얻을 것이다.'고 했고 上九爻는 솥의 효용이 크게 성공했음으로 '크게 길할 것이며 이롭지 않는 바가 없을 것이다.'고 했다. 전체 卦 가운데 오로지 九四爻 만이 직권을 칭하지 않고 '다리가 부러졌다.'·'음식물이 쏟아졌다.'고 했으니, 이는 가장 심각한 반면현상에 의탁해서 경고한 것이다.

성현에게 맡기는 까닭은 주인은 존경받고 국가는 편안해지기 때문이다. 인간 됨됨이가 그릇된 자에게 맡기면 주인은 무시당하고 국가는 위태로워지는 법이다. 만세가 반드시 그러하다는 것은 의심할 여지가 없다. 그를 『易』에 '솥이 무거운 짐을 받들기가 힘이 들자 솥의 다리가 부러져 三公이 먹을 귀한 음식이 모두 쏟아졌다.'고 했다. 무릇 솥의 다리가 부러졌다는 것은 그 인품이 그릇된 자에게 일을 맡겼다는 의미이다. 三公이 먹을 귀한 음식이 모두 쏟아졌다는 것은 국가가 뒤집어졌다는 의미이다. 이러한 까닭으로 그 사람됨이 그릇된 자에게 일을 맡기고도 국가가 뒤집어지지 않았다는 말은 古今에 들어본 적이 없다. 『春秋繁露·精華篇』

六爻는 正反으로 象을 비유해서 본 卦의 핵심의미를 집중적으로 표현하고 있다. 솥의 공적이 성취되었다는 것은 사물이 새롭게 만들어지던 것이 확고하게 이루어졌다는 뜻이며, 이는 반드시 다방면의 순수하고 올바름과 견실한 역량에 의지해서 마음을 협력하여 건더 나아갔다는 의미이다. 따라서 본 의리를 적절하게 표현한 내용이 바로「大象傳」'君子以正位凝命'이다.

51. 震卦의 立體文型圖

(☳) 《震》: 震. 亨. 震來虩虩, 笑言啞啞. 震驚百里, 不喪匕鬯.

〈彖〉曰: 震, 亨. '震來虩虩', 恐致福也. '笑言啞啞', 後有則也. '震驚百里', 驚遠而懼邇也. 出, 可以守宗廟社稷, 以爲祭主也.

〈象〉曰: 洊雷, 震. 君子以恐懼脩省.

• • •

(− −) 上六: 震索索, 視矍矍, 征凶. 震不于其躬, 于其鄰, 无咎. 婚媾有言.

〈象〉曰: '震索索', 中未得也. 雖凶无咎, 畏鄰戒也.

(− −) 六五: 震往來, 厲. 億无喪, 有事.

〈象〉曰: '震往來厲', 危行也. 其事在中, 大无喪也.

(—) 九四: 震遂泥.

〈象〉曰: '震遂泥', 未光也.

(− −) 六三: 震蘇蘇, 震行无眚.

〈象〉曰: '震蘇蘇', 位不當也.

(− −) 六二: 震來, 厲. 億喪貝, 躋于九陵, 勿逐, 七日得.

〈象〉曰: '震來厲', 乘剛也.

(—) 初九: 震來虩虩, 後笑言啞啞, 吉.

〈象〉曰: '震來虩虩', 恐致福也. '笑言啞啞', 後有則也.

51 震卦

(䷲)《震》・錯(䷸)《巽》・綜(䷳)《艮》・互(䷦)《蹇》

(䷲)《震》: 震. 亨. 震來虩虩, 笑言啞啞. 震驚百里, 不喪匕鬯.

【주석註釋】

䷲ : 卦象이다. 上卦와 下卦 모두 ☳ 震卦(雷・動)로 구성되었다. 우레가 연속적으로 진동하는 자연현상과 이치를 빌려와서 '위엄있는' 현상과 이치를 상징했다.

震 : 卦名이다. '우레가 진동한다.'는 것을 상징한다. '震'은 '우레(雷)'를 형상화한 것으로 '움직이다'・'진동하다(動)'는 의미를 상징한다. 이를 또한 '위엄 있는 명령'에 비유하였다.

'震'은 '우레'를 뜻한다. '우레'는 사물을 움직이는 기운이다. '우레'가 소리를 내는 것이, 군왕이 政教를 발포하면 백성들이 움직이기 시작하는 것과 같음으로 '震'이라고 했다. 『集解・鄭玄』

'震'은 '움직이다'는 뜻이다. 이는 '우레'를 상징한 卦로서, 즉 天의 위엄스러운 움직임을 상징한다. 따라서 '震'이라고 이름을 지었다. 『正義』

亨 : 우레는 만물을 진동시키는 위엄을 지니고 있음으로 만물로 하여금 모두 두려움에 떨게 하니 '형통할 것이다.'고 했다.

'우레'가 위엄있게 움직이면 놀라고 두려워하지 않는 것이 없다. 놀라고 두려워한다는 것은 위엄으로 인해 사물이 모두 '질서가 정연해 진다.'는 의미이다. 두려워함으로 말미암아 통하게 되는 것은 震이 '형통'하는 덕을 지녔기 때문이다.『正義』

震來虩虩, 笑言啞啞 : '虩虩'은 '두려워서 떠는 모양'을 뜻한다. '啞啞'은 '웃는 소리'를 뜻한다.

이는 '우레'가 진동할 때 천하의 만물들은 두려워서 떨며 만물들은 이로 인해 조심하며 감히 함부로 행동을 하지 못하니, 그런 연후에 복에 이를 수 있어 기뻐하며 웃게 될 것이라는 의미이다.

震驚百里, 不喪匕鬯 : '百里'는 '지역이 넓다.'는 뜻에 비유한 것으로, 고대 제후국이 '百里'로서 封地를 삼은 것을 의미한다.

고대 제후국의 면적은 百里였다.『易』에서 '百里를 놀라게 했다.'고 했는데, 이는 '제후국'을 상징한 것이다.『漢紀·哀帝紀論』

'匕'는 '숟가락'·'국자'의 종류이다. '鬯'은 '울창주(鬱鬯酒)를 담는 술 단지'·'제사 때 사용하는 술 이름' 등을 의미한다. '匕鬯'이란? 고대 종묘에서 '제사 지낼 때 쓰는 그릇'·'황태자의 지위' 등을 의미한다. 문장 가운데의 '匕鬯'이란? '제사'를 대신한 말이다.

이 문장을 '人事'에 비유한다면, 제후의 '敎令'이 우레의 진동소리가 百里까지 들려 놀라게 하는 것과 같아 국내가 바르고 엄준해져 宗廟祭祀를 잊지 않게 하니, 이로써 '社稷'이 오랫동안 보전될 것이라는 의미이다.

'우레의 진동소리가 百里까지 들린다.'는 것은 고대 제후의 象을 의미한다. 제후가 敎令을 발포하는 것은 그의 국내를 두렵게 하여 주의시킨다는 의미이다. 즉 그 宗廟社稷을 지키기 위해 그(장자)를 祭主가 되게 하여 宗廟에 제사 올리는 것을 잊지 않게 한다는 의미이다.『集解·鄭玄』

【번역飜譯】

≪震≫ : 震卦는 우레가 진동하는 것을 상징한다. 형통할 것이다. 우레가 갑작스럽게

몰려와 진동하면 만물이 두려워서 벌벌 떤 연후에서야 조심스럽게 행동함으로써 만복을 지킬 수 있어 하하하 웃으며 이야기 할 수 있을 것이다. 군왕의 敎令이 우레의 진동소리가 百里까지 들려 놀라게 하는 것과 같아 宗廟에 제사 올리는 일이 그제서야 오랫동안 끊어지지 않을 것이다.

〈象〉曰：震, 亨. '震來虩虩', 恐致福也. '笑言啞啞', 後有則也. '震驚百里', 驚遠而懼邇也. 出, 可以守宗廟社稷, 以爲祭主也.

【주석註釋】

震, 亨 : 이는 卦辭 '亨'字를 사용해서 卦名 '震'을 해석한 내용이다.
恐致福 : 이는 卦辭 '震來虩虩'을 해석한 내용이다.

　　위엄스런 우레가 몰려오면 처음에는 비록 누려워할지라도 이 두려움으로 인해 자신을 잘 수양함으로써 복에 이르게 될 것이다. 『正義』

後有則 : '則'은 '法則'을 뜻한다.
　　이는 卦辭 '笑言啞啞'을 해석한 내용으로, '두려움으로 인해 법칙을 엄격히 준수한 연후에서야 복에 이르게 될 것이며, 이로써 기뻐하며 웃을 수 있게 될 것이다.'는 의미이다.

　　복에 이르게 된 연후에서야 바야흐로 웃으면서 이야기 할 수 있을 것이다. 두려움을 먼저 체험하게 되면 감히 법칙을 준수하지 않을 수가 없을 것이다. 『正義』

驚遠而懼邇 : '邇'는 '가깝다'는 뜻이다. 이는 卦辭 '震驚百里'를 해석한 내용이다.

　　'우레'의 진동이 百里까지 미치니, 멀리 있는 자는 놀라고 가까이 있는 자는 두려움에 떠니 그 위엄이 원대할 뿐이다. 『程傳』

出, 可以守宗廟社稷, 以爲祭主也 : '出'은 '군왕이 외출한다.'는 뜻이다. '守宗廟'・'爲祭主'란? '震'은 長子의 象을 가지고 있음으로써, 장자는 군왕이 외출하면 경사에 머물면서 국권을 집행하게 될 것이라는 의미이다.

이 세 구절은 卦辭 '不喪匕鬯'을 해석한 내용으로, 제후는 敎令을 사용하여 그 나라의 백성들을 두렵게 할 수 있다는 의미이다. 가령 군왕이 외출하게 되면 장자가 국권을 장악해서 사직을 보전 할 것이라는 의미다.

'出'이란? 군왕이 巡狩 등의 일로 외출한다는 뜻이다. '君出'이란? 장자가 경사에 남아서 宗廟社稷을 지키며 祭主의 禮事를 대신할 것이라는 의미이다. 『正義』

程子는 '邇也' 다음에 '不喪匕鬯 네 글자가 빠졌다.'고 했다. 『本義』

【번역飜譯】

〈彖傳〉에 이르되 : 우레가 진동하니 형통할 것이다. '우레가 갑작스럽게 몰려와 진동하면 만물이 두려워서 벌벌 떨 것이다.'고 한 것은 두려워하고 근신하며 조심한다면 반드시 복에 이를 것이라는 바를 설명한 것이다. '하하하 웃으며 이야기 할 수 있을 것이다.'고 한 것은 두려워한 연후에는 법칙을 준수하는 행동을 하게 될 것이라는 바를 설명한 것이다. '군왕의 敎令이 우레의 진동소리가 百里까지 들려 놀라게 하는 것과 같다.'고 한 것은 멀고 가까운 곳을 막론하고 모두가 우레의 진동에 놀라고 두려워할 것이라는 바를 설명한 것이다.(宗廟에 제사 올리는 일이 그 제서야 오랫동안 끊어지지 않을 것이다.) 또한 이 시점에서 가령 군왕이 외출을 한다면 장자가 경사에 남아 宗廟社稷을 지키게 됨으로써 祭祀典禮를 주관하는 주재자가 될 것이라는 바를 설명한 것이다.

〈象〉曰 : 洊雷, 震. 君子以恐懼脩省.

【주석註釋】

洊雷, 震 : '洊'은 '잇달아'·'여러 번'을 뜻한다. 즉 '여러 번 겹친다.'는 의미이다.

이는 ≪震≫의 上卦·下卦가 모두 震으로, 우레(雷)의 象으로 구성되었다는 의미이다.

'洊'은 '重'으로 '여러 번 겹친다.' 즉 '잇달아 이어진다.'는 뜻이다. 우레가 '서로 잇달아 이어진다.'는 것은 '위엄있게 진동한다.'는 의미이다. 이는 震卦를 중첩한 것이기 때문에 '잇달아 요란하게 거대한 우레가 진동한다.(洊雷, 震.)'고 했다. 『正義』

恐懼脩省 : 이는 군자가 ≪震≫의 卦象을 관찰해 본 후, 응당히 '天의 권위'를 두려워하여 '자신을 잘 수양하고 성찰해야 한다.'는 것을 깨달았다는 의미이다.

군자는 항상 스스로 조심하고 근신해야 할 것이며 감히 게으르지 말아야 할 것이다. 지금 天의 노여움을 만나 우레의 권위를 두려워하게 되었으니 더욱 자신을 갈고 닦을 것이며 자신의 지난 과오도 성찰해야 할 것이다. 따라서 '군자는 두려워하며 경계하며 자신을 잘 수양해야 할 것이며 지난 과오도 성찰해야 할 것이다.(君子以恐懼修省)'고 했다. 『正義』

【번역飜譯】

〈象傳〉에 이르되 : 잇달아 요란하게 울리는 거대한 우레라는 것은 우레가 진동하는 것을 상징한다. 군자는 이를 본 받아, 두려워하며 경계하며 자신을 잘 수양해야 할 것이며 지난 과오도 성찰해야 할 것이다.

(☰) 初九 : 震來虩虩, 後笑言啞啞, 吉.

【주석註釋】

震來虩虩, 後笑言啞啞, 吉 : 이는 初九爻가 '震'의 시점에 당면하여, 陽剛으로 아래에 처하여 조심스럽게 자신을 지켜 나아가며 재능을 사용하지 않으며 먼저 두려워할 줄 알아 자신을 잘 수양하며 지난 과오를 잘 성찰하니 나중에 하하하 웃으면서 이야기 할 수 있을 것이기 때문에 '길할 것이다.'고 했다.

몸체가 剛德으로 卦의 가장 앞에 처하며 두려워 할 줄 알기 때문에 자신의 덕을 잘 닦을 것이다. 『王注』

【번역飜譯】

初九爻 : 우레가 갑작스럽게 몰려와 진동하면 두려워서 벌벌 떤 연후에서야 조심스럽게 행동함으로써 복을 지킬 수 있어 하하하 웃으면서 이야기 할 수 있을 것이며 길할 것이다.

〈象〉曰:'震來虩虩', 恐致福也. '笑言啞啞', 後有則也.

【번역飜譯】

〈象傳〉에 이르되 : '우레가 갑작스럽게 몰려와 진동하면 두려워서 벌벌 떨 것이다.'고 한 것은 初九爻가 두려워하고 근신하며 조심한다면 반드시 복에 이를 것이라는 의미이다. '하하하 웃으면서 이야기 할 수 있을 것이다.'고 한 것은 初九爻가 두려워한 연후에는 법칙을 준수하는 행동을 할 것이라는 의미이다.

【해설解說】

본 爻는 陽剛의 덕을 가지고 卦의 가장 아래에 처하며 시작할 때는 조심하고 두려워하는 象이었으나 결국에는 즐겁게 웃을 수 있어 길할 것이라고 했다.

군자가 마음속에 두려움을 지니고 있다는 것은 깊이 생각하여 반드시 그 처음을 조심한다는 것이니, 즉 여러 가지 뜻이 도에 어긋나지 않게 한다는 의미이다. 몸에 두려움을 지니고 있다는 것은 나아가고 물러설 때 위험한 일을 하지 않는다는 뜻이니, 즉 여러 가지 행동이 화에 걸려들지 않게 한다는 의미이다. 따라서 初九爻의 '震來'는 복에 이른다는 뜻이자 처음에 조심한다는 의미이다.
『折中 · 范仲淹』

(䷲) 六二 : 震來, 厲. 億喪貝, 躋于九陵, 勿逐, 七日得.

【주석註釋】

震來, 厲 : 이는 六二爻가 '震'의 시점에 당면하여, 柔로서 剛을 올라타고 있음으로 '우레가 몰려오는 위험'이 장차 닥칠 것이라는 의미이다.

億喪貝, 躋于九陵 : '億'은 '크다'는 뜻이다. '貝'는 '고대의 화폐'를 뜻한다. '躋'는 '오르다'는 뜻이다. '九'는 '陽의 최고 숫자'로 '높은 곳'에 비유한 것이다. '九陵'은 '높고 험준한(가파른) 언덕'을 뜻한다.

이 두 구절은 六二爻의 '厲'를 설명한 내용으로, 즉 '장차 재물을 크게 잃게 될 것이다.'는 의미이다. 그러나 이 爻는 또한 柔中의 덕을 천부적으로 지니고 태어난 까닭에 비록 위험을 만난다고는 할지라도 오히려 中道를 지켜 나아가며 서두르지 않으며 스스로 '九陵'으로 피함으로써 '재물(貝)'을 돌보지(재물에 연연하지) 않으니 걱정할 바가 없을 것이라고 했다.

勿逐, 七日得 : '七日'은 날짜가 지나가는 주기 '七'을 빌려서 '바뀌는 시점이 신속하다.'는 것을 상징한다. '七日을 절대로 넘겨서는 안 된다.'는 바와 같은 의미이다.

대개 날(日)의 數는 十이니, 五日은 그의 半이고 半에 미치지 못한 것은 三日이며 半을 지난 것은 七日이다. 밝음이 상실된 후 많이 회복하고자 했으나 十日에 이르지 못했으니, 즉 七日이라고 했다. 『經義述聞 · 왕引之』

이 두 구절은 앞 문장을 이어서, 六二爻가 이미 '柔中'의 덕으로 正道를 향해 스스로 지켜 나아가며 '잃어버린 재물'을 돌아보지 않고 '높고 험준한 구릉으로 올라가' 그를 피할 것이니, 즉 잃어버린 재물(화폐)을 뒤쫓아 가서 찾을 필요가 없을 것이니, 곧 '七日'을 넘기지 못하고(신속하게) 반드시 잃어버렸던 것을 다시 얻게 될 것이기 때문이라는 의미이다. 이 역시 ≪旣濟≫ 六二爻「象傳」의 '七日得, 以中道也.'와 같은 의미다.

'뒤쫓아 가서 찾을 필요가 없다.(勿逐)'고 한 것은 六二爻가 中正의 도를 지켜 나아가는 것은 변하지 않을 것이라는 의미이다. '七日이 되면 다시 돌아올 것이다.'고 한 것은 자연의 주기를 다스리는 숫자를 뜻한 것이다. ≪旣濟≫ 六二爻의 '七日得, 以中道也.'가 이와 같은 뜻이다. 『重定費氏學‧馬其昶』

【번역飜譯】

六二爻 : 우레가 갑작스럽게 몰려와 진동하니 위험할 것이다. 화폐를 크게 잃었다고 할지라도 응당히 높고 험준한 구릉 위로 올라가 멀리 피할 것이며 뒤쫓아 가서 찾을 필요가 없을 것이니, 七日을 넘기지 못하고(신속하게) 반드시 잃어버렸던 것을 다시 얻게 될 것이다.

〈象〉曰 : '震來厲', 乘剛也.

【번역飜譯】

〈象傳〉에 이르되 : '우레가 갑작스럽게 몰려와 진동하니 위험할 것이다.'고 한 것은 六二爻가 陽剛을 올라타고 앉았다는 의미이다.

【해설解說】

六二爻는 陽剛을 올라타고 있음으로써 위험하며 위험함으로 인하여 경계하며 두려워하니 드디어 조심스럽게 柔中을 지켜 나갈 수 있어 잃어버린 것에 연연하지 않으니 결국 잃어버린 것을 다시 얻게 될 것이다. 이 역시 '두려워하며 경계하며 자신을 잘 수양해야 할 것이며 지난 과오를 성찰해야 할 것이다.(恐懼修省)'‧'두려워하고 근신하며 조심한다면 반드시 복에 이를 것이다.(恐致福)'는 의미이다.

(䷲) 六三 : 震蘇蘇, 震行无眚.

【주석註釋】

震蘇蘇, 震行无眚 : '蘇蘇'는 '불안하다'는 뜻이다. '震行'은 '우레가 두렵게 진동한다.'는 뜻이다.

　이는 六三爻가 '震'의 시점에 당면하여, 正位를 상실함으로써 '불안하다'는 의미이다. 그러나 剛을 올라타고 있는 실수를 하지 않은 까닭에 '우레가 두렵게 진동하면' 조심스럽게 행동할 수 있음으로써 '재난은 만나지 않을 것이다.'고 했다.

　그 위치가 정당하지 않다는 것은 위치가 그가 처할 곳이 아님으로써 두렵고 불안하다는 의미이다. 그러나 陽剛을 올라타는 거역행위는 하지 않았기 때문에, 두려워하면서 행동한다면 '재난은 만나지 않을 것이다.'고 했다. 『王注』

【번역飜譯】

六三爻 : 우레가 진동할 때는 심히 두렵고 불안 할 것이니, 우레가 두렵게 진동하는 것으로 인해 경계하며 두려워하는 마음으로 나아간다면 재난은 만나지 않을 것이다.

〈象〉曰 : '震蘇蘇', 位不當也.

【번역飜譯】

〈象傳〉에 이르되 : '우레가 진동할 때는 심히 두렵고 불안할 것이다.'고 한 것은 六三爻가 처한 위치가 정당하지 못하다는 의미이다.

【해설解說】

六三爻는 아래로 陽剛을 올라타지 않았고 위로 陽剛을 받들고 있음으로써 비록 정당한 위치에 처하지는 못한다고 할지라도 오히려 두려운 마음을 안고 조심스럽게 행동할 수 있을 것이며 종일토록 두려움을 가지고 자신을 잘 수양할 수 있을 것이며 지난 과오를 성찰할 수 있을 것이니, 결국에는 재난을 만나지 않을 것이다.

천하에 근심과 두려움이 있을 때를 걱정하지 말 것이니, 걱정은 수양과 과오에 대한 성찰이 없는 결과물이기 때문이다. 만약 이 두려워하는 마음으로 행동한다면 함부로 행동하지 않을 것이며 일을 할 때는 규율을 따르게 될 것인데, 어찌 환난을 만날 수가 있단 말인가! 『折中·趙光大』

(䷲) 九四 : 震遂泥.

【주석註釋】

震遂泥 : '遂'는 '隧'의 약자이고 '隧'는 곧 '墜'이다. '隧'는 '떨어지다'·'빠지다'는 뜻이다. 이는 九四爻가 陽剛으로 正位를 상실한 채, 剛德이 부족하며 또한 아래 두 개의 陰爻와 위 두 개 陰爻 사이에 빠져 있음으로 '震'의 시점에 당면해 놀라고 두려운 나머지 처세를 잘못하여 진창에 빠지게 되었으나 스스로 빠져 나올 수가 없다는 의미이다.

네 개의 陰爻에 빠져 있음으로 '진창에 빠졌다.'고 했다. 『尚氏學』

【번역翻譯】

九四爻 : 우레가 진동할 때 놀라고 두려운 나머지 처세를 잘못함으로써 진창에 빠지게 될 것이다.

〈象〉曰 : '震遂泥', 未光也.

【번역翻譯】

〈象傳〉에 이르되 : '우레가 진동할 때 놀라고 두려운 나머지 처세를 잘못함으로써 진창에 빠지게 될 것이다.'고 한 것은 九四爻 陽剛의 덕이 빛날 수 없을 것이라는 의미이다.

【해설解說】

'震'의 의미는 두려움으로 인하여 수양하고 성찰하는 데에 있을 뿐만 아니라 두려움으로 인하여 스스로 위세를 일으키는 데에 있다. 六三爻는 비록 正位를 상실했다고는 할지라도 陽剛의 뜻을 받들어 조심스럽게 행동함으로 '재난은 만나지 않을 것이다.(无眚)'고 했다. 九四爻 역시 正位를 상실했으며 오로지 陽剛이 줄어들고 허약해져 陰 가운데에로 빠져들어 놀라고 두려워서 행동을 할 수 없게 된 것이 실로 추락하는 象이다. 따라서 「象傳」에서 도덕이 '빛날 수 없을 것이다.(未光)'고 했다.

(䷲) 六五 : 震往來, 厲. 億无喪, 有事.

【주석註釋】

震往來, 厲 : 이는 六五爻가 '震'의 시점에 당면하여, 陰柔로서 존위에 처하여 위로 나아가면 陰의 적수를 만나게 될 것이고 아래로 후퇴하면 陽剛을 올라타는 잘못을 저지르게 됨으로써 '오나가나(往來)' 모두 '위험(厲)'이 도사리고 있다는 의미이다.

앞으로 나아가면 적을 만날 것이고 뒤로 물러나면 陽剛을 올라타게 됨으로써 가나오나 모두 위험할 것이다. 『尙氏學』

億无喪, 有事 : '億'은 '크다'·'훌륭하다'는 뜻이다. '億无喪'은 '훌륭함으로써 잃어버리는 바가 없을 것이다.' 즉 '만 가지 가운데 한 가지도 상실하지 않을 것이다.'는 의미이다. '事'란? '祭祀 올리는 일'을 뜻한다.

이 두 구절은 앞 문장을 이어 받은 것으로, 六五爻는 '柔中'의 미덕을 가지고 있으며 위태롭고 두려운 마음으로 中道를 신중하게 지켜 나아가며 함부로 '가지도 오지도' 않음으로 만 가지 가운데 한 가지도 잃어버리지 않을 것이며 오랫동안 제사 올리는 일을 보전할 수 있을 것이라는 의미이다. 즉 卦辭 '不喪匕鬯'의 의미이다.

『春秋』에 제사는 모두 '有事'라고 했으니, 이곳의 '有事' 역시 '제사'를 의미한다. 또한 이르되 : 六二爻는 '재물을 잃어 버렸고(喪貝)' 六五爻는 '잃어버리지 않았다.(无喪)' 六二爻는 아래에 처하며 가진 것은 재물뿐이었고 六五爻는 존위에 처함으로 지키는 것이 宗廟社稷이다. 재물은 잃어버려도 될 것이지만 宗廟社稷은 지키지 않을 수가 있겠는가? 따라서 六二爻는 '재물(화폐)을 잃어버린 것'을 中으로 삼았고 六五爻는 '잃어버리지 않고 제사를 오랫동안 보전하는 것'을 中으로 삼았다. 『折中』

【번역翻譯】

六五爻 : 우레가 진동할 때는 위로 나아가거나 아래로 물러나는 것을 막론하고 모두 위험할 것이다. 中道를 조심스럽게 지켜 나아가면 만 가지 가운데 한 가지도 잃어버리지 않을 것이며 제사를 올리는 훌륭한 일을 오랫동안 보전할 수 있을 것이다.

〈象〉曰 : '震往來厲', 危行也. 其事在中, 大无喪也.

【번역翻譯】

〈象傳〉에 이르되 : '우레가 진동할 때는 위로 나아가거나 아래로 물러나는 것을 막론하고 모두 위험할 것이다.'고 한 것은 六五爻가 응당히 마음속으로 위태로움을 경계하는 두려움을 품고 조심스럽게 나아가야 할 것이라는 의미이다. 일을 처리할 때 中道를 조심스럽게 지켜 나아가면 만 가지 가운데 한 가지도 잃어버리지 않을 것이다.

【해설解說】

본 爻는 陰柔로서 존위에 처하며 '震'에 처하니, 무릇 일거일동이 모두 위태로움을 경계하고 두려워하며 中道를 조심스럽게 실천함으로써 '无喪'・'有事'라고 했다. 이것이 「象傳」'危行'・'其事在中'의 의미이다.

우레가 지나갈 때도 위험하고 우레가 물러날 때도 위험하니, 모두 두려워하는 마음으로 그를 대접한다면 '만 가지 가운데 한 가지도 잃어버리지 않을 것이며 제사를 올리는 훌륭한 일을 오랫동안 보전할 수 있을 것이다.(无喪有事)' 즉 그가 가진 것을 잃어버리지 않을 것이다. 이는 卦辭 '不喪匕

'凶'을 뜻한 것이다. 『折中·熊良輔』

(䷲) 上六 : 震索索, 視矍矍, 征凶. 震不于其躬, 于其鄰, 无咎. 婚媾有言.

【주석註釋】

震索索, 視矍矍, 征凶 : '索索'은 '두려워서 움츠려들어 발이 정상적으로 움직이지 않는 모양'을 뜻한다. 즉 두려움이 극에 달해 두 발이 오그라들어 걷기가 어려운 형상을 형용한 것이다. '矍矍'은 '눈이 정상적으로 움직이지 않는 모양'을 뜻한다. 즉 두 눈이 좌우로 두리번거리며 불안해하는 형상을 형용한 것이다.

이는 上六爻가 陰으로 '震'의 극한점에 처해, 놀라움과 두려움이 지극히 심하여 안정을 찾지 못함으로써 '두 발은 오그라들어 걸음을 걸을 수 없고'·'두 눈은 좌우로 두리번거리며 불안해 어찌할 바를 몰라하는 모양'을 형용한 것이다. 따라서 '나아간다면 반드시 흉할 것이다.(征凶)'고 했다.

≪震≫의 극한 곳에 처했다는 것은 지극히 진동한다는 의미이다. 진동이 극한 곳에 처하면 中을 구한다고 할지라도 얻을 수가 없을 것이니, 두려워서 발은 오그라들 것이며 두 눈은 좌우로 두리번거리며 불안해 할 것이다. 이미 처한 곳에서 진동이 극에 달했음에도 다시 나아간다면 흉할 것은 당연한 이치이다. 『王注』

震不于其躬, 于其鄰, 无咎 : '躬'은 '자신'을 뜻한다.

이는 정면에서 경계와 격려의 시각으로 爻義를 발휘한 것이니, 上六爻는 우레의 위엄이 자신에게 닿아서 진동하지 않고 가까스로 가까운 곳(인근)에 이르렀을 때 즉시 미리 경계하며 대비해야 할 것이라는 의미이다. 즉 일찍이 '두려워하며 경계하며 자신을 잘 수양하며 지난 과오도 성찰한다면(恐懼修省)' '재난에 이르지 않을 것이다.(无咎)'는 의미이다.

婚媾有言 : '有言'이란? '말다툼'·'비난' 등으로 '서로 화합하지 못한다.'는 의미이다. ≪需≫ 九二爻의 '小有言'과 비슷한 의미이다.

  이 구절은 진일보 적으로 上六爻가 지극히 두려운 시점에 당면하여, 많은 의심과 염려로 인해 외부와 화합하기가 어려울 것인 바, 그는 陰陽의 화합을 도모하기 위해 서둘러서는 안 될 것이며 만약 반드시 '혼인(婚媾)'을 하고자 한다면 '말다툼(有言)'을 면하기 어려울 것이라고 경고한 내용이다. 이 시점에서는 함부로 행동하지 않는 것이 마땅할 것이라는 의미이다. 앞의 문장 '나아간다면 반드시 흉할 것이다.(征凶)'고 경고한 내용과 비슷한 의미이다.

  극히 두려워하면서 서로를 의심할 것이기 때문에 비록 '혼인'을 한다고 할지라도 '말다툼(有言)'을 면하기는 어려울 것이라고 했다. 『王注』

【번역飜譯】

上六爻 : 우레가 진동할 때는 두려움에 허겁지겁하며 두 발이 오그라들어 걷기조차 힘들어 하며 두 눈은 좌우로 두리번거리며 두려워 어찌할 바를 몰라 불안해하면서도 무릅쓰고 나아간다면 반드시 흉할 것이다. 만약 우레의 위엄이 자신에게 닿아서 진동하지 않고 가까스로 가까운 곳(인근)에 이르렀을 때 먼저 경계하고 대비한다면 재난에 이르지 않을 것이다. 그러나 만약 陰陽의 화합을 위해 혼인할 배필을 구한다면 장차 말다툼을 초래할 것이다.

〈象〉曰 : '震索索', 中未得也. 雖凶无咎, 畏鄰戒也.

【주석註釋】

中未得 : '未得中'과 같은 의미로 '中位에 처하지 못했다.'는 의미이다.

畏鄰戒 : '이웃이 느끼는 바의(가까운 곳에 이르렀을 때의) 진동을 무서워하며 두려워함으로 말미암아 스스로를 경계한다면 재난을 면할 것이다.'는 의미이다.

【번역翻譯】

〈象傳〉에 이르되 : '우레가 진동할 때는 두려움에 허겁지겁하며 두 발이 오그라들어 걷기조차 힘들어 할 것이다.'고 한 것은 上六爻가 中位에 처하지 못했다는 의미이다. 비록 흉할지라도 오히려 재난이 없을 것이라고 한 바는 가까운 곳(인근)에서 느끼는 진동을 무서워하며 두려워함으로 말미암아 미리 경계하며 대비할 것이라는 의미이다.

【震】 요점·관점

≪震≫은 '우레가 진동하는' 위엄에서 象을 취했다. 즉 '진동을 두려워하면 형통할 것이다.'는 이치를 천명한 내용이다.

卦辭는 두 가지 측면의 의미를 설정하는 비유법을 제시했다.

① 우레가 진동하면 만물은 두려움과 경외감으로 조심스럽게 행동함으로써 복을 받게 되어 하하하 웃으면서 이야기 할 수 있을 것이다.
② 군왕이 敎令을 발포하면 百里 안의 백성들이 놀라고 두려워하니, 결국에는 천하의 백성들이 두려워서 벌벌 떨게 됨으로써 社稷이 오랫동안 보전될 것이다.

「大象傳」은 '恐懼脩省' 네 글자를 이용하여 전체 卦의 주제를 정밀하게 개괄했으며 '惶恐驚懼'와 '修身省過' 사이의 내재적 연결까지도 천명해 주고 있다.

六爻는 각각 '震'이 다른 조건에 처했을 때의 상황을 비유적으로 보여 주고 있다. 즉 初九爻는 陽剛으로 가장 아래에 처하며 두려워할 줄 알아 복을 지킬 수 있을 것이라고 했다. 六二爻는 위태로움으로 인해 中道를 지켜 나아가자 '재물'을 잃었다가 다시 찾게 될 것이라고 했다. 六三爻는 심히 두렵고 불안한 나머지 경계하고 두려워함으로써 재난을 만나지 않을 것이라고 했다. 六五爻는 柔中으로 '마음속에 두려움을 품고 조심스럽게 나아간다면' 존위를 잘 보전할 수 있을 것이라고 했다. 이 네 개 爻는 모두 '두려워서 덕을 닦는' 공덕을 보여주고 있음으로 대체로 길할 것이며 재난이 없을 것이라고 했다. 오직 九四爻 만이 剛德이 부족하여 上下 네 개의 陰 가운데에 빠짐으로써 놀라고 두려운 나머지 처세를 잘못하였으나 떨치고 일어날 수가 없으니 즉 스스로 헤어나지 못하는 어려운 처지에 놓여 있을 뿐이다. 上六爻는 두려움이 극에 달하는 흉함을 지니고 있으나 만약 두려움으로 인해 미리 경계하고 대비한다면 역시 장차 재난에 이르지 않을 것이라고 했다.

　본 卦가 상징하는 주제는 '진동을 두려워하는' 것에다 기본을 세운 후 조심스럽게 나아간다면 '형통'의 경지를 개척할 수 있다는 것이다.

　본 卦 가운데는 '위험한' 상황에 처한 후에는 '안정'을 찾게 된다는 철학이론이 담겨있다.

　사람들이 엎어지고 자빠질 때는 깊은 물 위의 얇은 얼음을 밟고 있는 것과 같은 두려움을 가지게 될 것이다. 국가 간에는 거센 바람 앞의 등잔불처럼 흔들리는 內憂外患이 교대로 일어나는 위태로운 상황이 조성될 때가 있는가 하면 또한 앞길이 열리는 때도 있는 법이다. 앞의 문제를 돌아보고 후회하며 삼가는 것으로 뒤의 것을 조심한다면 본 卦의 爻象과 같이 될 것이다. 시종일관 경계하고 두려워한다면 재난을 면할 것이며 복에 이르게 될 것이다. 『周易學說·馬振彪』

52. 艮卦의 立體文型圖
   간괘   입체문형도

(☶) ≪艮≫ : ≪艮≫. 艮其背, 不獲其身. 行其庭, 不見其人, 无咎.

〈彖〉曰 : 艮, 止也. 時止則止, 時行則行. 動靜不失其時, 其道光明. '艮其止', 止其所也. 上下敵應, 不相與也, 是以'不獲其身, 行其庭, 不見其人, 无咎也'.

〈象〉曰 : 兼山, 艮. 君子以思不出其位.

• • •

(—) 上九 : 敦艮, 吉.

〈象〉曰 : '敦艮之吉', 以厚終也.

(— —) 六五 : 艮其輔, 言有序, 悔亡.

〈象〉曰 : '艮其輔', 以中正也.

(— —) 六四 : 艮其身, 无咎.

〈象〉曰 : '艮其身', 止諸躬也.

(—) 九三 : 艮其限, 列其夤, 厲薰心.

〈象〉曰 : '艮其限', 危薰心也.

(— —) 六二 : 艮其腓, 不拯其隨, 其心不快.

〈象〉曰 : '不拯其隨', 未退聽也.

(— —) 初六 : 艮其趾, 无咎, 利永貞.

〈象〉曰 : '艮其趾', 未失正也.

52 艮卦

(䷳)≪艮≫・錯(䷹)≪兌≫・綜(䷲)≪震≫・互(䷧)≪解≫

(䷳)≪艮≫ : ≪艮≫. 艮其背, 不獲其身. 行其庭, 不見其人, 无咎.

【주석註釋】

☶ : 卦象이다. 上卦와 下卦 모두 ☶ 艮卦(山・止)로 구성되었다. 정지해 있는 산이 중첩되어 있는 자연현상과 이치를 빌려와서 '정지하는' 현상과 이치를 상징했다.

≪艮≫ : '艮'은 卦名이다. '정지하다'・'억제하다(抑制)'・'눌러서 멈추게 한다.(抑止)'는 것을 상징한다. 人事에 비유한다면, 발동하는 사욕을 조용히 억지시키는 즉 눌러서 멈추게 하는 이치를 천명하는 데에 중점을 두었다.

艮其背 : '艮其背'란? 邪慾을 '抑止' 할 때, 그 사람 자신은 오히려 사욕을 알아차리지 못할 때 즉 깨닫지 못하는 사이에 제지해 버려야 한다는 것을 설명한 것이다.

'등 뒤'에서 억지하는 즉 억지시키는 자는 '사욕'이 어떠한 사물인지 눈으로 보지 못하는 것과 같다는 의미이다. 이는 『王注』에서 말하는 바의 '눈에 병이 없다.'는 의미이다. '艮'이 山을 象을 삼은 것은 山은 '靜止'의 의리를 지니고 있기 때문이다. 따라서 「단전」・「설괘전」・「서괘전」에서는 모두 '艮, 止也.'라고 했다. 그리고 ≪艮≫을 人事에 비유하여 '邪慾을 눌러서 멈추게(抑止) 하는 이치를 천명하는데 치중하였다.

'艮'은 '止', 즉 '조용하게 정지해 있다.(靜止)'는 뜻이다. 이는 山을 象으로 한 卦이다. 그는 '艮'으로 卦名을 삼았으며 인간에게 그를 적용한 것은 곧 '사물에 대한 감정을 정지(억지)하게 하여 그 움직이는 사욕을 막는다.'는 의미이다. 따라서 이를 '止'라고 했다. '艮其背'란? 억지를 시행하는 위치(장소)를 밝힌 내용이다. 억지를 시행하는 위치를 깨달았다는 것은 곧 그 이치(道)가 쉽게 성취될 것이라는 의미이다. 억지를 시행한다고 할지라도 그 위치를 깨닫지 못했다면, 즉 그 공적은 성취되기 어려울 것이다.『正義』

'艮其背'는 卦辭 가운데에서 가장 중요할 뿐만 아니라 가장 근본적인 의미를 가지고 있다. 나머지 구절은 모두 '艮其背'로 인해 결정된 것이자 역시 그것을 설명한 것일 뿐이다. 만약 모든 卦辭를 요약한다면 '艮其背, 无咎.'라고 할 수 있다. '艮'은 '억지'의 뜻이다. 즉 '억지한다면 반드시 재난이 없을 것이다.'는 의미이다. 그러나 반드시 조건이 있다. 어떠한 상황 하에서의 '억지'이든 '모두가 재난이 없을 것이다.'는 뜻은 아니다. '艮其背'라야 만이 바야흐로 재난이 없을 것이다.'는 의미이다. 즉 '艮其背'란? 억지는 응당히 합당한 곳에서 억지해야 할 것이며 그는 응당히 억지해야 하는 곳에 억지해야 할 것이라는 뜻이다. 억지 장소가 합당해야만 할 것이라는 것은 실제적으로 억지의 시간문제까지 포괄하고 있다.

왜? '背(無知無慾의 부분)'를 象으로 삼아 그는 마땅히 억지해야 할 곳에 억지해야 할 것이라는 뜻을 설명했는가? 즉 '背(등)'는 인체 가운데에서 유일하게 정지된 채 움직이지 않을 뿐만 아니라 스스로 보지도 못하는 부위에 있음으로 가장 이상적으로 정지된 곳이라고 생각했기 때문이다. 기타 어떤 부위도 이 두 가지 조건을 모두 갖추고 있는 곳은 없다.

≪艮≫이 '背(등)'를 象으로 삼은 것은 卦體와 爻位 상에서 모두 근거를 찾을 수 있다. 즉 卦體로 본다면, 二陰이 아래에 있고 一陽이 위에 있음으로 陰陽이 각각 그 곳에 정지한 채 우뚝 솟아 움직이지 않고 있으며 정지한 채 교류도 하지 않고 있으니 서로 '背(등)'를 보지 못하고 있는 象이다.

不獲其身 : 이는 진일보 적으로 서로의 背(등)를 보지 못하고 있는 象을 강조한 내용이다. 그 背(등)에서 정지한다는 것은 자신의 신체조차 모두 보지 못한다는 뜻으로 背의 상당한 심각성을 설명한 것이다. 爻位로 본다면, '艮'은 八卦 가운데 하나로서 上下 각 爻는 우뚝 솟은 채 호응하지 않으며 서로 친하지도 않으며 역시 서로 背(등)를 맞대고 보지 않고 있는 象이다. 즉 '不獲其身'은 '신체의 앞면(耳·目·口·鼻·皮膚 등 욕망을 일으키는 신체부위)은 정지(억지)되지 않은 곳'이며 등 뒤는 '정지(억지)되어 있는 곳'이라는 의미이다.

본 구절은 직접적으로 앞 구절 '艮其背'의 의미를 신장시킨 내용이다.

억지된 것이 등 뒤에 있음으로 그의 몸체를 보지 못할 것이다.『王注』

行其庭, 不見其人, 无咎: 이는 앞 문장의 의미를 긴밀하게 이은 것일 뿐만 아니라 진일보 적으로 우뚝 솟은 채 서로 호응하지도 않으며 서로 친하지도 않으며 서로 背(등)를 맞대고 보지도 않는 象을 강조한 내용이다. 즉 '등 뒤에서 억지된' 이치에 비유한 내용이다. 여러 爻가 함께 하나의 卦 안에 있으나 가까이로는 지척에 있으면서도 오히려 각각 서로 친하게 지내지 않으니, 이는 곧 사람들이 한 정원 안에서 함께 거닐고 있으나 오히려 어느 누구도 어느 누구를 보지 못하고 있는 바와 같다는 것으로 背의 심각성을 더욱 분명하게 설명하는 곳이라고 할 수 있다. '억지시키고 있는' 자가 정원 안에서 거닐고 있으나 역시 둘 씩 둘 씩 서로 등을 맞대고 있다는 것과 같은 의미이다. 즉 '억지(止)'를 시행하는 시점에서는 서로가 상대방이 억지하고 있는 바의 사악함을 보지 못한다는 의미이다. 따라서 『王注』는 '서로 등을 맞대고 있는 까닭이다.(相背故也)'고 했다. 이곳에서 '艮'을 사용한 것은 곧 '사욕을 억지시키는' 노력은 반드시 성취될 것이기 때문에 '반드시 재난이 없을 것이다.'고 했다.

【번역飜譯】

≪艮≫: ≪艮≫卦는 억지를 상징한다. 등 뒤에서 억지해 있으니 발각 당하는(알아 차리게 하는) 것을 피할 수 있을 것이며 신체로 하여금 직접 방향을 돌리지(보지) 못하게 하니 마땅히 눌려서 억지당하고 있는 사욕이다. 비유해 본다면, 정원 안에서 거니는데 둘 씩 둘 씩 서로 등을 돌리고 있어 서로 상대방이 억지시키고 있는 사악함을 볼 수 없으니 반드시 재난이 없을 것이라는 바와 같은 의미이다.

【해설解說】

卦辭가 밝힌 '억지'의 방법은 '背(등)'字에 집중되어 있다. '서로 등을 맞대고 있다.'는 상황 하에서 억지 된, 즉 싹트기 전에 욕망을 정지시켰으니 그것은 억지된 상태이다. 이로써 『王注』에서는 卦辭의 총체적 의미를 다음과 같이 말했다.

≪艮≫이란? 정지한 채 서로 내왕을 하지 않는 卦이다. 각각 억지한 채 서로 함께 하지 않는데 어찌 '재난이 없을 것이다.'고 했는가? 이는 오로지 서로 만나지 않는 것이 옳다는 의미이다. 背(등)에서 억지하고 있다는 것은 物慾으로 막혔다는 것이 아니라 그의 활동이 정지하고 있다는 의미이다. '背(등)'란? 보이지 않는 물체이다. 보이지 않으면 자연스럽게 조용히 억지할 수 있으며 조용히 억지해 있으면 보이지 않으니, 즉 '신체로 하여금 직접적으로 보이지 않게 하니 마땅히 억지당한 사욕이다.(不獲其身)'고 했다. 서로 등을 돌리고 있는 자들은 비록 가까이 있다고 할지라도 서로를 볼 수가 없는 까닭에 '정원 안에서 거니는데 둘 씩 둘 씩 서로 등을 돌리고 있어 서로 상대방이 억지당하고(억지시키고) 있는 사악함을 볼 수 없다.(行其庭, 不見其人.)'고 했다. 『王注』

〈彖〉曰 : 艮, 止也. 時止則止, 時行則行. 動靜不失其時, 其道光明. '艮其止', 止其所也. 上下敵應, 不相與也, 是以'不獲其身, 行其庭, 不見其人, 无咎'也.

【주석註釋】

時止則止, 時行則行. 動靜不失其時, 其道光明 : 이 네 구절은 위 문장을 이어 卦名 '艮'이 '정지·억지(止)'의 뜻이라는 것을 해석했을 뿐만 아니라 진일보 적으로 '억지'의 이치는 적당한 시점을 이용해야 만이 비로소 '動·靜'의 마땅함을 얻을 수 있을 것이며 '억지'의 이치는 이로 인해 '밝게 빛날 것이다.(光明)'는 바를 설명한 내용이다.

'억지(止)'의 이치를 항상 사용해서는 안 될 것이며 반드시 행해서는 안 되는 곳에서 시행해야 할 것이며 그 시점 역시 적당하게 잡아야 만이 '道'가 비로소 '밝게 빛날 것이다.(光明)' 『王注』

艮其止, 止其所也 : 이 두 구절은 卦辭 '艮其背'를 해석한 내용이다. '艮其止'는 '정지된 곳'이 '背(등)'이라는 의미이다. '背(등)'은 응당히 정지된 곳(장소)이기 때문에 그 다음 구절이 '적당한 그 곳에서 정지한다.(止其所也)'가 되었다.

이는 정지된 곳을 해석한 내용이다. '艮其止'란? 經文 '艮其背'가 중첩된 것이다. 즉

'背'를 바꾸어 말한 것이 '止'이며 '背'는 보이지 않는 사물을 밝힌 것으로서 '정지된 곳'을 뜻한다. 또한 이르되 : '艮'은 '정지(止)'를 뜻함으로 지금 '艮其止'라고 했으며, 이는 그가 정지해야 할 곳에 정지해 있음으로 '艮其止, 止其所也.'라고 했다. 『正義』

上下敵應, 不相與也 : '敵應'은 '敵對'와 같은 뜻이다.

이 두 구절은 六爻의 관계를 사용하여 卦名 '艮'과 卦辭 '不獲其身' 이하 네 구절을 다시 해석한 내용이다.

본 卦에서 상하가 대응하는 爻는 모두 同性이며 서로 적대시하고 있음으로 '上下敵應, 不相與也.'라고 했다. 그리고 六爻는 서로 적대관계이며 서로 친하지를 않으니, '서로 등을 맞대고 있거나'·'정지해 있는' 이치와 같다. 즉 卦辭 '不獲其身, 行其庭, 不見其人, 无咎.'의 의미이다.

이는 六爻 모두가 서로 호응하지 않는다는 뜻으로, ≪艮≫의 卦名을 해석한 내용이자 또한 卦辭 '不獲其身' 이하의 의미를 해석한 내용이다. 무릇 호응한다는 것은 一陰一陽이거나 두 개의 몸체가 적대시하지 않는다는 의미이다. 지금 상하의 위치가 비록 중복되었다고는 할지라도 爻位가 모두 대치한 체 교류하지 않고 있음으로 '상하가 서로 맞서 있으며 서로 친하게 지내지도 않는다.(上下敵應, 不相與也.)'고 했다. 그러나 여덟 개 純卦 모두의 六爻가 서로 호응하지 않는데 어찌 유난히 이곳에서만 이 말을 하고 있단 말인가? 이 卦는 이미 정지된 체 교제하지 않을 뿐만 아니라 爻 또한 대치된 체 호응하지 않으니 '정지(止)'의 의미와 서로 화합함으로써 이들을 겸해서 이곳에서 밝히고 있는 것이다. 『正義』

【번역飜譯】

〈彖傳〉에 이르되 : 艮은 억지를 뜻한다. 그 시점에서 마땅히 억지해야 한다면 곧 억지해야 할 것이고 그 시점에서 마땅히 나아가야 한다면 곧 나아가야 할 것이다. 움직이거나 조용히 있는 것은 적당해야 하며 그 시기 역시 놓치지(거역하지) 말아야 만이 억지의 이치가 밝게 빛날 것이다. '≪艮≫의 큰 뜻은 억지를 상징한다.'고 한 이것은 적당한 그 곳에서 억지해야 한다는 의미이다. 본 卦의 六爻는 상하가 서로 맞서 있으며 서로 교왕하지도 친하게 지내지도 않으니, 이러한 까닭으로 '신체로 하여금 직접 방향을 돌리지 못하게 하니 마땅히 억지시키고 있는 사욕이다. 비유해 본다면, 정원 안에서 거니는데 둘 씩 둘 씩 서로 등을 돌리고 있어 서로 상대방이 억지시키고 있는 사악함을 볼 수 없으니 이와 같이 억지한다면 반드시 재난이 없을 것이다는 바와 같은 의미이다.'고 했다.

〈象〉曰：兼山, 艮. 君子以思不出其位.

【주석註釋】

兼山, 艮 : '兼'은 '중첩'을 뜻한다. 즉 두 개의 산이 중첩해 있다는 의미이다.
　　이는 ≪艮≫의 上卦・下卦가 모두 '艮'이며 山의 象이라는 것을 해석한 내용이다.

　　두 개 산의 의미가 중첩되어 있으니 이를 '兼山'이라고 했다. 한 개의 산을 바로 놓은 것만 하더라도 이미 눌려서 억지된 상태일진데 지금 두 개의 산이 중첩되어 있으니 '억지'의 의미가 더욱 큼으로써 '兼山, 艮.'이라고 했다. 『正義』

思不出其位 : '位'는 '본래의 위치' 즉 '본분이 지켜지는 곳의 위치'를 의미한다.
　　이는 '군자'가 ≪艮≫의 象을 관찰해 본 후, 사욕을 '억지'시키는 이치를 깨달았음으로 생각하는 것 모두가 감히 본분을 넘어서지 않을 것이라는 의미이다.

【번역翻譯】

〈象傳〉에 이르되 : 두 개의 산이 중첩되어 있는 것은 억지를 상징한다. 군자는 이를 본받아, 마음속에 있는 사욕을 스스로 억지시켜야 할 것이며 사유하고 생각하는 바가 본 분을 넘어 서서는 안 될 것이다.

【해설解說】

훌륭하도다 '억지'의 이치여! 억지하면 그것을 차단할 수 있고 억지하면 그곳에서 안주할 수 있고 억지하면 그것을 제약할 수 있다. '艮其背'는 인간의 욕심을 차단하면 天理를 온전하게 보존할 수 있으니 이 억지는 욕심을 차단한다는 의미이다. '時止時行'은 반드시 道에서 억지해야 하는 것이니 이 억지는 도에서 안주해야 한다는 의미이다. '思不出其位'는 각각 그 분수에서 억지해야 하는 것이니 이 억지는 분수에서 제약해야 한다는 의미이다. 『誠齋易傳·楊萬里』

이는 '艮'의 '억지' 함의는 다음 세 가지로 함축할 수 있다는 것이다.

① 사악함을 억지한다.(눌러서 정지시킨다.)
② 正道에서 억지한다.
③ 본분에서 억지한다.

(☶) 初六 : 艮其趾, 无咎, 利永貞.

【주석註釋】

艮其趾, 无咎 : 初六爻가 ≪艮≫의 가장 아래에 처하는 것이 마침 '趾(발의 복사뼈 이하 부분 즉 발)'의 象과 같다. 그가 '억지'해 있다는 것은, '발(趾)'이 장차 움직이기 직전과 같다는 것으로 正道를 잃어버리지 않게 하는 것이니 '반드시 재난이 없을 것이다.(无咎)'고 했다.

六爻 가운데 가장 아래에 처하니 趾의 象이다. 발은 움직이는 것을 먼저 하는 자이다. '艮其趾'란? 움직이는 시작(직전)에서 억지한다는 의미이다. 일을 시작(직전)에서 억지한다면 정도를 상실하지 않게 됨으로써 '반드시 재난이 없을 것이다.(无咎)'고 했다. 『程傳』

利永貞 : 이는 初六爻가 陰柔의 弱質이기 때문에 '오랫동안 정도를 굳건히 지켜 나아가는 데에서 이로움을 얻을 것이다.'고 격려한 내용이다. 즉 시종일관 정도를 굳건히 지켜 나아간다면 항상 '재난이 없는' 상태를 보전할 수 있을 것이라는 의미이다.

初六爻는 陰柔로 인해, 그 시작에서 좋은 결과가 없을 것을 두려워해야 함으로 '오랫동안 정도를 굳건히 지켜 나아가는 데에서 이로움을 얻을 것이다.'고 경고하여 오랫동안 정도를 굳건히 지켜 나아가게 해 주고자 했다. 『周易本義通釋』

【번역飜譯】

初六爻 : 발이 힘차게 나아가기 직전에서 억지한다면 반드시 재난이 없을 것이며 오랫동안 정도를 굳건히 지켜 나아가는 데에서 이로움을 얻을 것이다.

〈象〉曰 : '艮其趾', 未失正也.

【주석註釋】

未失正 :

행동한다면 재난이 따를 것이고 억지한다면 정도를 잃어버리지 않을 것이기 때문에 '오랫동안 정도를 굳건히 지켜 나아가는 데에서 이로움을 얻을 것이다.(利永貞)'고 했다. 『正義』

【번역飜譯】

〈象傳〉에 이르되 : '발이 힘차게 나아가기 직전에서 억지한다.'고 한 것은 初六爻가 정도를 상실하지 않을 것이라는 의미이다.

【해설解說】

初六爻는 '반드시 재난이 없을 것이며 오랫동안 정도를 굳건히 지켜 나아가는 데에서 이로움을 얻을 것이다.(无咎, 利永貞.)'고 한 것은 싹이 움트기 전에 사악함을 억지해야 할 것이라는 의미이다.

행동하기에 앞서 억지한다면 쉽게 마무리 될 것이나 이미 행동한 뒤에 억지한다면 어려운 상황이 전개 될 것이다. 「象傳」'未失正'은 '움직이기에 앞서 억지한다.'는 뜻으로 正道를 상실하는 일이 아니다. 『郭氏傳家易說·郭雍』

(䷳) 六二 : 艮其腓, 不拯其隨, 其心不快.

【주석註釋】

艮其腓, 不拯其隨, 其心不快 : '腓'는 '장딴지(정강이 뒤쪽의 물고기 배처럼 살이 찐 부분)'이다. '拯'은 '받들다'·'잇다'·'돕다'·'차례'와 통하며 '들다'·'올리다'·'행동하다'는 뜻이다.

이는 六二爻가 柔로서 下卦의 中位에 처하며 正位를 얻은 것은 '止'의 이치를 이해할 뿐만 아니라 완전히 장악했다는 의미이다. 즉 어떤 일이든지 반드시 억지해야 할 시점에서 억지하는 것을 분명히 하는 자라는 의미이다. 그러나 그는 아래 위치에 처하며 위로 六五爻와 호응하지 못하며 행동은 卦主 九三爻의 제약을 받음으로써 스스로 행동할 수가 없으니, '艮其腓'의 象이 되었다. '腓'는 '장딴지'이며 장딴지는 스스로 움직일 수 없으며 넓적다리의 움직임을 따라 움직일 뿐이다.

즉 '艮其腓'의 뜻은 六二爻가 艮止에 대한 문제를 말하는 것으로, 어느 곳이든 가다가는 응당히 억지해야 할 것인 바, 억지해야 할 곳에 마땅히 억지해야 한다는 것을 스스로 분명히 알고 있다는 의미이다. 그러나 실천 상에서 스스로 주관할 수 없으니 타인의 제약을 받아야만 하는 자이다. '타인'이란? 九三爻를 뜻한다. 九三爻는 비록 한 卦의 주인이 되어 '止'에 대한 것을 주관할지라도 그는 剛으로 中을 상실했을 뿐만 아니라 下卦의 위에 처함으로써 스스로 止道의 의리를 알지 못하며 또한 아래로 내려가서 六二爻를 찾고자(구하고자) 하지도 않는다. 六二爻는 비록 中正의 덕을 가지고는 있으나 역시 그의 신임을 얻지 못한다. 따라서 六二爻는 '不拯其隨(陽의 뜻을 받들어 수행하기가 어렵다.)'가 되어 九三爻의 잘못된 주장을 구제해 줄 수가 없으니, 오로지 원망을 하면서 九三爻의 의견을 쫓아 일하며 외면상으로는 굽히면서 잘 따르며 아무 탈 없는 것 같으나 내심은 자연적으로 유쾌하지 못하다.(其心不快)

腓(장딴지)의 용도는 움직이는 곳에 있으니 그 장딴지를 억지한다는 것은 행동할 수가 없다는 의미이다. 그러나 陰은 陽에 순응하는 것을 天職으로 알고 있으니 반드시

陽을 따를 것이다. 이미 움직일 수 없다고 할지라도 반드시 陽을 따를 것이며 스스로 주관할 수 없음으로 '그의 마음이 유쾌하지 못할 것이다.'고 했다. 『尚氏學』

【번역飜譯】

六二爻 : 장딴지의 운동이 억지되어 본래 호응하며 따르고자 하는 자에게로 나아가 흔쾌히 받들 수가 없으니 그 마음이 유쾌하지 못할 것이다.

〈象〉曰 : '不拯其隨', 未退聽也.

【주석註釋】

未退聽 : '聽'은 '시키는 대로 잘 순응한다.'는 뜻이다.

이 구절은 위 구절 '不拯其隨'와 함께 六二爻가 강제적으로 억지당해 '그가 따르고자 하는 자에게 나아가 흔쾌히 받들 수 없게 되었으나(不拯其隨)' 그렇다고 물러나 억지한 상태로 순응할 수만도 없음으로 결국은 '不快'한 감정이 발생하게 되었다는 것을 설명한 내용이다.

'聽'은 '따르다'는 뜻이다. 장딴지의 용도는 움직여 앞으로 나아가는 곳에 있으나 '나아가 받들 수 없다.(不拯)'는 것은 앞으로 나아가지 않으며 '물러나서 순응한다.(退聽)'는 의미이다. 그러나 陽爻가 위에 있으니 의리상으로 반드시 따라야 한다는 것은 또한 '물러나서 순응할 수도 없다.'는 의미이다. 나아가고 물러나는 것을 스스로 주관할 수 없음으로 '그 마음이 유쾌하지 못할 것이다.(其心不快)'고 했다. 『尚氏學』

【번역飜譯】

〈象傳〉에 이르되 : '六二爻가 본래 호응하며 따르고자 하는 자에게로 나아가 흔쾌히 받들 수가 없다.'고 한 것은 물러나서 억지하라는 명령에 순응할 수도 없다는 의미이다. (이로 인해 그의 마음이 유쾌하지 못할 것이다.)

【해설解說】

六二爻는 柔中으로 正位를 얻었으며 위로는 九三爻를 받들고 행동에는 '바르지(正)' 않는 바가 없으나 오히려 강압적으로 '억지' 당하고 있다.

이는 억지해야 하는 마땅한 장소가 아니기 때문이다. 『正義·孔穎達』

(䷳) 九三 : 艮其限, 列其夤, 厲薰心.

【주석註釋】

艮其限, 列其夤, 厲薰心 : 九三爻는 剛으로 剛位에 처하며 正位이기는 하나 中位는 아니며 下卦의 위에 처하며 上卦와 下卦의 中位에 처함으로써 그는 止道의 실질상황과 止道의 근본정신에 대해 이해도 못하고 장악도 못하고 있는 실정이다. 止道는 시기를 귀히 여겨야 함으로써, 한 가지 일조차도 해야 할 것인지 말아야 할 것인지를 반드시 시간의 변화조건에 따라 민첩하게 장악해서 나아가야 한다면 나아가고 물러나야 한다면 물러나야 할 것이다. 그러나 九三爻는 그러지 못하고 있다. 그는 止의 문제를 결사적이고 확정적이며 절대적으로 보고 있다. 그는 止는 한 사건에 있어서나 한 문제에 있어서 한 번 止하면 끝까지 止해야지 두 번 다시의 변화를 허용해서는 안 된다고 생각한다. 九三爻의 이러한 태도를 인체 부위에 비유하여 '艮其限'이라고 했다. '限'이란? 인체의 상하가 교체되는 경계점, 즉 인체의 상체와 하체가 연결되는 부분인 '허리(腰)'를 뜻한다. 허리 부위에서 억지한다는 것은 상체와 하체를 막음으로써 서로 종속되지도 않게 하며 서로 통하지도 않게 하는 것과 같다는 의미이다. '列其夤'은 '艮其限'의 의미를 신장하고 보충한 것이다. '列'은 '찢어지다'·'나누다'·'끊어지다'는 뜻이고 '夤'은 '척주'·'척주를 잇고 있는 살'·'인하여 맺어지는 길' 등을 뜻한다. 척주(척주를 잇고 있는 살)는 상체와 하체를 연결하는 물건이니, 척주가 끊어진다면 인체는 즉시 둘로 나누어질 것이다. '厲薰心'은 '艮其限'의 후유증이 심각함을 설명한 내용이다. '厲'는 '위험하다'는 뜻이다. '薰'은 '타다'·'태우다'는 뜻이다. '厲薰心'은 '위험이 장차 맹렬한 불꽃처럼 그 마음을 태울 것이다.'는 의미이다. 九三爻는 지나치게 剛하며 中位도 아니니 止의 시점에 처해서 止하고자 하면 절대적으로 止하고 靜하고자 하면 절대적으로 靜함으로써, 즉 動靜行止는 마땅히 시간의 변화에 따라야 한다는 것을 모른 채 한 뜻으로만 靜을 구할 뿐이다. 따라서 결국은 그 마음을 위험하게 불태움으로써 그로 하여금 앉아도 누워도 靜할 수 없는 결과를 초래할 뿐이라고 했다.

【번역翻譯】

九三爻 : 허리운동을 억지하여 등의 척주를 잇고 있는 살을 끊어지는 듯한 아픔에 이르게 함으로써(신체 상하의 가운데를 분리함으로써) 위험이 맹렬한 불꽃처럼 그 마음을 태울 것이다.

〈象〉曰 : '艮其限', 危薰心也.

【번역翻譯】

〈象傳〉에 이르되 : '허리운동을 억지한다.'고 한 것은 九三爻의 위험이 장차 맹렬한 불꽃처럼 그 마음을 태울 것이라는 의미이다.

【해설解說】

九三爻는 陽剛으로 正位에 처해 정직하고 근신한 행동을 하나 오히려 허리운동을 억지하여 척주를 잇고 있는 살을 끊어내는 듯한 아픔을 삼키고 있다.

이 爻는 억지해야 할 마땅한 장소를 찾지 못했기 때문이다.『正義』

(☶) 六四 : 艮其身, 无咎.

【주석註釋】

艮其身, 无咎 : '身'은 '위 몸'을 뜻한다.

六四爻는 비록 中德은 아니나 陰으로 陰位에 처하니 순수한 靜體이다. 즉 '止'의 시점에서, 心身의 안정을 취할 수 있는 시기이며 움직이고 억지하는 것을 시간에 맞추어 하니 九三爻 '艮其限'에 비해 상황이 훨씬 양호한 편이다. 따라서 '艮其身, 无咎.'라고 했다. 六四爻가 下卦의 위와 上卦의 아래에 처한 것은 인체 가운데 배 위·가슴아래, 즉 위 몸을 뜻한다. 爻象으로 본다면, 六四爻는 이미 上卦에 진입함으로써 九三爻 '艮其限'에 있지 않으며 上卦·下卦를 분리시킨 상황이다. '艮其身'은 부위를 가리지 않고 항상 그의 몸을 억지할 수 있으며 조급하게 움직이지도 않는다. 스스로 그 몸을 억지할 수 있으며 억지는 시간에 의해 할 뿐이니 반드시 재난이 없을 것이라고 했다. 즉 六四爻가 《艮》 上卦에 처한 것이 인체 가운데 上體에 처한 것과 같다는 것으로 '위 몸을 억지시키는(艮其身)' 象을 하고 있다. 柔로서 柔位에 처한 것이 '억지'해도 되는 마땅한 장소를 얻은 것이기 때문에 결국 '반드시 재난이 없을 것이다.(无咎)'고 했다.

【번역飜譯】

六四爻 : 위 몸을 억지하여 함부로 움직이지 않게 하니 반드시 재난이 없을 것이다.

〈象〉曰 : '艮其身', 止諸躬也.

【주석註釋】

止諸躬 : 이 구절은 '스스로 억지한다.'는 것을 설명한 내용이다.

스스로 그 몸을 억지하여 全體를 분별하지 않는다. 『王注』

'躬'이란? 몸을 뜻한다. 그 몸을 조용하게 억지할 수 있다면 성급히 행동하지 않을 것이다. 『正義』

【번역飜譯】

〈象傳〉에 이르되 : '위 몸을 억지하여 함부로 움직이지 않게 한다.'고 한 것은 六四爻가 스스로 억지하여 본분을 조용히 지켜 나아갈 것이라는 의미이다.

(䷳) 六五 : 艮其輔, 言有序, 悔亡.

【주석註釋】

艮其輔, 言有序, 悔亡 : '輔'는 '위 잇몸(上牙牀)'을 뜻하나 이곳에서는 '입(口)'을 가리킨다. '序'는 '條理'를 뜻한다.

이 세 구절은 六五爻가 柔로서 尊位에 처하며 中道를 지켜 어느 곳으로든 편중하는 바가 없는 것이, '입(口)'이 처한 위치와 같기 때문이라는 것을 설명한 내용이다. 그 입을 신중히 '억지하면서(다물며)' '조리 있게 말(言有序)'을 하게 함으로써 '후회는 반드시 사라질 것이다.(悔亡)'고 했다.

六五爻는 陰으로 陽位에 처함으로써 위치가 바르지 않아 본래는 후회하게 되어있다. 그러나 六五爻는 中位에 처해 中德을 지켜나감으로써 후회가 사라질 것이라고 했다.

입에서 억지하는 바를 실천하는(입을 다물고 있는) 것은 그가 中位에 처하기 때문이다. 따라서 입으로 도리에 맞는 말을 하지 않을 지라도 그는 후회를 사라지게 할 수 있을 것이다. 『王注』

【번역飜譯】

六五爻 : 그 입을 신중히 억지하여 말을 함부로 하지 않으며 조리 정연하게 말을 하면 후회는 반드시 사라질 것이다.

〈象〉曰:'艮其輔', 以中正也.

【번역飜譯】

〈象傳〉에 이르되 : '그 입을 신중히 억지하여 말을 함부로 하지 않는다.'고 한 것은 六五爻가 中位에 처하여 정도를 지켜 나아간다는 의미이다.

【해설解說】

'입을 신중히 억지한다.'는 것은 말을 하지 않는다는 뜻이 아니다. 말을 하되 조리 정연하게 한다는 것은 곧 말을 '억지'할 수 있기 때문이다. 『折中 · 龔煥』

(䷳) 上九 : 敦艮, 吉.

【주석註釋】

敦艮, 吉 : 上九爻가 《艮》의 마지막에 처한 것은 억지하는 것이 지극한 象을 가졌기 때문이니, 비록 陽剛이라고는 할지라도 돈후할 수 있다. 따라서 그가 邪慾을 억지함으로써 결국에는 길할 것이라고 했다. 이곳에서 《艮》은 처음도 善해야 하고 마지막도 善해야 한다는 것을 강조하고 있다는 바를 알 수 있다. 뿐만 아니라 艮 · 山은 大地에서 우뚝 솟아난 부분이기 때문에 大地의 돈후함보다 더욱 돈후한 象을 가졌다는 것이 본 爻의 象이다.

정지(억지)의 지극함에 처한다는 것은 지극히 정지(억지)하는 자라는 의미이다. 최고 위 자리에서 돈후함이 중첩되었으니 함정에 빠지지도 않고 함부로 행동 하지도 않을 것이다. 따라서 그는 마땅히 '길할 것이다.'고 했다. 『王注』

【번역飜譯】

上九爻 : 돈후한 품 덕으로 사욕을 억지하니 길할 것이다.

〈象〉曰 : '敦艮之吉', 以厚終也.

【번역飜譯】

〈象傳〉에 이르되 : '돈후한 품 덕으로 사욕을 억지하니 길할 것이다.'고 한 것은 上九爻가 돈후한 품 덕을 끝까지 지켜 나아갈 수 있다는 의미이다.

【해설解說】

 천하의 일은 오로지 끝까지 지켜 나아가기가 어렵다. 끝에서 돈후할 수 있다는 것은 有終의 미를 거둘 자라는 의미이다. 마지막이 길할 것이라는 것은 그가 끝까지 돈후할 수 있기 때문이다.
 『程傳·程頤』

【艮】 요점 · 관점

 ≪艮≫은 '止(정지)'에서 의미를 취해 '邪慾을 억지한다.' · '사욕을 눌러서 멈추게 한다.'는 이치를 천명한 내용이다.

 간사한 음성과 어수선한 안색은 총명함을 '지니지 못할 것이다.' 음란한 음악과 거짓된 예절은 진실한 마음을 '받아들이지 못할 것이다.' 남을 업신여기며 편벽하게 대하는 기질은 몸을 '바로 세우지 못할 것이다.' 『禮記·樂記』

 '지니지 못할 것이다.' · '받아들이지 못할 것이다.' · '바로 세우지 못할 것이다.'고 한 것은 ≪艮≫ '止' 이치와 상통하는 내용이다.

卦辭는 반복적으로 '艮其背'의 의미를 말했는데, 이는 '사악함을 억지하는' 가장 좋은 방식을 보여주면서 사람들로 하여금 '사욕을 단절시켜' '마음을 혼란스럽게 하지 않아야' '사악함이 저절로 억지된다.'는 효과를 강조하고자 한 것이다.

卦의 六爻는 각자의 의미를 제시한 것 외에 인체 각 부위에서 象을 취해 다른 각도로 '止' 의미에 대한 득실상황을 보여주고 있다.

六二爻는 '장딴지'가 당연히 움직여야 하나 움직일 수 없는 상황을 말하고 있으며 九三爻는 '허리'가 마땅히 움직여야 하나 움직일 수 없게 된 상황을 보여주고 있다. 이들은 억지가 적당하지 않는 象을 설명해 준 것이다. 初六爻는 '발'이 힘차게 나아가기 직전에 억지한다는 것이며 六四爻는 스스로 그 '윗 몸'을 억지한다는 것이고 六五爻는 신중하게 그 '입'을 다문다(억지한다)는 것이며 上九爻는 끝에서 돈후하다는 것으로, 즉 모두 사리의 마땅한 선에서 억지하는 象이다.

만약 卦理를 깊이 탐구해 본다면, 역시 '억지'는 하되 절대적으로 '움직이지 말라'는 것을 강조한 것이 아니다. 따라서 「象傳」에서는 '時止則止, 時行則行.'이라고 했다. 이는 '움직이고' '억지하는' 사이의 철학관계를 말한 내용이다. 六五爻의 '그 입을 신중히 억지하여 말을 함부로 하지 않는다.(止其輔)'고 한 뒤에 '조리 정연하게 말을 한다.(言有序)'는 것을 배열한 뜻은 즉 '억지하는' 것으로 '움직이는(行)' 것을 구한다는 것의 분명한 예이다. 따라서 본 卦는 '억지'의 의미를 발휘하는 것에 중점을 두고 있으나 '억지'의 목적은 오히려 정확한(올바른) '행동'을 하는 데 있다는 바를 강조하였다. 즉 '행위를 바르게 하기 위해서는 반드시 먼저' '사악함을 억지해야 한다.'는 의미이다. 그렇다면 「大象傳」의 '思不出其位'는 의심할 나위 없이 '억지하는' 것은 '진취적인' 것의 전제조건으로 표현한 바라고 할 수 있다.

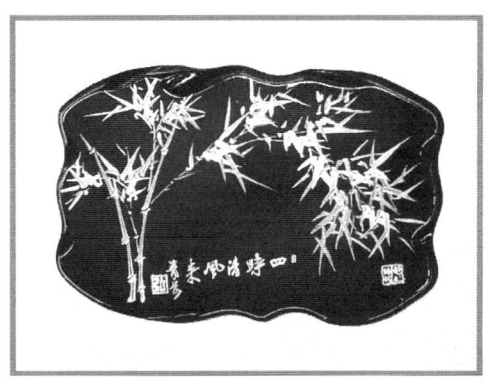

53. 漸卦의 立體文型圖

(☴☶) ≪漸≫：漸. 女歸吉, 利貞.

〈彖〉曰：漸之進也, 女歸吉也. 進得位, 往有功也. 進以正, 可以正邦也. 其位, 剛得中也. 止而巽, 動不窮也.

〈象〉曰：山上有木, 漸. 君子以居賢德善俗.

• • •

(—) 上九：鴻漸于陸, 其羽可用爲儀, 吉.
〈象〉曰：'其羽可用爲儀, 吉.' 不可亂也.

(—) 九五：鴻漸于陵, 婦三歲不孕. 終莫之勝, 吉.
〈象〉曰：'終莫之勝吉', 得所願也.

(— —) 六四：鴻漸于木, 或得其桷, 无咎.
〈象〉曰：'或得其桷', 順以巽也.

(—) 九三：鴻漸于陸, 夫征不復, 婦孕不育, 凶. 利禦寇.
〈象〉曰：'夫征不復', 離羣醜也. '婦孕不育', 失其道也. '利用禦寇', 順相保也.

(— —) 六二：鴻漸于磐, 飮食衎衎, 吉.
〈象〉曰：'飮食衎衎', 不素飽也.

(— —) 初六：鴻漸于干. 小子厲, 有言, 无咎.
〈象〉曰：'小子之厲', 義无咎也.

53 漸卦

(䷴)《漸》·錯(䷵)《歸妹》·綜(䷵)《歸妹》·互(䷾)《未濟》

(䷴)《漸》: 漸. 女歸吉, 利貞.

【주석註釋】

☴ : 卦象이다. 下卦 ☶ 艮卦(山·止)와 上卦 ☴ 巽卦(木·遜·風·入)로 구성되었다. 산 위에 있는 나무가 점진적으로 성장하는 자연현상과 이치를 빌려와서 '점진적'인 현상과 이치를 상징했다.

漸 : 卦名이다. '점진적'·'순서적' 의미를 상징한다.

'漸'이란? '점진적'인 것을 상징하는 卦이다. 『王注』

'漸'이란? '빠르지 않다.'는 뜻이다. 무릇 사물의 변화는 서서히 점진적으로 되는 것이며 빠르게 되는 것은 아니니, 이를 '漸'이라고 한다. 『正義』

女歸吉, 利貞 : '歸'는 여성이 '시집을 간다.'는 뜻이다.
이는 고대에 여성이 시집을 갈 때는 반드시 예를 순서대로(점진적으로) 갖추어 나아가는 것을 이용해 정도를 굳건히 지켜 나아가는 데에서 이로움을 얻을 것이라는 바를 깨우쳐 주면서, 사물의 나아감은 마땅히 순서를 밟아 나아가는 점진적인 이치를 따라야 한다는 것을 설명한 내용이다.

'歸'는 '시집가다(嫁)'는 뜻이다. 여성은 태어나서 밖에서 성취해야 할 것이며 남편을 가정으로 삼아야 할 것이다. 따라서 '시집가다(嫁)'는 것을 '歸(맡기다·시집가다·돌아가다)'라고 했다. 여성이 시집을 갈 때는 예를 갖추어 행해야 할 것이니, 그 예를 하나하나 점진적(漸)으로 실천해 나아가야 할 것이다. 예의 순서를 서서히 실천해 나아가면서 깊이 사려하면서 시집을 간다면 길할 것이다. 또한 이르되 : 여성이 시집을 갈 때는 절차를 밟아 예를 바르게 행해야 함으로 '정도를 굳건히 지켜 나아가는 데에서 이로움을 얻을 것이다.(利貞)'고 했다. 『正義』

【번역翻譯】

≪漸≫ : 漸卦는 점진적인 것을 상징한다. 여성이 시집을 갈 때는 예에 따라 점진적으로 행한다면 길할 것이며 정도를 굳건히 지켜 나아가는 데에서 이로움을 얻을 것이다.

【해설解說】

≪漸≫의 卦辭는 '여성이 시집을 간다.'는 것을 象으로 취했다.

천하에서 일어나는 모든 일은 점진적으로 되지 않는 것이 없다. 여성에게 있어서는 더욱더 점진적이어야 할 것이다. 어떤 이치가 그러한가? 여성이 집안에 있으면, 반드시 남성의 집에서 問名·納采·請期·親迎에 이르기까지 혼례절차를 모두 갖춘 연후에 비로소 그 혼례를 완성하여 부부의 도를 바르게 한다. 군자의 사람됨은 가난하고 천한 곳에 처한다고 할지라도 아무 때나 君을 맞이하거나 구하여 나아가는 것을 서둘러서는 안 될 것이다. 아래 신분에 처하는 자일지라도 아첨으로 높은 직위를 얻고자 해서는 안 될 것이다. 모든 것은 점진적으로 그곳에 이르러야 만이 비로소 그 길함을 얻을 것이다. 『折中·胡瑗』

이는 사물은 '점진적으로 나아간다.'는 이치를 분석한 것을 설명한 내용이다. 그러나 卦辭가 '여성이 시집가는 것'을 사용해 비유한 것은, 옛 禮敎의 시각으로 여성을 본 것이기 때문에 현대적 입장에서는 못 마땅할 수도 있으나 새겨볼 만한 가치가 있는 내용이다.

〈彖〉曰 : 漸之進也, 女歸吉也. 進得位, 往有功也. 進以正, 可以正邦也. 其位, 剛得中也. 止而巽, 動不窮也.

【주석註釋】

漸之進 : '之'는 作動詞로서 '앞으로 나아간다.'는 뜻이다. '漸之進'은 '점진적으로 앞으로 나아간다.'는 의미이다.

  이 구절은 卦名 '漸'을 해석한 내용이자 卦辭 '女歸吉'의 의미를 해석한 내용이다.

進得位, 往有功也. 進以正, 可以正邦也 : 이 네 구절은 九五爻를 예로 들어, '점진적'으로 나아가 '正位에 처해(得位)'·'정도를 실천하면(得正)' '공적을 세울 수 있을 것이며(有功)'·'나라 백성들의 마음을 바르게 할 수 있을 것이다.(正邦)'는 뜻을 설명한 내용이며 卦辭 '利貞'의 의미를 해석한 내용이다.

  이는 九五爻가 正位에 처하며 陽剛의 성품으로 中位에 처한다는 것과 '利貞'을 해석한 내용이다. 앞으로 나아가 귀한 직위에 처한다는 것은 나아가서 공을 세운다는 의미이다. 六二爻가 九五爻에게로 간다는 것은 나아가는 바가 바르다는 뜻이며 몸도 이미 正位에 처했음으로 나라를 바르게 할 수 있다고 했다. 『正義』

其位, 剛得中也 : ≪漸≫ 六二爻에서 九五爻까지의 많은 爻는 모두 正位에 처했다.

  이 구절은 특히 앞문의 '位'는 전적으로 九五爻를 뜻한다는 것을 밝힌 내용이다.

止而巽, 動不窮也 : ≪漸≫의 下卦 艮卦는 '止'이며 上卦 巽卦는 '和順'인 것이, '조용히 정지해서 화순하게 처해 있다.'는 것과 같은 의미이다. 이러한 상황으로 움직인다면 그들의 나아감은 오로지 점진적이기 때문에 어려움에 이르지 않을 것이다.

  이는 두 몸이 점진적으로 나아가는 아름다움을 널리 밝힌다는 내용이다. '止'한 것은 난폭하지 않으며 '巽'한 것은 겸손함을 사용한다. 이러한 상황으로 나아간다면 사물은 법령을 어기지 않을 것이며 어긋나지 않을 것이기 때문에 '점진적으로 행동해 나아간다면 어려움이 없을 것이다.'고 했다. 『正義』

【번역飜譯】

  〈彖傳〉에 이르되 : 점진적으로 앞을 향해 나아가는 것, 이를 비유해 본다면, 여성이 시집을 갈 때는 예에 따라 점진적으로 행해야 길할 것이라는 것과 같다는 의미이다. 이 시점에서 점진적으로 나아가면 중요한 지위를 얻을 것이라고 한 것은 앞으로 나아가면 반드시 공적을 세울 수 있을 것이라는 의미이다. 점진적으로 나아가 정도를 실천하면 나라 백성들의 민심을 바르게 할 수 있을 것이다. 사물은 점진적이어야 존위에 처할 수 있으나, 종종 陽剛剛健으로 말미암은 것이거나 또는 中和의 미덕을 지님으로 인한 것이기도 하다. 오로지 조용하게 정지하여 서두르지 않으며 겸손하고 화순하게 점진적으로 행동해 나아간다면 어려움에 이르지 않을 것이다.

〈象〉曰 : 山上有木, 漸. 君子以居賢德善俗.

【주석註釋】

山上有木, 漸 : ≪漸≫의 下卦 艮卦는 '山'의 象이고 上卦 巽卦는 '木'의 象이라는 것을 해석한 내용이다.

> 대지 속에서 움터 오르는 나무는 시기에 맞추어 자라 오른다.(地中生木, 以時而升.) 산 위에 있는 나무, 그가 자라는 형상은 점진적이다.(山上有木, 其進以漸.) 『折中·楊氏』

이는 ≪升≫과 ≪漸≫ 卦象의 의미를 구별해서 해설해 본 내용이다.

> '대지 속에서 움터 오르는 나무'란? '자라기 시작하는 나무'를 뜻한다. '산 위에 있는 나무'란? '높고 큰 나무'를 뜻한다. 무릇 나무가 자라기 시작할 때는 가지가 갑작스럽게 성장함으로 아침이 다르고 저녁이 다르다. 이미 높고 크게 자란 나무는 한 줌에서부터 한 아름으로 손으로 비틀 수 있을 때부터 하늘을 가릴 수 있을 때까지 반드시 한 해 한 해 점진적으로 세월을 쌓아 나아가는 바이다. 이것이 ≪升≫과 ≪漸≫의 의미가 다른 까닭이다. 『折中』

居賢德善俗 : '居'는 '쌓다'는 뜻이다. '善'은 作動詞이다. '善俗'은 '풍속을 개선한다.(善風俗)'의 의미이다.

이는 군자가 ≪漸≫의 象을 관찰해 본 후, 현명한 덕을 쌓는 것과 풍속을 개선하는 것 역시 점진적으로 진행해야 하는 이치라는 것을 깨달았다는 의미이다.

'居'는 '쌓다'는 뜻이다. '德'은 점진적으로 쌓아 나아가는 것이며 풍속은 점진적으로 개선해 나아가는 것이다. 『折中·馮當可』

【번역飜譯】

〈象傳〉에 이르되 : 산 위에 있는 나무(점진적으로 높고 굵게 성장해 나아가는 나무)라는 것은 점진적인 것을 상징한다. 군자는 이를 본 받아, 점진적으로 賢德을 쌓아 나아가야 할 것이며 점진적으로 풍속을 개선해 나아가야 할 것이다.

(䷴) 初六 : 鴻漸于干. 小子厲, 有言, 无咎.

【주석註釋】

鴻漸于干 : '鴻'은 '오리 과에 속하는 물새'로 '큰기러기'를 뜻한다. '干'은 '물 가'를 뜻한다. 이 구절은 기러기가 점진적으로 날아서 오르는 象을 취해 비유하면서, 初六爻가 ≪漸≫의 시작이자 柔弱하고 비천한 아래에 처하며 위로 호응해 주는 상대도 없음으로 나아가 보지만 여전히 얕은(淺) 곳이기 때문에, 그가 편안하지 못한 상황에 처해 있다는 바를 설명한 내용이다.

'鴻'은 '물 새'를 뜻한다. '干'은 '물 가'를 뜻한다. 점진적으로 나아가는 이치는 아래로부터 위로 올라가는 것이니, 기러기가 아래로부터 위를 향해 날아오르는 것에 비유했다. 처음 나아가기 시작할 때는 봉급과 직위를 얻지 못하고 위로 호응해 주는 상대도 없으며 몸 또한 가장 아랫자리에 처해 있는 것이, 만약 기러기가 물가를 향해 점진적으로 날아오르고 있다고 할지라도 편안하지 못한 것과 같다는 의미이다. 『正義』

小子厲, 有言, 无咎 : '有言'은 '언어로 중상모략을 받는다.'는 뜻이다.
이 구절은 初六爻는 위치가 낮아 편안하지 못한 바를 '어린아이(小子)'가 '위태로운 상황에 놓여 있다.(厲)'는 것을 취해 비유했을 뿐만 아니라 또한 사람들의 언어로 중상모략을 받고 있다는 것에 비유했다. 그러나 점진적이며 서두르지 않는다면 비록 '위험(厲)'에 처하거나 '언어로 중상모략을 받는다.(有言)'고는 할지라도 결국에는 '재난을 면할 것이다.(无咎)'고 했다.

나아가기 시작할 때 현저한 지위를 얻지 못해 쉽게 능욕을 당할 수 있는 것이, 어린 아이가 위험한 상황에 놓여 있는 것과 같고 헐뜯는 말에 상처를 입는 것과 같음으로 '어린아이가 위태로운 상황에 놓여있으며 언어로 중상모략을 받을 것이다.(小子厲, 有言.)'고 했다. 그러나 소인의 말은 군자의 뜻을 해칠 수 없는 것이기 때문에 결국에는 '재난을 면할 것이다.(无咎)'고 했다. 『正義』

【번역翻譯】

初六爻 : 큰 기러기가 점진적으로 날아올라 물가에 이르렀다.(안녕하지 못하다.) 이는 어린아이가 위험한 상황을 만나거나 언어로 중상모략을 받을지라도 점진적이며 서두르지 않는다면 재난을 만나지 않을 것이라는 바와 같은 의미이다.

〈象〉曰 : '小子之厲', 義无咎也.

【주석註釋】

義无咎 :

初六爻에서 '사용하지 말 것이다.(初勿用)'고 한 것은 '재난을 만나지 않을 것이다.'는 의미이다.(義无咎)' 『尙氏學』

【번역翻譯】

〈象傳〉에 이르되 : '어린아이가 위험한 상황을 만나다.'고 한 것은 初六爻에서부터 점진적이며 서두르지 않는다는 뜻으로 본다면 어떠한 재난도 없을 것이라는 의미이다.

【해설解說】

≪漸≫의 卦辭는 '여성이 시집을 가는(女歸)' 象을 본 뜬 것이며 六爻는 '큰 기러기(鴻)'을 취해서 비유했다. 의리상에서 이들을 어떻게 연결시켰는가? 이에 대해 李鼎祚와 何楷는 다음과 같이 말하고 있다.

> 큰 기러기는 태양을 따라 날아올라 가는 새이기 때문에 여성이 남성을 따르는 것에 비유하였다. 卦는 점진적으로 나아가는 의미를 밝힌 것이기 때문에 爻 또한 모두 그와 일치되게 했다. 『集解 · 李鼎祚』

> 六爻는 모두 큰 기러기를 象으로 취하여, 즉 가고 오는 것이 적당한 때가 있으며 앞과 뒤의 순서가 정연함으로써 '점진적(漸)'인 특징을 명확하게 표현했다. 昏禮에 큰기러기를 사용하는 것은, 두 번 다시는 짝을 얻지 않는 기러기의 미덕을 '여성이 시집을 가는' 시점에서 절실한 교훈으로 제시한 것이다. 『折中 · 何楷』

이 두 견해는 참고할 만한 내용이다. 만약 '상징적'인 시각으로 본다면, '여성이 시집을 가는 것'과 '큰 기러기가 날아올라 가는' 象은 비록 다르다고 할지라도 '점진적으로 나아가는' 의미는 완전히 일치 한다고 할 수 있다.

(䷴) 六二 : 鴻漸于磐, 飮食衎衎, 吉.

【주석註釋】

鴻漸于磐, 飮食衎衎, 吉 : '磐'은 '견고하고 넓고 평평한 큰 돌(磐石)'로서 '안온한 장소'에 비유한 것이다. '衎衎'은 '평화롭고 즐거운 모양'을 뜻한다.

　이는 六二爻가 '점진적'으로 나아가 正位에 처하며 柔中으로 九五爻에 호응하는 것이 '큰 기러기'가 점진적으로 날아올라 반석 위에 이르러 편안하게 음식을 먹고 있는 것과 같음으로 '길할 것이다.'고 했다.

【번역飜譯】

六二爻 : 큰 기러기가 점진적으로 날아올라 반석위에 이르더니 평화롭게 음식을 먹으

며 즐겁게 지내니 길할 것이다.

〈象〉曰 : '飮食衎衎', 不素飽也.

【주석註釋】

不素飽 : '素'는 '희다'・'비다'는 뜻이다. '素飽'는 '공적이나 재능이 없는 데에도 불구하고 높은 직위에 앉아 녹을 타 먹는다.(素餐)'는 의미이다.

이 구절은 六二爻의 '飮食衎衎'을 설명한 내용으로, 六二爻는 가까이로는 九三爻를 받들고 멀리로 九五爻와 호응하고 있는 것이 신하로서 군왕을 잘 받들어 녹을 받아 먹고 사는 것과 같음으로 '素餐'하는 자는 아니라는 의미이다.

'素'는 '空'의 뜻이다. '素飽'는 '素餐'과 같은 뜻이다. 六二 陰爻는 中位에 처하며 신하의 도리를 다할 수 있는 자이며 가까이로는 九三爻를 받들고 멀리로는 九五爻에게 호응하니, 이는 陰으로 陽을 보좌하여 국가를 반석 위에 편안히 올려놓아 그 공적으로 녹을 하사 받게 되었음으로 '공적이나 재능이 없는 데에도 불구하고 높은 직위에 앉아 녹을 타 먹는 자는 아니다.(不素飽)'고 했다. 『毛傳』

【번역翻譯】

〈象傳〉에 이르되 : '평화롭게 음식을 먹으며 즐겁게 지낸다.'고 한 것은 六二爻가 마음을 다해 신하의 도리를 실천한다는 의미이며 헛되이 배불리 밥을 먹고 사는 자는 아니라는 의미이다.

(☴) 九三 : 鴻漸于陸, 夫征不復, 婦孕不育, 凶. 利禦寇.

【주석註釋】

鴻漸于陸, 夫征不復, 婦孕不育, 凶 : '陸'은 비교적 평평한 '산봉우리'를 뜻한다. 즉 산 위의 높고 평평한 곳을 '陸'이라고 한다. 만약 上九爻의 '陸'과 비교해 본다면, 이 곳은 '작은 산의 봉우리'가 될 것이다.

이 몇 구절은 九三爻는 ≪漸≫의 下卦 艮卦 위에 처하며 큰 기러기가 점진적으로 날아올라 산봉우리에 이른 象이다. 비록 六四爻와 호응관계는 아니지만 이웃하며 陰陽이 서로 맞아 즐기며 돌아오는 것을 잊어버린 것이 '남편이 먼 길을 떠난 후 돌아오지 않자' 결국 그 부인이 정조를 잃어버리고 임신하여 아이를 키울 면목이 없어진 것과 같음으로 '흉할 징조를 지니고 있다.'고 했다. 즉 九三爻는 陽으로 陽位에 처함으로써 지나치게 剛한 기질을 가진 채 점진적인 시점에 처한 것은 나아가지 않아야 할 때 나아가는 위험을 안고 있다는 의미이다. 따라서 점진적인 이치를 상실함으로써 '흉할 것이다.'고 했다.

'陸'은 '높은 봉우리'를 뜻한다. 높은 봉우리로 나아간다는 것은 六四爻와 어울리느라 다시 돌아올 줄 모른다는 의미이다. '사나이가 먼 길을 떠난 후 돌아오지 않고 있다.(夫征不復)'고 한 것은 바르지 않는 배필과 즐긴다는 것, 즉 부인 역시 정조를 고집하지 않는다는 뜻이다. 따라서 부인은 남편이 아닌 자와 아이를 가지게 되었으니 양육할 면목이 없는 바이다. 九三爻는 본래 艮體이나 동료들을 버리고 六四爻와 어울리면서 끝내 돌아오지 않으니 결국 '부인으로 하여금 임신을 하게하여 아이를 키울 면목이 없는 지경에 이르게 했다.(婦孕不育)' 눈앞의 이익을 쫓느라 의리를 잊어버렸으며 나아가는 것에 욕심껏 나아가느라 옛 것을 잊어버렸으니 재난을 만날 이치이다. 『王注』

利禦寇 : 이 구절은 九三爻에게 훈계하고 격려하는 말로서, 만약 剛強한 성품을 조심스럽게 사용한다면 사특하고 음란하게는 안 될 것이며 난폭함을 멈추는 데에서 이로움을 얻는 상황, 즉 '남편이 먼 길을 떠난 후 돌아오지 않자 결국 그 부인이 정조를 잃어버리고 임신하여 아이를 키울 면목이 없음으로 흉할 것이다.'는 상황은 피할 수 있을 것이라는 의미이다.

九三爻는 지나치게 剛한 자질을 가졌으며 점진적으로 나아가는 시점에 당면해, 그는 나아가 곤란함을 저지르는 것을 두려워해야 할 것이기 때문에 경고의 말을 한 것이다. '먼 길을 떠나는 것'과 '임신을 하는 것'은 모두 '흉'한 것이니 나아가지 말라는 의미이다. '난폭함을 멈추는 데에서 이로움을 얻을 것이다.'는 바는 '멈출 수 있다.'는 의미이다. 『折中·程敬承』

【번역飜譯】

九三爻 : 큰 기러기가 점진적으로 날아올라 작은 산의 봉우리에 이른 것은, 남편이 먼 길을 한 번 떠난 후 돌아오지 않자 부인이 정조를 잃어버리고 임신을 하여 아이를 키울 면목이 없음으로 흉할 것이라는 것과 같다는 의미이다. 난폭함을 멈추는 데에서 (만약 품성을 바르게 하여 剛함을 사용한다면) 이로움을 얻을 것이다.

〈象〉曰 : '夫征不復', 離羣醜也. '婦孕不育', 失其道也. '利用禦寇', 順相保也.

【주석註釋】

離羣醜 : '醜'는 '같은 무리(類)'를 뜻한다. 즉 初六爻·六二爻 두 개의 陰爻를 뜻한다. 이 구절은 九三爻가 '먼 길을 떠나는 것(征)'은 初六爻와 六二爻의 동아리들로부터 멀리 떠난다는 의미이다.

順相保 : 이는 九三爻는 剛함이 지극하니 서둘러 나아가서는 안 될 것이며 응당히 조심스럽게 정도를 지켜 나아가야 할 것이며 그의 동아리들과 더불어 '화순하게 서로 도와야 만이 재난을 면할 수 있을 것이다.'는 의미이다.

【번역飜譯】

〈象傳〉에 이르되 : '남편이 먼 길을 한 번 떠난 후 돌아오지 않는다.'고 한 것은 九三爻가 그의 배우자 무리들이 있는 곳으로부터 멀리 떠나 있다는 의미이다. '부인이 정조를 잃어버리고 임신을 하여 아이를 키울 면목이 없다.'고 한 것은 부부의 서로 은애

하는 이치를 상실했다는 의미이다. '난폭함을 멈추는 데에서(만약 품성을 바르게 하여 사악한 행위를 하지 않는다면) 이로움을 얻을 것이다.'고 한 것은 九三爻는 응당히 정도를 지키면서 부부로 하여금 화순하고 서로 도울 수 있도록 해야 할 것이라는 의미이다.

【해설解說】

九三爻는 비록 正位에 처했으나 지나치게 剛함으로 인해 '中'을 지키지 못하고 서둘러 앞으로 나아가니 반드시 허물이 발생하게 될 것이기 때문에 爻辭는 '흉할 것이다.'고 경고했다. 만약 柔를 취해서 剛을 다스릴 수 있다면 '점진적(漸)'인 이치를 지켜 나아가게 되어 반드시 凶을 吉로 전환 시킬 수 있을 것이다.

> 오로지 삼가고 조심하며 자신을 지켜 나아간다면 난폭함으로 하여금 머리를 들지 못하게 할 것이니, 즉 지나치게 剛함이 상실되어 이로울 것이다. 『折中』

(䷴) 六四 : 鴻漸于木, 或得其桷, 无咎.

【주석註釋】

鴻漸于木, 或得其桷, 无咎 : '桷'이란? 나무 가지 사이의 '평평한 줄기'를 뜻한다. 즉 '옆으로 평평하게 뻗은 나무 가지'를 뜻한다.

이 세 구절은 六四爻가 柔正에 처하며 위로는 九五 陽爻를 받들고 점진적으로 나아가며 서두르지 않는 것이, 큰 기러기가 점진적으로 날아올라 높은 나무에 이르더니 평평한 나무 가지에 앉아있는 것과 같음으로써 '재난에 이르지 않을 것이다.(无咎)'고 했다.

> 새가 나무로 날아가는 것은 당연한 이치이다. 혹시라도 평평한 나무 가지가 있다는 것은 편안한 휴식처(서식처)를 만난다는 의미이다. 六四爻는 비록 剛을 올라타고 있을지라도 뜻을 서로 화합시킬 수 있는 자이다. 『王注』

【번역飜譯】

六四爻 : 큰 기러기가 점진적으로 날아올라 높은 나무에 이르러, 혹시라도 평평한 나무 가지에서 편안하게 머무를 휴식처를 찾는다면 재난에 이르지 않을 것이다.

〈象〉曰 : '或得其桷', 順以巽也.

【주석註釋】

順以巽 :

六四爻가 九五爻와 上九爻 두 개의 陽爻에 순응하며 그들의 뜻을 받들 것이라는 의미이다. 『尚氏學』

【번역飜譯】

〈象傳〉에 이르되 : '혹시라도 평평한 나무 가지에서 편안하게 머무를 휴식처를 찾는다면'이라고 한 것은 六四爻가 온순하고 겸손하다는 의미이다.

【해설解說】

기러기는 나무에 보금자리를 틀지 않는 새이다. 높은 나무를 향해 날아오르는 것은 가로로 평평하게 뻗은 가지를 찾아 잠시 편안히 휴식하기 위한 것일 뿐이다. 이는 사물의 의리에 맞추어 말한 내용이다. 『重定費氏學·馬其昶』

(䷴) 九五 : 鴻漸于陵, 婦三歲不孕. 終莫之勝, 吉.

【주석註釋】

鴻漸于陵, 婦三歲不孕, 終莫之勝, 吉 : '三歲'는 '여러 해'를 뜻한다.

이 몇 구절은 九五爻가 ≪漸≫의 존위에 처한 것이, 큰 기러기가 점진적으로 날아올라 큰 언덕에 이른 것과 같다는 의미이다. 또한 陽剛中正으로 아래로는 六二爻와 호응하니, 비록 九三爻와 六四爻의 방해를 받아 六二爻에게 여러 해 동안 '임신을 시키지는 못한다고 할지라도' 六二爻와 九五爻는 바르게 호응하는 관계이니 만큼 결국에는 만나게 될 것이며 외부의 사물들은 그들 사이를 가로막아 승리할 수 없을 것이기 때문에 '길할 것이다.'고 했다.

나아가 中位에 처했으나 九三爻와 六四爻에게 가리어져 九五爻는 六二爻와 만나지 못함으로 '부인이 여러 해 동안 임신을 못한다.(婦三歲不孕)'고 했다. 각각 正道를 실천하며 中位에 처함으로써 九三爻와 六四爻도 오랫동안 그들의 길을 막을 수는 없을 것이니 몇 해가 지나지 않아 반드시 그들이 원하는 바가 이루어질 것이다. 『王注』

【번역翻譯】

九五爻 : 큰 기러기가 점진적으로 날아올라 큰 언덕에 이르니(남편이 완연히 먼 길을 떠나는 것과 같으니) 부인이 여러 해 동안 임신을 하지 못할 것이다. 그러나 외부의 사물은 결국 그들 사이를 침범하거나 가로막아 승리할 수 없을 것이니 길할 것이다.(그러나 부부는 반드시 머지않아 반드시 만나게 될 것이다.)

〈象〉曰 : '終莫之勝吉', 得所願也.

【번역翻譯】

〈象傳〉에 이르되 : '외부의 사물은 결국 그들 사이를 침범하거나 가로막아 승리할 수 없을 것이니 길할 것이다.'고 한 것은 九五爻가 결국에는 六二爻와 화합하고자 하는 소원을 성취시킬 것이라는 의미이다.

【해설解說】

六二爻와 九五爻는 正位에 처하며 중용의 도를 지켜 나아가는 象이기 때문에 '길할 것이다.' 고 했다.

> 六二爻는 경솔하게 나아가지 않고 九五爻는 경솔하게 방종하지 않으며 서로는 오랫동안 기다려 주는 깊은 믿음을 가지고 있다. 『重定費氏學·華學泉』

(䷴) 上九 : 鴻漸于陸, 其羽可用爲儀, 吉.

【주석註釋】

鴻漸于陸, 其羽可用爲儀, 吉 : '陸'은 이곳에서는 '높은 산의 봉우리'를 뜻한다. 九三爻의 '陸'보다는 더 높은 곳이자 '陵'의 위에 있는 곳이다.

이 세 구절은 上九爻가 윗자리를 향해 '점진적으로 나아가다가' 멀리 卦의 극한 곳에 처하게 되었으나 그는 자신의 공적에 대해서는 마음도 쓰지 않으니, 그의 고결함은 본받을 만하다는 바를 설명한 내용이다. 이는 큰 기러기가 점진적으로 날아올라 높은 산의 봉우리에 앉았으나 그의 날개는 감히 예의를 갖추고 있는 것과 같으니 '길할 것이다.'고 했다.

> 나아가 고결함에 처하며 지위에 연연하지 않고 사물로 인해 그의 마음을 굽히지 않으며 그의 뜻을 어지럽게도 하지 않으며 늠름하고 명료하고 심원하니 그의 거동이 귀함으로써 '그의 날개로 고결하고 아름다운 의식을 갖추어 주니 길할 것이다.(其羽可用爲儀, 吉.)'고 했다. 『王注』

【번역飜譯】

上九爻 : 큰 기러기가 점진적으로 날아올라 높은 산의 봉우리에 앉아 그의 날개로 고결하고 아름다운 의식을 갖추어 주니 길할 것이다.

〈象〉曰:'其羽可用爲儀, 吉.' 不可亂也.

【번역飜譯】

〈象傳〉에 이르되 : '그의 날개로 고결하고 아름다운 의식을 갖추어 주니 길할 것이다.' 고 한 것은 上九爻의 고결한 뜻은 결코 문란해지지 않을 것이라는 의미이다.

【해설解說】

　　六二爻는 유용한 지위에 처하여 백성들의 국가에 유익함을 줌으로써 헛되이 배불리 먹고 사는 (素飽) 자가 아니었다. 上九爻는 無上의 지위에 있으나 역시 백성들의 본 보기가 되기에 충분하니 쓸모없는 자가 아니다. 六二爻는 뜻을 따뜻하고 배불리 먹는 데에 두지 않았고 上九爻의 뜻은 높이 뛰어나서 문란해 질 수가 없었다. 사대부들은 벼슬에 나아가든 집으로 물러나든 이러함을 당연히 본 받아야 할 것이다. 『周易本義通釋·胡炳文』

【漸】 요점·관점

　　≪漸≫을 卦名으로 의미를 새겨본다면, 사물이 발전하는 과정 가운데에서 '순서대로 점진적으로 나아가는' 이치를 천명한 것이다.

　　卦辭는 '여성이 시집을 가는' 象을 본떴는데, 그 뜻은 '예가 갖추어진' 연후에 점진적으로 실천해 나아가야 한다는 것으로서 이미 卦 전체의 주제로 보여 주었다.

　　六爻는 큰 기러기가 점진적으로 날아오르는 것에 비유함으로써 그 형상을 매우 생동감 있게 묘사하였다. 初爻에서부터 上爻에 이르기까지는 큰 기러기가 점진적으로 보다 높은 곳을 향해 날아 올라가고 있는 역정을 따랐다. 水涯(물가)·磐石(견고하고 넓고 평평한 큰 돌)·小山陸(작은 산의 봉우리)·山木(산의 큰 나무)·山陵(산의 큰 언덕)·大山陸(높은 산의 봉우리), 즉 낮은 곳으로부터 점진적으로 보다 높은 곳으로 가까운 곳으로부터 점진적으로 먼 곳을 향해 질서정연한 순서로 나아갔다는 것을 볼 수 있다.

각 爻는 모두 정도를 지키면서 점진적으로 실천해 나아가는 것을 주제로 삼았음으로 대체로 '길할 것이다.'·'재난이 없을 것이다.'고 했다. 그 가운데에서 九三爻는 비록 지나치게 剛함으로 인해 '흉할' 것이었으나 역시 '점진적으로 나아가는' 이치를 신중하게 실천한다면 흉함이 이로움으로 전환될 것이라고 격려했다.

　본 卦는 시작에서 끝까지 '점진적으로 나아가는' 이치를 예찬했으며 上九爻 즉 직위가 극에 달하는 곳에 이르러서는 활용능력을 무궁하게 함으로써 점진적인 것을 축적시켜 크게 성공한 것으로 표현하였다. 즉 '천하의 만백성들을 본받게 하여', '일체를 아름답게 만들었다.'

54. 歸妹卦의 立體文形圖

(䷵) ≪歸妹≫: 歸妹. 征凶, 无攸利.

〈彖〉曰: 歸妹, 天地之大義也. 天地不交, 而萬物不興. 歸妹, 人之終始也.
說以動, 所歸妹也. '征凶', 位不當也. '无攸利', 柔乘剛也.

〈象〉曰: 澤上有雷, 歸妹. 君子以永終知敝.

• • •

(− −) 上六: 女承筐, 无實. 士刲羊, 无血. 无攸利.

〈象〉曰: 上六无實, 承虛筐也.

(− −) 六五: 帝乙歸妹, 其君之袂, 不如其娣袂良. 月幾望, 吉.

〈象〉曰: '帝乙歸妹, 不如其娣之袂良'也. 其位在中, 以貴行也.

(—) 九四: 歸妹愆期, 遲歸有時.

〈象〉曰: 愆期之志, 有待而行也.

(− −) 六三: 歸妹以須, 反歸以娣.

〈象〉曰: '歸妹以須', 未當也.

(—) 九二: 眇能視, 利幽人之貞.

〈象〉曰: '利幽人之貞', 未變常也.

(—) 初九: 歸妹以娣, 跛能履, 征吉.

〈象〉曰: '歸妹以娣', 以恒也. '跛能履', 吉相承也

54 歸妹卦

(䷵)≪歸妹≫・錯(䷴)≪漸≫・綜(䷴)≪漸≫・互(䷾)≪旣濟≫

(䷵) 歸妹 : 歸妹. 征凶, 无攸利.

【주석註釋】

䷵ : 卦象이다. 下卦 ☱ 兌卦(澤・悅)와 上卦 ☳ 震卦(雷・動)로 구성되었다. 즉 위에서 우레(陽・男)가 진동하니 연못의 물(陰・女)이 기쁘게 출렁이는 자연현상과 이치를 빌려와서 '기쁘게 시집가는' 현상과 이치를 상징했다.

歸妹 : 卦名이다. '少女를 시집보낸다.'는 의미를 상징한다. '歸'는 '여성이 시집을 간다.'는 뜻이다. '妹'는 뒤에 태어난 여성으로 '少女(세째 딸)'・'질녀'와 같은 의미이다.

본 卦의 下卦는 兌卦로서 '少女'와 '기쁨(悅)'을 상징한다. 上卦 震卦는 '장남'과 '활동(動)'을 상징한다. 즉 여성이 위로 남성을 받들며 기쁘게 활동함으로 '少女를 시집보내는' 象과 같다는 의미이다.

'妹'는 '少女'를 뜻한다. '兌'는 '少陰'이며 '震'은 '長陽'이다. 少陰이 長陽을 받들면서 기쁘게 활동함으로 '少女를 시집보내는' 象이라고 했다. 『王注』

征凶, 无攸利 : 卦 가운데 九二爻에서부터 六五爻에 이르기까지의 모든 爻가 正位를 상실했으며 특히 六三爻는 中位・正位를 상실했을 뿐만 아니라 陰으로 陽을 올라타고 있음으로 '나아가면 반드시 흉할 것이며 이로운 바가 없을 것이다.(征凶, 无攸利.)'고 경고했다.

'无攸利'는 六三爻를 뜻한다. 그는 正位를 상실했을 뿐만 아니라 호응할 대상도 없고 柔로서 剛을 올라타고 있다는 의미이다. 『集解·虞翻』

九四爻는 正位를 상실했음으로 '소녀를 시집보낸다고 할지라도 행동이 바르지 않는 방향으로 나아간다면 반드시 흉할 것이다.(歸妹, 征凶.)'고 했다. 『周易義海撮要·陸希聲』

【번역飜譯】

≪歸妹≫ : 歸妹卦는 소녀를 시집보내는 것을 상징한다. 만약 바르지 않는 행동으로 나아간다면 반드시 흉할 것이며 이로운 바가 없을 것이다.

【해설解說】

卦辭에서 '凶'을 말한 것은, '소녀를 시집보내는' 일을 부정하는 것이 아니라 『周易』의 작자가 '상징적인 것을 사용하여 훈계한 것이다.' 즉 소녀가 시집을 가면 반드시 '정도'를 실천한 연후라야 만이 길할 것이라는 의미를 설명한 내용이다.

'바르지 않는 행동으로 나아간다면 반드시 흉할 것이며 이로운 바가 없을 것이다.(征凶, 无攸利.)'고 한 것은 소녀를 시집보내면서 훈계한 말이다. 『正義·孔穎達』

〈彖〉曰 : 歸妹, 天地之大義也. 天地不交, 而萬物不興. 歸妹, 人之終始也. 說以動, 所歸妹也. '征凶', 位不當也. '无攸利', 柔乘剛也.

【주석註釋】

人之終始 : 이는 인류는 죽고 또 탄생하며, 즉 왕성한 生息活動을 한다는 의미이다.
　　위 여섯 구절은 '天地'·'萬物'은 陰陽의 교합으로 인해 무성하게 번식한다는 것을 예로 들어, '소녀를 시집보낸다.'는 의미를 설명한 내용이다.
說以動, 所歸妹也 : '說'은 '기쁨(悅)'으로 下卦 兌卦를 뜻한다. '動'은 上卦 震卦를 뜻한

다. '所'는 '可(… 할 수 있다.)'의 뜻이다.

　　이 두 구절은 下卦象과 上卦象은 '기쁘게 활동한다.'는 의미를 가졌다는 것과 卦名 '歸妹'를 해석한 내용이다.

位不當 : 卦辭 '征凶'을 해석한 내용으로 九二爻에서부터 六五爻까지 '모든 爻의 지위가 정당하지 않다.'는 것을 의미한다.

　　九二爻·六三爻·九四爻·六五爻는 모두 정당하지 않는 위치에 처함으로써 '나아가면 흉할 것이다.(征凶)'고 했다. 『正義』

柔乘剛 : 卦辭 '이로운 바가 없을 것이다.(无攸利)'를 해석한 내용으로, 卦의 六三爻가 陰으로 陽을 올라타고 있다는 의미이다.

【번역飜譯】

〈彖傳〉에 이르되 : 소녀를 시집보내는 이것은 天地陰陽의 넓고 큰 이치를 실현하는 것이다. 天地陰陽이 서로 교합하지 않는다면 만물은 융성하게 번식할 수 없을 것이다. 소녀를 시집보낸다는 것은 인류가 죽고 다시 태어나는 生息활동이 멈추지 않는다는 의미이다. 기뻐함으로 말미암아 일어나 움직이니 마침 소녀를 시집보낼 수 있는 바이다. '바르지 않는 행동으로 나아간다면 반드시 흉할 것이다.'고 한 것은 처한 위치가 정당하지 않다는 의미이다. '이로운 바가 없을 것이다.'고 한 것은 陰柔로서 陽剛을 올라타고 있다는 의미이다.

〈象〉曰 : 澤上有雷, 歸妹. 君子以永終知敝.

【주석註釋】

澤上有雷, 歸妹 : ≪歸妹≫ 下卦 兌卦는 '澤'의 象이고 上卦 震卦는 '雷'의 象이라는 것을 해석한 내용이다.

우레가 위에서 진동하니 연못의 물결도 그를 따라 활동한다. 陽이 위에서 활동하니 陰이 기뻐하며 기꺼이 순응한다. 여성이 남성을 따르는 象이기 때문에 '소녀를 시집보낸다.(歸妹)'고 했다. 『程傳』

君子以永終知敝 : '永'은 동사로 사용되었다. 즉 '영구히 보전하고 유지한다.'는 뜻이다. 이는 군자가 ≪歸妹≫의 卦象을 관찰해 본 후, 이미 부부의 도를 밝혔다면 마땅히 '오랫동안 변함없이' 살아가야 할 것이며 음란하고 방종하지 말아야 할 것이라는, 이러한 도를 파괴해서는 절대로 안 될 것이라는 것을 깨달았다는 의미이다.

'永'이란? 부부가 오랫동안 지켜야 하는 도리를 뜻한다. 즉 '永'이란? '죽을 때까지(終)'라고 할 수 있다. '敝'란? 남녀가 '음란하고 방종한 행위를 한다.'는 의미이다. '敝'는 반드시 '오래 해서는(永)' 안 되는 것이니 이는 자연의 이치이다. 부부의 도리를 오랫동안 지켜 나아갈 것을 생각하고 음란하고 방종한 행위는 하지 말아야 한다는 것을 군자는 항상 마음속에 품고 경계해야 할 것이다. 『重定費氏學·丁晏』

【번역飜譯】

〈象傳〉에 이르되 : 큰 연못 위에서 우레가 진동한다는 것(기뻐하며 움직이는 것)은 소녀를 시집보내는 것을 상징한 것이다. 군자는 이를 본 받아, 오래 동안 죽을 때까지 부부의 이치를 보전하고 유지해야 할 것이며 아울러 음란하고 방종한 행동으로 부부의 도를 파괴해서는 안 될 것이라는 바를 깨달아야 할 것이다.

【해설解説】

卦辭의 '征凶, 无攸利.'와 「大象傳」의 '知敝'는 모두 주의하라는 의미이다.

(䷵) 初九 : 歸妹以娣, 跛能履, 征吉.

【주석註釋】

歸妹以娣, 跛能履, 征吉 : 고대에는 여동생(妹)이 언니(姊)를 따라 한 남자에게 함께 시집가는 풍습이 있었다. 이곳에서는 '妹'를 '娣'라고 했으며 '側室'을 뜻한다. '절름발이라고 할지라도 걸을 수 있을 것이다.(跛能履)'고 한 것은 ≪履≫ 六三爻와 같은 의미이다. 이곳에서는 '여동생(娣)이 側室로서 정실인 언니를 도울 것이다.'는 의미이다.

이 세 구절은 初九爻가 '歸妹'의 시점에 당면해, 가장 낮은 위치에 처하며 위로는 바르게 호응할 상대가 없는 것이 언니를 따라 시집가서 '側室'이 되는 여동생의 처지와 같다는 의미이다. 그러나 陽剛의 어진모습을 가지고 있음으로 '혼자서(偏)' '정실'을 도와주고 있는 것이, '절름발이라고 할지라도 걸을 수 있음으로 나아가면 길할 것이다.'와 같은 의미라고 했다.

여동생은 언니를 이어서 측실이 된 자이니 정식배필은 아니라고 할지라도 떳떳함을 잃어버려서는 안 될 것이다. 절름발이의 발이 그러하듯, 즉 비록 바르지는 않지만 걸음을 걷지 못하는 것은 아님으로 '절름발이라고 할지라도 걸을 수 있을 것이다.(跛能履)'고 했다. '앞으로 나아가면 길할 것이다.(征吉)'고 한 것은 어린 자와 나이가 많은 자는 배필이 될 수 없음으로 정식 아내로 활동하면 흉할 것이나 側室로 활동한다면 길할 것이라는 의미이다. 『正義』

剛陽이 부인에게 있어서는 현명하고 정도를 지켜 나아가는 덕이 되었다. 『程傳』

【번역飜譯】

初九爻 : 소녀를 시집보내어 側室이 되게 했다는 것은 절름발이라고 할지라도 열심히 걸어서 나아간다면 길할 것이라는 바와 같다는 의미이다.

〈象〉曰 : '歸妹以娣', 以恒也. '跛能履', 吉相承也

【주석註釋】

以恒也 : '恒'은 '영원히 변하지 않는다.' · '항상' · '언제나(常)' 등의 의미이다.

初九爻의 소녀는 아래에 처하며 또한 미천하니 여동생으로서 언니를 따라 시집가는 그 현상은 당연한 이치이다. 『東谷易翼傳』

吉相承也 :

'서로 도우며 받든다.(相承)'는 것은 '정실을 도우면서 정실과 함께 그의 남편을 받든다.'는 의미이다. 『周易集說』

【번역飜譯】

〈象傳〉에 이르되 : '소녀를 시집보내어 側室이 되게 했다.'고 한 것은 혼인의 변하지 않는 도리를 의미한다. '절름발이라고 할지라도 열심히 걸어서 나아간다.'고 한 것은 初九爻의 길함은 혼자서 정실을 도우면서 정실과 함께 남편을 받드는 데에 있다는 의미이다.

【해설解說】

初九爻의 '跛能履'는 매우 생동감 있는 비유법을 사용한 것이라고 할 수 있다.

그 道를 다하여 군자의 배필이 된다는 것은 넓게는 후사를 이어 가정을 이룬다는 의미이다. 이는 발이 비록 한쪽으로만 땅을 딛고 걷는다고 할지라도 못쓰지 않는 것과 같다는 의미이다. 『周易口義 · 胡瑗』

(䷵) 九二 : 眇能視, 利幽人之貞.

【주석註釋】

眇能視, 利幽人之貞 : '眇能視(한 쪽 눈으로만 볼 수 있다.)'의 의미는 ≪履≫ 六三爻와 같다. 이곳에서는 九二爻가 '행실이 좋지 않은 남편에게 시집을 가서 억지로 따르며 살아갈 것이다.'는 것에 비유한 내용이다. '幽人'은 '(어지러운 세상을 피해서)조

용하고 편안한 곳에 숨어사는 사람'을 뜻한다.(≪履≫의 九二爻참고)

　　이 두 구절은 九二爻가 '歸妹'의 시점에 당면해, 陽剛으로 中位에 처한 것은 '여성으로서 현명한 처세'를 하고 있는 象이라는 의미이다. 그러나 위로 六五爻 陰柔의 不正한 자와 호응하고 있는 것이 배필이 불량한 자와 같음으로써 '眇能視'에 비유하였다. 아울러 '(어지러운 세상을 피해서) 조용하고 편안한 곳에 숨어사는 사람이 정도를 굳건히 지켜 나아가는 데에서 이로움을 얻을 것이다.(利幽人之貞)'고 했다.

　　九二爻는 陽剛으로 中位에 처하며 현숙한 여성에 해당한다. 위로 바르게 호응하고자 할지라도 六五爻는 陰柔로서 바르지 못한 자이다. 여성은 현숙하나 남편이 불량한 자이니, 내조의 공을 크게 성취시킬 수 없음으로 '한 쪽 눈으로만 볼 수 있다.(眇能視)'는 象이라고 했다. '幽人'이란? 도를 마음에 품고 바르게 지켜 나아가나 바른 배필을 만나지 못한 자를 뜻한다.『本意』

【번역飜譯】

九二爻 : 한 쪽 눈이 보이지 않으나 노력을 한다면 억지로 볼 수 있으니, 조용하고 편안한 곳에 숨어사는 사람이 정도를 굳건히 지켜 나아가는 데에서 이로움을 얻을 것이다.

〈象〉曰 : '利幽人之貞', 未變常也.

【번역飜譯】

〈象傳〉에 이르되 : '조용하고 편안한 곳에 숨어사는 사람이 정도를 굳건히 지켜 나아가는 데에서 이로움을 얻을 것이다.'고 한 것은 九二爻가 정조를 엄격히 지켜 나아가는 떳떳한 부녀의 도를 바꾸지 않을 것이라는 의미이다.

【해설解說】

　　조용하고 편안한 곳에 숨어사는 현인들은 현군을 만나지 못해서이다. 이는 九二爻가 현인 남편을 만나지 못한 것과 같다. 『來氏易注 · 來知德』

(☳☱) 六三 : 歸妹以須, 反歸以娣.

【주석註釋】

歸妹以須, 反歸以娣 : 이 두 구절은 六三爻가 下卦의 윗자리에 처하며 正位를 상실한 체 陽을 올라타고 앉아 '正室(가정의 주인)'이 되고자 하는 象을 가지고 있음으로 반드시 기다려야 할 것이라고 했다. 또한 그는 정당한 지위에 처하지 못했음으로 함부로 나아가서는 안 될 것이며 생가로 되돌아와서 때가 오기를 기다렸다가 시집을 간다고 할지라도 응당히 측실이 될 뿐이라고 했다.

【번역飜譯】

六三爻 : 소녀가 시집을 간 후에 목을 늘어뜨리고 정실이 되기를 바람으로써 생가로 다시 돌아와 때를 기다렸다가 시집을 간다고 할지라도 응당히 측실이 될 뿐이다.

〈象〉曰 : '歸妹以須', 未當也.

【번역飜譯】

〈象傳〉에 이르되 : '소녀가 시집을 간 후 목을 늘어뜨리고 정실이 되기를 바란다.'고 한 것은 六三爻의 행위가 올바르지 않다는 의미이다.

【해설解說】

'須'를 '賤女'로 해석했다. 즉 '須'는 '여성 가운데 천한 여성'을 의미한다.' 따라서 '須女'는 '천한 첩' 즉 부녀의 직종 가운데 낮은 자를 뜻한다. 『朱熹 · 本義』

(䷵) 九四 : 歸妹愆期, 遲歸有時.

【주석註釋】

歸妹愆期, 遲歸有時 : '愆'은 '초과하다'・'넘기다'・'연기하다'는 뜻이다.
　　이 두 구절은 九四爻가 剛으로 柔位에 처하며 아래로는 그와 호응하는 자가 없는 것이, '현숙한 여성'이 시집가는 것을 연기하고 조용히 좋은 배필을 기다리고 있는 것과 같다는 의미이다.

　　九四爻는 陽으로 위 몸체에 처하나 바르게 호응해 주는 자가 없는 것이 현숙한 여성이 쉽게 남자를 따라가지 않고 혼기를 넘겨가면서(좋은 배필이 나타나기를 기다리면서) 시집갈 때를 기다리고 있는 象과 같다는 의미이다. 六三爻와 서로 반대현상을 하고 있다. 『本意』

【번역翻譯】

九四爻 : 시집가야 할 소녀가 혼인의 적기를 넘겨가면서 시집갈 좋은 기회가 오기를 침착하고 진중하게 기다리고 있는 바이다.

〈象〉曰 : 愆期之志, 有待而行也.

【번역翻譯】

〈象傳〉에 이르되 : 九四爻가 혼인의 적기를 넘기는 뜻은 침착하고 진중하게 좋은 기회가 오기를 기다렸다가 혼례를 거행하고자 한다는 의미이다.

(䷵) 六五 : 帝乙歸妹, 其君之袂, 不如其娣之袂良. 月幾望, 吉.

【주석註釋】

帝乙歸妹, 其君之袂, 不如其娣之袂良 : '帝乙歸妹'란? 六五爻가 존경하는 높은 지위에 처하나 아래 九二爻와 배필이 된다는 것에 비유한 내용이다.(≪泰≫의 六五爻 참고.) '君'은 '남편이 아내를 부르는 칭호이다.' 이곳에서는 六五爻가 '시집을 가서 정실이 된다.'는 의미이다. '袂'는 '소매 밑의 주머니처럼 늘어진 부분'·'소매'이나 문장 가운데에서는 '의상의 장식'을 뜻한다.

이 세 구절은 六五爻가 높은 존위에 처하면서 아래의 九二爻와 호응하는 것이 帝乙이 딸(少女)을 시집보내는 것과 같다는 의미이다. 직위는 귀하나 낮은 신분에게로 시집을 갔으며 그의 덕은 겸손했음으로 비록 正室이 되었을지언정 그의 의상 장식이 검소하고 소박한 것은 '側室'이 한 것만도 못하다는 의미이다.

六五爻가 柔中으로 존위에 처하나 아래 九二爻와 호응하며 덕을 숭상하고 의상의 장식을 귀히 여기지 않음으로 帝乙의 딸이 아래신분의 신하에게 시집을 가서 의상을 화려하게 입지 않는 象이라는 의미이다. 『本意』

月幾望, 吉 : '幾望'은 '달이 장차 완전하게 둥글어지려는 상태'를 뜻한 것으로, 즉 六五爻 덕의 성세가 가득 차지 않았다는 것(겸손함)에 비유한 내용이다. 이는 곧 '歸妹'의 시점에서, 존귀할지라도 겸손하며 아름다움이 지극할지라도 교만하지 않으니 반드시 길할 것이라는 의미이다.

'月望'이란? '陰이 충만하다.'는 의미이다. 陰이 충만하면 곧 陽에 대적하게 될 것이다. '幾望'은 가득 참에 이르지 않은 상태를 의미한다. 六五爻의 존귀하고 높음은 항상 가득 참에 이르지 않은 것에 있다. 즉 그의 남편과 겨루지 않으니 길할 것이라는 의미이다. 이것이 여성이 존귀한 곳에 처하는 도이다. 『程傳』

【번역飜譯】

六五爻 : 帝乙이 딸을 시집보냈으나 정실부인으로서 한 의상 장식은 오히려 側室의 의상 장식 만큼도 아름답지 못하다. 품 덕이 훌륭하고 겸손한 것이 달이 장차 완전하게 둥글어지려는 것과 같을 뿐 차고 넘치지 않으니 길할 것이다.

〈象〉曰 : '帝乙歸妹, 不如其娣之袂良'也. 其位在中, 以貴行也.

【주석註釋】

其位在中, 以貴行也 : 이는 六五爻가 존위에 처하며 中道를 사용함으로써 지극히 귀하며, 그는 부지런하고 검소하며 겸손한 이치를 실천한다는 의미이다.

【번역飜譯】

〈象傳〉에 이르되 : '帝乙이 딸을 시집보냈으나 정실부인으로서 한 의상 장식은 오히려 側室의 의상 장식만큼도 아름답지 못하다.'고 한 것은 六五爻가 존위에 처하며 中道를 지켜 나아가며 비록 높고 귀한 신분이라고 할지라도 오히려 겸손하고 검소한 이치를 실천하고 있다는 의미이다.

(䷵) 上六 : 女承筐, 无實. 士刲羊, 无血. 无攸利.

【주석註釋】

女承筐, 无實. 士刲羊, 无血. 无攸利 : '實'은 '광주리(筐) 속에 담긴 물건'을 뜻한다. '刲'는 '살해하다'는 뜻이다. '承筐'·'刲羊'은 '부부가 제사를 올리는 일'을 뜻한다. 즉 고대 귀족들의 '혼례 가운데서 宗廟에 제사를 올리는 풍속이 있었다.'는 바를 설명한 것이다.

'昏禮'란? 두 개의 성씨를 잘 화합시키는 것으로 위로는 宗廟를 받들고 아래로는 후손을 잇는 것이 목적이다. 『禮記·昏義』

종묘에 예를 올릴 때 주부는 대나무 광주리에 쌀을 담아 봉헌한다. 『鄭玄』

부인으로 들어간 지 삼 개월이 지난 후에 제례를 행한다. 『周易鄭康成注·士昏禮』

이 몇 구절은 上六爻가 ≪歸妹≫의 마지막에 처한 것이, 위치상으로는 극한점이라 더 나아갈 수가 없으며 아래로도 역시 六三爻와 호응할 수 없는 것이 여성이 광주리를 받들었으나 담은 물건이 없으며 남성 또한 양을 죽였으나 받은 피가 없는 것과 같다는 의미이다. 즉 '无實'·'无血'이란? '제사를 올리기 어렵게 되었다.'는 의미이다. 즉 부부가 제사의 예를 갖추지 못한다는 것으로 '소녀(妹)'가 '시집 갈 곳(歸)'이 없다는 것에 비유함으로써 '이로운 바가 없을 것이다.(无攸利)'고 했다.

무릇 부부가 함께 제사를 올릴 때, 대나무 광주리에 개구리밥(변변치 못한 祭需)을 따서 담아 올리는 것은 여성이 해야 할 일이며 양을 죽여서 가마솥에 삶아 도마에 놓고 베어 올리는 것은 남성이 해야 할 일이다. 지금 上六爻와 六三爻는 모두 陰爻이니 부부가 될 수 없는 처지이다. 즉 함께 제사를 올릴 수 없는 관계이다. '이로운 바가 없을 것이다.(无攸利)'고 한 것은 '인륜을 행할 수 없어 후사가 끊어지게 되었는데 어찌 이로울 수가 있단 말인가?'를 뜻한다. '刲'란? '살해하다'는 뜻이다. 『來氏易注』

【번역飜譯】

上六爻 : 여성이 대나무 광주리를 손으로 받들고 있으나 물건이 담겨져 있지 않다. 남성이 양을 칼로 죽였으나 비린내 나는 신선한 피를 받지 못했다. (부부제사의 예를 갖추기 어렵게 되었으니) 이로운 바가 없을 것이다.

〈象〉曰 : 上六无實, 承虛筐也.

【번역翻譯】

〈象傳〉에 이르되 : 上六 陰爻의 가운데가 비어있는 채 물건이 담겨져 있지 않는 것은 손으로 비어있는 대나무 광주리를 받들고 있는 것과 같다는 의미이다.

【해설解說】

上六爻가 마지막 극한 위치에 있는 것은 '소녀'가 지나치게 높은 곳에 처해있음으로 따라 갈 곳이 없는 것과 같다는 의미이다. 따라서 爻辭는 특히 사물이 극한 곳에 이르면 반드시 돌아오게 된다는 의미를 사용해서 '소녀를 시집보낼 때'에 즈음해서 경고했다.

'女'·'士'란? 부부가 되지 않았다는 뜻이다. '女'를 먼저하고 '士'를 뒤에 한 것은 잘못이 여성에게 있다는 의미이다. 따라서 '이로운 바가 없을 것이다.(无攸利)'고 한 것은 卦辭와 같다. 『纂疏·李道平』

【歸妹】 요점·관점

≪歸妹≫는 '소녀를 시집보내는 것'을 주제로 삼았다. '남자는 장가들고 여자는 시집가는(男婚女嫁)' 것이 인류의 자손을 무성하게 번식시키는 근본 인소라는 것을 설명한 내용이다.

천지가 화합한 연후에 만물이 융성하게 번식한다. 무릇 혼례는 萬世의 시작이다.
『禮記·郊特牲』

그러나 卦辭에서는 오히려 '소녀를 시집보냈으나 바르지 않은 행동으로 나아간다면 반드시 흉할 것이며 이로운 바가 없을 것이다.(歸妹, 征凶, 无攸利.)'고 했는데, 그 이유는 어디에 있는가? 원래 작자가 '歸妹(소녀를 시집보내는)' 象을 사용해서 훈계하고자 한 것은, 여성이 시집을 가면 반드시 '정도'를 엄격히 지켜야 할 뿐만 아니라 '부드럽게 순응하는' 미덕을 근본으로 삼아 '內助'의 공을 성취시켜야 할 것이라는 뜻을 강조하기 위한 것이었다. 따라서 이에 반대되는 행동을 한다면 반드시 흉할 것이라고 했다.

본 卦는 시작에서부터 고대의 禮敎가 여성에 대해 '구속하는' 성격을 지니고 있다는 것을 반영했다.

六爻의 의미를 살펴보면, 初九爻는 편안하게 분수를 지키는 낮은 신분의 '側室'에 처해있다. 九二爻는 남편의 품행이 좋지 않으나 '정도를 굳건히 지켜 나아가고 있다.' 九四爻는 '혼인의 적기를 넘겨가면서' 때를 기다렸다가 좋은 배필을 구해 시집가기를 원하고 있다. 六五爻는 '귀한 여성'이 겸손하게 아래 신분에게로 시집을 갔다. 이 네 개의 爻는 비록 지위는 다르다고 할지라도 모두 '부녀의 덕'을 지니고 있음으로 재난이 없으며 길할 것이라고 했다. 그 가운데 六五爻는 가장 순수하게 '길할 것이다.'고 했다. 六三爻와 上六爻는 분수에 맞지 않는 생각을 하고 있거나 가장 높은 곳에 처함으로써 하나는 '올바르지 않다.'고 했고 하나는 '이로운 바가 없을 것이다.'고 했다.

사실상 본 卦의 요지는 '소녀를 시집보낸다.'는 한 가지 일에만 국한시킨 것이 아니다. 근본적으로는 '天地陰陽'은 '언제나 바뀌지 않는' 이치라는 뜻을 천명한 것이다. 즉 '陰'은 '陽'에게로 돌아가야 할 일을 하게 된다는 것은 곧 천지가 화합해야 만물이 번식한다는 의미이다. 따라서 「象傳」의 '歸妹, 天地之大義也. 天地不交, 而萬物不興.'에 본 卦의 핵심이 들어있다.

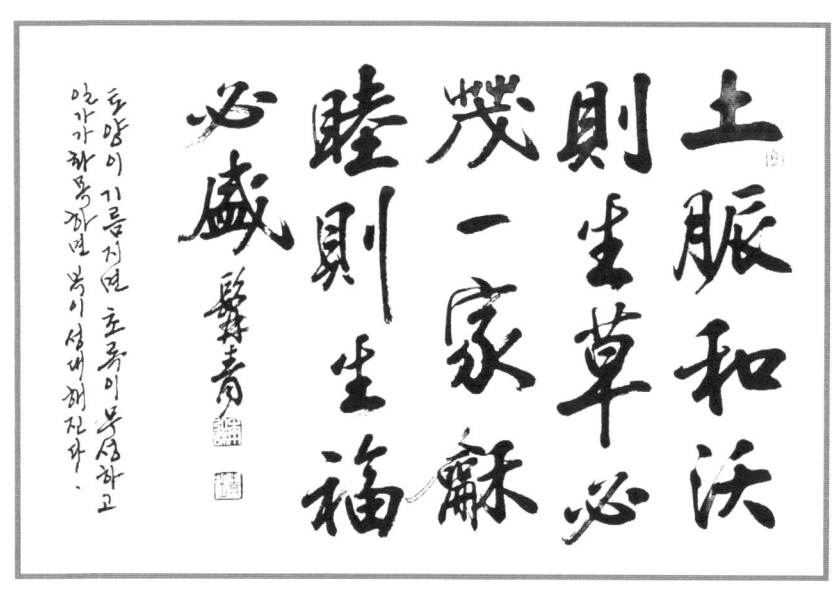

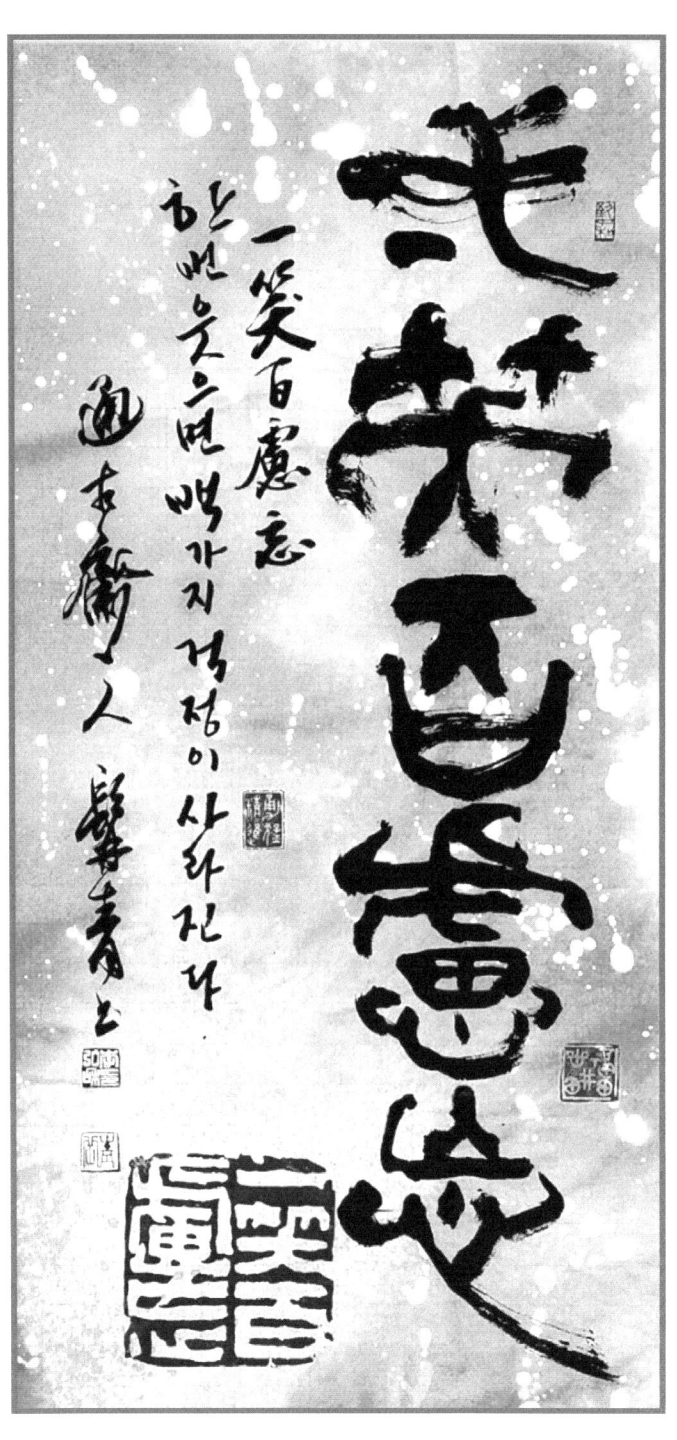

一笑百慮忘
한 번 웃으면 백 가지 걱정이 사라진다

「周易」
우주자연 법칙식 周 민족주의 봉건 강국 윤리론 ❷

초판인쇄 _ 2023년 4월 10일
초판발행 _ 2023년 4월 14일

저자 _ 정 덕 희
펴낸이 _ 장 의 동
펴낸곳 _ 중문출판사
주소 _ 대구광역시 중구 봉산문화길70
전화 _ (053) 424-9977
E-mail _ jmpress@hanmail.net
등록번호 _ 1985년 3월 9일 제1-84호
ISBN _ 978-89-8080-623-2   93140

정가 _ 25,000원